■2025年度高等学校受験用

朋優学院高等学校

収録内容一覧

★この問題集は以下の収録内容となっています。 答用紙を省略さ
せていただいている場合もございますのでご了承

録、ー印は未収録）

入試問題の収録内容			解説	解答	解答用紙
2024年度	一般1回	英語・数学・社会・理科・国語	○	○	○
	一般2回	英語・数学・社会・理科・国語	○	○	○
	一般3回	英語・数学・国語	ー	○	○
2023年度	一般1回	英語・数学・社会・理科・国語	○	○	○
	一般2回	英語・数学・社会・理科・国語	○	○	○
	一般3回	英語・数学・国語	ー	○	○
2022年度	一般1回	英語・数学・社会・理科・国語	○	○	○

★当問題集のバックナンバーは在庫がございません。あらかじめご了承ください。

リスニングテストの音声は、下記のIDとアクセスコードにより当社ホームページ
https://www.koenokyoikusha.co.jp/pages/cddata/listening で聴くことができます。
（実際の入試で使用された音声です）
ユーザー名：koe　アクセスコード（パスワード）：32129　使用期限：2025年3月末日

※ユーザー名・アクセスコードの使用期限以降は音声が予告なく削除される場合がございます。あらかじめご了承ください。

●凡例●

【英語】

≪解答≫

〔　〕　①別解
②置き換え可能な語句（なお下線は置き換える箇所が2語以上の場合）
（例）I am〔I'm〕glad〔happy〕to ~

（　）　省略可能な言葉

≪解説≫

1, 2…　本文の段落（ただし本文が会話文の場合は話者の1つの発言）

〔　〕　置き換え可能な語句（なお〔　〕の前の下線は置き換える箇所が2語以上の場合）

（　）　①省略が可能な言葉
（例）「（数が）いくつかの」
②単語・代名詞の意味
（例）「彼（＝警察官）が叫んだ」
③言い換え可能な言葉
（例）「いやなにおいがするなべにはふたをするべきだ（＝くさいものにはふたをしろ）」

//　訳文と解説の区切り

cf.　比較・参照

≒　ほぼ同じ意味

【数学】

≪解答≫

〔　〕　別解

≪解説≫

（　）　補足的指示
（例）（右図1参照）など

〔　〕　①公式の文字部分
（例）〔長方形の面積〕＝〔縦〕×〔横〕
②面積・体積を表す場合
（例）〔立方体ABCDEFGH〕

∴　ゆえに

≒　約、およそ

【社会】

≪解答≫

〔　〕　別解

（　）　省略可能な語

＿＿　使用を指示された語句

≪解説≫

〔　〕　別称・略称
（例）政府開発援助〔ODA〕

（　）　①年号
（例）壬申の乱が起きた（672年）。
②意味・補足的説明
（例）資本収支（海外への投資など）

【理科】

≪解答≫

〔　〕　別解

（　）　省略可能な語

＿＿　使用を指示された語句

≪解説≫

〔　〕　公式の文字部分

（　）　①単位
②補足的説明
③同義・言い換え可能な言葉
（例）カエルの子（オタマジャクシ）

≒　約、およそ

【国語】

≪解答≫

〔　〕　別解

（　）　省略してもよい言葉

＿＿　使用を指示された語句

≪解説≫

〈　〉　課題文中の空所部分（現代語訳・通釈・書き下し文）

（　）　①引用文の指示語の内容
（例）「それ（＝過去の経験）が ～」
②選択肢の正誤を示す場合
（例）（ア，ウ…×）
③現代語訳で主語などを補った部分
（例）（女は）出てきた。

／　漢詩の書き下し文・現代語訳の改行部分

朋優学院高等学校

所在地	〒140-8608 東京都品川区西大井6-1-23
電　話	03-3784-2131
ホームページ	https://www.ho-yu.ed.jp
交通案内	都営地下鉄浅草線・東急大井町線 中延駅より徒歩9分 JR横須賀線・湘南新宿ライン 西大井駅より徒歩10分 など

普通科

男女共学

くわしい情報はホームページへ

応募状況

年度	募集数		受験数	合格数	倍率
2024	推薦	ＡＧ　40名 ＳＧ　60名	30名 82名	30名 82名	1.0倍 1.0倍
	一般	ＴＧ　25名 ＡＧ　130名 ＳＧ　140名	⑤ 931名 ③1260名	211名 809名 422名	1.5倍
2023	推薦	国公立　40名 特進　60名	18名 69名	18名 69名	1.0倍 1.0倍
	一般	ＴＧ　25名 国公立130名 特進　140名	⑤ 777名 ③1297名	147名 566名 582名	1.6倍
2022	推薦	国公立　40名 特進　60名	26名 152名	26名 152名	1.0倍 1.0倍
	一般	ＴＧ　25名 国公立130名 特進　140名	⑤1016名 ③1848名	79名 774名 347名	2.4倍

※⑤：５科目型　③：３科目型

試験科目　（参考用：2024年度入試）

［推薦入試］面接のみ

［一般入試］国語・英語・数学または国語・英語・数学・理科・社会

※国公立TGコース希望者は５科目型，国公立AGコース・特進SGコースを第一志望とする者は３科目型を選択。

本校の特色

目標実現のためのコース選択

１年次は全コース共通のカリキュラムで学ぶ。２年次以降は，最難関大学合格をめざす「国公立TG」，５教科７科目をバランスよく学ぶ「国公立文系・理系」，英・国・社の３科を中心に学ぶ「特進文系」，理数探究の授業を展開する「特進数理」から，希望進路に沿ったコースを選択する。

グローバル教育

ニュージーランド・オーストラリアへの留学プログラムのほか，オンライン英会話，外国人講師による少人数授業，ブリティッシュヒルズ国内語学研修など，体験型の英語学習プログラムが充実している。また，海外大学進学協定校推薦制度を利用することもできる。

ICTの活用と自己管理

BYOD方式（Bring your own device）を導入しており，各自のデバイスをオンライン小テストや課題の提出などに活用している。また，ウェブ上での添削指導やPDFでのプリント配布などを行い，より効率的な学習指導を進めている。

施設

図書室，物理・化学・生物の３つの実験室，AL室，カフェラウンジ，ロッカーラウンジ，教員室前ラウンジなど，学校生活を豊かにする設備が整えられている。開放的で明るい雰囲気のHR教室には無線LAN環境を完備。他にも，全面人工芝のグラウンド，第１・第２体育館などがある。

進路状況

2024年度 主な大学合格実績（既卒含む）

東京大２名，東京工業大３名，一橋大２名，東京医科歯科大１名，北海道大６名，東北大６名，筑波大４名，九州大２名，東京外国語大３名，お茶の水女子大３名，横浜国立大７名，千葉大４名，東京農工大１名，東京海洋大５名，東京都立大８名，早稲田大62名，慶應義塾大26名，上智大48名，東京理科大39名，東京慈恵会医科大３名など。

編集部注―本書の内容は2024年6月現在のものであり，変更されている場合があります。正確な情報は，学校のホームページ等で必ずご確認ください。

出題傾向と今後への対策 英語

出題内容

	2024		2023		2022	
	1回	2回	1回	2回	1回	2回
大問数	6	6	6	6	7	7
小問数	41	44	45	44	52	55
リスニング	○	○	○	○	○	○

◎大問６～７題，小問数40～60問程度の出題である。構成は，放送問題１題，適語(句)選択１題，整序結合１題，長文読解問題２題，英作文１題，誤文訂正１題などとなっている。

2024年度の出題状況

《一般１回》

1 放送問題
2 整序結合
3 長文読解総合―説明文
4 長文読解総合―物語
5 和文英訳
6 誤文訂正

《一般２回》

1 放送問題
2 整序結合
3 長文読解総合―説明文
4 長文読解総合―手紙
5 和文英訳
6 誤文訂正

解答形式

《一般１回》　記　述／マーク／併　用

《一般２回》　記　述／マーク／併　用

出題傾向

長文読解は説明文が中心で，長さは標準的だが，やや難解なものも見られる。文法問題は適語(句)選択と整序結合となっており，いずれも標準的なレベル。英作文は与えられた単語を用いて制限語数で書くもので，放送問題は会話の流れに合う英文を選ぶ問題と読まれた英文に関する質問の答えを選ぶ問題の二部構成である。

今後への対策

基本的な文法や単語を身につけるために，教科書を活用するとよい。基本例文を音読し，暗記していくことは，放送問題や英作文の対策にもなる。長文中には難しい文法や単語も見られるので，基礎力を磨くとともに，問題集などで応用力を鍛えておくことも必要だ。過去問で時間配分にも慣れておくこと。

◆◆◆◆ 英語出題分野一覧表 ◆◆◆◆

分野			2022 1回	2022 2回	2023 1回	2023 2回	2024 1回	2024 2回	2025予想※ 1回	2025予想※ 2回
音声	放送問題		★	★	★	★	★	★	◎	◎
	単語の発音・アクセント									
	文の区切り・強勢・抑揚									
語彙・文法	単語の意味・綴り・関連知識									
	適語(句)選択・補充		■	■					△	△
	書き換え・同意文完成									
	語形変化									
	用法選択									
	正誤問題・誤文訂正		●	●	●	●	●	●	◎	◎
	その他									
作文	整序結合		●	●	●	●	●	●	◎	◎
	日本語英訳	適語(句)・適文選択								
		部分・完全記述	●	●	●	●	●	●	◎	◎
	条件作文									
	テーマ作文									
会話文	適文選択									
	適語(句)選択・補充									
	その他									
長文読解	内容把握	主題・表題				●				△
		内容真偽	●	●	●	●	●	●	◎	◎
		内容一致・要約文完成			■	●			△	△
		文脈・要旨把握				●	●	●	△	◎
		英問英答	■	■		●	■	■	◎	◎
	適語(句)選択・補充		●	■	■	■	●	■	◎	◎
	適文選択・補充		●	●	●				◎	△
	文(章)整序									
	英文・語句解釈(指示語など)		●	●	●	●		●	◎	◎
	その他(適所補充)									

●印：１～５問出題，■印：６～10問出題，★印：11問以上出題。
※予想欄　◎印：出題されると思われるもの。　△印：出題されるかもしれないもの。

出題傾向と今後への対策　数学

出題内容

2024年度

《一般１回》

[1]は小問集合で６問。[2]は約束記号を使った問題。[3]は関数で，放物線と直線に関するもの。[4]は空間図形で，立方体を利用したもの。[5]は関数の利用。[6]は，出すものに制限をつけたじゃんけんの確率。[7]は数の性質に関するもの。

《一般２回》

[1]は小問集合で６問。[2]は方程式の応用問題。[3]は関数で，放物線と直線に関するもの。[4]は空間図形で，正四角錐と直方体を合わせた立体について問うもの。[5]は関数の利用。[6]は確率２問。[7]は数と式に関する問題。

2023年度

《一般１回》

[1]は小問集合で６問。[2]は方程式の応用問題。[3]は関数で，放物線と直線に関するもの。[4]は空間図形の計量題２問。[5]は関数で，点が移動したときの時間と面積の関係について問うもの。[6]はコインを利用した確率。[7]は規則性に関する問題。

《一般２回》

構成は一般１回とほぼ同じ。[4]の空間図形は正四角錐について問うもの。[5]は関数の利用に関する問題。[6]はサイコロを利用した確率。方程式の解が整数になるときなどの確率が問われている。[7]は数の性質に関する問題。

作…作図問題　証…証明問題　グ…グラフ作成問題

解答形式

《一般１回》　記　述／マーク／併　用

《一般２回》　記　述／マーク／併　用

出題傾向

[1]もしくは[1]，[2]は小問集合，[2]もしくは[3]以降が各分野からの総合問題という構成。総合問題は，方程式，図形，関数，確率，数の性質など幅広い分野からの出題となっている。標準的な問題が中心であるが，難度の高い問題もある。

今後への対策

まずは，教科書で基礎基本の確認を。そのうえで，標準的な問題集で演習を積むようにしよう。演習では，できなかった問題はもちろんのこと，できた問題でも解説を読むようにして，いろいろな解法を身につけていくようにするとよい。幅広い出題となっているので，苦手分野は重点的に演習をして少しでも苦手意識をなくすようにしておこう。

◆◆◆◆◆ 数学出題分野一覧表 ◆◆◆◆◆

分野	年度	2022		2023		2024		2025予想※	
		1回	2回	1回	2回	1回	2回	1回	2回
数と式	計算，因数分解	★	★	■	●	●	★	◎	◎
	数の性質，数の表し方	●	●		★	■	●	◎	◎
	文字式の利用，等式変形			●	■	●	●	◎	◎
	方程式の解法，解の利用								
	方程式の応用	■	■	★	★	■	★	◎	◎
関　数	比例・反比例，一次関数								
	関数$y=ax^2$とその他の関数	■	■	■	■	■	■	◎	◎
	関数の利用，図形の移動と関数	■	■	■	■	★	★	◎	◎
図　形	(平面) 計　量	■	■	■	■	■	■	◎	◎
	(平面) 証明，作図								
	(平面) その他								
	(空間) 計　量	■	■	■	■	●	■	◎	◎
	(空間) 頂点・辺・面，展開図					●		△	
	(空間) その他								
データの活用	場合の数，確率	■	■	★	★	■	■	◎	◎
	データの分析・活用，標本調査								
その他	不 等 式								
	特殊・新傾向問題など	■		★		■		△	△
	融合問題								

●印：１問出題，■印：２問出題，★印：３問以上出題。
※予想欄　◎印：出題されると思われるもの。　△印：出題されるかもしれないもの。

出題傾向と今後への対策　社会

出題内容

2024年度

《一般１回》

地理・小田原市とその周辺を題材とする問題。地形や交通の歴史，産業，日本の特産品に関する問題。地形図の読み取り問題。

歴史・将棋を題材とする問題。絵画や年表を用いた，古代から現代までの日本と世界の社会や文化等に関する問題。

公民・地理との総合問題。一次エネルギーや日本銀行，人権と憲法，国際経済，地方財政，裁判員制度，消費者問題等に関する問題。

総合・時事問題を中心とする三分野総合問題。近年の紛争や国連等に関する問題。

《一般２回》

地理・群馬県渋川市を題材とする問題。地形と地域産業，世界の産業に関する問題。地形図の読み取り問題や時差の問題。

歴史・広島県を題材とする問題。写真や地図を用いた，古代から現代までの日本と世界の政治や社会，文化等に関する問題。

公民・政治の仕組みや租税，社会保障，SDGs，人権と憲法，国際法等に関する問題。

総合・紙幣の肖像画を題材とする三分野総合問題。明治時代の出来事やノーベル賞，女性参政権等に関する問題。

解答形式

《一般１回》　記　述／マーク／併　用

《一般２回》　記　述／マーク／併　用

出題傾向

大問４～５題で，地理(２題の場合は日本地理と世界地理)・歴史・公民・総合問題が各１題。小問数は40問程度。2023年から記述問題がなくなり，全てマークシート形式となった。いずれの分野においても，統計や写真，地図等の資料を用いて，幅広い範囲から出題されており，時事問題も出されている。

今後への対策

各分野とも，教科書の内容をもとにやや細かい内容を問うものが多い。教科書の基本的な事項はもちろんのこと，地図帳や資料集のグラフ，写真も確認しておこう。

地理は日本の諸地域の自然や産業の特色をまとめる。歴史は，史料や年表で出来事の背景や流れを確認する。公民は，法令や制度の内容まで理解することが大切である。

◆◆◆◆◆ 社会出題分野一覧表 ◆◆◆◆◆

分野 ＼ 年度		2022		2023		2024		2025予想※	
		1回	2回	1回	2回	1回	2回	1回	2回
地理的分野	地形図	●		●	●	●	●	△	△
	アジア	人	産	地				△	△
	アフリカ		地	地 人				△	△
	オセアニア	人						△	△
	ヨーロッパ・ロシア		産					△	△
	北アメリカ		地		地産			△	△
	中・南アメリカ		地					△	△
	世界全般	地産 総	人	地産	地	地	地産	◎	◎
	九州・四国	産						△	△
	中国・近畿	地			人			△	△
	中部・関東	産	産	地 人	地産	地産 人	産 総	△	△
	東北・北海道	地	地 人			産		△	△
	日本全般	産	地 総	産		産		◎	◎
歴史的分野	旧石器～平安	●	●	●	●	●	●	◎	◎
	鎌倉	●	●	●	●		●	◎	◎
	室町～安土桃山	●	●	●	●	●	●	◎	◎
	江戸	●	●	●	●	●	●	◎	◎
	明治	●	●	●	●	●	●	◎	◎
	大正～第二次世界大戦終結	●	●	●	●	●	●	◎	◎
	第二次世界大戦後	●	●	●	●	●	●	◎	◎
公民的分野	生活と文化				●				
	人権と憲法	●	●	●	●	●	●	◎	◎
	政治	●	●	●	●	●	●	◎	◎
	経済	●	●	●	●	●		◎	◎
	労働と福祉	●	●	●	●		●	◎	◎
	国際社会と環境問題	●	●	●	●	●	●	◎	◎
時事問題				●	●	●	●		

※予想欄　◎印：出題されると思われるもの。　△印：出題されるかもしれないもの。
地理的分野については，各地域ごとに出題内容を以下の記号で分類しました。
地…地形・気候・時差，　産…産業・貿易・交通，　人…人口・文化・歴史・環境，　総…総合

出題傾向と今後への対策　理科

出題内容

2024年度

《一般１回》

1速さと密度に関する問題。　2電流と回路，光の速さに関する問題。　3酸・アルカリとイオン，化学変化，状態変化に関する問題。　4生殖，植物の分類，遺伝の規則性に関する問題。　5気象からエルニーニョ現象などに関する問題。

《一般２回》

1放射性物質と燃費に関する問題。　2電磁誘導，浮力に関する問題。　3物質の性質，水溶液とイオン，溶解度に関する問題。　4植物の分類，生殖，遺伝の規則性に関する問題。　5地震に関する問題。

2023年度

《一般１回》

1単位に関する問題。　2電流が磁界から受ける力，凸レンズによる像に関する問題。　3化学変化とイオン，状態変化に関する問題。　4動物の進化と分類，有機物合成に関する問題。　5地層に関する問題。

《一般２回》

1単位に関する問題。　2陰極線，電流が磁界から受ける力，光の性質に関する問題。　3化学変化と物質の質量に関する問題。　4細胞分裂や遺伝感覚器官に関する問題。　5太陽系の天体に関する問題。

作…作図・グラフ作成問題　記…文章記述問題

解答形式

《一般１回》　記　述／マーク／併　用

《一般２回》　記　述／マーク／併　用

出題傾向

2022年度は，一般１回，２回ともに大問４題。物理・化学・生物・地学から１題出題。2023・2024年度は，一般１回，２回ともに大問は５題。単位に関する大問１題と４分野から各１題の出題。総小問数はいずれも30問程度。

問題は，実験や観察を中心に出題され，基礎を中心に，応用力まで問うもの。

今後への対策

まず，実験・観察の目的や手順，結果，考察についてまとめ，知識を整理しよう。図や表などを自分で作成すると効果的。その後，標準的な問題集を１冊解くなどして，正確な知識が身についているかを確認。

確認したら，本校や公立高校の過去問を解いて，総合問題に慣れるとともに，できなかった問題を復習しよう。

◆◆◆◆ 理科出題分野一覧表 ◆◆◆◆

分野＼年度		2022		2023		2024		2025予想※	
		1回	2回	1回	2回	1回	2回	1回	2回
身近な物理現象	光と音	●	●	●	●	●		◎	◎
	力のはたらき(力のつり合い)		●	●				◎	◎
物質のすがた	気体の発生と性質	●			●		●	◎	◎
	物質の性質と状態変化			●		●	●	◎	◎
	水溶液						●	◎	◎
電流とその利用	電流と回路					●		◎	◎
	電流と磁界(電流の正体)			●	●		●	◎	◎
化学変化と原子・分子	いろいろな化学変化(化学反応式)			●	●	●		◎	◎
	化学変化と物質の質量			●	●			◎	◎
運動とエネルギー	力の合成と分解(浮力・水圧)			●			●	△	△
	物体の運動	●		●		●	●	◎	◎
	仕事とエネルギー	●						◎	◎
化学変化とイオン	水溶液とイオン(電池)		●				●	◎	◎
	酸・アルカリとイオン	●		●	●			◎	◎
生物の世界	植物のなかま						●	◎	◎
	動物のなかま			●				◎	◎
大地の変化	火山・地震	●					●	◎	◎
	地層・大地の変動(自然の恵み)		●	●				◎	◎
生物の体のつくりとはたらき	生物をつくる細胞							△	△
	植物の体のつくりとはたらき	●		●				◎	◎
	動物の体のつくりとはたらき	●	●		●			◎	◎
気象と天気の変化	気象観察・気圧と風(圧力)							△	△
	天気の変化・日本の気象	●	●			●		◎	◎
生命・自然界のつながり	生物の成長とふえ方		●		●	●	●	◎	◎
	遺伝の規則性と遺伝子(進化)			●	●	●	●	◎	◎
	生物どうしのつながり							△	△
地球と宇宙	天体の動き		●		●			◎	◎
	宇宙の中の地球				●				△
自然環境・科学技術と人間							●		
総合	実験の操作と実験器具の使い方	●	●			●		◎	◎

※予想欄　◎印：出題されると思われるもの。　△印：出題されるかもしれないもの。
分野のカッコ内は主な小項目

出題傾向と今後への対策　国語

出題内容

2024年度

《一般１回》

一 国語の知識　二 論説文　三 小説　四 古文

課題文　二 西垣　通『超デジタル世界』
三 島木健作『黒猫』
四『今昔物語集』

《一般２回》

一 国語の知識　二 論説文　三 小説　四 古文

課題文　二 菊地　暁『民俗学入門』
三 近藤啓太郎『赤いパンツ』
四『宇治拾遺物語』

2023年度

《一般１回》

一 国語の知識　二 論説文　三 小説　四 古文

課題文　二 石田光規『「人それぞれ」がさみしい』
三 矢田津世子『万年青』
四『宇治拾遺物語』

《一般２回》

一 国語の知識　二 論説文　三 小説　四 古文

課題文　二 外山滋比古『知的創造のヒント』
三 堀　辰雄『窓』
四『宇治拾遺物語』

解答形式

《一般１回》　記　述／マーク／併　用

《一般２回》　記　述／マーク／併　用

出題傾向

設問は，現代文の読解問題に各６～８問程度付され，そのうち約８割が内容理解に関するものである。また，60～80字の記述式解答の設問が複数出題されている。設問のレベルは比較的高い。課題文は，分量も内容も標準的なもので，受験生に親しみやすいものが選ばれている。近年，古文も出題されている。

今後への対策

記述の分量が比較的多いので，40～60字程度の解答がしっかり書けるように，文章表現力を身につけておく必要がある。記述式の問題集を選ぶのはもちろん，問題を解いた後，自分でその課題文の概要を100字程度で書いてみるなどの工夫も必要である。古文についても標準的な問題集で練習しておくこと。漢字や語句の復習も忘れずに。

◆◆◆◆ 国語出題分野一覧表 ◆◆◆◆

分野		年度	2022		2023		2024		2025予想※	
			1回	2回	1回	2回	1回	2回	1回	2回
現代文	論説文 説明文	主題・要旨	●		●			●	◎	△
		文脈・接続語・指示語・段落関係	●	●	●	●	●	●	◎	◎
		文章内容	●	●	●	●	●	●	◎	◎
		表現	●	●	●		●	●	◎	◎
	随筆 日記 手紙	主題・要旨								
		文脈・接続語・指示語・段落関係								
		文章内容								
		表現								
		心情								
	小説	主題・要旨					●		△	
		文脈・接続語・指示語・段落関係	●	●	●	●	●	●	◎	◎
		文章内容	●	●	●	●	●	●	◎	◎
		表現	●	●	●	●		●	◎	◎
		心情	●	●	●			●	◎	◎
		状況・情景								
韻文	詩	内容理解								
		形式・技法								
	俳句 和歌 短歌	内容理解								
		技法								
古典	古文	古語・内容理解・現代語訳	●	●	●	●	●	●	◎	◎
		古典の知識・古典文法	●	●					△	△
	漢文	(漢詩を含む)								
国語の知識	漢字 語句	漢字	●	●	●	●	●	●	◎	◎
		語句・四字熟語	●	●	●	●			◎	◎
		慣用句・ことわざ・故事成語	●		●	●	●	●	◎	◎
		熟語の構成・漢字の知識								
	文法	品詞								
		ことばの単位・文の組み立て								
		敬語・表現技法								
	文学史									
作文・文章の構成・資料										
その他										

※予想欄　◎印：出題されると思われるもの。　△印：出題されるかもしれないもの。

2024年度 朋優学院高等学校(一般1回)

【英　語】（60分）〈満点：100点〉

注意　1．試験開始約1分後にリスニング試験の音声が放送されます。

　　　2．1 ～ 44 はマークシートの解答欄にマークしなさい。

■リスニングテストの音声は，当社ホームページで聴くことができます。（実際の入試で使用された音声です）再生に必要なユーザー名とアクセスコードは「収録内容一覧」のページに掲載しています。

1　リスニングテスト

このリスニングテストには，ＡとＢの２つのパートがあります。**英文は一度だけ読まれます。**

パートＡ

対話を聞き，その最後の文に対する応答として最も適切なものを選択肢より一つ選ぶ形式

例題

次のような英文が聞こえてきます。

"Hi, Jamie."

"Hi, David.　Long time no see."

"Yeah, how have you been ?"

そして，例題の解答の選択肢は以下のように問題冊子に書かれています。

① Yes, I have some.
② I've been good.
③ Thanks.　You too.
④ I've been abroad.

例題の正解は② I've been good. です。

1．① It's getting hotter and hotter, isn't it ?　　1
　② Why don't you put your sweater on ?
　③ I want to drink something cold.
　④ I've got a cold.

2．① OK, but the clothes are too big for you.　　2
　② OK, where should we go ?
　③ OK, but I'm busy this weekend.
　④ OK, let's meet at the station.

3．① My dad throws garbage away every weekend.　　3
　② I'll give them to charity.
　③ The CD player is broken because it's so old.
　④ I'll help you throw them away.

4．① I see.　Thank you for telling me.　　4
　② Alright.　I've already turned it in.
　③ Don't forget to hand in the report, Shirley.
　④ Don't be afraid of getting the report.

5．① That's great.　Enjoy yourselves !　　5

② Don’t worry. I already have a recipe.
③ Wow! It really looks delicious.
④ That’s the best apple pie I’ve ever tasted.

6. ① I understand. Is this seat available? 【6】
② Oh, really? I’ll book a table next time.
③ I see. Please sit here and wait a minute.
④ I’m looking forward to enjoying your dishes.

7. ① That’s a good point, but that’s the hardest part for me. 【7】
② That’s true, but I need to make my presentation slides first.
③ I understand your point, but you should listen to your classmates carefully.
④ Your presentation was easily understood by me, but not by our classmates.

> パートB
> 英文を聞き，その質問に対して最も適切な答えを選択肢より一つ選ぶ形式
> <u>例題</u>
> 次のような英文が聞こえてきます。
> The alarm clock went off at 6:00, and then my mother came into my room to wake me up, but actually I got up at 6:30. I left home about 7:00 and arrived at my school at 8:00.
> さらに，次のような英文が聞こえてきます。
> Question: How long did it take from home to the school?
> そして，例題の解答の選択肢は以下のように問題冊子に書かれています。
> ① For about two hours.
> ② For one hour and a half.
> ③ For about one hour.
> ④ For half an hour.
> 例題の正解は③ For about one hour. です。

1. ① New York. ② Oakland. ③ Tokyo. ④ Sydney. 【8】

2. ① She has a harder job than the speaker. 【9】
② She is working in her kids’ school.
③ Her garden has many kinds of flowers.
④ She practices *karate* with her kids.

3. ① $15. ② $25. ③ $30. ④ $50. 【10】

4. ① Soft drinks. ② Rice. ③ Pasta. ④ Vegetables. 【11】

5. ① Art. ② Music. ③ Calligraphy. ④ Drama. 【12】

※**＜リスニングテスト放送原稿＞**は英語の問題の終わりに付けてあります。

2 与えられた語(句)を並べかえて最も適切な文を完成させ，【13】～【22】に入るものをそれぞれ一つ選びなさい。**<u>選択肢の中には不要なものが一つ含まれている</u>**ため，注意しなさい。文頭にくるものも小文字で書いてあります。

問題例：＿＿＿ 【x】 ＿＿＿ 【y】 ＿＿＿ ＿＿＿ student?
① a ② are ③ high ④ is ⑤ junior ⑥ school ⑦ you

正　解：【x】：⑦・【y】：⑤

完成させた文は Are you a junior high school student ?　④ is が不要語

1．There are a lot of wonderful places ＿＿＿ [13] ＿＿＿ [14] ＿＿＿ ＿＿＿ in the world.

① are　② getting　③ is　④ know
⑤ that　⑥ to　⑦ worth

2．[15] ＿＿＿ ＿＿＿ ＿＿＿ [16] ＿＿＿!

① beautiful　② how　③ of sunset　④ painted
⑤ pictures　⑥ she　⑦ what

3．We are not ＿＿＿ [17] ＿＿＿ [18] ＿＿＿ ＿＿＿ the station.

① far　② how　③ is　④ it
⑤ sure　⑥ that　⑦ to

4．His ＿＿＿ ＿＿＿ [19] ＿＿＿ ＿＿＿ [20] as mine.

① about　② as　③ expensive　④ high
⑤ is　⑥ salary　⑦ twice

5．＿＿＿ ＿＿＿ [21] ＿＿＿ ＿＿＿ [22] by ten percent in 2030.

① are　② oil　③ prices　④ raise
⑤ rise　⑥ said　⑦ to

3　下記の英文を読み，以下の問いに答えなさい。

Scientists have started *vaccinating wild koalas against *chlamydia in New South Wales, Australia.　The disease causes *blindness, *infertility and death.

Samuel Phillips is a *microbiologist at the University of the Sunshine Coast.　He helped develop the vaccine.　He said the disease is "killing koalas [23] they become so sick that they can't climb trees to get food, or escape *predators, and females can become *infertile."　An infertile koala cannot *reproduce.

The scientists' first goal is to catch, vaccinate and carefully follow around half of the koala population in the Northern Rivers area of New South Wales.　That means vaccinating around 50 animals.

Researchers have already tested the vaccine on koalas in wildlife rescue centers.　Those tests *confirmed that the vaccine works and is safe to use.

To reduce *infections and disease, scientists want to learn what percentage of the wild population needs vaccinating.

Scientists caught and vaccinated the first koalas in March, 2023.　The effort is expected to last about three months.

Koalas in other parts of Australia *are also infected with chlamydia.　In Queensland, scientists *estimate about half of the animals already have the disease.

Australian scientists have begun vaccinating wild koalas against chlamydia in a new field trial in New South Wales.　The aim is to [24] a method for protecting the animals against a widespread disease that causes blindness, infertility and death.

To give the vaccine, the scientists put *circular fences [25] the trees in which the koalas feed.　After a few hours or days, the koalas climb down from one tree to look for tasty leaves on another.　Then they will wander into traps placed on the ground.　The traps do not hurt the animals.

Next, the scientists check the animals, give them medicine to *prevent pain from vaccination, and give the vaccine. They watch the animals closely for 24 hours to check for problems. They also put a pink spot on the backs of the animals. This lets the scientists know which animals have already been vaccinated.

Most of the time, koalas eat and sleep in *eucalyptus trees. Their population has greatly decreased during the past 20 years. Last February, Australia's government put koalas in the eastern regions of New South Wales, Queensland and the Australian Capital Territory on a list of endangered species.

Disease, loss of areas to live, and road accidents are all making it more difficult for koalas to survive. A 2020 study from the New South Wales government found that koalas could become extinct by the year 2050.

Scientists think it is possible that koalas have gotten chlamydia from contact with *feces from infected sheep or cattle. Doctors use *antibiotics to treat the disease in humans. But koalas have a special *enzyme in their stomachs that stops the antibiotics from [26].

Mathew Crowther is a *conservation biologist at the University of Sydney. He has been observing koalas in New South Wales for over 10 years. In 2008, 10 percent of animals tested there were infected with chlamydia. Today that rate is 80 percent. He said it is rare to see any baby koalas in the area.

Around the world, there have been [27] projects to give vaccines to wild animals. "Vaccination for wildlife is certainly not routine yet," said Jacob Negrey, a biologist at Wake Forest University School of Medicine. He added that biologists are trying to learn if vaccination of wild animals should increase.

vaccinating < vaccinate　～にワクチン接種をする　chlamydia　クラミジア感染症
blindness　失明　infertility　不妊　microbiologist　微生物学者　predator(s)　捕食動物
infertile　生殖能力がない　reproduce　子を産む　confirm(ed)　～を裏付ける
infection(s)　感染　be infected with　～に感染している　estimate　～だと見積もる
circular　円形の　prevent　～を防ぐ　eucalyptus　ユーカリ　feces　排泄《せつ》物
antibiotic(s)　抗生物質　enzyme　酵素　conservation biologist　保全生物学者

A．空所 [23] に入る最も適切なものを①～④より一つ選びなさい。
① because　② but　③ if　④ so

B．空所 [24] に入る最も適切なものを①～④より一つ選びなさい。
① discover　② explain　③ show　④ test

C．空所 [25] に入る最も適切なものを①～④より一つ選びなさい。
① around the bottom of　② in the middle of
③ inside of　④ on top of

D．空所 [26] に入る最も適切なものを①～④より一つ選びなさい。
① changing　② disappearing　③ moving　④ working

E．空所 [27] に入る最も適切なものを①～④より一つ選びなさい。
① a lot of other　② clearly different
③ exactly the same　④ very few other

F．本文で述べられているクラミジア感染症のワクチン開発に関わった人物として最も適切なものを①～④より一つ選びなさい。[28]

① Jacob Negrey.　　② Mathew Crowther.
③ Samuel Phillips.　　④ All of the above.

G．本文の内容と一致するものを①～⑧より四つ選びなさい。（順不同） [29] ～ [32]

① The koala population in the Northern Rivers area of New South Wales is about one hundred.
② The results of some tests show that the vaccine does not harm koalas.
③ After vaccination, koalas are given medicine to reduce pain.
④ The number of eucalyptus trees has greatly decreased in the past 20 years.
⑤ Koalas' survival is becoming more difficult not only because of disease but also because of loss of areas to live and road accidents.
⑥ A 2020 study showed that it was probable that koalas would die out within 30 years.
⑦ Today, we can often see baby koalas in New South Wales.
⑧ Biologists are quite sure that vaccination of wild animals should increase.

記述問題　※マークシートの裏面に解答すること。

H．下線部の目的は何か。次の空所を**句読点を含めて20字以上25字以下の日本語で**埋める形で答えなさい。

（　　　　）ため。

4　下記の英文を読み，以下の問いに答えなさい。

Mo was waiting outside her class. She was feeling sick. She always felt sick in exam week. She had two exams that day. *Physics was first and she hated physics, it was her worst subject. But this was the last day of exams! Terry looked back at her from the front of the line, then looked away quickly. Mo thought she looked *guilty. She didn't have a problem with physics. She didn't have a problem with anything!

"Hi, Mo, it's your favorite exam today," said Nima as she arrived. Terry looked back again. "What's wrong with her?" said Nima. "I thought you were friends." "Yes, so did I," said Mo, "but she hasn't spoken to me for two weeks. She promised to help me *revise for the physics exam, but then she ignored all my calls and texts. And when I rang her house, her mom told me she was busy. She doesn't remember who her friends are!" said Mo angrily. "Are you listening to me, Maureen Quinn?" Mr. Reed was talking to the class, and the other students were going into the exam room. Mo gave Nima a worried [42] and followed them.

Mo couldn't answer question number five, it was too difficult. She looked up and saw Terry sitting in the next row. Mo was surprised. Terry was holding her phone under the table, and she was reading from it. Mo didn't know what to think. Is that [43] Terry always got good grades? She felt really angry at Terry but didn't know what to do. She thought about telling the teacher, but what would everyone else think of her? It wasn't fair! Mo never *cheated and she failed lots of exams. Terry had already put her phone away when Mo looked up again. She looked back at Mo and smiled sadly. "Stop writing and put your pens down," said Mr. Reed as he started to collect the exam papers. Oh no, Mo hadn't answered two of the questions. She was going to fail again!

Mo wanted to talk to Terry at lunch time, but she couldn't find her in the dining hall. The next exam was history. That was Mo's favorite subject, but she didn't feel good. She was angry with Terry. Nima went home for lunch every day, so she couldn't talk to her either. Mo went to the library to study. She didn't know what to do about Terry. She thought about telling a teacher, but everyone would hate her <u>if she did that</u>. "It wasn't fair!" she thought. "Terry was getting good grades by cheating all that time. And I thought we were friends!" Just then, Mr. Reed walked past her table. "Mr. Reed . . ."

Mo was sitting [44] Terry again in the history exam that afternoon, but Terry didn't take her phone out. Maybe she didn't need to cheat at history. Mo was feeling bad again, but she had no problems with the exam. Why did she tell Mr. Reed? But it was too late now. He wanted her to look at him and nod if she saw that Terry had her phone in the exam. She was on the last question, when she saw that Terry had her phone under the table. Without thinking, Mo looked up and nodded to Mr. Reed. Terry was looking at her phone and didn't hear him as he walked silently up to her table. He didn't say anything. Terry looked up, surprised. He picked up her exam paper and pointed to the door, to tell Terry to go outside. Terry started crying as she walked to the door. Everyone was *staring at her and Mo felt really sorry now.

She was walking towards the school gate, when she heard *footsteps behind her. It was Terry. "Mo, wait!" she called. "I want to talk to you." Mo could see Terry had been crying, her face was pale and her eyes were red. Mo couldn't speak. "Listen, I'm really sorry I didn't answer your calls, but we're having a terrible time. My dad had a heart attack and he's in hospital. He had a big operation today and I was very worried. I know it was stupid, but I was reading texts from my mom to see how it was going, but Mr. Reed caught me. He thought I was cheating. But he believes me now. I'm sorry I didn't tell you what was happening. I know you're a good friend. Will you forgive me?"

physics 物理学　guilty 罪の意識がある　revise for ～を復習する
cheat(ed) カンニングをする　staring ＜ stare 見つめる　footstep(s) 足音

A．以下の問いに対する最も適切なものを①～④よりそれぞれ一つ選びなさい。

1．The underlined part, "<u>if she did that</u>" means: [33].
① if Mo got good grades on the exams by cheating
② if Mo reported to a teacher what Terry was doing in the exam
③ if Terry looked at her phone in the exam
④ if Terry told a teacher that the physics exam was not fair

2．How did Mr. Reed discover that Terry was using her phone during the exam? [34]
① Everyone in the room was staring at Terry.
② He saw Mo looking at Terry.
③ Mo gave a sign to him.
④ Terry dropped her phone on the floor.

3．Which of the following is true about the exams of that day? [35]
① Mo was not able to answer two of the questions on the history exam.
② Mr. Reed made Terry go outside during the history exam.
③ Terry finished the physics exam early and left the exam room.
④ When Mo looked at her during the physics exam, Terry was always holding her phone.

4．Which of the following is <u>**NOT**</u> true about Mo? [36]
① During the lunch time between the two exams, she went to the library to study.
② Physics and history were her favorite subjects, but she was not good at physics.
③ She felt sorry after Terry started crying in the exam.

④ She was angry during the physics exam because she thought Terry was cheating.

5. Which of the following is **NOT** true about this reading? 37

① History was the last exam for Mo in the exam week.

② Mo could find neither Nima nor Terry at the dining hall.

③ Mo could not talk to Terry when she rang Terry's house.

④ Terry did not answer Mo's calls because she had a problem with her friend.

6. Put the following events into the order in which they happened. 38 → 39 → 40 → 41

① Mr. Reed heard Terry was cheating.

② Terry broke her promise to help Mo study.

③ Terry explained her situation to Mo.

④ Terry's father had a heart attack.

B. 空所 42 ・ 43 ・ 44 に入る最も適切なものを①～④よりそれぞれ一つ選びなさい。

42

① look ② see ③ view ④ watch

43

① because ② how ③ what ④ which

44

① back in ② behind ③ in front of ④ with

以下の問題はマークシートの裏面に解答すること。

5 以下の日本語を英語に訳しなさい。その際，（ ）内の語を**与えられた形で，並んでいる順番のまますべて使い，指定された語数で**答えなさい。

＊解答用紙の所定の欄に合うように記入すること。

＊ピリオドなどの記号は語数に数えない。

＊ピリオドなどの記号が適切に用いられていない場合，採点の対象外とする。

＊短縮形（例：don't）は１語とする。

＊算用数字は用いないこと。

＊指示を守っていない答案は採点の対象外とする。

問題例：ヒロの弟は高校生ですか。(Is / a / high) ［７語］

解答例：

Is 1	Hiro's 2	brother 3	a 4	high 5	school 6
student? 7	8	9	10	11	12

1. 中国で３番目に長い川は何ですか。(What / river / in) ［８語］
2. いくつの言語があなたの国では話されていますか。(How / are / in) ［８語］
3. 私が先週の土曜日に観戦したその試合は面白かった。(game / I / exciting) ［８語］

6 下線部①～④のうち文法的・語法的に誤っているものを一つ選び，番号をマークしなさい。また，**選んだ箇所全体**を訂正しなさい。

問題例： Are ①your a ②high ③school ④student?

正 解： ①

訂正後： you a

解答例：

正　解				訂　正　後
●	②	③	④	you a

1．Many people prefer ①to pay in cash, but it is ②convenience to use ③electronic money when they ④do some shopping.

2．We ①visited an aquarium and saw two brother dolphins.　②One was white and ③another was gray though they were born from ④the same parents.

3．①Due to his poor health condition, my father asked me ②to come back to Japan, ③so that I gave up my life ④in overseas.

4．I am looking for some ①furnitures for my new house now, and I ②have found this sofa ③amazingly comfortable to ④sit on.

＜リスニングテスト放送原稿＞

A

1．A： Hi, Anna.　How are you doing？
　B： Not bad.　How about you？
　A： I'm doing great, but I think it's too cold in here.

2．A： Do you have any plans for this weekend？
　B： Not really, but I'd like to go to the Pacific Mall to buy some clothes.
　A： Let's go together.

3．A： Wow, you have a lot of old CDs！　Where did you get these？
　B： My father gave them to me, but I don't need them anymore.
　A： You won't throw them away, will you？

4．A： Yona, did you hand in the report to Mr. Werner？　The deadline has passed.
　B： What？　Oh no！　I forgot about it, Shirley.　I wonder if he'll still accept it.
　A： I'm afraid he'd never do that.

5．（効果音：電話）
　A： Hello, Grandma.　This is Mike.　We've received the apples today.　Thank you very much.
　B： You're welcome, Mike.　I'm glad they arrived safely.　You like apples, don't you？
　A： Yes.　Mom and I are going to make an apple pie together.

6．A： Good evening.　Welcome to our restaurant.　Do you have a reservation？
　B： No, I don't.　I didn't have time to make one.　Did I need to？
　A： I'm afraid so.　There are no seats available tonight.

7．A： Have you finished preparing your presentation yet？
　B： Yeah, I've already finished, but I'm nervous about speaking in front of our classmates.
　A： So am I！　We need to make sure that we speak slowly and look at our classmates while speaking.

B

1．In August, the temperature in Tokyo reaches 27 degrees Celsius on average.　I've heard that New York is not as hot as Tokyo in August.　Surprisingly, Oakland and Sydney have much lower average temperatures than those cities because they have opposite seasons.

Question : Which city is the second hottest in August ?

2 . I think my wife has the hardest job in our family. She spends her day taking care of the family, driving our kids to school, working in the garden, going shopping, and taking our kids to *karate* lessons. That's a full-time job, but she enjoys looking after our family.

Question : What is one thing the speaker said about his wife ?

3 . Welcome to our buffet. Let me tell you about the prices for our services. Our buffet usually costs $50 for adults and $30 for children. However, we are now offering a 50% discount for kids ! We hope you enjoy your meal and have a good time with your family and friends today. Thank you for your attention.

Question : How much do adults have to pay for the buffet ?

4 . (効果音：アナウンス音) Welcome to Hoyu Supermarket. We would like to announce our special offers for this week. First of all, we are having a sale this week on all soft drinks. Also, a sale on vegetables, limited to today, has just started. If you are interested, you can find them next to the rice section. Finally, we'll have a discount on pasta tomorrow. Thank you for shopping with us today.

Question : What is on sale at Hoyu supermarket today only ?

5 . In Michel's school, students need to choose one subject from art, music, calligraphy and drama. She thought art was the best choice for her because she was good at painting but didn't like acting. One day, however, one of her friends, Stephany, asked her to take calligraphy together. Although she liked music more than calligraphy, she agreed with Stephany's idea.

Question : What subject is Michel PROBABLY going to take ?

【数　学】（50分）〈満点：100点〉

注意　定規，コンパス，分度器を使用してはいけません。

1　次の各問いに答えよ。

(1)　$(-3a^2b)^4 \div (\sqrt{6}ab^3c)^2 \times \left(\dfrac{2}{3}bc^2\right)^2$ を計算せよ。

(2)　$S=\dfrac{1}{2}r(a+b+c)$ を c について解け。

(3)　分速75mで歩くと16分かかる道のりを時速 x km で行くと24分かかった。x を求めよ。

(4)　５％の食塩水と x ％の食塩水を３：２の割合で混ぜたところ４％の食塩水ができた。x を求めよ。

(5)　下の図のように，Oを中心とした半円OABがあり，その弧上に３点C，D，Eをとる。CD∥OE，$\overset{\frown}{\mathrm{AE}}:\overset{\frown}{\mathrm{DC}}=1:3$ のとき，∠BOC の大きさを求めよ。

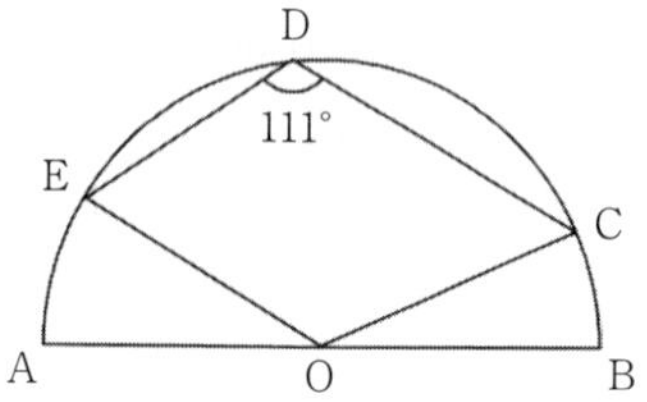

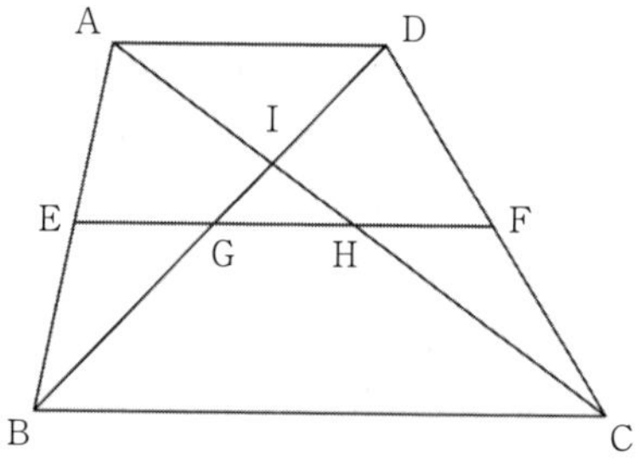

(6)　右の図のように台形ABCDがあり，AD＝2，BC＝5，点E，Fはそれぞれ辺AB，CDの中点である。
△IGHの面積が18であるとき，△IBCの面積を求めよ。

2　２桁の自然数 X，Y について，X の十の位の数と Y の一の位の数をかけ合わせたものと X の一の位の数と Y の十の位の数をかけ合わせたものの和を X★Y と表す。
例えば，12★35＝1×5＋2×3＝11 であり，30★61＝3×1＋0×6＝3 である。
次の各問いに答えよ。

(1)　X★25＝43 と X★52＝34 を同時に満たす X を求めよ。

(2)　X★74＝X を満たす X はいくつあるか求めよ。

3　右の図のように，関数 $y=\dfrac{1}{2}x^2$ のグラフと直線 l が２点A，Bで交わっており，Aの x 座標は－1，Bの x 座標は2である。
線分OB上に点C $\left(\dfrac{3}{4},\ \dfrac{3}{4}\right)$ をとり，点Pが線分AB上を動くとき，次の各問いに答えよ。

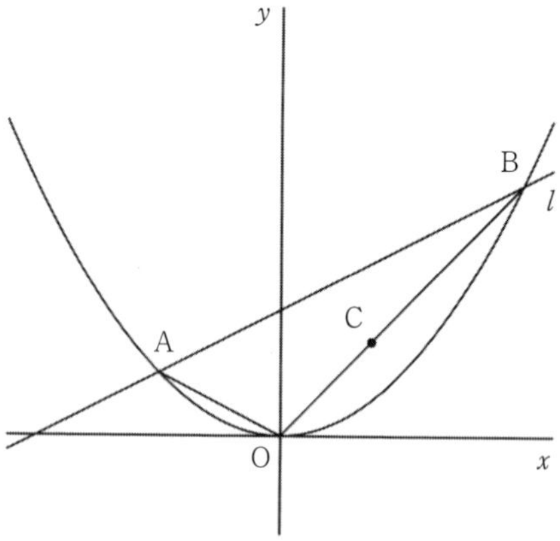

(1)　l の式を求めよ。

(2)　△BPCの面積が△AOBの面積の $\dfrac{1}{4}$ 倍となるとき，Pの座標を求めよ。

4　右の図のように，１辺の長さが６の立方体があり，辺 AD，CD の中点をそれぞれM，Nとする。

３点M，N，Fを通るような平面で立方体を切断したとき，次の各問いに答えよ。

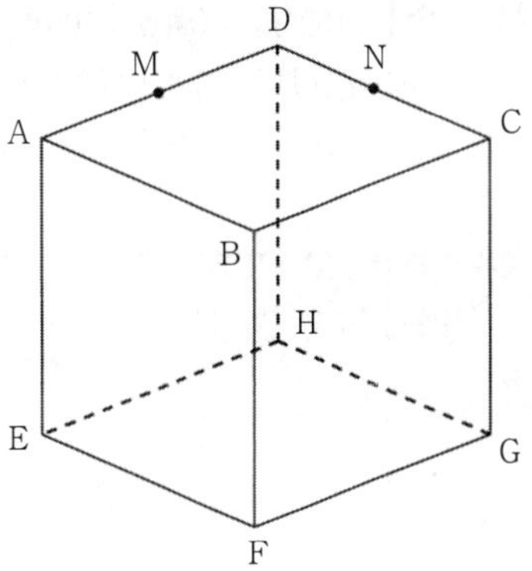

(1)　切り口にできる図形の名称を次の①～⑤の中から選び，番号で答えよ。

①　三角形　　②　四角形

③　五角形　　④　六角形

⑤　七角形

(2)　切り口にできる図形の周の長さを求めよ。

5　6 km 離れたＡ駅からＢ駅に向けて時速40km の電車が６分間隔で走っている。Ａ駅から始発電車が出発するのと同時に，Ｂ駅からＡ駅に向けて朋希さんが，Ａ駅からＢ駅に向けて優子さんが線路沿いに，２人は同じ速さでそれぞれ走っていった。朋希さんは７分12秒後に始発電車とすれ違い，その後も一定の間隔で電車とすれ違った。下のグラフは，始発電車が出発してからの時間とＡ駅からのそれぞれの距離を表したものである。次の各問いに答えよ。

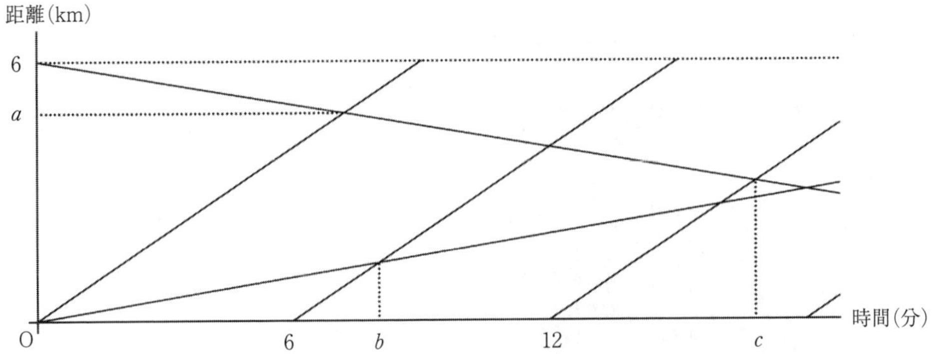

(1)　a の値を求めよ。

(2)　b の値を求めよ。

(3)　c の値を求めよ。

6　Ａ，Ｂ，Ｃ，Ｄの４人が以下の条件に基づいてじゃんけんをする。

・Ａはグー，チョキのいずれかのみを等しい確率で出す。

・Ｂはチョキ，パーのいずれかのみを等しい確率で出す。

・Ｃはパー，グーのいずれかのみを等しい確率で出す。

・Ｄはグー，チョキ，パーのいずれかを等しい確率で出す。

次の各問いに答えよ。

(1)　Ａ，Ｂ，Ｃの３人でじゃんけんをして，あいこになる確率を求めよ。

(2)　Ａ，Ｂ，Ｃ，Ｄの４人でじゃんけんをして，あいこになる確率を求めよ。

7　次の各問いに答えよ。

(1)　不等式 $p^2 \leqq 300$ を満たす最大の素数 p を求めよ。

(2)　89999 を素因数分解せよ。

【社　会】（50分）〈満点：100点〉

1　神奈川県川崎市に住むカズヨシさんは神奈川県内の都市環境について調査した。その中で，県西部に位置する小田原市について関心を持った。小田原市とその周辺に関する以下の問いに答えなさい。

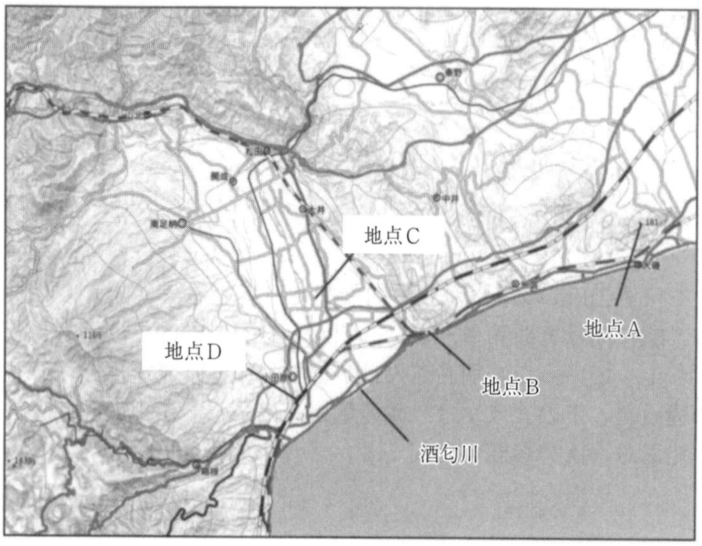

図1　小田原市周辺の地図

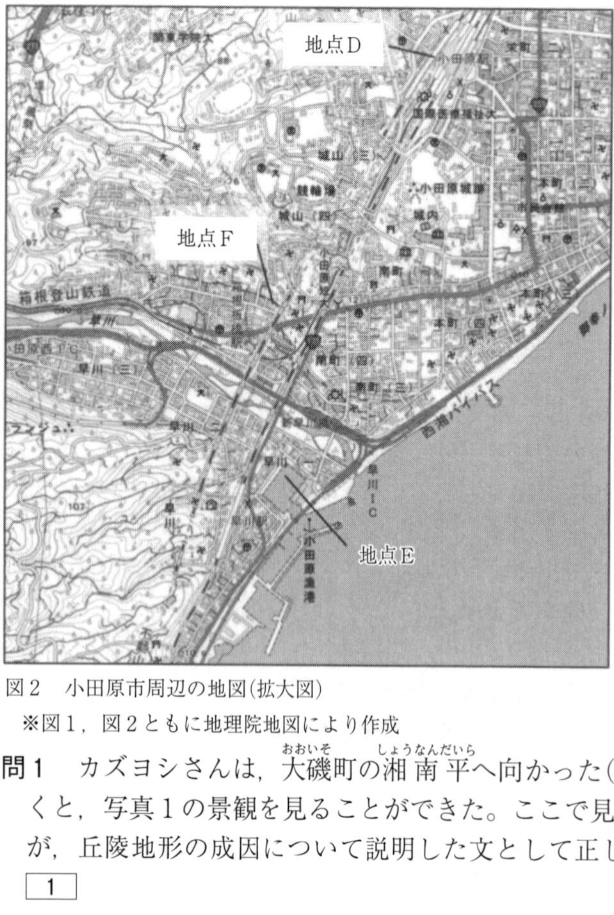

図2　小田原市周辺の地図(拡大図)

※図1，図2ともに地理院地図により作成

問1　カズヨシさんは，大磯《おおいそ》町の湘南平《しょうなんだいら》へ向かった(図1中の地点A)。展望台に上り北西方向を向くと，写真1の景観を見ることができた。ここで見られる凹凸《おうとつ》のある地形を「大磯丘陵《おおいそきゅうりょう》」と呼ぶが，丘陵地形の成因について説明した文として正しいものを，次の①～④から1つ選びなさい。

[1]

① かつてこの場所は海底であったが，地盤《じばん》の隆起《りゅうき》によって陸上に姿をあらわした。その後の侵食作用によって谷が刻《きざ》まれて凹凸のある地形となった。

② かつてこの場所には標高3000mを超える大山脈があったが，長い年月をかけて侵食されて現在の低くなだらかな凹凸地形ができた。

③ かつてこの場所は相模川《さがみがわ》がつくる低平な地形だったが，西側の箱根火山が噴火した際に大量の火砕流《かさいりゅう》が流れてきて，凹凸のある台地を形成した。

写真１　湘南平の展望台から見た丘陵地形

④ かつてこの場所は海底であったが，ユーラシア大陸から運ばれる飛砂《ひさ》が繰り返し堆積したことにより，陸上に姿をあらわし，やがて凹凸のある台地となった。

問２　展望台から南側を向くと写真２の風景が広がっているが，この写真に写っている海は次の①～⑥のうちどれか。正しいものを１つ選びなさい。 2

①　東京湾　②　相模湾　③　駿河湾　④　遠州灘《えんしゅうなだ》　⑤　伊勢湾《いせわん》　⑥　九十九里浜《くじゅうくりはま》

写真２　湘南平の展望台からみた南側の風景

問３　カズヨシさんは湘南平を出発すると，海岸線沿いに西へ移動した。しばらく歩くとJR国府津《こうづ》駅に到着した(図１中の地点B)。この駅には東海道本線と御殿場《ごてんば》線が乗り入れている。かつて東海道本線は現在の御殿場線のルートを通っていたが，1934年に丹那《たんな》トンネルが開通すると，熱海《あたみ》や三島《みしま》を経由するルートへと変更された(図３)。丹那トンネルが開通し，東海道本線が現在のルートに変更されたことによって生じた，東海道本線沿い，および御殿場線沿いの出来事として**誤っているものを**，次の①～④から１つ選びなさい。

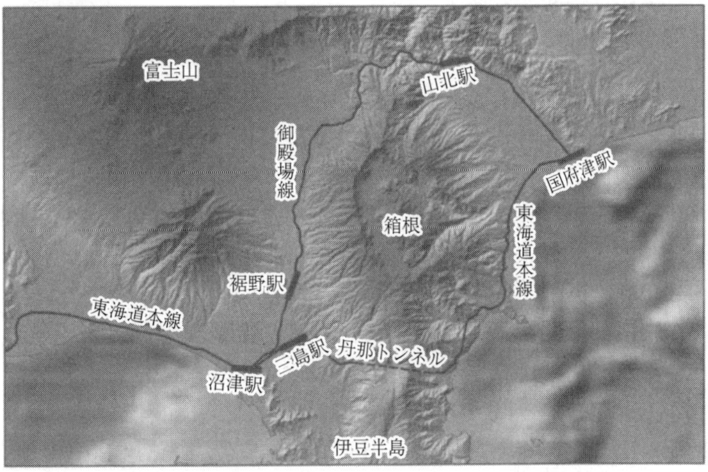

図３　東海道本線と御殿場線のルートと地形　※地理院地図により作成

3

①　東海道本線の長さが短縮され，物資の運搬にかかる時間が短縮した。

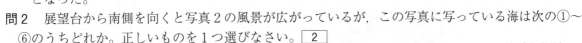

② それまで東海道本線の乗り入れが行われていなかった三島駅では，東海道本線開通により地価が２倍以上に上昇した。
③ 裾野駅では観光客が減少し，駅前商店街が衰退した。
④ 山北駅では乗降客が増加し，駅周辺地域の経済が発展した。

問４ カズヨシさんは，酒匂《さかわ》川の左岸側を上流に向かって歩くことにした。図１および図４中の地点Ｃで写真３の石碑を見つけた。この石碑の意味として正しいものを，下の①～④から１つ選びなさい。 4

写真３　地点Ｃにある石碑

図４　地点Ｃの位置（○の位置）
※地理院地図により作成

① かつてこのあたりで水資源の争奪戦が起きたことを表している。
② かつてこのあたりを支配した北条氏の功績を称えるために設置された。
③ かつてこのあたりで甚大な水不足に陥り，農業収穫量が減少したということがあるため，豊作を祈るために設置された。
④ かつてこのあたりで大雨時に酒匂川の水が溢れて甚大な被害が生じたため，その被害を後世に伝えるために設置された。

問５ カズヨシさんはその後，南下して小田原駅へ向かった（図１および図２中の地点Ｄ）。小田原駅周辺の商店街にはかまぼこ店が並んでいる。小田原市は海が近いため，海産物の加工業が盛んであり，かまぼこは小田原市の特産品の１つである。これに関連して，次のＡ～Ｄのうち，特産品（工芸品や工業製品を含む）と都市名の組み合わせが正しいものはいくつあるか。その数として正しいものを，下の①～⑤から１つ選びなさい。 5

Ａ：南部鉄器／秋田県秋田市　　Ｂ：金属洋食器／新潟県燕《つばめ》市
Ｃ：ワイン／山梨県甲州《こうしゅう》市　　Ｄ：オリーブ／石川県金沢市

① １つ　② ２つ　③ ３つ　④ ４つ　⑤ １つもない

問６ 次にカズヨシさんは小田原漁港へ向かった（図２中の地点Ｅ，写真４）。小田原市は海に面していることから漁業が盛んである。次のグラフ１は，神奈川県における漁業生産量を表している。グラフ中のア，イには昭和60年，平成25年のいずれか，Ａ，Ｂには養殖，遠洋のいずれかが入る。アおよびＡにあてはまる語句の組み合わせとして正しいものを，下の①～④から１つ選びなさい。
6

写真４　小田原漁港

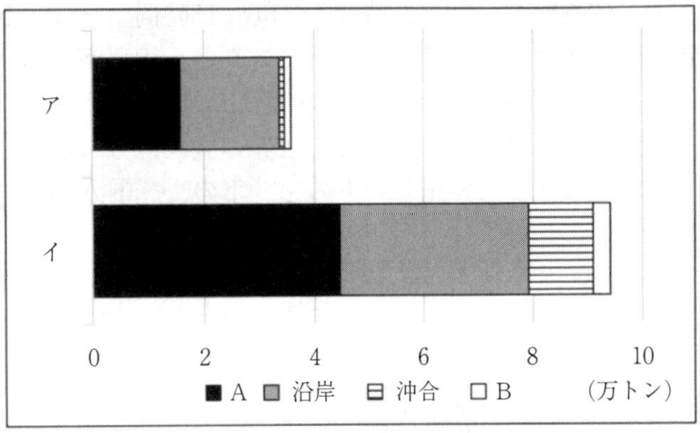

グラフ１　神奈川県の漁業生産量
※神奈川県『私たちのくらしと神奈川の農林水産業』のデータを使用

	①	②	③	④
ア	昭和60年	昭和60年	平成25年	平成25年
A	養殖	遠洋	養殖	遠洋

問７　小田原漁港に向かう途中，カズヨシさんは図２中の地点Ｆで写真５の水路を発見した。この水路に関して，カズヨシさんは付近に住むシンゴさんに聞き取り調査をした。次の文はそのやりとりであるが，空欄（ア），（イ）にあてはまる語句の組み合わせとして正しいものを，下の①～⑥から１つ選びなさい。［7］

カ：カズヨシさん　　シ：シンゴさん
シ：この水路は小田原用水という人工水路で，（　ア　）を水源とする早川から取水しているんだよ。
カ：この水路がつくられた目的は何ですか？
シ：小田原は海が近いため，湧水には大量の塩分が含まれていて農業用や飲用としては使えなかったんだ。そこで，早川の淡水を配水するためにつくられたんだよ。
カ：この水路を下流に辿っていくと，水路にフタがされている所もありますね。
シ：フタがされて水面が見えなくなった水路のことを（　イ　）というんだよ。

写真５　小田原用水

	①	②	③	④	⑤	⑥
ア	相模湖	相模湖	芦ノ湖《あしのこ》	芦ノ湖	丹沢湖《たんざわこ》	丹沢湖
イ	放水路	暗渠《あんきょ》	放水路	暗渠	放水路	暗渠

問８　市役所での聞き取り調査により，小田原市がアメリカ合衆国カリフォルニア州のチュラビスタ（標準時子午線：西経120度）と姉妹都市の関係であることが分かった。小田原市とチュラビスタの時差を次の①～⑥から１つ選びなさい。ただし，サマータイムを考慮して求めなさい。サマータイムとは，夏の期間に太陽の出ている時間を有効に使うために時間を１時間進める制度である。カズヨシさんが調査したのは５月であり，チュラビスタではサマータイム実施期間に含まれる。［8］

① 13時間　② 14時間　③ 15時間　④ 16時間　⑤ 17時間　⑥ 18時間

問９　カズヨシさんは，チュラビスタと小田原がほぼ同緯度であるにも関わらず気候が大きく異なることに気づいた。そこで２つの都市の気候を雨温図により比較した。次のA・Bのうち，小田原の雨温図を選びなさい。また，世界の気候区分によると，チュラビスタは何気候であるか。それらの組み合わせとして正しいものを，下の①～⑥から１つ選びなさい。［9］

A

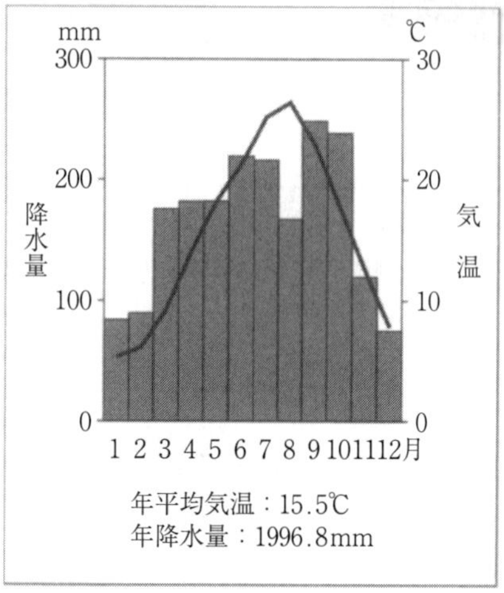

B

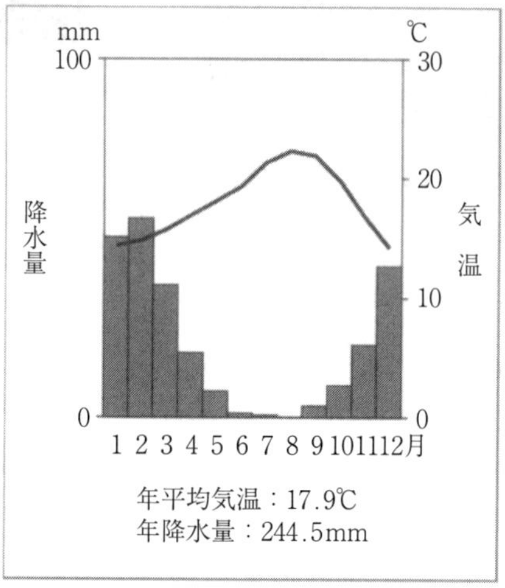

※いずれも気象庁の気象データ（平年値）から作成した。
※チュラビスタの気候はサンディエゴの気候データを代用した。

	①	②	③
小田原の雨温図 チュラビスタの気候	A 地中海性気候	A 西岸海洋性気候	A 温暖湿潤気候
	④	⑤	⑥
小田原の雨温図 チュラビスタの気候	B 地中海性気候	B 西岸海洋性気候	B 温暖湿潤気候

２　次の文章を読み，以下の問いに答えなさい。

将棋の起源は古代(a)インドのチャトランガというゲームにあるとする説が最有力であるが，日本の将棋以外にも，(b)西洋のチェス，(c)中国の象棋（シャンチー）など類似のゲームは世界各地域に存在する。

将棋が日本に伝来した時期には諸説あるが，(d)平安時代に書かれた『新猿楽記《しんさるがくき》』に将棋に関する記述があり，これが日本の最古の将棋史料とされている。この時期は平安大将棋と呼ばれ，現在よりもマス目や駒の種類が多かったが，(e)16世紀頃には現在の将棋に近い形になったとされている。将棋のルールの中で最も大きな特徴は，相手から取った駒を再利用できる，いわゆる「持ち駒」のルールであり，これが将棋の複雑さ・奥深さにつながっている。

(f)江戸時代になると家元制という形で幕府が将棋を保護し，歴代の将軍には将棋愛好家もいたと言われている。(g)明治時代には新聞に詰将棋や実戦将棋が掲載されてプロ棋士も登場し，(h)大正時代である1924年には，昨年(i)羽生善治《はぶよしはる》九段（注：2023年10月現在）が新たに会長に就任した東京将棋連盟（現日本将棋連盟）が設立された。その後，将棋の戦術や技術が発展して現代につながっていき，近年ではインターネットを利用した研究も進み，(j)藤井聡太《ふじいそうた》八冠（注：2023年10月現在）は手筋や戦術の研究にAIを利用していることで知られている。

（日本将棋連盟のHP 「将棋の歴史」を参考に文章を作成）

問1　下線部(a)について，インダス文明に関する以下の文章の正誤の組み合わせとして正しいものを，下の①～④から1つ選びなさい。 10

ア：インダス川の下流域には，ジッグラト(聖塔)の遺跡が存在していた。

イ：月の満ち欠けに基づく太陰暦が考え出された。

①　ア：正　イ：正　　②　ア：正　イ：誤　　③　ア：誤　イ：正　　④　ア：誤　イ：誤

問2　下線部(b)について，以下の絵画の中で，フランス革命とは**関係のないもの**を，次の①～④から1つ選びなさい。 11

①

②

③

④

問3　下線部(c)について，以下の問いに答えなさい。

(1)　中国の歴史について述べた以下の文章の中で正しいものを，次の①～④から1つ選びなさい。 12

①　秦の始皇帝が文字を統一したことで，甲骨文字が生まれた。

②　南京を首都として，李舜臣が明を建国した。

③　毛沢東が三民主義を唱え，辛亥革命が起きた。

④　日本と中国の国交が正常化したのは，田中角栄内閣の時であった。

(2)　次のア～エは19世紀の中国に関する史料である(史料は一部改めてある)。これを歴史的に古い順に並べ替えたものとして正しいものを，下の①～⑧から1つ選びなさい。 13

ア：中国とイギリスとの間の条約文

「今後，清の大皇帝は次のことをお許しになった。イギリスの人民が一族郎党を連れて，(中略) 妨げられることなく貿易通商を行うこと。(中略) ここに大皇帝は，香港一島をイギリス君主に与え，以後も君主の位を継承した者が永きにわたってここを主管し，任意に制度や法をつくり，治めていくことをお許しになった。」

イ：(※)林則徐《りんそくじょ》などの皇帝への文書　　※清の政治家でアヘンの没収と廃棄などを強行した人物

「アヘンが外国から輸入され，密かに内地で銀塊と交換されるのは，特に大問題につながります。(中略) アヘンは，ケシの乳液をしみこませた土を銀に交換するわけですから，まさに財政を損ない，人命を害するものと言えます。」

ウ：中国と日本との間の条約文①

「中国は朝鮮を完全無欠の独立国であると認め，およそ朝鮮の独立自主体制を毀損《きそん》するようなあらゆるもの，たとえば朝鮮が中国に認めている貢献，典礼などは，今後すべてこれを廃止することとする。」

エ：中国と日本との間の条約文②

「両国の開港地には，それぞれの役人を置き，自国の商人の取りしまりを行う。財産や産業について訴えがあった事件は，その役人が裁判を行い，自国の法律で裁く。」

① ア→イ→ウ→エ　② ア→イ→エ→ウ　③ ア→エ→イ→ウ
④ ア→ウ→イ→エ　⑤ イ→ア→ウ→エ　⑥ イ→ア→エ→ウ
⑦ イ→エ→ア→ウ　⑧ イ→ウ→ア→エ

問4　下線部(d)について，平安時代の出来事について述べた以下の文章の中で**誤っているもの**を，次の①～④から1つ選びなさい。[14]

① 平清盛は平治の乱で源義朝を討ち，その子である頼朝は伊豆に流された。
② 藤原頼通は右大臣であった菅原道真を，九州の大宰府に左遷させた。
③ 漢字を変形させた仮名文字が作られ，『土佐日記』などが作られた。
④ 収入を得ることだけを目的とした国司が増え，地方の政治が乱れていった。

問5　下線部(e)について，以下の文章の中で16世紀の出来事として正しいものを，次の①～⑥から**すべて**選びなさい。[15]

① オスマン帝国がビザンツ(東ローマ)帝国を滅ぼした。
② 千利休がわび茶と呼ばれる芸能を完成させた。
③ 天正遣欧使節がローマ教皇のもとへ派遣された。
④ 加賀の一向一揆が始まった。
⑤ スイスでカルバンが宗教改革を始めた。
⑥ バスコ・ダ・ガマがインドに到達した。

問6　下線部(f)について，以下の年表は江戸時代の将棋に関する歴史の一部を示したものである。年表中の空欄(ア)～(ウ)にあてはまる出来事として正しいものを，下の①～⑤からそれぞれ選びなさい。**ただし，あてはまるものがない場合は⑥とマークすること**。

(ア)：[16]　(イ)：[17]　(ウ)：[18]

1634年　将棋の名人として有名な初代大橋宗桂《そうけい》が亡くなる
(　ア　)
1716年　将軍の御前で指す「御城《おしろ》将棋」が制度化される
(　イ　)
1760年　将棋愛好家として有名な徳川家治《いえはる》が10代将軍となる
(　ウ　)

① 杉田玄白らが『解体新書』を出版した。
② 桜田門外の変で吉田松陰が暗殺された。
③ 新井白石が正徳の治を始めた。
④ 禁中《きんちゅう》並《ならびに》公家《くげ》諸法度《しょはっと》を出し，朝廷・公家を統制した。

　⑤　ロシア使節のレザノフが根室に来航した。

問７　下線部(g)について，以下の問いに答えなさい。

(1)　明治時代の社会および文化について述べた以下の文章の中で**誤っているもの**を，次の①～④から１つ選びなさい。 19

　①　足尾銅山の鉱毒事件などの公害問題が発生した。
　②　日露戦争後に主要な民営鉄道が国有化された。
　③　横山大観が彫刻作品「老猿」を制作した。
　④　森鷗外が小説『舞姫』を発表した。

(2)　次のア～ウの風刺画はすべて明治時代に関するものである。風刺画に描かれている出来事を，歴史的に古い順に並べ替えたものとして正しいものを，下の①～⑥から１つ選びなさい。 20

ア

イ

ウ

　①　ア→イ→ウ　　②　ア→ウ→イ　　③　イ→ア→ウ
　④　イ→ウ→ア　　⑤　ウ→ア→イ　　⑥　ウ→イ→ア

問８　下線部(h)について，大正時代には大戦景気による好況で「成金」が出現した。この「成金」は将棋に由来する言葉であるが，その説明として正しいものを，次の①～④から１つ選びなさい。 21

①　すべての駒が敵陣に入ると「金」になることに由来する。
②　歩などの低位の駒が敵陣に入ると「金」になることに由来する。
③　江戸時代，将軍に勝利すると「金」がもらえることに由来する。
④　明治時代，華族に勝利すると「金」がもらえることに由来する。

問９　下線部(i)について，羽生善治は1970年９月27日に生まれたが，1970年代の日本および世界の様子について述べた文章の組み合わせとして正しいものを，下の①～⑥から１つ選びなさい。 22

【日本の様子】

ア：成田空港（新東京国際空港）が開港した。
イ：初めて３％の消費税が導入された。
ウ：大阪で日本万国博覧会が開かれた。

【世界の様子】
エ：東南アジア諸国連合（ASEAN）が結成された。
オ：ユーゴスラビアで内戦が勃発した。
カ：第１回主要国首脳会議（サミット）が開かれた。

①　ア・エ　②　ア・オ　③　イ・オ　④　イ・カ　⑤　ウ・エ　⑥　ウ・カ

問10　下線部(j)について，藤井聡太は愛知県の出身である。愛知の歴史に関する以下の文章の正誤の組み合わせとして正しいものを，下の①～④から１つ選びなさい。[23]

ア：織田信長は鉄砲隊を活用した長篠の戦いで武田信玄を倒したが，その後本能寺で明智光秀に暗殺された。
イ：豊臣秀吉は徳川家康と小牧・長久手で戦ったが，勝負がつかなかったため，後に和睦した。

①　ア：正　イ：正　②　ア：正　イ：誤　③　ア：誤　イ：正　④　ア：誤　イ：誤

3　以下の問いに答えなさい。

問１　以下のグラフは日本の一次エネルギーの供給割合を表したものである。グラフ中のア～カのうち天然ガスとして最も適当なものを，下の①～⑥から１つ選びなさい。ただし，グラフに表されているエネルギーは再生可能エネルギー，石油，石炭，原子力，水力，天然ガスの割合である。[24]

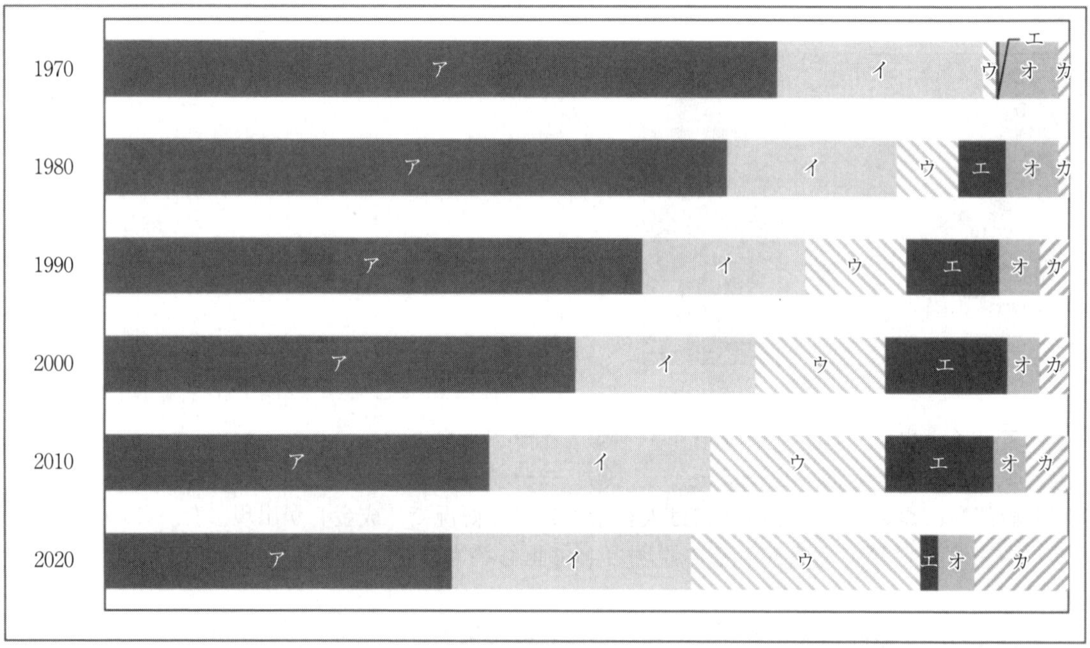

注：「再生可能エネルギー等（水力除く）」とは，太陽光，風力，バイオマス，地熱などのことを指す。
資料：資源エネルギー庁「総合エネルギー統計」を基に作成。

①　ア　②　イ　③　ウ　④　エ　⑤　オ　⑥　カ

問２　日本銀行が実施する政策や業務についての記述として正しいものを，次の①～④から１つ選びなさい。[25]

①　金融機関による企業への貸し出しを増やすため，預金準備率を引き下げる。

② デフレーション対策として，一般の銀行に対して貸し出し金利を上げる政策を実施する。

③ デフレーション対策として，一般の銀行に対して国債などを売る，売りオペレーションを実施する。

④ 自国通貨の為替レートを切り下げるために，外国為替市場で自国通貨の買い介入を行う。

問3 以下の図ア～図ウは，完全失業率，実質経済成長率(前年比)，消費者物価指数(前年比)について，それぞれの推移を示したものである。図ア～図ウと各指標との組み合わせとして最も適当なものを，下の①～⑥から1つ選びなさい。[26]

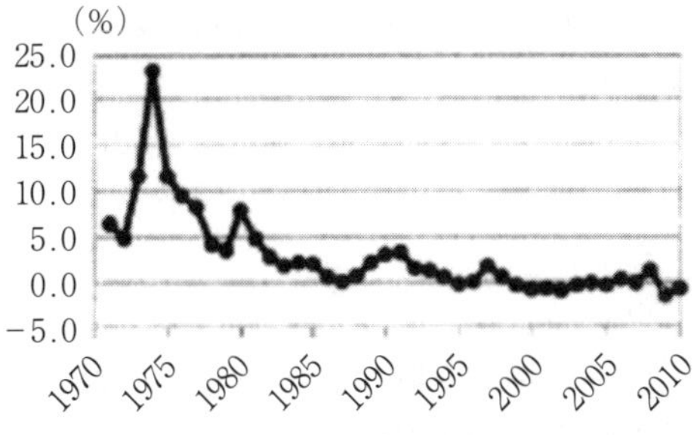

ア

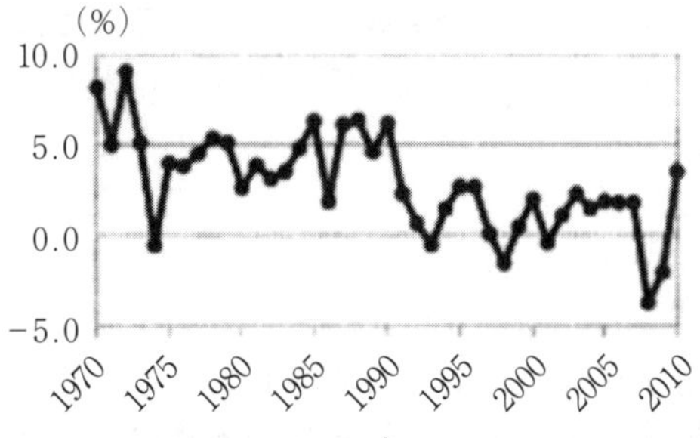

イ

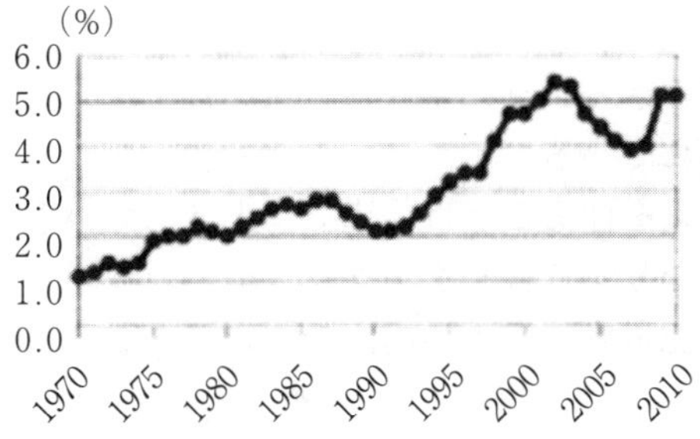

ウ

注：実質経済成長率(前年比)は年度。消費者物価指数は年平均の対前年比。

資料：内閣府および総務省資料より作成

① ア：完全失業率　　イ：実質経済成長率(前年比)
　ウ：消費者物価指数(前年比)

② ア：完全失業率　　イ：消費者物価指数(前年比)
　ウ：実質経済成長率(前年比)

③ ア：実質経済成長率(前年比)　　イ：完全失業率
　ウ：消費者物価指数(前年比)

④ ア：実質経済成長率(前年比)　　イ：消費者物価指数(前年比)
　ウ：完全失業率

⑤ ア：消費者物価指数(前年比)　　イ：実質経済成長率(前年比)
　ウ：完全失業率

⑥ ア：消費者物価指数(前年比)　　イ：完全失業率
　ウ：実質経済成長率(前年比)

問4 次の文章ア・イは，人権保障の広がりについて述べたものである。その正誤の組み合わせとして正しいものを，下の①～④から1つ選びなさい。[27]

ア：同性同士による婚姻である同性婚について，世界各国で法的に保障する動きがあることから，日本においても国家レベルで法的に認められた。

イ：企業・学校などにおいて，人種・性別等を理由に差別を受けてきた者の地位向上のために積極的な優遇措置をとることをアファーマティブ(ポジティブ)アクションという。

① ア：正　イ：正　② ア：正　イ：誤
③ ア：誤　イ：正　④ ア：誤　イ：誤

問5　次のア～ウは，国際経済の諸課題についての説明である。その正誤の組み合わせとして正しいものを，下の①～⑧から1つ選びなさい。[28]

ア：政府開発援助(ODA)には資金面の協力だけでなく，技術協力も含まれる。
イ：発展途上国の中でも経済成長をしている国と最貧国と呼ばれる国との格差を南北問題という。
ウ：発展途上国から公正な価格で輸入することをイコールトレードという。

① ア：正　イ：正　ウ：正　② ア：正　イ：正　ウ：誤
③ ア：正　イ：誤　ウ：正　④ ア：正　イ：誤　ウ：誤
⑤ ア：誤　イ：正　ウ：正　⑥ ア：誤　イ：正　ウ：誤
⑦ ア：誤　イ：誤　ウ：正　⑧ ア：誤　イ：誤　ウ：誤

問6　日本国憲法には直接的に規定されていない権利は「新しい人権」と呼ばれている。この「新しい人権」に関する説明として**誤っているもの**を，次の①～④から1つ選びなさい。[29]

① 環境保全の観点から，大規模な開発を行う場合に，事後に環境への影響を調査する環境アセスメントが義務付けられている。
② 医療の分野では，患者が治療方法などを自分で決定できるように手術の方法などを十分に説明して同意を得るインフォームド・コンセントが求められている。
③ クローン技術を用いて，日本において人間のクローンを作ることは法律で禁止されている。
④ マスメディアを利用して，意見を発表したり反論したりする権利をアクセス権という。

問7　次のグラフは秋田県，東京都，大阪府，高知県の2022年度の歳入の内訳の割合である。以下のア～エのうち東京都として正しいものを，下の①～④から1つ選びなさい。[30]

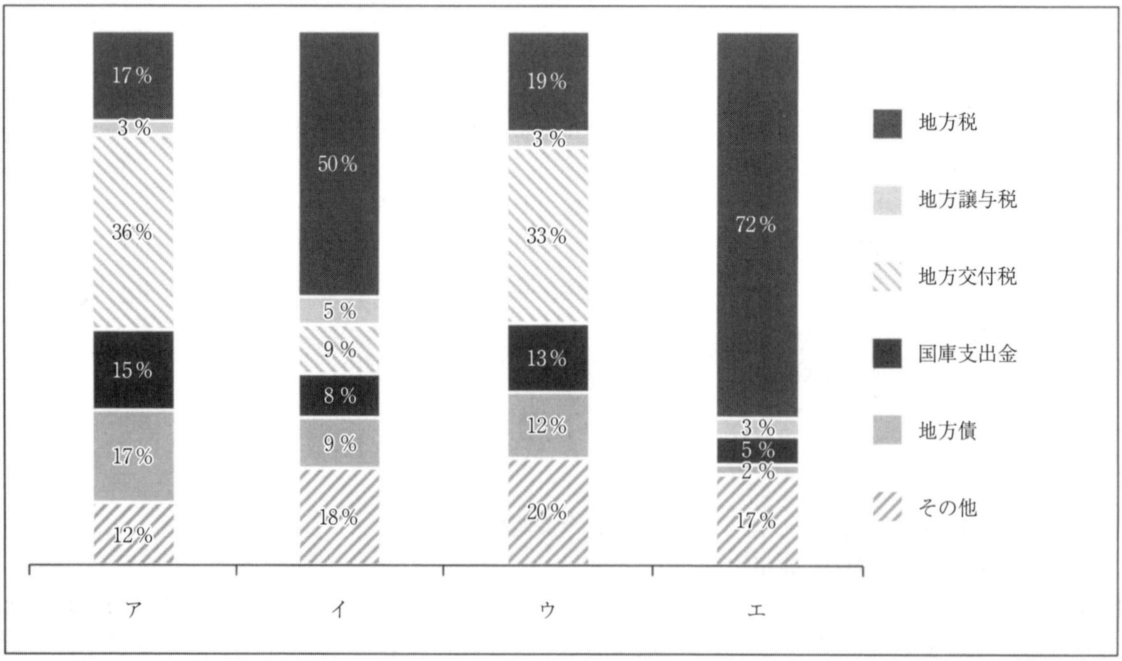

資料：e-Stat「地方財政状況調査」を基に作成。

① ア　② イ　③ ウ　④ エ

問8　現在の日本の裁判員制度について正しいものを，次の①～④から1つ選びなさい。 31

①　裁判員が参加するのは，高等裁判所で行われる第二審の裁判までである。

②　1つの事件の裁判は，原則として7人の裁判官，7人の裁判員によって行われる。

③　裁判員は満18歳以上の国民の中からくじと面接によって選ばれることになっている。

④　裁判員は，裁判官とともに被告人が有罪か無罪かを決め，刑罰の内容は裁判官のみによって決定する。

問9　憲法改正について述べた次のア～ウの文章のうち**誤りを含むもの**はいくつあるか。下の①～④から1つ選びなさい。 32

ア：各議院の総議員の3分の1以上の賛成で，国会が改正を発議する。

イ：内閣総理大臣が憲法改正を公布する。

ウ：国民投票での投票総数(賛成の投票数と反対の投票数を合計した数)の過半数の賛成で，国民が憲法改正を承認する。

①　1つ　　②　2つ　　③　3つ　　④　すべて正しい

問10　次のア～ウは消費者問題に関する出来事である。この出来事を歴史的に古い順に並べ替えたものとして正しいものを，下の①～⑥から1つ選びなさい。 33

ア：消費者契約法を施行

イ：消費者庁を設置

ウ：製造物責任法(PL 法)を施行

①　ア→イ→ウ　　②　ア→ウ→イ　　③　イ→ア→ウ

④　イ→ウ→ア　　⑤　ウ→ア→イ　　⑥　ウ→イ→ア

4　次の文章を読み，以下の問いに答えなさい。

A：さて，今年もこの季節が来たな。よし，頑張るぞ！

B：なにを頑張るの？　年賀状？

A：違うよ。今年を表す漢字一文字だよ。毎年，応募しているけど，今年こそ1位を目指す！

B：ずいぶん気合が入っているな。こんなに一生懸命にやっている人を初めて見た。ただ，今年は野球のWBCなどスポーツイベントもいっぱいあったし，ロシアとウクライナだけではなく，(a)イスラエルでも新たな紛争が起こったから，やはり「戦」じゃないの？

A：いや，実は「戦」は2022年に選ばれているから，さすがに2年連続はないと思う。ちなみに，「戦」は(b)アメリカ同時多発テロ事件が起こった2001年にも選ばれていて2回目だよ。

B：へぇ，そうだったのか。他にも複数回選ばれた漢字ってあるの？

A：あるよ。なんと4回も選ばれた漢字があって，なんだと思う？　ヒントは，(c)2000年，2012年，2016年，2021年に選ばれていて，その年には…

B：分かった！「金」でしょ！　オリンピックでしょ！

A：正解。年によっては，スポーツや文化での金字塔，金環日食や「政治とカネ」にまつわる問題など，いろいろとあったから，まだヒントを出したかったのに。

B：ごめんごめん。なんとなく4年周期っぽいのと，2021年で分かっちゃった。本来だったら2020年だから。ちなみに，その2020年は何だったのだろう。

A：「密」だよ。コロナ禍となって，「3密」を避けて，新しい生活様式が唱えられたから。

C：ねえ，なにをしてるの？

B：今年を表す漢字一文字を考えていたところ。

A：いや，Bは考えてないでしょ。
B：話を聞いているうちに，面白そうだからやりたくなってきた。Cも一緒にやろう。
C：いいよ。じゃあ，まず今年あったことを振り返ってみる？
A：本当は一人でじっくりとやりたいけど，まあいいか。2023年って，なにがあった？
B：トルコとシリアで大きな地震があったし，今年も災害は多かったと思う。
C：しかも，暑かった。7月には(d)国連の事務総長が「地球沸騰化の時代が到来した」って言ってた。
A：そうそう。結局，1年のうち半分ぐらい半そでを着ているから，春・夏・真夏・秋・冬の五季って感じ。
B：他はどう？　イギリスで70年ぶりに戴冠式があったけど，中継を見ていたら歴史と伝統を感じたな。
C：あっ，「冠」なんかどう？　戴冠式もだけど，将棋のタイトル独占もあったしね。
A：いいかも。「災」は2004年と2018年に選ばれているから，「冠」の方がいいな。
B：えっ，なんか後から入ってきていきなり採用されると悔しいな。他にないかな。ちなみに，Aはなににしようか考えていた？
A：一応，「増」で考えていた。増税，(e)物価高で家計の負担増とか。
C：なるほどね。それもいいねぇ。
B：みんなすごいな。よし，じゃあ，「優」なんてどう。WBCで優勝，高校サッカーや野球の選抜大会も初優勝だったし，夏の甲子園は107年ぶりの優勝，と優勝のニュースいっぱい見たから。
A：なるほど。いわれてみれば「優」もいいな。今のところ3つもいいのがあるな。
B：みんなそれぞれで送らない？　せっかくいいのが思い浮かんだから。
C：そうだね，そうしよう。よし，楽しみができたぞ。
B：発表はいつなの？
A：12月12日だよ。じゃあ，みんなで送ろう！

※この文は2023年11月までの出来事に基づいて作成されています。

問1　下線部(a)の「イスラエル」において，右の地図中の(ア)～(エ)よりガザ地区の場所と2023年11月現在のイスラエルの首相を正しく組み合わせているものを，次の①～④から1つ選びなさい。[34]

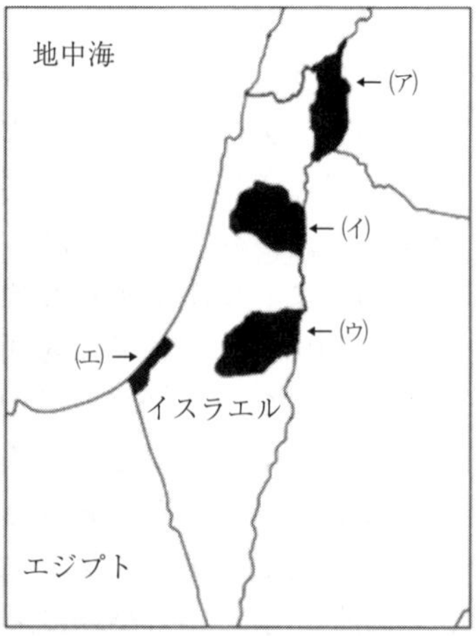

① 場所：(ア)　首相：シャロン
② 場所：(イ)　首相：ネタニヤフ
③ 場所：(ウ)　首相：シャロン
④ 場所：(エ)　首相：ネタニヤフ

※なお，地図は問題作成上の都合で一部を加工しています。

問2　下線部(b)の「アメリカ同時多発テロ事件」について説明した次のア・イの文の正誤の組み合わせとして正しいものを，下の①～④から1つ選びなさい。[35]

ア：2001年9月11日，イスラーム教過激派アルカーイダのメンバーによってハイジャックされた飛行機が，ニューヨークの世界貿易センタービルや，国防総省本庁舎に衝突する事件が起こった。
イ：アメリカ同時多発テロ事件が起こると，アメリカ合衆国ブッシュ大統領は，アルカーイダとそれを支援するアフガニスタンのターリバーン政権に対して軍事侵攻を行った。

① ア：正　イ：正　② ア：正　イ：誤　③ ア：誤　イ：正　④ ア：誤　イ：誤

問3　下線部(c)の「2000年，2012年，2016年」における夏季オリンピックの開催地として正しい組み合わせを，次の①～⑧から1つ選びなさい。36

① 2000年：北京　2012年：ロンドン　2016年：リオデジャネイロ
② 2000年：北京　2012年：アテネ　2016年：ロンドン
③ 2000年：アテネ　2012年：シドニー　2016年：北京
④ 2000年：アテネ　2012年：北京　2016年：ロンドン
⑤ 2000年：アテネ　2012年：ロンドン　2016年：北京
⑥ 2000年：シドニー　2012年：アテネ　2016年：リオデジャネイロ
⑦ 2000年：シドニー　2012年：北京　2016年：ロンドン
⑧ 2000年：シドニー　2012年：ロンドン　2016年：リオデジャネイロ

問4　下線部(d)の「国連の事務総長」について説明した次のア～エの文のうち，**誤っている文**の組み合わせとして正しいものを，下の①～⑤から1つ選びなさい。37

ア：現在(2023年)における国連の事務総長は，グテーレスである。
イ：国連の事務総長は国連総会で選挙が行われ，安全保障理事会が任命する。
ウ：世界保健機関など国連の専門機関の長官や事務局長の任命権を持つ。
エ：国連の事務総長はヨーロッパ出身者が多く，アジアやアフリカ出身者はいない。

① ア・イ・ウ　② ア・ウ・エ　③ イ・ウ・エ
④ ア・イ・エ　⑤ ア・イ・ウ・エ

問5　下線部(e)の「物価高」が2023年の日本で起きている主な原因として**誤っているもの**を，次の①～④から1つ選びなさい。38

① コロナ禍で落ち込んでいた経済が回復したことによる需要の急激な増加で，生産物流が追いつかない状態となっており，原材料費や輸送費の高騰が物価高の原因となっている。
② 政府による異次元の金融緩和政策により貨幣が大量に発行されると国民の所得が増えたため，急激な経済発展によって物価高の原因となっている。
③ 日本では原油などのエネルギー資源や食料の多くを輸入に頼っているため，円安が進む日本では輸入にかかるコストが上昇しており，物価高の原因となっている。
④ ロシアによるウクライナ侵攻が起こると，経済制裁を受けたロシアは石油や天然ガスなどの化石燃料の輸出を制限するようになったため，化石燃料を原料とする様々なものの物価高の原因となっている。

【理　科】（50分）〈満点：100点〉

注意　解答にあてはまる１～０までの数値をマークしなさい。ただし，計算結果を記入する場合など，必要に応じて０をマークすること。

例　［１］［２］［３］に25と答えたいとき。

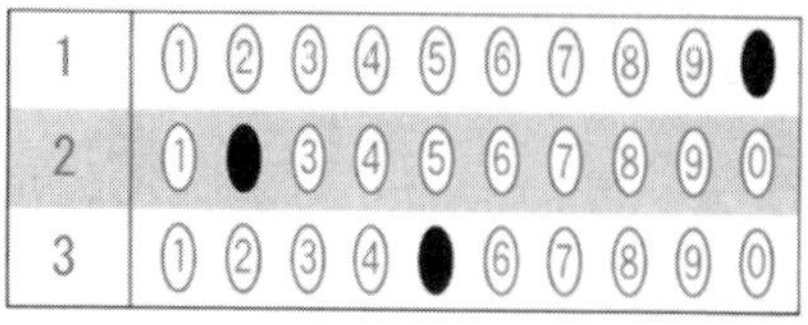

1　〔解答番号［１］～［２］〕

(1)　マッハとは，物体の速さが音の速さの何倍であるかを示す値であり，ここではマッハ１で進む物体の速さを秒速340メートルと定義する。マッハ0.75で飛ぶジェット機が40秒で進む距離を，秒速85メートルで進むＦ１カーが進むのにかかる時間として，もっとも適切なものを①～⑧から１つ選べ。［１］

①　10秒　②　20秒　③　40秒　④　１分
⑤　１分20秒　⑥　１分40秒　⑦　２分　⑧　３分

(2)　未知の鉱物を分析するために質量と体積をはかり，密度を求めたところ$9.90 g/cm^3$であった。その後，その鉱物の中にははかった体積の10％空洞があることがわかった。実際のこの鉱物の密度として，もっとも適切なものを①～⑧から１つ選べ。ただし，空洞部分の質量は無視できるものとする。［２］

①　8.91　②　9.00　③　9.57　④　9.91
⑤　10.11　⑥　10.89　⑦　11.00　⑧　11.11

2　〔解答番号［３］～［12］〕

１．電流の性質について調べるために，様々な実験を行った。次の問いに答えよ。ただし，導線や端子，スイッチの抵抗は考えないものとする。また，流した電流は直流である。

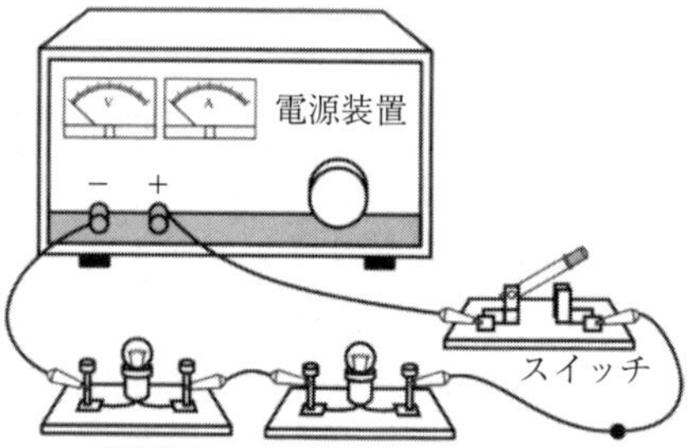

図２－１

(1)　性質の異なる２種類の豆電球１，豆電球２を導線やスイッチを使って電源装置とつなぎ，回路Ａをつくった（図２－１）。回路Ａに，ａ点の電流を測定するための電流計と，豆電球１に加わる電圧を測定するための電圧計をつなぎたい。電流計と電圧計をつないだ回路の回路図として，もっとも適切なものを①～⑥から１つ選べ。［３］

①

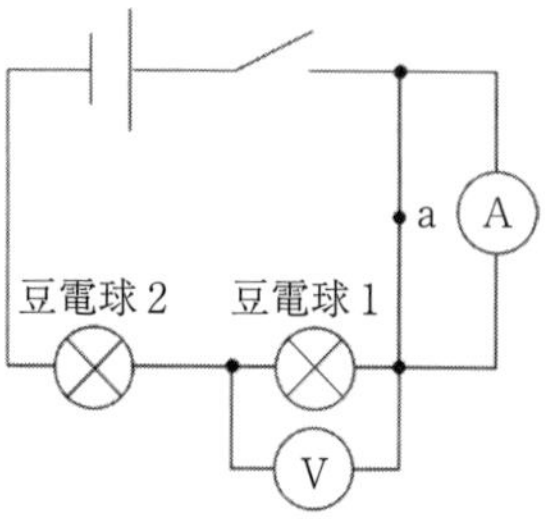

②

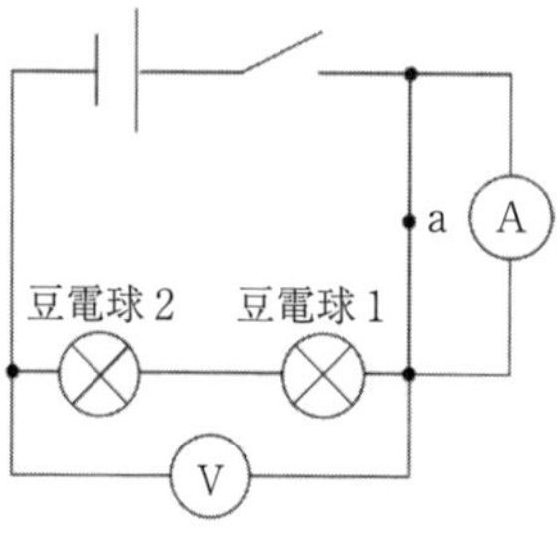

③

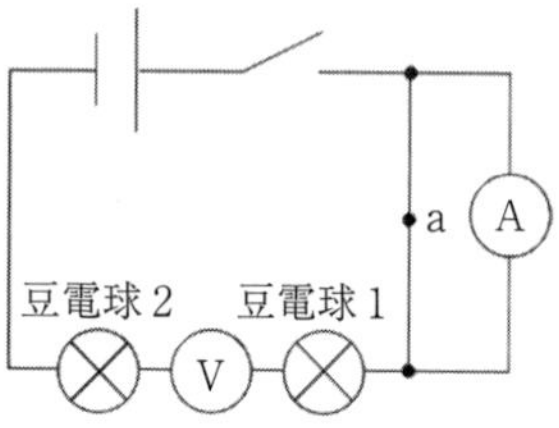

④

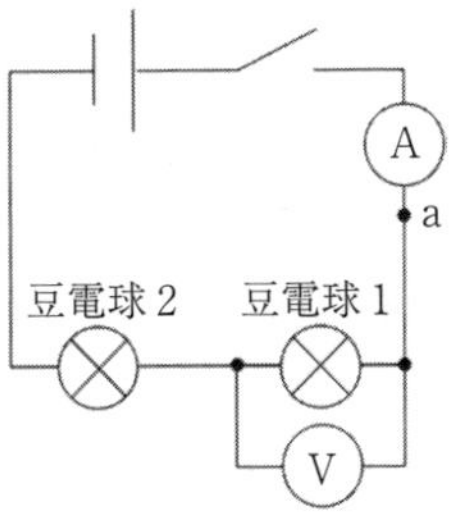

⑤

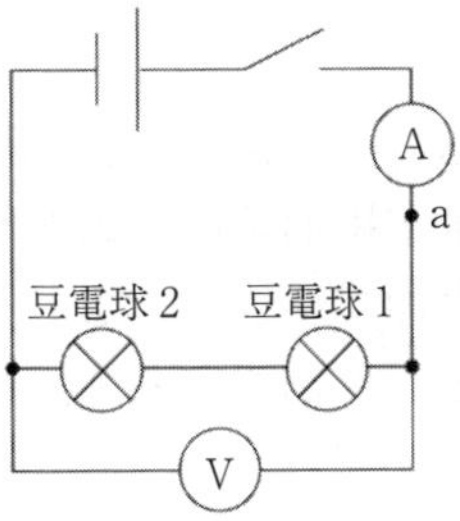

⑥

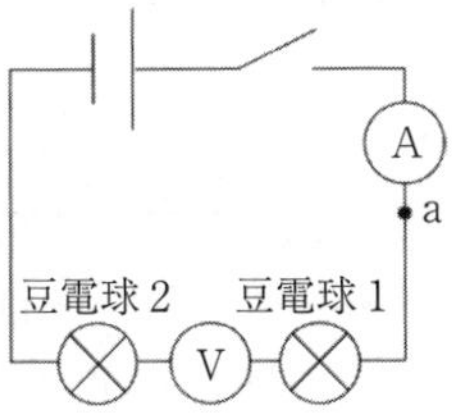

(2) 性質の異なる2種類の豆電球3，豆電球4を導線やスイッチを使って電源装置とつなぎ，回路Bをつくった(図2－2)。回路Bのスイッチを入れ，電源装置で回路に3.0Vの電圧を加え，回路の各点を流れる電流の大きさと各部に加わる電圧の大きさを測定した。このとき，回路Bのbc間，豆電球3，豆電球4に加わる電圧の組み合わせとして，もっとも適切なものを①～⑥から1つ選べ。［4］

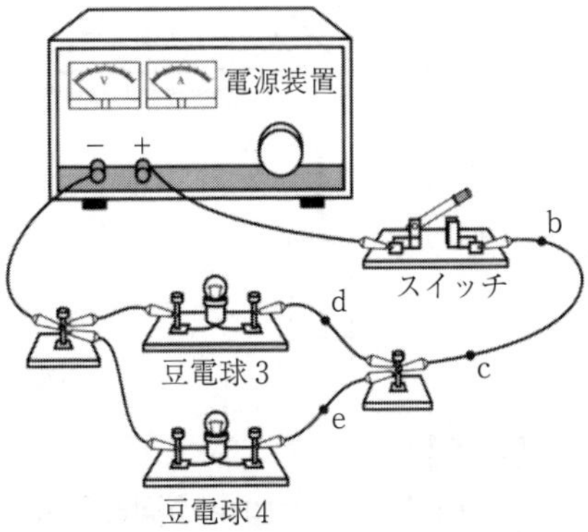

図2－2

	bc間	豆電球3	豆電球4
①	3.0	1.5	1.5
②	3.0	3.0	3.0
③	1.5	1.5	1.5
④	1.5	3.0	3.0
⑤	0	1.5	1.5
⑥	0	3.0	3.0

(3) c点を流れる電流の大きさをI_1，d点を流れる電流の大きさをI_2，e点を流れる電流の大きさをI_3とするとき，I_1，I_2，I_3の関係式として，もっとも適切なものを①～⑧から1つ選べ。［5］

① $I_1=I_2=I_3$　② $I_1=I_2+I_3$　③ $I_2=I_1+I_3$　④ $I_3=I_1+I_2$
⑤ $I_1+I_2+I_3=0$　⑥ $2I_1=I_2+I_3$　⑦ $2I_2=I_1+I_3$　⑧ $2I_3=I_1+I_2$

(4) 豆電球1個と乾電池1個の回路と，豆電球1個と乾電池2個の回路をつくり，豆電球を点灯させた。豆電球はすべて同じものであり，乾電池1個の電圧の大きさもすべて同じである。次の文中の(ア)，(イ)に入る語句の組み合わせとして，もっとも適切なものを①～⑥から1つ選べ。［6］

乾電池1個を用いて回路をつくった場合と比べて，乾電池2個を(ア)につないで回路をつくった場合は，**豆電球の明るさは変わらず**，点灯する時間は(　イ　)。

	ア	イ
①	直列	長くなる
②	直列	変わらない
③	直列	短くなる
④	並列	長くなる
⑤	並列	変わらない
⑥	並列	短くなる

2．空気中での光の速さを測定するために以下の実験を行った。次の問いに答えよ。

【実験装置】

レーザー光を発する光源，ハーフミラー，回転の速さを自由に制御できる歯車，平面鏡，厚紙を図２－３のように設置した。このときの歯車と平面鏡の間の距離をLとする。なお，ハーフミラーは入射する光の一部を透過し，一部を表面で反射させる。また，歯車の歯とすき間の大きさは全てそろっており，歯とすき間はそれぞれX個ずつある。

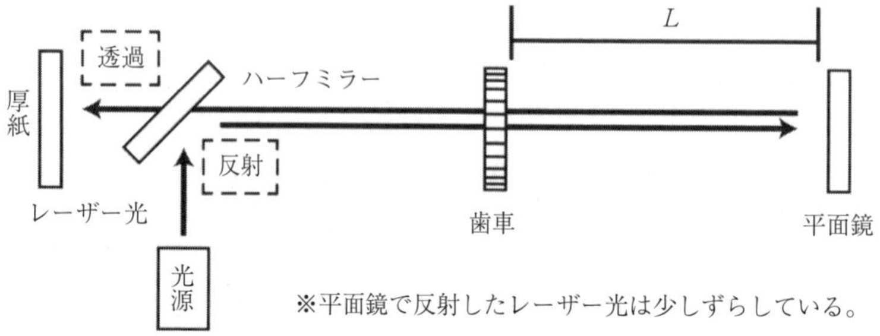

※平面鏡で反射したレーザー光は少しずらしている。

図２－３

【実験】

停止していた歯車の回転を徐々に速くしていき，厚紙に映るレーザー光の様子を観測する。

【結果】

歯車がゆっくりと回転しているうちは，厚紙上でレーザー光が点滅するように観測された。歯車の回転を速くしていき，歯車が１秒あたりN回転するようになったときに，初めて厚紙上でレーザー光が全く映らなくなった。これを**状態１**とする。

【考察】

状態１で厚紙にレーザー光が全く映らなくなった理由を考える。図２－４のように歯車の回転が遅いうちは，すき間Ｂを通過した光が平面鏡で反射した後に同じすき間Ｂを通過して，厚紙にレーザー光が映っていたと考えられる。一方で，図２－５のように歯車の回転を速くしていき**状態１**になると，すき間Ｂを通過した光は平面鏡で反射した後に必ず歯Ａに遮られるようになり，厚紙にレーザー光が映らなくなったと考えられる。

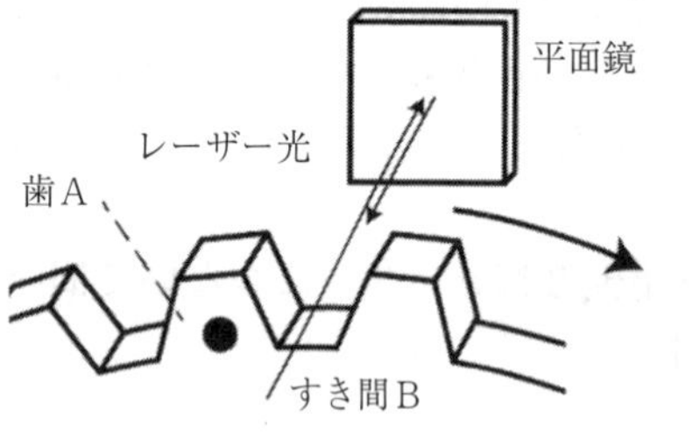

図２－４　歯車がゆっくりと回転しているとき

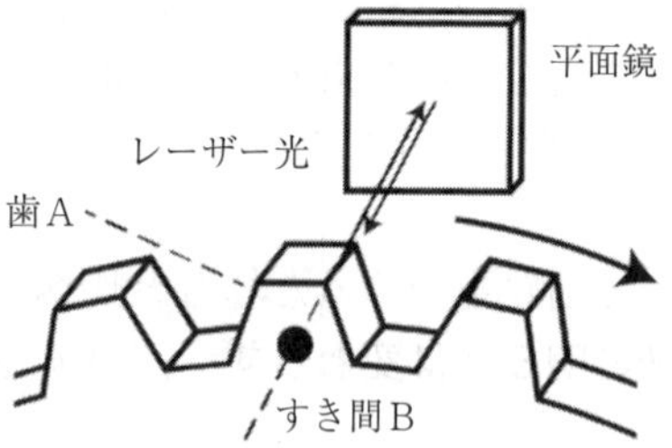

図２－５　歯車が速く回転しているとき

(1)　**状態１**のとき，歯車が１回転するのにかかる時間は何秒か。もっとも適切なものを①～⑧から１つ選べ。［７］

①　X　②　N　③　NX　④　$\frac{1}{X}$　⑤　$\frac{1}{N}$　⑥　$\frac{N}{X}$　⑦　$\frac{X}{N}$　⑧　$\frac{1}{NX}$

(2)　**状態１**のとき，光が歯車と平面鏡間を往復する間に，歯車は何回転するか。もっとも適切なものを①～⑧から１つ選べ。ただし，**状態１**では光が歯車と平面鏡間を往復する間に，歯Ａの中心

が隣り合うすき間Bの中心の位置まで移動している。［８］

① X　② $2X$　③ $\frac{1}{X}$　④ $\frac{1}{2X}$　⑤ N　⑥ $2N$　⑦ $\frac{1}{N}$　⑧ $\frac{1}{2N}$

(3) 歯車と平面鏡の間の距離Lが15km，歯の数Xが625個の場合は，歯車が１秒あたり８回転（$N=8$）しているときに**状態１**になった。この結果から光の速さはいくらとなるか。計算結果を以下に当てはまるように書け。秒速［９］［10］［11］,000キロメートル

(4) **状態１**から，さらに歯車の回転を段階的に速くした。このとき厚紙で観測されるレーザー光の記述として，もっとも適切なものを①～⑧から１つ選べ。［12］

	１秒あたり$3N$回転のとき	１秒あたり$6N$回転のとき	１秒あたり$20N$回転のとき
①	全く映らなかった	全く映らなかった	全く映らなかった
②	全く映らなかった	全く映らなかった	常に映っていた
③	全く映らなかった	常に映っていた	全く映らなかった
④	全く映らなかった	常に映っていた	常に映っていた
⑤	常に映っていた	全く映らなかった	全く映らなかった
⑥	常に映っていた	全く映らなかった	常に映っていた
⑦	常に映っていた	常に映っていた	全く映らなかった
⑧	常に映っていた	常に映っていた	常に映っていた

3 〔解答番号［13］～［22］〕

１．酸性とアルカリ性の溶液を用いて【実験１】と【実験２】を行った。以下の問いに答えよ。

【実験１】

濃度の異なる塩酸A，塩酸B，水酸化ナトリウム水溶液がある。塩酸A，塩酸Bをそれぞれ10mLずつビーカーにとり，塩酸AにはBTB溶液，塩酸Bにはフェノールフタレイン液を加えた。フェノールフタレイン液はアルカリ性条件下で赤色に変わるものとする。

その後，これらのビーカーに水酸化ナトリウム水溶液を５mLずつ加えていった。表３－１は，加えた水酸化ナトリウム水溶液の体積によって水溶液の色がどのように変化したかをまとめたものである。塩酸Aに水酸化ナトリウム水溶液を10mL加えたところでちょうど中和した。

表３－１

加えた水酸化ナトリウム水溶液の体積〔mL〕	0	5	10	15	20	25	30	35	40
塩酸A	（ａ）	（ａ）	緑	青	青	青	青	青	青
塩酸B	（ｂ）	（ｂ）	（ｂ）	無	無	無	赤	赤	赤

(1) 【実験１】について，表３－１の（ａ）・（ｂ）に当てはまる色の組み合わせとして，もっとも適切なものを①～⑨から１つ選べ。［13］

	a	b
①	無	無
②	無	青
③	無	赤

	a	b
④	黄	無
⑤	黄	青
⑥	黄	赤

	a	b
⑦	赤	無
⑧	赤	青
⑨	赤	赤

(2) 【実験１】について，塩酸Aの濃度は，塩酸Bの濃度のおよそ何倍であるか。もっとも適切なものを①～⑧から１つ選べ。［14］

① 0.20　② 0.25　③ 0.33　④ 0.5
⑤ 2　⑥ 3　⑦ 4　⑧ 5

(3) 【実験１】について，10mL の塩酸Aと水酸化ナトリウム水溶液の混合溶液に，十分な量のマグネシウムの粉末を加えた。加えた水酸化ナトリウム水溶液の体積と発生する気体の量の関係を表すグラフとして，もっとも適切なものを①～⓪から１つ選べ。[15]

①
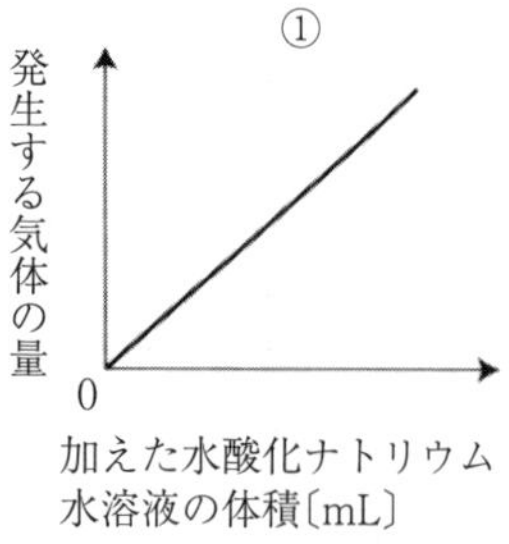

②
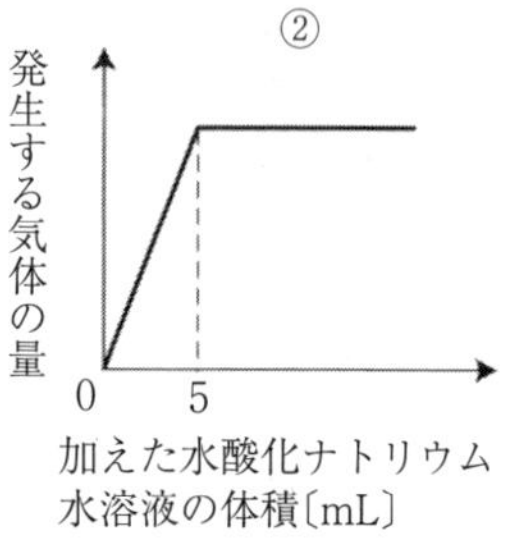

③
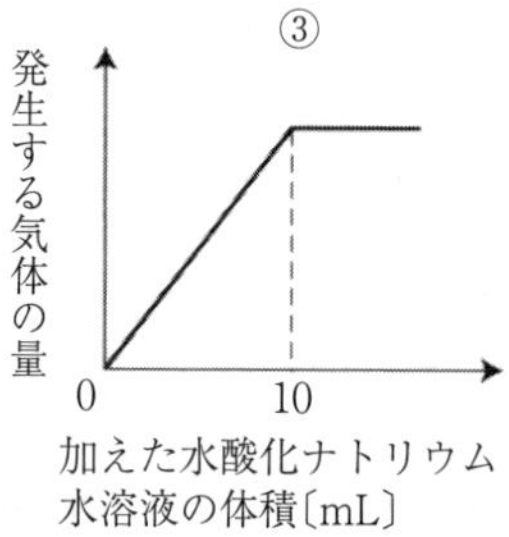

④
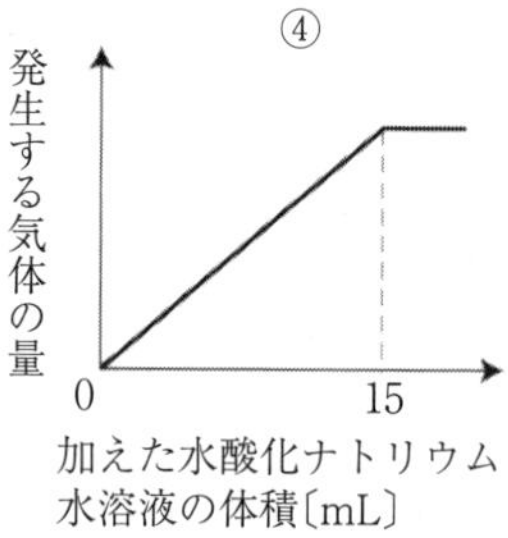

⑤
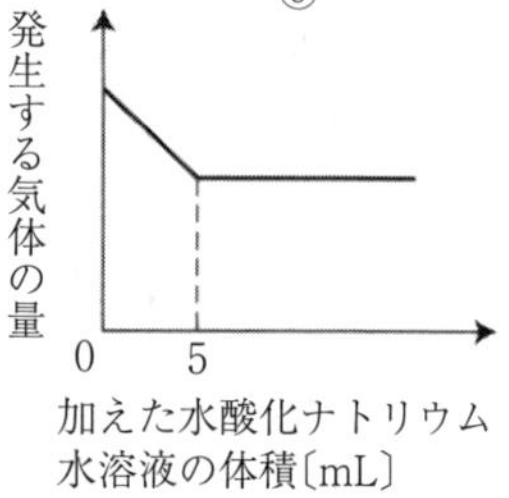

⑥
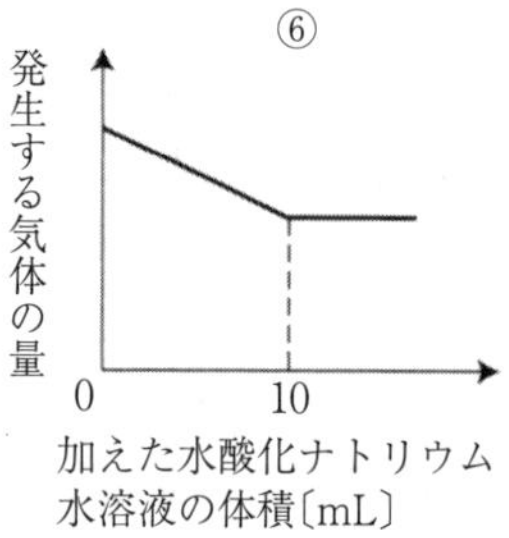

⑦
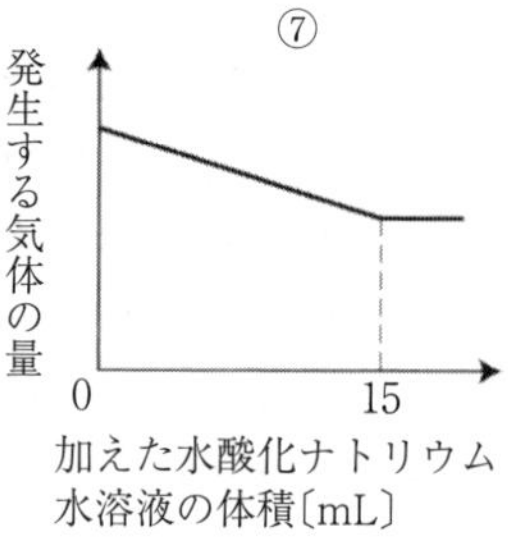

⑧
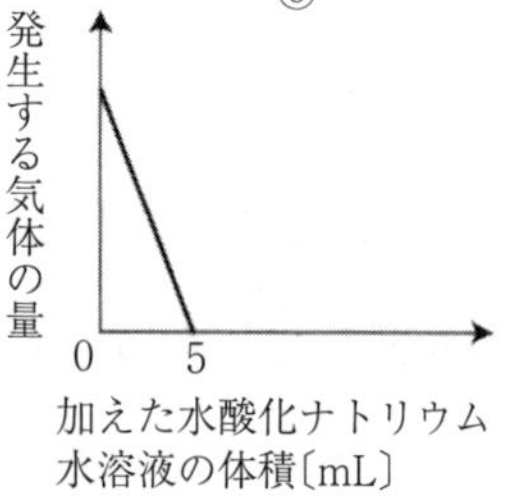

⑨
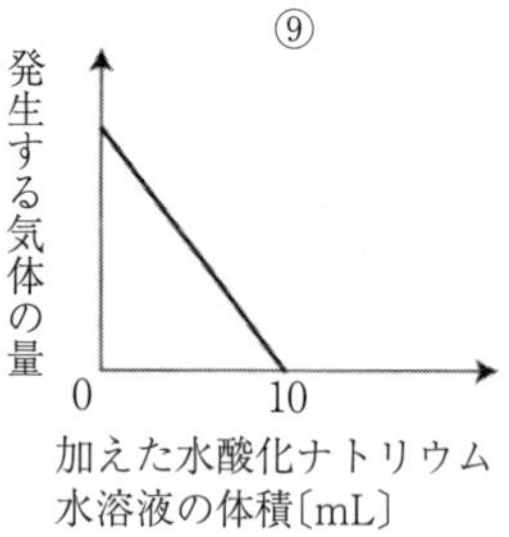

⓪
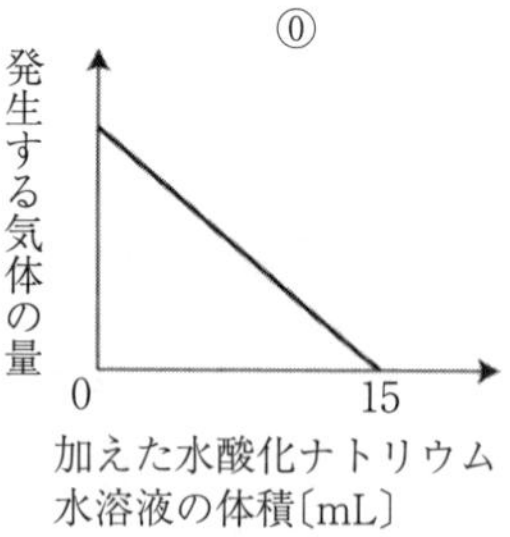

【実験２】
図３－１のような装置を組み立て，電源の正極はクリップⅠ，負極はクリップⅡにつないで電圧を加えると青色リトマス紙の一部分が変色した。

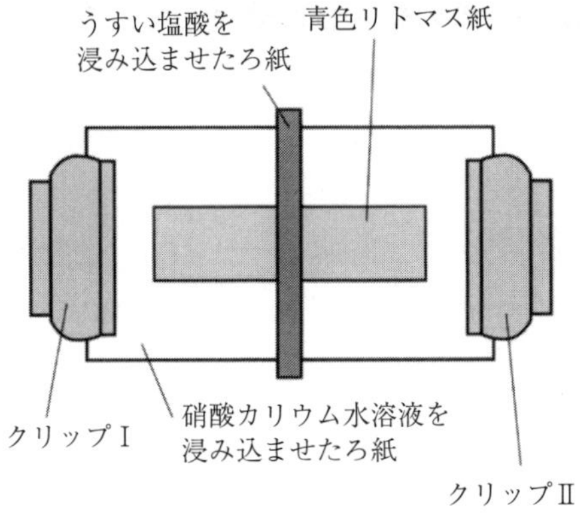

図３－１

(4)　【実験２】について述べた次の文中の空所に当てはまる語句の組み合わせとして，もっとも適切なものを①～⑧から１つ選べ。[16]

電流を流すと青色リトマス紙のクリップ（　a　）側が（　b　）に変色した。このことから酸性を示す成分は（　c　）の電気を帯びていると考えられる。

	a	b	c
①	Ⅰ	赤	＋
②	Ⅰ	赤	－
③	Ⅰ	緑	＋
④	Ⅰ	緑	－

	a	b	c
⑤	Ⅱ	赤	＋
⑥	Ⅱ	赤	－
⑦	Ⅱ	緑	＋
⑧	Ⅱ	緑	－

(5)　【実験２】について，図３－１のろ紙に浸み込ませる溶液として，硝酸カリウム水溶液の代わりに用いても実験の結果に影響がでないと考えられるものはどれか。もっとも適切なものを①～⑧から１つ選べ。[17]

①　塩酸　　②　水酸化ナトリウム水溶液　　③　塩化ナトリウム水溶液
④　アンモニア水溶液　　⑤　砂糖水　　⑥　うすい硫酸
⑦　エタノール　　⑧　エタノール水溶液

２．次の問いに答えよ。

(1)　次の(ア)～(ウ)の化学反応はそれぞれ発熱反応か吸熱反応か。発熱反応を○，吸熱反応を×として，もっとも適切なものを①～⑧から１つ選べ。[18]

(ア)　炭酸水素ナトリウムとクエン酸と水の反応
(イ)　水酸化バリウムと塩化アンモニウムの反応
(ウ)　酸化カルシウムと水の反応

	ア	イ	ウ
①	○	○	○
②	○	○	×
③	○	×	○
④	○	×	×

	ア	イ	ウ
⑤	×	○	○
⑥	×	○	×
⑦	×	×	○
⑧	×	×	×

(2)　沸騰とは，液体の表面だけでなく内部からも気化が起こる現象のことである。水は1013hPaのもとでは100℃で沸騰する。一般に，1013hPaよりも高圧下では沸点が上がり，低圧下では沸点

が下がる。次の(ア)～(ウ)の文章のうち正しいものはどれか。正誤の組み合わせとして，もっとも適切なものを①～⑧から１つ選べ。[19]

(ア)　富士山頂では水の沸点は100℃より高い。

(イ)　海底から300℃近くの熱水が出る場所がある。

(ウ)　圧力なべを用いると煮汁の沸点が100℃より低くなる。

	ア	イ	ウ
①	正	正	正
②	正	正	誤
③	正	誤	正
④	正	誤	誤

	ア	イ	ウ
⑤	誤	正	正
⑥	誤	正	誤
⑦	誤	誤	正
⑧	誤	誤	誤

(3)　窒素30分子と水素50分子の混合物に触媒を加えて加熱したところ，これらの一部が反応してアンモニアが生じ，反応後に存在する物質の合計が70分子になったとする。式(i)を参考にして反応後に存在する水素分子の個数を答えよ。ただし，反応に関係する分子の数の比は化学反応式の係数の比と一致する。[20][21]個

$a\mathrm{N}_2 + b\mathrm{H}_2 \rightarrow c\mathrm{NH}_3$　　…(i)

（a ～ c は係数を表す）

(4)　物質の状態は圧力と温度によって変化する。図３－２は圧力と温度によってH_2Oがどのような状態にあるかを示した図であり，状態Ⅰ～状態Ⅲは固体，液体，気体のいずれかである。また，矢印は固体，液体，気体それぞれへの状態変化を表している。スケート靴を履いてスケートリンク上にのると，氷の表面が溶けて水になる。この状況におけるH_2Oの状態変化を表す矢印はどれか。もっとも適切なものを①～⓪から１つ選べ。[22]

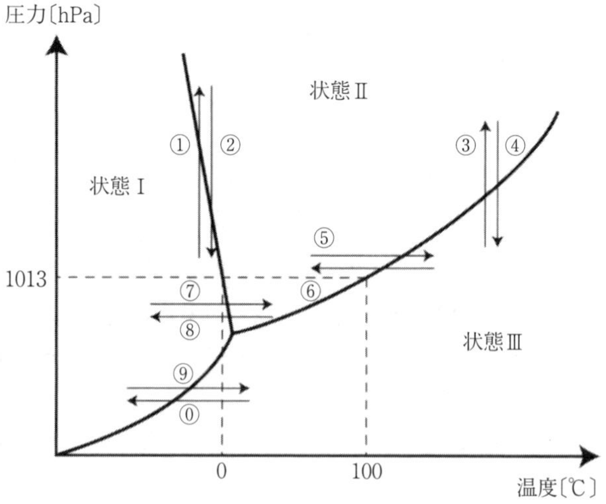

図３－２

4　〔解答番号[23]～[29]〕

１．生殖について次の文章を読み，以下の問いに答えよ。

生物の増え方には，カエルのように雄と雌がつくる異なる二種類の細胞の核が合体して新しい個体ができる有性生殖と，親の体が分裂したり，一部が分かれたりして新しい個体ができる無性生殖がある。

(1)　生殖方法の違いによる遺伝と形質の関係について述べた文章として正しいものはどれか。組み合わせとして，もっとも適切なものを①～⑧から１つ選べ。[23]

ア．有性生殖では，生殖細胞が受精することによって新しい細胞がつくられ，それが子となる。

イ．有性生殖では，子は必ず親と同じ形質になる。

ウ．無性生殖では，子は親の染色体をそのまま受け継ぐ。

エ．植物には，有性生殖と無性生殖の両方を行って子孫を増やすものもある。

オ．動物には，無性生殖を行って子孫を増やすものはいない。

① ア，イ　② ア，ウ　③ イ，エ　④ ウ，オ
⑤ ア，ウ，エ　⑥ イ，ウ，エ　⑦ ア，エ，オ　⑧ ウ，エ，オ

(2) 図４－１は，ある単細胞生物の染色体を模式的に表したものである。この生物が分裂した後の細胞１個あたりの染色体を表しているものとして，もっとも適切なものを①～⑧から１つ選べ。[24]

分裂する前

図４－１

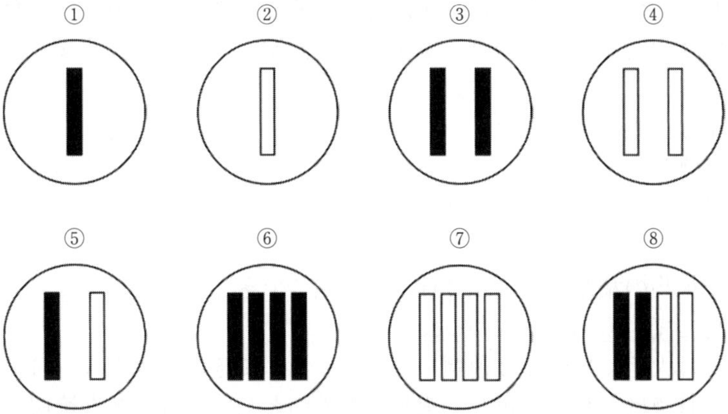

(3) 図４－２は，カエルの生殖と発生の一部を模式的に表したもので，Ａは精子，Ｂは卵，Ｃは受精卵，Ｄ～Ｆは受精卵が細胞分裂を繰り返していく様子を示している。Ａ～Ｆとオタマジャクシそれぞれの１つの細胞に含まれる染色体の数について述べたものとして，もっとも適切なものを①～⑨から１つ選べ。[25]

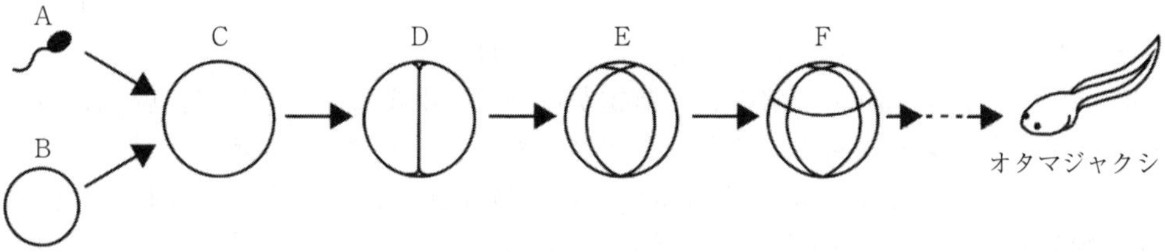

図４－２

① Ｃの染色体の数は，Ａの染色体の数と同じである。
② Ｃの染色体の数は，Ｂの染色体の数と同じである。
③ Ｄの染色体の数は，Ｂの染色体の数と同じである。
④ Ｄの染色体の数は，Ｃの染色体の数の半分である。
⑤ Ｅの染色体の数は，Ｃの染色体の数の半分である。
⑥ Ｅの染色体の数は，Ｄの染色体の数の半分である。
⑦ Ｆの染色体の数は，Ａの染色体の数の２倍である。
⑧ オタマジャクシの染色体の数は，Ｄの染色体の数の２倍である。
⑨ オタマジャクシの染色体の数は，Ｆの染色体の数の２倍である。

2．生物部の朋子と優太の会話文を読み，次の問いに答えよ。

朋子：学校の授業で，植物のなかまには種子をつくる(a)被子植物と裸子植物の他に，シダ植物やコケ植物があることを知ったけど，どのような違いがあったっけ。

優太：教科書で習っても，実際に見てみないと忘れちゃうよね。確か，校門の近くにシダ植物と被子植物が生えていた気がするよ。採取して，調べてみよう。

植物を採取し，生物室で観察を行った。

優太：見てよ。シダ植物の葉の裏側には，被子植物にはない胞子のうがあったよ。ここで胞子がつくられて，(b)やがて次世代の個体になるんだ。被子植物の場合は(c)受粉により種子が形成され，次世代の個体になるよ。せっかくだから採ってきた被子植物の葉を顕微鏡で観察して，スケッチしてみよう。

被子植物の葉を顕微鏡で観察し，スケッチを行った。

優太：スケッチ，上手にかけたね。あれ，君の細胞は，僕が見ているものより少し小さいみたいだ。

朋子：どれどれ…本当だ。同じ個体の同じ大きさの葉っぱを使って観察しているのに，なんで違うんだろう。

優太：倍率は同じだよね。あと葉の表裏も一緒だね。

朋子：あ。調節ネジを回して，対物レンズとプレパラートの間を広げていくと，最初は細胞が小さく見えて，そのあと大きな細胞が見えるよ。同じ速さで回しているのに，大きい細胞が見えている時間が長く感じるよ。

優太：そうか，観察したのは被子植物の葉だから，(d)2種類の細胞でできているんだけど，ステージの高さの変化によって，見えている細胞が変わったのか。

(1) 下線部(a)について，被子植物は大きく分けて2種類に分けることができる。次のA～Eのうち，平行脈を持つ植物に当てはまる特徴はどれか。正しく選択したものとして，もっとも適切なものを①～⑨から1つ選べ。[26]

A．子葉が1枚である　　　　B．花粉が直接胚珠につく

C．維管束が輪状に配列されている　　　　D．胚珠がむき出し

E．根はひげ根からなる

① A　② C　③ D　④ A，E　⑤ B，C　⑥ C，D

⑦ A，B，C　⑧ A，D，E　⑨ A，C，D，E

(2) 下線部(b)について，種子植物や一部のシダ植物が持つ植物ホルモンの一種に，乾燥に対応する反応を促進するアブシシン酸がある。あるシダ植物において，アブシシン酸を正常につくり出せる個体(P1とする)と，アブシシン酸の生成量が少ない個体(P2とする)をかけ合わせた結果，全てアブシシン酸を正常につくり出せる個体(F1とする)だった。これらの個体の遺伝子の組み合わせについて説明したものとして，もっとも適切なものを①～⑨から1つ選べ。ただし，アブシシン酸の顕性形質(正常)の遺伝子をA，アブシシン酸の潜性形質(生成量が少ない)の遺伝子をaとし，結果はメンデルの遺伝に関する法則にしたがうものとする。[27]

	P1	P2	F1
①	AA	Aa	A
②	AA	Aa	a
③	AA	Aa	Aa
④	AA	aa	A
⑤	AA	aa	a
⑥	AA	aa	Aa
⑦	Aa	Aa	Aa
⑧	Aa	aa	A
⑨	Aa	aa	aa

(3) 下線部(c)について，ある植物が種子を100個つくったとする。このとき，つくられた卵細胞，花粉，精細胞は最低限いくつか。組み合わせとして，もっとも適切なものを①～⑨から1つ選べ。ただし，関わった細胞は受粉から種子形成まで無駄なく行われたものとする。[28]

	卵細胞	花粉	精細胞
①	50	50	50
②	50	50	100
③	50	100	50
④	50	100	100
⑤	50	100	200
⑥	100	50	50
⑦	100	50	100
⑧	100	100	100
⑨	100	100	200

(4)　下線部(d)について，二人の会話をもとに，対物レンズと観察した葉の横断面の一部を模式的に表した図として，もっとも適切なものを①～⑥から１つ選べ。[29]

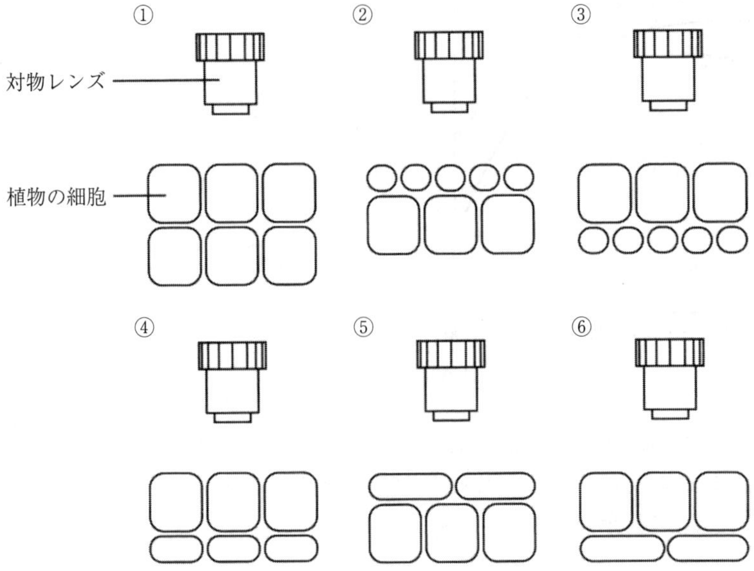

5　〔解答番号[30]～[34]〕

1．以下の会話文を読み，次の問いに答えよ。

先生：地球は太陽からの日射によってあたためられているのは知っているね？　だけど，緯度によってあたたかさが違うよね。それは図５－１に示すように，放射量と吸収量が異なるためなんだ。

生徒：なるほど。赤道近辺では吸収量が放射量を上回っているからあたたかくなるんですね。あれ，でもそうすると過剰になったエネルギーはどうなるんでしょうか？

先生：良いところに気がついたね。このままだと低緯度地域と高緯度地域では大きな温度差が生じてしまう。そこで，この温度差が少なくなるように，(a)南北方向への熱輸送が存在するんだ。

生徒：わかりました。熱輸送は何によって行われますか？

先生：大気や海洋によって熱輸送は行われます。例えば，(b)北太平洋における海水の表層では，図５－２に示すように環状の水平方向の流れがあり，この流れはおもに風のはたらきで引き起こされています。このように地球規模の海流があって，暖流が低緯度から高緯度に向かって流れることが多いんだ。日本だと黒潮が有名ですね。黒潮は世界でも有数の海流で，流れの最速部分は秒速2メートル以上にもなります。

生徒：わかりました。そういえば，今年は(c)エルニーニョ現象(図5－3)が発生する，ってニュースで聞きましたけど，それも今の話と関係がありますか？

先生：そうですね。エルニーニョ現象の原因はまだ解明されていませんが，海水面の温度に関係するって意味では，関係がありそうですね。

生徒：海水の表層で移動があるのはわかりました。でも海は深いですよね？　漫画で海の深いところの水にも流れがあるっていうのを読んだことがあります。現実世界でもそういう縦方向の流れはあるんですか？

先生：よく知ってるね。漫画の知識も大事ですね。現実世界でも(d)深層循環というものがあって，図5－4のように長い年月をかけてゆっくりと地球全体の海を巡っているんだ。ちょっと難しい話もあったかもしれないけど，ぜひ復習しておいてください。

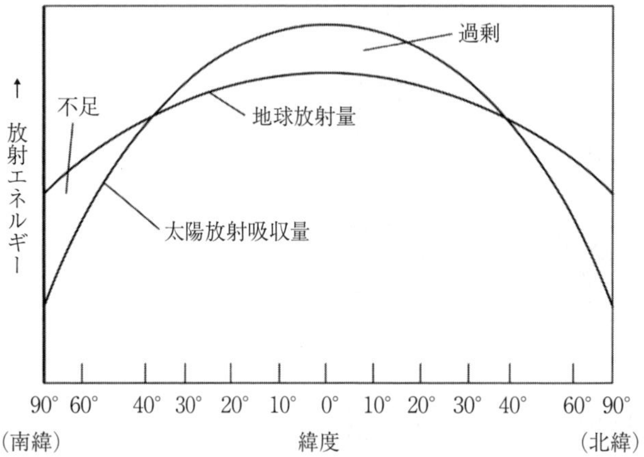

図5－1

(1)　下線部(a)について，南北方向の熱輸送を示す図として，もっとも適切なものを①～⑧から1つ選べ。ただし，熱輸送量とはある緯度から南北へ移動した熱量をさしており，南から北への熱輸送量を正とし，北から南への熱輸送量を負とする。[30]

①
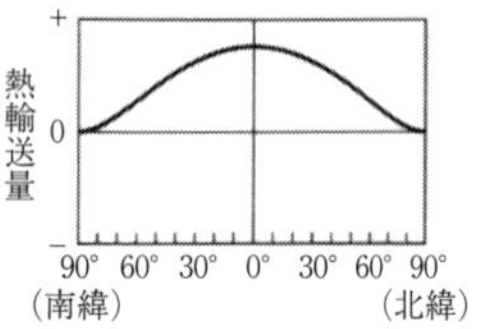

②
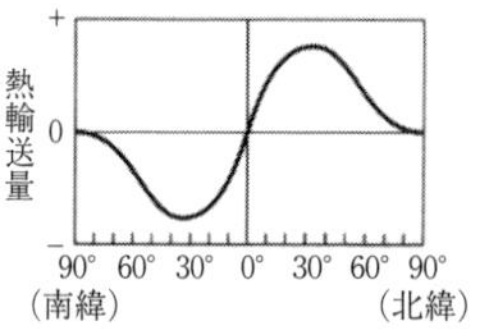

③
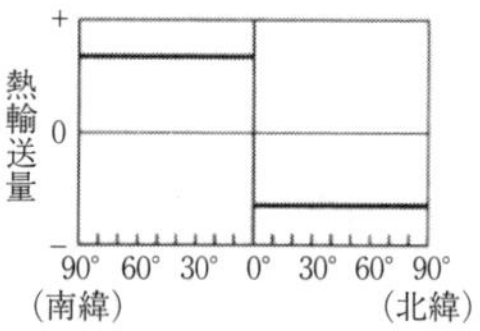

④
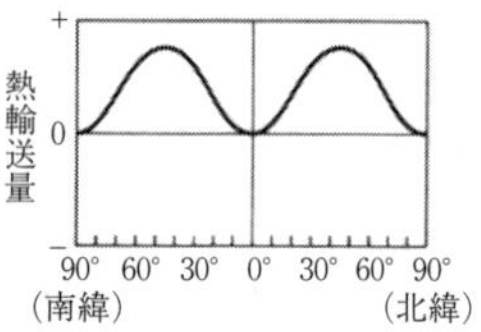

⑤
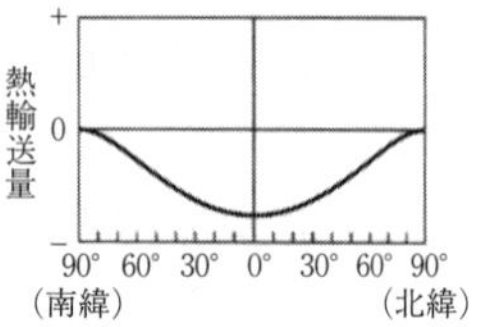

⑥
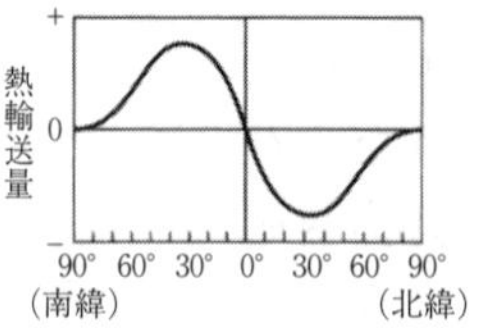

⑦
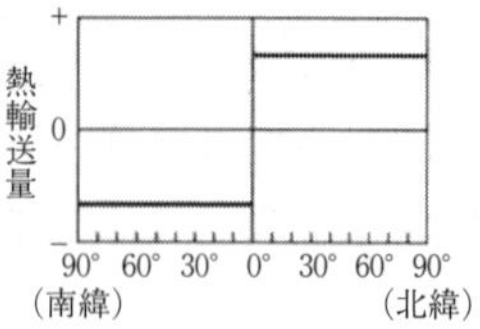

⑧
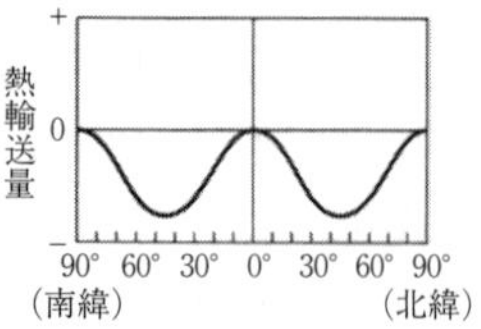

(2)　下線部(b)について，図中のA～Dのうち，海水温がもっとも高いところと，もっとも低いところの記号として，もっとも適切なものをそれぞれ①～④から1つ選べ。
もっとも高いところ［31］
もっとも低いところ［32］
①　A　　②　B
③　C　　④　D

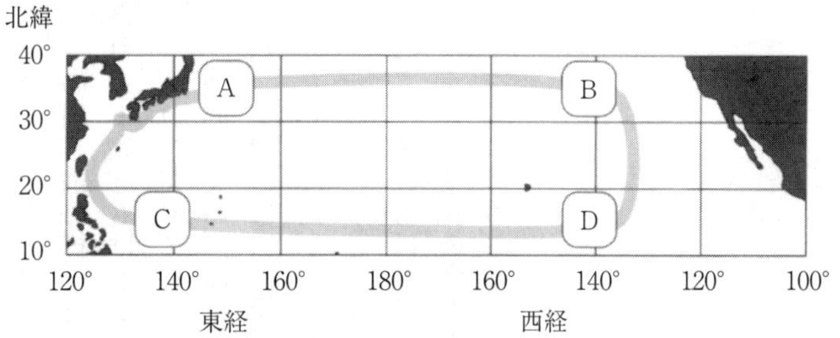

図5－2

(3)　下線部(c)について，エルニーニョ現象とは，海面水温が平年より高い状態が1年程度続く現象をいう。図5－3に示すように南米ペルー沖の海域は冷水海域だが，数年に一度赤道方面から暖かい海水が流れ込むことがある。このとき，日本で観測される現象とその説明として正しいものはどれか。組み合わせとして，もっとも適切なものを①～⓪から1つ選べ。［33］

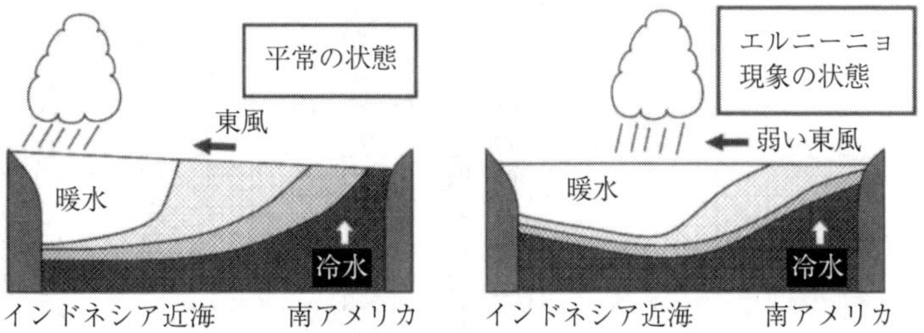

図5－3

ア．太平洋の西側の海面水温は高くなり，梅雨前線を押し上げる太平洋高気圧の勢力が平年よりも強くなるため，梅雨明けが早くなりやすい。
イ．夏の暑さをもたらす太平洋高気圧の日本への張り出しが東にずれて弱くなるため，夏は冷夏になりやすい。
ウ．太平洋高気圧の位置がずれるため，日本への台風の接近が抑制されやすくなる。
エ．夏は太平洋高気圧の縁にあたるため天候不順になりやすく，豪雨災害が発生するリスクが高まる。

①　ア，イ　　②　ア，ウ　　③　ア，エ　　④　イ，ウ　　⑤　イ，エ
⑥　ウ，エ　　⑦　ア，イ，ウ　　⑧　ア，イ，エ　　⑨　ア，ウ，エ　　⓪　イ，ウ，エ

(4)　下線部(d)について，北大西洋北部で沈みこんだ海水が，深層循環に伴い，北太平洋中部までの36000kmを，1500年かけて移動したとする。このとき，深層循環の流れの速さは，黒潮の速さの何倍になるか。もっとも適切なものを①～⑧から1つ選べ。ただし，1年は3000万秒とし，黒潮の速さを秒速2メートルとする。［34］

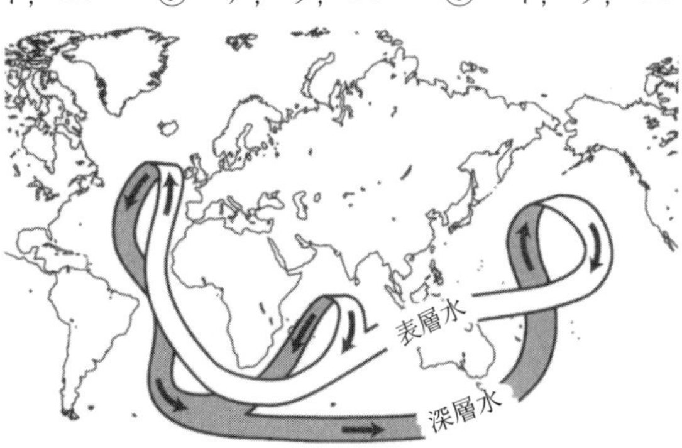

図5－4

①　0.00004　　②　0.0004
③　0.004　　④　0.04
⑤　0.00008　　⑥　0.0008
⑦　0.008　　⑧　0.08

ロ　翁をもう少し注意深く観察していれば、下衆どもは翁の幻術にだまされてすべての瓜を奪われることなく、世間の人々からも笑われなかっただろうということ。

ハ　下衆どもが最初から瓜を惜しまずに少しでも翁に食べさせていれば、翁の反感を買わずに済み、運んでいた瓜をすべて取られはしなかっただろうということ。

ニ　下衆どもは仕事を言い訳に冷淡な応対をして翁を怒らせなければ、翁に瓜を奪われて荷運びのつとめを果たせず、主人に怒られる結果とはならなかっただろうということ。

問五　この文章の内容に関する説明として最も適当なものを次の中から一つ選び、記号で答えなさい。

イ　下衆どもはひどく年老いて怪しげな格好をしている翁が現れたのを見て、大事な荷に何かされるのではと怪しみ、しばらくの間、翁の様子をじっと見続けていた。

ロ　下衆どもは翁がしつこく瓜を乞《こ》うのを見て、はじめは譲るそぶりを見せていたが、瓜を渡そうとした時に冗談だと言って意地悪く笑い、瓜を籠に戻してしまった。

ハ　下衆どもは最初、翁が瓜を作ろうとしたことを馬鹿げたことだと思ったが、目の前で瓜が実ったのを見て、翁を神様か何かではないかと恐れるようになった。

ニ　下衆どもは翁の幻術によって瓜を取られはしたが、後に翁の正体が変化の者だと知り、皆でその行方を追ったものの誰も翁を見つけることができなかった。

く、「主達の食はせざりつる瓜は、かく瓜作り出だして食ふ」と云ひて、下衆どもにも皆食はす。瓜多かりければ、道行く者どもをもC呼びつつ食はすれば、喜びて食ひけり。食ひ果てつれば、翁、「今は罷《まか》りなむ」と云ひて立ち去りぬ。行方を知らず。

その後、下衆ども、「馬に瓜を負ほせて行かむ」とて見るに、籠はありてその内の瓜一つもなし。その時に下衆ども、手を打ちてあさましがること限りなし。「早う、翁の籠の瓜を取り出だしけるを、我等が目を暗《くら》まして、見せざりけるなりけり」と知りて、Dねたがりけれども、翁行きけむ方を知らずして、④更に甲斐なくて、皆大和に返りてけり。道行きける者どもこれを見て、かつはあやしみ、かつは笑ひけり。

下衆ども瓜を惜しまずして、二つ三つにても翁に食はせたらましかば、皆は取られざらまし。惜しみけるを翁も憎みて、かくもしたるなめり。また、＊変化《へんげ》の者などにてもやありけむ。

その後その翁を遂に誰人《たれひと》と知らで止《や》みにけり、となむ語り伝へたるとや。

（『今昔物語集』巻第二十八）

注　大和…旧国名。現在の奈良県。
瓜…水分が多く、甘味が濃い果実。
下衆…運搬役に臨時に雇われた下人たち。
宇治…地名。現在の京都府南部の市。
成らぬ柿の木…実のならない柿の木。
私に…荷物とは別に、自分たちの食べる分として。
帷…夏に着用する裏地のついていない一重の着物。
平足駄…普通の下駄のこと。
まもらひ居たり…見守っていた。
さはれ…それはそうとして。
二葉にて…双葉の芽になって。
変化の者…神仏などが、仮に人間の姿を借りて現れた者。

問一　傍線①「下衆ども」の動作ではないものを二重傍線A～Dの中から一つ選び、記号で答えなさい。

問二　傍線②「翁」とあるが、このあとの翁の行動として最も適当なものを次の中から一つ選び、記号で答えなさい。

イ　翁は瓜を譲らない薄情な下衆どもに腹を立て、荷物から奪った瓜の種を投げ捨てた。するとそこから瓜の芽が生え、葉がどんどんと茂っていき、ついには一面、見事な瓜を実らせることに成功した。

ロ　翁は喉が渇いて仕方ないので下衆どもの瓜を欲しがったが、素っ気なく断られてしまったため、近くにあった木切れで側に広がる畑を掘り起こし種を投げ入れた。すると間もなく葉が生い茂り、大きな一つの瓜を実らせることに成功した。

ハ　翁は下衆どもが大事な荷物である瓜をくれないと知ってしばらく考え込んでいたが、下衆どもを誘っておもむろに地面を耕し種をまいた。すると、そこから双葉が芽吹いて花が咲き、熟した瓜を実らせることに成功した。

ニ　翁は下衆どもの発言から瓜を譲ってくれないことを悟り、すぐ側にあった地を木切れで耕し種を植えた。すると間もなく、花が咲いて多くの瓜を実らせることに成功した。

問三　傍線③「さらば翁瓜を作りて食はむ」とあるが、その解釈として最も適当なものを次の中から一つ選び、記号で答えなさい。

イ　それならば翁にも自分たちが瓜を作って食べさせよう
ロ　それでは翁も自分で瓜を作って食べることにしよう
ハ　そうすれば翁も自分の瓜を作ることができ食べられるだろう
ニ　そうでないと翁は自分で瓜を作って食べるしかないだろう

問四　傍線④「更に甲斐《かひ》なくて、皆大和に返りてけり」とあるが、このような結末に対する筆者の評価として最も適当なものを次の中から一つ選び、記号で答えなさい。

イ　瓜を盗まれる前に、下衆どもが瓜を譲らなかった非礼を翁に詫《わ》びていれば、翁の機嫌を損ねることなく、幻術によって瓜を奪われることはなかっただろうということ。

ことが「猫と人間との関係も、愛嬌のない争いに転化して来ている」という表現からもわかるので、母親の行動も仕方ないものだったと言えるのかもしれません。

ロ　生徒Ｂ　侵入者である黒猫の処分についての「自分でいいようにするからといっている」「若いものには手をつけさせたがらない」という母親の行動からは、責任感の強さのようなものを感じることができました。また、主人公の妻も現場である台所に「飛び起きて駆け下りて行った」とあり、微力ながらも義母とともに奮闘しようとしているのがわかります。

ハ　生徒Ｃ　一方で主人公は台所の侵入者を「『深夜の怪盗』などと名づけて面白がっていた」とあるように、ずいぶんと気楽に考えていたようですね。そんな主人公を快く思っていなかったために、母親は主人公の気に入っていた黒猫を黙って始末したのだし、病床から見るのを楽しみにしていた立木の枝を刈り払ってしまったのだと思います。

ニ　生徒Ｄ　病気で寝ていることの多い主人公は母親に対して何も言うことができず、家の中で肩身の狭い思いをしていたはずです。だから「人間ならば当然一国一城のあるじである」ような堂々とした黒猫に憧れたのでしょうし、「飼ってやってもいいとさえ思った」のは黒猫をそばに置くことで自分を少しでも奮い立たせようと考えたからでしょう。

四　次の文章を読んで、後の問に答えなさい。問題作成上、一部改変している部分があります。

今は昔、文月ばかりに＊大和《やまと》の国より、多くの馬どもに＊瓜《うり》を負《お》ほせ列《つら》ねて、＊下衆《げす》ども多く京へ上《のぼ》りけるに、＊宇治の北に、＊成らぬ柿の木と云《い》ふ木あり、その木の下の木影に、この①下衆ども皆とどまり居て、瓜の籠《こ》どもをも皆馬より下ろしなどして、息《やす》み居て冷《すず》みける程に、＊私《わたくし》にこの下衆どもの具《ぐ》したりける瓜どものありけるを、少々取り出でて切り食ひなどしけるに、その辺《わたり》にありける者にやあらむ、年いみじく老いたる翁の、＊帷《かたびら》に中を結ひて、＊平足駄《ひらあしげた》を履きて、杖《つゑ》を突きて出で来たりて、この瓜食ふ下衆どもの傍《かたはら》に居て、力弱げに扇打ちつかひて、この瓜食ふを＊まもらひ居たり。

しばしばかりまもりて、②翁の云はく、「その瓜一つ我に食はせ給《たま》へ。喉乾きて術《ずち》なし」と。瓜の下衆どもの云はく、「この瓜は皆おのれ等《ら》が私物にはあらず。いとほしさに一つをもＡたてまつるべけれども、人の京に遣《つか》はす物なれば、え食ふまじきなり」と。翁の云はく、「情いまさざりける主達《ぬしたち》かな。年老いたる者をば、『哀れ』と云ふこそ、よきことなれ。＊さはれ、いかに得させ給ふ。③さらば翁瓜を作りて食はむ」と云へば、この下衆ども、「戯言《たはぶれごと》を云ふなめり」と、「をかし」と思ひて笑ひ合ひたるに、翁傍に木の端のあるを取りて、居たる傍の地を掘りつつ、畠《はたけ》の様に成しつ。その後にこの下衆ども、「何に態《わざ》をこれはするぞ」と見れば、このＢ食ひ散らしたる瓜の種どもを取り集めて、このならしたる地に植ゑつ。その後、程もなく、その種瓜にて＊二葉にて生ひ出でたり。この下衆どもこれを見て、「あさまし」と思ひて見る程に、その二葉の瓜ただ生ひ生ひて、這《は》ひまつはりぬ。ただ繁りに繁りて、花栄《さ》きて瓜成りぬ。その瓜ただ大きに成りて、皆めでたき瓜に熟しぬ。

その時に、この下衆どもこれを見て、「これは神などにやあらむ」と恐れて思ふ程に、翁この瓜を取りて食ひて、この下衆どもに云は一日庭に出て土いじりしているらしかった。私は耳をすましたが、裏には依然それらしい音は何もしなかった。妻は二階へ上ってくるとすぐに言った。

「おっ母さん、もう始末をなすったんですね。今帰って来て、芭蕉の下をひょいと見たら、*筵《むしろ》でくるんであって、足の先がちょっと出ていて……」

妻は見るべからざるものを見たというような顔をしていた。

次の日から私はまた今までのように毎日十五分か二十分あて日あたりのいい庭に出た。黒猫はいなくなって、卑屈な奴等だけがのそのそ這いまわっていた。それはいつになったらなおるかわからぬ私の病気のように退屈で愚劣だった。③私は今まで以上に彼等を憎みはじめたのである。

（島木健作『黒猫』）

注　食糧事情…当時は戦争中で、食糧不足から政府による食糧品の配給が行われていた。
塩引…塩引き鮭のこと。
歎称…感心して褒め称えること。
孤傲…他人と協調しないさま。
柏やもみじや桜や芭蕉…いずれも草木の名。
筵…藁《わら》や藺草《いぐさ》などの植物で編んだ敷物のこと。

問一　傍線①「ある底意《そこい》」とあるが、その説明として最も適当なものを次の中から一つ選び、記号で答えなさい。

イ　真夜中の騒動の犯人であるかもしれないと思うものの、他の犯人がいる可能性も信じようとする気持ち。
ロ　犯人と思われる怪しい様子がないにも関わらず、台所に侵入した犯人だとされていることを不憫《ふびん》に思う気持ち。
ハ　普段通りの落ち着き払った態度ではあるが、母の言うように台所に忍び込んだ犯人なのではないかと疑う気持ち。
ニ　家族の睡眠を妨害している犯人であるのに、いつもと変わらず堂々としていることに対して不思議に思う気持ち。

問二　傍線②「私は母に向って言い出せなかった」とあるが、なぜか。八十字以内で説明しなさい。

問三　傍線③「私は今まで以上に彼等を憎みはじめたのである」とあるが、「私」がそのような心情を抱いたのはなぜか。その説明として最も適当なものを次の中から一つ選び、記号で答えなさい。

イ　病気で出歩けない自分にとって孤傲の黒猫を見ることは唯一の楽しみであったので、たとえ黒猫が台所侵入の犯人だったとしても、その代わりにほかの野良猫が捕まるべきだったと思っているから。
ロ　憧れにも似た感情を抱いていた黒猫がいなくなり、代わりに残ったほかの野良猫たちは当然黒猫のような豪胆さを持つはずもなく、病床にいる自分の日常に何の高揚感ももたらさないから。
ハ　大騒動が起こったあとでも以前と変わらない様子で庭をうろつく野良猫たちの存在は、自分の病気も同じように好転することなくいつまでも治らないのだということを痛感させるものだから。
ニ　お気に入りの黒猫が無惨に始末されたことがあまりに悲痛なので早く忘れてしまいたいのに、残ったほかの野良猫たちを目にすると、いやでも黒猫のことを思い出してしまうから。

問四　次の一文は本文中から抜き出したものである。どこに入れるのが最も適当か。直前の八文字で答えなさい（句読点、記号を含む）。

何だか痛快なような笑いのこみあげてくるような気持だった。

問五　次に示すのは、本文を読んだ後に四人の生徒が話し合っている場面である。本文の内容や表現をふまえた発言として最も適当なものを次の中から一つ選び、記号で答えなさい。

イ　生徒A　主人公の母親が黒猫をひどいやり方で始末したのはとても残酷だと思いました。でも、当時の人々が動物は自分たちの生活を脅かす危険な存在だと考えていた

「へえ、そうか……」
「おばあさんが風呂場に押し込んで、棒で叩《たた》きつけて、ひるむところを取っておさえたんです。大へんでしたよ……あばれて……えらい力なんですもの。」
「そうだろう、あいつなら。……しかしそうかなあ、やっぱしあいつだったかなあ……」
猫は風呂場に縛りつけられているという。母は自分でいいようにするからといっているという。若い者には手をつけさせたがらないのだが、そうでなくても妻などは恐がってしまっている。秋の夜はもうかなり冷える頃であった。妻は寒そうにまた寝床に這入った。
私はすぐには眠れなかった。やはり彼奴《あいつ》であったということが私を眠らせなかった。そう意外だったという気もしなかったし、裏切られたという気もしなかった。それは彼の大胆不敵さに対する＊歎《たん》称《しょう》であったかも知れない。そういえば彼奴ははじめから終りまで鳴声ひとつ立てなかったじゃないか。私は今はじめてそのことに気づいた。すぐ下の風呂場にかたくいましめられている彼を想像した。母はもう寝に行ってしまっている。風呂場からは声もカタリとの物音もしなかった。逃げたのではないかと思われるほどであった。
翌朝母は風呂場から引きずり出して裏の立木に縛りつけた。
「お母さんはどうするつもりなんだ？」
「無論殺すつもりでしょう。若いものは見るものでないといって、わたしを寄せつけないようになさるんです。」
私は母に黒猫の命乞いをしてみようかと思った。私は彼はそれに値する奴だと思った。私は彼のへつらわぬ＊孤傲《ここう》に惹《ひ》かれている。夜あれだけの事をして、昼間は毛筋ほどもその素ぶりを見せぬ、こっちの視線にみじんもたじろがぬ、図々しいという以上の胆《きも》の太さだけでも命乞いをされる資格がある奴だと思った。人間ならば当然一国一城のあるじである奴だ。それが野良猫になっているのは運命のいたずらだ。毛の色がきたないという偶然が彼の運命を支配したので、そんなことは彼の知ったことではない。卑しい諂《へつら》い虫の仲間が温《ぬく》い寝床と食うものを与えられて、彼のような奴が棄てられたということは人間の不名誉でさえある。しかも彼は落ちぶれても決して卑屈にならない。コソコソと台所をうかがったりしない。堂々と夜襲を敢行して、力の限り闘って捕えられるやもはやじたばたせず、音《ね》もあげぬのである。
しかし②私は母に向って言い出せなかった。現実の生活のなかでは私のそんな考えなどは、病人の贅沢《ぜいたく》にすぎなかった。私はこの春にも母とちょっとした衝突をしたことがあった。私の借家の庭には、＊柏《かしわ》やもみじや桜や芭蕉《ばしょう》や、そんな数本の立木がある。春から青葉の候にかけて、それらの立木の姿は美しく、私はそれらが見える所へまで病床を移して楽しんでいた。それをある時母がそれらの立木の枝々を、惜し気もなく見るもむざんなまでに刈り払い、ある木のごときは、ほとんど丸坊主にされてしまったのだ。私は怒った。そしてすぐに心であやまった。母とても立木を愛さぬのではない。樹木の美を解さぬのではない。ただ母は自分が作っている菜園に陽光を恵まなければならないのだ。母はまがった腰に鍬《くわ》を取り、肥《こえ》をかついで、狭い庭の隅々までも耕して畑にしていた。病人の息子に新鮮な野菜を与えたいだけの一心だった。
食物を狙う猫と人間との関係も、愛嬌《あいきょう》のない争いに転化して来ていることを残念ながら認めないわけにはいかなかった。何か取られても昔のように、笑ってすましていることが出来難くなって来ていた。妨害される夜の睡眠時間の三十分にしても、彼女等にとっては昔の三十分ではなかった。病人の私が黒猫の野良猫ぶりが気に入ったからなどと、持ち出せる余地はないのである。……それに一度こうこらしめられれば彼奴も懲りるだろう、という私の考えなども考えてみればあまいと言わなければならなかった。彼奴は無論そんな神妙な奴ではないだろう。
午後、私はきまりの安静時間を取り、眠るともなしに少し眠った。妻は配給物を取りに行って手間取って帰って来た。私は覚めるとすぐにまた猫のことを思った。母は天気のいい日の例で今日もやはりっても、灰色がかったうすぎたなくよごれたような黒であった。その色を見ると、やはり野良猫に成り下る運命にしかなかったかと思わせる。

　彼は決して人間を恐れることをしなかった。人間と真正面に視線が逢《あ》っても逃げなかった。家のなかに這入《はい》って来はしなかったが、たとえば二階の窓近く椅子を寄せて寝ている私のすぐ頭の屋根の上に来て、私の顔をじろりと見てから、自分もそこの日向《ひなた》にゆったりと長まったりする。私の気持をのみこんでしまっているのでもあるらしい。いつでも重々しくゆっくりと歩く。どこで食っているのか、餓《う》えているにちがいなかろうが、がつがつしている風も見えない。台所のものなども狙わぬらしい。

「いやに堂々とした奴だなあ。」と私は感心した。「何も取られたことはないかい？」

「いいえ、まだ何も。」と家のものは答えた。

「たまには何か食わせてやれよ。」と私は言った。世が世なら、飼ってやってもいいとさえ思った。

　郷里の町の人が上京のついでに塩鮭を持って来てくれた日の夜であった。久しぶりに＊塩引を焼くにおいが台所にこもった。真夜中に私は下の騒々しい物音に眼をさました。母も妻も起きて台所にいる声がする、間もなく妻が上って来た。

「何だ？」

「猫なんです。台所に押し込んで……」

「だって戸締りはしっかりしてあるんだろう？」

「縁の下から、上げ板を押し上げて入ったんです。」

「何か取られたかい？」

「ええ、何も取られなかったけれど。丁度おばあさんが起きた時だったので。」

「猫はどいつだい？」

「それがわからないの。あの虎猫じゃないかと思うんだけれど。」

うろついている猫は多かったからどれともきめることはできなかった。しかし黒猫に嫌疑をかけるものは誰もなかった。

　次の晩も同じような騒ぎがあった。

　それで母と妻とは上げ板の上にかなり大きな漬物石を上げておくことにした。ところが猫はその晩、その漬物石さえも恐らくは頭で突き上げて侵入したのである。母が飛んでいった時には、すでに彼の姿はなかった。

　私は「深夜の怪盗」などと名づけて面白がっていた。しかし母と妻とはそれどころではなかった。何よりも甚だしい睡眠の妨害だった。

　そこで最初に、犯人の疑いを、あの黒猫にかけはじめたのは母であった。あれ程大きな石を突き上げて侵入してくるほどのものは容易ならぬ力の持主である。それはあの黒猫以外ではない、と母は確信を持っていうのである。

　それはたしかに理に合った主張だった。しかし当の黒猫を見る時、私は半信半疑だった。毎晩そんなことがあるその間に、昼には黒猫はいつもと少しも変らぬ姿を家の周囲に見せているのである。どこからどこまで彼には少しも変ったところがなかった。夜の犯人が彼だとしては、彼は余りにも平気すぎた、余りにも悠々としすぎていた。私は①ある底意をこめた眼でじーっと真正面から見てやったが、彼はどこ吹く風といったふうであった。

　しかし母は譲らなかった。

　或《あ》る晩、台所に大きな物音がした。妻は驚いて飛び起きて駆け下りて行った。いつもよりははげしい物音に私も思わず聴耳を立てた。音ははじめ台所でし、それからとなりの風呂場に移った。物の落ちる音、顛倒《てんとう》する音のなかに母と妻の叫ぶ声がしていた。

　やがて音は鎮《しず》まった。

　妻が心もち青ざめた顔をして上って来た。

「とうとうつかまえましたよ。」

「そうか、どいつだった？」

「やっぱり、あの黒猫なんです。」

界に境界線をひくことを重視しない日本文化にとっては必ずしも有意義とはいえない。

ニ　近代科学によって世界を区分して秩序立てる啓蒙主義の思想も、文化と自然との間の連続的な関係を重視する日本人には受け入れられなかった。

問四　傍線④「近代技術の本質が『総かり立て体制』にある」とあるが、その具体例として不適当なものを次の中から一つ選び、記号で答えなさい。

イ　手軽に動画編集・ネット上に投稿できる技術が登場し、素人でも動画制作を楽しめるようになった一方で、閲覧数を稼いで広告収入を得るためだけの、インパクト重視で中身の薄い動画があふれるようになった。

ロ　AIに大量のデータを学習させて人間の作業を肩代わりさせる技術が登場し、業務負担の軽減に貢献した一方で、人々のAIへの依存度が高まり、学校の課題をAIに代行させるなどの怠惰な若者が目立つようになった。

ハ　全世界の金融システムをリアルタイムで結ぶ技術が登場し、誰もが時と場所を選ばず取引できるようになった一方で、あらゆる出来事が瞬時に国際市場へと反映されるようになり、実生活もそれに振り回されるようになった。

ニ　個人の経歴や能力を数値化して会社内で共有する技術が登場し、効率的な人物評価が可能になった一方で、その数値が絶対視されるようになり、個人の価値観を捨てて点数稼ぎにいそしむ社員が増加するようになった。

問五　次の一文は本文中から抜き出したものである。どこに入れるのが最も適当か。直前の十文字で答えなさい（句読点、記号を含む）。

とはいえ、西洋から見た日本人と技術の関係として、ひとまず念頭におくべき議論ではないか。

問六　この文章の内容や構成に関する説明として最も適当なものを次の中から一つ選び、記号で答えなさい。

イ　二十一世紀の社会に特有の全く新しい問題が起こっていることを説明し、その対処をめぐる日本と欧米の姿勢を比較したうえで、著名な哲学者の言葉を借りて、問題の本質が近代技術の持つ性質にあるのではないかと指摘している。

ロ　欧米の研究開発者の中で技術をめぐる新たな問いが生じていることを説明し、同じ問題を日本人はどうとらえているのかを参照したうえで、著名な哲学者による技術論と重ね合わせて、二十一世紀の社会にふさわしい技術のあり方を提案している。

ハ　二十一世紀における技術に関する問題に対して日本と欧米で姿勢が異なることを説明し、両者の文化的相違が背景にあることを示したうえで、著名な哲学者の思想をふまえて、日本的なあり方の中に解決の糸口があることを示唆している。

ニ　日本と欧米の近代技術についての考え方の違いを説明し、日本文化の優位性を強調したうえで、著名な哲学者による二十一世紀社会への分析を引用して、現代人は技術との関わり方や生き方を見つめ直すべきだと批判している。

三

次の文章を読んで、後の問に答えなさい。問題作成上、一部改変している部分があります。

この二三年来、家のまわりをうろうろする犬や猫が目立ってふえて来た。人間の＊食糧事情が及ぼした影響の一つであることはいうまでもない。生れながらの宿なしもあるが、最近まで主人持ちであったというものも多い。彼等は実にひどく尾羽うち枯らしている。曾《か》つて主人持ちであったものがことにひどい。

其奴《そいつ》の前身は誰も知らなかった。大きい黒い雄猫である。ざらにいる猫の一倍半の大きさはある。威厳のある、実に堂々たる顔をしている。尾は短かい。欠点をいえばただ一つ、毛の色だった。それが漆黒であったら大したものだろう。しかし残念ながら黒猫とはいされる。ロボットは昔から人々を驚かせ、幻惑する機械だったから、むしろ魔術化の一環だと見なす方が納得がいく。AIロボットと真正面から向き合うことで、人間は逆にその呪縛から解き放たれることができるのだろうか。

ここで前述のハイデガーの「総かり立て体制」に立ち戻ろう。原語は「Ge-stell」であり、「stellen」は「立てる」という意味だから、直訳すると「立て-組み」ということになる。つまり、仕立てたり駆り立てたりする様々な働きを集めたのが「総かり立て体制」なのだ。現実の世界(宇宙)を「役立つものとして仕立てるように、人間を纏《まと》めてゆく、あの挑発的な呼び求め」こそが「総かり立て体制」である。これはたとえば、人間の生活にかかわる諸対象をことごとく*アテンション・エコノミーの尺度で計算し、それを役立つように駆り立てる、といったことだ。実際、④近代技術の本質が「総かり立て体制」にあるというハイデガーの指摘は、二十一世紀のデジタル化にともなって益々鮮明になりつつある。

とはいえ、である。ハイデガーはこれに加え、この現状を克服する「技術のもう一つの可能性」についても述べているのだ。それこそが「ポイエーシス」すなわち「(現実から真実なものを)出《い》で来たらすこと」に他ならない。「総かり立て体制」はポイエーシスを塞ぎ立てるけれど、真実は無くなったわけではなく、美的な技術によって発露しうる、とハイデガーは説く。

はたして人間はAIロボットによって、ハイデガーのいう「ポイエーシス」へ向かうことができるのか。もしかしたらそれは、「利益をうむ刺激をつねに追求すること」から「死すべき命を見つめて、無常の美学にもとづき刻一刻をキレイに生きること」への転換ではないのだろうか。とすれば、ただ欧米の論文を精読し、先端技術の部分的改良にいそしむだけでなく、AIロボットと関わりながら人間のリアルな生を見つめ直すことが肝心だろう。

(西垣　通『超デジタル世界——DX、メタバースのゆくえ』)

注　冒瀆…神聖なものや清浄なもの、または大切なものを貶《おとし》める行為。
戯曲…演劇の脚本や台本の形で執筆された文学作品。
ソニー…日本の電子機器メーカー。カプランは、ソニーがフランスのパリに建設した研究所でAIBOの開発に携わった。
ハイデガー…ドイツの哲学者。一八八九～一九七六年。
アテンション・エコノミー…情報の優劣よりも、その情報に対する人々の関心や注目の度合いが経済的価値を持つとする考え方。

問一　傍線①「深遠な問い」とあるが、その説明として最も適当なものを次の中から一つ選び、記号で答えなさい。

イ　AIロボットの登場によって西洋世界で再認識された、人間が神の領域を侵犯することへの違和感に由来する問い。

ロ　西洋の知識人の間で古代から繰り返された、人間が自らに似せた存在を作ることは神への冒瀆といえるのかという問い。

ハ　日本の研究者と欧米の研究者との間で新たに生じた、AIとロボットのドッキングを肯定するか否かという問い。

ニ　近代科学技術の進展とともに西洋人の間で強まってきた、人間が作った機械に自らを滅ぼされる恐怖を源流とする問い。

問二　傍線②「ではそういうAIロボットがなぜ二十一世紀のデジタル社会をとらえ直す契機になるのか、考えてみることにしよう」とあるが、なぜ「AIロボット」が「二十一世紀のデジタル社会をとらえ直す契機になる」のか。本文全体をふまえて八十字以内で説明しなさい。

問三　傍線③「啓蒙《けいもう》主義」についての筆者の考えに合致する説明を次の中から一つ選び、記号で答えなさい。

イ　西洋の啓蒙主義は近代科学がひいた境界線によって世界の秩序化に成功したものの、自然と人工との対立をも克服した日本文化には劣っている。

ロ　啓蒙主義の思想に基づく分類によって世界が秩序立つはずが、実際には西洋人に分類困難な被造物への不安感を抱かせるものでしかなかった。

ハ　啓蒙主義がもたらす境界線によって秩序化された世界は、世万物を神が創ったというユダヤ＝キリスト教の教えにしたがえば、神ならぬ人間が人間めいた存在を作るというのは、身の程をわきまえぬ＊冒瀆《ぼうとく》的行為である。近代科学技術の進展とともに、西洋の人々のあいだに一種の畏怖感が強まってきたことは十分に想像できる。メアリー・シェリーの『フランケンシュタイン』、ヴィリエ・ド・リラダンの『未来のイヴ』など、そういう恐怖の物語は少なくない。カレル・チャペックの＊戯曲『R・U・R』における奴隷労働機械は「ロボット」の語源となったが、周知のようにそれは反乱をおこし人間に刃向かうのだ。自らの制作物によって人間が復讐《ふくしゅう》される――これが西洋人のロボットにたいする違和感の源流なのだろう。

思考機械であるAIもロボットと同じことなのだが、リアル世界で動き回るロボットと違って抽象的なので、違和感は小さいと推測される。また、第一次、二次世界大戦の影響か、科学技術の絶対的進歩にたいする信頼感は米国のほうが欧州よりずっと大きいことも、AIが米国で発達した一因と言えるだろう。いずれにしても、AIとのドッキングによってロボットへの注目度は世界的に高まっている。ただし依然として、「世界(宇宙)を観察する機械とは何か、それは人間とどう違うか」という根源的問いが、AIロボットの登場とともに西洋の知識人のあいだで繰り返されていることは確かだ。

パリの＊ソニー研究所でロボット犬AIBOの研究開発に従事したAI専門家フレデリック・カプランは、そういう知識人の一人である。現場の開発体験をふまえつつ、カプランは同胞である西洋人がロボットに示す違和感に当惑し、むしろ反発をおぼえる。

近代科学によって世界(宇宙)に概念的な境界線をひき、秩序立てていったのが西洋の③啓蒙主義である。だが同時に、西洋人は、ハイブリッドなもの、境界を侵犯する被造物、分類されがたい被造物が誕生してくるのに不安を抱くようになってしまった。それに対して啓蒙主義の「光」が訪れなかった日本では、文化と自然を連続させる関係を織り上げていくことができ、テクノロジーの進歩が生み出す人工物を歓迎し、冷静に受け止めてきた、とカプランは考える。日本人にとって人工物とは、自然と対立するのではなく「自然を改めて手に入れる手段」なのであり、したがって、人工を通じて自然を「よりよく再認識」することが可能になるのだ、という考えのもと、カプランははっきりと次のように断定する。

> 日本人にとってロボットはまず、「形式」を再現したものである。それは、武道で使われる「型」のようなものだと言えるかもしれない。形式そのものを探求すること、人工物を通して作り直すこと、人間と自然のあいだに関係性を織り上げていくこと。日本人の考え方のこれらの根本的な特徴が、ロボットが日本でこれほど受け入れられる理由だろう。(『ロボットは友だちになれるか』)

この指摘には、同感する人だけでなく首を傾《かし》げる人もいるかもしれない。AIロボットの用途はさまざまだ。原子力発電所の廃炉作業をはじめ、人間には危険すぎる種々の実用的仕事に役立てることもできる。逝去した家族の分身になったり、恋人の代わりをつとめたりして、心をなぐさめる情動(娯楽)的存在にもなる。いずれにしても、AIロボットはただデジタルな仮想空間と関わるだけでなく、リアル空間に参入し、そこに新たな次元を付け加えるはずだ。リアルな自然のとらえ直しの影響はさまざまだろうし、未知の領域も数多い。

こういうAIロボット研究開発の意義について、カプランが実用や娯楽以外に指摘するのはそれが「脱魔術化、脱神秘化」という社会的効用をもつことだ。とくに「人間の本質を知る」という知的探究性とかかわる点が強調される。この点はきわめて大切ではないだろうか。

脱魔術化といえば、＊ハイデガーが、近代技術は世界を魔術化し「総かり立て体制」に巻き込んでいる、と鋭く批判したことが連想

二〇二四年度　朋優学院高等学校（一般一回）

【国　語】（五〇分）〈満点：一〇〇点〉

一　次の各問に答えなさい。

(一)　次の各文の傍線に相当する漢字を含むものを、各群の中からそれぞれ一つずつ選び、記号で答えなさい。

問一　人生はクウキョな夢ではない。
イ　壁をテッキョして見通しが良くなった。
ロ　ケンキョに学ぶ姿勢はとても大切だ。
ハ　今月の出費はキョヨウ範囲を超えている。
ニ　彼の長所はマイキョにいとまがない。

問二　法然は浄土宗のカイソとして知られている。
イ　国からの命令で高いソゼイを納める。
ロ　食べ物をソマツにしてはならない。
ハ　全員で協力して計画をソシする。
ニ　二刀流のガンソとして有名になる。

問三　大事な試合の前には必ずエンジンを組む。
イ　病気の治療のためにジンゾウを摘出する。
ロ　大将はテキジンに乗り込む準備を始めた。
ハ　彼はジンギを重んじて他人に接する。
ニ　現代人はジンソクな情報交換を求める。

(二)　次の各文の傍線の漢字の読みをひらがなで答えなさい。

問一　いずれ誰もが冥途の旅に出る。

問二　時に羞恥心を捨てることも大切だ。

(三)　次の各文の傍線の意味として最も適当なものを次の中からそれぞれ一つずつ選び、記号で答えなさい。

問一　手塩にかけた娘が就職と同時に上京することになった。
イ　厳しくしつける　　ロ　苦労して面倒を見る
ハ　大切に世話をする　　ニ　協力して育て上げる

問二　彼女はバスケットボール選手として頭角を現してきた。
イ　良い結果を残す　　ロ　世間の評判になる
ハ　優れた才能で目立つ　　ニ　急成長を遂げる

二　次の文章を読んで、後の問に答えなさい。問題作成上、一部改変している部分があります。

二十一世紀のデジタル社会で生きていく際、注目されるのはロボットという存在である。半世紀近く前から、ロボットの技術開発は日本のお家芸だった。一九九〇年代末、ロボット研究者がコンピュータ科学者全体のなかで占める割合を比べると、日本は米国の四、五倍にのぼると言われた。それほど日本人はロボット好きであり、この点は、不気味なロボットに違和感をおぼえると語る欧米人といちじるしい対照をなしている。

現在、ロボットの研究開発はますます興隆しているが、これは、二〇一〇年代から第三次ブームをむかえたAIとのドッキング効果が大きい。以前のほとんどのロボットは単独で物理的動作をおこなうだけの機械製品だったが、今ではしばしばインターネットに連結され、かなりの知能をもっており、コミュニケートしながら外見上は自己判断で動いたり言葉を発したりしている。つまり、生物めいた手足に加え、「頭脳」をもった機械なのである。それゆえ、このドッキングは日本の工学者には画期的な出来事なのだが、他方、欧米の研究開発者にとっては、新たに①深遠な問いを突きつけられたという気がするだろう。

以下、「AIロボット」という概念は、デジタル仮想空間と連絡し言葉を話す機能をもつが、あくまでリアル空間で動くAIつきの物理的ロボットを意味することにする。②ではそういうAIロボットがなぜ二十一世紀のデジタル社会をとらえ直す契機になるのか、考えてみることにしよう。

英語解答

1 A　1…②　2…④　3…②　4…①
5…①　6…②　7…①
B　1…①$_{8}$　2…①$_{9}$　3…④$_{10}$
4…④$_{11}$　5…③$_{12}$

2 1　13…①　14…②
2　15…⑦　16…⑥
3　17…②　18…④
4　19…①　20…④
5　21…①　22…⑤

3 A　①$_{23}$　B　④$_{24}$　C　①$_{25}$
D　④$_{26}$　E　④$_{27}$　F　③$_{28}$
G　①$_{29}$，②$_{30}$，⑤$_{31}$，⑥$_{32}$
H　(例)どの動物がすでにワクチン接種を受けたかを知る（22字）

4 A　1…②$_{33}$　2…③$_{34}$　3…②$_{35}$
4…②$_{36}$　5…④$_{37}$
6　④$_{38}$→②$_{39}$→①$_{40}$→③$_{41}$
B　42…①　43…②　44…②

5 1　What is the third longest river in China?
2　How many languages are spoken in your country?
3　The game I watched last Saturday was exciting.

6 1　正解…②　訂正後…convenient
2　正解…③　訂正後…the other
3　正解…④　訂正後…overseas
4　正解…①　訂正後…furniture

1〔放送問題〕解説省略

2〔整序結合〕

1．There are a lot of wonderful places「すばらしい場所がたくさんある」がすでに文として成立しているので，並べかえるのは直前の places を修飾する部分になると判断できる。語群から，be worth ～ing「～する価値がある」と‘get to＋動詞の原形’「～するようになる」を組み合わせ，このまとまりと places をつなぐ関係代名詞として that を用いると推測できる。that 以下のまとまりの主語は places なので，be動詞は are を用いる。不要語は is。　There are a lot of wonderful places that are worth getting to know in the world.「世界には知る価値があるすばらしい場所がたくさんある」

2．語群と文末の「!」より，‘What＋形容詞＋名詞＋主語＋動詞…!’の形の感嘆文になると推測できる。不要語は how。なお，‘How＋形容詞＋主語＋動詞…!’の形では How beautiful the pictures of sunset she painted are! となるため，the と are が足りない。　What beautiful pictures of sunset she painted!「彼女はなんて美しい夕日の絵を描いたんだろう！」

3．We are not sure「私たちは～確信がない」で始める。この後は‘疑問詞＋主語＋動詞…’という間接疑問の語順で how far it is to the station「駅までどれくらいの距離か」とまとめる。このit は‘距離’の表現における主語である。不要語は that。　We are not sure how far it is to the station.「私たちは駅までどれくらいの距離か確信がない」

4．語群に as と twice があり，文末が as mine なので，twice as ～ as …「…より２倍～」という文になると推測できる。His salary「彼の給料」を主語とし，給料が「高い」を表す high を用いる。不要語は expensive「高価な」。　His salary is about twice as high as mine.「彼の給料は私の約２倍高い」

5．are，said，to があるので，‘be said to＋動詞の原形…’「～といわれている」という文になると推測できる。主語は Oil prices とし，これに対応する動詞として rise「上がる」を用いる。不要語は raise「～を上げる」。　Oil prices are said to rise by ten percent in 2030.「石油の価格は2030年に10パーセント上がるといわれている」

3〔**長文読解総合―説明文**〕

≪全訳≫❶オーストラリアのニューサウスウェールズでは，クラミジア感染症への対策として，科学者たちが野生のコアラにワクチン接種をし始めている。その病気は失明や不妊，そして死亡の原因となる。❷サミュエル・フィリップスは，サンシャインコースト大学の微生物学者だ。彼はワクチン開発に助力した。彼は，その病気が「コアラを殺しています，というのも，彼らはひどく具合が悪くなってエサを得るために木に登れなくなったり，捕食動物から逃げられなくなったりするし，メスは生殖能力を失う可能性があるからです」と述べた。生殖能力がないコアラは子を産めない。❸科学者たちの最初の目標は，ニューサウスウェールズのノーザンリバーズ地区のコアラの個体数の約半分を捕獲し，ワクチン接種をして注意深く見守ることだ。それは，約50頭の動物にワクチン接種をすることを意味する。❹研究者たちは，野生生物救助センターにいるコアラでワクチンをすでにテストしている。そのテストは，ワクチンに効き目があり，安全に使用できることを裏づけていた。❺感染と病気を減らすため，科学者たちは野生の個体数の何パーセントがワクチン接種を必要としているか知りたいと考えている。❻科学者たちは2023年３月に最初のコアラを捕獲してワクチンを接種した。この取り組みは約３か月続くと予想されている。❼オーストラリアのほかの地域のコアラもクラミジア感染症に感染している。科学者たちは，クイーンズランドではその動物の約半数がすでにその病気を持っていると見積もっている。❽オーストラリアの科学者たちは，ニューサウスウェールズの新しい野外実験で，クラミジア感染症への対策として野生のコアラにワクチン接種を始めている。その目的は，失明や不妊，死亡の原因となる病気のまん延からその動物を守るある方法をテストすることだ。❾ワクチンを与えるため，科学者たちはコアラがエサを食べている木々の根元の周りに円形の柵を設置した。数時間，あるいは数日たつと，コアラは別の木のおいしい葉を探すためにその木から下りる。そして，彼らは地面に置かれた罠《わな》へと入り込む。罠はその動物を傷つけない。❿次に，科学者たちはその動物を検査し，ワクチン接種の痛みを防ぐ薬を与え，ワクチンを与える。彼らは問題を調べるためにその動物を24時間注意深く観察する。彼らはまた，その動物の背中にピンク色の点を打つ。これは科学者たちに，どの動物がすでにワクチン接種を受けたかを知らせる。⓫ほとんどの時間，コアラはユーカリの木で食べたり寝たりしている。その個体数は，過去20年間で大きく減少した。この前の２月，オーストラリア政府はニューサウスウェールズ東部地域とクイーンズランド，オーストラリア首都特別地域のコアラを，絶滅危惧種のリストに載せた。⓬病気，生息地の減少，そして交通事故の全てが，コアラが生き延びるのをより困難にしている。ニューサウスウェールズ州政府の2020年の研究から，コアラが2050年までに絶滅する可能性があることがわかった。⓭科学者たちは，コアラが感染したヒツジやウシの排泄物との接触からクラミジア感染症をもらった可能性があると考えている。医師は人のその病気を治療するために抗生物質を使用する。しかし，コアラは胃の中に抗生物質が効くのを妨げる特別な酵素を持っているのだ。⓮マシュー・クラウザーは，シドニー大学の保全生物学者だ。彼はニューサウスウェールズのコアラを10年間以上観察してきた。2008年，そこで検査された動物の10パーセントがクラミジア感染症に感染していた。今日，その割合は80パーセントだ。彼は，その地域でコアラの赤ちゃんを見かけることはまれだと述べた。⓯世界では，野生動物にワクチンを与えるプロジェクトはほかにほとんどない。「野生生物のためのワクチン接種は，確かにまだ習慣にはなっていません」と，ウェイクフォレスト大学メディカルスクールの生物学者ジェイコブ・ネグレイは述べた。彼は，生物学者たちは野生動物へのワクチン接種が増えるべきかどうかを知ろうとしているところだとつけ加えた。

A＜**適語選択**＞空所の後の「ひどく具合が悪くなってエサを得るために木に登れなくなったり，捕食動物から逃げられなくなったりするし，メスは生殖能力を失う可能性がある」という内容は，空所の前の，病気がコアラを殺しているといえることの‘理由’になっている。したがって，後に‘理由’を導くはたらきを持つ because が適する。

B＜**適語選択**＞科学者たちは，a method「ある方法」が，野生のコアラをクラミジア感染症から守る手段になるかどうかテストするために，新しい野外実験を行ったのである。空所を含む文中の the animals は wild koalas を，a widespread disease はクラミジア感染症を指している。また，そのテストの具体的な方法が，第９，10段落で説明されている。

C＜**適語句選択**＞続く２文で，木から下りたコアラが地面に置かれた traps「罠」に入るとある。そして，この罠は空所の直前の fences「柵」を指している。これらのことから，柵が木々の根元の周りに設置されたのだとわかる。

D＜**適語選択**＞‘stop … from ～ing’で「…が～するのを妨げる」。前の文に，人には抗生物質が使用されるとある。一方，この文は But「しかし」で始まっているので，コアラには抗生物質が使用されない，または効かないという内容だと推測できる。この work は「(薬などが)効く」という意味。

E＜**適語句選択**＞次の文から，野生生物のためのワクチン接種がまだ習慣になっていないことが読み取れる。ここから，こうしたプロジェクトがほかにはほとんどないとわかる。

F＜**要旨把握**＞第２段落第１，２文参照。ワクチン開発に助力したのはサミュエル・フィリップスである。

G＜**内容真偽**＞①「ニューサウスウェールズのノーザンリバーズ地区のコアラの個体数は約100頭だ」…○　第３段落に一致する。50頭程度がその地区のコアラの約半数に当たることが読み取れるので，全体では約100頭となる。　②「いくつかのテストの結果が，ワクチンはコアラを傷つけないと示している」…○　第４段落第２文に一致する。 harm「傷つける」　③「ワクチン接種後，コアラは痛みを減少させる薬を与えられる」…×　第10段落第１文参照。痛みを防ぐ薬は，ワクチン接種前に与えられる。　④「ユーカリの木の数は過去20年間に大きく減少した」…×　第11段落第１，２文参照。大きく減少したのはコアラの個体数で，木の本数ではない。　⑤「コアラの生存は，病気のせいだけでなく，生息地の減少や交通事故のせいでもより困難になっている」…○　第12段落第１文に一致する。　⑥「2020年の研究は，30年以内にコアラが絶滅する可能性があると示した」…○　第12段落第２文に一致する。2020年の研究で，2050年までにコアラが絶滅する可能性があると示された。become extinct「絶滅する」がここでは die out と表現されている。　⑦「今日，私たちはニューサウスウェールズで頻繁にコアラの赤ちゃんを見ることができる」…×　第14段落最終文参照。　⑧「生物学者たちは，野生動物のワクチン接種は増えて当然だと強く確信している」…×　第15段落最終文参照。

H＜**文脈把握**＞ピンク色の点を打つ目的は次の文で，科学者たちに，どの動物がすでにワクチン接種を受けたかを知らせることだと説明されている。

4〔**長文読解総合―物語**〕

≪**全訳**≫❶モーはクラスメートから離れて待っていた。気分が悪かった。テスト期間中はいつも気分が悪かった。その日は２つのテストがあった。物理学が最初で，彼女は物理学が大嫌いであり，最も苦手な科目だった。だが，今日はテストの最終日だ！　テリーが列の前方から振り返って彼女を見て，すぐに目をそらした。モーは彼女には罪の意識があるようだと思った。彼女は物理学に問題を抱えてはいなかった。何に対しても問題のない子だったのだ！❷「はあい，モー，今日はあなたの大好きなテストね」とニーマがやってきて言った。テリーはまた振り返った。「彼女，どうしたの？」とニーマは言った。「あなたたち，友達だと思ってたけど」「うん，私もそう思ってた」とモーは言った。「でも，あの子は私に２週間話しかけてこないの。物理学のテストのために復習するのを手伝ってくれるって約束したのに，その後は私の電話もメールも全部無視よ。私があの子の家に電話したら，あの子のママは私に彼女は忙しいって言ったの。誰が自分の友達なのか覚えてないんだよ！」とモーは腹立たしげに言った。「聞いていますか，モーリーン・クイン？」　リード先生はクラスに話していて，ほかの生徒たちはテストの教室に入っていくところだった。モーはニーマに心配そうな視線を向け，彼女たちについていった。❸モーは第５問が難しすぎて，答えられなかった。顔を上げると，隣の列に座っているテリーが見えた。モーは驚いた。テリーは机の下で電話を持ち，それを読んでいた。モーはどう考えればいいかわからなかった。それがテリーがいつもいい成績を取っている方法なのか？　モーはテリーに本当に腹が立ったが，どうしたらいいかわからなかった。先生に告げることを考えたが，ほかのみんなは彼女のことをどう思うだろう？　こんなのフェアじゃない！　モーは一度もカンニングをしたことはないし，たくさんのテストに落ちた。モーが再び顔を上げたとき，テリーはもう電話をしまっていた。彼女は振り返ってモーを見て，悲しそうに笑った。「書くのをやめてペンを置きなさい」とリード先生がテスト用紙を集め始めながら言った。ああ，しまった，モーは２つの問題に答えていなかった。また落ちるだろう！❹モーは昼休みにテリーと話したかったが，食堂で彼女を見つけることができなかった。次のテストは歴史だった。それはモーの一番好きな科目だが，気分はよくなかった。彼女はテリーに腹を立てていた。ニーマは毎日昼食をとりに帰宅するので，彼女とも話せなかった。モーは勉強するために図書室に行った。テリーのことをどうしたらいいかわからなかった。先生に話すことを考えたが，もしそうすればみんな彼女を嫌うだろう。「フェアじゃなかった！」と彼女は思った。「テリーはずっとカンニングをしていい成績を取ってきたんだ。そして私は，私たちが友達だと思ってたんだ！」　ちょうどそのとき，リード先生が彼女の机のそばを通った。「リード先生…」❺モーはその午後の歴史のテストでまたテリーの後ろに座っていたが，テリーは電話を取り出さなかった。きっと歴史ではカンニングをする必要がなかったのだ。モーはまた気分が悪くなったが，テストには支障がなかった。どうしてリード先生に話してしまったのだろう？　でも，今となっては遅すぎた。彼は，もしテリーがテスト中に電話を持っているのを見たら，彼を見てうなずいてほしいと彼女に言った。彼女は最後の問題を解いていて，そのときテリーが机の下で電話を持っているのが見えた。考えるより前に，モーは顔を上げてリード先生に向かってうなずいた。テリーは電話を見ていて，彼がそっと自分の机に向かって歩いてくるのが聞こえなかった。彼は何も言わなかった。テリーは顔を上げてハッとした。彼は彼女のテスト用紙を取り上げ，ドアを指さしてテリーに出ていくように示した。テリーはドアに向かって歩きながら泣き出した。みんな彼女を見つめていて，モーは今や本当にすまなく感じていた。❻校門に向かって歩いているとき，背後で足音が聞こえた。テリーだった。「モー，待って！」と彼女は呼びかけた。「あなたと話したいの」　モーにはテリーが泣いていたとわかった，彼女の顔は青白く，目は赤かった。モーは声が出せなかった。「聞いて，電話に出なくて本当にごめん，でも，私たち，今大変なの。パパが心臓発作を起こして入院してるのよ。今日，大きな手術があって，すごく心配だった。バカだったってわかってるけど，どうなってるか知りたくてママからのメールを読んでた，でもリード先生に見つかっちゃった。私がカンニングしてるって思ったのね。でも，今では私を信じてくれてる。何が起きてるか話さなくてごめんなさい。あなたがいい友達だってわかってるわ。許してくれる？」

A＜英問英答―指示語・要旨把握・内容真偽＞１．「下線部『もしそうすれば』が意味するのは」―②「もしモーが，テスト中にテリーが何をしているか先生に報告したら」　下線部の did that は，同じ文中の telling a teacher を指している。モーは，もしテリーのカンニングを先生に告げ口したら，彼女がクラスメートに嫌われると思っているのである。　２．「テリーがテスト中に電話を使っていることを，リード先生はどうやって発見したか」―③「モーが彼にサインを送った」

第５段落第６文および第８文参照。リード先生は，もしテスト中にテリーが電話を持っているのを見たら彼を見てうなずくようにモーに言い，その後のテスト中にモーはリード先生に向かってうなずいた。　３．「次のうち，その日のテストについて正しいものはどれか」―②「リード先生は歴史のテスト中にテリーを出ていかせた」　第５段落終わりから３文目参照。また，第１文から，歴史のテスト中のことだとわかる。　４．「次のうち，モーについて正しくないものはどれか」―②「物理学と歴史は彼女の大好きな科目だったが，物理学は得意ではなかった」　第１段落第５文参照。物理学は大嫌いで最も苦手だった。　５．「次のうち，この読み物について正しくないものはどれか」―④「テリーは友人との問題を抱えていたので，モーの電話に出なかった」　第６段落第８文参照。テリーが抱えていたのは家族の問題である。　６．「次の出来事を起きた順に並べなさい」―④「テリーの父親が心臓発作を起こした」（第６段落第８文）→②「テリーはモーが勉強するのを手伝うという約束を破った」（第２段落第６文）→①「リード先生はテリーがカンニングをしていると聞いた」（第４段落最終文および第５段落第４文）→③「テリーは自分の状況をモーに説明した」（第６段落第７～12文）

B＜適語（句）選択＞42. give a ～ look「～な視線〔表情〕を向ける」　43. 直前の that は２文前の，テリーがテスト中に机の下で電話を見ていたということを指している。モーはこれを見て，それがテリーがいつもいい成績を取っている方法なのかと考えたのである。したがって，‘手段・方法’ を意味する how が適する。　44. 第３段落第２文から，午前中のテストでテリーは，モーが顔を上げたときに見える位置に座っていたことがわかる。空所の後に again とあることから，午後のテストでもモーはテリーが見える位置に座っていたことが読み取れるので，behind「～の後ろに」が適する。なお，sit back in ～は「～に深く座る」という意味。

5〔和文英訳〕

１．「何ですか」という疑問文なので，What is で始める。「～番目に…な―」は ‘the＋序数＋最上級＋名詞’ で表せる。

２．「いくつの言語が～」という疑問文なので，How many languages で始める。「話されている」は ‘be動詞＋過去分詞’ の受け身形で表す。　speak－spoke－spoken

３．The game was exciting「その試合は面白かった」を骨組みとして，「私が先週の土曜日に観戦した」という説明を game の後に続ける。８語という条件から，これらをつなぐ目的格の関係代名詞（which〔that〕）は省略する。

6〔誤文訂正〕

１．‘it is ～ to …’「…するのは～だ」の ‘～’ の部分に入る語として，名詞の convenience「便利さ」ではなく，形容詞の convenient「便利な」が正しい。　「多くの人が現金で支払う方を好むが，買い物をするときに電子マネーを使うのは便利だ」

２．２つのもののうちの「もう１つ，残り１つ」という場合には，the other を用いる。　「私たちは水族館を訪れ，２頭の兄弟イルカを見た。両方とも同じ両親から生まれたのに，１頭は白く，もう１頭は灰色だった」

３．この overseas は副詞的に使われており，前置詞 in は不要。　「父は健康状態がよくないので，私に日本に帰ってくるように頼み，私は海外での生活を諦めた」

４．furniture は ‘数えられない名詞’ なので，複数形にならない。　「私は今，新居のための家具を探しており，すばらしく座り心地のいいこのソファーを見つけたところだ」

2024年度／朋優学院高等学校（一般１回）

数学解答

1 (1) $6a^6c^2$　(2) $c=\frac{2S}{r}-a-b$

(3) 3　(4) 2.5　(5) 10°

(6) 200

2 (1) 74　(2) 9個

3 (1) $y=\frac{1}{2}x+1$　(2) $\left(\frac{4}{5},\ \frac{7}{5}\right)$

4 (1) ③　(2) $6\sqrt{13}+3\sqrt{2}$

5 (1) $\frac{24}{5}$　(2) 8　(3) $\frac{84}{5}$

6 (1) $\frac{1}{4}$　(2) $\frac{1}{2}$

7 (1) 17　(2) $7\times13\times23\times43$

1〔独立小問集合題〕

(1)＜**式の計算**＞与式$=81a^8b^4\div6a^2b^6c^2\times\frac{4}{9}b^2c^4=81a^8b^4\times\frac{1}{6a^2b^6c^2}\times\frac{4b^2c^4}{9}=\frac{81a^8b^4\times1\times4b^2c^4}{6a^2b^6c^2\times9}=6a^6c^2$

(2)＜**等式変形**＞左辺と右辺を入れかえて，$\frac{1}{2}r(a+b+c)=S$，両辺を２倍して，$r(a+b+c)=2S$，両辺を r でわって，$a+b+c=\frac{2S}{r}$，a，b を右辺に移項して，$c=\frac{2S}{r}-a-b$ となる。

(3)＜**一次方程式の応用**＞分速75m で16分かかる道のりは，$75\times16=1200$(m)，つまり，1.2km である。また，24分は，$\frac{24}{60}=\frac{2}{5}$(時間)だから，1.2km の道のりを時速 x km で$\frac{2}{5}$時間かかったことより，$x\times\frac{2}{5}=1.2$ が成り立つ。これを解くと，$x=3$ である。

(4)＜**一次方程式の応用**＞５％の食塩水と x％の食塩水を３：２の割合で混ぜたので，５％の食塩水を $3a$g，x％の食塩水を $2a$g 混ぜたとする。このとき，それぞれの食塩水に含まれる食塩の量は $3a\times\frac{5}{100}$ g，$2a\times\frac{x}{100}$ g と表される。また，できた食塩水の量は $3a+2a=5a$(g)であり，濃度が４％になったことから，含まれる食塩の量は $5a\times\frac{4}{100}$ g となる。よって，含まれる食塩の量について，$3a\times\frac{5}{100}+2a\times\frac{x}{100}=5a\times\frac{4}{100}$ が成り立つ。両辺を a でわって，100倍して解くと，$15+2x=20$，$2x=5$ より，$x=2.5$(％)となる。

(5)＜**平面図形—角度**＞右図１で，∠ODC＝a とおくと，CD∥OE より，∠DOE＝∠ODC＝a となり，△ODE は OD＝OE の二等辺三角形だから，∠ODE＝(180°－∠DOE)÷2＝(180°－a)÷2＝90°－$\frac{1}{2}a$ となる。よって，∠CDE＝∠ODC＋∠ODE＝$a+\left(90°-\frac{1}{2}a\right)$＝90°＋$\frac{1}{2}a$ と表せるので，90°＋$\frac{1}{2}a$＝111° が成り立つ。これより，$\frac{1}{2}a$＝21°，a＝42° となるので，∠ODC＝∠DOE＝a＝42° である。△OCD は OC＝OD の二等辺三角形だから，∠OCD＝∠ODC＝42° となり，∠COD＝180°－∠OCD－∠ODC＝180°－42°－42°＝96° である。$\overset{\frown}{AE}:\overset{\frown}{DC}$＝1：3 より，∠AOE：∠COD＝1：3 となるから，∠AOE＝$\frac{1}{3}$∠COD＝$\frac{1}{3}$×96°＝32° となる。したがって，∠BOC＝180°－∠COD－∠DOE－∠AOE＝180°－96°－42°－32°＝10° である。

図１

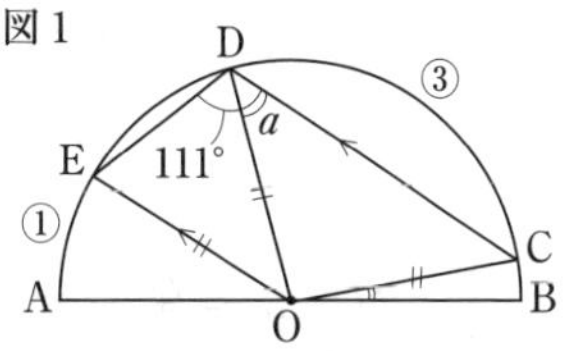

(6)＜**平面図形—面積**＞次ページの図２で，AD∥BC であり，AE＝EB，DF＝FC より，AE：EB＝

DF：FC だから，AD∥EF∥BC である。これより，△AEH∽△ABC となり，EH：BC＝AE：AB＝1：2 となるから，EH＝$\frac{1}{2}$BC＝$\frac{1}{2}\times 5=\frac{5}{2}$ となる。同様に，△EBG∽△ABD より，EG：AD＝EB：AB＝1：2 となり，EG＝$\frac{1}{2}$AD＝$\frac{1}{2}\times 2=1$ となる。よって，GH＝EH－EG＝$\frac{5}{2}-1=\frac{3}{2}$ である。さらに，△IGH∽△IBC となる。相似比は GH：BC＝$\frac{3}{2}$：5＝3：10 だから，面積の比は相似比の 2 乗より，△IGH：△IBC＝3^2：10^2＝9：100 となる。よって，△IGH＝18 より，△IBC＝$\frac{100}{9}$△IGH＝$\frac{100}{9}\times 18=200$ である。

図 2

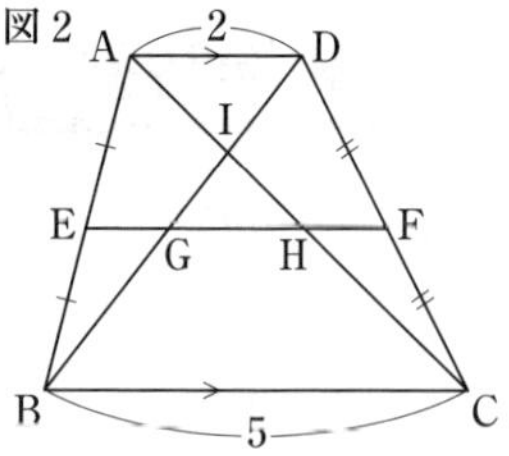

2〔特殊・新傾向問題―約束記号〕

⑴<**連立方程式**>2 けたの自然数 X の十の位の数を a，一の位の数を b とする。X★25 は，X の十の位の数と25の一の位の数の積と，X の一の位の数と25の十の位の数の積の和を表すので，X★25＝43 より，$a\times5+b\times2=43$，$5a+2b=43$……①となる。同様にして，X★52＝34 より，$a\times2+b\times5=34$，$2a+5b=34$……②となる。①，②の連立方程式を解くと，①×2－②×5 より，$4b-25b=86-170$，$-21b=-84$，$b=4$ となり，これを②に代入して，$2a+5\times4=34$，$2a=14$，$a=7$ となる。よって，$X=74$ である。

⑵<**Xの個数**>X の十の位の数を c，一の位の数を d とすると，$X=10c+d$ と表される。よって，X★74＝X より，$c\times4+d\times7=10c+d$，$-6c=-6d$，$c=d$ となる。X は 2 けたの自然数だから，X＝11，22，33，……，99 の 9 個ある。

3〔関数―関数 $y=ax^2$ と一次関数のグラフ〕

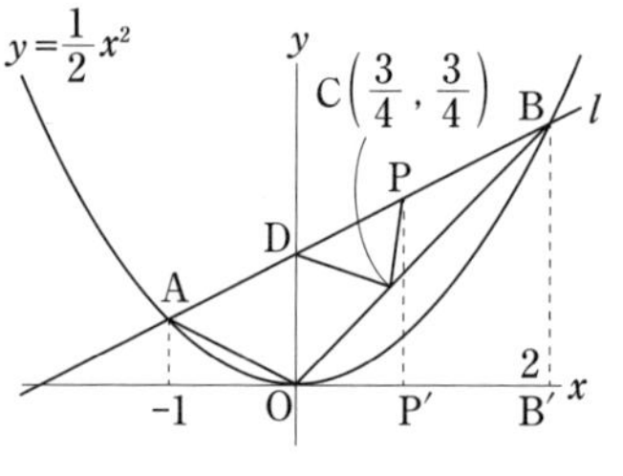

⑴<**直線の式**>右図で，2 点A，Bは関数 $y=\frac{1}{2}x^2$ のグラフ上の点で，x 座標がそれぞれ－1，2 だから，$y=\frac{1}{2}\times(-1)^2=\frac{1}{2}$，$y=\frac{1}{2}\times2^2=2$ より，A$\left(-1,\ \frac{1}{2}\right)$，B(2，2)となる。直線 l は 2 点A，Bを通るから，直線 l の式を $y=mx+n$ とすると，点Aを通ることより，$\frac{1}{2}=m\times(-1)+n$，$-m+n=\frac{1}{2}$……①となり，点Bを通ることより，$2=m\times2+n$，$2m+n=2$……②となる。②－①より，$2m-(-m)=2-\frac{1}{2}$，$3m=\frac{3}{2}$，$m=\frac{1}{2}$ となり，これを①に代入して，$-\frac{1}{2}+n=\frac{1}{2}$，$n=1$ となるから，直線 l の式は $y=\frac{1}{2}x+1$ である。

⑵<**座標**>右上図で，直線 l と y 軸の交点をDとすると，⑴より，切片が 1 だから，D(0，1)であり，OD＝1 となる。OD を底辺と見ると，2 点A，Bの x 座標より，△AOD の高さは 1，△BOD の高さは 2 となる。よって，△AOD＝$\frac{1}{2}\times1\times1=\frac{1}{2}$，△BOD＝$\frac{1}{2}\times1\times2=1$ より，△AOB＝△AOD＋△BOD＝$\frac{1}{2}+1=\frac{3}{2}$ となるから，△BPC＝$\frac{1}{4}$△AOB＝$\frac{1}{4}\times\frac{3}{2}=\frac{3}{8}$ である。また，2 点C，Dを結び，△OCD の底辺を OD と見ると，点Cの x 座標が $\frac{3}{4}$ より，高さは $\frac{3}{4}$ なので，△OCD＝$\frac{1}{2}\times1$

$\times\frac{3}{4}=\frac{3}{8}$ となる。これより，$\triangle DCP=\triangle BOD-\triangle BPC-\triangle OCD=1-\frac{3}{8}-\frac{3}{8}=\frac{1}{4}$ となる。したがって，$\triangle DCP:\triangle BPC=\frac{1}{4}:\frac{3}{8}=2:3$ となるので，$DP:PB=2:3$ である。2点P，Bからx軸に垂線PP′，BB′を引くと，DO∥PP′∥BB′より，$OP':P'B'=DP:PB=2:3$ となる。$OB'=2$ より，$OP'=\frac{2}{2+3}OB'=\frac{2}{5}\times2=\frac{4}{5}$ となるから，点Pのx座標は$\frac{4}{5}$となる。点Pは直線$y=\frac{1}{2}x+1$上にあるから，$y=\frac{1}{2}\times\frac{4}{5}+1=\frac{7}{5}$ となり，$P\left(\frac{4}{5},\ \frac{7}{5}\right)$ である。

4〔空間図形―立方体〕

(1)＜**切断面**＞右図で，直線MNと，辺BAの延長，辺BCの延長との交点をそれぞれP，Qとし，2点P，F，2点Q，Fをそれぞれ結ぶ。PFと辺AEの交点をR，QFと辺CGの交点をSとすると，3点M，N，Fを通る平面は，辺AEと点Rで，辺CGと点Sで交わるので，切り口の図形は，五角形MRFSNとなる。

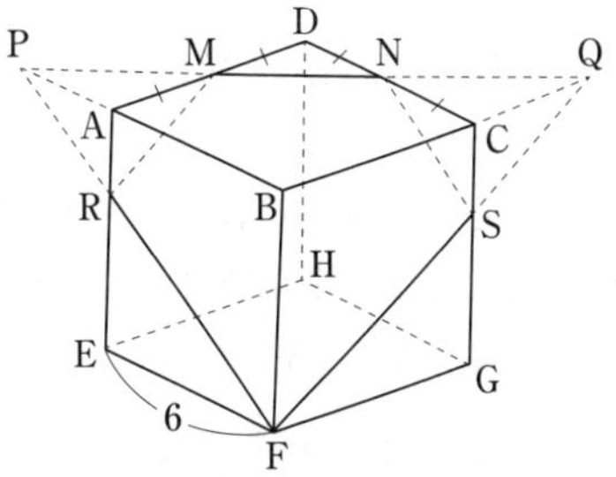

(2)＜**長さ**＞四角形ABCDは正方形で，2点M，Nはそれぞれ辺AD，CDの中点だから，$DM=DN=\frac{1}{2}AD=\frac{1}{2}\times6=3$ となる。△DMNは直角二等辺三角形だから，$MN=\sqrt{2}DM=\sqrt{2}\times3=3\sqrt{2}$ である。次に，$\angle MAP=90^\circ$，$\angle AMP=\angle DMN=45^\circ$ より，△AMPも直角二等辺三角形となり，$AP=AM=DM=3$ となる。$\triangle ARP\backsim\triangle ERF$ だから，$AR:ER=AP:EF=3:6=1:2$ より，$AR=\frac{1}{1+2}AE=\frac{1}{3}\times6=2$，$ER=AE-AR=6-2=4$ である。△ARM，△ERFで三平方の定理より，$MR=\sqrt{AM^2+AR^2}=\sqrt{3^2+2^2}=\sqrt{13}$，$RF=\sqrt{ER^2+EF^2}=\sqrt{4^2+6^2}=\sqrt{52}=2\sqrt{13}$ となる。同様にして，$NS=\sqrt{13}$，$SF=2\sqrt{13}$ となるから，切り口の図形の周の長さは，$MR+RF+MN+NS+SF=\sqrt{13}+2\sqrt{13}+3\sqrt{2}+\sqrt{13}+2\sqrt{13}=6\sqrt{13}+3\sqrt{2}$ である。

5〔関数―関数の利用〕

(1)＜***a*****の値**＞aの値は，A駅から出発した始発電車とB駅から出発した朋希さんがすれ違った地点の，A駅からの距離，つまり始発電車の進んだ距離を表している。朋希さんは，出発してから7分12秒後に同時に出発した始発電車とすれ違っている。7分12秒は，$7+\frac{12}{60}=\frac{36}{5}$（分）であり，$\frac{36}{5}\div60=\frac{3}{25}$（時間）である。電車の速さは時速40kmだから，電車が進んだ距離は $40\times\frac{3}{25}=\frac{24}{5}$(km)となり，$a=\frac{24}{5}$(km)である。

(2)＜***b*****の値**＞bの値は，A駅を出発した優子さんが6分後に出発した電車に追い抜かれたときの，優子さんが出発してからの時間である。(1)より，朋希さんは，$\frac{3}{25}$時間で $6-a=6-\frac{24}{5}=\frac{6}{5}$(km)進んでいるから，速さは，$\frac{6}{5}\div\frac{3}{25}=10$ より，時速10kmである。優子さんは朋希さんと同じ速さで走っているから，優子さんの速さも時速10kmである。これより，優子さんがb分で進んだ距離は，$10\times\frac{b}{60}=\frac{1}{6}b$(km)である。また，6分後に出発した電車が$b-6$分で進んだ距離は，$40\times\frac{b-6}{60}=\frac{2b-12}{3}$(km)である。優子さんが進んだ距離と，6分後に出発した電車が進んだ距離は等しいから，

$\dfrac{1}{6}b=\dfrac{2b-12}{3}$ が成り立ち，これを解くと，$b=4b-24$，$-3b=-24$ より，$b=8$(分)となる。

(3)＜cの値＞ c の値は，B駅を出発した朋希さんが，12分後にA駅を出発した電車とすれ違うときの，朋希さんが出発してからの時間である。朋希さんが c 分で進んだ距離は，$10\times\dfrac{c}{60}=\dfrac{1}{6}c$(km)である。また，12分後に出発した電車が $c-12$ 分で進んだ距離は，$40\times\dfrac{c-12}{60}=\dfrac{2c-24}{3}$(km)である。朋希さんが進んだ距離と，12分後に出発した電車が進んだ距離の和は 6 km だから，$\dfrac{1}{6}c+\dfrac{2c-24}{3}=6$ が成り立ち，これを解くと，$c+4c-48=36$，$5c=84$ より，$c=\dfrac{84}{5}$(分)となる。

6 〔データの活用―確率―じゃんけん〕

(1)＜確率＞Aは，グー，チョキを出す確率が同じなので，Aがグー，チョキを出すことは同様に確からしい。B，Cについても同様である。A，B，Cはそれぞれ2通りの出し方があるので，3人の出し方は，全部で $2\times2\times2=8$(通り)ある。このうち，あいこになるのは，3人が異なるものを出した場合で，(A，B，C)＝(グー，チョキ，パー)，(チョキ，パー，グー)の2通りあるから，求める確率は $\dfrac{2}{8}=\dfrac{1}{4}$ である。

(2)＜確率＞Dのグー，チョキ，パーを出すことは同様に確からしい。Dは3通りの出し方があるので，A，B，C，Dの4人の出し方は，全部で $2\times2\times2\times3=24$(通り)ある。(1)のA，B，Cの3人であいこになる2通りにおいては，Dはどれを出してもあいこだから，このとき，$2\times3=6$(通り)ある。A，B，Cの3人であいこにならない残りの $8-2=6$(通り)においては，3人が同じものを出すことはないので，3人が出すのは，グーとチョキ，チョキとパー，パーとグーとなる。Dは，3人が出していないものを出せばあいこになるので，それぞれについてDの出し方は1通りであり，このとき，$6\times1=6$(通り)ある。よって，4人であいこになる出し方は $6+6=12$(通り)あるから，求める確率は $\dfrac{12}{24}=\dfrac{1}{2}$ である。

7 〔数と式―数の性質〕

≪基本方針の決定≫(2)　$89999=90000-1$ と考える。

(1)＜最大の素数＞$17^2=289$，$19^2=361$ より，$p^2\leqq300$ を満たす最大の素数 p は17である。

(2)＜素因数分解＞$89999=90000-1=300^2-1^2=(300+1)(300-1)=301\times299=(7\times43)\times(13\times23)=7\times13\times23\times43$

＝読者へのメッセージ＝

7は素数を利用した問題でした。素数の中には，3と5，5と7，11と13のように，差が2となる2つの素数の組が存在します。このような2つの素数の組を「双子素数」といいます。素数が無限にあることは証明されているのですが，双子素数は，無限にあると予想はされていますが証明はされていません。

2024年度／朋優学院高等学校（一般１回）

社会解答

1　問１　①　問２　②　問３　④
問４　④　問５　②　問６　④
問７　④　問８　④　問９　①

2　問１　④　問２　③
問３　(1)…④　(2)…⑥　問４　②
問５　②，③，⑤
問６　ア…③　イ…⑥　ウ…①
問７　(1)…③　(2)…③　問８　②
問９　⑥　問10　③

3　問１　③　問２　①　問３　⑤
問４　③　問５　④　問６　①
問７　④　問８　③　問９　②
問10　⑤

4　問１　④　問２　①　問３　⑧
問４　③　問５　②

1〔地理─小田原市とその周辺を題材とする問題〕

問１＜大磯丘陵の成因＞大磯丘陵は，かつて相模湾の海底であったところが隆起して陸上に現れたものと考えられている（①…○）。

問２＜相模湾＞神奈川県小田原市やその周辺地域は，南を相模湾に接している（②…○）。なお，東京湾は神奈川県東部，東京都南部，千葉県西部に接する（①…×）。駿河湾は静岡県東部に接する（③…×）。遠州灘は静岡県西部に接する（④…×）。伊勢湾は愛知県西部，三重県東部に接する（⑤…×）。九十九里浜は千葉県東部の海岸（⑥…×）。

問３＜資料の読み取り＞東海道本線が現在のルートに変更された後は，山北駅のある御殿場線は東海道本線よりも遠回りとなるため，乗降客数が減少したと考えられる（④…×）。

問４＜地形図の読み取り＞図４を見ると，地点Ｃのすぐ近くを酒匂川が流れていることがわかり，地点Ｃが洪水の被害を受けやすい場所であることがわかる（④…○）。

問５＜特産品＞新潟県燕市は，地場産業として金属洋食器の生産が盛んなことで知られている（Ｂ…○）。また，山梨県は都道府県別のぶどう生産量が全国第１位（2022年）であり，甲州市などでぶどうを原料とするワインの生産が盛んである（Ｃ…○）。なお，南部鉄器は岩手県盛岡市と奥州市の伝統的工芸品である（Ａ…×）。オリーブは，年降水量の少ない香川県の小豆島で栽培が盛んである（Ｄ…×）。

問６＜日本の漁業＞日本近海が世界有数の好漁場であることなどから，日本の漁業生産量はかつては世界第１位であった。しかし，1970年代後半以降，世界各国により200海里の（排他的）経済水域が設定されたことにより遠洋漁業の漁獲量が大きく減少し，1980年代末以降，魚介類の取りすぎなどにより沖合漁業の漁獲量が減少したことで，日本の漁業生産量は全体として落ち込むようになった。以上のことは神奈川県にも当てはまるため，グラフ１を見ると，漁業生産量の多いイが昭和60年のもので，少ないアが平成25年のものである。また，昭和60年のイで４万トンを超えていた漁業生産量が，平成25年のアでは２万トン未満になり，半分以下に落ち込んだＡが，遠洋漁業の漁業生産量である（④…○）。

問７＜小田原市とその周辺の水源＞図２の小田原市周辺の地図を見ると，地点Ｆの近くには早川と並行して箱根登山鉄道が通っていることがわかる。芦ノ湖は箱根山上の湖であるため，早川の水源であると考えられる。また，フタがされて水面が見えなくなった水路のことを暗渠《あんきょ》という（④…○）。なお，相模湖は神奈川県中部を流れる相模川にあるダム湖，丹沢湖は地点Ｃ付近を流れる酒匂川の支流にあるダム湖である。

問8＜時差の計算＞小田原市のある日本とチュラビスタ(アメリカ合衆国)のそれぞれの標準時子午線である東経135度と西経120度の経度差は，135＋120＝255より，255度である。経度15度につき1時間の時差が生じることから，日本とチュラビスタの時差は，255÷15＝17より，17時間である。日付変更線をまたがずに西へ進む場合，時刻には遅れが生じるため，日本よりも西にあるチュラビスタの時刻は，日本よりも17時間遅れている。ただし，アメリカ合衆国ではサマータイムを実施しているため，チュラビスタの時刻は通常より1時間進んでいる。よって，日本とチュラビスタの時差は，サマータイムを考慮すると16時間になる。

問9＜日本とアメリカ合衆国西岸の気候＞日本は，北海道や南西諸島などを除いては温暖湿潤気候に属し，1年を通じて降水が見られ，特に四季がはっきりしていて夏の平均気温が高くなる。したがって，Aが小田原の雨温図である。また，Bのチュラビスタの雨温図を見ると，夏の降水量が非常に少ないことがわかる。夏に乾燥し，冬に降水があるのは地中海性気候である(①…○)。

2〔歴史―将棋を題材とする問題〕

問1＜古代文明＞ジッグラト〔聖塔〕は，メソポタミア文明の遺跡であり，インダス川の下流域にあったインダス文明の都市遺跡はモヘンジョ・ダロなどである(ア…誤)。太陰暦は，メソポタミア文明において考え出された(イ…誤)。

問2＜フランス革命＞③は，1773年に起こったボストン茶会事件の絵画であり，アメリカ独立戦争前のイギリスとアメリカの対立関係を表している。なお，①は，フランス革命前のフランスにおける第一身分〔聖職者〕(絵画の上左)・第二身分〔貴族〕(上右)と第三身分〔平民〕(下)との関係を表している。②は，1789年に起こり，フランス革命の始まりとなったバスチーユ牢獄の襲撃を表している。④は，1793年に行われたフランス国王ルイ16世の処刑の様子を表している。

問3＜中国の歴史＞(1)1972年の日中共同声明で国交を正常化したのは，田中角栄内閣のときである(④…○)。なお，甲骨文字は，紀元前3世紀の秦による中国統一以前，殷(紀元前16～前11世紀)の時期に使われるようになった(①…×)。14世紀に南京を首都として明を建国したのは，朱元璋である(②…×)。1911年，三民主義を唱え，辛亥革命を起こしたのは，孫文である(③…×)。　(2)年代の古い順に，イ(アヘン戦争の開始[林則徐などの文書はアヘン戦争より前に出されたもの]―1840年)，ア(南京条約の締結―1842年)，エ(日清修好条規の締結―1871年)，ウ(下関条約の締結―1895年)となる。

問4＜平安時代の出来事＞10世紀初め，菅原道真を大宰府に左遷させたのは，藤原時平である(②…×)。なお，藤原頼通は藤原道長の子であり，11世紀に活躍した人物である。

問5＜16世紀の出来事＞千利休がわび茶を完成させたのは，16世紀後半の桃山文化の時期である(②…○)。天正遣欧使節は，16世紀の1582～90年に派遣された(③…○)。スイスでカルバンが宗教改革を始めたのは，16世紀の1541年である(⑤…○)。なお，オスマン帝国がビザンツ〔東ローマ〕帝国を滅ぼしたのは，15世紀の1453年である(①…×)。加賀の一向一揆が始まったのは，15世紀の1488年である(④…×)。バスコ＝ダ＝ガマがインドに到達したのは，15世紀の1498年である(⑥…×)。

問6＜江戸時代の出来事＞新井白石が正徳の治を始めたのは，18世紀初めの1709年である(ア…③)。1716～60年に当たる出来事は①～⑤の中にはない(イ…⑥)。杉田玄白らが『解体新書』を出版したのは，1774年である(ウ…①)。なお，1860年，桜田門外の変で暗殺されたのは，井伊直弼である

(②…×)。禁中並公家諸法度が出されたのは，江戸時代初期の1615年である(④…×)。1792年，根室に来航したロシア使節はラクスマンであり，レザノフは1804年に長崎に来航した(⑤…×)。

問７＜**明治時代の社会・文化**＞⑴横山大観は日本画家であり，代表作に『無我』がある(③…×)。なお，『老猿』は彫刻家である高村光雲の代表作である。　⑵年代の古い順に，イ(樺太・千島交換条約の締結―1875年)，ア(第１回衆議院議員選挙―1890年)，ウ(日露戦争の開始―1904年)となる。

問８＜**大戦景気**＞第一次世界大戦期の日本では，軍需品の生産・輸出などの大戦関連事業によって成功をおさめ，急成長する実業家が現れた。彼らは，歩などの低位の将棋の駒が敵陣に入ると「金」になることにたとえて「成金」と呼ばれた(②…○)。

問９＜**1970年代の出来事**＞大阪で日本万国博覧会が開かれたのは，1970年である(ウ…○)。第１回主要国首脳会議〔サミット〕が開かれたのは，1975年である(カ…○)。なお，成田空港〔新東京国際空港〕が開港したのは1978年(ア…○)だが，東南アジア諸国連合〔ASEAN〕が結成されたのは1967年(エ…×)であり，ユーゴスラビアで内戦が勃発したのは1991年(オ…×)であるため，①・②は正解にならない。初めて３％の消費税が導入されたのは，1989年である(イ…×)。

問10＜**愛知県の歴史**＞1575年，長篠の戦いで織田信長が破ったのは，武田信玄の子である武田勝頼である(ア…誤)。豊臣秀吉と徳川家康は，1584年，現在の愛知県内にあたる小牧・長久手で戦ったが，勝負がつかずに和睦した(イ…正)。

３〔**地理・公民総合―総合**〕

問１＜**日本の一次エネルギー**＞1960年代のエネルギー革命により，1970年には日本の一次エネルギーでは石炭(イ)に代わって石油(ア)が最大の割合を占めるようになった。しかし，1973年の石油危機をきっかけに石油は割合を徐々に減らし，石油に代わって天然ガス(ウ)が用いられるようになった。天然ガスと並んで原子力(エ)も石油危機以降割合を増やしたが，2011年の福島第一原子力発電所の事故により大きく割合を減らした。福島第一原子力発電所の事故以降は，原子力に代わって再生可能エネルギー(カ)が割合を増やしている。オは水力である。

問２＜**日本銀行**＞一般の銀行は預金のうち，預金者への支払いに備えて準備金を用意している。一般の銀行はこの準備金を一定割合日本銀行に預け入れることが義務づけられている。預金準備率とは，この割合のことである。したがって，日本銀行が預金準備率を引き下げることにより，金融機関は手元に置く資金が増え，企業への貸し出しを増やしやすくなる(①…○)。なお，日本銀行が一般の銀行に対して貸し出し金利を上げると，一般の銀行も企業などへの貸し出し金利を引き上げることにつながる。これによって，企業は資金を借りにくくなり，生産が縮小されるため，インフレーション対策につながる(②…×)。日本銀行が一般の銀行に対して国債などを売ると，一般の銀行は日本銀行に代金を支払うことになる。これによって，一般の銀行は貸し出せる資金が減るので，貸し出しに慎重になり金利を上げるため，インフレーション対策につながる(③…×)。自国通貨の為替レートを切り下げるためには，自国通貨を市場に放出することで自国通貨の価値を下げる必要があるため，外国為替市場に自国通貨の売り介入を行う必要がある(④…×)。

問３＜**資料の読み取り**＞アは，石油危機の起こった1973年に大きく上がっているため，消費者物価指数(前年比)であるとわかる。イは，石油危機の影響で戦後初のマイナス成長となった1974年や，世界金融危機の起こった2008年に大きく下がっているため，実質経済成長率(前年比)であるとわかる。ウは，バブル経済崩壊後の1990年代から長びく不況の中，上昇傾向にあり，少し下がった後，世界金融危機の起こった2008年に大きく上がっているため，完全失業率であるとわかる。

問４＜人権保障の広がり＞2024年５月現在，日本では，同性婚は法的には認められていない(ア…誤)。1999年に制定された男女共同参画社会基本法では，女性の社会参画を拡大する効果的な施策として，積極的な優遇措置，すなわちアファーマティブ〔ポジティブ〕アクションを推奨している(イ…正)。

問５＜国際経済の諸課題＞政府開発援助〔ODA〕には，先進国政府からの貸し付けである有償資金協力や，先進国政府からの贈与である無償資金協力のほかに，先進国政府からの技術の移転である技術協力も含まれる(ア…正)。発展途上国の間の経済格差の問題は南南問題といわれる(イ…誤)。発展途上国から公正な価格で輸入することをフェアトレードという(ウ…誤)。

問６＜環境アセスメント＞環境アセスメント〔環境影響評価〕とは，大規模な開発を行う場合に，事前に環境への影響を調査することである(①…×)。

問７＜資料の読み取り＞東京都は，住民や事業所が非常に多く集中しているため，地方税が集まりやすく，地方公共団体間の財政格差を小さくするために国から配分される地方交付税を受け取る必要がない。したがって，地方税の割合が最も高く，地方交付税を受け取っていないエが東京都である。

問８＜裁判員制度＞2022年の民法改正の施行で成人年齢が20歳から18歳に引き下げられたことに伴い，裁判員も満18歳以上の国民の中から選ばれることになった(③…○)。なお，裁判員が参加するのは，地方裁判所で行われる第一審のみである(①…×)。１つの事件の裁判は，原則として３人の裁判官と６人の裁判員によって行われる(②…×)。裁判員は，裁判官とともに有罪か無罪かだけでなく，有罪の場合，刑罰の内容も決定する(④…×)。

問９＜憲法改正＞憲法改正の発議は，各議院の総議員の３分の２以上の賛成で行われる(ア…×)。憲法改正の公布は，天皇の国事行為である(イ…×)。

問10＜年代整序＞年代の古い順に，ウ(製造物責任法〔PL法〕の施行―1995年)，ア(消費者契約法の施行―2001年)，イ(消費者庁の設置―2009年)となる。

4〔三分野総合―時事問題を中心とした問題〕

問１＜ガザ地区，イスラエルの首相＞ガザ地区は，ヨルダン川西岸地域と並んでパレスチナ人の自治が認められた地域であり，イスラエルとエジプトの国境に接し，地中海を北に望む地域である((エ)…○)。イスラエルの首相は，2022年12月以降ネタニヤフが務めている。

問２＜アメリカ同時多発テロ事件＞アメリカ同時多発テロ事件は，2001年９月11日，アルカーイダのメンバーによって引き起こされた(ア…正)。アメリカ同時多発テロ事件をきっかけとして，アメリカ合衆国のブッシュ政権は，アルカーイダと関係が深いとされたターリバーンが政権を握っていたアフガニスタンを攻撃した(イ…正)。

問３＜夏季オリンピックの開催地＞2000年のオリンピックはオーストラリアのシドニーで，2012年のオリンピックはイギリスのロンドンで，2016年のオリンピックはブラジルのリオデジャネイロで開催された(⑧…○)。なお，2004年のオリンピックはギリシャのアテネで，2008年のオリンピックは中国の北京で開催された。

問４＜国連の事務総長＞国連の事務総長は，安全保障理事会の勧告に基づいて総会が任命する(イ…×)。国連の専門機関の長官や事務局長は，選挙などによって選ばれ，国連の事務総長に任命権はない(ウ…×)。国連の歴代事務総長には，アジアやアフリカの出身者もいる(エ…×)。

問５＜物価高＞2023年度の経済成長率が，政府による見通しでは実質で1.5％であるのに対し，2023年度の消費者物価指数〔生鮮食品除く総合指数〕は前年度に比べて2.8％上昇しており，物価高の原因となるような急激な経済発展は起こっていない(②…×)。

2024年度／朋優学院高等学校（一般１回）

理科解答

1 (1)　⑦　　(2)　⑦

2 1　(1)…④　(2)…⑥　(3)…②　(4)…④

　2　(1)…⑤　(2)…④

　　(3)　9…3　10…0　11…0

　　(4)…④

3 1　(1)…④　(2)…③　(3)…⑨　(4)…⑤

　　(5)…③

　2　(1)…⑦　(2)…⑥

　　(3)　20…3　21…5　(4)…①

4 1　(1)…⑤　(2)…⑤　(3)…⑦

　2　(1)…④　(2)…⑥　(3)…⑨　(4)…③

5 (1)　②　　(2)　31…③　32…②

　(3)　⑤　　(4)　②

1〔小問集合〕

(1)＜速さ＞マッハ0.75の速さは，$340\times0.75=255$(m/s)であり，この速さで40秒間に進む距離は，$255\times40=10200$(m)である。よって，10200mを秒速85mのF1カーが進むのにかかる時間は，$10200\div85=120$(秒)より，２分となる。

(2)＜密度＞密度は$1.00\mathrm{cm}^3$当たりの質量を表しているので，鉱物の中に体積の10％の空洞があるとき，求めた密度$9.90\mathrm{g/cm}^3$は，$1.00\times\left(1-\frac{10}{100}\right)=0.900$($\mathrm{cm}^3$)当たりの質量が9.90gであることを表している。よって，この鉱物の実際の密度は，$9.90\div0.9=11.00$($\mathrm{g/cm}^3$)である。

2〔電流とその利用，身近な物理現象〕

1＜電流と回路＞(1)図２－１の回路Ａのａ点の電流と，豆電球１に加わる電圧を求めるから，電流計は豆電球と直列に，電圧計は豆電球１に並列につなぐ。　(2)図２－２の回路Ｂで，豆電球３と豆電球４は並列につながれているので，どちらにも電源装置の電圧と同じ3.0Vが加わる。また，導線の抵抗は考えないので，ｂｃ間には電圧は加わらない。　(3)図２－２の回路Ｂは並列回路だから，枝分かれする前のｃ点を流れる電流の大きさと，枝分かれした後のｄ点，ｅ点に流れる電流の和は等しい。よって，ｃ点，ｄ点，ｅ点を流れる電流には，$I_1=I_2+I_3$の関係がある。　(4)乾電池２個を並列につないだ場合，豆電球に加わる電圧は乾電池１個の場合と変わらないため，豆電球の明るさは変わらない。しかし，２個の乾電池それぞれから流れ出る電流の和が，乾電池１個のときに豆電球に流れる電流の大きさに等しいため，乾電池１個から流れ出る電流の大きさは，乾電池が１個の場合の半分になる。そのため，並列につないだ場合，豆電球が点灯する時間は長くなる。なお，乾電池２個を直列につないだ場合，豆電球に加わる電圧は乾電池１個の場合の２倍になるため，豆電球の明るさは明るくなり，豆電球が点灯する時間は短くなる。

2＜光の速さ＞(1)歯車は１秒間にN回転するので，１回転にかかる時間は，$1\div N=\frac{1}{N}$(秒)である。

(2)歯車の歯とすき間はそれぞれX個あるので，歯車がすき間Ｂの中心から歯Ａの中心まで回るとき，歯車は$\frac{1}{2X}$回転することになる。　(3)(1)，(2)より，図２－３で，歯車が，$\frac{1}{2\times625}=\frac{1}{1250}$(回転)する，$\frac{1}{8}\times\frac{1}{1250}=\frac{1}{10000}$(秒)間に，光は15kmを往復している。よって，その速さは，$15\times2\div\frac{1}{10000}=300000$(km/s)である。　(4)(1)，(2)より，光が歯車と平面鏡の間を往復する時間は，$\frac{1}{N}$

$\times\frac{1}{2X}=\frac{1}{2NX}$(秒)である。この時間で，歯車の回転が，すき間Ｂの中心から歯Ａの中心までの回転，つまり$\frac{1}{2X}$回転の奇数倍のとき，すき間を通過後，平面鏡で反射して戻ってきた光は歯にさえぎられ，厚紙にはレーザー光が映らなくなる。一方，$\frac{1}{2NX}$秒での歯車の回転が，$\frac{1}{2X}$回転の偶数倍のとき，歯の回転は$\frac{1}{X}$回転の整数倍となるため，すき間を通過後，平面鏡で反射して戻ってきた光はすき間を通り，厚紙にレーザー光が映る。よって，１秒当たり$3N$回転のとき，$\frac{1}{2NX}$秒での回転数は，$3N\times\frac{1}{2NX}=3\times\frac{1}{2X}$(回転)なので，厚紙には光が全く映らない。１秒当たり$6N$回転のとき，$6N\times\frac{1}{2NX}=3\times\frac{1}{X}$(回転)，１秒当たり$20N$回転のとき，$20N\times\frac{1}{2NX}=10\times\frac{1}{X}$(回転)となるので，どちらも厚紙には光が常に映っている。

３〔化学変化とイオン，化学変化と原子・分子〕

１＜酸とアルカリ＞(1)BTB溶液は，酸性で黄色，中性で緑色，アルカリ性で青色を示し，フェノールフタレイン液は酸性，中性では無色，アルカリ性で赤色を示す。表３－１で，加えた水酸化ナトリウム水溶液の体積が０mLのとき，塩酸は酸性だから，BTB溶液は黄色を，フェノールフタレイン液は無色を示す。よって，(a)には黄色，(b)には無色が当てはまる。　(2)表３－１より，塩酸Ａ10mLは，10mLの水酸化ナトリウム水溶液と中和して中性になっている。また，塩酸Ｂ10mLは，25～30mLの水酸化ナトリウム水溶液と中和して中性になっている。同じ濃度の水酸化ナトリウム水溶液と中和して中性になるときの塩酸の濃度は，中性にするのに必要な水酸化ナトリウム水溶液の体積が大きいほど大きく，その体積に比例するので，塩酸Ａの濃度は塩酸Ｂの，$\frac{10}{25}=0.4$(倍)から，$\frac{10}{30}=0.333\cdots$より，0.33倍である。よって，最も適切なものは③である。　(3)マグネシウムは塩酸と反応して水素を発生するが，水酸化ナトリウム水溶液とは反応しない。よって，塩酸Ａに加えた水酸化ナトリウム水溶液の体積が10mL未満のとき，水溶液中に塩酸が残っているので水素を発生するが，10mL以上のとき，水溶液中に塩酸は残っていないので水素の発生はなくなる。(4)塩酸は気体の塩化水素(HCl)が溶けた酸性の水溶液で，水溶液中で塩化水素が電離して陽イオンの水素イオン(H^+)を生じる。このH^+が酸性の性質を示す原因なので，図３－１の装置に電流を流すと，H^+が負極につないだクリップⅡ側に移動し，青色リトマス紙が赤色に変色する。このように，実験２によって，酸性を示すH^+が＋の電気を帯びていることを確かめられる。　(5)実験２は，酸性の水溶液中に共通に含まれる水素イオンが酸性を示す原因であることを確かめる実験なので，ろ紙に浸み込ませる溶液は，電流を通しやすく，酸性やアルカリ性ではない中性の水溶液でなければならない。よって，最も適切なものは③の塩化ナトリウム水溶液(食塩水)である。

２＜化学変化，状態変化＞(1)(ア)～(ウ)のうち，周りから熱を吸収する吸熱反応は(ア)と(イ)であり，(ウ)は周りへ熱を放出する発熱反応である。　(2)(ア)…誤。富士山頂では平地より気圧が低いので，沸点は100℃より低くなる。　(イ)…正。海底では水圧が高いため，水(海水)の沸点が100℃より高くなる。よって，海底火山などのマグマで熱せられた海水の温度は300℃近くになることがある。　(ウ)…誤。圧力なべは圧力を高くして水の沸点を100℃より高くし，調理する器具である。　(3)窒素

(N_2)と水素(H_2)が反応してアンモニア(NH_3)が生じる反応を化学反応式で表すと，$N_2+3H_2 \longrightarrow 2NH_3$となる。よって，窒素30分子のうち反応した窒素分子の個数をx個とすると，反応した水素分子の個数は$3x$個，できたアンモニア分子の個数は$2x$個と表されるので，反応後の分子の数について，$(30-x)+(50-3x)+2x=70$が成り立つ。これを解くと，$80-2x=70$より，$x=5$(個)となる。したがって，反応後に存在する水素分子の個数は，$50-3\times5=35$(個)となる。　(4)図３－２で，1013hPa(１気圧)のもとでは，０℃で状態Ⅰから状態Ⅱへ変化しているので，状態Ⅰは固体(氷)，状態Ⅱは液体であることがわかる。同様に，1013hPaのもとでは，100℃で状態Ⅱから状態Ⅲへ変化しているので，状態Ⅲは気体(水蒸気)であることがわかる。スケートリンクの氷がスケート靴の刃の下でとけて水になるのは，刃が氷に及ぼす高い圧力によって状態Ⅰから状態Ⅱへの変化が起こるからである。よって，この状況における水の状態変化を表す矢印は①である。

4 〔生命・自然界のつながり〕

１＜生殖，細胞分裂＞(1)ア…正。雌雄の生殖細胞が合体(受精)して新しい個体が生まれる。　ウ…正。無性生殖では，子は親の染色体をそのまま受け継ぐため，必ず親と同じ形質になる。　エ…正。ジャガイモなどは種子をつくってふえる有性生殖も行うが，いもから芽を出してふえる無性生殖(栄養生殖)も行う。　イ…誤。有性生殖では，子は両親から染色体(DNA)を半分ずつ受け継ぐため，親と異なる形質を示すこともある。　オ…誤。動物の中にも，ゾウリムシやプラナリアなどのように，無性生殖と有性生殖を行うものがいる。　(2)分裂は体細胞分裂だから，単細胞生物が分裂によって新しい個体をつくるとき，分裂する前と分裂した後で，染色体の数や種類は変わらない。　(3)図４－２で，生殖細胞であるＡの精子とＢの卵の染色体数は体細胞の半分であり，精子と卵の核が合体してできた受精卵の染色体数は体細胞と同じになる。そして，以降の体細胞分裂では，染色体の数は変化しない。

２＜植物の分類，遺伝の規則性，生殖＞(1)被子植物は，単子葉類と双子葉類に分けられ，葉脈が平行脈なのは単子葉類である。単子葉類は子葉が１枚で，茎の断面では維管束が散らばっていて，根はひげ根からなる。なお，双子葉類は，葉脈が網状脈で，子葉は２枚，茎の断面では維管束が輪状に配置され，根は主根と側根からなる。また，胚珠がむき出しで，花粉が直接胚珠につくのは，子房を持たない裸子植物である。　(2)メンデルの顕性の法則より，代々顕性の形質を表す純系と代々潜性の形質を表す純系をかけ合わせると，子の世代には顕性の形質だけが現れる。よって，P1とP2をかけ合わせたとき，子の世代が全てP1の形質を示したことから，親の世代のP1の遺伝子の組み合わせはAA，P2の遺伝子の組み合わせはaaで，F1は両親から遺伝子を半分ずつ受け継ぐため，遺伝子の組み合わせはAaとなる。　(3)１個の胚珠の中には１個の卵細胞があり，受精後に成長して１個の種子となる。よって，種子が100個できたとき，卵細胞は100個つくられている。また，受粉が行われると，１個の花粉から花粉管が伸び，その中を２個の精細胞が移動して胚珠の中の卵細胞に向かい，受精が行われる。したがって，最低限，花粉は100個，精細胞は200個つくられている。　(4)対物レンズとプレパラートの間を広げていくと，最初は下の方の細胞に合っていたピントが，しだいに上の方の細胞に合うようになる。よって，最初に小さい細胞が，その後に大きい細胞が見え，大きい細胞が見えている時間の方が長いことから，下側には小さな細胞が並び，上側に小さな細胞より高さのある大きな細胞が並んでいると考えられる。したがって，最も適切なものは③である。

5 〔地球と宇宙〕

⑴**＜熱輸送＞**熱は，北半球では南から北へ向かって移動し，南半球では北から南へ向かって移動するので，熱輸送量は北緯0°～90°では正，南緯0°～90°では負となる。また，赤道付近では，北へ移動する熱量と南へ移動する熱量がほぼ等しいため，熱輸送量はほぼ0になり，太陽放射吸収量と地球放射量がつり合う緯度30°～40°の付近では，赤道付近から移動してきた熱量がそのまま極地方へ移動するため，熱輸送量は大きくなる。よって，最も適切なものは②である。

⑵**＜海流＞**図5－2より，北太平洋における海水の表層で，Bから南下して赤道付近のDまで流れた海水は，赤道にほぼ平行に西に向かってCまで移動する間に太陽からの放射熱を受けて水温が上昇するため，Cで最も海水温が高くなる。また，Cから北上してAまで流れた海水は，中緯度でAからBへ移動する間に熱を失い温度が低下するため，Bで海水温が最も低くなる。

⑶**＜エルニーニョ現象＞**図5－3のように，赤道付近では，貿易風と呼ばれる東風がほぼ一年中吹いていて，平常の状態では温かい海水が西に吹き寄せられ，南アメリカのペルー沖の深海から冷たい海水が上昇している。エルニーニョ現象の状態では，この東風が弱くなり，温かい海水が東側に残り，南アメリカのペルー沖の海水温が高くなる。エルニーニョ現象が起こると，太平洋高気圧の位置が東にずれ，その勢力が弱くなるため，日本の梅雨明けが遅れたり，冷夏になりやすくなったりする。また，日本付近が太平洋高気圧の西側の縁に当たり，赤道付近で発生した熱帯低気圧や台風がその縁に沿って北上するため，台風が接近しやすくなったり，水分を多く含んだ大気におおわれやすくなったりして天候不順になりやすく，豪雨災害の危険性も高くなる。

⑷**＜海水の動き＞**深層循環では，海水は36000kmを1500年かけて移動するので，1年を3000万秒とすると，その速さは，36000×1000÷(1500×30000000)＝0.0008より，秒速0.0008mとなる。よって，これは，黒潮の速さ秒速2mの，0.0008÷2＝0.0004(倍)となる。

国語解答

一 ㈠ 問一…ロ　問二…ニ　問三…ロ
㈡ 問一　めいど　問二　しゅうちしん
㈢ 問一…ハ　問二…ハ

二 問一　イ
問二　人間に似せて作られたAIロボットと向き合い人間の本質を再認識することで，現代のデジタル社会の中で利益や利便性へとかり立てられるのとは異なる生き方を目指せるから。(80字)〔人間に似せて作られたAIロボットと向き合い人間の本質を再認識することが，人々を利益や利便性へとかり立てる現代のデジタル社会を疑うことにつながるから。(74字)〕
問三　ハ　問四　ロ
問五　もいるかもしれない。
問六　ハ

三 問一　ハ
問二　お気に入りの黒猫だが，自分たちの食物を狙い，病気の自分のために畑仕事をする母や妻の睡眠を妨害した犯人であるので，その命乞いをすることは自分のわがままだから。(78字)
問三　ロ　問四　気もしなかった。
問五　ロ

四 問一　C　問二　ニ　問三　ロ
問四　ハ　問五　ハ

一〔国語の知識〕

㈠＜漢字＞問一．「空虚」と書く。イは「撤去」，ロは「謙虚」，ハは「許容」，ニは「枚挙」。　問二．「開祖」と書く。イは「租税」，ロは「粗末」，ハは「阻止」，ニは「元祖」。　問三．「円陣」と書く。イは「腎臓」，ロは「敵陣」，ハは「仁義」，ニは「迅速」。

㈡＜漢字＞問一．「冥途」は，仏教で，死んだ人の魂が行くとされる世界のこと。　問二．「羞恥心」は，恥ずかしく思う気持ちのこと。

㈢＜慣用句＞問一．「手塩にかける」は，あれこれ世話をして大切に育てる，という意味。　問二．「頭角を現す」は，才能などが他の人より目立って優れる，という意味。

二〔論説文の読解―自然科学的分野―技術〕出典：西垣通『超デジタル世界―ＤＸ，メタバースのゆくえ』「日本はデジタル化できるのか」。

≪本文の概要≫二十一世紀のデジタル社会で注目されるのは，ロボットの存在である。日本人がロボット好きであるのに対し，欧米人の多くは不気味なロボットに違和感を覚えるという。万物を神が創造したとする教えが根づいた西洋社会に，人間がAIロボットのような，人間めいた存在をつくってもよいのかという，根源的な問いが存在するからである。AI専門家のフレデリック・カプランは，西洋人がロボットに示す違和感に対し反発を感じた一人である。彼はまた，日本人がロボットを受け入れる理由として，「形式そのものを探求すること，人工物を通して作り直すこと，人間と自然のあいだに関係性を織り上げていくこと」という日本人の考え方の特徴を挙げる。さらに，カプランは，AIロボット研究開発の意義を，実用や娯楽以外にも「人間の本質を知る」という点にあるとする。人間は，自らに似せたAIロボットと真正面から向き合い，人間の本質を知ることで，現代のデジタル社会における人間のリアルな生を見つめ直すことが肝心である。

問一＜文章内容＞「万物を神が創った」という思想が根づく西洋社会では，AIロボットの開発に対し，「神ならぬ人間が人間めいた存在を作る」ことに対する違和感や疑念を持ってしまうのである。

問二＜文章内容＞カプランによれば，AIロボット研究開発には，「人間の本質を知る」という意義がある。「人間の生活にかかわる諸対象をことごとくアテンション・エコノミーの尺度で計算し，それを役立つように駆り立てる」ような二十一世紀のデジタル社会において，AIロボットと正面から向き合うことで，人間は，「利益をうむ刺激をつねに追求すること」から離れて新しい生き方へと転換していくことが期待されるのである。

問三＜文章内容＞西洋の啓蒙主義は，概念的な境界線を引いて世界を秩序化するもので，それによりAIロボットのような境界を侵犯する被造物に対し不安を抱かせるが，「文化と自然を連続させる関係」をつくり上げた日本では，テクノロジーが生み出す人工物を冷静に受け止めることができた。

問四＜文章内容＞「総かり立て体制」とは，人間の生活に関わるあらゆる事柄の中で，経済的に価値があるものを重視し，さらにそれを追い求めるように人々を駆り立てるものである。

問五＜文脈＞日本人がロボットを受け入れられる理由を述べたカプランの指摘には「首を傾げる人もいるかもしれない」が，「西洋から見た日本人と技術の関係」について扱った議論として忘れずにいるべきである。

問六＜表現＞日本人と欧米人との間のロボットに対する違和感の違いが，啓蒙主義を経験した西洋とそうでない日本という文化的背景に着目して説明される。そして，「人工を通じて自然を『よりよく再認識』」できるという，日本的な人工物との関わりの中に，利益を追い求めるよう人間に促す，現代のデジタル社会のあり方を見つめ直すきっかけがあることがほのめかされている。

三〔小説の読解〕出典：島木健作『黒猫』。

問一＜文章内容＞大きな石を突き上げて侵入した犯人として黒猫を疑う母の確信が，もっともなことに思え，「私」も，黒猫を犯人ではないかという疑いの目で見つめて反応をうかがった。

問二＜文章内容＞自分が病気療養中で何もできない今，我が家の貴重な食糧を狙い，畑仕事を行う母や妻の睡眠を妨害する存在である黒猫を，お気に入りだから助けてほしいと願うのは，自分のわがままであって，それを母に言うべきではないと，「私」は考えた。

問三＜文章内容＞「私」は，病気で思うようにならない状況の中で，黒猫の恐れを知らず「へつらわぬ孤傲に惹かれて」いた。しかし，「卑屈な奴等」ばかりで黒猫に代わるような猫が存在しない今，「私」は，すっかり憂鬱になっていた。

問四＜文脈＞黒猫が犯人だとわかっても「意外だったという気」も「裏切られたという気」もせず，むしろ「何だか痛快なような」気分になったのは，黒猫の「大胆不敵さ」をたたえたい気持ちが自分にあったからかもしれないと，「私」は考えた。

問五＜要旨＞母は，息子の病気と，厳しい食糧事情の中で家族を守るためには，立木を刈り払い，黒猫を処分することもいとわない，強い責任感を持った存在であり，「私」も妻も，そんな母の事情や思いを理解していた。

四〔古文の読解―説話〕出典：『今昔物語集』巻第二十八ノ第四十。

≪現代語訳≫今では昔のことになったが，七月ぐらいに大和の国から，多くの馬に瓜を背負わせて連なり，多くの下衆たちが京へ上っていったとき，宇治の北に，実のならない柿の木という木があり，その木の木陰に，この下衆たちは皆座って，瓜の入った籠を全て馬から下ろし，涼みながら休んでいたところ，(荷物とは別に，)自分たちの(食べる)分として下衆たちが持ってきた瓜があったので，少し取り出して切り分けては食べていたところ，その辺りに住んでいた者であろうか，とても年老いた翁が，帷を腰の辺りで結んで，下駄を履き，杖を突きながら現れ，この瓜を食べていた下衆たちのそばに座って，弱々しげに扇であおぎながら，この瓜を食べる様子を見守っていた。／(翁がその様子を)しばらく見守った後，翁が「その瓜を一つ私に食べさせてくれないか。喉が渇いてどうしようもないのだ」と言う。瓜を食べていた下衆たちは，「この瓜は全てが私たちの物ではない。気の毒な様子に一つぐらい差し上げたいが，人が京に運ばせる品物なので，食べさせることはできない」と言う。翁が，「情けのない者たちだな。年老いた者に，『哀れだ』と言うのは，よいことである。それはそうとして，どのようにして(私に瓜を)得させてくれるのか。それでは翁も自分で瓜をつくって食べることにしよう」と言うので，この下衆たちは，「冗談を言っているようだな」と，「おかしい」と思って笑い合っていたところ，翁はそばにあった木の切れ端を取って，座っていたそばの地面を掘り返し，畑のようにした。その後にこの下衆たちは，「何のまねをするのか」と見ていると，下衆たちが食べ散らかした瓜の種を集めて，この耕した地面に植えた。その後，すぐに，その種から瓜の双葉が生えてきた。下衆たちはこれを見て，「不思議なことだ」と思って(その様子を)見ていると，その双葉の瓜はどんどん成長して，はい広がった。さらにどんどん茂っていって，花が咲いて瓜になった。その瓜はどんどん大きくなり，どの瓜も立派に熟した。／そのときに，この下衆たちがこの様子を見て，「この人は神様などであろうか」と恐れを感じるうちに，翁はこの瓜を取って食べて，この下衆たちに，「あなたたちが(私に)食べさせなかった瓜は，このように瓜をつくり出して(私が)食べている」と言って下衆たちにも皆(瓜を)食べさせた。瓜がたくさん実ったので，道行く人たちにも声をかけて食べさせると，(人々は)喜んで食べた。食べ終わったので，翁は，「それではもう行こう」と言って立ち去った。(翁の)行方はわからなかった。／その後，下衆たちが，「馬に瓜を背負わせて(京へ)行こう」と言って振り向くと，籠はあるが中には瓜が一つもない。そのときに下衆たちは，手をたたいてひどく驚く。「なんと，翁が籠の瓜を取り出したのを，私たちの目を欺いて，見せなくしたのである」とわかって，悔しがったが，翁が行った方角がわからず，全くどうしようもなくて，(下衆たちは)皆大和へ引き返したのだった。道行く人たちもこの様子を見て，不思議だと思ったり，笑ったりした。／下衆たちが瓜を惜しまず，二つ三つ翁に食べさせていたならば，(瓜を)全部取られなかっただろうに。(下衆たちが瓜を)惜しんだのを翁も憎く思って，このようにしたのであろう。また，変化の者などでもあったのだろうか。／その後その翁をとうとう誰ともわからないままになってしまった，と語り伝えられているとかいうことだ。

問一＜古文の内容理解＞A．下衆たちは，翁が気の毒なので瓜をあげたいが，京に運ぶのであげるわけにはいかないと言った。　B．道端で瓜を食い散らかしていたのは，下衆たちである。　C．種から瓜をあっという間に成長させた翁は，道行く人たちにも声をかけ，その瓜を食べさせた。　D．翁にだまされたことを知って，下衆たちは悔しがった。

問二＜古文の内容理解＞翁は，下衆たちに瓜を一つ分けてほしいと頼んだが，下衆たちに断られたので，木切れで地面を耕し，種をまいて，あっという間に瓜が収穫できるほど成長させた。

問三＜現代語訳＞「さらば」は，それならば，という意味。「食はむ」の「む」は意志の助動詞。翁は，下衆たちが瓜をくれないなら，自分で瓜を育てて食べようと宣言した。

問四＜古文の内容理解＞作者は，下衆たちが，惜しまずに翁に二つか三つでも瓜をあげていれば，翁に仕返しをされて瓜を全て失うことはなかっただろう，と述べている。

問五＜古文の内容理解＞翁が，瓜を食べている下衆たちを見ていた(イ…×)。下衆たちは，瓜をあげたいが，京に運ぶのであげるわけにはいかないと翁に言った(ロ…×)。下衆たちは，翁が瓜をつくって食べようと言ったことを冗談だと思ったが，実際に瓜が実ったのを見て，翁を神様か何かだと思い，恐れた(ハ…○)。作者は，姿を消した翁を変化の者ではないかと考えた(ニ…×)。

2024年度 朋優学院高等学校（一般２回）

【英　語】（60分）〈満点：100点〉

注意　1．試験開始約１分後にリスニング試験の音声が放送されます。

2．[1]～[44]はマークシートの解答欄にマークしなさい。

■リスニングテストの音声は，当社ホームページで聴くことができます。（実際の入試で使用された音声です）再生に必要なユーザー名とアクセスコードは「収録内容一覧」のページに掲載しています。

1　リスニングテスト

このリスニングテストには，ＡとＢの２つのパートがあります。**英文は一度だけ読まれます。**

パートＡ

対話を聞き，その最後の文に対する応答として最も適切なものを選択肢より一つ選ぶ形式

例題

次のような英文が聞こえてきます。

"Hi, Jamie."

"Hi, David.　Long time no see."

"Yeah, how have you been ?"

そして，例題の解答の選択肢は以下のように問題冊子に書かれています。

①　Yes, I have some.

②　I've been good.

③　Thanks.　You too.

④　I've been abroad.

例題の正解は② I've been good. です。

1．①　It's Wednesday today.　[1]

②　Sorry, I don't have time.

③　Let's eat outside right now.

④　You should take four classes.

2．①　Oh no !　I regret buying them on the internet.　[2]

②　Oh no !　I'm worried about shopping online.

③　Oh no !　I forgot getting the glasses.

④　Oh no !　I bought them at the mall.

3．①　I'll pay in cash.　[3]

②　How about these seats ?

③　Could you go back to your seat ?

④　We have only three minutes left.

4．①　The flowers were beautiful.　[4]

②　I believe she will like it.

③　She might want sneakers.

④　I don't need a present for my birthday.

5．①　You should keep yourself free for the next three days.　[5]

② It's not good for your health.

③ Your injury should be healed in a few days.

④ We're fully booked on that day.

6．① Sure, I'll call you back this afternoon. 6

② Oh, I'll get back to him right away.

③ Well, we should try again sometime.

④ The next meeting will be held in Sendai.

7．① Sorry, but I'm really busy now. See you again. 7

② Thank you. I'll cook Chinese meals for dinner.

③ Thanks. Remember to reserve a non-smoking table.

④ Good. I'll call you back later after I make a reservation.

パートＢ

英文を聞き，その質問に対して最も適切な答えを選択肢より一つ選ぶ形式

例題

次のような英文が聞こえてきます。

The alarm clock went off at 6:00, and then my mother came into my room to wake me up, but actually I got up at 6:30. I left home about 7:00 and arrived at my school at 8:00.

さらに，次のような英文が聞こえてきます。

Question： How long did it take from home to the school？

そして，例題の解答の選択肢は以下のように問題冊子に書かれています。

① For about two hours.

② For one hour and a half.

③ For about one hour.

④ For half an hour.

例題の正解は③ For about one hour. です。

1．① Home cooks.　② Food scientists. 8

③ Restaurant owners.　④ Professional chefs.

2．① How to use a smartphone. 9

② Choosing fashionable clothes.

③ Sharing videos on the internet.

④ Her favorite video and work.

3．① Because there was an accident at a station. 10

② Because there was a problem with a signal.

③ Because its doors were not able to close.

④ Because it was delayed.

4．① It was founded in Denmark in 1932. 11

② It is one of the most famous toy companies in the world.

③ It means "play well" in Danish.

④ It originally made plastic toys.

5．① $21.　② $30.　③ $70.　④ $100. 12

※＜**リスニングテスト放送原稿**＞は英語の問題の終わりに付けてあります。

2　与えられた語(句)を並べかえて最も適切な文を完成させ，[13]～[22]に入るものをそれぞれ一つ選びなさい。**選択肢の中には不要なものが一つ含まれている**ため，注意しなさい。

問題例：＿＿＿ [x] ＿＿＿ [y] ＿＿＿ ＿＿＿ student？

① a　② are　③ high　④ is　⑤ junior　⑥ school　⑦ you

正　解：[x]：⑦・[y]：⑤

完成させた文は Are you a junior high school student？　④ is が不要語

1．The ＿＿＿ [13] ＿＿＿ [14] ＿＿＿ ＿＿＿.

① all　② character　③ for　④ is

⑤ known　⑥ movie fans　⑦ to

2．Alan ＿＿＿ ＿＿＿ [15] ＿＿＿ ＿＿＿ [16] his mistakes in the report.

① apologize　② coworkers　③ for　④ his

⑤ must　⑥ of　⑦ to

3．Going ＿＿＿ [17] ＿＿＿ ＿＿＿ not [18] ＿＿＿ fastest way.

① always　② by　③ car　④ is

⑤ the　⑥ there　⑦ to

4．When I passed through Mary's room, ＿＿＿ ＿＿＿ ＿＿＿ [19] ＿＿＿ [20].

① guitar　② heard　③ her　④ I

⑤ played　⑥ playing　⑦ the

5．What [21] ＿＿＿ ＿＿＿ [22] ＿＿＿ ＿＿＿？

① angry　② are　③ do　④ her

⑤ made　⑥ think　⑦ you

3　下記の英文を読み，以下の問いに答えなさい。

Maurice and Richard McDonald made a lot of money with their restaurant, but they grew tired of the stresses of ownership. The brothers were tired of searching for replacements when their cooks and waitresses quit. They were tired of replacing broken dishes and glassware and lost silverware. Before giving up their successful business, however, they decided to try a new system of preparing and serving food.

Their new restaurant *contrasted with the original. It served just hamburgers, cheeseburgers, french fries, and drinks. Paper wrappers and paper cups replaced the dishes and glassware. Silverware wasn't needed [23] the restaurant didn't serve any food that required a knife, fork, or spoon to eat. The professional cooks were gone, too. Instead, food preparation was divided among several workers, each with a specific task. One worker fried the hamburgers; another wrapped them in paper; a third cooked french fries; and another poured drinks. There were [24] restaurant floor staff. Customers ordered food and paid for it at a counter. Then they carried their own food to a table. This new system was like a factory *assembly line.

Increasing the speed of food preparation increased the kitchen's *output and lowered its costs. The system improved the restaurant business and introduced the term "fast food."

Carl Karcher heard that a nearby restaurant was selling cheap but top-grade hamburgers for 15 cents. He sold burgers for 35 cents in his own restaurant. When he visited the McDonald's restaurant, he was surprised to see dozens of customers waiting in line to buy 15-cent burgers while the assembly-line kitchen staff prepared their food. He thought that this new restaurant system was a good business model. In 1956, Karcher opened his own fast-food restaurant and named it Carl's Jr.

Around this time, Ray Kroc, a salesman who sold milkshake machines to restaurants, also visited the new McDonald's restaurant. Kroc was impressed by its food preparation system. He asked the McDonald brothers to sell him the right to build more McDonald's restaurants across the United States. By 1960, Kroc had opened 250 of <u>them</u>. Ten years later, there were nearly 3,000 restaurants in the McDonald's restaurant chain, all owned by one corporation.

The fast-food industry grew because it was born at the right time. One factor was that the U.S. economy was expanding. The young people in the 1950s were an optimistic generation. They believed that they would be [26] in life if they worked hard.

Another important factor that led to the huge growth of the fast-food industry was cars. New technology had made cars dependable, cheap and easy to drive. People bought new cars and wanted to go everywhere. A national highway system, expanded during the 1950s, enabled U.S. families to drive [27] distances. They needed gasoline stations where they could refuel their cars and restaurants where they could eat. In time, hundreds of new gasoline stations were built along the highways. There were new fast-food restaurants where travelers could eat a quick meal.

The McDonald's food service model was widely copied in these new restaurants, often by *inexperienced owners who wanted to get rich quickly. Some of the new restaurants failed, but many succeeded. Like McDonald's, some even expanded into national chains with hundreds of restaurants throughout the country. The *contemporary companies in the 1950s and 1960s included Burger King, Wendy's, Domino's Pizza, and Kentucky Fried Chicken (KFC).

These restaurants and others that copied the McDonald's system improved the food-service business. The successful chains of restaurants that were created soon inspired other kinds of businesses to form their own national chains. Clothing stores, movie theaters, car rental agencies, bookstores, shipping services and hotels are just a few of the businesses that established national chains. By the 1970s, the chain store business model was rapidly spreading overseas to other countries, where domestic companies created their own national business chains.

Although many people worldwide rejected the idea of globalization, business chains were soon going beyond their national borders. National chains became international chains. By 2010, overseas businesses had become [28] in many countries around the world. A model for fast-food restaurant service helped to improve business all over the world.

contrast(ed) with　～と対照をなす　　assembly line　組み立てライン
output　（提供できる）料理の量　　inexperienced　未経験の　　contemporary　同時代の

A．空所 [23] に入る最も適切なものを①～④より一つ選びなさい。

① because　② however　③ if　④ through

B．空所 [24] に入る最も適切なものを①～④より一つ選びなさい。

① a few　② a lot of　③ many　④ no

C．下線部 them の指すものとして，最も適切なものを①～④より一つ選びなさい。[25]

① 15-cent burgers　② McDonald's restaurants
③ milkshake machines　④ nearly 3,000 restaurants

D．空所 [26] に入る最も適切なものを①～④より一つ選びなさい。

① busy　② healthy　③ hopeless　④ successful

E．空所 [27] に入る最も適切なものを①～④より一つ選びなさい。

① long　② many　③ short　④ small

F．空所 [28] に入る最も適切なものを①～④より一つ選びなさい。

① common　② innovative　③ public　④ worldwide

G．本文の内容と一致するものを①～⑧より四つ選びなさい。（順不同） [29] ～ [32]

① McDonald brothers replaced staff in their restaurant after making a lot of money.

② McDonald brothers' original restaurant used glassware for drinks. In contrast, their new restaurant used paper cups.

③ McDonald brothers changed the style of their restaurant because the output was low and it did not make enough money.

④ McDonald's hamburgers were top-grade but very expensive.

⑤ Between 1960 and 1970, McDonald's expanded to around 3,000 restaurants nationwide.

⑥ Some roadside rest areas included both a gas station and a fast-food restaurant.

⑦ McDonald's business model started to spread rapidly to other countries.

⑧ Some people rejected fast foods because they thought the new food preparation system was not efficient.

記述問題　※マークシートの裏面に解答すること。

H．車の普及がファストフード業界の発展をもたらしたが，どのような変化が車の普及につながったのか。次の空所を**句読点を含めて15字以上20字以下の日本語で**埋める形で答えなさい。

新しい技術のおかげで車が(　　　　　)になったこと。

4　下記の英文を読み，以下の問いに答えなさい。

Dear Dr. Benjamin,

I need your help understanding my own feelings. My *fiancé and I *broke up after being together for eight years. That same night, I had a bitter *falling out with my best friend.

My fiancé ended things just two weeks before our wedding day. He kept his distance ever since he came back from a business trip. When I questioned him, he said that he had almost fallen in love with the passenger next to him on the flight home. I asked if he loved her, and he insisted he didn't. I was ready to forgive him, but then he said that it made him realize he didn't love me anymore. I was very shocked to hear it. After a few hours of shouting and crying in front of him, we agreed to *call off the wedding.

That night I called my best friend. She had always given me support and encouragement, so we met at a coffee shop to talk. Then she took the side of my former fiancé right away. She said that I expected too much from relationships and that I took away all the energy from everyone who was close to me. This really hurt, especially at a time when I already felt terrible, so I attacked back. I told her that she had no right to *criticize me because she was *divorced. Her sudden silence turned the room very cold and a few minutes later we separated. We haven't met since.

This happened six months ago, and in both cases, I felt *crushed. I have moved on from my former fiancé, but it is strange that I still feel empty and hurt about losing my friend. Can you explain why this might be ?

Emma

Dear Emma,

Couples break up all the time, but friendships are supposed to last forever.

When we are in a relationship, there is always a possibility that it might end. We all know that sometimes love just doesn't *work out, as it is shown by all the movies, TV dramas and songs about love lost, love fading, and broken hearts.

On the other hand, there's something about friendship that feels strong, like it can overcome any problems. Friendships seem simpler than love affairs as well. Perhaps we have the feeling that our friends will always be on our side, in any situation.

We also feel that we can be completely honest and open with our close friends, [43] we tell them things we would never tell our partners. We want to share secrets and even our inner desires. Then, if we have a falling out with a close friend, it is easy to feel that our secret self has been *betrayed. This feeling later combines with an empty feeling; there is now a hole in our heart which was once filled with a close friend we could share anything with.

[44] falling out with a friend is completely unexpected, it feels like we made a simple thing go wrong, and this can make us feel *ashamed. This shame stops us from opening up about our feelings. This is a mistake because we begin to understand our sense of loss only when we express it to someone.

So, my advice is this: as soon as you can, talk about your feelings and experiences with a trusted friend or a close family member. Opening up to someone who cares about you will provide an opportunity for healing and understanding.

Dr. Benjamin

fiancé　婚約者　　broke up < break up　別れる　　fall(ing) out with　～と仲たがいする
call off　～を取りやめる　　criticize　～を批判する　　divorced　離婚した
crushed　打ち砕かれた　　work out　(物事が)うまくいく　　betray(ed)　～を裏切る
ashamed　恥じて

A．以下の問いに対する最も適切なものを①～④よりそれぞれ一つずつ選びなさい。

1．Why did Emma's fiancé break up with her? [33]
① Because Emma would not forgive him.
② Because he had a misunderstanding about Emma.
③ Because he lost a woman he met on a plane.
④ Because he realized he no longer loved Emma.

2．Whose side did Emma's friend take? [34]
① Emma's fiancé's side.　　② Emma's side.
③ Both sides.　　④ Neither side.

3．How did Emma respond to her best friend's disagreement? [35]
① She agreed with the criticism and thanked her friend.
② She attacked her friend by talking about her divorce.
③ She defended herself by explaining her side of the story.
④ She ignored the criticism and changed the topic.

4．What does Dr. Benjamin say about telling our secrets to our close friends? [36]
① It is common for our close friends to tell others our secrets.
② It is common to share our secrets with our close friends.

③ We should never tell important secrets to close friends.

④ We should sometimes tell important secrets to close friends.

5. According to Dr. Benjamin, why do people feel ashamed after a falling out with a friend? [37]

① Because they believe they have been betrayed.

② Because they do not understand their own feelings.

③ Because they do not want to talk about their feelings.

④ Because they feel they failed at something simple.

6. What is Dr. Benjamin's advice on expressing feelings after a falling out with a friend? [38]

① Keep the feelings to oneself and move on.

② Seek professional help to deal with the loss.

③ Talk about the feelings with a trusted person for healing and understanding.

④ Write a letter to the friend to explain the sense of loss.

7. Put the following events into the order in which they happened. [39] → [40] → [41] → [42]

① Emma and her fiancé ended their relationship.

② Emma felt empty about losing her best friend.

③ Emma sent her message to Dr. Benjamin.

④ Emma's fiancé almost fell in love with a woman on his flight home.

B. 空所 [43] ・ [44] に入る最も適切なものを①～⑥よりそれぞれ一つずつ選びなさい。ただし，各選択肢は一度しか使えません。文頭にくるものも小文字で書いてあります。

① as　② or　③ so　④ then　⑤ though　⑥ unless

以下の問題はマークシートの裏面に解答すること。

5 以下の日本語を英語に訳しなさい。その際，（　）内の語を**与えられた形で，並んでいる順番のまますべて使い，指定された語数で**答えなさい。

＊解答用紙の所定の欄に合うように記入すること。

＊ピリオドなどの記号は語数に数えない。

＊ピリオドなどの記号が適切に用いられていない場合，採点の対象外とする。

＊短縮形（例：don't）は１語とする。

＊算用数字は用いないこと。

＊指示を守っていない答案は採点の対象外とする。

問題例：ヒロの弟は高校生ですか。(Is / a / high)［７語］

解答例：

Is 1	Hiro's 2	brother 3	a 4	high 5	school 6
student? 7	8	9	10	11	12

1. 最終列車は12時にここを出ますか。(last / leave / at)［８語］

2. 週に１回自分の部屋を掃除するべきだ。(You / room / a)［８語］

3. その木の下で横になっているライオンを見てごらん。(Look / the / tree)［８語］

6　下線部①～④のうち文法的・語法的に誤っているものを一つ選び，番号をマークしなさい。また，**選んだ箇所全体**を訂正しなさい。

問題例：　Are ①your a ②high ③school ④student ?
正　解：　①
訂正後：　you a
解答例：

正　解				訂　正　後
●	②	③	④	you a

1．Recently, the number of Japanese students who ①are interested in ②to study abroad has been increasing, because it is ③widely believed that learning English leads to ④getting a better job.

2．There ①is a strange noise in the car George ②has bought the day before yesterday, ③so unfortunately he might need to ④take it to the repair shop.

3．There ①will be a wedding of your cousin ②this weekend, and either you ③and your brother ④has to go to the ceremony.

4．They were ①said that they should do ②their homework ③by tomorrow.　I am not certain ④whether they have already started the work or not.

＜リスニングテスト放送原稿＞

A

1．A：Mom, did you make my lunch ?
　B：No, I didn't.　You don't have to bring your lunch on Wednesdays.
　A：Today, I have afternoon classes, so I need it.

2．A：I like your glasses, Edmond.　Did you buy them at the big sale at Sunshine Coast Mall ?
　B：Sale ?　I bought them online.
　A：That's too bad.　Maybe they were cheaper at the mall.

3．A：Could we have two tickets for "Phantom of the Opera" from 3 p.m. ?
　B：Sure.　Which seats would you like ?
　A：We'd like to have aisle seats at the back of the theater.

4．A：Hi, dad.　I need to find a birthday present for mom.
　B：I remember you gave her some flowers last year.　What are you going to get her this year ?
　A：I'm not sure yet.　Can you give me some ideas ?

5．A：The doctor said I need to come back in two weeks.
　B：It's January 26th today and the first available appointment is February 10th at five. How's that ?
　A：That day isn't good.　How about the next day ?

6．A：You had one phone call from Mr. Smith while you were out, Mr. Rembrandt.
　B：Thank you, Mio.　Did you take a message ?
　A：Yes.　He called to ask you something about your plans for the next meeting.

7．A：Elly, would you like to go to the new Italian restaurant tonight ?

B : Actually, I went there yesterday, Elan. Can you make a reservation for the Chinese restaurant ?

A : OK. I'll call them later.

B

1 . (効果音：オープニング音) It's time for "Bake it at home". On this program, we teach you how to make professional-quality baked foods in your own kitchen. Today we'll show you how to make a delicious cake with a packaged cake mix and a can of soda !

Question : Who is the target for this TV program ?

2 . Bera is good at making videos, and she shares them on the internet. Last weekend, she used her smartphone to make a video about how to choose cool clothes. She got lots of comments from people about her work. She thought everyone enjoyed watching it.

Question : What did Bera make a video about last weekend ?

3 . Attention, passengers. This train has just made an emergency stop between Mountainview Station and Riverside Station. There is something wrong with a signal. Our engineers are working on the problem. The doors will remain closed, and we will continue to Riverside Station as soon as we make sure that it is safe to move forward. We apologize for the inconvenience.

Question : Why did the train make an emergency stop ?

4 . Have you ever played with Lego ? Lego is one of the biggest toy companies in the world and one of the most well-known toy brands. Lego was founded in Denmark in 1932 by Ole Kirk Christiansen. The word Lego comes from the word "play well" in Danish. The company originally made high-quality toys from wood. In 1958, Christiansen's son created the now famous plastic Lego.

Question : Which is not true about Lego ?

5 . (効果音：アナウンス音) Thank you for shopping at Tick-tock Watch Store. We have a very special offer at the moment. Selected models are only $15. In addition, you can get a 30% discount on your total when you buy two watches. We offer our products at lower prices than any other store in this city. If you'd like to try anything on, please do not hesitate to speak to our staff. Thank you.

Question : How much do you have to pay if you want two selected model watches ?

【数　学】（50分）〈満点：100点〉

注意　定規，コンパス，分度器を使用してはいけません。

1　次の各問いに答えよ。

(1)　$(-2xy^2z)^3 \times \left(\dfrac{3yz}{4x}\right)^2 \div \left(\dfrac{27}{8}xyz\right)$ を計算せよ。

(2)　$y=\dfrac{x+2}{x-3}$ を x について解け。

(3)　時速2.4kmで行くと72分かかる道のりを分速300mで行くと何分何秒かかるか求めよ。

(4)　食塩水Aと食塩水Bを同じ量だけ混ぜたところ５％の食塩水ができ，AとBを２：３の割合で混ぜたところ4.6％の食塩水ができた。Aの濃度を求めよ。

(5)　下の図１のように，正方形ABCDの対角線BD上に点Eをとり，直線AEと辺CDの交点をFとする。∠DAF＝25°のとき，∠BECの大きさを求めよ。

(6)　下の図２のように，平行四辺形ABCDの辺BC上に点Eをとり，線分ACと線分EDの交点をFとする。EF：FD＝２：３のとき，△ABEの面積は△FECの面積の何倍か求めよ。

図１

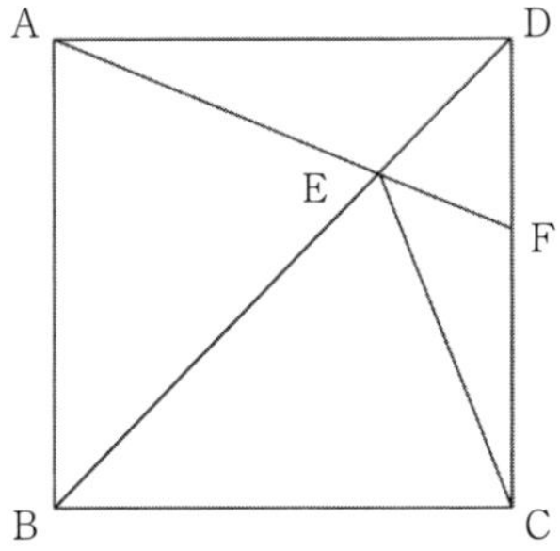

図２

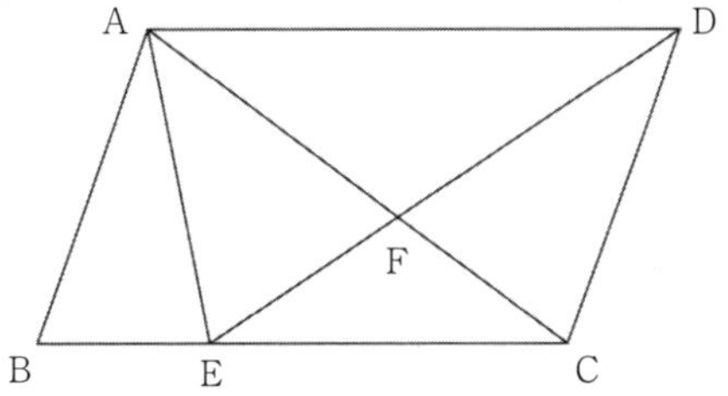

2　一方がボールを投げ，他方がそれをバットで打ち返すゲームをA，Bの２人が行う。このゲームではボールを投げる人を「投手」，打つ人を「打者」と呼ぶものとする。２人で投手と打者をそれぞれ交互に10回ずつ，合計20回行い，打者がボールを打ち返すことができた場合は打者に３点，できなかった場合は投手に４点が入り，その他の場合は考えないものとする。次の各問いに答えよ。

(1)　Aの得点が30点，Bの得点が37点のとき，Aは何回ボールを打ち返すことができたか求めよ。

(2)　Aの得点がBの得点よりも56点高くなるとき，考えられるAの得点のうち最小のものを求めよ。

3　右の図のように，関数 $y=ax^2$ のグラフ上に３点A，B，Cがあり，Aの座標は$(-3,\ 3)$，Bの x 座標は７である。また，線分OBと線分ACの交点をDとする。次の各問いに答えよ。

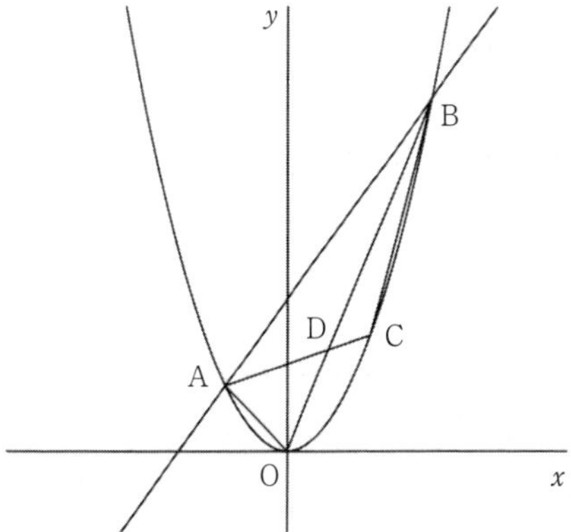

(1)　直線ABの式を求めよ。

(2)　△AODと△BDCの面積が等しいとき，△BADと△BDCの面積比を最も簡単な整数の比で表せ。

4　右の図のように，正四角すいと直方体を合わせてできた立体があり，AB＝BC＝CD＝DA＝8，OA＝OB＝OC＝OD＝6，AE＝3である。

直線OE，OGと平面ABCDの交点をそれぞれP，Qとする。次の各問いに答えよ。

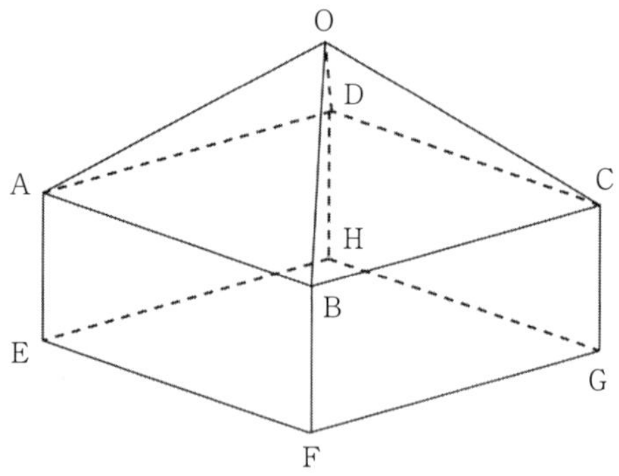

(1)　正四角すいO-ABCDの正方形ABCDを底面としたときの高さを求めよ。

(2)　四面体OPBQの体積を求めよ。

5　朋希さんと優子さんの兄妹が家から駅までの道を往復した。朋希さんは自転車に乗り分速180mで，優子さんは歩いて分速60mで同時に家を出発した。朋希さんは駅まで着くと４分休憩した後，家に向けて再び自転車で同じ速さで帰った。途中で優子さんと出会うとすぐに自転車を優子さんに渡して，そこからは歩いて家に帰った。一方，自転車を受け取った優子さんは自転車に乗って走り，駅で折り返して家に向かった。２人は家を出発してから39分後に同時に家に到着した。下のグラフは，家を出発してからの時間と，２人の間の距離の関係を表したものである。後の各問いに答えよ。

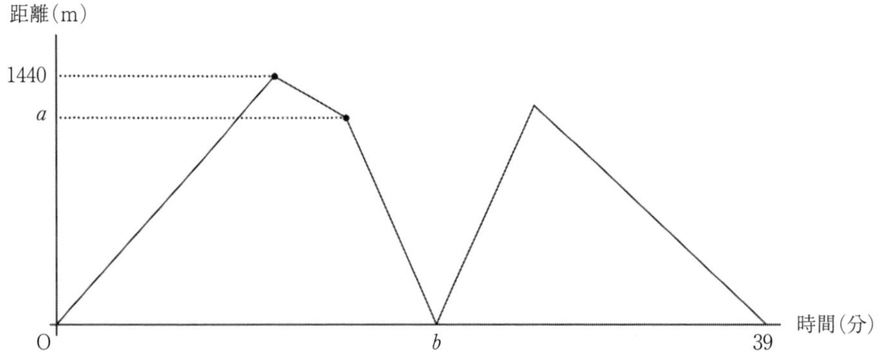

(1)　aの値を求めよ。

(2)　bの値を求めよ。

(3)　優子さんが自転車で走ったときの速さは分速何mか求めよ。

6　右のような正八面体の辺上を動く点Pがあり，最初は頂点Aにある。Pは１秒ごとに，隣り合っている４つの頂点に等しい確率で移動する。次の各問いに答えよ。

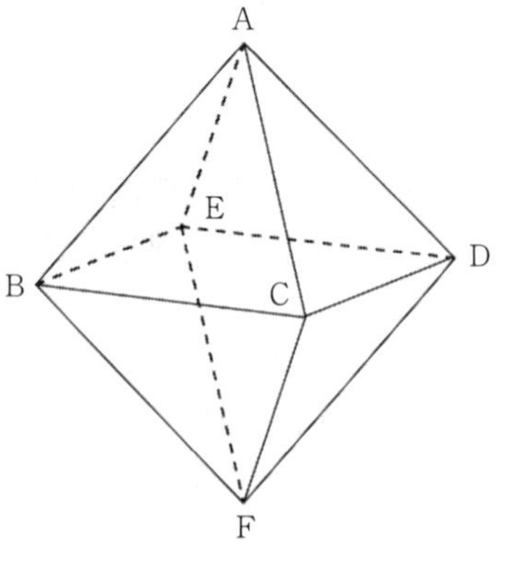

(1)　出発してから２秒後に，Pが頂点Fに到達する確率を求めよ。

(2)　出発してから４秒後に，Pが初めて頂点Fに到達する確率を求めよ。

7　次の各問いに答えよ。

(1)　1001を素因数分解せよ。

(2)　$x^2-17x-30030$を因数分解せよ。

【社　会】（50分）〈満点：100点〉

1　群馬県渋川《しぶかわ》市に住むマサさんは，自分の住む地域について深く調べることにした。次の問いに答えなさい。

問１　群馬県について述べた文として正しいものを，次の①～⑤から１つ選びなさい。［1］

①　京浜工業地域の一部である。

②　かつての県庁所在地は館林市であったが，現在は前橋市に移った。

③　福島県，栃木県，埼玉県，長野県，新潟県と接している。

④　県の中央部を荒川が流れている。　　⑤　県内を東北新幹線が通っている。

問２　群馬県には『上毛《じょうもう》かるた』という，群馬県の歴史・文化・自然・産業などを読んだ郷土かるたがある。これに関して以下の問いに答えなさい。

(1)　上毛かるた「(ま)：繭と生糸は日本一」に関連して，製糸業に**最も関係のないもの**を，次の①～④から１つ選びなさい。［2］

①

②

③

④

※画像③はhttps://mirusiru.jp/nature/animal/kaikoを用いた

※画像②　編集部注…著作権上の都合により写真を差し替えて掲載しています。

(2)「(り)：理想の電化に電源群馬」に関連して，次の①～⑤のうち，再生可能エネルギーを利用した発電方法を**すべて**選びなさい。［3］

①　水力発電　　②　火力発電　　③　風力発電　　④　潮力発電　　⑤　地熱発電

(3)「(せ)：仙境尾瀬沼《おぜぬま》　花の原」に関連して，群馬県北東部の尾瀬沼《おぜぬま》(尾瀬ケ原《おぜがはら》)は日本有数の山岳観光地である。これに関連して，観光について述べた次の①～④のうち，正しいものを１つ選びなさい。［4］

① 格安航空会社(LCC)の運行本数が増大したことにより，1980年代に訪日外国人観光客が急増した。

② 2000年代以降，訪日外国人観光客数は緩やかに増加してきたが，コロナウイルスの流行により2018年は2017年の30％にまで落ち込んだ。

③「顕著な普遍的価値」をもつ建造物や遺跡，景観，自然を対象とした世界遺産は，ユニセフが認定している。

④ 地球科学的に重要な地形や地質を保全し，教育・科学・文化の面から活用するために「ジオパーク」があり，群馬県には下仁田《しもにた》ジオパークと浅間山北麓《あさまやまほくろく》ジオパークの２つがある。

問３ 渋川市の中心街は，西の榛名《はるな》山，東の赤城《あかぎ》山という２つの火山に挟まれている。火山は人々にとって大きな被害をもたらす危険な存在である一方，大きな恵みも与えている。火山の恵みについて述べたＡ～Ｃの文について，その正誤の組み合わせとして正しいものを，下の①～⑧から１つ選びなさい。 5

Ａ 溶岩台地を利用したゴルフ場やスキー場　　Ｂ 火山の熱や特有の地質が生み出す温泉

Ｃ 火砕流台地を利用した畑

	①	②	③	④	⑤	⑥	⑦	⑧
Ａ	正	正	正	正	誤	誤	誤	誤
Ｂ	正	正	誤	誤	正	正	誤	誤
Ｃ	正	誤	正	誤	正	誤	正	誤

問４ マサさんは次の地図中★の地点で，右下の写真のようなキャベツ畑を見つけた。このキャベツ生産の特徴として最も正しいものを，下の①～④から１つ選びなさい。 6

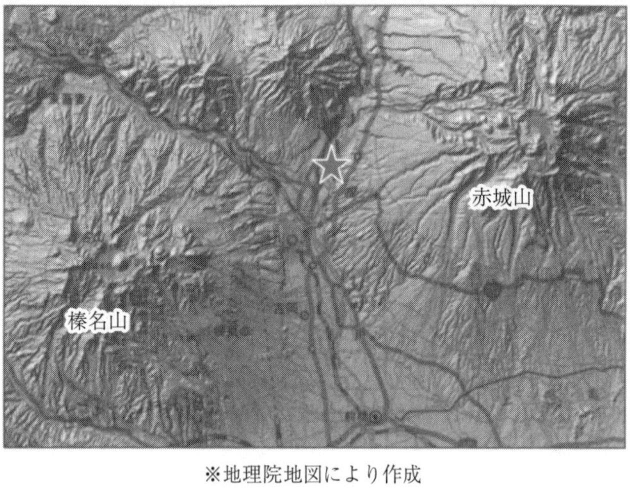

※地理院地図により作成

① 冷涼な気候を活かして，通常よりも出荷時期を早めることで，高値で売ることができる。

② このキャベツ農家はキャベツの生産時期以外は農業以外の仕事で収入を得ているが，このような農業形態をアグリビジネスという。

③ この場所では毎年森林を焼き払い，草木灰を肥料とする焼畑農業によってキャベツ生産が行われている。

④ 大消費地である東京までの交通の便が良いことを活かした近郊農業であると言える。

問５ マサさんは次の地図中★の地点に大きな石を見つけた(写真)。この石は「金島《かなしま》の浅間石」と呼ばれており，浅間山が噴火した際の衝撃で山が崩れ，その土砂が下流に流れたものである。この石は浅間山から63.0kmの★地点まで流されたとされるが，この石が運ばれた距離は，２万５千分の１地形図上では何cmとなるか。下の①～⑤から１つ選びなさい。 7

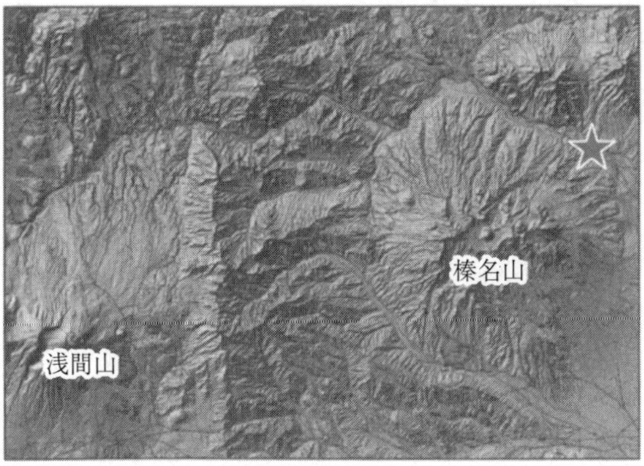

※地理院地図により作成

① 0.252cm　② 2.52cm　③ 25.2cm　④ 252cm　⑤ 2520cm

問６ マサさんは渋川市内から榛名山を眺めた。右下の図は榛名山二《ふた》ツ《つ》岳《だけ》の等高線図である。図中の線分ABに沿って地形断面図を描いたとき，正しいものは①～④のうちどれか。１つ選びなさい。 8

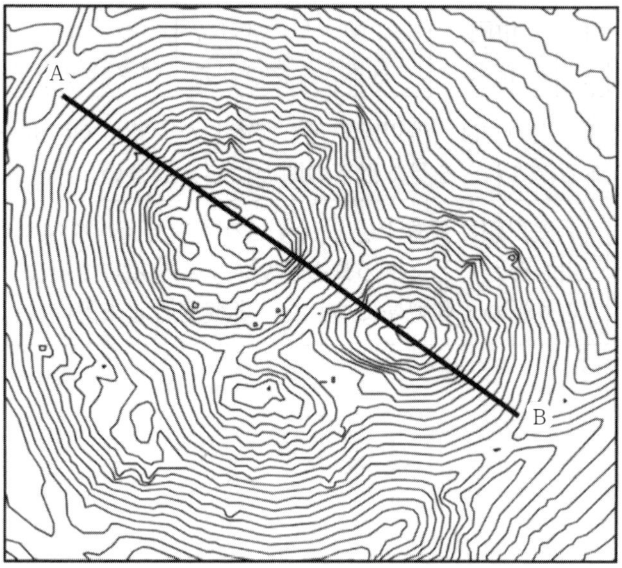

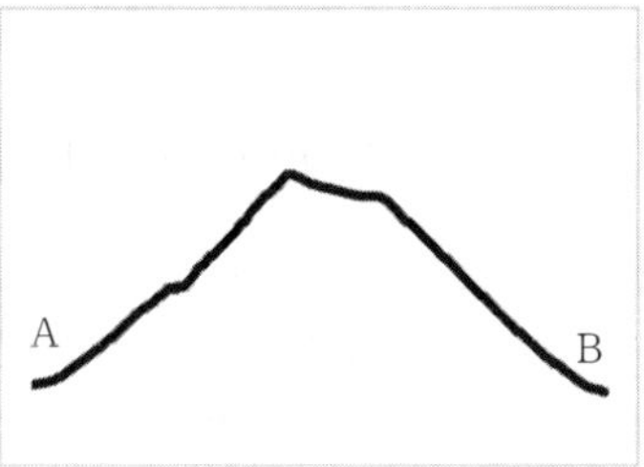

①

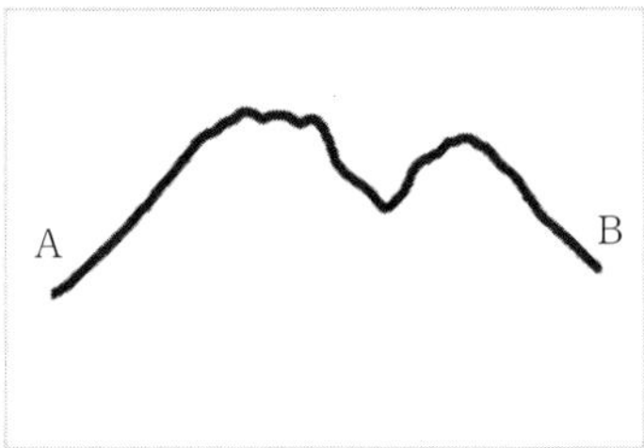

②

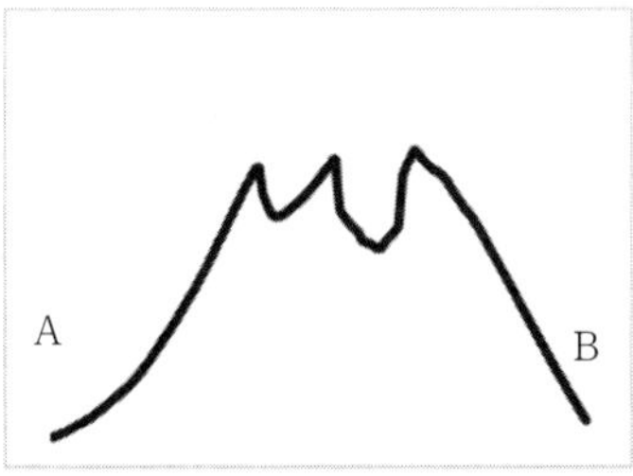

③

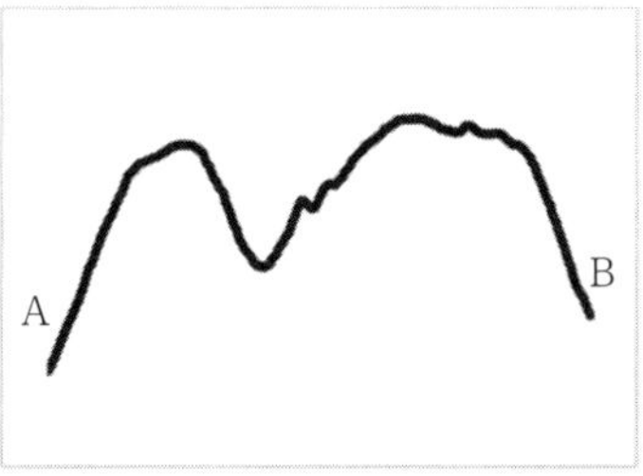

④

問7　マサさんは昼食として渋川市名産の「水沢うどん」を食べた。うどんの原料である小麦に関連して，次の資料は小麦の生産量上位国とその割合である。グラフ中のA～Cにあてはまる国名として正しいものを，下の①～⑥から1つ選びなさい。 9

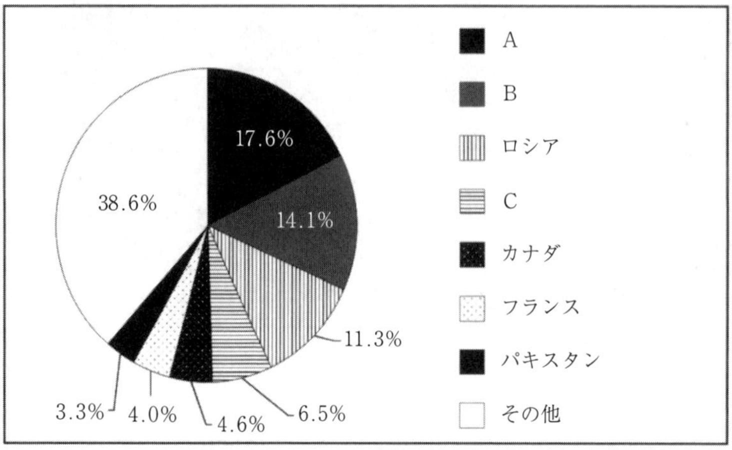

	①	②	③	④	⑤	⑥
A	アメリカ	ブラジル	中国	インド	中国	中国
B	中国	中国	アメリカ	ブラジル	インド	ブラジル
C	日本	日本	ブラジル	アメリカ	アメリカ	日本

問8　次の文は，渋川駅周辺を探索したマサさんの調査記録である。下の図は渋川駅周辺の地形図である。これらを見て以下の問いに答えなさい。

> 渋川駅に到着すると，西にのびる大通りを進んだ。標高196m地点の交差点を右折し，平沢川をわたると2本の県道が交差する交差点で東に（ ア ）が見えた。この交差点を左折し，しばらく進むと郵便局についた。郵便局の北東方向には（ イ ）があった。

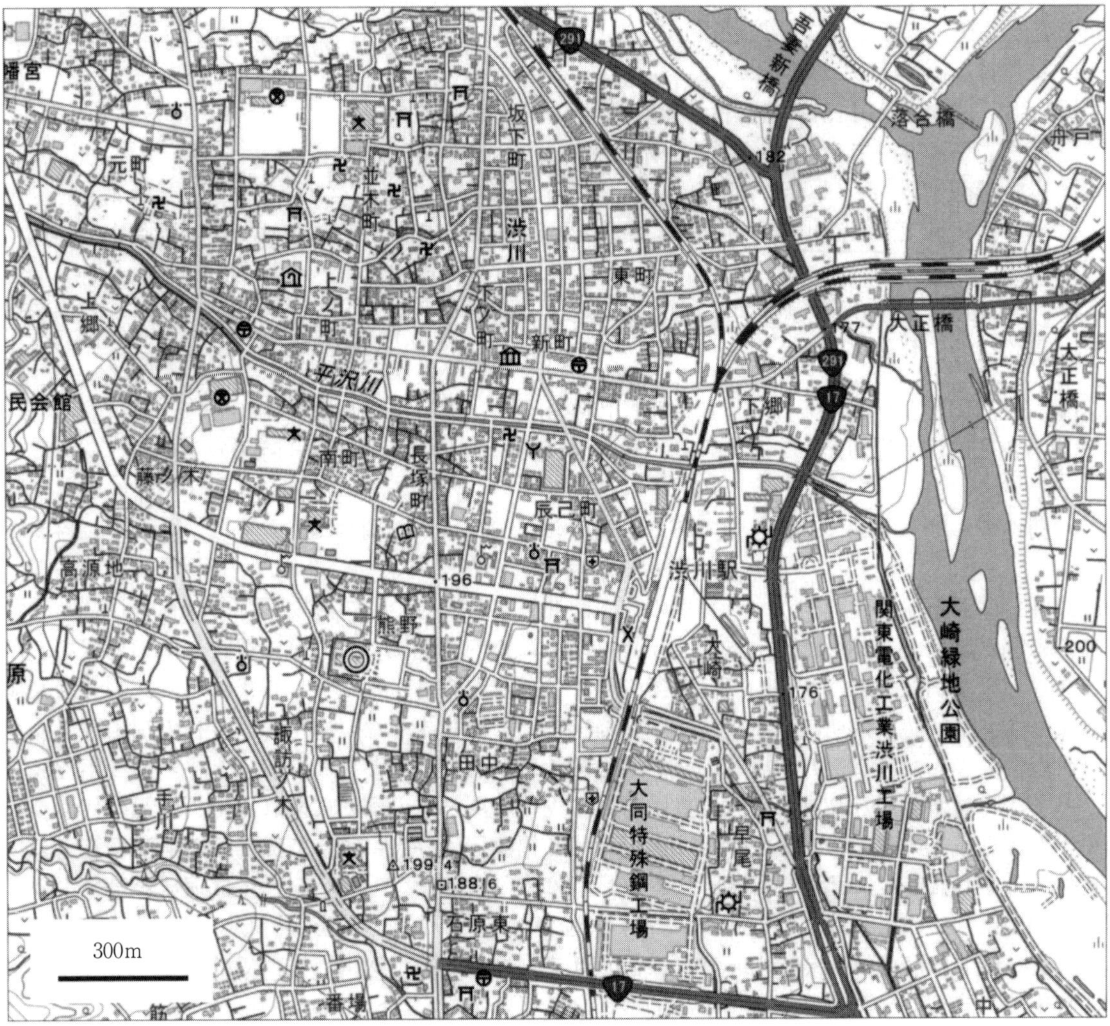

(1)　文中の下線部に関して，この地点から半径500mの範囲内に２つあるものとして正しいものを，次の①～⑤から１つ選びなさい。10

①　工場　　②　水準点　　③　電波塔　　④　高等学校　　⑤　消防署

(2)　文中の空欄ア，イにあてはまる語句として正しいものを，次の①～⑥から１つ選びなさい。11

	①	②	③	④	⑤	⑥
ア	老人ホーム	図書館	博物館	図書館	博物館	老人ホーム
イ	図書館	老人ホーム	図書館	博物館	老人ホーム	博物館

問９　渋川市はイタリアのフォリーニョ（標準時子午線：東経15度）と姉妹都市の関係にある。以下の問いに答えなさい。ただし，サマータイムを考慮すること。サマータイムとは，夏の期間に太陽の出ている時間を有効に使うために時間を１時間進める制度である。

(1)　本日2024年２月12日における日本とイタリアの時差は何時間か。次の①～⑦から１つ選びなさい。12

①　４時間　　②　５時間　　③　６時間　　④　７時間

⑤　８時間　　⑥　９時間　　⑦　10時間

(2)　マサさんはイタリアへの旅行を計画した。次の文章を読み，イタリアに到着する時の現地時刻

として正しいものを，下の①～⑥から１つ選びなさい。 13

＜旅行計画＞
日時：2024年８月15日～18日（日本時刻）
行き先：イタリア
行動計画：
　８月15日 12:30 渋川駅を出発し，電車・バスを用いて約５時間かけて成田国際空港へ向かう。
　８月15日 21:00 発の飛行機に乗り，21時間50分後にイタリアのレオナルド・ダ・ヴィンチ国際空港に到着する。

①　８月16日９時50分　　②　８月16日10時50分　　③　８月16日11時50分
④　８月17日１時50分　　⑤　８月17日２時50分　　⑥　８月17日３時50分

2　朋優さんは修学旅行の行き先である広島県の歴史について調べました。以下の問いに答えなさい。

鹿島沖では旧石器時代のナウマンゾウの化石が発見されました。(a)縄文・弥生時代の遺跡としては広島湾に浮かぶ島であった比治山貝塚，丘陵を中心に市内各地域に木の宗山遺跡や中山貝塚などがあります。(b)律令制度下では安芸国では西条や府中に国府が設けられ，奈良時代には安芸国分寺が建立されました。平安時代後期には(c)平清盛が厳島神社に参詣しました。中世には現在の福山市に(d)草戸千軒町がありました。また，広島という名は毛利元就が名付けたと言われています。約２年の歳月がかかって広島城が築城されました。(e)豊臣秀吉の没後に関ヶ原の戦いに敗れた毛利輝元の代わりに福島正則が広島城に入りました。しかし(f)江戸時代に福島氏は幕府によって広島城の無断修築によって改易処分とされました。その後は浅野氏が広島城に入りました。(g)明治時代には廃藩置県により，広島県・福山県・中津県が成立しました。やがて岡山県から旧備後６郡を移管して広島県域が確定しました。日清戦争の時には広島に大本営が設置されました。(h)第二次世界大戦では世界で初めて原子爆弾が投下されました。戦後には平和記念都市になっています。1981年には(i)ローマ教皇ヨハネ＝パウロ２世が広島で平和アピールを行っています。

また，厳島神社と原爆ドームは(j)世界文化遺産に登録されています。加藤友三郎・池田勇人など(k)内閣総理大臣も輩出しています。

問１　下線部(a)について，日本の縄文・弥生時代に世界であった出来事として以下の文章の中で**誤っているもの**を，次の①～④から１つ選びなさい。 14

①　イエスが生まれた。
②　西ローマ帝国が滅びた。
③　アレクサンドロス大王が東方遠征を開始した。
④　秦の始皇帝が中国を統一した。

問２　下線部(b)について，右の表は律令制度下の農民の負担をまとめたものである。記号と名称の組み合わせとして正しいものを，次の①～④から１つ選びなさい。 15

ア	絹や魚などの特産物を納める
イ	稲の収穫の約３％を納める
ウ	労役の代わりに麻の布を約８m納める
エ	国司の下で１年に60日以内の労役
オ	稲を借りて利息付きで返す
カ	１年間都の警備をする
キ	３年間九州の警備をする

①　ア：調　　エ：衛士
②　イ：庸　　オ：出挙
③　ウ：租　　キ：防人
④　エ：雑徭　カ：衛士

問３　下線部(c)について，平清盛に関する次の文章の正誤の組み合わせとして正しいものを，下の①～④から１つ選びなさい。[16]

ア：博多を修築して日宋貿易を進めた。

イ：武士としてはじめて太政大臣となった。

①　ア：正　イ：正　　②　ア：正　イ：誤　　③　ア：誤　イ：正　　④　ア：誤　イ：誤

問４　下線部(d)について，次の問いに答えなさい。

(1)　草戸千軒町は鎌倉時代から室町時代にかけて港町・市場町としてにぎわった町である。鎌倉時代から室町時代の間につくられたものとして正しいものを，次の①～④から１つ選びなさい。[17]

①

②

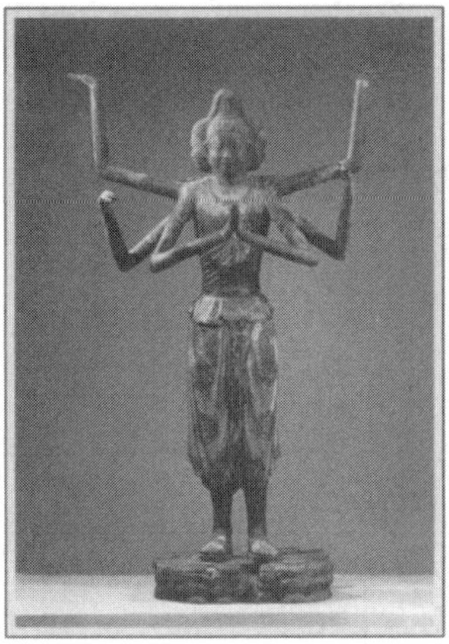

③

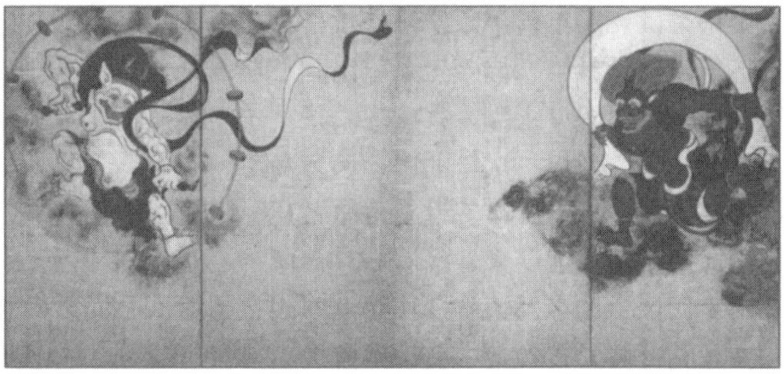

④

(2)　中世には勘合貿易が行われていたが，勘合貿易が始まった15世紀の出来事として正しいものを，次の①～④から**すべて**選びなさい。[18]

①　尚氏が琉球を統一した。

②　李成桂が朝鮮を建国した。

③　コロンブスがカリブ海の島に着いた。

④　ルターによる宗教改革があった。

問５　下線部(e)について，豊臣秀吉が主導で(1582年～1598年)行ったこととして正しいものを，次の①～④から１つ選びなさい。[19]

①　京都所司代を置いて朝廷を監視した。

②　石見銀山を直接支配した。

③　琉球王が代わるごとに謝恩使を琉球に派遣した。

④　比叡山延暦寺を焼き討ちにした。

問６　下線部(f)について，江戸時代に江戸・大阪・京都は大きく発展して三都といわれていた。以下の文章で江戸時代の大阪に関わる事柄として正しいものを，次の①～⑥から**すべて**選びなさい。
20

①　化政文化の中心地として栄えた。

②　大塩平八郎の乱が起きた。

③　東廻り航路によって大量の物資が運ばれた。

④　商業都市として栄え，「天下の台所」とよばれた。

⑤　貿易の窓口となり唐人屋敷が置かれた。

⑥　池田光政によって閑谷《しずたに》学校がつくられた。

問７　下線部(g)について，次の問いに答えなさい。

(1)　明治初期の出来事を歴史的に古い順に並べ替えたものとして正しいものを，下の①～⑧から１つ選びなさい。 21

ア：日朝修好条規が結ばれた。

イ：五箇条の御誓文が出された。

ウ：大日本帝国憲法が発布された。

エ：西南戦争が起きた。

①　ア→イ→ウ→エ　②　ア→イ→エ→ウ　③　ア→エ→イ→ウ　④　ア→ウ→イ→エ

⑤　イ→ア→ウ→エ　⑥　イ→ア→エ→ウ　⑦　イ→エ→ア→ウ　⑧　イ→ウ→ア→エ

(2)　明治時代の産業に関する次の文章の正誤の組み合わせとして正しいものを，下の①～④から１つ選びなさい。 22

ア：重工業では日清戦争で得た賠償金を使って，長崎県に官営の八幡製鉄所が造られた。

イ：製糸業は1890年代半ばには機械による生産高が手工業による生産高を上回り，日露戦争後の1909年には世界第二位の生糸輸出国となった。

①　ア：正　イ：正　②　ア：正　イ：誤　③　ア：誤　イ：正　④　ア：誤　イ：誤

問８　下線部(h)について，次の問いに答えなさい。

(1)　次の文章中の（X）にあてはまる語と（X）の地図中の位置の組み合わせとして正しいものを，下の①～⑥から１つ選びなさい。 23

1930年代後半日本による侵攻が進み，中国では毛沢東の率いる中国共産党と蔣介石の率いる中国国民党（国民政府）との内戦が続いていた。しかし，協力して日本と戦うために対立を一時的にやめ，抗日民統一戦線をつくった。その後国民政府は首都を南京から漢口に移しさらに（ X ）に移して，アメリカやイギリスなどの支援を受けて抵抗を続け戦争は長期化していった。

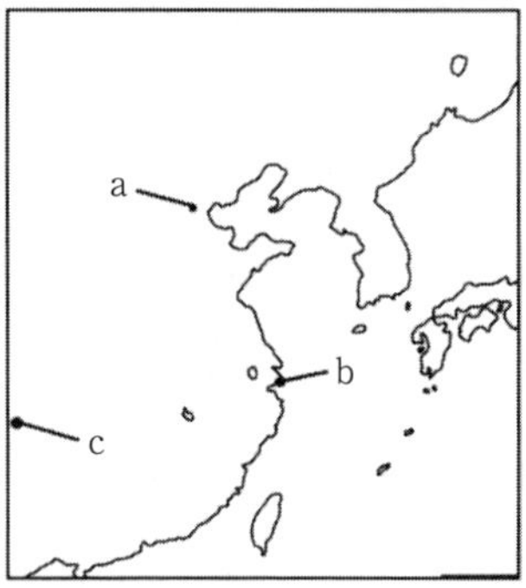

①　X－上海　位置－a　②　X－上海　位置－b

③　X－上海　位置－c　④　X－重慶　位置－a

⑤　X－重慶　位置－b　⑥　X－重慶　位置－c

(2)　この頃の出来事で歴史的に古い順に正しく並んでいるものはどれか。下の①～④から１つ選びなさい。 24

ア：［中国との関係］：盧溝橋事件→満州事変→南京事件

イ：［国内の出来事］：国家総動員法制定→二・二六事件→大政翼賛会の発足

ウ：[連合国の動き]：カイロ会談→ポツダム会談→ヤルタ会談

エ：[国外との関係]：日本の国際連盟脱退→日独伊三国同盟→日ソ中立条約

① ア　② イ　③ ウ　④ エ

問9　下線部(i)について，キリスト教に関連する出来事を歴史的に古い順に並べ替えたものとして正しいものを，下の①～⑧から1つ選びなさい。[25]

ア：島原・天草一揆が起きた。

イ：宣教師の海外追放を命じてキリスト教を禁止した。

ウ：ポルトガル船の来航を禁止した。

エ：平戸のオランダ商館を出島に移した。

① ア→イ→ウ→エ　② ア→イ→エ→ウ　③ ア→エ→イ→ウ　④ ア→ウ→イ→エ

⑤ イ→ア→ウ→エ　⑥ イ→ア→エ→ウ　⑦ イ→エ→ア→ウ　⑧ イ→ウ→ア→エ

問10　下線部(j)について，世界文化遺産に登録されているものとして正しいものを，次の①～④から1つ選びなさい。[26]

① 富士山　② 白神山地　③ 屋久島　④ 小笠原諸島

問11　下線部(k)について，次の文章の正誤の組み合わせとして正しいものを，下の①～④から1つ選びなさい。[27]

ア：吉田茂内閣の時に日ソ共同宣言が調印された。

イ：池田勇人内閣の時に公害対策基本法が制定された。

① ア：正　イ：正　② ア：正　イ：誤　③ ア：誤　イ：正　④ ア：誤　イ：誤

3　以下の問いに答えなさい。

問1　次の図は2023年8月時点での衆議院と参議院の各政党の議席配分を表したものである。図から読み取れることとして最も適当なものを，下の①～④から1つ選びなさい。[28]

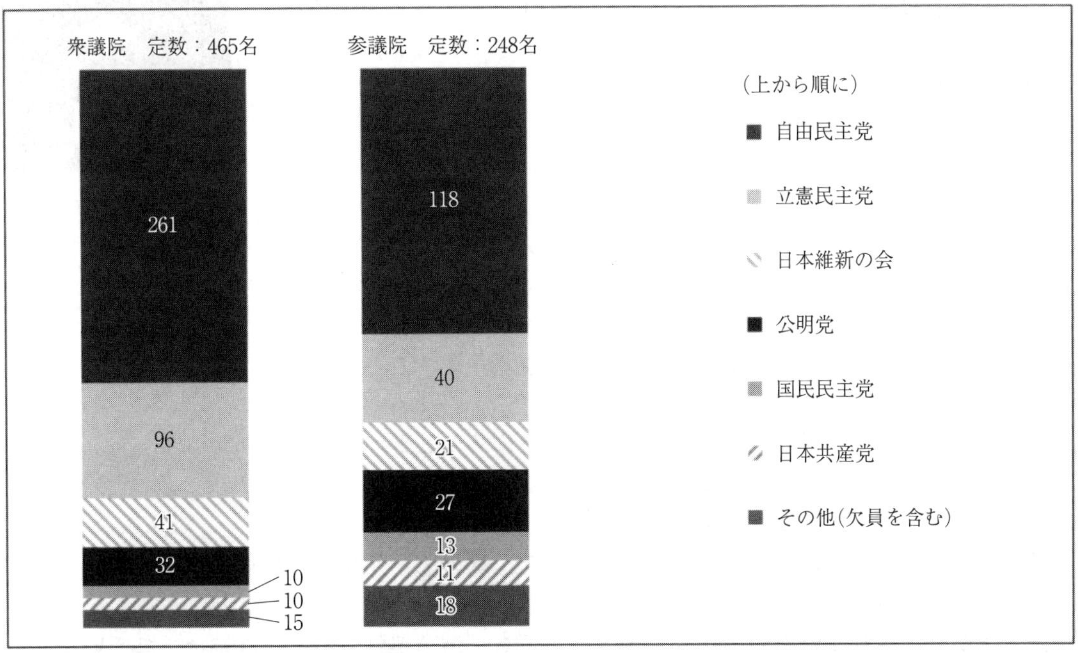

① 衆議院と参議院では第一党が異なるため，法案の可決が困難になる。

② 日本では二大政党制のため，政権交代によって政治的一貫性が失われる。

③　政権与党は各議院において憲法改正の発議の条件の議席数に達している。

④　衆議院において政権与党は過半数の議席を有している。

問２　租税には，納税者と担税者が同じである直接税とそれらが異なる間接税がある。その組み合わせとして**誤っているもの**を，次の①～⑥から１つ選びなさい。 29

	直接税	間接税
①	住民税	たばこ税
②	相続税	酒税
③	所得税	入湯税
④	関税	法人税
⑤	自動車税	揮発油税
⑥	固定資産税	消費税

問３　日本の社会保障における公的扶助の考え方として最も適当なものを，次の①～④から１つ選びなさい。 30

①　加入者の保険料を事前に積み立てておき，必要な時に給付を受ける制度である。

②　社会的に弱い立場の人に対して生活の保障や支援のサービスを行う制度である。

③　公費によって生活費を支給して最低限度の生活を保障する制度である。

④　健康増進を図るために生活環境の改善などを計画する制度である。

問４　国税のうち2024年度より市町村が賦課徴収する環境税として最も適当なものを，次の①～④から１つ選びなさい。 31

①　炭素税　　②　森林環境税　　③　電気税　　④　気候変動税

問５　国連で採択された「持続可能な開発目標(SDGs)」では17の目標が掲げられている。右の図は，その目標のうちの１つを表すアイコンである。この図が表す目標として最も適当なものを，次の①～④から１つ選びなさい。 32

①「貧困をなくそう」

②「産業と技術革新の基盤をつくろう」

③「人や国の不平等をなくそう」

④「働きがいも経済成長も」

問６　次のア～ウは，差別に関する事例についての説明である。その説明のうち憲法14条によって禁止されている差別に当たるものの組み合わせとして正しいものを，下の①～⑦から１つ選びなさい。 33

ア：喫煙に年齢制限を認め，年齢制限未満の喫煙を禁止すること。

イ：栄典の授与に伴う特権を世襲的に与えること。

ウ：所得税について，所得に応じて累進的に税率を定めること。

①　ア　　②　イ　　③　ウ　　④　ア・イ

⑤　ア・ウ　　⑥　イ・ウ　　⑦　ア・イ・ウ

問７　日本の選挙についての記述として正しいものを，次の①～④から１つ選びなさい。 34

①　個人のプライベート旅行を理由に，期日前投票をすることはできない。

②　選挙権が与えられていない満18歳未満であっても，選挙運動することは禁止されていない。

③　衆議院議員選挙の被選挙権は満25歳以上である。

④　一票の格差を理由として，最高裁判所が選挙のやり直しを判決として下したことが過去にある。

問8　次の文章は人権について述べた文章である。空欄にあてはまる語句の組み合わせとして正しいものを，下の①～⑧から1つ選びなさい。[35]

立憲主義の考え方に基づき，現代の憲法は人権の尊重が規定されている。人権は国王による不当逮捕や金銭徴収から解放されるための自由権として確立された。その後，20世紀に人間らしい生活を国家に要求する(ア)権が確立される。

日本国憲法では人権の衝突を調整する(イ)による制約が規定されている。人権の自由と尊重は1948年の国連総会で採択された(ウ)に盛り込まれている。これは人権の世界共通の基準となっている。

①　ア：社会　イ：法の支配　ウ：世界人権宣言
②　ア：社会　イ：公共の福祉　ウ：世界人権宣言
③　ア：社会　イ：法の支配　ウ：国際人権規約
④　ア：社会　イ：公共の福祉　ウ：国際人権規約
⑤　ア：平等　イ：法の支配　ウ：世界人権宣言
⑥　ア：平等　イ：公共の福祉　ウ：世界人権宣言
⑦　ア：平等　イ：法の支配　ウ：国際人権規約
⑧　ア：平等　イ：公共の福祉　ウ：国際人権規約

問9　民主政治について述べた文章として最も適当なものを，次の①～④から1つ選びなさい。[36]

①　間接民主制の選挙によって選出された国民の代表者は自己への投票の有無に関わらず，国民全ての代表者として行動する必要がある。
②　国民が直接政治に関わる直接民主制は，国民全員の意志を政治に反映させることが難しいため，現代の政治では国政や地方政治に関わらず行われていない。
③　政治を決定する手段としての多数決は国民の意見の大半によって支えられているため，常に最善の手段といえる。
④　ジェファーソン米大統領が行ったゲティスバーグ演説での「人民の，人民による，人民のための政治」という言葉は民主政治の意味を表す。

問10　次のア～ウは，国際法についての説明である。その正誤の組み合わせとして正しいものを，下の①～⑧から1つ選びなさい。[37]

ア：国際法については国際社会を構成する全ての国家に適用され，違反した場合は国連の制裁措置を受けなければならない。
イ：国際法は国際慣習法と条約によって構成され，国際慣習法は文章化されていない国際法である。
ウ：国際法に基づき国家間の裁判を行う機関としての国際司法裁判所は，国家相互の同意なく裁判を行うことができる。

①　ア：正　イ：正　ウ：正
②　ア：正　イ：正　ウ：誤
③　ア：正　イ：誤　ウ：正
④　ア：正　イ：誤　ウ：誤
⑤　ア：誤　イ：正　ウ：正
⑥　ア：誤　イ：正　ウ：誤
⑦　ア：誤　イ：誤　ウ：正
⑧　ア：誤　イ：誤　ウ：誤

4　次の文章を読み，以下の問いに答えなさい。

先　生：今日は紙幣の肖像画になった女性について学習しようと思います。まずは，2024年度から新5000円札の肖像画に採用される津田梅子について学習しましょう。津田梅子について何か知っていることはありますか。
生徒Ａ：たしか，日本で最初に留学した女子で，最年少だったような。
生徒Ｂ：大学を設立したことぐらいしか知らないです。
先　生：津田梅子は(a)明治４年に(b)岩倉遣欧使節団の一員としてアメリカに渡り，最年少の留学生として11年もの歳月を過ごしました。帰国後は女学校の英語教師となりましたが，その後に再び留学する中で，女性が自立するためには，専門的な知識を身につける必要があると考えるようになり，明治33年，女子英学塾を設立します。当時の女性にとって数少ない専門的な職業である英語教師に就くために，女子英学塾では英語を教えていました。
生徒Ｃ：津田梅子は生物学の研究をしていた，というのを聞いたことがあります。
先　生：よく知っていますね。確かに，２回目の留学の時はアメリカのブリンマー大学で生物学を学び，指導教官の先生はその後に(c)ノーベル生理学・医学賞を受賞しています。その指導教官の先生と共同執筆の論文はイギリスの学術雑誌に載りますので，津田梅子は欧米の学術雑誌に初めて論文と名前が掲載された日本人女性となります。
生徒Ａ：改めて考えると，やっぱり紙幣の肖像画になる人はすごい人だな。日本では5000円札の肖像画に女性が連続することになったけど，外国ではどのような人が肖像画なのだろうか。
先　生：興味がわいてきましたか。では，皆さんで調べてみましょう。

生徒Ａが調べたカード

> エリザベス２世（イギリス）
> 　イギリス史上最長の在位期間であり，イギリスだけではなくカナダ，オーストラリア，ニュージーランドなど35か国の紙幣に用いられている。イギリスでは原則として国王の肖像画が描かれるため，現在の国王であるチャールズ３世が描かれた新紙幣は2024年後半から流通する予定。

生徒Ｂが調べたカード

> コラソン・アキノ（フィリピン）
> 　フィリピンで長く続いた独裁政権に対し，大統領選挙に立候補して当選。独裁政権からの弾圧を受けるが，反発した市民とともに「ピープルパワー革命」をおこし，独裁政権崩壊後，フィリピンの民主化に取り組んだ。

生徒Ｃが調べたカード

> アストリッド・リンドグレーン（スウェーデン）
> 　児童文学作家。娘を楽しませるために作った『長くつ下のピッピ』では，女の子はおしとやかなもの，という固定観念を破り，自由に生きる力持ちのピッピの物語は世界中の子供たちの心をつかみ，その後も『やかまし村の子どもたち』や『名探偵カッレくん』など現在も読み継がれている名作を数多く世に送る。

先　生：みなさん調べてみてどのようなことが分かりましたか。
生徒Ａ：エリザベス２世が描かれている紙幣は年齢に応じて肖像画のデザインが変わっているこ

とが面白いと思いましたが，そもそも女性を紙幣の肖像画に用いていることが少ないことが分かりました。

生徒C：確かに。私が調べたスウェーデンでは男女比が同等になるようにしているようでしたが，他の国を見ても圧倒的に男性の肖像画が多かったわ。

生徒B：僕が調べてみたところ，いろいろな理由がありそうだけど，一番有力なのは偽造防止のようです。男性の場合，髪の毛や顔のしわだけでなく，ヒゲを蓄えていることも多いので，細かな描写をすることで偽造防止になるのだとか。

先　生：Bさん，よく調べましたね。確かに，みなさんが調べた(d)フィリピン・スウェーデンの紙幣のように女性の肖像画が使われることは少なく，男性の肖像画が多いのは間違いないようです。2021年にイギリスで行われた調査では，世界の主要な法定通貨の約88％が男性の肖像画を用いていたようです。

生徒C：自分で調べてみて，アメリカ合衆国の紙幣に一人も女性がいなかったことが不思議だったけど，そう考えるとあまり変なことではなかったのね。

先　生：実は，アメリカ合衆国では現在，女性の肖像画を用いることが検討されています。現在の20ドル札の肖像画であるジャクソン大統領に代わりハリエット・タブマンを用いるかを検討中です。2016年に一度は決定したものの，政権が交代すると白紙に戻ってしまいました。しかし，2021年に再検討となり，2030年ごろからの流通に向けて手続きが進んでいます。

生徒A：ハリエット・タブマンとはどのような人なのですか。

先　生：ハリエット・タブマンはアメリカ合衆国の黒人奴隷出身で，19世紀後半，アメリカ合衆国南部の黒人奴隷の救出を図る地下鉄道運動に加わると，多くの黒人奴隷を北部やカナダへと送りだしました。彼女は多数の黒人奴隷を救出したことから，活動中は「黒いモーセ」とよばれていましたが，南北戦争がおこると看護師や諜報員として従軍するようになります。そして，南北戦争後は女性の参政権運動にも加わるなど，(e)黒人奴隷解放運動・女性参政権獲得運動に携わった人物です。

生徒B：あまり知らなかったけど，アメリカ合衆国のドル紙幣に初めて採用される女性だということで，自分でもより詳しく調べてみようと思いました。

先　生：彼女については映画もありますので，是非，観てみてください。それでは，今日の授業を終わります。

問1　下線部(a)の「明治4年」の出来事として**誤っているもの**を，次の①～④から1つ選びなさい。 38

①　ヴェルサイユ宮殿においてヴィルヘルム1世がドイツ帝国の建国を宣言した。

②　東京・京都・大阪に郵便役所が設けられ，日本の郵便制度が確立された。

③　日本の貨幣単位として圓(円)・銭・厘を採用する新貨条例が制定された。

④　ビーグル号で世界一周を果たしたダーウィンは，『種の起源』を出版して進化論を唱えた。

問2　下線部(b)の「岩倉遣欧使節団」について，次の文は使節団に随行した久米邦武による各国の様子を述べたものである。文を読み，ア・イの内容と国名の組み合わせとして正しいものを，下の①～⑥から1つ選びなさい。なお，内容は問題作成上の都合で，一部を改変・要約している。 39

ア：方針は日本に似ている。この国の政治や経済を知ることは，イギリスや他の国を知るよりも得るものが多いだろう。

イ：ここ80年間に国家体制が6度改まっている。いくつもの政党に分かれ，コミューンという過激な政党もある。

① ア：アメリカ　イ：フランス　② ア：フランス　イ：アメリカ
③ ア：ドイツ　イ：フランス　④ ア：フランス　イ：ドイツ
⑤ ア：アメリカ　イ：ドイツ　⑥ ア：ドイツ　イ：アメリカ

問3　下線部(c)の「ノーベル生理学・医学賞」を受賞した人物と業績について紹介した以下の文のうち**誤っているもの**を，次の①～④から1つ選びなさい。40

① 眞鍋淑郎：結核菌やコレラ菌を発見し，病原体の純粋培養を目的とする培養学を確立。
② 大村智：線虫が寄生することで引きおこされる感染症に対する新しい治療法の発見。
③ 本庶佑：免疫チェックポイントシステムに対する阻害剤を用いて新世代がん治療法を確立。
④ 大隅良典：細胞内のタンパク質を分解するための仕組みの1つであるオートファジーの解明。

問4　下線部(d)の「フィリピン・スウェーデン」の国名と首都の組み合わせとして正しいものを，次の①～⑥から1つ選びなさい。41

① フィリピン：マニラ　スウェーデン：オスロ
② フィリピン：マニラ　スウェーデン：アムステルダム
③ フィリピン：マニラ　スウェーデン：ストックホルム
④ フィリピン：マカオ　スウェーデン：オスロ
⑤ フィリピン：マカオ　スウェーデン：アムステルダム
⑥ フィリピン：マカオ　スウェーデン：ストックホルム

問5　下線部(e)の「黒人奴隷解放運動・女性参政権獲得」において，人種差別や女性参政権について説明した次のア・イの文の正誤の組み合わせとして正しいものを，下の①～④から1つ選びなさい。42

ア：1963年，アメリカのキング牧師は人種差別撤廃を唱える公民権運動の指導者として「ワシントン大行進」を行った。
イ：1935年，世界恐慌からの回復を目指すアメリカでは，男性と同様に女性も積極的に社会で働くようになったため，30歳以上の女性に参政権が認められた。

① ア：正　イ：正　② ア：正　イ：誤　③ ア：誤　イ：正　④ ア：誤　イ：誤

【理　科】 (50分) 〈満点：100点〉

注意　解答にあてはまる１～０までの数値をマークしなさい。ただし，計算結果を記入する場合など，必要に応じて０をマークすること。

例　［１］［２］［３］に25と答えたいとき。

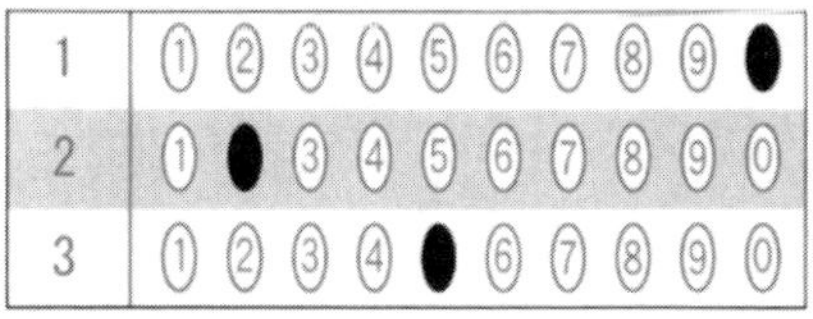

1　〔解答番号［１］～［２］〕

(1)　放射性同位体であるＡという原子は４ヶ月経つと，元々存在していた個数の半数がＢという別の原子に変わってしまう。元々ＡとＢだけを４：３の個数の比でふくむ鉱石を放置していたところ，ＡとＢの個数の比が1：27となっていた。このとき鉱石が放置されていた期間として，もっとも適切なものを①～⑧から１つ選べ。［１］

①　１ヶ月　　②　２ヶ月　　③　４ヶ月　　④　８ヶ月
⑤　１年　　⑥　１年４ヶ月　　⑦　１年８ヶ月　　⑧　２年

(2)　ガソリン１Ｌあたりの燃焼で自動車が何 km 走行できるかを数値で表したものを燃費と呼ぶ。太郎さんは中古車を購入し，ガソリンを15Ｌ入れ，高速道路にて一定の速度で75km 走らせた。その結果，本来の燃費ならガソリンの残量は4.6Ｌとなっているはずであったが，エンジンの劣化で燃費が20％悪くなっていたことによりガソリンの残量はさらに減っていた。このときのガソリンの残量は何Ｌか。もっとも適切なものを①～⑧から１つ選べ。［２］

①　1.96　　②　2.00　　③　2.16　　④　2.32
⑤　2.52　　⑥　2.84　　⑦　3.20　　⑧　3.68

2　〔解答番号［３］～［12］〕

1．電流と磁界の関係を調べるために，朋子さんは様々な実験を行った。次の問いに答えよ。

(1)　朋子さんは電流が作る磁界の向きを知るために，方位磁針Ａ～Ｃを図２－１のように鉛直方向に並べ，そのうち方位磁針Ｂに導線を巻きつけて電流を流した。方位磁針Ａ～Ｃをそれぞれ上から見るとどのように見えるか。組み合わせとして，もっとも適切なものを①～⑧から１つ選べ。ただし，Ａ，Ｂ，Ｃは十分近くに並べてあり，また流した電流は十分大きいとする。［３］

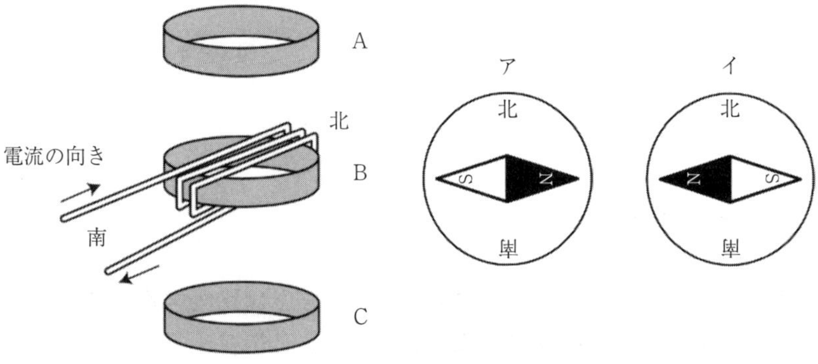

図２－１

	A	B	C
①	ア	ア	ア
②	ア	ア	イ
③	ア	イ	ア
④	ア	イ	イ
⑤	イ	ア	ア
⑥	イ	ア	イ
⑦	イ	イ	ア
⑧	イ	イ	イ

(2)　朋子さんは「コイルの内部を貫く磁界が変化すると，コイルにつながれた回路に電流が流れる」ことを知り，これに関する実験を行った。まず，図２－２のような検流計とコイルをつないだ回路(図２－３)をつくった。そして，棒磁石のＮ極をコイルに近づけて止めると，図２－２の検流計の針は(b)→(c)→(b)のように振れた。

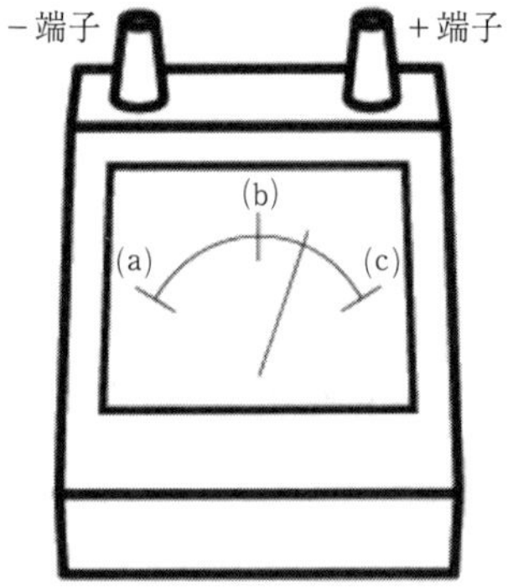

図２－２

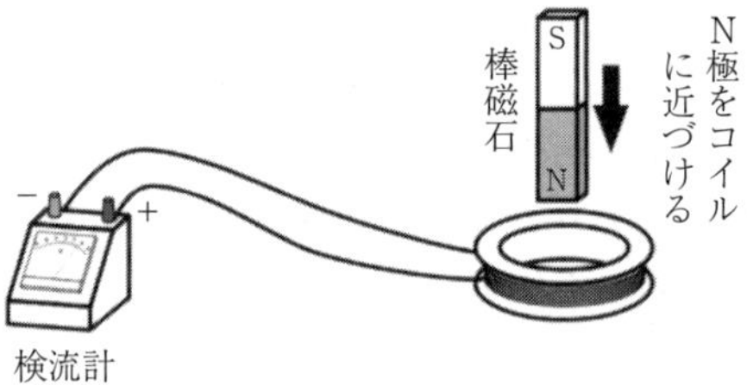

図２－３

次に，右の図２－４のように，棒磁石を一定の速さで図中の(ⅰ)→(ⅱ)→(ⅲ)→(ⅱ)→(ⅰ)のようにコイル上で１往復させた。このときの図２－２の検流計の針の振れ方として，もっとも適切なものを①～⑧から１つ選べ。［**4**］

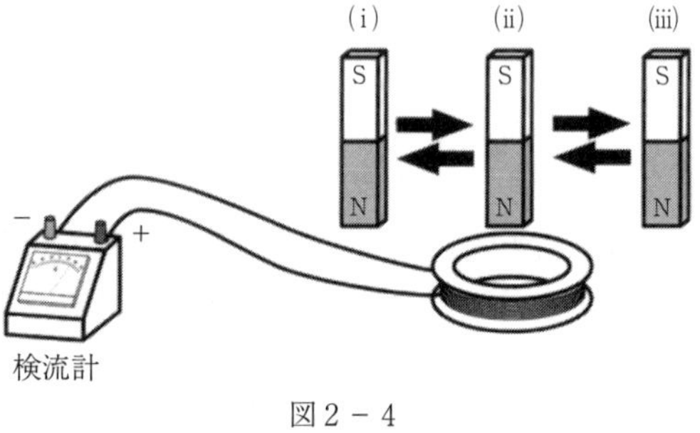

図２－４

①　(b)→(c)→(b)
②　(b)→(a)→(b)
③　(b)→(c)→(b)→(a)→(b)
④　(b)→(a)→(b)→(c)→(b)
⑤　(b)→(c)→(b)→(c)→(b)
⑥　(b)→(a)→(b)→(a)→(b)
⑦　(b)→(c)→(b)→(a)→(b)→(c)→(b)→(a)→(b)
⑧　(b)→(a)→(b)→(c)→(b)→(a)→(b)→(c)→(b)

朋子さんは「コイルを流れる電流の大きさと，発生する磁界の強さは比例する」ことを知り，図２－５のような回路で１次コイルに流れる電流を変化させると，２次コイルにも電流が流れるのではないかと考え，実験を行った。実験では電源を操作し，１次コイルに図２－６のような電流を流した。

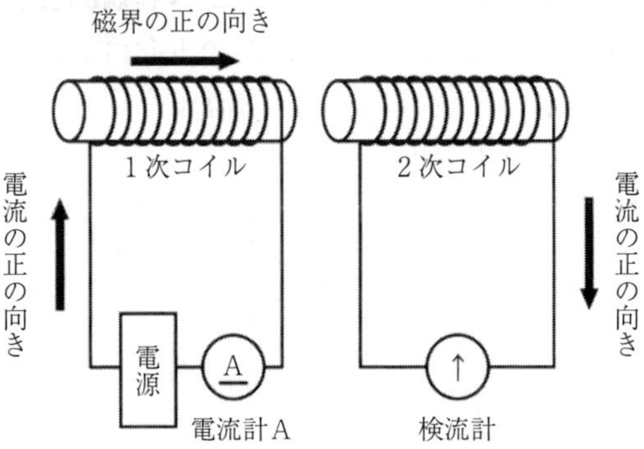

図2－5

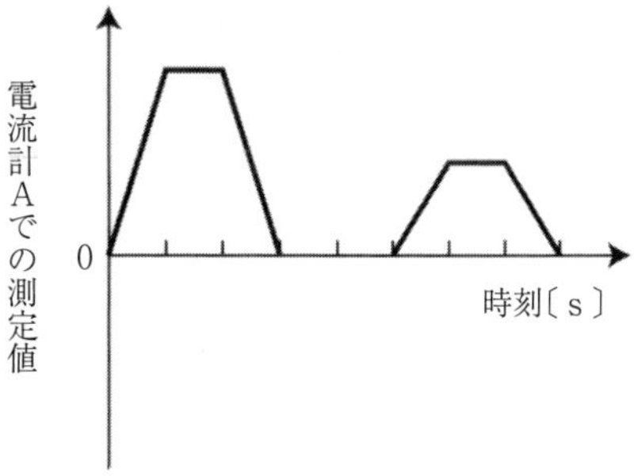

図2－6

(3)　このとき１次コイルに発生する磁界と時刻の関係を示したグラフとして，もっとも適切なものを①～⑧から１つ選べ。［**5**］

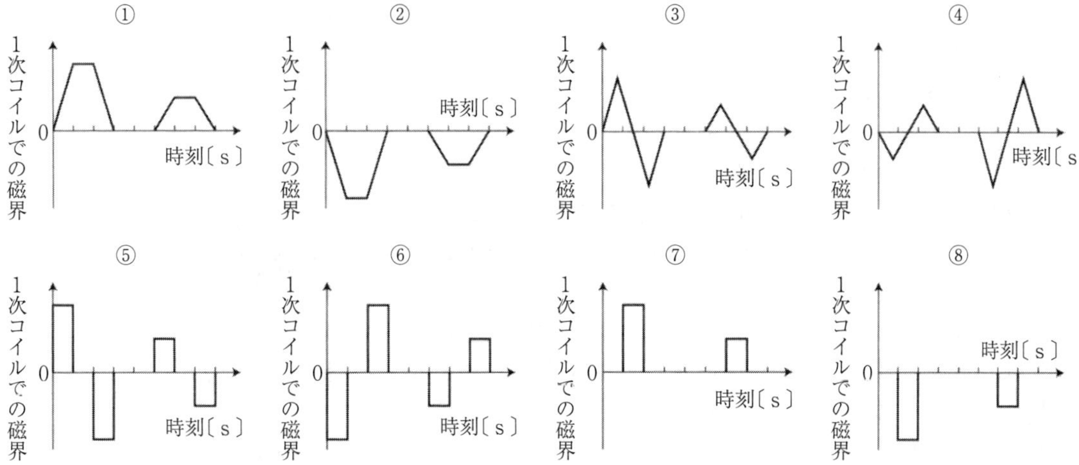

(4)　このとき２次コイルに電流が流れた。検流計での測定値と時刻の関係を示すグラフとして，もっとも適切なものを①～⑧から１つ選べ。［**6**］

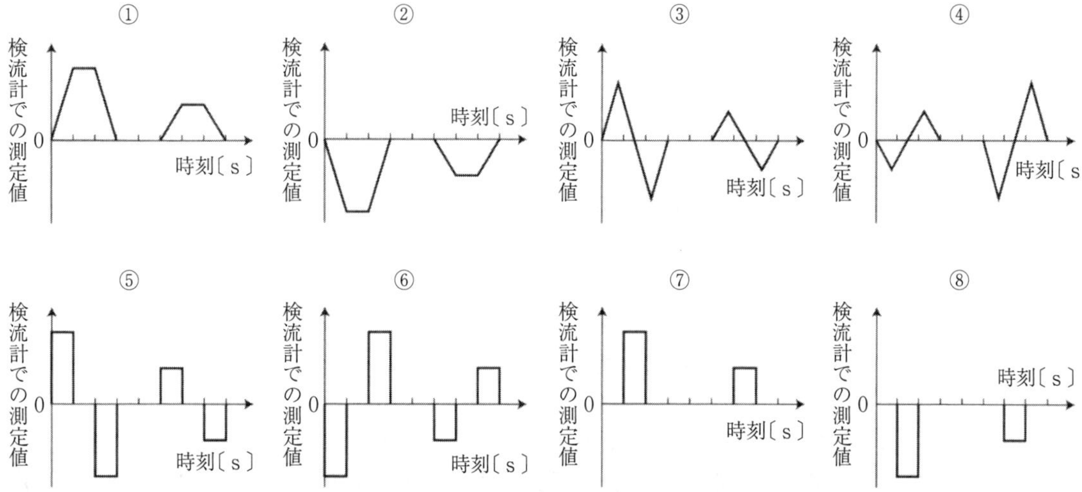

2．アルキメデスの原理によると，浮力の大きさは，物体の水中にある部分と同体積の水の重力の大きさと等しい。これについて考察する。次の問いに答えよ。

(1)　図２－７は水圧実験器という。水を張った水そうの中に入れると，水圧により両側のゴム膜は押されてへこむ。また，水圧は水面からの深さに比例し，同じ深さならばどの方向にも同じ大きさの圧力がはたらく。図２－８で水中のある深さでの水圧実験器のゴム膜の様子を正しく表している組み合わせとして，もっとも適切なものを①～⑨から１つ選べ。［７］

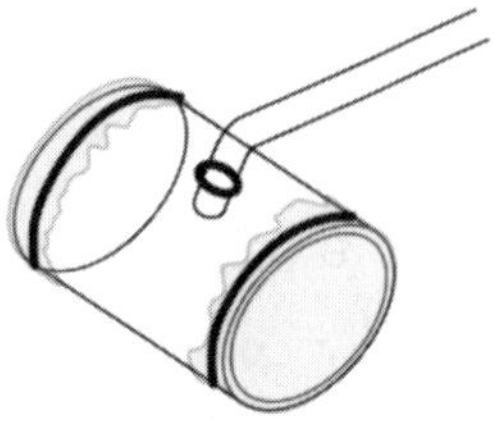

図２－７

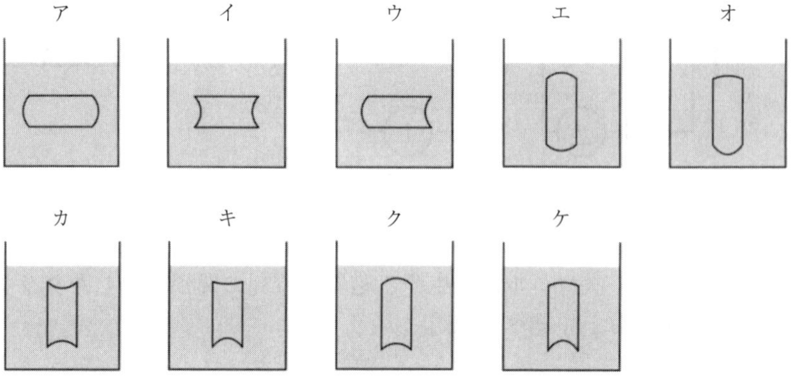

図２－８

①　ア，エ　　②　ア，オ　　③　イ，カ　　④　イ，キ　　⑤　ウ，ク
⑥　ウ，ケ　　⑦　ア，エ，オ　　⑧　イ，カ，キ　　⑨　ウ，ク，ケ

水圧の大きさ〔Pa〕は，図２－９のように水中にある物体（底面積 S〔m^2〕）の面の上に乗っている水にはたらく重力の大きさ〔N〕を面積〔m^2〕で割ったものになる。物体は直方体で，物体の上面は水面から h〔m〕のところにある。つまり，上面にはたらく水圧の大きさは，水の密度を ρ〔kg/m^3〕とすると，$\rho Sh \times 10 \div S$ となる。ただし，質量1kgの物体にはたらく重力の大きさを10Nとした。

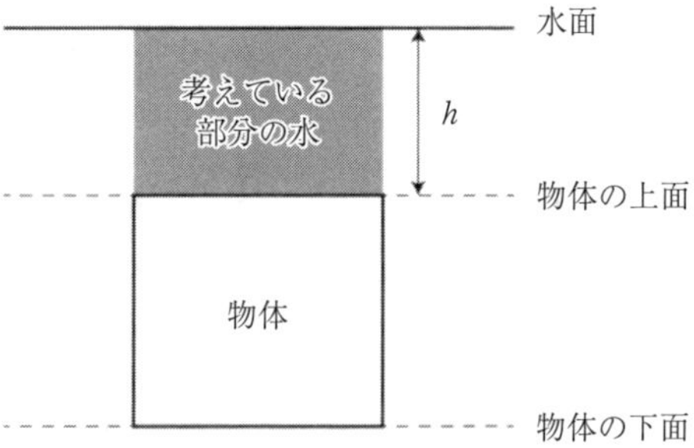

図２－９

(2)　浮力は水中にある物体の上面に加わる力と下面に加わる力の差によって生じる。物体にはたらく浮力を表す式として正しいものはどれか。もっとも適切なものを①～⑧から１つ選べ。［８］

①　水の密度×水中の物体の体積×10
②　水の密度×水中の物体の体積×20
③　水の密度×水中の物体までの深さ×10
④　水の密度×水中の物体までの深さ×20
⑤　物体の密度×水中の物体の体積×10
⑥　物体の密度×水中の物体の体積×20
⑦　物体の密度×水中の物体までの深さ×10
⑧　物体の密度×水中の物体までの深さ×20

(1)と(2)の考察より，アルキメデスの原理が成立していることが確かめられた。浮力について次の問いに答えよ。

(3)　物体に糸をつりさげた状態で，水を入れたビーカーへ沈めた。そのビーカーを斜面上においたとき，物体にはたらく重力，物体が糸から受ける力（張力），物体が水から受ける力（浮力）が正しく書き込まれているものとして，もっとも適切なものを①～⑧から１つ選べ。ただし，力の矢印の長さと力の作用点は正確にかかれていない。［９］

①

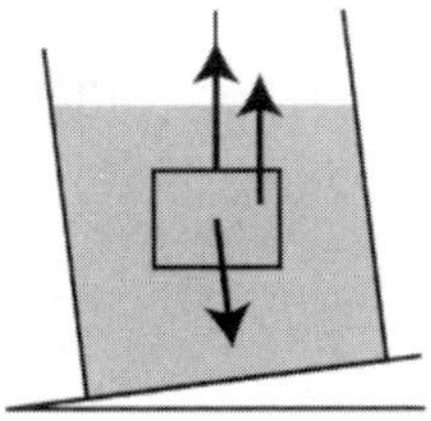

②

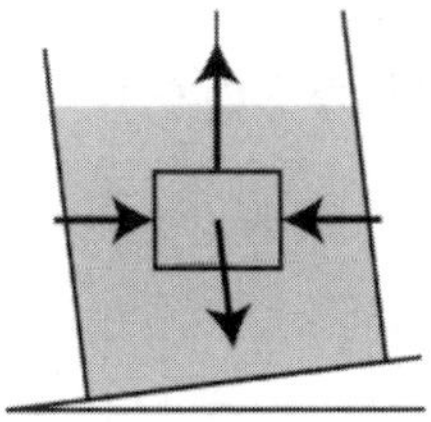

③

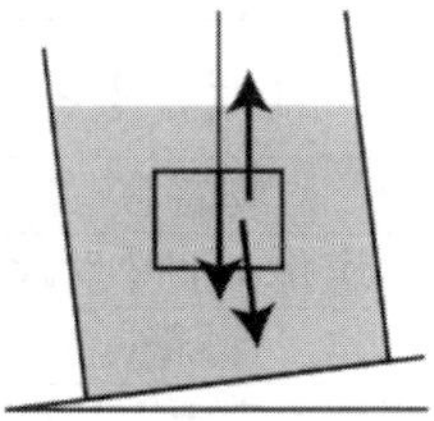

④

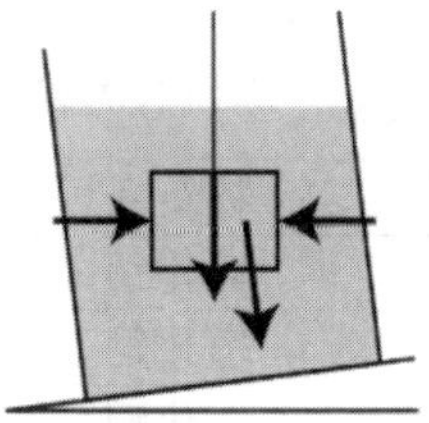

⑤

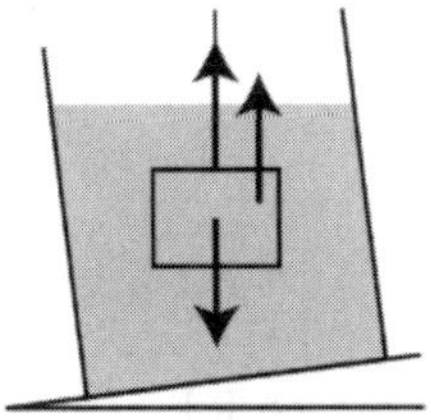

⑥

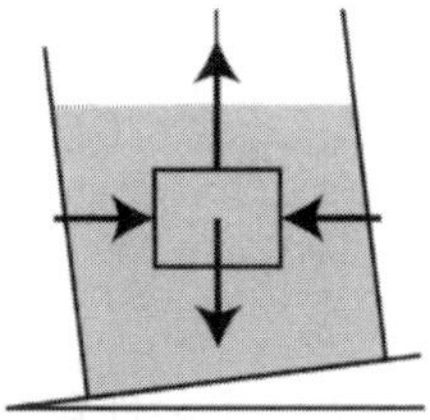

⑦

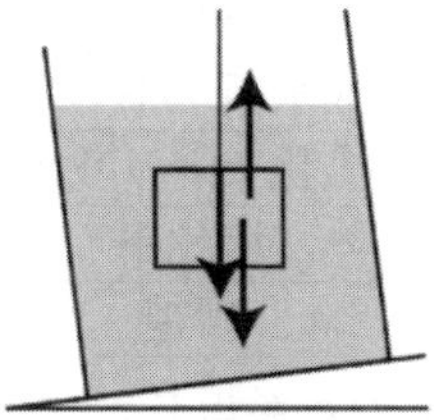

⑧

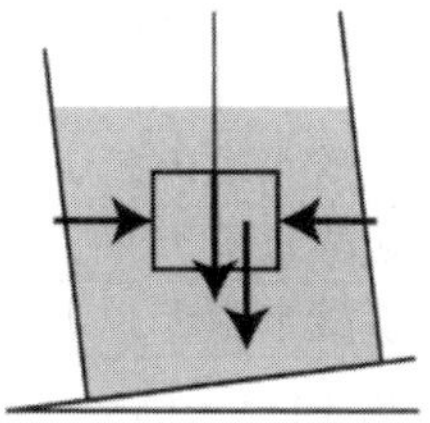

⑷　図２－10のように，質量10kg，密度8000kg/m^3の金属球を糸でつるし，つりさげた状態で密度1000kg/m^3の水の中へ全体を沈めた。このとき糸が鉄球を引く力の大きさTは何Nか。ただし，質量１kgの物体にはたらく重力の大きさを10Nとする。[10][11].[12]N

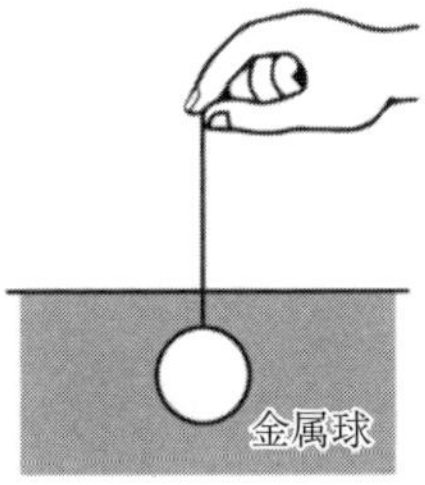

図２－10

3　〔解答番号[13]～[21]〕

１．次の文章を読み，下の問いに答えよ。

４種類の異なる物質Ａ～Ｄが存在する。これらの物質の性質を理解するために【実験１】～【実験４】を行った。物質Ａ～Ｄは塩化ナトリウム，塩化銅，砂糖，炭酸水素ナトリウムのいずれかである。

【実験１】
物質Ａを加熱すると気体が発生した。この気体を石灰水に通すと溶液が白く濁った。

【実験２】
物質Ｂの水溶液を炭素電極を用いて電気分解すると，陽極と陰極からそれぞれ気体が発生した。

【実験３】
物質Ｃを水に溶かしてできた無色の溶液に，BTB溶液を加えると青色になった。

【実験４】
物質Ｄを水に溶かすと青色の溶液になった。この溶液を図３－１のように炭素電極を用いて

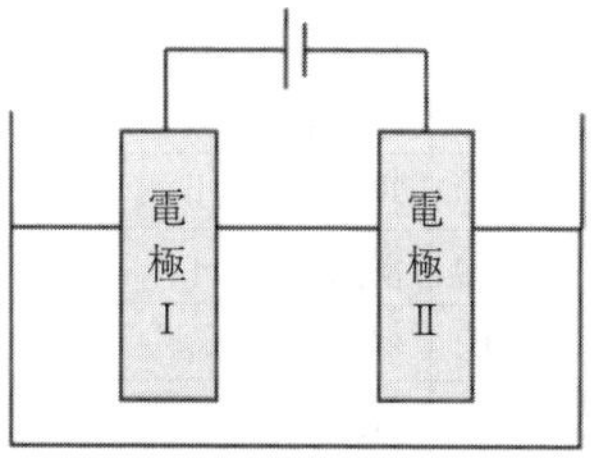

図３－１

電気分解すると，電極Ⅰから気体が発生した。

(1) 物質Aと物質Bの組み合わせとして，もっとも適切なものを①～⑨から１つ選べ。[13]

	物質A	物質B
①	塩化銅	塩化ナトリウム
②	塩化銅	砂糖
③	塩化銅	炭酸水素ナトリウム
④	砂糖	塩化ナトリウム
⑤	砂糖	塩化銅
⑥	砂糖	炭酸水素ナトリウム
⑦	炭酸水素ナトリウム	塩化ナトリウム
⑧	炭酸水素ナトリウム	塩化銅
⑨	炭酸水素ナトリウム	砂糖

(2) 【実験４】について，電極Ⅰから発生した気体を捕集し，その性質を調べた。発生した気体の物質名とその性質の組み合わせとして，もっとも適切なものを①～⑨から１つ選べ。[14]

	気体	性質
①	酸素	火を近づけると激しく燃える
②	酸素	赤インクで色をつけた水に通すと色が薄くなる
③	酸素	水に溶かしBTB溶液を加えると青色になる
④	水素	火を近づけると激しく燃える
⑤	水素	赤インクで色をつけた水に通すと色が薄くなる
⑥	水素	水に溶かしBTB溶液を加えると青色になる
⑦	塩素	火を近づけると激しく燃える
⑧	塩素	赤インクで色をつけた水に通すと色が薄くなる
⑨	塩素	水に溶かしBTB溶液を加えると青色になる

(3) 【実験４】について，次の文中の空所に当てはまる語句の組み合わせとして，もっとも適切なものを①～⑧から１つ選べ。[15]

実験が進行すると電極Ⅱの質量は（ a ）する。また，青色の溶液は色が薄くなる。これらのことから，青色を示す成分は（ b ）であると考えられる。

	a	b
①	増加	H^+
②	増加	Na^+
③	増加	Cu^{2+}
④	増加	Cl^-
⑤	減少	H^+
⑥	減少	Na^+
⑦	減少	Cu^{2+}
⑧	減少	Cl^-

２．次の文章を読み，下の問いに答えよ。

(1) 次の(ア)～(ウ)の文章について正誤の組み合わせとして，もっとも適切なものを①～⑧から１つ選べ。[16]

(ア) 溶質は固体とは限らない。

(イ) 水に塩化ナトリウムを溶かす前と溶かした後では，全体の質量は変化している。

(ウ) 少量の硫酸銅を水に入れて放置すると，容器の中の水溶液はやがて均一になる。

	ア	イ	ウ
①	正	正	正
②	正	正	誤
③	正	誤	正
④	正	誤	誤

	ア	イ	ウ
⑤	誤	正	正
⑥	誤	正	誤
⑦	誤	誤	正
⑧	誤	誤	誤

(2) 次の文中の空所に当てはまる語句の組み合わせとして，もっとも適切なものを①～⑧から１つ選べ。[17]

水に対する気体の溶解度は，温度が高くなるほど(ア)なる。これは熱エネルギーを得ると気体分子の運動が激しくなり，自由に飛びまわろうとするためである。一定温度のもとで，水に対する気体の溶解度は，その気体の圧力に(イ)することが知られている。これは炭酸飲料の開封を想像すると分かりやすい。ただし，(ウ)などの気体は水に溶けやすいため，この関係は成り立たない。

	(ア)	(イ)	(ウ)
①	大きく	比例	塩化水素
②	大きく	比例	水素
③	大きく	反比例	塩化水素
④	大きく	反比例	水素
⑤	小さく	比例	塩化水素
⑥	小さく	比例	水素
⑦	小さく	反比例	塩化水素
⑧	小さく	反比例	水素

図３－２は水100 g に対する硝酸カリウムの溶解度曲線である。

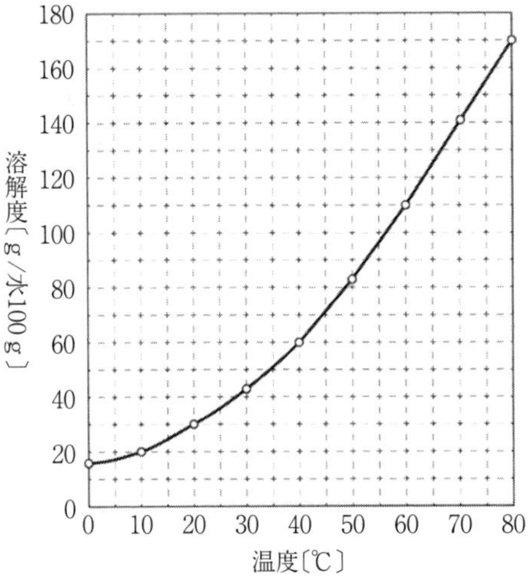

図３－２

(3) 10℃の硝酸カリウム飽和水溶液の質量パーセント濃度は何％か。小数第二位を四捨五入して，小数第一位まで求めよ。[18][19].[20]％

(4) 80℃で質量パーセント濃度36％の硝酸カリウム水溶液200 g を冷却したとき，溶けきれなくなって結晶が出始める温度はおよそ何℃か。もっとも適切なものを①～⓪から１つ選べ。[21]

① 13　② 18　③ 23　④ 28　⑤ 33
⑥ 38　⑦ 43　⑧ 48　⑨ 53　⓪ 58

4　〔解答番号[22]～[28]〕

1．次の文章を読み，下の問いに答えよ。

図４－１は，植物のなかま分けを示したものである。Ａ～Ｇには植物をなかま分けしたときの名前が，Ⅰ～Ⅳには植物をなかま分けするときの基準が，(　)内には植物例が入るようになっている。ただし，Ⅰには「花をつけるかどうか」が入るものとする。

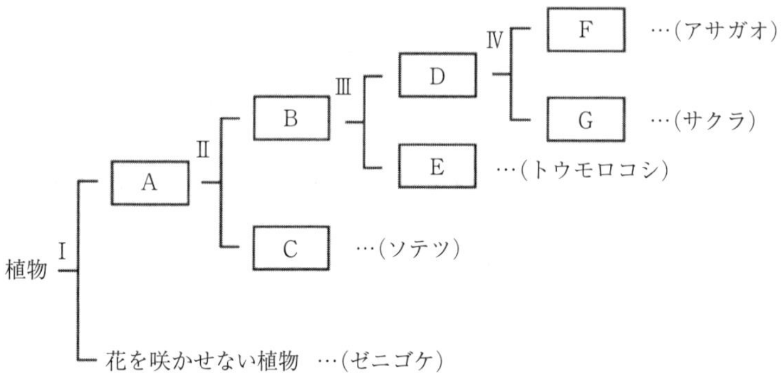

図４－１

(1)　図４－１のⅣに入る基準として，もっとも適切なものを①～⑦から１つ選べ。[22]

① 胚珠が子房に包まれているかいないか。
② 維管束があるかないか。
③ 光合成をするかしないか。
④ 陸上で生活するか，水中で生活するか。
⑤ 種子をつくるか，つくらないか。
⑥ 花弁がくっついているか，はなれているか。
⑦ 根，茎，葉の区別があるかないか。

(2)　ゼニゴケの特徴として正しいものはどれか。組み合わせとして，もっとも適切なものを①～⑧から１つ選べ。[23]

ア．体に根，茎，葉の区別がない。
イ．体に根，茎，葉の区別がある。
ウ．必要な水分などを体の表面全体から吸収する。
エ．必要な水分などを根からのみ吸収する。
オ．葉緑体を持たず，光合成を行わない。
カ．葉緑体を持つ，光合成を行う。
キ．ひげ根を使って地面に固定している。
ク．主根と側根を使って地面に固定している。

① ア，ウ，カ　② イ，エ，オ　③ ア，エ，カ　④ イ，ウ，オ
⑤ ア，エ，カ，キ　⑥ ア，ウ，オ，ク　⑦ イ，ウ，オ，キ　⑧ イ，エ，カ，ク

(3)　図４－１のＤの植物の葉脈，根の形状，維管束の配置の特徴を正しく選択したものとして，もっとも適切なものを①～⑧から１つ選べ。[24]

	葉脈	根の形状	維管束の配置
①	並行脈	主根と側根を持つ	ばらばらに散在している
②	並行脈	主根と側根を持つ	輪の形にならんでいる
③	並行脈	ひげ根を持つ	ばらばらに散在している
④	並行脈	ひげ根を持つ	輪の形にならんでいる
⑤	網状脈	主根と側根を持つ	ばらばらに散在している
⑥	網状脈	主根と側根を持つ	輪の形にならんでいる
⑦	網状脈	ひげ根を持つ	ばらばらに散在している
⑧	網状脈	ひげ根を持つ	輪の形にならんでいる

2．次の文章を読み，下の問いに答えよ。

生物の生殖の方法は，無性生殖と有性生殖に分けることができる。無性生殖の例としては，(a)分裂，出芽，栄養生殖といったものがあり，(b)有性生殖と比べて生存に有利になる点がある。一方，有性生殖の例として受精があり，これは生殖細胞から減数分裂の結果できた精子と卵が合わさることで，(c)それぞれの遺伝子を併せ持った個体が生じる。子に伝わった遺伝子から，(d)タンパク質が発現することで，形質として現れる。

(1) 下線部(a)について，分裂の説明と生物例の組み合わせとして，もっとも適切なものを①～⑨から１つ選べ。[25]

	分裂の説明	生物例
①	母体が縦あるいは横に分かれる	酵母
②	母体が縦あるいは横に分かれる	ミカヅキモ
③	母体が縦あるいは横に分かれる	サツマイモ
④	母体の一部が突起して大きくなる	アメーバ
⑤	母体の一部が突起して大きくなる	ヒドラ
⑥	母体の一部が突起して大きくなる	ジャガイモ
⑦	母体の栄養器官が分離する	ゾウリムシ
⑧	母体の栄養器官が分離する	プラナリア
⑨	母体の栄養器官が分離する	オニユリ

(2) 下線部(b)について，無性生殖の特徴と生存に有利な点の説明として，もっとも適切なものを①～⑧から１つ選べ。[26]

① 親個体と同一の形質になるため，環境変化に対応できる個体が生まれやすい。
② 親個体と同一の形質になるため，同一の環境で生き残りやすい個体が生まれやすい。
③ 親個体と同一の形質になるため，親個体より体が大きい個体が生まれやすい。
④ 親個体と同一の形質になるため，親個体より代謝効率の良い個体が生まれやすい。
⑤ 親個体と別の形質になる可能性が高いため，環境変化に対応できる個体が生まれやすい。
⑥ 親個体と別の形質になる可能性が高いため，同一の環境で生き残りやすい個体が生まれやすい。
⑦ 親個体と別の形質になる可能性が高いため，親個体より体が大きい個体が生まれやすい。
⑧ 親個体と別の形質になる可能性が高いため，親個体より代謝効率の良い個体が生まれやすい。

(3) 下線部(c)について，遺伝子と形質について調べるために，エンドウを用いて次のような操作をした。

操作ⅰ　丸形のエンドウとしわ形のエンドウをかけ合わせた。

操作ⅱ　操作ⅰでできた種子を集めると，全て丸形であった。この種子をまいて育て，それぞれ自家受粉させた。

操作ⅲ　操作ⅱでできた種子を集めて，種子の形について調べた。

操作ⅲで調べた種子のうち，操作ⅰのしわ形のエンドウの遺伝子の組み合わせが同じものが占める割合はどうなると考えられるか。もっとも適切なものを①～⓪から１つ選べ。[27]

① 1　② $\frac{1}{2}$　③ $\frac{1}{4}$　④ $\frac{1}{6}$　⑤ $\frac{1}{8}$

⑥ $\frac{1}{10}$　⑦ $\frac{1}{12}$　⑧ $\frac{1}{14}$　⑨ $\frac{1}{16}$　⓪ 0

(4)　下線部(d)について，同一の個体でも細胞ごとに異なるタンパク質をつくるなど違いが出てくる。これの説明について，次の文中の空所に当てはまる語句の組み合わせとして，もっとも適切なものを①～⑧から１つ選べ。[28]

受精卵から細胞分裂によってからだがつくられることにより，個々の細胞が持つ遺伝情報は（ A ）と考えられる。また，細胞ごとにつくられるタンパク質が異なることや，メンデルの遺伝に関する法則での顕性形質の発現などから，細胞にある染色体の情報の（ B ）によってタンパク質ができると考えられる。遺伝子からタンパク質の発現メカニズムを理解することで，人工的に生物のタンパク質生成を制御することができる。例えばサーモンの（ C ）に，別のサーモンや魚の遺伝子を導入することで，短期間で大きくなるものをつくることができる。

	A	B	C
①	同じである	全て	卵
②	同じである	全て	個々の細胞
③	同じである	一部	卵
④	同じである	一部	個々の細胞
⑤	異なる	全て	卵
⑥	異なる	全て	個々の細胞
⑦	異なる	一部	卵
⑧	異なる	一部	個々の細胞

5　〔解答番号[29]～[34]〕

1．以下の会話文を読み，次の問いに答えよ。

優子：先生，先週は体に揺れを感じる地震が数回ありましたね。

先生：そうですね。日本は世界でも有数の地震が多い国です。なぜだかわかりますか。

優子：はい。日本列島付近にはプレートの境界である（ V ）があり，（　W　）で地震が多く発生するためです。

先生：そうですね。ところで，先週起きた地震の情報が手元にあります。地震の発生時刻は18時15分54秒であり，主要動の開始時刻は地点Aでは18時15分59秒，地点Bでは18時16分01秒でした。地震の震源の深さは12km，震源からの距離は地点Bでは28km，地震波が常に一定の速さで地中を伝わったとして，この地震のA地点からの震央距離を求めてみましょう。

優子：はい。そうすると，（ X ）km と考えられますね。

先生：しっかり考えられましたね。

次に，二箇所の観測地点と震源距離，震央の関係を示した図５－１を参考に，先程の地震とは別の地震における，地震の震央の位置と震源の深さについて考えてみましょう。地点Ｃと地点Ｄは平坦な地域にある観測地点です。図５－２は，地点Ｃと地点Ｄを真上から見た図で，２点は東西に45km 離れて位置しています。この範囲内に震央があるとすると，震央の位置は図５－２の領域１～８のうちのどこに含まれるでしょうか。震源距離は地点Ｃが25km，地点Ｄが35km です。

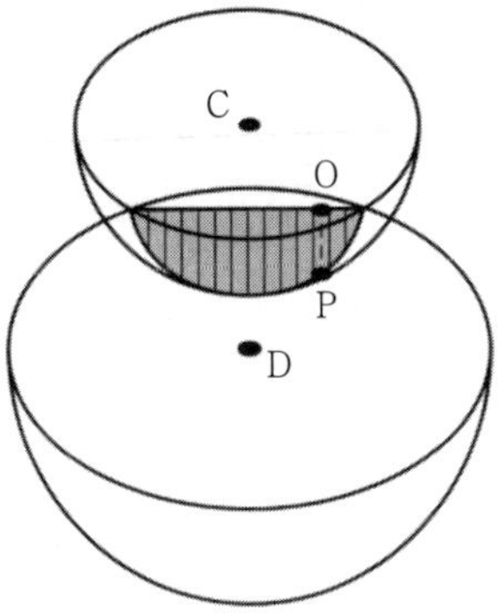

Ｃ，Ｄ：観測地点
Ｏ：震央
Ｐ：震源

図５－１

優子：それは，震源の深さによって震央の場所を推測することができますね。

図５－２の領域１～８のうちで，震源がごく浅い場合，震源は（ Ｙ ）の範囲内にあると考えられ，震源が最も深い場合には（ Ｚ ）の範囲内にあると考えられます。

先生：正しく推測できましたね。

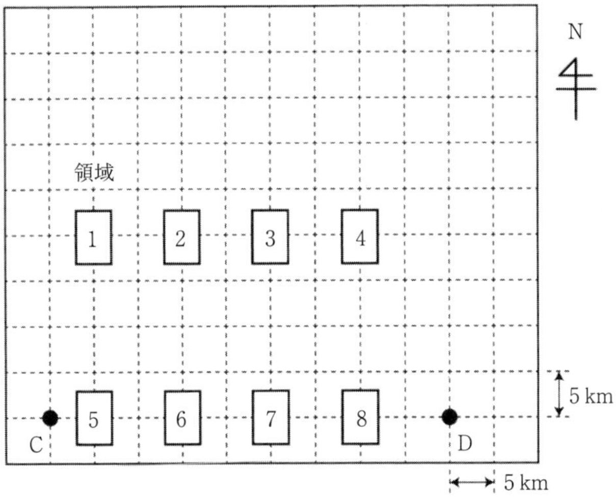

図５－２

優子：そういえば，2023年２月に緊急地震速報の通達される条件が増えましたね。

先生：よく知っていますね。それまでの最大震度５弱以上を予想した地震について震度４以上の地域を対象に緊急地震速報を発表していましたが，新たに「長周期地震動階級３以上」を予測される地域にも緊急地震速報を発表することになりましたね。

優子：長周期地震動は震源から遠く離れた場所でも高層ビルが大きく揺れる時の現象ですね。

先生：高層ビル以外にも液体も揺れますよ。例えば，学校のプールで波を起こした時と似ています。

優子：なるほど。文明の進歩に伴って，離れた場所の地震でも気を付けねばならなくなったのですね。

(1) 文中の(V)・(W)に当てはまるものとして，もっとも適切なものを①～⑥から1つ選べ。[29]

	V	W
①	海嶺	太平洋側の海洋プレートが大陸プレートの下に沈み込んでいるところ
②	海嶺	大陸プレートが太平洋側の海洋プレートの下に沈み込んでいるところ
③	海溝	太平洋側の海洋プレートが大陸プレートの下に沈み込んでいるところ
④	海溝	大陸プレートが太平洋側の海洋プレートの下に沈み込んでいるところ
⑤	海峡	太平洋側の海洋プレートが大陸プレートの下に沈み込んでいるところ
⑥	海峡	大陸プレートが太平洋側の海洋プレートの下に沈み込んでいるところ

(2) 文中の(X)に当てはまる数値を整数で求めよ。[30][31]km

(3) 文中の(Y)・(Z)に当てはまるものとして，もっとも適切なものを①～⑧から1つ選べ。
Y：[32]・Z：[33]

① 領域1　② 領域2　③ 領域3　④ 領域4
⑤ 領域5　⑥ 領域6　⑦ 領域7　⑧ 領域8

(4) 文中の下線部について，その事例として正しいものはどれか。組み合わせとして，もっとも適切なものを①～⑧から1つ選べ。[34]

ア．中越地震が起こったとき，都内の高層ビルのエレベーターが故障した。
イ．日本海側の深いところで起きた地震で，太平洋側の地域で大きな揺れが観測された。
ウ．震源地より離れた工業施設ではあまり揺れなかったが，石油タンク内の石油が大きく揺れて大事故につながった。

① ア　② イ　③ ウ　④ ア，イ
⑤ ア，ウ　⑥ イ，ウ　⑦ ア，イ，ウ　⑧ どれも違う

ロ　隣に住んでいた人を弔うために、わざわざ自分の家の垣根を壊すという厚行の考えを聞いた妻と子は、なぜそこまでしなければならないのかわからず、隣に住んでいた人の子どもに不満を覚えた。

ハ　自分の家の垣根を壊すという計画を打ち明けた厚行は、周囲からの反対を受けて一度は落ち込んだが、他に手だてがあるにちがいないと考え、あきらめずに下人たちと計画を練り直して実行に移した。

ニ　前代未聞の行いを成し遂げた厚行に対し、本来であれば注意すべき立場の上司たちもその熱意に感服し、後世に残すべき偉業だとしてほめたたえた。

舎人…天皇・皇族の近くに仕え、雑務や警護をする下級役人。
門悪しき方…当時の慣例をふまえると、その門の方角が出棺に不都合なこと。
無為なる人の家…何事もない人の家。
いみじき穀断ちの聖…五穀を断って修行をしている僧。世間の決まりやしきたりにとらわれずに暮らす世捨て人を例えている。
くすしく忌む…あれやこれやと気に病む様子。
殿ばら…厚行の上司などの人々。

問一 傍線①「忌の方なりとも我が門よりこそ出ださめ」とあるが、この時の「隣なりける人」の子どもの考えとして最も適当なものを次の中から一つ選び、記号で答えなさい。

イ 親に先立たれてしまった自分たちを心配してくれる厚行の善意に感謝の念を抱きつつも、厚行の家族に許可を取ってからでないと垣根を壊すことはできず、提案を素直に受け入れることはできないと思っている。

ロ 死んだ親を不吉な方角から見送ってはいけないという厚行の戒めは、社会の規範から外れた無茶なもので、どうしてそのようなことを言うのか理解できず、改めて間違ったことをしてはいけないと思っている。

ハ 自分の親の見送りのために家の垣根を壊そうという厚行の提案を受け入れることは、都合の悪い方角を避けることはできても、身内でもない人々を巻き込むことになってしまい良くないと思っている。

ニ 家の垣根を壊してまで自分の親への感謝を伝えたいという厚行の強い思いに、何か思惑があるのではないかと疑いつつも、困っていることは事実なので受け入れるほか仕方がないと思っている。

問二 傍線②「思ひ」の主語を次の中から一つ選び、記号で答えなさい。

イ 厚行

ロ 厚行の子ども

ハ 隣なりける人

ニ 隣なりける人の子ども

問三 傍線③「かかる事する人やはあるべき」とあるが、その解釈として最も適当なものを次の中から一つ選び、記号で答えなさい。

イ 自分の家から他人の死者を出す人はいるはずだ

ロ 自分の家の垣根を壊し、出棺までする人はいないだろう

ハ 自分の家を壊してまで見栄を張る人はいるのだなあ

ニ 自分の家族を後回しにする人はいないにちがいない

問四 傍線④「ただ厚行がせんやうに任せてみ給へ」とあるが、厚行の主張の説明として不適当なものを次の中から一つ選び、記号で答えなさい。

イ 自分の家の垣根を壊してでも隣に住んでいた人の死を弔おうと思うのは、生前の心配りに対する感謝と恩返しの気持ちがあるからだ。

ロ 時には世間の常識から外れることを厭《いと》わない姿勢も大切であり、小さなことで悩むようでは、まともな人間であるとは言えないだろう。

ハ 自分自身を顧みず恩を受けた人に尽くすという行いは、きっと天の神も見ていてくれており、そのことがもたらす恩恵もあるはずだ。

ニ つまらぬことにくよくよし、何事においても周囲と協力しない人間は、人生の中でたいして良いこともなく、長生きできないだろう。

問五 この文章の内容に関する説明として最も適当なものを次の中から一つ選び、記号で答えなさい。

イ 厚行の隣に住んでいた人の子どもが「親の死を弔うのに不都合があるが、仕方がない」と言ったことに対して、厚行はそのままの弔い方では子どもたちのためにも良くないことだと考えた。

で顔一面に油を塗りつけたみたいだった」と表現している描写など、主人公の観察眼が本文に効果的に反映されています。

ハ　生徒C　私は、図画教師である主人公が、漁の手伝いに出るようになってもどうしても最後まで漁師とはなじめない様子が語られているのが印象的でした。「魚のはらわたをひき裂いたときのような親父の体臭には、私はいつも辟易して、すぐ煙草に火をつけるのだった」という描写にそれがよく表れているのではないでしょうか。

ニ　生徒D　でも、漁師たちは素人である「私」にとても敬意を払っているとも思います。縁起をかつぐためというだけでなく、漁船に乗る「私」に「朝早く、すみませんですよう」と「お辞儀をし」ている親父の姿や、「足を投げ出し、煙草をふかすだけ」の「私」にも気を配って「黙ったままニヤリと笑いかけた」次郎の姿には、むしろ「私」への配慮や親しみが感じられます。

四

次の文章を読んで、後の問に答えなさい。問題作成上、一部改変している部分があります。

昔、＊右近将監下野厚行《うこんのしやうげんしもつけのあつゆき》といふ者ありけり。＊競馬《くらべうま》によく乗りけり。帝王《みかど》より始め奉《たてまつ》りて、おぼえ殊《こと》にすぐれたりけり。＊朱《す》雀院《ざくゐん》御時より村上帝の御時などは、盛りにいみじき＊舎人《とねり》にて、人も許し思ひけり。年高くなりて西京《にしのきやう》に住みけり。

隣なりける人にはかに死にけるに、この厚行、弔《とむら》ひに行きて、その子にあひて、別れの間の事ども弔ひけるに、「この死にたる親を出ださんに、＊門《かど》悪しき方に向かへり。さればとて、さてあるべきにあらず。門よりこそ出だすべき事にてあれ」といふを聞きて、厚行がいふやう、「悪しき方より出ださん事、殊に然《しか》るべからず。かつはあまたの御子たちのため、殊に忌《い》まはしかるべし。厚行が隔ての垣を破りて、それより出だし奉らん。かつは生き給《たま》ひたりし時、事にふれて情《なさけ》のみありし人なり。かかる折だにもその恩を報じ申さずば、何をもてか報ひ申さん」といへば、子どものいふやう、「＊無為《ぶゐ》なる人の家より出ださん事あるべきにあらず。①忌《いみ》の方なりとも我が門よりこそ出ださめ」といへども、「僻事《ひがごと》なし給ひそ。ただ厚行が門より出だし奉らん」といひて帰りぬ。

吾が子どもにいふやう、「隣の主の死にたるいとほしければ、弔ひに行きたりつるに、あの子どものいふやう、『忌の方なれども門は一つなれば、これよりこそ出ださめ』といひつれば、いとほしく②思ひて、『中の垣を破りて、我が門より出だし給へ』といひつる」といふに、妻子《めこ》ども聞きて、「不思議の事し給ふ親かな。＊いみじき穀断《こくだ》ちの聖《ひじり》なりとも、③かかる事する人やはあるべき。身思はぬといひながら、我が門より隣の死人出だす人やある。返す返すもあるまじき事なり」とみな言ひ合へり。厚行、「僻事な言ひ合ひそ。④ただ厚行がせんやうに任せてみ給へ。物忌《ものいみ》し、＊くすしく忌むやつは、命も短く、はかばかしき事なし。ただ物忌まぬは命も長く、子孫も栄ゆ。いたく物忌み、くすしきは人といはず。恩を思ひ知り、身を忘るるをこそは人とはいへ。天道もこれをぞ恵み給ふらん。よしなき事なわびそ」とて、下人ども呼びて中の檜垣《ひがき》をただこぼちにこぼちて、それよりぞ出ださせける。

さてその事世に聞こえて、＊殿ばらもあさみほめ給ひけり。さてその後、九十ばかりまで保ちてぞ死にける。それが子どもにいたるまで、みな命長くて、下野氏の子孫は舎人の中にもおほくあるとぞ。

（『宇治拾遺物語』巻第二　第六話）

注　右近将監…右近衛府の役人。天皇・皇族の近くに仕え、天皇のお出かけのお供をした。
競馬…馬を馬場で走らせて速さを競う競技。
朱雀院御時より村上帝の御時などは…朱雀院のご時代から村上帝のご時代などにかけては。

とがなかった。舳先に散った波しぶきが、時々顔に飛んできた。

（近藤啓太郎『赤いパンツ』）

注　南房州…千葉県南部。
賃仕事…家庭などにいて、賃銭を取ってする手内職。
仕立物…縫いもの。
辟易…ひどく迷惑して、うんざりすること。
舳先…船の前の方の部分。船首。
艫…船の後部。船尾。

問一　傍線①「日に四千円にも五千円にもなるアルバイト」とあるが、「私」はそのアルバイトに対してどのような思いを抱いているか。その説明として最も適当なものを次の中から一つ選び、記号で答えなさい。

イ　額を畳へすりつけてお願いしてまで何の役にも立たない自分を船に乗せたがる漁師たちのふるまいに困惑しつつも、楽に稼げる仕事を得て喜んでいる。

ロ　漁に出ても役に立たない自分が船に乗るだけで漁師一人前の勘定をもらえるのはありがたいが、そんな状態でお金を得ていることに抵抗も感じている。

ハ　図画教師である自分が漁船に乗ったところで何の意味もないことをよく考えない漁師たちへの苛《いら》立ちに加え、彼らをだましていることに罪悪感を抱いている。

ニ　赤いパンツにあやかろうとする漁師たちの考えが全く理解できないながらも、そうした彼らの考えがあってこそ安定した収入を得られていることに感謝している。

問二　傍線②「私は言葉通りに機嫌よく笑った」とあるが、この時の「私」の心情として最も適当なものを次の中から一つ選び、記号で答えなさい。

イ　漁にかけては村で一二を争う腕を持つ親父の言葉には重みがあることを実感し、そんな信頼のおける親父から船に乗るよう頼まれたことを嬉しく思っている。

ロ　親父とのやりとりから、図画教師としての自分の仕事にも敬意を払ってくれていることが感じられ、自分の本業ではない漁船に乗ることにも前向きになっている。

ハ　自分の気持ちを率直に説明する親父の姿に好感を持ち、縁起をかつぐばかりの漁師たちへの腹立たしさも忘れ、素直に親父の頼みを聞いてやりたい気持ちになっている。

ニ　何か変わったことをして不漁続きの自分たちの気分を変えたい、という親父の息子たちの考えに共感し、素人の自分でも彼らの役に立てるのではないかと思い始めている。

問三　傍線③「今日こそは大漁にしなければならないという想い」とあるが、「私」がこのような「想い」を抱いたのはなぜか。八十字以内で説明しなさい。

問四　次の一文は本文中から抜き出したものである。どこに入れるのが最も適当か。直前の八文字で答えなさい（句読点、記号を含む）。

私は仕方なく承知した。

問五　次に示すのは、本文を読んだ後に四人の生徒が話し合っている場面である。本文の内容や表現をふまえた発言として最も適当なものを次の中から一つ選び、記号で答えなさい。

イ　生徒A　この小説は「私」視点の語りを中心として展開されていますが、「ごめんなさんしよう」「そんなわけだからよ、すまねえっけんが、明日、乗ってくらっせ」など、「私」と漁師たちとのやりとりが方言を交えた会話文で展開されている点が特徴的です。海に生きる人々の様子を鮮やかに描き出すことに成功していると思います。

ロ　生徒B　それに、主人公が図画教師だから、小説に出てくる漁師たちの姿や漁に出ている時の海の様子などがとても細かく書かれていますよね。親父の顔を「ジジリと焼けつく太陽に、汗と塩気でべっとりと光り、まるが、明日、乗ってくらっせ」
「親父さんらしいたのみ方で、愉快だよ」と②私は言葉通りに機嫌よく笑った。「全く、馬鹿々々しいことなんだ。しかし、親父さんのためになるなら、喜んでゆくよ」
「すみませんよう、先生さんも絵の方がいそがしいのに、全くさあ」とフンドシ一つの親父は殊勝《しゅしょう》らしく両手をついた。「では、明日は朝が早えですから、これでおやすみなさんしよう」
　親父はあっさりとしたものだった。何だか話し足りない気持の私を尻目に、それでさっさと帰っていってしまった。
　翌朝、薄暗いうちに、雷どんの船は港を出た。栄太郎は、「朝早く、すみませんですよう」と、私に一つお辞儀をした。今年二十の次郎は、いたずらっ子が恥ずかしいときよくするように、黙ったままニヤリと笑いかけた。親父は、今日も昨日と同じ海だと云った。のろくさとしたうねりの、平べったく凪《な》いだ海で、まるで内海の海水浴場みたいにたよりなかった。漁師の闘魂をなしくずしに殺《そ》いでしまうような海だったが、流石《さすが》に雷どんの親父はくじけることはなかった。昨日以上に沖へ出てみるよりほかに手がないと云った。機関士の栄太郎は、揚繰船《あぐりぶね》から鰯《いわし》の生餌《いきえ》を仕込むなり、親父の云いつけで全速力を出した。船は静かな海を、沖へ向かって単調に走り続けた。
「先生さん」と親父が太いしゃがれ声で私に呼びかけた。ついで、半信半疑の気持を率直にあらわした顔になって云った。「先生さんは船に乗るたんびに必ず漁があたるっけんが、考えてみりゃあ、ちっと不思議だのう。偶然って云うだけのもんでもなさそうな気もするのう。……おらがは、時々博打《ばくち》をやるっけんがよ、ついた時ってのは、うす気持が悪いぐれえに勝つもんださ。たまには負けてやるべえと思って、むちゃを打っても、それが却ってえれえ勝ちになっちまってよう。——だからさあ……」
「そうだね……」と私もちょっと親父と同じような気持になりかかったが、またすぐに思い返してこう応えた。「今までに何度乗っても、一度も漁がはずれないってことは、不思議な気もするね。しかし、結局は偶然なんだよ。偶然の連続ってわけなのさ。とに角、あやだなんてことは、やっぱり信じられないさ」
「あいよねえ……。だっけんがよ、もし今日も大漁したとなったら、先生さんの赤パンツにはあやがあると信じねえわけにはゆかなくなってくるさ。こんな潮の海に鰹《かつお》がいるわけがねえもんがよう。だから、もし今日、鰹が釣れりゃあ……」
「もし、大漁したら、ほんとに不思議だね」
　私はふと調子の高い声で、期待にはずみながら応えた。と云うのは、二タ月も不漁が続いて幾らか気の弱くなっている親父の気持を察すると、今日だけは偶然でも何でもいいから、うんと鰹を釣らしてやりたいという想いに駆られたからだ。が、また一方、そう思いはじめると変なもので、今日に限って、殊更《ことさら》に漁がはずれるような気がしてきてならないのだった。
　船が沖へ向かって一直線に、四時間近くも走り続けると、おだやかな海ながら波のうねりは大きくなってきた。しかし、眼の覚めるような群青《ぐんじょう》色の潮流は、いつまでたっても見えなかった。どちらを向いても、いねむりの出そうな、白っぽく濁った緑色の海だった。
　親父は曳《ひ》きナワを肩から海へのばし、腰を下ろして、舵《かじ》をとっていた。栄太郎は機関場の中に首を突っこんだり、空に吹き千切れる船の煙を見上げたりしてエンジンの調子に気を配っていた。次郎は＊舳先《へさき》に突っ立って、遠くの海を油断なく見張っている。私は機関場によりかかって、足を投げ出し、煙草をふかすだけだった。
　私は時々、＊艫《とも》の方をふり向いて、親父を眺めた。親父の顔は、ジリジリと焼けつく太陽に、汗と塩気でべっとりと光り、まるで顔一面に油を塗りつけたみたいだった。私はその顔を見るたびに、③今日こそは大漁にしなければならないという想いに、ますます駆り立てられていった。太陽は麦藁《むぎわら》帽子とランニングシャツと赤いパンツの私にも、不動の攻撃をくわえ続けた。太陽といっしょに、私の頭も燃え上がっていった。何かしたかったが、私には何もするこをするもんがよう。……確かに、先生さんの赤パンツにはあやがあるに違《ちげ》えねえ」

　縁起かつぎの漁師達である。私がそのとき穿《は》いて行った、赤みの濃い海老茶色の海水パンツを、そうきめてしまったのだった。そしてまた、そうした噂《うわさ》は、その日のうちにまことしやかに村中にひろがってしまうのだった。

　二三日経つと、ありゃどんの親父が、滝の不動様に拝みにいったけれどまだ漁がないから乗っていってくれ、と私のところへたのみにきた。私は馬鹿々々しいことだと云《い》って、笑ってことわった。が、ありゃどんはことわられたことで却《かえ》って夢中になってしまい、漁師一人前の勘定をやるからとまで云って、額を畳へすりつける始末だった。そして翌日、私は腹立たしい想いで赤いパンツを穿いて船に乗ってゆくと、またありゃどんも大漁してしまったのである。

　私はありゃどんから、五千円余りの金を礼にもらった。それがはじまりで、私が赤いパンツを穿いて船に乗ってゆくと、一人前の勘定を礼とするのが、漁師のあいだできまりとなってしまったのだ。私は何だか世の中が馬鹿々々しいような気がしたり、また漁師達には悪いような気持もした。が、漁師達の方では、不漁が続いて滝の不動様へ拝みにいってもまだ駄目だと、最後には我《わ》れ勝《がち》のように私のところへたのみにくる始末だった。

　しかし、漁師の中にも、変わり者はいた。五軒隣りの雷どんの親父がそれで、「先生さんの赤パンツにあやがあるだなんて、おら、馬鹿々々しくてたまらねえ。あんなこたあ、つまり偶然ってもんださ」と云い放ち、いくら不漁が続いても、どこへ拝みにゆくこともしなかった。また、そう云うだけあって、雷どんは大酒呑《の》みで暴れだすと手に負えない親父だが、漁にかけては村で一二を争う名人であった。そして私は却って、そんな骨のある雷どんの親父が、近所の漁師の誰よりもいちばん好きであった。

　ところで、その雷どんの家で、この八月に入った或る夕方、兄弟喧嘩《げんか》があった。ことの起こりは、所謂《いわゆる》『ささいなことより口論』がはじまりだが、名人の雷どんがこの夏になってから、どうしたことか二《ふ》タ《た》月《つき》も不漁が続いて、金がないのが、何よりの原因だった。兄貴の栄太郎は女房のマツからこぼされ通しでイライラしていたし、弟の次郎はちっとも町へ遊びにゆけないので気が立っていた。どちらかが、ちょっとでも手出しをすれば、それで向こう見ずの漁師の喧嘩は始まった。

　その夜のことである。夕飯をすまして、母が賃仕事の＊仕立物を始め出した頃、ひょっこりと雷どんの親父がやってきた。

「ごめんなさんしよう」と、フンドシ一つの親父が私に差向《さしむ》かいにあぐらをかくと、風呂上がりでも親父の全身からは生臭いにおいがした。生きた魚のはらわたをひき裂いたときのような親父の体臭には、私はいつも＊辟易《へきえき》して、すぐ煙草《たばこ》に火をつけるのだった。

　すぐに話のきり出せないのが、漁師の癖である。親父は野球のグローブみたいな大きな手で、喉許《のどもと》を無意味に掻《か》きなでていたが、酒のきれた太い喉笛は馬鹿に孤独に見えた。親父は一日中、風呂へ入るまでは鉢巻《はちまき》をとったことがないので、額の上の方の皺《しわ》から頭にかけての皮膚はくっきりと白くなっていて、その部分は額でもなければ頭でもない。或る独立した部分みたいだった。不漁の二タ月間の、苦闘の象徴のように見えた。

　母が茶を淹《い》れると、親父は一《ひ》ト《と》口《くち》呑んで、すぐに置くなり、急に憤りのこもった声で云った。

「実はよ、おらがの野郎共が、明日、先生さんに乗ってってもらいてえって、云いやがるだよ。二タ月も不漁が続いたとこへ今日の喧嘩で、二人共すっかり気分がこじれちまいやがっただ。何か変わったことをやって、そのはずみにさっぱりと気分を変えてえ、それには先生さんの赤パンツが一番いいって、ぬかしやがるだよ。おら、この馬鹿野郎共っ、赤パンツだなんて馬鹿々々しい、素人が乗ってきゃあ邪魔になるぐれえなもんだって、呶鳴《どな》りつけてやっただ。だっけんが、今日ばかりは二人共、どうにも合点しやがらねえ。……おらがも、困っちまっただ。そんなわけだからよ、すまねえっけん

ニ　遊園地のジェットコースターの一番高い地点からは、乗車待機中の客の顔から敷地外にある最新のホテルまで見えて、気持ちが高ぶった。

問三　傍線③「鉄道は私たちの生活経験を様々な次元で刷新した」とあるが、その結果何が起こったか。その説明として最も適当なものを次の中から一つ選び、記号で答えなさい。

イ　鉄道の普及により人々が短時間で移動できるようになり、距離を無視した新たな対人関係のあり方が誕生したことで、グローバリゼーションが進展した。

ロ　鉄道の普及により直線的な構造物などの似たような景色が並ぶようになり、景観の変容が推し進められたことで、中間地点に対する認識が希薄化した。

ハ　鉄道の普及により時間感覚や空間のあり方が変化したことで、人々が目的地での経験に価値を見いだすようになり、移動途中での経験は軽視されるようになった。

ニ　鉄道の普及により移動に関する身体感覚が均質化し、個人の選択の自由が奪われたことと引き換えに国土の一体性が強固になり、土地と土地の結びつきを想像できるようになった。

問四　傍線④「自らが二足歩行する生き物であることを、あらためて考え直しても良いのかもしれない」とあるが、筆者はなぜそのように考えるのか。八十字以内で説明しなさい。

問五　次の一文は本文中から抜き出したものである。どこに入れるのが最も適当か。直前の十文字で答えなさい（句読点、記号を含む）。

一時的で無名性の対人関係が、人々の振る舞いをさまざまに更新していったのだ。

問六　この文章の内容や構成に関する説明として最も適当なものを次の中から一つ選び、記号で答えなさい。

イ　近代交通システムの登場が我々の生活に与えた影響について述べた後、「近代」的な自由を享受するはずが逆に拘束されてしまった現代の人々に対して二足歩行という解決策を示すという構成になっている。

ロ　近代交通システムの登場が我々の生活にもたらしたものについて複数の事例に言及する一方で、人々が自らの生活を「近代化」してきた中で失くしたものに触れ、警鐘を鳴らすという構成になっている。

ハ　近代交通システムの登場が我々の生活に与えた影響をグローバリゼーションの一面であると結論付けると同時に、中間地点に住む人々への配慮を失くしたことに対して苦言を呈《てい》するという構成になっている。

ニ　近代交通システムの登場が我々の生活にもたらしたものについて筆者の体験を根拠に説明しつつ、探検家が述べるイヌイットの移動術を紹介し、持論を補強するという構成になっている。

三

次の文章を読んで、後の問に答えなさい。問題作成上、一部改変している部分があります。

私は戦争中、＊南房州の漁村に疎開したまま、今は村の中学校の図画教師をやっている画家だ。母との二人暮らしだが、中学校の安月給では、白髪婆さんの母も＊賃仕事に精を出さなければならない有様で、その私にとって、このところ夏休みになると、①日に四千円にも五千円にもなるアルバイトがあるのは有難《ありがた》い。しかも、大してむつかしいことではないのだ。漁船に乗って、一日沖へ出て帰ってくればよいのである。

——私は或《あ》る時、製作中の気晴らしに、近所の山どんの船に乗せてもらって、沖へいったことがあった。ところが、その日に限って、長らく不漁続きだった山どんが、村一番の大漁をやってしまったのだ。すると、山どんの親父は、こうひとり合点を始めたのだった。

「ひょっとすると、先生さんの赤パンツに、あやがあるのかも知んねえな。だってよ、おらが厄年《やくどし》のときには、厄除《やくよ》けに赤《あけ》えフンドシ現代のドライバーは、いくら一匹オオカミを自認して旅に出ても、馬に乗って山野を＊跋渉《ばっしょう》するようなわけには行かない。通れる道は限られているし、高速道路に入れば、一定の速度で道路標識の指示するまま、次のインターチェンジまで、ひたすら走らなければならない。自動車に乗るということは、一見して自由な選択のようでありながら、結果的には近代の機械文明の一環に、より強く繋がれることをも意味している。おなじように、私たちは明治以来、外圧に抗して自ら近代をつくりだし、あるいはつくりだそうとつねに努力してきたと自負している。だが、私たちのなかには近代以前から持越してきたものがいっぱいあるうえ、自身でつくりだしたつもりの「近代」に飼育され、飼いならされていることも、率直に認めねばならない。

高速、大量、安全、快適な移動を実現した現代の交通システムは、確かに便利なものだ。にもかかわらず、私たちは獲得した利便性によって、かえってその巨大なシステムに強く拘束されてもいる。そしてそのシステムは、自然災害等の要因により、唐突に大規模に停止しかねない代物なのだ。そのことは、東日本大震災で証明されたばかりである。

ここで、「エスキモーになった日本人」と称される大島育雄の移動術を紹介してみたい。探検家だった大島は、グリーンランドに暮らす狩猟採集民イヌイット（エスキモー）に感銘を受け、犬ぞりを操ってアザラシを獲るようになる。スノーモービルなどの現代的な移動手段もあるが、彼はそれを信頼しない。極寒の極地で一たび故障すると、生命の危機に直結するからだ。翻って犬ぞりは、適切なペースで休息を取り、漁の獲物を食べさせている限り、無限に走行可能な、きわめて安定した移動手段となる。極限の自然環境のなかでは、人と犬が一体となった犬ぞりのほうが圧倒的に安全なのだ。

便利だが脆弱《ぜいじゃく》な巨大交通システムを手に入れた私たちは、④自らが二足歩行する生き物であることを、あらためて考え直しても良いのかもしれない。

（菊地　暁『民俗学入門』）

注　テーゼ…ある観念をまとめて表現・主張する文章。
インフラ…人々の社会生活を支える基盤となる施設や設備のこと。
跋渉…山野を越え、川をわたり、各地を歩き回ること。

問一　傍線①「『はこぶ』に飛躍的な革新をもたらした」とあるが、その説明として最も適当なものを次の中から一つ選び、記号で答えなさい。

イ　十九世紀以降、「はこぶ」行為が高速化されたことで移動時間の短縮が起き、人との距離感に関する厄介ごとが解消された。

ロ　十九世紀以降、「はこぶ」対象が人に変化し、本来の意味に「観光」という意味が付与されたことで、移動の作法が発達した。

ハ　十九世紀以降、「はこぶ」手段に鉄道が加わったことで人々と大地の間の乖離が起こり、大地や風景への認識が刷新された。

ニ　十九世紀以降、「はこぶ」過程において人々の負荷となっていた疲労が大幅に軽減されたことで、気軽な移動が可能になった。

問二　傍線②「『パノラマ的』と称すべき新たな身体感覚」とあるが、その具体例として最も適当なものを次の中から一つ選び、記号で答えなさい。

イ　留学先からの帰国の際、着陸が近づくにつれて飛行機の窓外には房総半島、ディズニーランド、スカイツリーが次々と見え、帰郷の実感がわいた。

ロ　しまなみ海道でツーリングを楽しんでいた時、スピード感もあいまって、かなりの時間、一面を青い海に囲まれているかのように感じられた。

ハ　帰省する際に乗っていた新潟行きの新幹線がトンネルを抜けると、それまでの景色とは一変した雪化粧の街が現れ、まるで絵画のように見えた。

き新たな身体感覚を発生させた。馬の走りや河の流れでは体験しえない猛スピードを、人類は初めて経験したのだ。

　この新知覚を、旅行者と大地の間の決定的な乖離《かいり》として捉えることも可能だが、反面、圧縮された風景を瞬時に閲覧する体験は、大地や風景に対する新たな認識を可能にした。地域間の異同を発見し、その要因を探求する民俗学も、そのような近代固有の認識力をドライブに飛躍したといってよい。

　一方、高速移動する密閉空間で乗客たちが一定時間密着する、という新たな対人関係も鉄道がもたらしたものだった。たとえば前近代の船旅なら、「呉越同舟」の故事のように、船客は運命共同体であり、見知らぬ相手とも相応の時間をかけて親交を結んでいくことが可能だった。ところが、鉄道の乗客は、そのような時間もないままに目的地に到着し、にもかかわらず、その間は密着を余儀なくされるという厄介な距離感にさいなまれることとなる。この解消のために、居眠り、読書など新たな移動の作法が発達したし（このことが携帯可能な文庫本サイズの出版を促した）、一方で、痴漢のような新たな犯罪も発生した。なお、鉄道網が未発達な地方出身の学生さんは、今でも満員電車で鉄道初期のような当惑を追体験しているらしい。ある愛媛県出身の女子学生は、進学先の関西で初めて満員電車を経験し、目の前に見知らぬオッサンの顔が存在することの恐怖を真剣に語ってくれた。

　それだけではない。時間感覚も大きく更新された。前近代、旅する人や牛馬は、各々のペースで進めば良かった。ところが、鉄道はそうはいかない。開業当時は単線だった新橋—横浜間で、新橋を出る下り列車と、横浜を出る上り列車が同じ時間を共有しないことには、衝突などの事故を避けられない。鉄道は、すべての列車とレールが一つに結ばれた巨大なシステムであり、安全運行にとって時間の共有は必須なのだ。こうして、ときに「時計より正確」とも称される日本の列車運行は、時間の均質化を推し進める一因となった。

　空間の変容も重要である。当初、蒸気機関車が出す煙や火の粉の危険性から、鉄道は都市部への乗り入れを忌避させたが、やがて、その輸送力が都市を支える＊インフラとなるに従い、駅は都市の玄関口として都市の中心に位置付けられる。また、列車という運動体の性質から可能なかぎり直線的に敷設されることを良しとする鉄道は、都会と田舎とを問わず、その景観に直線的な構造物を出現させることとなった。

　そして、鉄路で結ばれた地域のネットワークは、国土の一体性をより強固に実体化させることとなった。個人的な体験で恐縮だが、思い起こすのは、一九八八年、青函トンネルが開業した時のこと。このとき初めて、札幌駅に「上野」や「大阪」といった駅名が表示されるようになった。じっさいに列車に乗れたわけではないにもかかわらず、この地がそれらの地と確かに結ばれているのだと感慨ひとしおだった。鉄路はそのような国土の想像を可能にするものでもある。

　ミクロな身体からマクロな国土まで、③鉄道は私たちの生活経験を様々な次元で刷新した、きわめてパワフルなメディアだったのだ。

　化石燃料が切り拓いた「はこぶ」の革新は、その後も続く自動車、飛行機の発明改良とともにますます高速大量化し、交通ネットワークの網の目は地球全体を覆うこととなった。その気になれば一日程度で地球の反対側にまで到達可能な手段を、私たちは手に入れたのだ。グローバリゼーションの一面である。ただ、それが何と引き換えに達成されたのかを、あらためて確認しておくべきだろう。民俗学者・高取正男は「中間をカットした交通形態」を指摘した。交通機関が高速化するのと反比例して、「途中」に対する私たちの認識はいよいよ希薄化したのだ。特急の止まらない駅、新幹線の止まらない地域に対する認識のあやふやさを思うと、私たちの頭の中は確実に「中間をカット」されてしまっている。

　それ以上に悩ましいのは、現代の巨大交通システムが、実のところどこまで私たちを自由にしたのか、という点だ。高取はいう。

二〇二四年度 朋優学院高等学校(一般二回)

【国　語】（五〇分）〈満点：一〇〇点〉

一

次の各問に答えなさい。

(一) 次の各文の傍線に相当する漢字を含むものを、後の中からそれぞれ一つずつ選び、記号で答えなさい。

問一　気まぐれに応募した小説がカサクに選ばれた。

イ　最後まで大逆転のカノウセイを信じる。
ロ　ドラマがカキョウに入り目が離せない。
ハ　葬儀ではカビな服装は歓迎されない。
ニ　野球で日本一に輝いて数年がケイカした。

問二　川面に映るシャヨウが僕の心を照らした。

イ　キュウシャメンを自転車で勢いよく下る。
ロ　瞳を守るためにサングラスでシャコウする。
ハ　料理を始める前に器具をシャフツ消毒する。
ニ　彼はクラスで一番ハンシャ神経が優れている。

問三　ヒョウジュン的な難易度の問題を解く。

イ　教科書にジュンキョした参考書を購入する。
ロ　水のジュンカンは地球に恵みをもたらす。
ハ　五年以内の平和条約ヒジュンを目指す。
ニ　彼は裏表のないジュンスイな心の持ち主だ。

(二) 次の各文の傍線の漢字の読みをひらがなで答えなさい。

問一　提出書類の体裁を整える。

問二　祖母はいつも泰然自若としている。

(三) 次の各文の傍線の意味として最も適当なものを後の中からそれぞれ一つずつ選び、記号で答えなさい。

問一　彼の発した予想外の言葉に二の句が継げない。

イ　痛いところを突かれて発言できない
ロ　反論するための次の言葉が出ない
ハ　あきれて次に言う言葉が出ない
ニ　感動のあまり発言できない

問二　多くを語らずとも分かり合える彼とは竹馬の友である。

イ　幼い頃からの友人　　ロ　最も親しい友人
ハ　同じ教室で学んだ友人　　ニ　共に戦い抜いた友人

二

次の文章を読んで、後の問に答えなさい。問題作成上、一部改変している部分があります。

石炭を燃料とした動力機構、すなわち蒸気機関の発明は、自然に制約された①「はこぶ」に飛躍的な革新をもたらした。一九世紀初頭、イギリスのスティーブンソンにより蒸気機関車が実用化されると、高速大量輸送を可能にする鉄道は世界中に広がり、日本では一八七二年、新橋—横浜間に最初の鉄道が開業した。

化石燃料がもたらした交通の革新は「travel から tour へ」という＊テーゼに要約できる。「たび(旅)」の語源が「たべ(給べ)」すなわち食べ物を乞《こ》うことに由来し、「travel(旅)」が「trou-ble(厄介)」と同根とされることからも推察されるように、前近代、交通運輸はヒトが自らの身体的労苦をもって行う「厄介ごと」にほかならなかった。これを蒸気機関は、ヒトの労苦を必要としない快適な移動＝「tour(旅行)」に変えたのだ(「turn(回転)」と語源を同じくすると考えられる tour には「労苦」の意味は含まれない)。そうした中から現在の意味での「観光 tourism」も成立するわけで、世界的に有名な観光ガイドブックのミシュランが、自動車タイヤメーカーであることも、その端的な現れといって良いだろう。

ここで、鉄道がもたらすものをあらためて整理してみたい。鉄道という近代交通システムは、輸送力の大量化・高速化をもたらしたのみならず、移動する身体を大地から切断し、その知覚のめまぐるしく移り変わる風景に投入したことで、②「パノラマ的」と称すべ

英語解答

1 A　1…②　2…①　3…②　4…③
5…④　6…②　7…③
B　1…①$_{8}$　2…②$_{9}$　3…②$_{10}$
4…④$_{11}$　5…①$_{12}$

2 1　13…④　14…⑦
2　15…⑦　16…③
3　17…②　18…①
4　19…⑥　20…①
5　21…③　22…⑤

3 A　①$_{23}$　B　④$_{24}$　C　②$_{25}$
D　④$_{26}$　E　①$_{27}$　F　①$_{28}$
G　②$_{29}$，⑤$_{30}$，⑥$_{31}$，⑦$_{32}$
H　(例)信頼でき，安く，簡単に運転できるよう

4 A　1…④$_{33}$　2…①$_{34}$　3…②$_{35}$
4…②$_{36}$　5…④$_{37}$　6　③$_{38}$
7　④$_{39}$→①$_{40}$→②$_{41}$→③$_{42}$
B　43…③　44…①

5 1　Does the last train leave here at twelve?
2　You should clean your room once a week.
3　Look at the lion lying under the tree.

6 1　正解…②　訂正後…studying
2　正解…②　訂正後…bought
3　正解…③　訂正後…or
4　正解…①　訂正後…told

1〔放送問題〕解説省略

2〔整序結合〕

1．語群から，is known for ～「～で知られている」か is known to ～「～に知られている」という受け身の文になり，主語は The character になると推測できる。ここから，不要語は for で，to を用いるとわかる。　The character is known to all movie fans.「そのキャラクターは全ての映画ファンに知られている」

2．‘apologize to ～ for …’「～に…のことで謝る」の形にする。不要語は of。　Alan must apologize to his coworkers for his mistakes in the report.「アランは同僚に報告書のミスのことで謝らなくてはならない」

3．文頭の Going は「行くこと」という動名詞(～ing)で，これが主語になると推測できる。この後，Going を修飾する語句として there by car を続ける。there は副詞なので，前置詞 to は不要。not always は「必ずしも～ではない」という意味。　Going there by car is not always the fastest way.「そこに車で行くことは必ずしも最速の方法ではない」

4．語群から，‘hear＋人＋～ing’「〈人〉が～しているのが聞こえる」の形になると判断できる。不要語は played。　When I passed through Mary's room, I heard her playing the guitar.「メアリーの部屋を通り過ぎたとき，彼女がギターを弾いているのが聞こえた」

5．語群から，‘make＋目的語＋形容詞’「～を…(の状態)にする」の形になると推測できるので，made her angry とまとめる。また，残りの語で do you think「君は思いますか」がつくれるので，これを What の後に置く。不要語は are。　What do you think made her angry?「君は何が彼女を怒らせたと思いますか」

3〔長文読解総合―説明文〕

≪全訳≫**1**モーリス・マクドナルドとリチャード・マクドナルドはレストランで大金をもうけたが，

所有者であることのストレスに嫌気がさしてきた。兄弟は，料理人やウェイトレスが辞めたときに代わりを探すのにうんざりしていた。割れた皿やガラスの食器，なくなった銀食器を新しくすることにうんざりしていた。しかし，自分たちの成功したビジネスをやめる前に，彼らは料理を準備して出す新しいシステムを試してみることにした。❷彼らの新しいレストランは，もとのものとは対照をなしていた。ハンバーガー，チーズバーガー，フライドポテトとドリンクしか出さなかった。包み紙と紙コップが，皿とガラスの食器に取って代わった。食べるためにナイフやフォーク，スプーンを必要とする料理をそのレストランは出さないので，銀食器は必要とされなかった。プロの料理人もいなくなった。代わりに，料理の準備はおのおのが特定の作業をする数人の働き手で分担された。ある働き手はハンバーガーを焼き，またある者はそれらを紙で包み，３人目の料理人はフライドポテトを調理して，別の者がドリンクを注いだ。レストランのフロアスタッフはいなかった。客はカウンターで料理を注文して支払いをした。そして彼らが自分の料理をテーブルに運んだ。この新しいシステムはまるで工場の組み立てラインのようだった。❸料理の準備のスピードを上げることは，キッチンで提供できる料理の量を増やし，そのコストを下げた。そのシステムはレストランビジネスを向上させ，「ファストフード」という用語を知らしめた。❹カール・カーチャーは，近くのレストランが安いのにトップレベルのハンバーガーを15セントで売っていると耳にした。彼は自分のレストランでは35セントでバーガーを売っていた。マクドナルド・レストランを訪れたとき，彼は組み立てラインのキッチンスタッフが料理を準備している間，15セントのバーガーを買うために数十人の客が列をつくって待っているのを見て驚いた。彼は，この新しいレストランのシステムはよいビジネスモデルだと思った。1956年，カーチャーは自分のファストフードレストランをオープンし，カールズジュニアと名づけた。❺この頃，レストランにミルクセーキマシーンを売るセールスマンだったレイ・クロックもまた，新しいマクドナルド・レストランを訪れた。クロックはその調理システムに感銘を受けた。彼はマクドナルド兄弟に，アメリカ中にもっと多くのマクドナルド・レストランを建てる権利を売ってくれるように頼んだ。1960年までに，クロックはそれらを250店オープンさせた。10年後，マクドナルド・レストラン・チェーンには3000店近くのレストランがあり，その全てが１つの法人に所有されていた。❻ファストフード産業はいいタイミングで生まれたため，成長した。１つの要因は，アメリカ経済が拡大していたことだ。1950年代の若者は楽観的な世代だった。彼らはもし一生懸命に働けば，人生で成功するだろうと信じていた。❼ファストフード産業の巨大な成長を導いたもう１つの重要な要因は，車だった。新しい技術によって，車は信頼できて安く，そして運転しやすくなっていた。人々は新しい車を買い，どこへでも行きたがった。1950年代の間に拡張された全米幹線道路網は，アメリカの家族たちが長距離ドライブをすることを可能にした。彼らは，車に燃料を補給できるガソリンスタンドと，食事ができるレストランを必要とした。やがて，幹線道路沿いに何百もの新しいガソリンスタンドが建てられた。そこには，旅行者たちが軽い食事を食べられる新しいファストフードレストランがあった。❽こうした新しいレストランでは多くの場合，未経験で早く金持ちになりたいオーナーによって，マクドナルドのフードサービスモデルが広く模倣された。新しいレストランの中には失敗したものもあったが，多くは成功した。マクドナルド同様，いくつかは国中に何百店ものレストランを持つ全国チェーンに拡大しさえした。1950年代と1960年代の同時代の企業には，バーガーキング，ウェンディーズ，ドミノピザやケンタッキー・フライド・チキン(KFC)が含まれていた。❾マクドナルドのシステムにならったこれらのレストランやその他の店は，フードサービスビジネスを向上させた。レストランチェーンの成功が創出されたことで，すぐに他種のビジネスは刺激を受け，彼ら自身の全国チェーンを形成した。衣料品店，映画館，レンタカー代理店，書店，配送サービスやホテルは，全国チェーンを設立したビジネスのほんの一部だ。1970年代までに，チェーンストアのビジネスモデルは急速に海を渡って他国に広がり，そこでは自国の会社が彼ら自身の全国ビジネスチェーンをつくり出した。❿世界の多くの人々がグローバル化の考えを拒絶したにもかかわらず，ビジネスチェーンはすぐに彼らの国境を越えていった。全国チェーンは国際チェーンとなった。2010年までに，海外ビジネスは世界中の多くの国で一般的になっていた。ファストフードレストランのサービスのモデルは，世界中でビジネスを向上させる助けとなったのだ。

A＜**適語選択**＞空所の後の「ナイフやフォーク，スプーンを必要とする料理をそのレストランは出さない」ことは，その前にある「銀食器は必要とされなかった」ということの‘理由’となっているので，これらをつなぐ語として because「なぜなら～から」が適する。

B＜**適語(句)選択**＞続く２文より，客はカウンターで料理を注文して支払い，自分で料理をテーブルに運ぶとわかる。この場合，フロアスタッフは全く必要ないことになる。

C＜**指示語**＞前の文から，クロックがマクドナルドの店舗を増やす権利を買ったことがわかる。そしてクロックは them「それら」，つまり McDonald’s restaurants を250店オープンさせたのである。

D＜**適語選択**＞この文の主語の They〔they〕は前の文にある「1950年代の若者」を指し，彼らは「楽観的な世代」だと説明されている。「一生懸命働けば，人生で成功するだろう」という考えが，楽観的なものの見方として適する。

E＜**適語選択**＞前後に，全米幹線道路網が拡張され，給油や食事が必要となったとある。ここから，長距離ドライブが可能になったのだとわかる。

F＜**適語選択**＞前の文に，「全国チェーンは国際チェーンとなった」とある。こうした状況を表す語として，common「一般的な」が適する。

G＜**内容真偽**＞①「マクドナルド兄弟は大金をもうけた後，レストランのスタッフを入れかえた」…×　第１段落第２文参照。兄弟にとって，辞めたスタッフの代わりを探すことはうんざりすることだった。　②「マクドナルド兄弟のもともとのレストランは，ドリンクにガラスの食器を使っていた。対照的に，彼らの新しいレストランは紙コップを使った」…○　第２段落第１文および第３文に一致する。　③「マクドナルド兄弟はレストランのスタイルを変えた，というのも，提供できる料理の量が少なく，あまりもうけが出なかったからだ」…×　第１段落参照。大きなもうけが出ていた。また，レストランのスタイルを変えた理由に，料理の量に関することは挙げられていない。　④「マクドナルドのハンバーガーは，トップレベルだったがとても高かった」…×　第４段落第１文参照。安いが，味はトップレベルだった。　⑤「1960年から1970年までの間に，マクドナルドは拡大して全国に約3000店あるレストランになった」…○　第５段落最後の３文に一致する。　⑥「沿道の休憩施設には，ガソリンスタンドとファストフードレストランの両方を含むものもあった」…○　第７段落最後の２文に一致する。　⑦「マクドナルドのビジネスモデルは急速に他国に広がり始めた」…○　第９段落最終文に一致する。　⑧「ファストフードを拒絶する人々もいた，というのも，新しい調理システムが効率的ではないと思ったからだ」…×　第10段落第１文参照。拒絶されたのはグローバル化の考えで，新しい調理システムを拒絶する人々がいたという記述はない。

H＜**要旨把握**＞「新しい技術のおかげで」に該当するのは第７段落第２文で，ここを与えられた日本語に合うようにまとめればよい。‘make＋目的語＋形容詞’「～を…(の状態)にする」

4 **〔長文読解総合―手紙〕**

≪全訳≫ベンジャミン博士へ❶私は自分自身の感情を理解するのに先生の助けを必要としています。私の婚約者と私は，８年間一緒にいた末に別れました。その同じ夜，私は親友と苦い仲たがいをしました。❷婚約者は，結婚式の日のわずか２週間前に私と別れました。彼は出張から戻ってきて以来ずっと，距離を保っていました。私が問い詰めると，彼は帰りのフライトで隣の席だった乗客ともう少しで恋に落ちそうだったと言ったのです。彼女を愛しているのかと尋ねると，そんなことはないと言い張りました。彼を許す準備はできていましたが，その後彼は，そのことで自分は私をもう愛していないと気づいたのだと言いました。それを聞いてとてもショックを受けました。彼の前で数時間叫んだり泣いたりした後，私たちは結婚式を取りやめることに合意しました。❸その夜，私は親友に電話しました。彼女はいつも私を応援し，励ましてくれてきたので，私たちは話すためにコーヒーショップで会いました。すると彼女はすぐに，私の元婚約者の肩を持ったのです。彼女は，私が人間関係に期待しすぎており，私と親しい誰からもエネルギーを全部奪っていると言いました。これは，特にすでにひどい気分でいたときで本当にきつかったので，私は反撃しました。自分は離婚しているくせに私を批判する権利はない，と彼女に言ったのです。彼女の突然の沈黙は部屋をとても寒々しくし，数分後，私たちは別れました。それ以来会っていません。❹これは６か月前に起き，どちらのケースでも私は打ち砕かれました。元婚約者の件からは立ち直ってきましたが，友達を失ったことについては今もむなしく傷ついた気持ちになるのが不思議です。なぜこうなるのか説明してくれませんか？／エマ／エマ様❺恋人はいつでも別れるものですが，友情は永遠に続くものとされています。❻人との関係があるとき，それが終わる可能性は常にあります。私たちは皆，愛がうまくいかないときもあるということを知っています，それが失われた愛や色あせる愛，失恋についてのあらゆる映画やテレビドラマ，歌で示されているからです。❼一方，友情には，どんな問題も乗り越えられるような，強く感じる何かがあります。友情はまた，恋愛関係よりもシンプルに見えます。おそらく私たちは，友達はいつもいかなる状況でも私たちの味方でいてくれるだろうという感覚を持っているのでしょう。❽私たちはまた，親しい友達に対しては完全に正直でオープンでいられるとも感じるため，パートナーには決して話さないであろうことを彼らには話します。秘密や，内に秘めた願望まで共有したいと感じます。そのため，もし親しい友達と仲たがいをすると，秘密の自分が裏切られたように感じがちです。この感覚が，後にむなしい感覚と結びつきます。今では心の中に，かつては何でも共有できた親しい友達で満たされていた穴があるのです。❾友達との仲たがいは完全に予期せぬことであるため，私たちは簡単なことをうまくいかなくさせてしまったように感じ，このことが私たちを恥ずかしい気持ちにさせる可能性があります。この恥ずかしさは，私たちが気持ちを打ち明けることを妨げます。これは間違いで，なぜなら私たちは自分の喪失感を誰かに表明して初めて理解し始めるからです。❿ですから，私のアドバイスはこうです。できるだけすぐに，あなたの気持ちや体験について，信頼できる友達か家族に話しなさい。あなたを気にかけてくれる誰かに気持ちを打ち明けることは，癒やしと理解の機会を与えてくれるでしょう。／ベンジャミン博士

A＜英問英答＞１．「なぜエマの婚約者は彼女と別れたのか」―④「彼は，自分がもうエマを愛していないと気づいたから」　第２段落第３文および第５文参照。　no longer「もう～ない」　２．「エマの友達は誰の側についたか」―①「エマの婚約者の側」　第３段落第３文参照。　３．「親友の不同意に，エマはどう反応したか」―②「友達の離婚について話すことで攻撃した」　第３段落第３～６文参照。元婚約者の側についた友達に対し，離婚を理由に反撃した。　disagreement「(意見の)不一致，相違」　４．「親しい友達に秘密を話すことについて，ベンジャミン博士はどういっているか」―②「親しい友達と秘密を共有することはよくある」　第８段落第１，２文参

照。　５．「ベンジャミン博士によると，人は友達と仲たがいした後なぜ恥ずかしく感じるのか」―④「何か簡単なことに失敗したように感じるから」　第９段落第１文参照。go wrong「うまくいかなくなる」がここでは fail「失敗する」で表されている。　６．「友達と仲たがいした後で気持ちを表明することについてのベンジャミン博士のアドバイスは何か」―③「癒やしと理解を求めて，その気持ちについて信頼できる人に話しなさい」　第10段落参照。　７．「次の出来事を起きた順に並べなさい」―④「エマの婚約者は，帰りのフライトである女性ともう少しで恋に落ちそうになった」(第２段落第３文)→①「エマと婚約者は関係を終わらせた」(第２段落最終文)→②「エマは親友を失ったことでむなしく感じた」(第４段落第２文)→③「エマはベンジャミン博士にメッセージを送った」　④，①，②の出来事が起きた後，エマはベンジャミン博士に相談のメッセージを送った。

B＜適語選択＞43．空所の前の「親しい友達に対しては完全に正直でオープンでいられると感じる」という内容は，後の「パートナーには決して話さないであろうことを彼らには話す」ということの‘理由’になっている。これらをつなぐ語として，前のことを‘理由’として後に‘結果’などを導く so「だから～」が適切。　44．空所から unexpected までのまとまりは，それ以降の部分の‘理由’となっているので，後に‘理由’を表すまとまりをつくるはたらきを持つ as「～なので，～ために」が適切。

5〔和文英訳〕

１．乗り物の発車時刻のように習慣的・反復的に繰り返されている事柄を述べる場合には，一般的に現在形を用いる。

２．「～するべき」は should を使って表す。once a week で「週に１回」。この a は「～につき」を意味する。

３．「ライオンを見てごらん」は Look at the lion とする。「その木の下で横になっている」は，「～している」という意味で前の名詞を修飾するまとまりをつくれる現在分詞(～ing)を使い，lying under the tree とまとめて lion の後に置く(現在分詞の形容詞的用法)。　lie－lay－lain－lying「横たわる，横になる」

6〔誤文訂正〕

１．in は前置詞で，この後に動詞を置くときには動名詞(～ing)にする。　「最近，留学に関心がある日本人学生の数は増加しており，それは英語を習得することがよりよい職を得ることにつながると広く信じられているからだ」

２．the day before yesterday のように具体的な‘過去の一時点’を表す表現があるとき，動詞には現在完了(‘have/has＋過去分詞’)ではなく過去形を用いる。　「ジョージが一昨日買った車は変な音がするので，残念ながら彼はそれを修理店に持っていく必要があるだろう」

３．‘either ～ or …’「～か…のどちらか」　「今週末に君のいとこの結婚式があるので，君かお兄さん〔弟さん〕のどちらかが式に行かなくてはならない」

４．「〈人〉に～と言う」を引用符を使わずに表す場合，「言う」には say ではなく tell を用いる。「彼らは明日までに宿題をするべきだと言われた。私には，彼らがすでにその勉強を始めたかどうかわからない」

2024年度／朋優学院高等学校(一般２回)

数学解答

1 (1) $-\frac{4}{3}y^7z^4$　(2) $x=\frac{3y+2}{y-1}$

(3) 9分36秒　(4) 7％　(5) 70°

(6) $\frac{5}{4}$倍

2 (1) 6回　(2) 62点

3 (1) $y=\frac{4}{3}x+7$　(2) 5：2

4 (1) 2　(2) $\frac{128}{15}$

5 (1) 1200　(2) 21　(3) 分速170m

6 (1) $\frac{1}{4}$　(2) $\frac{1}{8}$

7 (1) $7\times11\times13$

(2) $(x+165)(x-182)$

1〔独立小問集合題〕

(1)＜式の計算＞与式$=-8x^3y^6z^3\times\frac{9y^2z^2}{16x^2}\times\frac{8}{27xyz}=-\frac{8x^3y^6z^3\times9y^2z^2\times8}{16x^2\times27xyz}=-\frac{4}{3}y^7z^4$

(2)＜等式変形＞両辺に$x-3$をかけて，$(x-3)y=x+2$，$xy-3y=x+2$とし，$-3y$とxを移項して，$xy-x=3y+2$，$x(y-1)=3y+2$，両辺を$y-1$でわって，$x=\frac{3y+2}{y-1}$となる。

(3)＜数量の計算＞72分は$\frac{72}{60}=\frac{6}{5}=1.2$(時間)だから，時速2.4kmで72分かかる道のりは，$2.4\times1.2=2.88$(km)，つまり2880mである。この道のりを分速300mで行くと，かかる時間は$2880\div300=\frac{48}{5}$(分)となる。$\frac{48}{5}=9+\frac{3}{5}$であり，$\frac{3}{5}$分は$60\times\frac{3}{5}=36$(秒)だから，かかる時間は，9分36秒となる。

(4)＜連立方程式の応用＞食塩水Aの濃度をa％，食塩水Bの濃度をb％とする。食塩水Aと食塩水Bを同じ量混ぜると5％の食塩水になったので，pgずつ混ぜたとすると，5％の食塩水は$p+p=2p$(g)となる。これより，含まれる食塩の量の関係について，$p\times\frac{a}{100}+p\times\frac{b}{100}=2p\times\frac{5}{100}$が成り立ち，両辺を$p$でわって，$\frac{a}{100}+\frac{b}{100}=2\times\frac{5}{100}$，$a+b=10$……①となる。また，食塩水Aと食塩水Bを2：3の割合で混ぜると4.6％の食塩水になったので，食塩水Aの量を$2q$g，食塩水Bの量を$3q$gとすると，4.6％の食塩水は$2q+3q=5q$(g)となる。よって，含まれる食塩の量の関係について，$2q\times\frac{a}{100}+3q\times\frac{b}{100}=5q\times\frac{46}{1000}$が成り立ち，両辺を$q$でわって，$2\times\frac{a}{100}+3\times\frac{b}{100}=5\times\frac{46}{1000}$，$2a+3b=23$……②となる。①×3－②で$b$を消去すると，$3a-2a=30-23$，$a=7$となるから，食塩水Aの濃度は7％である。

(5)＜平面図形―角度＞右図1で，四角形ABCDが正方形より，AB＝CB，∠ABE＝∠CBE＝45°であり，BE＝BEだから，△ABE≡△CBEとなる。よって，∠BEA＝∠BECである。∠ADE＝45°なので，△ADEで内角と外角の関係より，∠BEA＝∠DAE＋∠ADE＝25°＋45°＝70°となり，∠BEC＝70°である。

図1

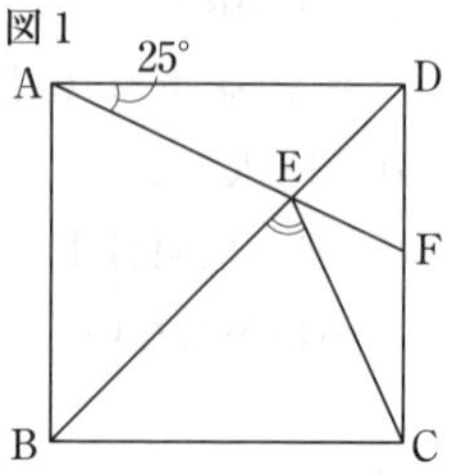

(6)＜平面図形―面積比＞次ページの図2で，△FECと△DECは底辺をそれぞれEF，EDと見ると高さが等しいので，面積の比は底辺の比と等しく，

△FEC：△DEC＝EF：ED＝2：(2＋3)＝2：5となる。これより，$\triangle DEC=\frac{5}{2}\triangle FEC$となる。また，∠EFC＝∠DFAであり，EC∥ADより，∠FEC＝∠FDAだから，△FEC∽△FDAである。よって，EC：DA＝EF：FD＝2：3となり，DA＝BCだから，EC：BC＝EC：DA＝2：3となる。△ABEと△DECは底辺をそれぞれBE，ECと見ると高さが等しいから，同様にして，△ABE：△DEC＝BE：EC＝(3－2)：2＝1：2となり，$\triangle ABE=\frac{1}{2}\triangle DEC=\frac{1}{2}\times\frac{5}{2}\triangle FEC=\frac{5}{4}\triangle FEC$となる。したがって，△ABEの面積は△FECの面積の$\frac{5}{4}$倍である。

図2

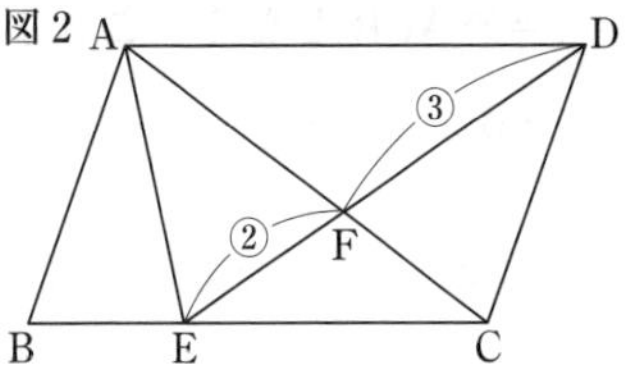

2 〔数と式―連立方程式の応用〕

(1)＜回数＞Aが打者10回のうちx回ボールを打ち返したとすると，Aが打ち返せなかった回数は$10-x$回となる。打ち返すことができた場合は打者に3点，打ち返すことができなかった場合は投手に4点が入るので，Aの打者としての得点は$3x$点，Bの投手としての得点は$4(10-x)$点となる。また，Bが打者10回のうちy回ボールを打ち返したとすると，Bが打ち返せなかった回数は$10-y$回となるので，同様に考えて，Aの投手としての得点は$4(10-y)$点，Bの打者としての得点は$3y$点となる。よって，Aの得点が30点，Bの得点が37点のとき，$3x+4(10-y)=30$……①，$4(10-x)+3y=37$……②が成り立つ。①より，$3x+40-4y=30$，$3x-4y=-10$……①′　②より，$40-4x+3y=37$，$-4x+3y=-3$……②′　①′×3＋②′×4でyを消去すると，$9x+(-16x)=-30+(-12)$，$-7x=-42$　$\therefore x=6$　したがって，Aがボールを打ち返した回数は6回である。

(2)＜得点＞(1)より，Aの得点は，$3x+4(10-y)=3x-4y+40$(点)，Bの得点は，$4(10-x)+3y=-4x+3y+40$(点)と表せるので，Aの得点がBの得点より56点高くなるとき，$3x-4y+40=(-4x+3y+40)+56$が成り立つ。これより，$-7y=-7x+56$，$y=x-8$となるので，Aの得点は，$3x-4y+40=3x-4(x-8)+40=-x+72$(点)と表せる。$0\leqq x\leqq 10$より，Aの得点が最小となるのは，$x=10$のときで，このときのAの得点は，$-x+72=-10+72=62$(点)となる。

3 〔関数―関数$y=ax^2$と一次関数のグラフ〕

≪基本方針の決定≫(2)　AB∥OCとなることに気づきたい。

(1)＜直線の式＞右図で，A$(-3,\ 3)$は関数$y=ax^2$のグラフ上にあるので，$3=a\times(-3)^2$より，$a=\frac{1}{3}$となる。これより，点Bは関数$y=\frac{1}{3}x^2$のグラフ上の点となる。x座標は7だから，$y=\frac{1}{3}\times7^2=\frac{49}{3}$より，$B\left(7,\ \frac{49}{3}\right)$である。よって，直線ABは，傾きが$\left(\frac{49}{3}-3\right)\div\{7-(-3)\}=\frac{40}{3}\div10=\frac{4}{3}$だから，その式は$y=\frac{4}{3}x+b$とおける。点Aを通るので，$3=\frac{4}{3}\times(-3)+b$，$b=7$となり，直線ABの式は$y=\frac{4}{3}x+7$である。

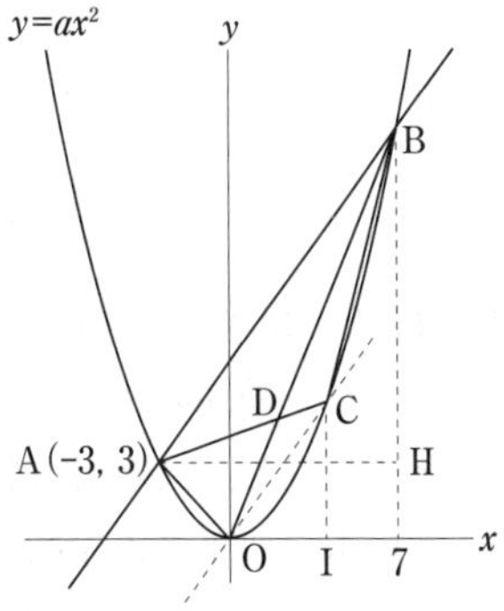

(2)＜面積比＞右上図で，△AOD＝△BDCだから，△AOD＋△BAD＝△BDC＋△BADより，△AOB

＝△ACB となる。これより，△AOB，△ACB の底辺を AB と見ると，高さが等しくなるので，AB∥OC である。(1)より，直線 AB の傾きは $\frac{4}{3}$ なので，直線 OC の傾きも $\frac{4}{3}$ となり，直線 OC の式は $y=\frac{4}{3}x$ である。よって，点 C は関数 $y=\frac{1}{3}x^2$ のグラフと直線 $y=\frac{4}{3}x$ の交点となる。2 式から y を消去すると，$\frac{1}{3}x^2=\frac{4}{3}x$，$x^2-4x=0$，$x(x-4)=0$ より，$x=0$，4 となるから，点 C の x 座標は 4 である。次に，△BAD と△BDC は，底辺をそれぞれ AD，CD と見ると高さが等しいので，△BAD：△BDC＝AD：CD である。∠ADB＝∠CDO であり，AB∥OC より，∠ABD＝∠COD だから，△BAD∽△OCD である。よって，AD：CD＝AB：OC となるので，△BAD：△BDC＝AB：OC である。点 A を通り x 軸に平行な直線と点 B を通り y 軸に平行な直線の交点を H，点 C を通り y 軸に平行な直線と x 軸の交点を I とすると，AB∥OC より，△ABH∽△OCI となる。したがって，AB：OC＝AH：OI＝$\{7-(-3)\}$：4＝10：4＝5：2 となるので，△BAD：△BDC＝5：2 である。

4〔空間図形―正四角錐，直方体〕

(1)＜長さ＞右図で，点 O から面 ABCD に垂線 OI を引くと，立体 O-ABCD は正四角錐だから，点 I は正方形 ABCD の対角線 AC，BD の交点と一致する。△ABI は直角二等辺三角形となるから，$AI=\frac{1}{\sqrt{2}}AB=\frac{1}{\sqrt{2}}\times8=4\sqrt{2}$ である。よって，△OAI で三平方の定理より，正四角錐 O-ABCD の高さは $OI=\sqrt{OA^2-AI^2}=\sqrt{6^2-(4\sqrt{2})^2}=\sqrt{4}=2$ である。

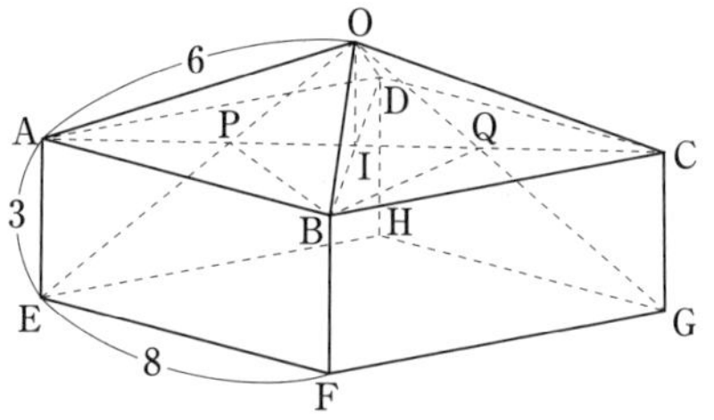

(2)＜体積＞右上図で，四面体 OPBQ は，底面を△PBQ と見ると，高さが OI の三角錐である。5 点 O，A，E，G，C は同一平面上にあるので，OE，OG と平面 ABCD との交点 P，Q は，それぞれ，OE，OG と線分 AC との交点となる。OI∥AE であるから，△OPI∽△EPA となり，IP：AP＝OI：EA＝2：3 である。$AI=4\sqrt{2}$ だから，$IP=\frac{2}{2+3}AI=\frac{2}{5}\times4\sqrt{2}=\frac{8\sqrt{2}}{5}$ となる。同様に，$IQ=\frac{8\sqrt{2}}{5}$ となるので，$PQ=IP+IQ=\frac{8\sqrt{2}}{5}+\frac{8\sqrt{2}}{5}=\frac{16\sqrt{2}}{5}$ である。また，AC⊥BD，$BI=AI=4\sqrt{2}$ だから，$△PBQ=\frac{1}{2}\times PQ\times BI=\frac{1}{2}\times\frac{16\sqrt{2}}{5}\times4\sqrt{2}=\frac{64}{5}$ となる。よって，〔四面体 OPBQ〕＝$\frac{1}{3}\times△PBQ\times OI=\frac{1}{3}\times\frac{64}{5}\times2=\frac{128}{15}$ である。

5〔関数―関数の利用〕

(1)＜距離＞問題の図で，朋希さんと優子さんの間の距離が1440m のときは，朋希さんが駅に着いたときを表し，2 人の距離が a m のときは，朋希さんが 4 分の休憩を終えて駅を出発するときを表している。朋希さんが駅で 4 分休憩している間，優子さんは分速60m の速さで歩いて駅に向かっているから，2 人の間の距離は，60×4＝240(m)小さくなる。よって，a＝1440－240＝1200(m)となる。

(2)＜時間＞家を出発してから b 分後は，2 人の間の距離が 0 だから，このとき，2 人が出会っている。朋希さんは家を出発してから x 分後に駅に着くとする。朋希さんの自転車の速さは分速180m で，朋希さんが駅に着いたとき，2 人の間の距離は1440m だから，$180x-60x=1440$ が成り立つ。これより，$120x=1440$，$x=12$ となるので，朋希さんが駅に着くのは家を出発してから12分後である。朋希さんが4分の休憩を終えて駅を出発するとき，2人の間の距離は1200mだから，その後，2人が出会うまでに朋希さんが自転車で走った距離と優子さんが歩いた距離の和は1200mとなる。よって，$180(b-12-4)+60(b-12-4)=1200$ が成り立ち，$180b-2880+60b-960=1200$，$240b=5040$，$b=21$(分)後である。

(3)＜速さ＞(2)より，家から駅までの距離は $180x=180\times12=2160$(m)である。優子さんは，家を出発してから21分後に朋希さんと出会っているので，朋希さんと出会うまでに歩いた距離は $60\times21=1260$(m)である。優子さんは，朋希さんから自転車を受け取って駅まで行って家に戻っているので，優子さんが自転車で走った距離は $(2160-1260)+2160=3060$(m)となる。また，優子さんは家を出発してから39分後に家に着いているから，自転車で走った時間は $39-21=18$(分)である。よって，優子さんが自転車で走ったときの速さは，$3060\div18=170$ より，分速170mとなる。

6 〔データの活用―確率〕

(1)＜確率＞点Pは，正八面体ABCDEFのどの頂点からも，1秒後に移動する頂点は4通りあり，隣り合っている4つの頂点に等しい確率で移動するので，この4通りの移動の仕方は同様に確からしい。点Pの2秒後までの移動の仕方は全部で，$4\times4=16$(通り)ある。このうち，2秒後に頂点Fに到達するのは，A→B→F，A→C→F，A→D→F，A→E→Fの4通りあるから，求める確率は $\frac{4}{16}=\frac{1}{4}$ となる。

(2)＜確率＞点Pの4秒後までの移動の仕方は全部で，$4\times4\times4\times4=256$(通り)ある。点Pが1秒後に頂点Bに移動する場合で，4秒後に初めて頂点Fに到達する場合を考える。2秒後に頂点Aに移動するとき，2秒後から4秒後までの移動の仕方は，A→B→F，A→C→F，A→D→F，A→E→Fの4通りあり，2秒後に頂点Cに移動するとき，2秒後から4秒後までの移動の仕方は，C→B→F，C→D→Fの2通りあり，2秒後に頂点Eに移動するとき，2秒後から4秒後までの移動の仕方は，E→B→F，E→D→Fの2通りある。よって，1秒後に頂点Bに移動して，4秒後に初めて頂点Fに到達する場合は，$4+2+2=8$(通り)ある。1秒後に頂点C，D，Eに移動する場合についても同様だから，それぞれ8通りある。したがって，4秒後に初めて頂点Fに到達する移動の仕方は $8\times4=32$(通り)あるから，求める確率は $\frac{32}{256}=\frac{1}{8}$ となる。

7 〔数と式〕

(1)＜素因数分解＞$1001=7\times143=7\times11\times13$

(2)＜因数分解＞積が30030となる2つの正の整数の組で，差が17となるものを考える。$30030=30\times1001=2\times3\times5\times7\times11\times13$ だから，$2\times7\times13=182$，$3\times5\times11=165$ とすると，$182-165=17$ となる。よって，$-17=165+(-182)$，$-30030=165\times(-182)$ より，与式$=x^2+\{165+(-182)\}x+165\times(-182)=(x+165)(x-182)$ と因数分解できる。

＝読者へのメッセージ＝

関数で用いる座標は，フランスの哲学者，数学者のルネ・デカルト(1596～1650)によって発明されました。彼は，部屋にいるハエの位置を表すのに座標を思いついたといわれています。

社会解答

1 問１　③
問２　⑴…②　⑵…①，③，④，⑤
⑶…④
問３　①　問４　④　問５　④
問６　②　問７　⑤
問８　⑴…③　⑵…⑤
問９　⑴…⑤　⑵…③

2 問１　②　問２　④　問３　③
問４　⑴…①　⑵…①，③　問５　②
問６　②，④　問７　⑴…⑥　⑵…④
問８　⑴…⑥　⑵…④　問９　⑤
問10　①　問11　④

3 問１　④　問２　④　問３　③
問４　②　問５　②　問６　②
問７　③　問８　②　問９　①
問10　⑥

4 問１　④　問２　③　問３　①
問４　③　問５　②

1〔地理―群馬県渋川市を題材とする問題〕

問１＜群馬県＞群馬県は，福島県，栃木県，埼玉県，長野県，新潟県と接している（③…○）。なお，群馬県は北関東工業地域の一部である（①…×）。群馬県の県庁所在地は前橋市であり，館林市であったことはない（②…×）。群馬県の中央部を流れているのは利根川である（④…×）。群馬県内を通っているのは上越新幹線および北陸新幹線である（⑤…×）。

問２＜群馬県＞⑴②は綿花であり，生糸ではなく綿糸の原料である。なお，①は蚕の餌となる桑，③は蚕，④は群馬県富岡市に1872年に設立された富岡製糸場である。　⑵水力，風力，潮力，地熱は，いずれも自然界に常に存在する再生可能エネルギーに当てはまる。なお，火力発電が使用するのは化石燃料で，有限な資源である。　⑶群馬県には，下仁田ジオパークと浅間山北麓ジオパークの２つが存在する（④…○）。なお，格安航空会社〔LCC〕は，日本では2012年に運行が開始された（①…×）。新型コロナウイルス感染症は，2020～23年に世界的に流行した（②…×）。世界遺産は，国連教育科学文化機関〔UNESCO〕が認定している（③…×）。

問３＜火山＞溶岩台地は，ゴルフ場やスキー場に利用される地域も多い（A…正）。温泉は，火山の熱などによって生み出されることが多い（B…正）。火砕流台地は水もちが悪いことから畑として利用されていることが多く，例としては，鹿児島県のシラス台地などがある（C…正）。

問４＜群馬県のキャベツ生産＞群馬県は，東京とは複数の高速道路でつながっており，交通の便がよいため近郊農業が盛んである（④…○）。なお，群馬県の山間部では，キャベツは冷涼な気候を利用して出荷時期を遅らせている（①…×）。アグリビジネスとは，農業を中心に農産物加工などの関連企業や産業などの総称である（②…×）。現在の日本では，焼畑農業は九州の一部で行われているのみである（③…×）。

問５＜縮尺を利用した計算＞２万５千分の１地形図上では，実際の距離が25000分の１に縮小される。1km＝100000cmであるため，実際の距離が63.0kmの場合，63km＝6300000cmであり，その25000分の１は，6300000÷25000＝252cmである。

問６＜等高線の読み取り＞線分ABに沿って２つの山があることがわかる。等高線図を見ると，Aに近い山とBに近い山の間にある等高線のうち，同じ標高の等高線を特定することができる（間隔が比較的大きい２本の線）。この等高線からAに近い山の山頂までは10本の等高線があり，Bに近い山の山頂までは７本の等高線がある。したがって，２つの山のうちAに近い方が高いことがわかる。

問７＜小麦の生産国＞小麦は，面積の大きい国で生産量が多い傾向が見られ，その中でも熱帯地域や寒帯地域を除いた地域で栽培されている。生産量第１位の中国では北東部で，第２位のインドでは北部で，第３位のロシアでは西部で，第４位のアメリカでは中央部とその北部で生産が盛んである。

問８＜地形図の読み取り＞⑴特にことわりのないかぎり地形図上では上が北となる。地形図の左下に300mの目盛りがあるので，これを利用して標高196m地点から半径500m以内の範囲を調べると，標高196m地点の北東と西の方に電波塔(ɗ)がある。　⑵調査記録を読むと，渋川駅から西の方に進んだ後，標高196m地点の交差点を右折している。つまり交差点から，北に進んでいることがわかる。平沢川を渡り，最初の交差点から東の方には，博物館(🏛)が見える。次に博物館が見えた交差点を左折し西に進むと，郵便局(〶)がある。郵便局の北東方向には，老人ホーム(⌂)がある。

問９＜時差の計算＞⑴日本の標準時子午線は東経135度であり，イタリアの標準時子午線は東経15度である。それぞれの標準時子午線の経度差は，135－15＝120度である。経度15度につき１時間の時差が生じることから，日本とイタリアの時差は，120÷15＝8時間である。２月の季節は冬であるため，この場合はサマータイムを考慮する必要はない。　⑵日付変更線をまたがずに地球上の位置関係を見た場合，東へ行くほど時刻は早まるため，イタリアよりも東にある日本の時刻は，イタリアよりも８時間進んでいる。ただし，８月は夏であり，イタリアではサマータイムを実施しているため，イタリアの時刻は通常より１時間進んでいる。よって，イタリアと日本の時差はサマータイムを考慮すると７時間ということになる。次に，日本を出発したときの時刻をイタリアの時刻に直すと，８月15日21時の７時間前なので８月15日14時となる。到着までにかかった時間は21時間50分であるため，イタリアの到着時刻は８月16日11時50分となる。

２〔歴史―広島県を題材とする問題〕

問１＜縄文・弥生時代にあった世界の出来事＞日本が縄文時代～弥生時代であったのは，１万数千年前～３世紀頃である。西ローマ帝国が滅びたのは，５世紀である(②…×)。なお，イエスが生まれたのは紀元前１世紀頃(①…○)，アレクサンドロス大王が東方遠征を行ったのは紀元前４世紀(③…○)，秦の始皇帝が中国を統一したのは紀元前３世紀である(④…○)。

問２＜律令制度下の民衆の負担＞エの国司のもとで１年に60日以内の労役につくのは雑徭《ぞうよう》である。また，カの１年間都の警備をするのは衛士《えじ》である(④…○)。なお，アの絹や魚などの特産物を納めるのは調，イの稲の収穫の約３％を納めるのは租，ウの労役の代わりに麻の布を約８m納めるのは庸，オの稲を借りて利息つきで返すのは出挙，キの３年間九州の警備をするのは防人である。

問３＜平清盛＞平清盛が日宋貿易のために修築したのは，兵庫の港である(ア…誤)。平清盛は武士として初めて太政大臣となった(イ…正)。

問４＜鎌倉時代～室町時代＞⑴①は円覚寺舎利殿であり，鎌倉時代の建築である。なお，②は平等院鳳凰堂で，平安時代の建築，③は興福寺の阿修羅像で，奈良時代の彫刻，④は俵屋宗達の風神雷神図屏風で，江戸時代の作品である。　⑵尚氏が琉球を統一したのは，15世紀の1429年(①…○)，コロンブスがカリブ海の島に着いたのは，15世紀の1492年である(③…○)。なお，李成桂が朝鮮を建国したのは，14世紀の1392年(②…×)，ルターが宗教改革を始めたのは，16世紀の1517年である(④…×)。

問５＜豊臣秀吉＞豊臣秀吉は，石見銀山などの各地の金山・銀山を支配して開発を進めた(②…○)。なお，京都所司代を置いて朝廷や西日本の大名を監視したのは江戸幕府である(①…×)。謝恩使は，江戸時代に琉球王の代替わりごとに琉球から江戸に送られた使節である(③…×)。比叡山延暦寺を焼き討ちにしたのは織田信長である(④…×)。

問６＜江戸時代の大阪＞1837年に大塩平八郎の乱が起こったのは大阪である(②…○)。大阪は，江戸時代には「天下の台所」と呼ばれた(④…○)。なお，化政文化の中心地となったのは江戸である(①…×)。東廻り航路によって現在の山形県の酒田を起点に東北地方の日本海岸・太平洋岸を経由して大量の物資が運ばれたのは江戸である(③…×)。中国との貿易の窓口として唐人屋敷が置かれたのは長崎である(⑤…×)。池田光政によって閑谷学校がつくられたのは岡山藩内である(⑥…×)。

問7＜明治時代＞⑴年代の古い順に，イ(五箇条の御誓文―1868年)，ア(日朝修好条規の締結―1876年)，エ(西南戦争―1877年)，ウ(大日本帝国憲法の発布―1889年)となる。　⑵八幡製鉄所がつくられたのは，福岡県である(ア…誤)。製糸業は，主にアメリカ向けの輸出によって発展し，日露戦争後に日本が世界最大の輸出国となった(イ…誤)。

問8＜第二次世界大戦の頃＞⑴日中戦争が始まってそれまでの首都南京が日本軍に占領されると，中華民国国民政府は漢口さらには重慶(ｃ)に首都を移して日本への抵抗を続けた(⑥…○)。　⑵年代の古い順に並んでいるのは，日本の国際連盟脱退(1933年)，日独伊三国同盟締結(1940年)，日ソ中立条約締結(1941年)となっているエである。

問9＜年代整序＞年代の古い順に，イ(バテレン追放令―1587年)，ア(島原・天草一揆―1637年)，ウ(ポルトガル船の来航を禁止―1639年)，エ(オランダ商館を出島に移す―1641年)となる。

問10＜世界文化遺産＞富士山は，信仰の対象や芸術の源泉として，世界文化遺産に登録されている。なお，白神山地，屋久島，小笠原諸島は，いずれも世界自然遺産である。

問11＜歴代内閣＞1956年，日ソ共同宣言が調印されたのは，鳩山一郎内閣のときである(ア…誤)。1967年，公害対策基本法が制定されたのは，佐藤栄作内閣のときである(イ…誤)。

3〔公民―総合〕

問1＜2023年現在の国会＞衆議院は定数が465名であるため，過半数は233名であるが，2023年８月現在の政権与党である自由民主党と公明党の議席数をたすと，261＋32＝293議席であり，過半数を上回っている(④…○)。なお，衆議院でも参議院でも，議席数が最多である第一党は自由民主党である(①…×)。二大政党制とは，２つの大政党が相互に政権を争い，政権交代の起こりやすい制度である。日本では，第一党である自由民主党以外の党は，いずれも議席数が大きくないため，多党制となっている(②…×)。憲法改正の発議には，各議院の総議員の３分の２以上の賛成が必要であり，衆議院では465名中310名以上の，参議院では248名中166名以上の賛成が必要である。政権与党である自由民主党と公明党の各議院での議席数の合計は，衆議院は293議席，参議院は118＋27＝145議席であり，いずれも総議員の３分の２以上に満たない(③…×)。

問2＜租税の種類＞法人税は法人の所得などにかけられる直接税，関税は貿易品にかけられる間接税である(④…×)。

問3＜公的扶助＞公的扶助は，日本国憲法第25条に規定された「健康で文化的な最低限度の生活」を保障するために，公費によって生活費を支給するしくみのことである(③…○)。なお，加入者の保険料を積み立て，必要なときに給付するのは健康保険や介護保険などの社会保険(①…×)，社会的に弱い立場の人の自立を支援するのは社会福祉(②…×)，健康増進のために生活環境の改善を図るのは公衆衛生である(④…×)。

問4＜環境税＞森林環境税は，2024年度から市町村が森林整備を行う費用として徴収する国税である(②…○)。なお，炭素税は，「地球温暖化対策のための税」として2012年から導入されている(①…×)。電気税は，かつて電気の使用者に課せられた税で，1989年に廃止された(③…×)。気候変動税は，日本では実施されていない(④…×)。

問5＜SDGs＞図のアイコンは，持続可能な開発目標〔SDGs〕の17の目標のうち，９番目の「産業と技術革新の基盤をつくろう」のアイコンである。

問６＜法の下の平等＞法の下の平等について規定した日本国憲法第14条３項には，「栄誉，勲章その他の栄典の授与は，いかなる特権も伴はない。栄典の授与は，現にこれを有し，又は将来これを受ける者の一代に限り，その効力を有する」とあり，イの栄典の授与の特権を世襲的に与えることは認めていない。

問７＜日本の選挙＞衆議院議員選挙の被選挙権は，公職選挙法で満25歳以上と規定されている(③…○)。なお，期日前投票の理由は，旅行のほか，仕事や冠婚葬祭なども認められている(①…×)。公職選挙法では，18歳未満の選挙運動は禁止されている(②…×)。最高裁判所は，一票の格差を理由として違憲判決を下したことは1976年と1985年にあるが，選挙のやり直しを命じたことはない(④…×)。

問８＜人権保障＞人間らしい生活を国家に要求する権利とは，1919年にドイツのワイマール憲法によって確立された社会権である。日本国憲法で規定されている，人権の衝突を調整するための制約の原理は，公共の福祉といわれる。1948年に国連総会で採択された人権の世界共通の基準は，世界人権宣言である(②…○)。

問９＜民主政治＞日本国憲法第43条には，「両議院は，全国民を代表する選挙された議員でこれを組織する」と規定されている(①…○)。なお，日本国憲法で規定された直接民主制のしくみとしては，最高裁判所裁判官の国民審査(第79条)，地方特別法の住民投票(第95条)，憲法改正の国民投票(第96条)がある(②…×)。多数決は，少数意見を抑圧しがちであるなど，常に最善の手段であるとはいえない(③…×)。「人民の，人民による，人民のための政治」は，リンカン米大統領の言葉である(④…×)。

問10＜国際法＞国際法は国際慣習法と条約によって構成される。国際慣習法は公海自由の原則のような文章化されていない国際法のことで，国際社会全体を拘束するのに対し，条約は国家間の合意に基づく法で，当事国のみしか拘束しない(ア…誤，イ…正)。国際司法裁判所における裁判には，紛争当事国相互の同意が必要である(ウ…誤)。

4　**〔三分野総合―紙幣の肖像画になった女性をテーマとする問題〕**

問１＜明治４年の出来事＞明治４年は西暦1871年であるが，ダーウィンが『種の起源』を出版したのは1859年である(④…×)。

問２＜岩倉使節団＞アは，「方針は日本に似ている」とあることから，君主に権力を集中させた立憲制を採用していたドイツが当てはまる。イは，「ここ80年間に国家体制が６度改まっている」とあることから，岩倉使節団が派遣された1871年頃より前の80年間に，絶対王政，フランス革命による共和制，ナポレオンによる帝政など，さまざまに国家体制を変えたフランスが当てはまる(③…○)。

問３＜コッホ＞結核菌やコレラ菌を発見し，1905年にノーベル生理学・医学賞を受賞したのはドイツの細菌学者であるコッホであり，北里柴三郎の師としても知られている。また，眞鍋淑郎は，2021年のノーベル物理学賞を受賞した人物である(①…×)。

問４＜フィリピン・スウェーデンの首都＞フィリピンの首都はマニラであり，スウェーデンの首都はストックホルムである(③…○)。なお，オスロはノルウェーの首都，アムステルダムはオランダの首都，マカオは中国南部の都市で特別行政区の１つである。

問５＜人種差別，女性参政権＞1963年，アメリカのキング牧師は公民権運動の指導者として「ワシントン大行進」を主導した(ア…正)。アメリカにおける女性参政権の確立は，第一次世界大戦後の1920年のことである(イ…誤)。

理科解答

1 (1) ⑥ (2) ②

2 1 (1)…③ (2)…⑦ (3)…① (4)…⑥

2 (1)…④ (2)…① (3)…⑤

(4) 10…8 11…7 12…5

3 1 (1)…④ (2)…⑧ (3)…③

2 (1)…③ (2)…⑤

(3) 18…1 19…6 20…7

(4)…⑥

4 1 (1)…⑥ (2)…① (3)…⑥

2 (1)…② (2)…② (3)…③ (4)…③

5 (1) ③ (2) 30…1 31…6

(3) Y…② Z…⑥ (4) ⑤

1〔小問集合〕

(1)＜**半減期**＞全体の原子の個数は変化しないので，放置していたところ，原子A，Bの個数の比がA：B＝1：27となったことから，1＋27＝28より，合計を28にそろえると，放置する前は，A：B＝4：3＝16：12となる。これより，Aは16から１へと，$\frac{1}{16}$に減少している。よって，$\frac{1}{16}=\left(\frac{1}{2}\right)^4$であり，Aの個数の$\frac{1}{2}$がBになるのに４か月かかることから，Aの個数がもとの$\frac{1}{16}$になるには，4×4＝16(か月)かかる。よって，放置されていた期間は１年４か月である。

(2)＜**燃費**＞本来の燃費は，$75\div(15-4.6)=75\div10.4=\frac{375}{52}$(km/L)で，燃費が20％悪くなると燃費は，$\frac{375}{52}\times(1-0.2)=\frac{375}{52}\times\frac{8}{10}=\frac{75}{13}$(km/L)となる。よって，75km走ったときに使われるガソリンの量は，$75\div\frac{75}{13}=13.0$(L)となるから，ガソリンの残量は，15.0－13.0＝2.00(L)である。

2〔電流とその利用，力のはたらき〕

1＜**電流と磁界**＞(1)図２－１で，方位磁針Bに巻きつけた導線をコイルと見ると，右手の親指以外の指を電流の向きにそろえてコイルをにぎったとき，突き出した親指の向きが，コイルの内部にできる磁界の向きになる。よって，方位磁針Bの位置にできる磁界の向きは東から西へ向かう向きになるから，方位磁針Bを上から見るとイのように見える。このとき，コイルの上側のA，下側のCの位置にできる磁界の向きは，コイルの内部にできる磁界の向きとは逆向きの西から東へ向かう向きになるから，方位磁針A，Cを上から見るとどちらもアのように見える。　(2)図２－３の回路で，棒磁石のN極をコイルに近づけたとき，コイルには検流計の＋端子側に誘導電流が流れ込む。図２－４のように，棒磁石のN極を(i)→(ii)とコイルに近づけるときも，誘導電流が同じ向きに流れるから，検流計の針は(b)→(c)と振れる。棒磁石のN極を(ii)→(iii)とコイルから離していくときは，誘導電流が逆向きに流れるので，検流計の針は(c)→(b)→(a)と振れる。さらに，棒磁石のN極を(iii)→(ii)→(i)とコイル上を動かすとき，(i)→(ii)→(iii)と動かしたときと同様に，検流計の針は(b)→(c)→(b)→(a)→(b)と振れる。　(3)図２－５の１次コイルに流れる電流の大きさとコイルに発生する磁界の強さは比例し，電流の向きが正のとき磁界の向きも正になるので，１次コイルに発生する磁界と時刻の関係を表すグラフは，図２－６の電流計Aでの測定値と時刻の関係を表すグラフと同じような形になる。　(4)１次コイルに正の向きに電流が流れると，１次コイルの右端がN極になる。そのため，１次コイルに流れる正の向きの電流が一定の割合で増加するとき，２次コイルの左端にN極を近づける場合と同様に，２次コイルの左端がN極となる磁界をつくる向き，つまり負の向きに誘導電流が流れる。このとき，１次コイルに発生する磁界も一定の割合で強くなるので，２次コイルに流れる誘導電流の大きさは一定になり，１次コイルに流れる電流が一定になると，磁界の強さは変化しないので，２次コイルに誘導電流は流れなくなる。一方，１次コイルに流れる電流が一定の割合で減少するとき，２次コイルの左端からＮ極を遠ざける場合と同様に，２次コイルに流れる誘導電流の向きは正の向きになり，大きさは一定になる。そして，１次コイルに電流が流れなくなると，磁界は発生しないので，２次コイルに誘導電流は流れなくなる。また，１次コイルを流れる電流の大きさと，発生する磁界の強さは比例し，発生する磁界の強さが強くなると，２次コイルの誘導電流の大きさは大きくなる。よって，最も適切なグラフは⑥である。

２＜水圧，浮力＞⑴図２－８のア～ウのように，水圧実験器を水中に水平に沈めると，両側のゴム膜の水面からの深さは同じなので，同じ大きさの圧力がはたらく。よって，両側のゴム膜は，イのように，同じようにへこむ。また，エ～ケのように，水圧実験器を水中に垂直に沈めると，水圧は水面からの深さに比例するので，水面からの深さが深い下側のゴム膜にはたらく圧力は，水面からの深さが浅い上側のゴム膜にはたらく圧力よりも大きい。したがって，キのように，下側のゴム膜は，上側のゴム膜よりも大きくへこむ。　⑵水中にある物体の上面に加わる力の向きは下向きで，大きさは，〔上面にはたらく水圧〕×〔上面の面積〕で表され，下面に加わる力の向きは上向きで，大きさは，〔下面にはたらく水圧〕×〔下面の面積〕で表される。水圧は水面からの深さに比例するので，物体の上面に加わる下向きの力の大きさは，下面に加わる上向きの力の大きさより小さい。よって，これらの差によって生じる浮力の向きは上向きで，その大きさは，〔下面にはたらく水圧〕×〔下面の面積〕－〔上面にはたらく水圧〕×〔上面の面積〕で表される。ここで，問題文より〔水圧〕＝〔水の密度〕×〔水面からの深さ〕×10で，物体を直方体とすると，〔下面の面積〕＝〔上面の面積〕となるから，浮力を表す式は，〔水の密度〕×〔下面の水面からの深さ〕×10×〔下面の面積〕－〔水の密度〕×〔上面の水面からの深さ〕×10×〔上面の面積〕＝〔水の密度〕×〔上面(下面)の面積〕×(〔下面の水面からの深さ〕－〔上面の水面からの深さ〕)×10となる。ここで，〔下面の水面からの深さ〕－〔上面の水面からの深さ〕は物体の高さを表すから，〔上面(下面)の面積〕×(〔下面の水面からの深さ〕－〔上面の水面からの深さ〕)は物体の体積を表す。したがって，物体にはたらく浮力を表す式は，〔水の密度〕×〔水中の物体の体積〕×10となる。　⑶ビーカーが傾いていても，物体にはたらく重力は常に水平面に対して垂直で下向きである。また，物体をつるす糸は水平面に対して垂直になるので，物体が糸から受ける力(張力)は水平面に対して垂直で上向きになり，浮力も水平面に対して垂直で上向きにはたらく。よって，これらの力が正しくかき込まれているものとして，最も適切なものは⑤である。　⑷密度が8000kg/m^{3}で，質量が10kgの金属球の体積は，$10\div8000=\frac{1}{800}$(m^3)である。よって，⑵より，この金属球が水中で受ける浮力の大きさは，$1000\times\frac{1}{800}\times10=12.5$(N)となる。この浮力と糸が金属球を引く力の和が，金属球にはたらく重力とつり合っているので，糸が金属球を引く力の大きさTは，$T=10\times10-12.5=87.5$(N)である。

3　**〔化学変化と原子・分子，化学変化とイオン，物質のすがた〕**

１＜物質の判別，電気分解＞⑴まず，実験１で，石灰水を白く濁らせる気体は二酸化炭素であり，物質Ａ～Ｄのうち，加熱すると二酸化炭素を発生するのは砂糖と炭酸水素ナトリウムである。また，実験３で，水溶液が無色でBTB溶液が青色を示したことから，物質Ｃは，水溶液がアルカリ性を示す炭酸水素ナトリウムである。よって，物質Ａは砂糖である。次に，実験２で，陽極と陰極からそれぞれ気体が発生したことから，物質Ｂは塩化ナトリウムである。なお，塩化ナトリウム水溶液を電気分解すると，陽極から塩素が，陰極から水素が発生する。　⑵実験４で，水溶液が青色になった物質Ｄは塩化銅である。図３－１のように，塩化銅水溶液を電気分解すると，陽極である電極Ⅰからは塩素が発生し，陰極である電極Ⅱには銅が析出する。塩素はうすい黄緑色で，刺激臭がある有毒な気体で，漂白作用がある。そのため，赤インクで色をつけた水に通すと脱色し色が薄くなる。　⑶実験４の電気分解では，陰極である電極Ⅱには銅が析出するため，実験が進行すると電極Ⅱの質量が増加する。このとき，水溶液中の銅イオン(Cu^{2+})が減少し，水溶液の青色が薄くなったことから，青色を示す成分はCu^{2+}であると考えられる。

２＜水溶液＞⑴ア…正。溶質は固体だけでなく，塩化水素やアンモニアなどの気体の場合や，アルコールなどの液体の場合もある。　イ…誤。水に塩化ナトリウムを溶かした塩化ナトリウム水溶液の質量は，溶かす前の水と塩化ナトリウムの質量の和になる。つまり，全体の質量は変化しない。ウ…正。水に全て溶ける少量の塩化銅を水に入れて放置すると，塩化銅は水に溶け，水溶液の濃度はやがて均一となる。　⑵一般に，気体の溶解度は温度が高くなるほど小さくなる。また，気体の水への溶解度は，気体の圧力に比例することが知られている。炭酸飲料では，圧力を高くして二酸化炭素を溶かしているので，ボトルの栓を開くと溶けている二酸化炭素の泡が発生する。なお，塩化水素は水の体積の約400～500倍，アンモニアは水の体積の約700倍溶ける。このように，水に溶けやすい気体では，水への溶解度は気体の圧力に比例しない。　⑶図３－２より，10℃の水100gに硝酸カリウムは20gまで溶けるので，その飽和水溶液の質量パーセント濃度は，$\frac{20}{100+20}\times100=16.66\cdots$より，16.7％である。　⑷質量パーセント濃度36％の硝酸カリウム水溶液200g中に溶けている硝酸カリウムの質量は，$200\times\frac{36}{100}=72$(g)だから，水の質量は，$200-72=128$(g)である。よって水100g当たりには，$72\times\frac{100}{128}=56.25$より，56.3g溶けている。この値が溶解度に等しくなるときの温度が，硝酸カリウムが溶けきれなくなって結晶が出始める温度である。したがって，求める温度は，図３－２より，約38℃である。

4〔生物の世界〕

１＜植物の分類＞⑴図４－１で，Ⅱに入る基準は，Ｃの植物例が裸子植物のソテツより，被子植物と裸子植物を分ける①である。また，Ⅲには，Ｅの植物例が単子葉類のトウモロコシより，被子植物をさらに双子葉類と単子葉類に分ける基準が入る。よって，Ⅳに入る基準は，双子葉類を花弁がくっついているアサガオと花弁が離れているサクラに分けているので⑥が当てはまる。　⑵ゼニゴケなどのコケ植物には，根，茎，葉の区別がなく，水分は体の表面全体から吸収する。また，葉緑体を持ち光合成を行う。なお，コケ植物が持つ仮根は，水分を吸収するはたらきは持たず，体を地面や岩石などに固定するはたらきをしている。　⑶図４－１のＤには双子葉類が入る。双子葉類の葉脈は網状脈で，根は主根と側根を持ち，茎の断面では維管束が輪の形に並んでいる。

２＜生殖＞⑴分裂は，母体が縦あるいは横に分かれてふえるふえ方で，ミカヅキモやアメーバ，ゾウリムシなどの単細胞生物やプラナリアなどが行う。なお，酵母やヒドラは出芽，サツマイモやジャガイモ，オニユリなどはおもに栄養生殖を行う。　⑵無性生殖では，子の形質が親個体の形質と同一になるので，同一の環境であれば生き残りやすい個体が生まれやすい。なお，環境の変化には弱い場合もあり，不利になる危険性もある。　⑶操作ｉのかけ合わせで得られた子のエンドウが全て丸形であったことから，丸形が顕性形質，しわ形が潜性形質である。種子を丸形にする遺伝子をＲ，しわ形にする遺伝子をｒとすると，操作ｉで用いたエンドウの遺伝子の組み合わせは，丸形がRR，しわ形がrrとなる。これより，操作ｉで得られた種子の遺伝子の組み合わせは全てRrであり，操作ⅱで得られた種子の遺伝子の組み合わせと数の比は，右表のように，RR：Rr：rr＝1：2：1となる。よって，操作ⅱで得られた種子のうち，操作ｉで用いたしわ形の種子と同じ遺伝子の組み合わせrrを持つ種子が占める割合

	R	r
R	RR	Rr
r	Rr	rr

は，$\dfrac{1}{1+2+1}=\dfrac{1}{4}$になる。　(4)受精卵が細胞分裂をして細胞の数が増え，体がつくられていくので，一つ一つの細胞が持つ遺伝情報は同じであると考えられる。また，例えば，丸形の種子をつくる遺伝子Ｒとしわ形の種子をつくる遺伝子ｒの両方を持つ個体では，遺伝子Ｒによる形質しか発現しない。このように，染色体にある情報の一部によってタンパク質がつくられると考えられる。さらに，遺伝子を導入して形質や成長の速さなどを制御するには，卵の時期に導入する必要がある。成長した個体の個々の細胞に遺伝子を導入しても，その遺伝子の形質を発現させることは不可能である。

5〔大地の変化〕

(1)**<地震>**日本付近にあるプレートの境界は，太平洋側の海洋プレートが大陸プレートを引きこみながらその下に沈み込んでいる海溝である。なお，海底でプレートがつくり出される山脈状になっている所を海嶺という。

(2)**<震央距離>**地震波は常に一定の速さで地中を伝わるから，地震が発生してから主要動を伝えるＳ波が到着するまでの時間は，震源からの距離に比例する。Ｓ波が到着するまでの時間は，地点Ａでは，18時15分59秒－18時15分54秒＝5秒，震源からの距離が28kmの地点Ｂでは，18時16分01秒－18時15分54秒＝7秒だから，震源から地点Ａまでの距離をx kmとすると，$5:7=x:28$が成り立つ。これを解くと，$7\times x=5\times 28$より，$x=20$(km)となる。このとき，震源と震央，地点Ａの3点を結んでできる三角形は，震源と地点Ａを結ぶ線分を斜辺とする直角三角形になる。よって，震源の深さが12kmなので，地点Ａの震央距離をy kmとすると，三平方の定理より，$y=\sqrt{20^2-12^2}=\sqrt{256}=16$(km)である。

(3)**<震源>**図5－1のように，地点Ｃ，Ｄを中心とし，それぞれの地点での震源距離を半径とする球を考えると，震源はそれぞれの球の表面上にあるので，2つの球が交わる曲線上に震源はある。このとき，震央は地表での球の断面である円の2つの交点を結ぶ線分上にあり，震源は，震央が交点に近いほど浅く，線分の中点に近いほど深い。つまり，震央は，2地点を中心とする，それぞれの震源距離を半径とする2円の交点を結ぶ線分上にあり，震源はその線分の真下の地点にある。そして，震央が交点に近いほど震源の深さは浅く，震央が線分の中点にあるとき，震源の深さは最も深くなる。よって，右図のように，図5－2の地点Ｃ，Ｄを中心として，それぞれの震源距離25km，35kmを半径とする円を描くと，交点を結ぶ線分上に震央はあり，震源がごく浅い場合，震源は2円の交点に近い領域2の範囲にあり，震源が最も深い場合，線分の中点に近い領域6の範囲にある。

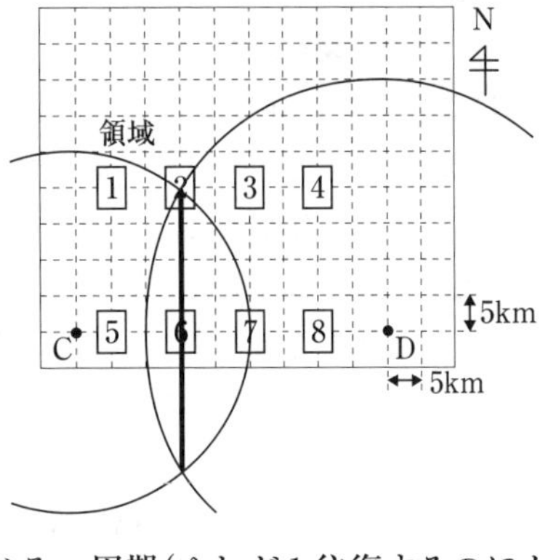

(4)**<長周期地震動>**長周期地震動とは，大きな地震のときに生じる，周期(ゆれが1往復するのにかかる時間)の長い大きなゆれのことである。長周期地震動により，高層ビルが長時間にわたり大きくゆれ続けたり，遠く離れた場所で長時間にわたり大きくゆれ続けたりすることがある。2004年の新潟県中越地震では，東京都内の高層ビルでエレベーターのワイヤーが損傷する事故が起きた。また，2003年の十勝沖地震では，震源から遠く離れた石油コンビナートで石油タンク内の石油がゆれ，火災が発生する事態になった。なお，長周期地震動は，震源が浅く大きな地震ほど発生しやすいので，イは長周期地震動の事例として正しくない。

2024年度／朋優学院高等学校（一般２回）

国語解答

一　㈠　問一…ロ　問二…イ　問三…イ

㈡　問一　ていさい

問二　たいぜんじじゃく

㈢　問一…ハ　問二…イ

二　問一　ニ　　問二　イ　　問三　ハ

問四　二足歩行というきわめて安定した移動手段を持っていることを思い返すことで，便利だが脆弱でもある近代交通システムに拘束されているということを自覚できるから。（76字）

問五　たな犯罪も発生した。　問六　ロ

三　問一　ロ　　問二　ハ

問三　これまで縁起かつぎをしないことに好感を抱いていた雷どんの親父が自分を頼ってきたことから，赤いパンツのあやに頼ってでも親父の思いに報いたいと考えたから。（75字）

問四　ける始末だった。　　問五　イ

四　問一　ハ　　問二　イ　　問三　ロ

問四　ニ　　問五　イ

一〔国語の知識〕

㈠＜漢字＞問一.「佳作」と書く。イは「可能性」，ロは「佳境」，ハは「華美」，ニは「経過」。　問二.「斜陽」と書く。イは「急斜面」，ロは「遮光」，ハは「煮沸」，ニは「反射」。　問三.「標準」と書く。イは「準拠」，ロは「循環」，ハは「批准」，ニは「純粋」。

㈡＜漢字＞問一.「体裁」は，一定の形式のこと。　問二.「泰然自若」は，落ち着いて物事に動じないこと。

㈢問一＜慣用句＞「二の句が継げない」は，相手の発言に驚きあきれて，何も言えない，という意味。　問二＜故事成語＞「竹馬の友」は，小さい頃からの友達のこと。

二〔論説文の読解─自然科学的分野─技術〕出典：菊地暁『民俗学入門』「なりわいのストラテジー」。

≪本文の概要≫石炭を燃料とした動力機構，すなわち蒸気機関の発明による近代交通システムは，「はこぶ」という行為をヒトの身体的労苦を伴う移動から快適な移動へと，大きく変革させた。特に鉄道は，輸送力の大量化・高速化をもたらしただけでなく，人間の時間感覚や空間に対する認識，対人作法をも変化させた。さらに，自動車や飛行機の発明改良によって，ますます交通ネットワークが発達すると，より速く，安全，快適な目的地までの移動が可能になった。その結果，私たちは，目的地にたどり着くまでの「途中」の場所には目も向けなくなってしまった。また，私たちは，現代の交通システムが，便利である反面，自然災害などの要因により，唐突に大規模に停止しかねないもろさを持っていることを自覚し，それに依存するあり方を見直すべきである。

問一＜文章内容＞十九世紀以降，蒸気機関の発明により，「はこぶ」行為は，「ヒトが自らの身体的労苦をもって行う『厄介ごと』」から，「ヒトの労苦を必要としない快適な移動」へと大きく変化した。

問二＜文章内容＞人類は，鉄道の車内から次から次へと「めまぐるしく移り変わる風景」を見て，これまでの馬や河での移動では体験できなかった，スピード移動を実感できたのである。

問三＜文章内容＞快適かつ高速に移動する鉄道の普及は，人類に「馬の走りや河の流れでは体験しえない猛スピード」を経験させ，また，土地と土地が確かに結ばれていると実感させた。一方で，交通機関の高速化により，特急や新幹線の止まらない駅・地域に対する私たちの認識はあやふやになり，「『途中』に対する私たちの認識はいよいよ希薄化」している。

問四＜主題＞自動車に乗ることは，自由なようでいて，実際には，ドライバーは，通れる道や道路標識に拘束されている。また，現代の便利な交通システムは，私たちを強く拘束するばかりでなく，「自然災害等の要因により，唐突に大規模に停止しかねない代物」である。私たちは，スノーモービルではなく犬ぞりに頼る探検家のように，現代の交通システムに依存するあり方を見直し，人間が持つ二足歩行という機能の安定性についても着目すべきなのである。

問五＜文脈＞鉄道での移動は，無名の他人と一定時間密着せざるをえない状況からくる苦痛を解消するために，居眠りや読書といった新たな移動の作法が発達した一方で，痴漢のような新たな犯罪を生み出し，「人々の振る舞いをさまざまに更新して」いくことになった。

問六＜表現＞鉄道が，「厄介ごと」であった旅を「快適な移動」へと変えたことや，「地域間の異同を発見」することにつながるような，「大地や風景に対する新たな認識」を可能にしたことなど，近代交通システムによって私たちの社会が変容した例が挙げられる。一方で，高速化した交通機関が目的地までの「途中」に対する私たちの認識を希薄化させていることや，標識や道路の構造によって私たちが拘束されているともいえることなど，近代化の中で私たちが失ってきた認識・自由についても述べられている。さらに，現代の交通システムが自然災害などによって大規模に停止しかねないもろさを持っているのだから，人間が本来二足歩行する生き物であることを考え直してみる必要があるのではないかと結論づけられている。

三〔小説の読解〕出典：近藤啓太郎『赤いパンツ』。

問一＜文章内容＞「私」は，漁師たちが，縁起かつぎのために四，五千円も払うことを「馬鹿々々しいことだ」とあきれながらも，自分は何の手伝いもできず船に乗るだけなので，「漁師達には悪いような気持《きもち》」もしていた。

問二＜心情＞雷どんの親父は，自分の漁師としての腕に自信を持っていて，「いくら不漁が続いても，どこへ拝みにゆくこと」もしなかった。「私」は，その親父に好感を持っていたので，親父が船に乗ってくれと頼みに来て，「赤パンツだなんて馬鹿々々しい」けれども「困っちまった」と率直に語る姿を見て愉快になり，素直に依頼を引き受けたいと思えた。

問三＜文章内容＞雷どんの親父は，「私」の赤パンツに「あやがあるだなんて，おら，馬鹿々々しくてたまらねえ」と言い放つ人物であり，「私」は親父のことが「近所の漁師の誰よりもいちばん好き」であった。その親父の「二タ月も不漁が続いて幾らか気の弱くなっている」姿を見ると，「私」は，「今日だけは偶然でも何でもいいから，うんと鰹を釣らしてやりたいという想い」に駆られた。

問四＜文脈＞ありゃどんが，赤いパンツをはいて船に乗ってほしいと「額を畳へすりつける」ことまでしたので，「私」は「仕方なく承知」し，翌日，「腹立たしい想いで赤いパンツを穿いて」船に乗った。

問五＜表現＞主人公の「私」の視点から，漁師たちの間に生まれた「赤いパンツ」による縁起かつぎにまつわる出来事が描かれ，また，漁師たちの会話に方言を交えることで，それぞれの場面がリアルなものとなっている。

四〔古文の読解―説話〕出典：『宇治拾遺物語』巻第二ノ六。

≪現代語訳≫昔，右近将監下野厚行という者がいた。(厚行は)競馬に(参加して馬に)上手に乗っていた。帝をはじめとし申し上げて，その信任は特に厚かった。朱雀院のご時代から村上帝のご時代などにかけては，(厚行が)年盛りで優れた舎人であるとして，世間の人も認めていた。年を取って西の京に住んでいた。／(厚行の)隣に住んでいた人が急に死んだので，この厚行は，弔問に行って，(その死んだ人の)子どもに会って，なくなられたことなどについてお悔やみを述べた際，(子どもが)「この死んだ親を送り出したいが，門が(出棺するのに)悪い方角に向いています。そうかといって，いつまでもこのままにしておくわけにはいきません。(やはり，この)門から送り出さなければなりません」と言うのを聞いて，厚行は，「(葬列を)悪い方角から送り出すようなことは，本当によくないことです。そのうえ多くのお子さんたちのためにも，それは本当に不吉なことでしょう。(それでは)私の家との境にある垣根を壊して，そこからお出しいたしましょう。それにご存命中は，何かにつけて情愛の深かった方です。せめてこういうときだけでもその恩に報い申し上げなければ，何をもって報い申し上げることができましょうか」と言うので，子どもが，「何事もない人の家から(葬列を)出すようなことはしてはいけません。たとえ不吉な方角であるとしても我が家の門から出しましょう」と答えても，(厚行は)「間違ったことをなさいますな。ともかく私の家の門からお出しいたしましょう」と言って帰っていった。／(厚行は)自分の子どもに，「隣の主人がなくなりお気の毒なので，弔問に行ったが，あそこの子どもが『方角は悪いが(我が家の)門は一つしかないので，そこから(葬列を)出しましょう』と言ったので，気の毒に思って，『境の垣根を壊して，私の門からお出しなさい』と言ってあげたよ」と話すと，妻子たちが聞いて，「奇妙なことをなさる親ですこと。どんなに立派な穀断ちの聖でも，こんなことをする人がありますか。いくら我が身を考えないといっても，自分の家の門から隣の葬列を送り出す人があるものですか。全くもってとんでもないことです」と皆言い合った。厚行は，「間違ったことを言い合うな。ただ私がするようにまかせなさい。物忌みをし，あれやこれやと気に病むやつは，命も短く，これといってよいこともない。ただ物忌みをしない人は命も長く，子孫も栄えるものだ。ひどく物忌みし，気に病むのは(まともな)人間とはいえない。恩を思い知り，我が身を忘れて人のために尽くしてこそ(本当の)人間といえるのだ。天の神もこういう人にお恵みをなさるだろう。つまらぬことにぐちをこぼすな」と言って，下人たちを呼んで境の檜垣をすっかり壊してしまい，そこから(葬列を)出させた。／さてそのことが世間に広まって，(厚行の)上司の人々もあきれながらもお褒めになった。そうしてその後(厚行は)，九十ぐらいまで生き長らえて死んだ。その子どもに至るまで，皆長命で，下野氏の子孫は舎人の中にも多くいるとかいうことである。

問一＜古文の内容理解＞隣に住んでいた人の息子は，関係のない厚行の家の塀を壊して迷惑をかけるのではなく，門の方角が悪いとしても自宅から葬列を出すべきだと考えていた。

問二＜古文の内容理解＞門は一つしかないから，方角が悪くても，そこから死者を送り出すのもしかたないと言った隣家の息子を気の毒に思ったのは，厚行である。

問三＜現代語訳＞「やは」は反語を表す。厚行の家族は，信仰心の厚い修行僧でも隣人のために自宅の一部を壊して葬列を送り出す人はいないと言って，厚行の提案に反対したのである。

問四＜古文の内容理解＞厚行は，自分が犠牲を払うとしても，なくなった人の生前の親切に報いる行為はすべきであり，天の神もそれを見て，恩恵を施してくれるはずだと考えた(イ・ハ…○)。また，世間の常識をむやみに気にして短命になってしまうよりも，考えすぎない人の方が長命であると考えていた(ロ…○)。厚行は，何事においても周囲と協力するべきかどうかについては述べていない(ニ…×)。

問五＜古文の内容理解＞厚行の隣に住んでいた人がなくなった際，方角が悪くてもしかたないからと自宅から死んだ父親を送り出そうとする息子の話を聞いた厚行は，死者のためにも，残った子どもたちにもよくないと，自宅の塀を壊して厚行の家から送り出すように提案した(イ…○)。厚行からその話を聞いた妻や子は，わざわざそこまでするべきではないと厚行の提案に反対した(ロ…×)。しかし，厚行は家族の反対を押しきって，計画を実行した(ハ…×)。厚行の行為が世間に広まると，上司はあきれながらも厚行を褒めた(ニ…×)。

2024年度 朋優学院高等学校(一般３回)

【英　語】 (60分) 〈満点：100点〉

注意　1．試験開始約１分後にリスニング試験の音声が放送されます。

　　　2．1 ～ 44 はマークシートの解答欄にマークしなさい。

■リスニングテストの音声は，当社ホームページで聴くことができます。(実際の入試で使用された音声です) 再生に必要なユーザー名とアクセスコードは「収録内容一覧」のページに掲載しています。

1　リスニングテスト

このリスニングテストには，ＡとＢの２つのパートがあります。**英文は一度だけ読まれます。**

パートＡ

対話を聞き，その最後の文に対する応答として最も適切なものを選択肢より一つ選ぶ形式

例題

次のような英文が聞こえてきます。

"Hi, Jamie."

"Hi, David.　Long time no see."

"Yeah, how have you been ?"

そして，例題の解答の選択肢は以下のように問題冊子に書かれています。

① Yes, I have some.

② I've been good.

③ Thanks.　You too.

④ I've been abroad.

例題の正解は② I've been good. です。

1．① That's too bad.　I'll give you another copy. 1

　② The trouble is I never have time.

　③ I need to hand in my homework now.

　④ All right, let's have a look at it together.

2．① I enjoyed eating Spanish omelets. 2

　② I brought them some souvenirs.

　③ I think they've got a little better than before.

　④ I was able to read that book fast.

3．① I'm sorry, but we have no fish. 3

　② Pardon me.　There isn't any salad left.

　③ Well, fish is as expensive as beef.

　④ Oh, no !　I can't find any beef.

4．① Yes, I have already taken some medicine. 4

　② Do take care of yourself.

　③ Oh, what's wrong with you ?

　④ I wish the hospital were close to my house.

5．① Yes, it's just two blocks away. 5

② No, the express train leaves in twenty minutes.
③ Well, a ticket to the station costs three dollars.
④ If you're in a hurry, we should take a shortcut.

6．① I agree.　I fell asleep during the movie. [6]
② I'm afraid I haven't seen it yet.
③ I prefer more romantic movies.
④ Oh, did you ?　I want to see it again.

7．① What a shame !　I have to buy a new one. [7]
② Wow !　Thank you.　I hope you can fix it.
③ I have to take it to a recycling center.
④ Let's save electricity.　We should be more eco-friendly.

パートB

英文を聞き，その質問に対して最も適切な答えを選択肢より一つ選ぶ形式

例題

次のような英文が聞こえてきます。

The alarm clock went off at 6:00, and then my mother came into my room to wake me up, but actually I got up at 6:30.　I left home about 7:00 and arrived at my school at 8:00.

さらに，次のような英文が聞こえてきます。

Question :　How long did it take from home to the school ?

そして，例題の解答の選択肢は以下のように問題冊子に書かれています。

① For about two hours.
② For one hour and a half.
③ For about one hour.
④ For half an hour.

例題の正解は③ For about one hour. です。

1．① Visit Okinawa.　② Go on a trip to Hokkaido. [8]
③ Relax in a hot spring.　④ Invite a friend from Okinawa.

2．① His grandfather taught him about it. [9]
② He learned about it while visiting Egypt.
③ He took a class about it in school.
④ He wanted something to do on weekends.

3．① He traveled to Japan.　② He called his parents. [10]
③ He relaxed at home.　④ He did some exercise.

4．① Very expensive.　② Very old. [11]
③ Not very large.　④ Not very bright.

5．① She forgot to bring her purse. [12]
② It was not open yet.
③ The pizza was already sold out.
④ There was not enough money in her purse.

※＜**リスニングテスト放送原稿**＞は英語の問題の終わりにつけてあります。

2　与えられた語(句)を並べかえて最も適切な文を完成させ，[13]～[22]に入るものをそれぞれ一つ選びなさい。**選択肢の中には不要なものが一つ含まれている**ため，注意しなさい。文頭にくるものも小文字で書いてあります。

問題例：______ [x] ______ [y] ______ ______ student？

①　a　②　are　③　high　④　is　⑤　junior　⑥　school　⑦　you

正　解：[x]：⑦・[y]：⑤

完成させた文は Are you a junior high school student？　④ is が不要語

1．______ ______ ______ [13] ______ [14] five years.

①　each　②　for　③　have　④　known　⑤　other　⑥　since　⑦　we

2．[15] ______ ______ [16] ______ ______ a dangerous place for？

①　did　②　go　③　such　④　to　⑤　what　⑥　why　⑦　you

3．Yesterday, I [17] ______ [18] ______ ______ ______ to do it.

①　about　②　given　③　have　④　some advice　⑤　the　⑥　was　⑦　way

4．______ ______ [19] ______ ______ [20] and watch my children for a while？

①　a　②　do　③　favor　④　have　⑤　me　⑥　would　⑦　you

5．______ ______ [21] ______ [22] ______, it is getting windy.

①　approaching　②　as　③　is　④　the　⑤　the town　⑥　to　⑦　typhoon

3　下記の英文を読み，以下の問いに答えなさい。

If you happen to look up in the sky in the year 2061, you might see one of the most famous comets of all. It's called *Halley's Comet, and people get a chance to see it every 76 years when the comet's *orbit brings it close to Earth.

Comets are satellites made up mainly of ice (both water and frozen gases) and dust. All comets orbit the Sun, but some complete a *revolution around the Sun in just a few years, and others take several hundred thousand years to (1)<u>do so</u>. When a comet passes close to the Sun, the ice in the comet melts and dust *particles are released. These dust particles form the comet's famous tail, or "long hair," which can extend for more than 10 million kilometers. (2)<u>It</u> should be no surprise that the word comet comes from the Greek word *kometes*, which means "long-haired."

For much of human history, people were afraid of comets. These strange objects seemed to appear suddenly out of nowhere, and unlike the Sun and stars, they seemed to have no [25] pattern. Some people thought comets were messengers, bringing news of disasters to come. Comets *were blamed for earthquakes, wars, floods, and other disasters. In the late 17th century, Sir Isaac Newton discovered that comets orbit the Sun in [25] patterns, which helped to *dispel many people's fear of the long-haired messengers of *doom.

Edmond Halley, another famous astronomer, was born in London in 1656. He studied astronomy at Oxford University until 1676. Later, he gathered his data in a book about [26] in the sky; he was the first person to map them correctly. Halley also observed the Moon and studied its influence on the *ocean tides. He helped to find a way to measure [27] in space. This measurement system was used by other scientists to learn about the size of our solar system and the [27] of many stars and planets from Earth.

Edmond Halley was especially fond of studying comets. He learned about the way they move around the Sun, each comet following a different path and traveling at its own speed. Over time, he calculated the orbits of 24 comets that he had either read about or seen himself.

Halley noticed that the paths of a comet seen in 1531 and of a comet seen in 1607 were *identical to the path of a comet he had observed in 1682. He concluded that these three comets were, [28], the same comet.

Because Halley accurately predicted that the comet would come again in 1758, it was decided to name the comet after him. Halley's Comet is one of the brightest comets — bright enough for people to see without a telescope.

The orbits of more than 850 comets have now been calculated. Of these, at least 184 are called *periodic comets because they orbit the Sun in less than 200 years. Studying comets may give us information about the origin and formation of the solar system. In 2004, the *Stardust* spacecraft flew within 236 kilometers of a comet called Wild 2. From this distance, the *Stardust* was able to take highly detailed photographs of the comet. Then, in a 12-minute pass through Wild 2's dust and gas cloud, the *Stardust* mission was able to collect a spoonful of comet dust to bring back to Earth for further study.

With satellites, comets will continue to interest professional and amateur astronomers, as well as the general public. And if we are fortunate, comets may soon answer some *fundamental questions about the origins of the solar system.

Halley's Comet　ハレー彗《すい》星　　orbit　軌道／(軌道に沿って)～の周りを回る
revolution　(天体の)公転　　particle(s)　ちり(宇宙に広がる小さなかけら)
be blamed for　～の原因として責められる　　dispel　～を一掃する　　doom　災い
ocean tide(s)　海の潮汐《ちょうせき》(海面の水位の変化)　　identical　全く同じである
periodic comet(s)　周期彗星(一定の周期で太陽に近付く彗星)　　fundamental　根本的な

A．下線部(1)の内容として，最も適切なものを①～④より一つ選びなさい。[23]
① be made up mainly of ice and dust　② complete a revolution around the Sun
③ pass close to the Sun　④ take several hundred thousand years

B．下線部(2)の指すものとして，最も適切なものを①～④より一つ選びなさい。[24]
① that the word comet comes from the Greek word *kometes*
② the comet's famous tail, or "long hair"
③ the fact that the comet's tail can extend for more than 10 million kilometers
④ the fact that the Greek word *kometes* means "long-haired"

C．空所[25]に共通して入る最も適切なものを①～④より一つ選びなさい。
① common　② expected　③ uncertain　④ unknown

D．空所[26]に入る最も適切なものを①～④より一つ選びなさい。
① the history of the stars　② the location of the stars
③ the movements of the Moon and the comets
④ the relationship between stars and comets

E．空所[27]に共通して入る最も適切なものを①～④より一つ選びなさい。
① distances　② meters　③ temperatures　④ weights

F．空所[28]に入る最も適切なものを①～④より一つ選びなさい。
① in addition　② in fact　③ in general　④ on the other hand

G．本文の内容と一致するものを①～⑧より四つ選びなさい。(順不同) [29]～[32]
① Halley's Comet will appear again near Earth in 2061 and 2137.

② Comets are a kind of stars made up mainly of ice and orbit Earth in a regular pattern.
③ Ancient Greeks gave the name "*kometes*" from their language to comets when they saw the long tails of comets.
④ In the past, comets made people feel scared and they were also seen as messengers for upcoming events.
⑤ People were less afraid of comets after Newton discovered that the comet's tail contains dust particles as it orbits the Sun.
⑥ The astronomer Halley examined the Moon's impact on the ocean tides.
⑦ The *Stardust* mission collected ice and dust from a comet and took photographs of the Sun.
⑧ According to the author, studying comets could help us discover more about how the solar system began.

記述問題　※マークシートの裏面に解答すること。

H．彗星にハレーの名前が付けられた理由は何か。次の空所を**句読点を含めて15字以上20字以下の日本語で**埋める形で答えなさい。ただし，解答に算用数字が含まれる場合は，１マスに数字を２文字ずつ記入すること。

ハレーが（　　　　）から。

4　下記の英文を読み，以下の問いに答えなさい。

In January, a puppy *wandered onto the *property of Mr. Amos Lacey and his wife, Mamie, and their daughter, Doris. The puppy had been *abandoned, and it made its way down the road toward the Laceys' small house, its ears *tucked, its tail between its legs, *shivering.

Doris was out shoveling the *cinderblock front steps when she found the pup on the road. She set down the shovel.

"Hey ! Come on !" she called.

"Where did that come from ?" Mrs. Lacey asked as soon as Doris put the dog down in the kitchen. Mr. Lacey was at the table. The snow was keeping him home from his job at the *warehouse.

"I don't know where it came from," he said mildly, "but [33]."

Doris hugged the puppy hard against her. She said nothing. Because the roads would be too bad for travel for many days, Mr. Lacey couldn't get out to take the puppy to the *pound in the city right away. He agreed to let it sleep in the basement.

Four days passed and (1)the puppy did not complain. It never cried in the night or *howled at the wind. It wouldn't even follow Doris up the basement steps unless it was invited. It was a good dog.

Even after a week had gone by, Doris didn't name the dog. She knew her parents wouldn't let her keep it, that her father made so little money any pets were out of the question, and that the pup would definitely go to the pound when the weather cleared. Still, she tried talking to them about the dog at dinner one night.

"She's a good dog, isn't she ?" Doris said, hoping one of them would agree with her. Her parents *glanced at each other and went on eating.

"I think she's real smart," Doris said to her mother. "I could teach her things."

Mrs. Lacey just shook her head and stuffed a forkful of sweet potato in her mouth. Doris fell silent, praying the weather would never clear.

But on Saturday, nine days after the dog had arrived, the sun was shining and the roads were *plowed. Mr. Lacey opened up the trunk of his car and came into the house. Doris was sitting alone in the living room, hugging a pillow and *rocking back and forth on the edge of a chair. She was trying not to cry but she was not strong enough. (2)Her face was wet and red, her eyes full of distress.

Mrs. Lacey looked into the room from the doorway.

"Mama," Doris said in a small voice. "Please."

Mrs. Lacey shook her head, "You know we can't afford a dog, Doris. You try to act more grownup about this." Doris pressed her face into the pillow.

It was nearly night when she finally woke up. Lying there, she *stared at the wall for a while.

But she started feeling hungry, and she knew she'd have to make herself get out of bed and eat some dinner. She wanted not to go into the kitchen, past the basement door. She wanted not to face her parents. But she rose up heavily.

Her parents were sitting at the table, drinking coffee. They looked at her when she came in, but she kept her head down. No one spoke. Doris picked up a cold biscuit and started out of the room.

"You'd better feed that pup before it dies of starvation," Mr. Lacey said. Doris turned around.

"What ?"

"I said, you'd better feed your dog. I think it's looking for you." Doris put her hand to her mouth.

"You didn't take her ?" she asked.

"Oh, I took her all right," her father answered. "Worst-looking place I've ever seen. Ten dogs to a cage. Smell was enough to knock you down. And they give an animal six days to live. Then they kill it with some kind of a *shot." Doris stared at her father.

"I wouldn't leave an ant in that place," he said. "So I brought the dog back." Mr. Lacey had a sip of coffee.

"Well," he said, "are you going to feed it or not ?"

wander(ed)　(当てもなく)歩き回る　property　敷地　abandon(ed)　～を捨てる
tuck(ed)　～を体につける　shiver(ing)　震える　cinderblock　軽量コンクリートブロック
warehouse　倉庫　pound　収容所　howl(ed)　吠える　glance(d)　ちらりと見る
plow(ed)　除雪する　rock(ing) back and forth　前後に揺れる　stare(d)　見つめる　shot　注射

A．空所 [33] に入る最も適切なものを①～④よりそれぞれ一つ選びなさい。

① I know for sure the place you've got it　② I know for sure we'll have it for a pet
③ I know for sure where it's going　④ I know for sure you'd keep it in the basement

B．以下の空所 [34] ～ [44] に入る最も適切なものを①～④よりそれぞれ一つ選びなさい。

1．The underlined part (1) means that the puppy [34].

① ate everything given to it　② was not scared of Doris
③ was well-behaved　④ was well-trained

2．Doris did not give a name to the dog because [35].
① it cried and howled all night long
② it did not come to her unless it was invited
③ she did not want to become too friendly with it
④ she knew she should give it back to the former owner

3．What was the result of the conversation at dinner ? [36]
① Both Mr. and Mrs. Lacey agreed with Doris.　② Only Mr. Lacey agreed with Doris.
③ Only Mrs. Lacey agreed with Doris.　④ None of the above.

4．The underlined sentence (2) describes how [37] Doris was.
① brave and miserable　② calm and satisfied
③ confident and encouraged　④ lonely and sad

5．What did Mrs. Lacey mean when she told Doris to "act more grownup" ? [38]
① She wanted her to have more food at dinner.
② She wanted her to make enough money to keep the dog.
③ She wanted her to stop crying about the dog.
④ She wanted her to tell her opinion more loudly.

6．Doris put her hand to her mouth because [39].
① she ate nothing for hours and was terribly hungry
② she could no longer believe her father and tried to hide how she felt
③ she did not get enough sleep and could not pay any attention
④ she was surprised and could not believe what her father said

7．Mr. Lacey brought the dog back to his home because [40].
① he found living conditions in the pound very poor
② he got a new job in the pound and could afford the cost
③ he knew that the pound did not give a cage to even an ant
④ he realized how much the dog meant to Doris

8．Put the following events into the order in which they happened. [41]→[42]→[43]→[44]
① A puppy was accepted for a limited time.
② Doris was clearing snow away from the road.
③ Doris went to the kitchen to get something to eat.
④ Mr. Lacey went to the pound by car.

以下の問題はマークシートの裏面に解答すること。

5　以下の日本語を英語に訳しなさい。その際，(　)内の語を**与えられた形で，並んでいる順番のまますべて使い，指定された語数で**答えなさい。

＊解答用紙の所定の欄に合うように記入すること。
＊ピリオドなどの記号は語数に数えない。
＊ピリオドなどの記号が適切に用いられていない場合，採点の対象外とする。
＊短縮形(例：don't)は１語とする。
＊算用数字は用いないこと。

＊指示を守っていない答案は採点の対象外とする。
問題例：ヒロの弟は高校生ですか。(Is / a / high)［７語］
解答例：

Is 1	Hiro's 2	brother 3	a 4	high 5	school 6
student ? 7	8	9	10	11	12

1．カナダではその祭りは12月に開催されている。(In / the / is)［８語］
2．私は翼の黒い鳥を飼っている。(have / a / that)［８語］
3．彼は彼女が何時に来るか知っていますか。(know / what / come)［８語］

6　下線部①～④のうち文法的・語法的に誤っているものを一つ選び，番号をマークしなさい。また，**選んだ箇所全体**を訂正しなさい。
問題例： Are ①your a ②high ③school ④student ?
正　解： ①
訂正後： you a
解答例：

正　解				訂　正　後
●	②	③	④	you a

1．It was careless ①for him to ②forget to lock the front door. ③As a result, his favorite bag, which was made in France, ④was stolen.
2．A：“You have not ①been to Okinawa, ②have you ?”
　　B：“③Yes, I will go ④there next summer for the first time.”
3．My ①younger brother really likes ②living things such as dogs, cats, and ③fish, so he ④is knowing a lot about them.
4．A：“Hurry up, ①and you'll be late ②for the exam.”
　　B：“I know！ ③I'm taking the bus this morning to get to school as ④soon as possible.”

＜リスニングテスト放送原稿＞

A

1．A：Hi, David, can I talk to you for a minute ?
　　B：Sure, Mary. What's the matter ?
　　A：I am having trouble with my homework.
2．A：How was your study time in Spain ?
　　B：It was great. My classmates were so nice to me.
　　A：How about your Spanish language skills ?
3．A：What's for dinner, Dad ? I'm really hungry.
　　B：Well, I've just made some salad. What would you like with it ?
　　A：I already had beef for lunch. Could you make something with fish ?
4．A：I have a bad cold and feel sick in my stomach.
　　B：That's too bad. Maybe you should go home.

A : Yeah. If I don't feel better, I might go see a doctor.

5. A : Excuse me. Could you tell me how to get to Terminal Station ?
B : Sure. Just go straight down this street. It's next to the ABC Department Store.
A : I see. Can I get there in five minutes ?

6. A : What did you think of the movie we saw last night ?
B : That was one of the most exciting movies I've ever seen. How about you ?
A : I thought it was boring, but the computer graphics were great.

7. A : What's the problem, Mark ?
B : Hi, Jane. It's so hot today, isn't it ? I thought I would start using this air conditioner, but it seems to be broken. I bought it just a year ago.
A : Oh, really ? I'll see what I can do with it.

B

1. Hanako and her friends have decided to go on a trip. Hanako wanted to go to Hokkaido and visit some hot spring resorts, but her friends said they wanted to visit Okinawa. They showed Hanako some beautiful pictures of beaches in Okinawa, so Hanako began to agree with them.
Question : What will Hanako and her friends PROBABLY do ?

2. Henry collects stamps. He has over 500 stamps in his collection. He learned about this hobby from his grandfather. Henry and his grandfather often spend time on weekends looking for new stamps. Henry especially likes to find stamps from faraway countries. One of his favorite stamps is from Egypt.
Question : Why did Henry start collecting stamps ?

3. Robert is an American who lives in Japan. On Sunday evenings, he usually calls his parents in the United States. Last Sunday, however, he went to the gym to do weightlifting. He was too tired to talk to his parents afterward, so he sent them an email to say he would talk to them on Monday instead.
Question : What did Robert do last Sunday ?

4. William had to look for a new apartment because he changed his job. Most of the apartments he looked at were very expensive. The apartment he finally moved into is very sunny and clean but smaller than he expected. Although the view is not very good, the rent is reasonable. That's why he decided to take it.
Question : Which is true of William's apartment ?

5. Olivia did not have any food in her refrigerator, so she decided to go out to buy something for lunch. She went to her favorite Italian restaurant and ordered some pizza and a salad to take home. She took out her purse, but she didn't have enough cash. She had to ask the staff member to wait. Olivia ran home and got some money. Unfortunately, the pizza got cold by the time she came back home again.
Question : What was Olivia's problem at the restaurant ?

【数　学】（50分）〈満点：100点〉

注意　定規，コンパス，分度器を使用してはいけません。

1　次の各問いに答えよ。

(1)　$16a^3bc^2 \div \left(-\dfrac{2}{3}a^2b\right)^3 \times \dfrac{a^4}{6bc^2}$ を計算せよ。

(2)　$S=\dfrac{n}{2}\{2a+(n-1)d\}$ を d について解け。

(3)　１周400mのグラウンドを時速10.8kmで12周走ったときにかかる時間は何分何秒か求めよ。

(4)　6.5％の食塩水200ｇと９％の食塩水500ｇを混ぜて，そこへ新たに水を加えたところ５％の食塩水ができた。加えた水は何ｇか求めよ。

(5)　下の図１において，∠CDAの大きさを求めよ。

(6)　下の図２において，DE∥BC，AD：DB＝2：3である。
　△DFEの面積が４であるとき，△ADEの面積を求めよ。

図１

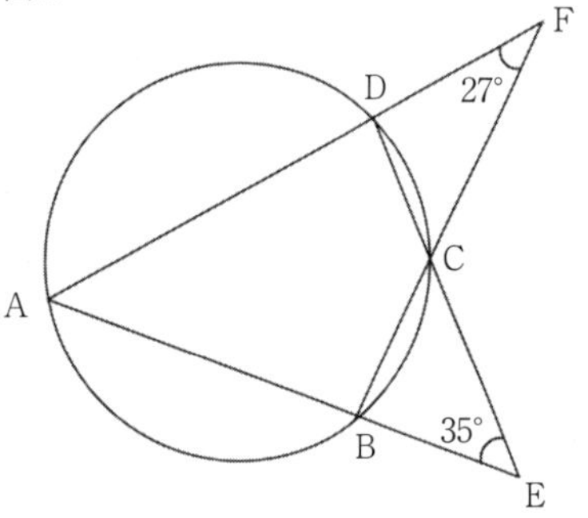

図２

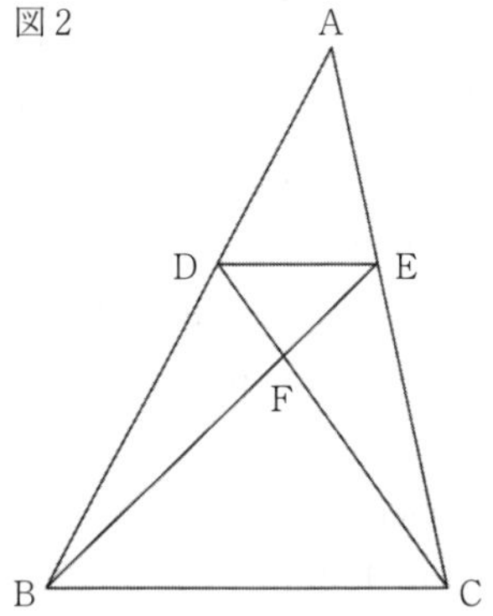

2　ある高校にはAとBの２コースがある。今年度の入試におけるAの受験者数は500名，Bの受験者数は800名であった。また，AとBの合格者数の比は4：11で，不合格者数の比は6：5であった。この高校は，AとBの両コースを受験することはできないものとする。次の各問いに答えよ。

(1)　Aの合格者数を求めよ。

(2)　n を整数とする。この高校全体の不合格者のうち n ％を追加合格とし，合格者数の合計を775人以内としたい。このような n のうち最大のものを求めよ。

3　右の図のように，関数 $y=ax^2$ のグラフと直線 $y=-\dfrac{1}{2}x-2$ が２点A，Bで交わっている。Bの座標を $(4,\ -4)$ とするとき，次の各問いに答えよ。

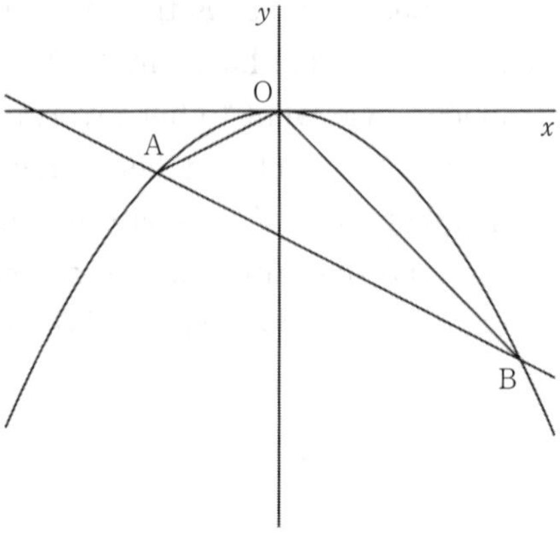

(1)　Aの座標を求めよ。

(2)　直線ABと y 軸の交点をCとする。△OACを x 軸のまわりに１回転してできる立体の体積を求めよ。ただし，円周率は π とする。

4　右の図のように，∠ABC＝90°，AB＝$\sqrt{2}$，AD＝3，BC＝2である三角柱がある。辺BCの中点をMとし，頂点Aから線分DMへ垂線を下ろし，その交点をHとする。次の各問いに答えよ。

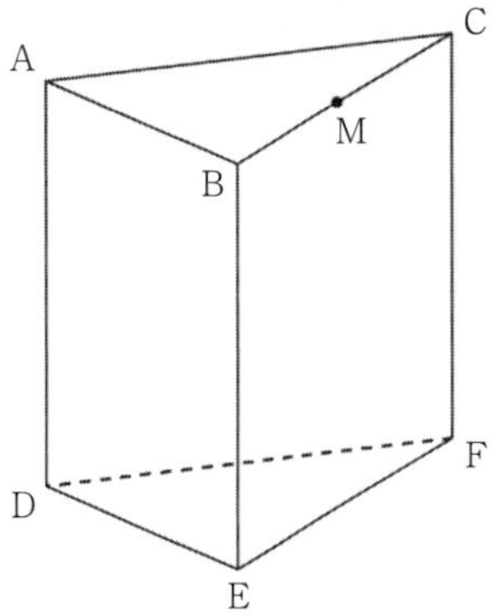

(1)　AHの長さを求めよ。

(2)　四面体HDEFの体積を求めよ。

5　朋希さんと優子さんの2人が同時にA地点を出発し，B地点に向かった。優子さんは時速4kmでBまで歩いていった。一方，朋希さんは時速16kmで自転車に乗ってBに向かい，Bに着くと同時にAに向けて引き返し，優子さんと出会うとすぐにまたBを目指すということを繰り返した。次のグラフは，それぞれのAからの距離と時刻の関係を表したものである。下の各問いに答えよ。

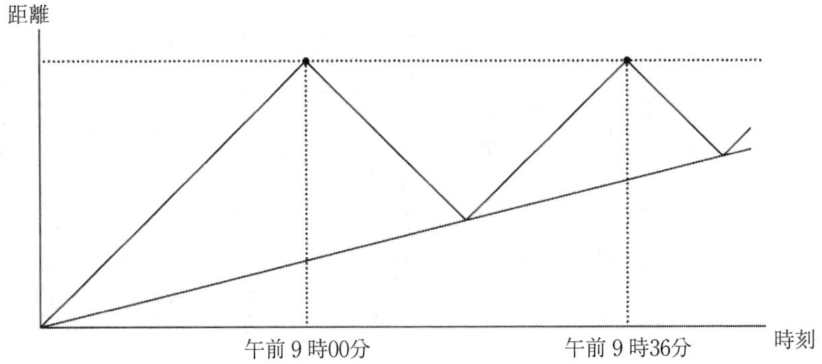

(1)　出発してからはじめて2人が出会ったのはBから何m離れた地点か求めよ。

(2)　2人が同時に出発した時刻は午前何時何分か求めよ。

(3)　朋希さんが4回目にBに着いたとき，優子さんはBから何m離れた地点にいるか求めよ。

6　座標平面上を動く点Pがあり，最初は原点Oにある。大きいコインと小さいコインの2枚を同時に投げ，大きいコインで表が出たらPはx軸方向に＋2だけ進み，裏が出たらx軸方向に－1だけ進む。また，小さいコインで表が出たらPはy軸方向に＋2だけ進み，裏が出たらy軸方向に－1だけ進む。次の各問いに答えよ。

(1)　2枚のコインを同時に2回投げたとき，Pが点(1，1)にある確率を求めよ。

(2)　2枚のコインを同時に3回投げたとき，Pが点(3，0)にある確率を求めよ。

7　次の各問いに答えよ。

(1)　187と391の最大公約数を求めよ。

(2)　$\dfrac{374\times1173-429\times598}{88^2-88\times85-2\times87}$を計算せよ。

動かされ、采女のことをこの上なくいとしいと思ったから。

問四　傍線④「知らぬ星」が指す人物として最も適当なものを次の中から一つ選び、記号で答えなさい。

イ　采女　　ロ　たなばたひこぼし　　ハ　張騫　　ニ　翁

問五　この文章の内容に関する説明として最も適当なものを次の中から一つ選び、記号で答えなさい。

イ　張騫は漢武帝の命令で、天の河がどういう場所であるのかを明らかにするために訪れたものの、そこにいた老人にあしらわれてしまい、上流までたどり着くことはできなかった。

ロ　張騫がいかだに乗って訪れた天の河の上流は、張騫にとって未知の場所であり、今まで見たことのないような人々が織機を多く置いて布を織って生活していた。

ハ　張騫は実際に訪れた天の河の水源がどんな様子であったのかを詳しく漢武帝に伝えたものの、漢武帝は張騫がそこを訪れることができたという事実を最後まで信じなかった。

ニ　采女は天皇の後を追うように亡くなってしまったが、死後二人の関係を知っていた周りの人の配慮で、既に天皇が埋葬されている墓に入れられることになった。

ばたひこぼしなど、牛をひかへ、たなばたは機を織りて、これなむ、河のみなもと、と申しつれば、それより帰り参りたる」と、＊奏《そう》しける。

＊所のさまの、ありしにもあらず、変はりたりければ、そのよしをC聞きて、かく詠めるなり。この歌を、みかど御覧じて、あはれとや思しけむ、もとのやうに、③かた時もたちさらず思し召しけり。その後、いくばくも経ずして、失《う》せ給ひにけり。＊塚のうちに、をさめたてまつりける時に、この采女、生きながらこもりにけり。その御陵《みささぎ》を、いけごめの御陵とて、薬師寺の西に、いくばくものかであり。

＊まことにや、張騫帰り参らざるさきに、＊天文の者の参りて、七月七日に、「今日、天の河のほとりに、④知らぬ星いできたり」と奏しければ、あやしびD思しけるに、この事を聞こし召してこそ、まことに尋ねいきたりけると、思し召しけり。

（『俊頼髄脳』の一節）

注　「天の河…」の歌…「あの天上の天の河へいかだに乗って行ったという中国の故事があるが、現在の私もそうではなかろうか。戻って来てみると、以前とは全く違った世の中になってしまっていることだ。」という意味の和歌。

采女…天皇に仕える女官。

たぐひなく思しけり…後出の「みかど(天皇)」が主語。

例ならぬ事ありて…病気になって。

いつしかと…さあ早くと思って。

本文なり…この歌の元となっている故事は次のことである。

漢武帝…中国の前漢時代の皇帝。

みなかみ…上流。

宣旨ありて…漢武帝の命令によって。

奏しける…漢武帝に申し上げた。

所のさまの、ありしにもあらず…天の河の水源が普通の世の有様と異なっていたように、天皇のお住まいの有様が以前とは違って。

塚…天皇の墓。のちの「御陵」も同様。

まことにや…本当のことであったのだろうか。ここから再び歌の由来についての話に戻る。

天文の者…天文・気象に関する現象を観察し、その変異によって吉凶を判断するのを役目とする者。

問一　傍線①「昔にも似ず見えければ」とあるが、どういうことか。最も適当なものを次の中から一つ選び、記号で答えなさい。

イ　長らく訪れていなかった宮中の様子がすっかり変わってしまい、まだ具合の悪い采女には居心地が悪く感じられたということ。

ロ　しばらく会っていなかった采女に対する天皇の態度が、以前とは違ってよそよそしくなったように采女には感じられたということ。

ハ　久々に都に戻って来た采女の容姿は、美しかった以前の面影がないほどに衰えてしまったと天皇には感じられたということ。

ニ　長い時間を経て都の様子が変わり、愛おしい采女に荒れ果てた都を見せることは避けたいと天皇には感じられたということ。

問二　傍線②「張騫《ちょうけん》」の動作であるものを二重傍線A～Dの中から一つ選び、記号で答えなさい。

問三　傍線③「かた時もたちさらず思《おぼ》し召《め》しけり」とあるが、「みかど」がこのような行動を取ったのはなぜか。その理由として最も適当なものを次の中から一つ選び、記号で答えなさい。

イ　采女の詠んだ歌の自分を責めるような失礼な言い回しに憤《いきどお》りを感じ、昔と変わらない自身の権力を誇示しようと思ったから。

ロ　采女の詠んだ歌の内容を不可解に思いつつも、歌に隠された本当の意味をじっくりと考えなければならないと思ったから。

ハ　采女の詠んだ歌から死を思わせる哀愁を感じ取り、一瞬でも目を離してしまうと采女が亡くなってしまうと思ったから。

ニ　采女の詠んだ歌に込められた想いの強さと教養の高さに心を

する「海老茶色」をはじめとして、「私」の通っていた高等学校の「真紅色」のリボン、夏の山道を彩る「白い花」など、物語の序盤ではさまざまな色彩表現が作品に登場していましたが、美しい姉妹と出会ってからはそうした表現が見られなくなったのは興味深いですね。これは、主人公の憧れの対象が帽子をはじめとした周囲のものから若い娘に移ったことを暗に表現しているんだと思います。

ロ　生徒B　そんな捉え方もできるんですね。私はこの文章の「語り」に興味を持ちました。「青年のときは、だれでもつまらないことに熱情をもつものだ」「どうしてそんなにまで、あの学生帽子が好きだったのか、自分ながらよく解らない」と、主人公の「私」が、当時の自分を振り返るかたちで始まります。「宇宙が真赤に廻転して、どうすれば好いか解らなかった」「愚を心に悔いた」のように、「私」目線で語られる表現を通して、当人にしか分からない心情を詳しく理解することができました。

ハ　生徒C　私が印象に残ったのはタイトルにもある「夏帽子」の扱いです。主人公の憧れを象徴したもので、誰もいないと思って被っていたら、若い姉妹と出会ってしまいました。帽子がきっかけで姉妹との距離は近くなりますが、最終的にむしり切ってしまう。「べりべりと裂ける音」が「悲しく胸に迫った」という表現は、姉妹に自分の秘密を打ち明けられなかった主人公の後悔が強く表れたものですね。作品を通じて、「憧れ」から「後悔」という感情の変化が「夏帽子」の扱いに象徴されている点を読み取りました。

ニ　生徒D　そう考えると、姉妹の振舞いにも注目できそうですね。「私」が一高の帽子を被っていたことで勘違いしてしまったのは仕方ないですが、「私」が否定しているのに「どんなにしらばくれて隠していても、自分には解ってる」なんて、自信満々で強引な態度を取る人だなと思いました。だからこそ、「彼女は恥じる様子もなく、快活に私の方へ走って来た」「秋元子爵の御子息ですね。私はよく知って居ますわ」といった表現に、「私」に対して優位な立場を取ろうとする女の様子を読み取ることができました。

四

次の文章を読んで、後の問に答えなさい。問題作成上、一部改変している部分があります。

＊天の河　うき木にのれる　われなれや

ありしにもあらず　世はなりにけり

これは、昔、＊采女《うねめ》なりける人を、＊たぐひなく思《おぼ》しけり。＊例ならぬ事ありて、里にいでたりける程に、忘れさせ給《たま》ひにけり。心地よろしくなりて、＊いつしかと、参りたりけるに、①昔にも似ず見えければ、うらめしと思ひて、まかりいでて、たてまつりける歌なり。＊本文なり。

＊漢武帝の時に、②張騫といへる人を召して、「天の河の、＊みなかみ尋ねてまいれ」と、遣《おこ》しければ、浮き木にのりて、河のみなかみ尋ねゆきければ、見も知らぬ所に、行きてみれば、常に見る人にはあらぬさましたるものの、機《はた》をあまたたてて、布を織りけり。また、知らぬ翁《おきな》ありて、牛をひかへて、立てり。「これは、天の河といふ所なり。この人々は、たなばたひこぼしといへる人々なり。さては、我は、いかなる人ぞ」と、A問ひければ、「みづからは、張騫といへる人なり。＊宣旨《せんじ》ありて、河のみなかみ、尋ねてきたるなり」と、答ふれば、「これこそ、河のみなかみよ」といひて、「今は帰りね」といひければ、帰りにけり。さて、参りたりければ、「B尋ね得たりや」と、問はせ給ひければ、「尋ねたりつれば、たな

麦藁《むぎわら》のべりべりと裂ける音が、不思議に悲しく胸に迫った。その海老茶色のリボンでさえも、地面の泥にまみれ、私の下駄に踏みつけられていた。

（萩原朔太郎『夏帽子』）

注　一高…旧制第一高等学校の略称。現在の東京大学の前身。
森鷗外・夏目漱石…ともに明治時代の作家。
本郷…東京都文京区の地名。
行李…竹などを編んでつくられたかご。
丸善…書店。
ハイネ…ドイツの詩人。
怜悧…賢いこと。利口なこと。
子爵…近代日本における爵位のひとつ。
弁駁…他人の説の誤りを突いて論じ、攻撃すること。
華族…明治時代初頭から第二次世界大戦後まで日本に存在した貴族階級のこと。

問一　傍線①「どんな私の様子からも、彼等に対して無関心で居ることを装おうとして、無理な努力から固くなって居た」とあるが、この時の「私」の様子の説明として最も適当なものを次の中から一つ選び、記号で答えなさい。

イ　当初はひそかに一高の帽子を被ることが目的の旅であったが、美しく若い姉妹との出会いから、一口でも言葉を交わせたらどんなに幸福だろうかと、自然な形で言葉を交わすため必死に思案している。

ロ　気兼ねなしに空想に耽ろうと一高の帽子を被って威勢よく歩いていたところ、偶然見かけた美しく若い姉妹と出会い、話をしてみたいと思ったが、その思いを悟られないように知らないふりを決め込んでいる。

ハ　避暑地ならば誰も見る人がいないからと思い切って一高の帽子を被っていたが、若い姉妹たちの存在に気づいたため、帽子のことを指摘されたらどうしようという恐れを抱き、姉妹から距離を置こうとしている。

ニ　憧れの帽子を被って一高生らしく振舞っている自分にとって、若い姉妹との出会いはそうした振舞いをする絶好の機会だが、美しい姉妹を前にして具体的にどうすればよいかわからず興味のないふりをしている。

問二　傍線②「或る理由の知れないはにかみと、不安な懸念」とあるが、その説明として最も適当なものを次の中から一つ選び、記号で答えなさい。

イ　美しく若い女性と言葉を交わし、華族の息子に間違われたことで感じた気恥しさと、そうした振舞いができるかという焦り。

ロ　望んでいた通り美しい女性に話しかけてもらえたという幸福感と、曖昧な返事で悪い印象を与えてしまったことに対する後悔。

ハ　慣れ慣れしくはあるが女性に興味をもたれた照れくささと、本当は一高生でないことがばれてしまうのではないかという恐れ。

ニ　憧れの一高生に間違われたという戸惑いと、はっきりと返答しなかったことで自分の正体に疑いの目を向けてきた女に対する警戒。

問三　傍線③「私は包から帽子を出し、双手に握ってむしり切った」とあるが、なぜか。八十字以内で説明しなさい。

問四　次の一文は本文中から抜き出したものである。どこに入れるのが最も適当か。直前の八文字で答えなさい（句読点、記号を含む）。

その強い欲情は、どうしても押《おさ》えることができなかった。

問五　次に示すのは、本文を読んだ後に四人の生徒が話し合っている場面である。本文の内容や表現をふまえた発言として最も適当なものを次の中から一つ選び、記号で答えなさい。

イ　生徒Ａ　本文を読んで、私が最も印象に残ったのは色彩表現の多さです。主人公の憧れであった一高の帽子を象徴女たちの足許《あしもと》に止まった。若い方の娘が、すぐそれを拾ってくれた。彼女は恥じる様子もなく、快活に私の方へ走って来た。

「どうも……どうも、ありがとう。」

私はどぎまぎしながら、やっと口の中で礼を言った。そして急いで帽子を被り、逃げ出すようにすたすたと歩き出した。宇宙が真赤に廻転して、どうすれば好いか解らなかった。ただ足だけが機械的に運動して、むやみに速足で前へ進んだ。

だがすぐ後の方から、女の呼びかけてくる声を聞いた。

「あの、おたずね致しますが……」

それは姉の方の娘であった。彼女はたしかに、私よりも一つ二つ年上に見え、＊怜悧《れいり》な美しい瞳《め》をした女であった。

「滝の方へ行くのは、この道で好いのでしょうか？」

そう言って慣れ慣れしく微笑した。

「はあ！」

私は窮屈に四角ばって、兵隊のような返事をした。女は暫《しば》らく、じっと私の顔を眺めていたが、やがて世慣れた調子で話しかけた。

「失礼ですが、あなた一高のお方ですね？」

私は一寸《ちょっと》返事に困った。

「いいえ」という否定の言葉が、直ちに瞬間に口に浮んだ。けれども次の瞬間には、帽子のことが頭に浮んで、どきりと冷汗を流してしまった。私は考える余裕もなく、混乱して曖昧の返事をした。

「はあ！」

「すると貴方は……」

女は浴せかけるように質問した。

「秋元＊子爵の御子息ですね。私はよく知って居ますわ。」

私は今度こそ大きな声で、はっきりと返事をした。

「いいえ。ちがいます。」

けれども女は、尚疑い深そうに私を見つめた。②或る理由の知れないはにかみと、不安な懸念とにせき立てられて、私は女づれを後に残し、速足でずんずんと先に行ってしまった。

私がホテルに帰った時、偶然にもその娘等が、隣室の客であることを発見した。彼等はその年老いた母と一緒に、三人で此所《ここ》に来て居た。いろいろな反覆する機会からして、避けがたく私はその女づれと懇意になった。遂には姉娘と私だけで、森の中を散歩するような仲にもなった。その年上の女は、明らかに私に恋をして居た。彼女はいつも、私のことを『若様』と呼んだ。

私は最初、女の無邪気な意地悪から、悪戯《いたずら》に言うのだと思ったので、故意《わざ》と勿体《もったい》ぶった様子などして、さも貴族らしく返事をした。だが或る時、彼女は真面目になって話をした。ずっと前から、自分は一高の運動会やその他の機会で、秋元子爵の令息をよく知ってること。そして私こそ、たしかにその当人にちがいなく、どんなにしらばくれて隠していても、自分には解ってるということを、女の強い確信で主張した。

その強い確信は、私のどんな＊弁駁《べんばく》でも、撤回させることができなかった。しまいには仕方がなく、私の方でも好加減《いいかげん》に、＊華族の息子としてふるまって居た。

最後の日が迫って来た。

かなかな蟬《せみ》の鳴いてる森の小路で、夏の夕景を背に浴びながら、女はそっと私に近づき、胸の秘密を打ち明けようとする様子が見えた。私はその長い前から、自分を偽っている苦悩に耐えなくなってた。自分は一高の生徒でもなく、況《いわ》んや貴族の息子でもない。それに図々しく制帽を被り、好い気になって『若様』と呼ばれて居る。どんなに弁護して考えても、私は不良少年の典型であり、彼等と同じ行為をしているのである。

私は悔恨に耐えなくなった。そして一夜の中に行李を調え、出発しようと考えた。

翌朝早く、私は裏山へ一人で登った。そこには夏草が繁って居り、油蟬が木立に鳴いて居た。③私は包から帽子を出し、双手に握ってむしり切った。

三　次の文章を読んで、後の問に答えなさい。問題作成上、一部改変している部分があります。

青年の時は、だれでもつまらないことに熱情をもつものだ。その頃、地方の或《あ》る高等学校に居た私は、毎年初夏の季節になると、きまって一つの熱情にとりつかれた。それは何でもないつまらぬことで、或る私の好きな夏帽子を、被ってみたいという願いである。その好きな夏帽子というのはパナマ帽でもタスカン帽でもなく、あの海老茶色のリボンを巻いた、＊一高の夏帽子だったのだ。

どうしてそんなにまで、あの学生帽子が好きだったのか、自分ながらよく解らない。多分私は、その頃愛読した＊森鷗外氏の『青年』や、＊夏目漱石氏の学生小説などから一高の学生たちを連想し、それが初夏の青葉の中で、上野の森などを散歩している、彼等の夏帽子を表象させ、連想心理に結合した為であろう。

とにかく私は、あの海老茶色のリボンを考え、その書生《しょせい》帽子を思うだけでも、ふしぎになつかしい独逸《ドイツ》の戯曲、アルト・ハイデルベルヒを連想して、夏の青葉にそよいでくる海の郷愁を感じたりした。

その頃私の居た地方の高等学校では、真紅色のリボンに二本の白線を入れた帽子を、一高に準じて制定して居た。私はそれが厭《いや》だったので、白線の上に赤インキを塗りつけたり、真紅色の上に紫絵具をこすったりして、無理に一高の帽子に紛らして居た。だがとうとう、熱情が押えがたくなって来たので、或夏の休暇に上京して、＊本郷の帽子屋から、一高の制定帽子を買ってしまった。

しかしそれを買った後では、つまらない悔恨にくやまされた。そんなものを買ったところで、実際の一高生徒でもない自分が、まさか気恥しく、被って歩くわけにも行かなかったから。

私は人の居ないところで、どこか内証に帽子を被り、鷗外博士の『青年』やハイデルベルヒを連想しつつ、自分がその主人公である如く、空想裡《り》の悦楽に耽《ふけ》りたいと考えた。そこで、或夏、七月の休暇になると同時に、ひそかに帽子を＊行李《こうり》に入れて、日光の山奥にある中禅寺の避暑地へ行った。もちろん宿屋は、湖畔《こはん》のレーキホテルを選定した。それは私の空想裡に住む人物としても、当然選定さるべきの旅館であった。

或日私は、附近の小さな滝を見ようとして、一人で夏の山道を登って行った。七月初旬の日光は、青葉の葉影で明るくきらきらと輝やいて居た。

私は宿を出る時から、思い切って行李の中の帽子を被って居た。こんな寂しい山道では、もちろんだれも見る人がなく、気恥しい思いなしに、勝手な空想に耽れると思ったからだ。夏の山道には、いろいろな白い花が咲いて居た。私は書生袴《はかま》に帽子を被り、汗ばんだ皮膚を感じながら、それでも右の肩を高く怒らし、独逸学生の青春気質を表象する、あの浪漫的の豪壮を感じつつ歩いて居た。懐中には＊丸善で買ったばかりの、なつかしい＊ハイネの詩集が這入《はい》って居た。その詩集は索引の鉛筆で汚されて居り、所々に凋《しお》れた草花などが押されて居た。

山道の行きつめた崖を曲った時に、ふと私の前に歩いて行く、二個の明るいパラソルを見た。たしかに姉妹であるところの、美しく若い娘であった。私は何の理由もなく、急に足がすくむような羞《はずか》しさと、一人で居るきまりの悪さを感じたので、歩調を早めながら、わざと彼等の方を見ないようにし、特別にまた肩を怒らして追いぬけた。①どんな私の様子からも、彼等に対して無関心で居ることを装おうとして、無理な努力から固くなって居た。そのくせ内心では、こうした人気のない山道で、美しい娘等と道づれになり、一口でも言葉を交せられることの悦びを心に感じ、空想の有り得べき幸福の中でもじもじしながら。

私は女等を追い越しながら、こんな絶好の場合に際して機会《チャンス》を捕らえなかったことの愚を心に悔いた。

だが丁度その時、偶然のうまい機会が来た。私が汗をぬぐおうとして、ハンケチで額の上をふいた時に、帽子が頭からすべり落ちた。それは輪のように転がって行って、すぐ五六歩後から歩いて来る、物質が分泌され、特定のニューロンが発火するという生物の身体内の働きによるものであるため、各個体が意識的に得ようとしても物理現象は操作し得るものではなく、幸せにはなれないということ。

ロ　幸福感とは、子孫を残すことに対する見返りとして生物ごとの脳内において得られるものであるので、すべての生物が後代にわたって繁栄していくために、生物全体のしくみとして一回ごとに感じる幸せな感情は長続きしないようになっているということ。

ハ　幸福感を継続して覚えるようになると次世代に向けた繁殖行動への意欲が薄れてしまうため、生存率を高めたり、別の個体とも繁殖したりすることを目的とした際に、生物自身が選択した結果が成功報酬としての幸福感の短期化というものであったということ。

ニ　幸福感とは生物自身ができるだけ長期的に得たいと思うものであるため、人間を含めたすべての生物が物理現象によってちょうど良いバランスで子孫を残して繁栄できるように、幸福感という成功報酬の持続期間は生物の欲求とは無関係に調整されるということ。

問三　傍線③「絶望的だと思う」とあるが、なぜか。その説明として最も適当なものを次の中から一つ選び、記号で答えなさい。

イ　人間はひとたび幸せを感じても、すぐに次の幸せを追い求めようとするので、人生に満足できないことが明らかであるから。

ロ　人間は神に似せて創られたもので、使命を帯びて生まれてきた崇高な存在であるという信仰を裏切る考え方であるから。

ハ　現代において人間が使命を求めることは過剰な期待だと断言されてしまうと、何を目指して生きればよいか分からないから。

ニ　他の生物と同様に人間も自然の摂理に従ってただ生きているならば、生に意味や価値を見出せないと感じてしまうから。

問四　傍線④「私たちがもつ希少価値を大切にしていくことが、私たちが生きる意味だとみなすことができる」とあるが、なぜか。本文全体をふまえて八十字以内で説明しなさい。

問五　次の一文は本文中から抜き出したものである。どこに入れるのが最も適当か。直前の十文字で答えなさい（句読点、記号を含む）。

　むしろない方が自由です。

問六　この文章の表現や構成に関する説明として最も適当なものを次の中から一つ選び、記号で答えなさい。

イ　「死にかけたことはないので推測でしかありませんが」「地球だけかもしれません」と断定を避けた表現を用いることで、一つ一つの議論を慎重に進めつつ、そのなかで取り上げた複数の疑問に対して明快な回答を示すことで説得力のある主張となっている。

ロ　「幸せは決して長続きしない」という生物の性質について、「成功報酬なので当然」「増えるものとして当然の性質」と一刀両断する回答を提示するとともに、専門用語を含む丁寧な説明により、進化生物学の知識がない読者も読みやすい文章となっている。

ハ　私たち生物が価値のある存在であることを説明する際には、「もし全宇宙を支配する神様がいたとすれば、きっと地球の急激な変化にくぎ付けになっているでしょう」という暗喩を用いることで、その希少さが読者に印象付けられるような表現となっている。

ニ　「考えてみたい」「整理してみたい」という言葉を話題ごとに用いることで、読者が抱くと思われる素朴な疑問に寄り添いつつ、これらの疑問に対する回答を文章の最後まで保留しておくことで、興味や関心をもって読み進められるような構成となっている。

問題になっているのは、「人生には目的はなく、だったら生きている意味や価値がないのではないか」ということです。しかし、これは早計です。目的はなくても、私たちの人生には希少価値があります。

　私たち人間を含む生物には、目的も使命もありませんが、この宇宙で極めて珍しい存在なのは間違いありません。動物学者のリチャード・ドーキンスも講演でこう述べたと言います「われわれがここにこうして存在しているのは、驚くほどの幸運であり、特権でもあるので、けっしてこの特権をムダにしてはならないのです」。

　地球では、過去約三八億年間で生物が八〇〇万種まで多様化しました。特にこの一万年については、人類という種が急速に増え、巨大な建造物をつくり、惑星外へと飛び出しつつあります。こんな急激な変化が起きている惑星は、広い宇宙でも地球だけかもしれません。

　宇宙は広いので、もっと生物がいると思われるかもしれませんが、生物が文明を維持できる期間はそんなに長くない可能性があります。地球上で人類が文明をもち始めてからまだ一万年も経っていません。あと一〇〇〇年もしないうちに大量破壊兵器で滅びているかもしれません。もし文明の持続期間が一万年に満たないとすると、広い宇宙とはいえ、現在この瞬間に存在している生命体は地球だけだという可能性は大いにあり得ます。そうだとしたら、この宇宙で唯一の生命体が今まさに大躍進をとげているところです。もし全宇宙を支配する神様がいたとすれば、きっと地球の急激な変化にくぎ付けになっているでしょう。

　この珍しさを多くの人が認識すれば（それは難しいことではないでしょう）、そこには希少価値が生まれます。私たち人類はこの宇宙で極めて珍しく、それゆえ価値のある存在です。この希少価値のある社会を維持していく、さらには今までなかったもっと珍しい社会に変えていくことには意味があります。④私たちがもつ希少価値を大切にしていくことが、私たちが生きる意味だとみなすことができるかと思います。

（市橋伯一『増えるものたちの進化生物学』）

注　ダーウィン…イギリスの自然科学者。一八〇九〜一八八二年。
進化論…現在見られる生物は長期間かけた環境への適応の結果、次第に変化してきたとする理論。
『種の起源』…ダーウィンによって一八五九年に出版された進化論についての書籍。

問一　傍線①「目の前にぶら下げられたニンジン」とあるが、その具体例として不適当なものを次の中から一つ選び、記号で答えなさい。

イ　学年末考査で学年二十位以内の成績を収めたら、新しい機種のタブレットを買い、お小遣いも三千円増やすと父が約束してくれたので、試験三週間前から遊びもせずに必死に勉強している。

ロ　今度の関東地域を対象としたボディビル大会で、日ごろの鍛錬の成果を発揮できれば昨年の雪辱を果たせると思っているので、現在は徹底的な食事管理と強化トレーニングを自分に課している。

ハ　スマートフォンアプリを経由して会員登録をすると購入金額の十パーセント分がポイント還元されるキャンペーンが化粧品店で行われていたので、煩雑な作業ではあるが登録手続きをすることにした。

ニ　日頃面倒な仕事は同僚に任せるなど手を抜きがちであったが、管理職による現場視察で働きぶりが認められれば昇進審査における評価が上がると聞いたので、当日は仕事熱心な姿勢をアピールした。

問二　傍線②「生物は末永く幸せになるようにはできていません」とあるが、どういうことか。その説明として最も適当なものを次の中から一つ選び、記号で答えなさい。

イ　幸福感を得ているように覚えるのは、脳内において神経伝達い、そして次の幸せ（もっと生存率を高めたり、別の個体とも繁殖する）を追い求めたほうが子孫をたくさん残せることになります。

ようするに、生物が増えるためのしくみとして幸福感を使っている以上、末永く幸せになることはあり得ません。もしかすると、過去に末永い幸せを獲得した生物はいたかもしれませんが、そういう生物は短期的な幸せしか得られない生物との競争に負けて絶滅してしまったことでしょう。私たちは幸せになりたくて幸せを追い求めながらも、手に入れた幸せに決して満足することなく、次から次へと別の幸せを追い求める生物だったからこそ、現在まで生きのびられているのだと思います。

結局のところ、②生物は末永く幸せになるようにはできていません。これは増えるものとしての当然の性質です。そして、「幸せになりたい」という欲求も「死にたくない」「仲間外れにされたくない」といった欲求と同じで先祖から与えられた刷り込みです。その程度のものとして、ほどほどに追求するくらいがちょうどいいのかもしれません。

幸せになることが目的ではないのなら、私たちは何のために生きているのでしょうか。

これに対する答えははっきりしています。私たちには、「〇〇のために生きている」といったわかりやすい使命や目的はありません。私たち人間を含むすべての生命は物理現象です。増えて遺伝するものが出現すると自動的に起こる現象です。物質が重力によって下に落ちることに目的や使命がないのと同じように、私たち増えて遺伝するものの存在にも目的や使命はありません。

だとすると、何を目指して生きていけばよいのでしょう。目的も使命もなく生きるなんて③絶望的だと思う人がいるかもしれません。この問題への対処法として、私の考えを二つ述べたいと思います。

結局のところ、人間が生きるのに目的や使命が欲しいというのは、人間に過度に期待しすぎているのだと思います。

＊ダーウィンがいわゆる「＊進化論」を提唱した際にも同じような問題が起きています。ダーウィンの提唱した＊『種の起源』は、人間が神によってつくられたものではなく、サルと共通祖先から進化したことを意味していました。それまで人間とは神が自らに似せて創られたもので、使命を帯びて生まれてきたとする当時の考え方に反します。おそらく、当時の人にとってダーウィンの説は受け入れがたく、絶望を伴うものだったでしょう。しかし、現代の人間から見れば、そもそもそんな使命があると信じていたのが不思議に思われます。そんな使命はなくても楽しく生きていけます。要するに、人間という存在に対して「神の子孫」だと過大評価をしていたということです。そんなにたいそうなものだと思わなくても、サルの親戚だとしても、人間として楽しく生きていくのに支障はありません。

人間が物理現象のひとつだとするのも同じことです。イヌやネコや植物は自分の由来がどうだろうと、人生に目的があろうとなかろうとそこそこ楽しく生きているように見えます。人間だって同じです。たとえ私が「生きていることに目的なんてないですよ」といったところで、特に生きることの楽しさが失われたわけでも、死んだ方がましになるわけでもないでしょう。

すべての生物にとって、死ぬことは全力で忌避するようにできているはずです。私は死にかけたことはないので推測でしかありませんが、生物のしくみとしては死ぬことはできるだけ忌避するようにできているはずです。つまり、もし、「このままだと死ぬかも」という状況になったときには、私たちの脳は平穏な気持ちにしてくれるはずはなく、特大の恐怖を与えて何としても生きのびさせるように仕向けるに決まっています（そうしたほうが少しでも生きのびて子孫を残す確率が高まるからです）。そんな思いはできればしたくないですし、生きているとときどき幸せなこともあるので、生きていたほうがだいぶましです。ただ、こうした死にたくないから生きるというのはちょっと後ろ向きな気もしますので、もう少し前向きな対処法も考えてみたいと思います。

まず、現在直面している問題を整理してみたいと思います。今、

二〇二四年度 朋優学院高等学校（一般三回）

【国　語】（五〇分）〈満点：一〇〇点〉

一　次の各問に答えなさい。

(一)　次の各文の傍線に相当する漢字を含むものを、各群の中からそれぞれ一つずつ選び、記号で答えなさい。

問一　セールで店に客がサットウする。
イ　大きな地震が起こり建物がトウカイする。
ロ　街角で熱心にセイトウ演説を聴く。
ハ　トウタツ度別にクラスが分けられる。
ニ　試合でトウシュが腕を痛めて交代する。

問二　六月に入りゲシが近づいている。
イ　シゴク真っ当な意見だと認めざるをえない。
ロ　シテキ感情に左右されてはいけない。
ハ　音楽室をシヨウするには先生の許可がいる。
ニ　出納帳に日々のシュウシを記録する。

問三　提出書類のテイセイをする。
イ　今は意見せず事態をセイカンすることにした。
ロ　子どもにもわかりやすくセイドを説明する。
ハ　紙幣をフクセイすることは法律で禁じられている。
ニ　彼はクラスの誰よりも明るくセイギ感が強い。

(二)　次の各文の傍線の漢字の読みをひらがなで答えなさい。

問一　腹部の疾病にかかる。
問二　医者の指示に従って摂生する。

(三)　次の各文の傍線の意味として最も適当なものを後の中からそれぞれ一つずつ選び、記号で答えなさい。

問一　遅刻の理由を問われた彼はお茶を濁した。
イ　その場を取り繕う　　ロ　言い訳をする
ハ　その場から逃げる　　ニ　汚い言葉を吐く

問二　あの人の意見は常に机上の空論だ。
イ　文書にはふさわしいが口頭では通じない意見
ロ　他人の言葉を引用してばかりの空回りした意見
ハ　頭の中だけで考えた実際には役に立たない意見
ニ　独りよがりで世間には全く通用しない意見

二　次の文章を読んで、後の問に答えなさい。問題作成上、一部改変している部分があります。

生物にとっての幸せとは何か考えてみたいと思います。

一般的には、幸せになることが人生の目的のひとつのようになっているかと思います。ハッピーエンドのおとぎ話は「末永く幸せに暮らしました」と結ばれます。幸せになれば人生はゴールだという認識があるようです。ただ、私には、このような考え方は幸せを過大評価しているようにも思えます。幸福感の実態とは、煎《せん》じ詰めると「脳内での神経伝達物質の分泌と、特定のニューロンの発火」です。この発火がおこると人間の脳は幸福感を得るようにできています。

人間の脳はこの幸福感を、子孫を残すことに対する成功報酬として用いています。つまり、おいしいものを食べて栄養状態がよくなったり、ゆっくり休んで健康状態がよくなったり、伴侶を見つけて子孫を残す確率が高まった場合に成功報酬として幸福感が与えられます。そうして人間は（おそらく他の動物も）、この幸福感を得るために、もっと子孫を残す行為にいそしむというしくみになっています。つまり、幸せとは①目の前にぶら下げられたニンジンです。

また、幸せは決して長続きしないものでもあります。それは成功報酬なので当然です。生物としては一度の繁殖成功で満足するよりも、二度三度と繁殖を成功させた方が子孫を増やせます。したがって、ひとたび幸せを感じたとしても、すぐにその状況に慣れてしま

英語解答

1 A　1…④　2…③　3…①　4…②
5…①　6…④　7…②
B　1…①$_{8}$　2…①$_{9}$　3…④$_{10}$
4…③$_{11}$　5…④$_{12}$

2 1　13…①　14…②
2　15…⑤　16…②
3　17…⑥　18…④
4　19…②　20…③
5　21…⑦　22…①

3 A　②$_{23}$　B　①$_{24}$　C　②$_{25}$
D　②$_{26}$　E　①$_{27}$　F　②$_{28}$
G　①$_{29}$，④$_{30}$，⑥$_{31}$，⑧$_{32}$
H　（例）彗星が再び来ることを正確に予測した

4 A　③$_{33}$
B　1…③$_{34}$　2…③$_{35}$　3…④$_{36}$
4…④$_{37}$　5…③$_{38}$　6…④$_{39}$
7…①$_{40}$　8　②$_{41}$→①$_{42}$→④$_{43}$→③$_{44}$

5 1　In Canada, the festival is held in December.
2　I have a bird that has black wings.
3　Does he know what time she will come?

6 1　正解…①　訂正後…of
2　正解…③　訂正後…No
3　正解…④　訂正後…knows
4　正解…①　訂正後…or

数学解答

1 (1)　$-\frac{9a}{b^3}$　(2)　$d=\frac{2(S-an)}{n(n-1)}$
(3)　26分40秒　(4)　460g
(5)　86°　(6)　$\frac{28}{3}$

2 (1)　200名　(2)　4

3 (1)　$(-2,\ -1)$　(2)　4π

4 (1)　$\frac{3}{2}$　(2)　$\frac{3\sqrt{2}}{4}$

5 (1)　4800m　(2)　午前８時30分
(3)　1296m

6 (1)　$\frac{1}{4}$　(2)　$\frac{9}{64}$

7 (1)　17　(2)　2024

国語解答

一 (一) 問一…ハ　問二…イ　問三…ニ

(二) 問一　しっぺい　問二　せっせい

(三) 問一…イ　問二…ハ

二 問一　ロ　問二　ロ　問三　ニ

問四　人間も物理現象の一部であり，生きる目的や使命はないが，宇宙の中でも唯一生命体が文明を維持しながら存在しているということに人間の存在意義が認められるから。(76字)

問五　しく生きていけます。

問六　イ

三 問一　ロ　問二　ハ

問三　憧れの帽子をかぶっていたせいで姉妹に勘違いされ，自分もいい気になっていたが，自分を偽っている苦悩と帽子をかぶらなければよかったとの悔恨に耐えられなくなったから。(80字)

問四　りたいと考えた。　問五　ロ

四 問一　ロ　問二　B　問三　ニ

問四　ハ　問五　ロ

2023年度 朋優学院高等学校(一般１回)

【英　語】（60分）〈満点：100点〉

注意　1．試験開始約１分後にリスニング試験の音声が放送されます。

　　　2．[1]～[42]はマークシートの解答欄にマークしなさい。

■リスニングテストの音声は，当社ホームページで聴くことができます。(実際の入試で使用された音声です)
再生に必要なユーザー名とアクセスコードは「収録内容一覧」のページに掲載しています。

1

リスニングテスト

このリスニングテストには、AとBの２つのパートがあります。<u>英文は一度だけ読まれます。</u>

パートA

対話を聞き、その最後の文に対する応答として最も適切なものを選択肢より一つ選ぶ形式

<u>例　題</u>

次のような英文が聞こえてきます。

"Hi, Jamie."
"Hi, David. Long time no see."
"Yeah, how have you been?"

そして、例題の解答の選択肢は以下のように問題冊子に書かれています。

① Yes, I have some.
② I've been good.
③ Thanks. You too.
④ I've been abroad.

例題の正解は② I've been good. です。

1.　① Thank you. Please line up and wait over there.　[1]

② I think this surfboard is too big for you.

③ I recommend the former one to you.

④ Thank you for waiting.

2. ① I enjoyed a lot of local dishes. [2]

② I hope you feel better.

③ That should be fun.

④ My nose is still running.

3. ① I'll be there in 10 minutes. [3]

② It'll open at 9 a.m.

③ It's within walking distance.

④ It's a yellow building.

4. ① Yeah, you should try it. [4]

② Sorry, I don't like spicy food.

③ OK, you've already finished.

④ I've been to India twice.

5. ① OK. That's fine with me. [5]

② Well, I have some allergies.

③ I'm sorry I have to cancel my reservation.

④ I'm sorry, but I'm going to be late.

6. ① Where is the fitting room? [6]

② I want just one.

③ Because this shirt is comfortable.

④ Do you have the one in any other color?

7. ① No problem. The next flight will depart from the left terminal. [7]

② No trouble. An hour should be enough for landing.

③ Don't worry. Connecting flights will be delayed as well.

④ It's OK. There's no problem for flying.

パートB

英文を聞き、その質問に対して最も適切な答えを選択肢より一つ選ぶ形式

例　題

次のような英文が聞こえてきます。

The alarm clock went off at 6:00, and then my mother came into my room to wake me up, but actually I got up at 6:30. I left home about 7:00 and arrived at my school at 8:00.

さらに、次のような英文が聞こえてきます。

Question: How long did it take from home to the school?

そして、例題の解答の選択肢は以下のように問題冊子に書かれています。

① For about two hours.
② For one hour and a half.
③ For about one hour.
④ For half an hour.

例題の正解は③ For about one hour. です。

1. ① He was too busy with work to go out. 〔8〕

② He went swimming in the sea.

③ He went to a water park.

④ He had a meal at the beach.

2. ① $9. 〔9〕

② $18.

③ $40.

④ $80.

3. ① They can catch fish because they have big eyes. 10

② They can't live on land.

③ They can swim well.

④ They can't be found in aquariums.

4. ① Because she had never been to Akita. 11

② Because she thought July was too hot to travel.

③ Because she found a better destination.

④ Because she read that summer was not the best season for her original plans.

5. ① It's close to a city. 12

② People don't have to prepare anything for their camping trip.

③ It is open year-round.

④ People can take a bird watching tour.

※＜リスニングテスト放送原稿＞は英語の問題の終わりに付けてあります。

2 与えられた語（句）を並べかえて最も適切な文を完成させ、[13]～[22]に入るものをそれぞれ一つ選びなさい。**選択肢の中には不要なものが一つ含まれている**ため、注意しなさい。文頭にくるものも小文字で書いてあります。

問題例：_____ [x] _____ [y] _____ _____ student?

① a　② are　③ high　④ is　⑤ junior　⑥ school　⑦ you

正解：[x]：⑦・[y]：⑤

完成させた文は Are you a junior high school student?　④ is が不要語

1. _____ [13] _____ [14] _____ _____ your charger?

① borrow　② I　③ if　④ may

⑤ mind　⑥ would　⑦ you

2. He has never _____ [15] _____ [16] _____ _____ the Everest.

① been　② by　③ from　④ he

⑤ heard　⑥ left　⑦ since

3. We have to _____ [17] _____ [18] _____ _____.

① about　② city　③ think　④ to

⑤ us　⑥ visit　⑦ which

4. About 60 % _____ [19] _____ [20] in the world _____ _____.

① all　② is　③ of　④ produced

⑤ the clothes　⑥ wasted　⑦ which

5. I was in _____ [21] _____ [22] _____ _____ Friday.

① last　② morning　③ of　④ on

⑤ Taiwan　⑥ the　⑦ when

3 下記の英文を読み、以下の問いに答えなさい。

A big meal and a long nap is still a way of life in Madrid.

Birds do it. Cats do it. And the Spanish most especially do it — every day, in broad daylight. They nap. Grown adults — executives,* teachers, government employees — take a nap in the middle of the workday. From 1 or 2 o'clock to 4:30 or so every afternoon, Spain stops the world for a walk home, a relaxed meal, and a nap. Common Market* technocrats* have informed the Spanish that (1)<u>this</u> is not the way things will get done in a unified* Europe.

At a time when (2)<u>productivity is the world's largest religion</u>, the siesta tradition continues. In Spain, life is more important than work, instead of the other way around. No task is so important that it can't wait a couple of hours while you do more important matters like eating, relaxing, or catching up on sleep. When the midday break starts, offices become empty and streets clear. Confused foreigners quickly learn that they have entered a new way of organizing sleep and wake patterns.

"At first, I kept looking for things to do in the afternoon, and I just couldn't believe that nothing was open," recalls Pier Roberts, an Oakland writer who lived in Spain for several years. "I walked the streets of Madrid looking for somewhere to go. It was really hot outside, you could see the heat waves, and it was like [25]."

Taking a long break in the middle of the day is not only healthier than the ordinary lunch, but it's more natural. Sleep researchers have found that the Spanish biorhythm may be tuned more closely to* our body clocks. Studies suggest that humans need days broken up by two periods of sleep instead of one period of sleep. The sleepiness you feel after lunch comes not from the food but from the time of day.

"All animals, including humans, have a biological rhythm," explains Claudio Stampi, director of the Chrono Biology Research Institute* in Massachusetts. "One is a 24-hour rhythm — we get tired by the end of the day and go to sleep — and there is a secondary peak of sleepiness and a decrease in attention in the early afternoon. It is difficult for some people to remain awake and do any kind of task between one and four in the afternoon. For others (3)<u>it</u> is less difficult, but we all have the rhythm. So there is a biological reason for siestas."

Unlike the average lunch break, the siesta is a true break in the action because there is no choice but* to come to a full and complete stop. You can't do errands;* the shops are closed. You can't make business calls; nobody's at the office. Most people go home for lunch, or get together with family or friends and go to sleep.

The Spanish need their sleep. They've got a long night because another key part of the siesta lifestyle is its [26] activity. After the afternoon work, from 4:30 to 8 p.m. or so, they may join friends for a drink. Dinner starts at 9 or 10 p.m., and from there it's out on the town until one or two in the morning.

"It's a bad night in Madrid if you get home before six in the morning," laughs Roberts. The siesta's origins lie in climate and architecture. Like people in other places around the globe that are like blast furnaces* much of the year, the Spanish turned to shade and stillness* to avoid burning up in the middle of the day. At night, crowded, very hot houses drove people into the streets to [27].

While* climate is still a factor,* the siesta lifestyle today is driven mainly by the social demands of Spanish life, which puts an equal emphasis* on life outside the office. "We are not so obsessed only with* [28]," says Florentino Sotomayor of the Spanish Tourist Board.* "We take a break and have the opportunity of having coffee break with friends and thinking and talking about different issues, not only [28]."

executive(s)　（企業などの）重役　Common Market　ヨーロッパ経済共同体
technocrat(s)　科学技術の専門的知識を持った官僚　unified　統一された
be tuned to　～に合わせる　research institute　研究所　but　～以外に
do errand(s)　用事を済ませる　blast furnace(s)　溶鉱炉　stillness　静けさ
while　～だが一方　factor　要因　emphasis　強調　be obsessed with　～に取りつかれる
tourist board　観光局

A.　下線部(1)の指すものとして、最も適切なものを①～④より一つ選びなさい。 23

① taking a long time to have lunch until the late afternoon
② going home for lunch and a short sleep
③ keeping late hours in everyday life
④ finishing work earlier than other European countries

B.　下線部(2)の意味として、最も適切なものを①～④より一つ選びなさい。 24

① Productivity has a great influence on religion in all parts of the world.
② Producing as many things as possible is most important for the world's largest religion.
③ Doing as much work as possible in our lives is important.
④ People believing in gods have become more productive than expected.

C.　空所 25 に入る最も適切なものを①～④より一つ選びなさい。

① a seaside town
② a ghost town
③ a summer festival
④ a Christian festival

D.　空所 26 に入る最も適切なものを①～④より一つ選びなさい。

① nighttime
② long-stay
③ daybreak
④ midsummer

E.　空所 27 に入る最も適切なものを①～④より一つ選びなさい。

① blow up
② heat up
③ burn down
④ cool down

F. 空所 28 に共通して入る最も適切なものを①～④より一つ選びなさい。

① sleep
② tradition
③ religion
④ work

G. 本文の内容と一致するものを①～⑧より四つ選びなさい。（順不同） 29 ～ 32

① Some people in other European countries say the siesta tradition is not so practical.
② The Spanish hope that the siesta tradition will grow in popularity in Europe.
③ It is important for you to have traditions like the Spanish.
④ Some people believe that humans need two periods of sleep per day.
⑤ According to a sleep researcher, all animals have natural body rhythms.
⑥ It is natural for humans to feel sleepy in the middle of the day.
⑦ During the midday break in Spain, people go home for lunch and go shopping.
⑧ Madrid is the capital of Spain, and a city with very hot summers and cool winters.

記述問題 ※マークシートの裏面に解答すること。

H. 下線部(3)が指す具体的内容とは何か。次の空所を**句読点を含めて 15 字以上 25 字以下の日本語で**埋める形で答えなさい。

（　　　　　　　　　　　　　　　　　　　　　）こと。

4 下記の英文を読み、以下の問いに答えなさい。

Ivan was a little man with no courage — so easily scared that the villagers called him "Pigeon," or made fun of him with the title "Ivan the Terrible." Every night Ivan stopped in at the tavern* which was on the edge of the village cemetery.* Ivan never crossed the cemetery to get to his lonely house on the other side. The path through the cemetery would save him many minutes, but he had never taken it — not even in the full light of the moon.

Late one winter's night, when bitter wind and snow beat against the tavern, the customers took up their familiar mockery.*

Ivan's weak protest only fed their taunts,* and they jeered* cruelly when the young Cossack lieutenant* flung his horrid challenge at their quarry.*

"You are a pigeon, Ivan. You'll walk all around the cemetery in this cold — but you will be too scared to cross the cemetery."

Ivan said in a low unclear voice, "The cemetery is nothing to cross, Lieutenant. It is nothing, just earth, like all the other earth."

The lieutenant cried, "A challenge, then! Cross the cemetery tonight, Ivan, and I'll give you five rubles* — five gold rubles!"

Perhaps it was the vodka.* Perhaps it was the temptation* of the five gold rubles. No one ever knew why Ivan, wetting his lips a bit, said suddenly, "Yes, Lieutenant, I'll cross the cemetery!"

The people in the tavern couldn't believe him. The lieutenant winked to the men and unbuckled* his sword. "Here, Ivan. When you get to the center of the cemetery, in front of the biggest tomb,* stick the sword into the ground. In the morning we shall go there. And if the sword is stuck into the ground — five gold rubles to you!"

Ivan took the sword. The men drank a toast:* "To Ivan the Terrible!" They shouted with laughter.

The wind blew hard and loudly around Ivan as he closed the door of the tavern behind him. The cold was knife-sharp. He buttoned his [40] coat and crossed the dirt road. He could hear the lieutenant's voice, louder than the rest, shouting after him, "Five rubles, Pigeon! [41]"

Ivan pushed the cemetery gate open. He walked fast. "Earth, just earth… like any other earth." But he feared the darkness a lot. "Five gold rubles…." The wind was blowing severely and the sword was like ice in his hands. Ivan shook uncontrollably under the [40], thick coat and started to run with difficulty.

He recognized the large tomb. He must have cried with despair — that was drowned in the wind. And he kneeled,* cold and feeling extreme terror, and drove the sword into the hard ground. With his fist,* he forced it down to the handle of the sword. It was done. The cemetery… the challenge… five gold rubles.

Ivan started to rise from his knees. But he could not move. Something held him. Something gripped him in a tight and tough hold. Ivan tugged and moved wildly and pulled — breathing heavily in his panic, shaken by a horrible fear. But something held Ivan. He cried out in extreme fear, then made meaningless and useless noises.

They found Ivan, next morning, on the ground in front of the tomb that was in the center of the cemetery. His face was not that of a frozen man's, but of a man killed by some nameless horror. And the lieutenant's sword was [42] the ground where Ivan had struck it heavily — through the folds of his [40] coat.

tavern　居酒屋　　cemetery　墓地
took < take up their familiar mockery　いつものように冷やかし始める
fed < feed their taunts　彼らを挑発する　　jeer(ed)　からかう　　Cossack lieutenant　軽騎兵隊長
flung < fling his horrid challenge at their quarry　獲物に恐ろしい挑戦をしかける
ruble(s)　通貨単位　　vodka　ウォッカ（アルコール度数の高い酒の一種）　　temptation　誘惑
unbuckle(d)　～の留め金をはずす　　tomb　墓　　toast　乾杯　　kneel(ed)　ひざまずく
fist　拳

A.　以下の問いに対する最も適切なものを①～④よりそれぞれ一つ選びなさい。

1.　The young lieutenant challenged Ivan to [33].
① fight with him
② walk to the center of the cemetery
③ walk home alone
④ finish drinking a bottle of vodka

2.　The lieutenant winked to the men to show that he was [34].
① confident of winning the challenge
② afraid of losing the challenge
③ sorry for Ivan
④ willing to trick Ivan

3. To win the challenge, Ivan was required to [35].

① leave a message near the tomb

② report back the next morning

③ spend a whole night outside

④ stick a sword into the ground

4. At the end of the story, Ivan could not move because [36].

① someone was holding him

② he was held down to the ground

③ his legs were frozen stiff

④ he felt sick and threw up

5. Ivan was killed by [37].

① the men from the tavern

② two villagers

③ terror

④ a ghost

6. When the lieutenant discovered how Ivan died, he was probably [38].

① not surprised because he knew that Ivan would be too scared to handle the situation calmly

② pleased that Ivan had reached the center of the cemetery and struck the sword into the ground

③ regretful because his five rubles would have to be given to Ivan's parents as a gift

④ disappointed because his precious sword was damaged by the gravestone

7. The story is set on [39].

① an early windy evening

② a calm moonlit night in winter

③ a freezing and stormy night

④ an early snowy morning

B. 空所[40]に共通して入る最も適切なものを①～④より一つ選びなさい。

① favorite　② long　③ dirty　④ tight

C. 空所[41]・[42]に入る最も適切なものを①～④よりそれぞれ一つ選びなさい。

[41]

① If you live!　② If you fail!　③ If you try!　④ If you go!

[42]

① under　② on　③ near　④ in

以下の問題はマークシートの裏面に解答すること。

5 以下の日本語を英語に訳しなさい。その際、(　　) 内の語を**与えられた形で、並んでいる順番のままですべて使い、指定された語数で**答えなさい。

＊解答用紙の所定の欄に合うように記入すること。

＊ピリオドなどの記号は語数に数えない。

＊ピリオドなどの記号が適切に用いられていない場合、採点の対象外とする。

＊短縮形（例：don't）は1語とする。

＊算用数字は用いないこと。

＊指示を守っていない答案は採点の対象外とする。

問題例：ヒロの弟は高校生ですか。(Is / a / high) [7 語]

解答例：

1 Is	2 Hiro's	3 brother	4 a	5 high	6 school
7 student?	8	9	10	11	12

1. 東京には動物園がいくつありますか。(many / there / Tokyo) [7 語]

2. その山は来月雪で覆われているでしょう。(The / with / next) [9 語]

3. これは先週の木曜日に私が買ったカップです。(This / I / last) [8 語]

6 下線部①～④のうち文法的・語法的に誤っているものを一つ選び、番号をマークしなさい。また、選んだ箇所全体を訂正しなさい。

問題例　:　Are ①your a ②high ③school ④student?

正解　　:　①

訂正後　:　you a

解答例　:

正解				訂正後
●	②	③	④	you a

1. He ①owns a dog that ②have long ③ears and short legs. Besides, he is now considering ④having a cat.

2. I ①was late for ②school yesterday ③because of the traffic accident that ④was happened at that corner.

3. I'm sorry, but my mother ①does ②the dishes in the kitchen now. So ③I'll ask her to ④call you back.

4. ①How do you think of the suggestion Meaghan ②gave to us? I cannot judge ③if we ④need further discussion.

＜リスニングテスト放送原稿＞

A 問題

1

Excuse me, I want to rent a surfboard.

Please fill in your height and weight on this form.

OK. Here you are.

2

How was your trip?

It wasn't so good. It was rainy and chilly, and I caught a cold.

That's too bad. Are you feeling better?

3

Is there a grocery store around here?

Yes, go straight along this road and it'll be on the left.

How far is it?

4

Why don't we talk over lunch?

My boss needs to talk to me now, so give me 10 minutes. Where should we go today?

I want to try that Indian curry restaurant by the station.

5 <効果音(電話)>

Good evening, this is The Sunset Bar. How may I help you?

I'd like to book a table for two for 7 p.m. tomorrow.

Let me see. I'm afraid all tables are reserved. There'll be one available after 8 p.m.

6

That shirt looks good on you.

Thanks. I like simple designs, but I haven't decided which one I choose, the blue one or the green one.

Why don't you buy both of them?

7

Excuse me, but how long will it be before the plane lands?

We are not sure yet. We can't land at the moment because of heavy fog around the airport.

Oh. I have to take another flight after this, and I have only an hour left.

B 問題

1

Tatsuya usually goes to the beach during his summer vacation. However, he was busy this summer, so he went to a water park near his house. He went in the wave pool and later had a meal. It felt like he was at the beach.

Question: How did Tatsuya spend his summer vacation?

2

Hello everyone, welcome to the mysterious nighttime jungle tour. This tour usually costs $80, but we are now offering a 50 percent discount. You will have the chance to see many animals that don't come out in the daytime. Don't miss the chance!

Question: How much does the nighttime jungle tour cost right now?

3

An otter is a small animal with brown fur, short legs, and a long tail. Otters mainly live in rivers, and they are good at swimming. They have strong teeth and they eat fish, shrimp, and crab. They are thought to be very cute, so they are popular in aquariums. However, the number of otters in the wild is decreasing, so they have become an endangered species.

Question: Which is true about otters?

4

Nozomi likes traveling. She had never been to Akita, so she planned to go in July. She bought a guidebook and read it many times. She wanted to eat food like *kiritampo* and see the *namahage* performers. She learned that winter is the best season to experience those things, so now she's looking for another destination for her trip in July.

Question: Why did Nozomi change her plans?

5

Are you bored with everyday life? If so, we recommend you go camping! Our camping site has everything you need, so there's no need to bring any equipment with you. We're located near Lake Yamanaka so you can enjoy fishing, wakeboarding, and many other activities. There's also a big shopping center nearby. Please note that we're only open from May to September.

Question: Which is true about this camp site?

【数　学】 (50分)〈満点：100点〉

注意　定規，コンパス，分度器を使用してはいけません。

1　次の各問いに答えよ．

(1)　$\{(-6a^2)\div 4abc^2\times(-10bc)\}^3\div 15a^2$ を計算せよ．

(2)　$m=-n(a-b)+c$ を b について解け．

(3)　自宅から駅まで時速 5.4 km で歩くと 9 分 20 秒かかる．自宅から駅までの道のりは何 m か求めよ．

(4)　200 g の水に 20 g の食塩を入れて食塩水を作った．この食塩水を $\frac{1}{3}$ 倍の濃度にするには何 g の水を加えればよいか求めよ．

(5)　右の図において，$\angle x$ の大きさを求めよ．ただし，△ABC と△DEF は正三角形で，$\angle ACF=93°$ である．

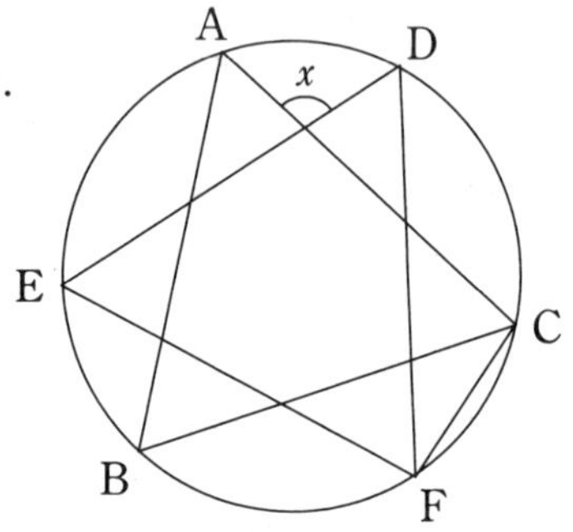

(6)　右の図において，PQ∥BC，AP：PB＝a：b のとき，△ABC の面積は，台形 PBCQ の面積の何倍か求めよ．

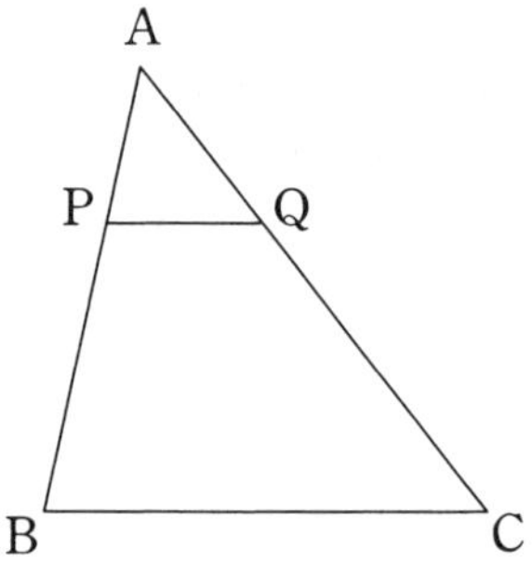

2　1周 2.8 km の池の周りを P と Q の 2 人がそれぞれ一定の速さで歩く．同じ地点から同時に反対方向へ歩き始めると，出発してから 20 分後に出会う．また，P が歩く速さを 3 割増し，Q が歩く速さを 6 割増して同じ地点から同時に反対方向へ早歩きで行くと，出発してから 14 分後に出会う．次の各問いに答えよ．

(1)　P の歩く速さは分速何 m か求めよ．

(2)　P，Q は初め同じ地点にいて，P が歩き始めてから 8 分後に Q が同じ方向に歩き始めた．P が初めて Q に追いつくのは Q が出発してから何時間何分後か求めよ．

3 右の図のように，関数 $y=\dfrac{1}{2}x^2$ のグラフと直線 l が２点Ａ，Ｂで交わっている．l と y 軸の交点Ｃの座標が(0, 9)であり，AC：CB＝2：1となるとき，次の各問いに答えよ．ただし，l の傾きは正とし，円周率を π とする．

(1) l の式を求めよ．

(2) △OABを x 軸のまわりに１回転させてできる立体の体積を求めよ．

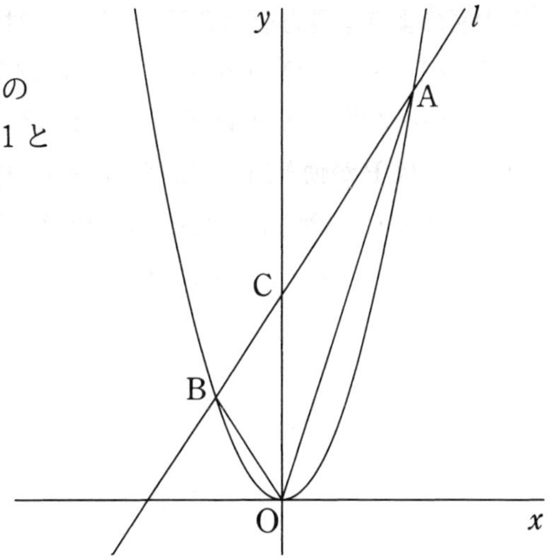

4 右の図のように，１辺の長さが a の立方体ABCD－EFGHがあり，辺AE，CGの中点をそれぞれM，Nとする．次の各問いに答えよ．

(1) △MFNの面積を求めよ．

(2) 点Bから△MFNに垂線を下ろし，その交点をPとする．線分BPの長さを求めよ．

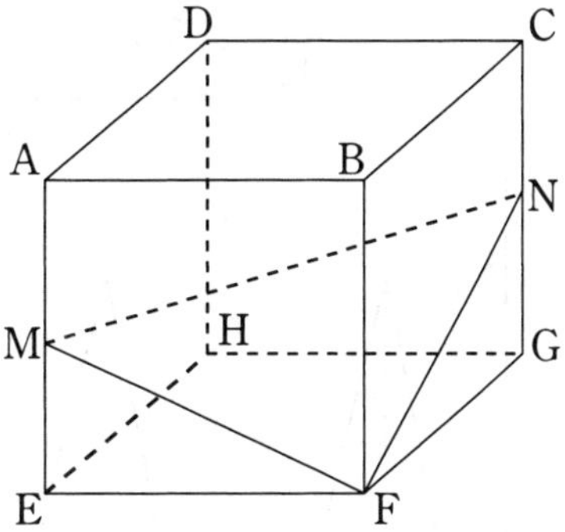

5 下の図のような長方形 ABCD があり，対角線の交点を O とする．点 P は頂点 A を出発し A → B → C → D → A → B → … の順で，点 Q は A を出発し A → D → C → B → A → D → … の順で ABCD の辺上をそれぞれ一定の速さで何周も移動する．

グラフ 1 は P が動き出してからの時間 x 秒と△OAP の面積 $y\ \mathrm{cm}^2$ の関係を，

グラフ 2 は Q が動き出してからの時間 x 秒と△OAQ の面積 $y\ \mathrm{cm}^2$ の関係を表している．

次の各問いに答えよ．ただし P，Q は同時に出発するものとし，三角形ができない場合は $y=0$ とする．

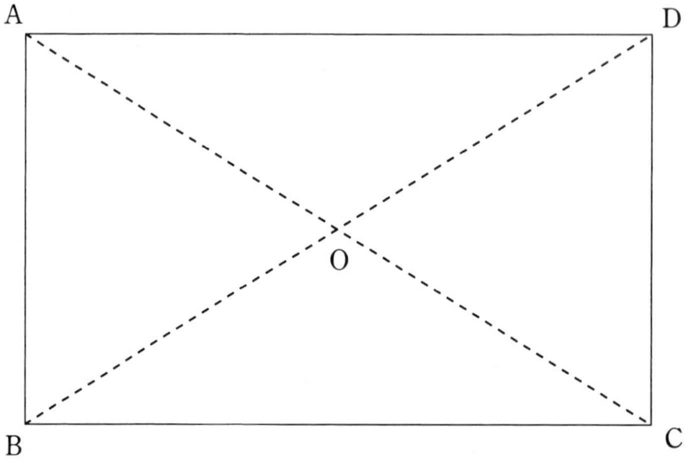

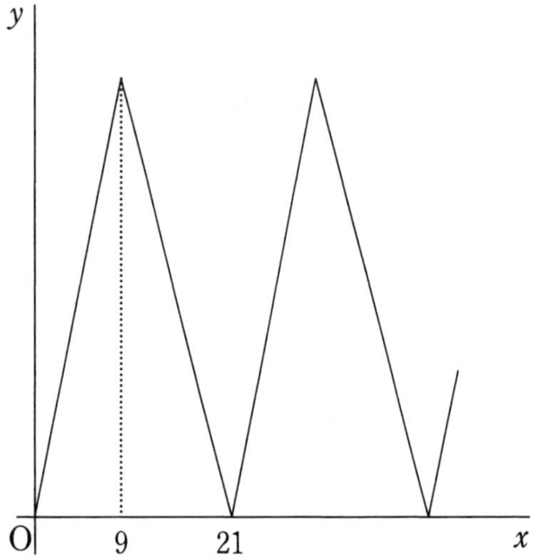

グラフ 1

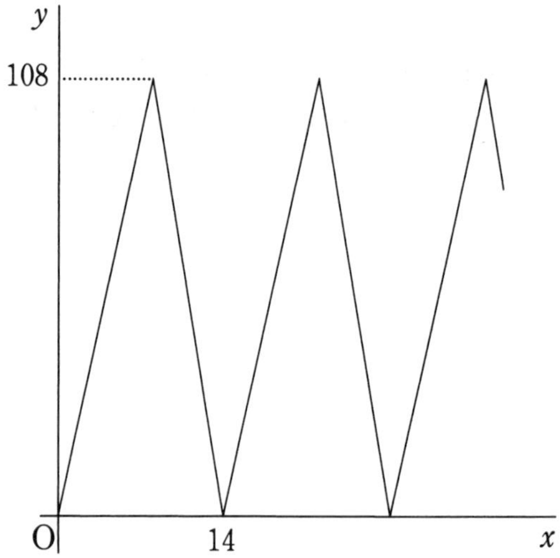

グラフ 2

(1) 辺 AB の長さを求めよ．

(2) △OAP の面積と△OAQ の面積が 10 回目に等しくなるのは出発してから何秒後か求めよ．ただし，2 つの三角形の面積がともに 0 となるときは，回数には含めないものとする．

6 大きさの異なる4枚のコインを同時に投げることを2回繰り返す．1回目に表が出た枚数を X_1，裏が出た枚数を Y_1，2回目に表が出た枚数を X_2，裏が出た枚数を Y_2 とする．次の各問いに答えよ．

(1) $X_1=Y_1$ となる確率を求めよ．

(2) $X_2<Y_2$ となる確率を求めよ．

(3) $X_1+X_2=Y_1+Y_2$ となる確率を求めよ．

7 正の奇数1，3，5，…… を右の図のように並べる．次の各問いに答えよ．

1	7	17	31	…
3	5	15	29	…
9	11	13	27	…
19	21	23	25	…
33	35	…	…	…
…	…	…	…	…

(1) 上から1番目，左から8番目の位置にある奇数を求めよ．

(2) 上から10番目，左から10番目の位置にある奇数を求めよ．

(3) 2023は上から何番目，左から何番目の位置にあるか求めよ．

【社　会】（50分）〈満点：100点〉

1　以下の問いに答えなさい。

問１　アフリカ大陸の自然環境について**誤っているもの**を、次の①～⑤から１つ選びなさい。［1］

①　アフリカ大陸の面積はユーラシア大陸より小さく、北アメリカ大陸より大きい。

②　アフリカ大陸には冷帯気候の地域は存在しない。

③　アフリカ大陸には世界最長の川が流れていて、その流域は10カ国におよぶ。

④　アフリカ大陸には世界最大のサハラ砂漠があるが、礫や岩に覆われた所が大部分で、砂に覆われた所は20％程度である。

⑤　サハラ砂漠周辺に広がる、雨季に丈の短い草が生える草原地帯をタイガという。

問２　次のア～ウの雨温図はポートハーコート（ナイジェリア）、カイロ（エジプト）、チュニス（チュニジア）のいずれかである。組み合わせとして正しいものを、次の①～⑥から１つ選びなさい。［2］

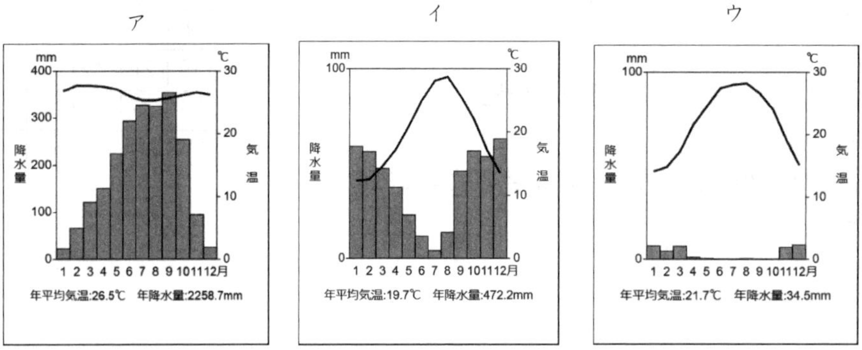

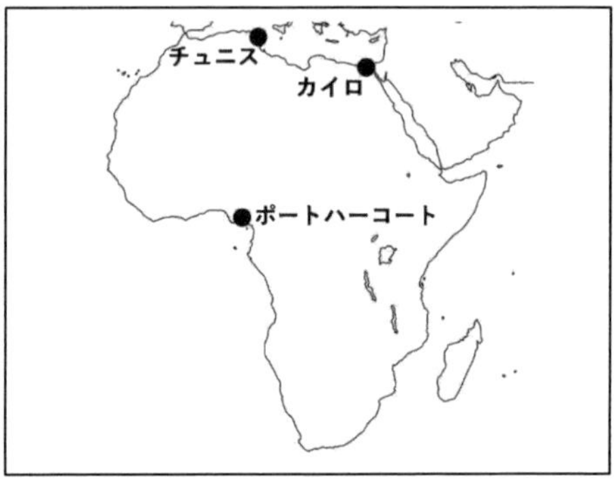

※『データブック　オブ・ザ・ワールド2022』、気象庁のデータを用いて作成

	①	②	③
ア	ポートハーコート	ポートハーコート	カイロ
イ	カイロ	チュニス	チュニス
ウ	チュニス	カイロ	ポートハーコート
	④	⑤	⑥
ア	カイロ	チュニス	チュニス
イ	ポートハーコート	ポートハーコート	カイロ
ウ	チュニス	カイロ	ポートハーコート

問３　下のグラフは日本の地域別輸入額割合を表しており、アジア州、ヨーロッパ州、アフリカ州、北アメリカ州、南アメリカ州（中央アメリカを含む）、オセアニア州のいずれかである。アフリカ州を表すものを、次の①～⑥から１つ選びなさい。 [3]

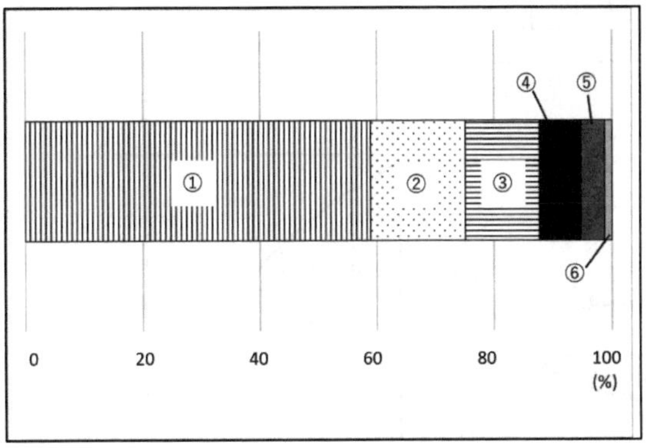

『日本国勢図会 2020/21』を用いて作成　データは 2019 年

問４　アフリカ州の歴史・文化について正しいものを、次の①～④から１つ選びなさい。 [4]

① 16 世紀から、ヨーロッパ人によって多くの奴隷がアジアへ連れて行かれたため、アフリカの人口は減少した。

② 19 世紀後半から 20 世紀前半にかけて、アフリカ州のほとんどが、ヨーロッパ諸国の植民地として分割された。

③ アフリカ大陸の北部では主にアラビア語が使用され、多くの人々がイスラム教を信仰している。一方、サハラ砂漠より南では中国語やスペイン語などが共通の言語になることが多く、キリスト教を信仰している人も大勢いる。

④ アフリカ州の国境線は他の地域と比較して山脈や河川などの自然物を利用して引かれた所が多く、民族のまとまりは無視されている。現在でもその国境線が利用されているため、同一国内で民族や言語、宗教、文化が異なる国もある。

問５　東京在住の優一さんは夏季休暇を利用してエジプトに行った。8 月 4 日 10:30 に成田国際空港を出発し、12 時間 30 分後にアラブ首長国連邦のアブダビ国際空港に到着した。2 時間 40 分の乗り継ぎ時間の後、アブダビ国際空港からエジプトのカイロ国際空港へ向かった。アブダビからカイロまでの所要時間は 4 時間であった。日本、アラブ首長国連邦、エジプトの経度をそれぞれ東経 135 度、東経 60 度、東経 30 度とし、サマータイムは考慮しないものとして以下の（１）（２）の問いに答えなさい。

（１）優一さんがアブダビ国際空港に到着した時刻を現地時間で求め、下の空欄にあてはまる数字をマークしなさい。ただし、0～9 時と回答する場合、[6] には 0 をマークしなさい（0 がマークされていない場合は不正解とする）。時刻は 24 時間表記とする。

8 月 [5] 日　[6] [7] 時 00 分

（２）優一さんがカイロに到着した時刻を現地時間で求めなさい。ただし、時刻は 24 時間表記とする。1 桁の時刻を答える場合、[9] や [11] には 0 をマークしなさい（0 がマークされていない場合は不正解とする）。

8 月 [8] 日　[9] [10] 時 [11] [12] 分

2　以下の問いに答えなさい。

問１　関東平野を流れる利根川は、流域面積が大きいことで知られている。下の模式図の中で流域とはどの範囲を指すか。図中の①～④から１つ選びなさい。 13

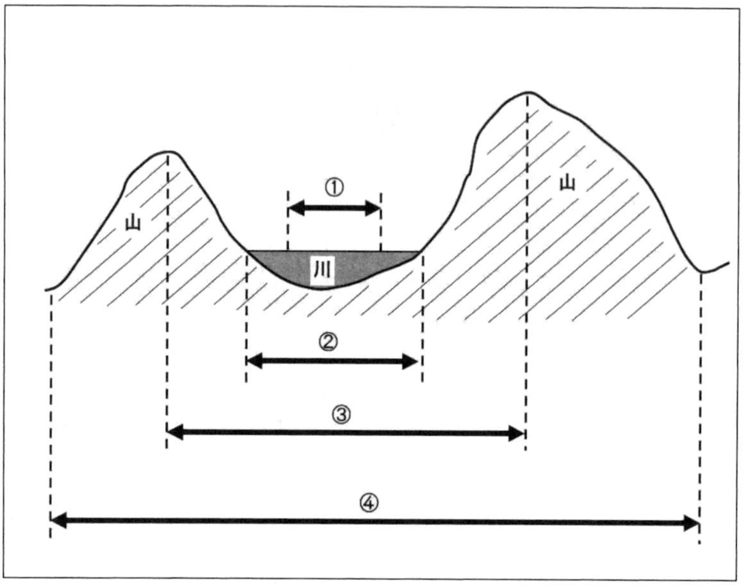

問２　関東地方の気候の特徴について**誤っているもの**を、次の①～④から１つ選びなさい。 14

①　北関東を中心とする内陸の冬には、からっ風や赤城おろしなどとよばれる湿潤な風が吹く。

②　夏は埼玉県熊谷市のように毎年高温になる町もみられ、山沿いでは雷雨がしばしば発生する。

③　高層ビルが立ち並ぶ東京の中心部では、気温が周辺地域よりも高くなるヒートアイランド現象がみられる。

④　南関東を中心とする海側の地域では、黒潮が近海を流れるため、冬でも温暖なのが特徴である。

問３　下のア～ウは群馬県草津町、東京都千代田区、父島（小笠原諸島）の雨温図である。それぞれの組み合わせとして正しいものを、次の①～⑥から１つ選びなさい。 15

ア　　　イ　　　ウ

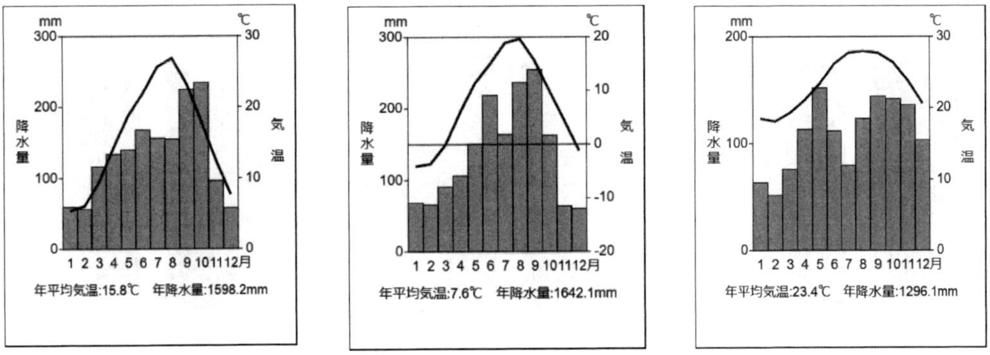

※気象庁のデータを用いて作成

	①	②	③	④	⑤	⑥
ア	草津町	草津町	千代田区	千代田区	父島	父島
イ	千代田区	父島	草津町	父島	千代田区	草津町
ウ	父島	千代田区	父島	草津町	草津町	千代田区

問４　下の図は埼玉県を流れる入間川と荒川の合流点付近の地形図である。この図から読み取れることとして正しいものを、次の①～④から１つ選びなさい。 16

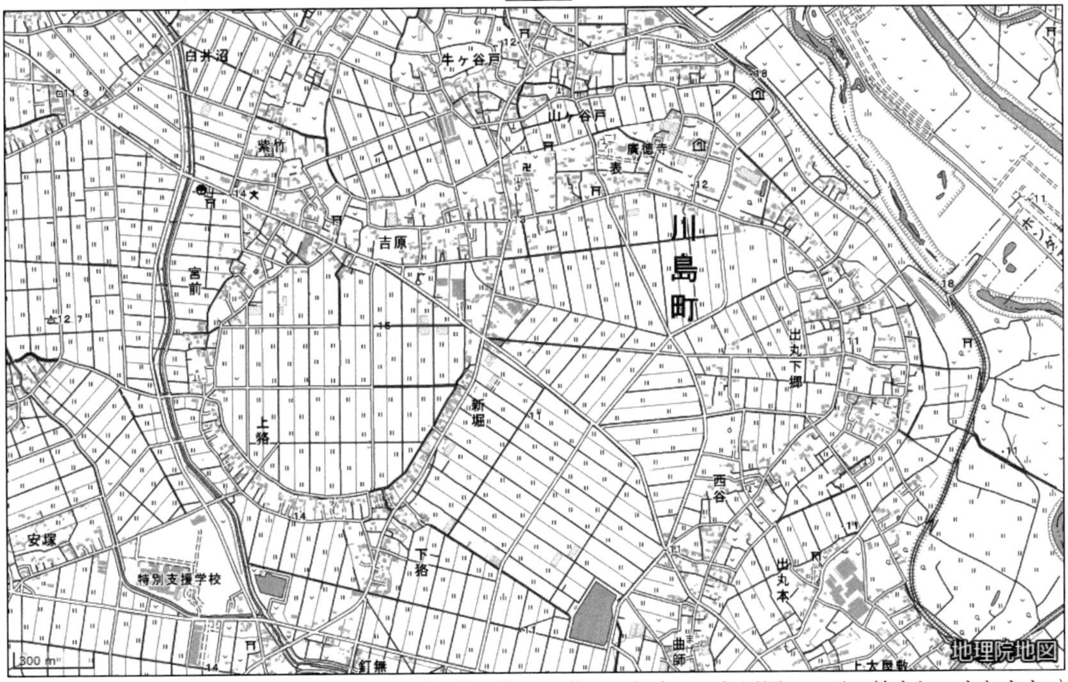

〈編集部注：編集上の都合により原図の80％に縮小してあります。〉

①　かつてこの地域に台地が発達していた。　②　かつて周辺の河川が逆流していた。

③　かつて周辺の河川が蛇行していた。　④　かつてこの周辺に三角州が発達していた。

問５　次のア〜ウは東京都多摩市、東京都大島町（伊豆大島）、東京都千代田区の人口ピラミッドである。それぞれの組み合わせとして正しいものを、次の①〜⑥から１つ選びなさい。　17

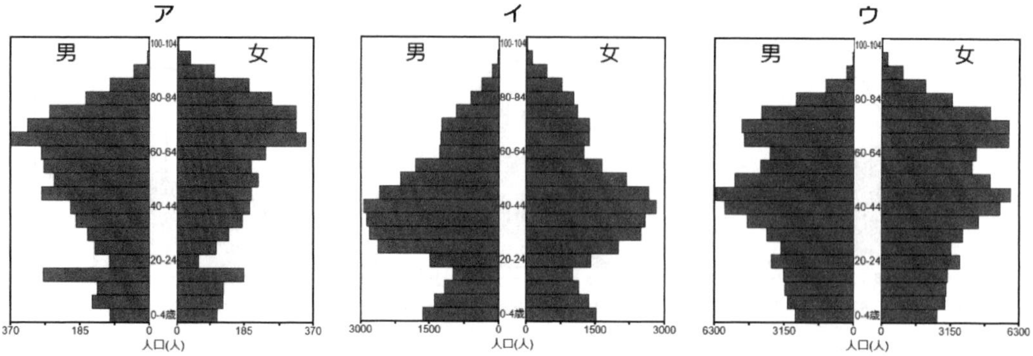

	①	②	③	④	⑤	⑥
ア	多摩市	多摩市	大島町	大島町	千代田区	千代田区
イ	大島町	千代田区	多摩市	千代田区	多摩市	大島町
ウ	千代田区	大島町	千代田区	多摩市	大島町	多摩市

※「人口ピラミッド作成サイト」で作成

問６　関東地方の農業について**誤っているもの**を、次の①〜④から１つ選びなさい。　18

①　関東平野の台地では、早くから畑作地が広がり、都市の住民向けに新鮮な農産物を生産する近郊農業が発展してきた。

②　繊維や油、糖、でんぷんなどを得るために栽培される作物を工芸作物といい、栃木県のかんぴょうや群馬県のこんにゃくなどが代表的である。

③　群馬県嬬恋村を代表として、周辺の山間部では夏の冷涼な気候を利用してキャベツなどの高原野菜の栽培が盛んに行われている。

④　房総半島や三浦半島では冬でも温暖な気候を利用し、１年を通して稲作が行われている。

問７　東京都では地球温暖化防止のために様々な対策が考えられている。環境問題やその対策についての説明として正しいものを、次の①〜⑤から１つ選びなさい。　19

①　地球温暖化とは二酸化炭素や水素といった温室効果ガスによって地表の大気や海水の平均温度が上昇する現象である。

②　CO_2の排出量を減らすため、地熱や天然ガスといった再生可能エネルギーを利用する取り組みが行われている。

③　3Rとはリデュース（再利用）、リユース（ゴミの減量）、リサイクル（資源再生）のことである。

④　原子力は発電時に温室効果ガスを排出しないため、2010年までは日本の発電量の４分の１を占めていた。

⑤　コージェネレーションシステムとは大気中の二酸化炭素を水と合わせることで酸素を作り出すシステムである。

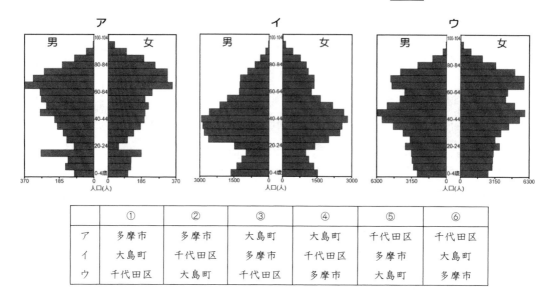

3　2022年は日中国交正常化から50年という節目の年であった。以下の年表は、日中関係史を簡単にまとめたものである。これを見て、以下の問いに答えなさい。

1世紀　(a) 倭の奴国の王が中国に使いを送る
3世紀　邪馬台国の卑弥呼が魏に使いを送る
5世紀　(b) 倭王の武が中国に使者を遣わす
7世紀　(c) 小野妹子を隋に送る
9世紀　(d) 遣唐使派遣の提案が延期される
13世紀　(e) モンゴル（元寇）の襲来
15世紀　(f) 日明貿易（勘合貿易）が始まる
16世紀　明軍の援助により、豊臣秀吉の朝鮮出兵を撃退
(g) 17～19世紀半ば　鎖国体制
1894～95年　(h) 日清戦争
1915年　(i) 第一次世界大戦中、二十一か条の要求を中国に出す
1931年　(j) 満州事変
1937～45年　日中戦争
1972年　(k) 日中共同声明により国交正常化
1978年　日中平和友好条約締結

問1　下線部(a)について、この頃の日本と世界の様子について述べた文章の組み合わせとして正しいものを、次の①～④から1つ選びなさい。　20

【日本の様子】
ア：ムラをまとめる王が現れ、小さな国々ができていた。
イ：稲作が発達し、人々はたて穴住居を造って住んでいた。

【世界の様子】
ウ：アラビア半島でムハンマドがイスラム教を創始した。
エ：ローマでは、共和政から皇帝が支配する帝政に変わった。

①　ア・ウ　　②　ア・エ　　③　イ・ウ　　④　イ・エ

問２　下線部（ｂ）について、次の資料は倭国が中国に使者を遣わした際の中国側の記録である。資料から読み取れる内容ア・イの正誤の組み合わせとして正しいものを、次の①～④から１つ選びなさい。 21

> 興《こう》が死んで弟の武が王位につき、自ら使持節都督《しじせつととく》倭・百済・新羅・任那《みまな》・加羅・秦韓・慕韓《ぼかん》七国諸軍事安東大将軍倭国王と称した。
>
> 順帝の昇明2(478)年、武は使者を遣わして、次のように述べた。「我が国は、中国からはるか遠くにあって、外敵に対する防備となっております。…臣（武）も恐れながら王位を継ぎ、陛下のおわす天下の中心に参上したく、そこで朝貢の道は、百済を経由し、船舶を整えておりました。…」と。
>
> 武を使持節都督倭・新羅・任那・加羅・秦韓・慕韓六国諸軍事安東大将軍倭王に任命した。
>
> 『宋書』倭国伝より（部分要約）

ア：倭国は、武（雄略天皇）の時に当時の中国に対して朝貢していたことがわかる。

イ：当時の中国は、倭国王に百済を除いた朝鮮半島における７つの国の王と認めた。

①　アー正　イー正　　②　アー正　イー誤　　③　アー誤　イー正　　④　アー誤　イー誤

問３　下線部（ｃ）について、次のア～ウの出来事と下線部（ｃ）の出来事を歴史的に古い順に並べ替えたものとして正しいものを、次の①～④から１つ選びなさい。 22

ア：聖徳太子が冠位十二階を制定した。　　イ：百済から仏教が伝来した。

ウ：中大兄皇子・中臣鎌足らが蘇我氏を滅ぼした。

①　下線部（ｃ）→イ→ア→ウ　　②　ア→イ→下線部（ｃ）→ウ

③　イ→ア→下線部（ｃ）→ウ　　④　ア→下線部（ｃ）→イ→ウ

問４　下線部（ｄ）について、遣唐使を通じて唐の文化が伝えられ、日本ではその影響を強く受けた文化が栄えた。この文化について述べた文として正しいものを、次の①～④から１つ選びなさい。 23

①　自然・産物・伝承などを記した『風土記』が国ごとに作られた。

②　最古の物語文学とされる『竹取物語』が成立した。

③　清少納言らによって、現存最古の和歌集である『万葉集』が作られた。

④　鑑真が創建した東大寺は、校倉造の代表的建築物である。

問５　下線部（ｅ）について、元寇に関連する事柄を述べた文として**誤っているもの**を、次の①～④から１つ選びなさい。 24

①　当時の執権北条時宗が国交の要求を無視したことから、元が襲来した。

②　『蒙古襲来絵詞』には、元軍と戦う御家人の竹崎季長の姿が描かれている。

③　1281年の弘安の役では、元軍は上陸できないまま暴風雨にあって大損害を受けた。

④　火器を用いた一騎打ち戦を得意とする元軍に対し、日本の武士は集団で戦って抵抗した。

問６　下線部（ｆ）について、日明貿易において日本が輸入したものとして**誤っているもの**を、次の①～⑤から１つ選びなさい。 25

①　絹織物　　②　銅銭　　③　硫黄　　④　生糸　　⑤　陶磁器

問７　下線部（ｇ）について、以下の問いに答えなさい。

（１）以下の資料は幕領の石高と年貢収入をまとめたグラフである。このグラフから読み取れる内容ア～エの組み合わせとして正しいものを、次の①～④から１つ選びなさい。 26

ア：石高は1716～25年の間が最も低いが、年貢収納高は1836～41年の間が最も低い。
イ：1746～55年の間は、年貢収納高と石高がそれぞれ最も高くなっている。
ウ：徳川吉宗が将軍であった時期が、年貢収納率が最も上昇しており、将軍職を降りた後は年貢収納率が減少し続けている。
エ：老中の水野忠邦が改革を始めた時期に、年貢収納率は最も低くなった。

①　ア・ウ　　②　ア・エ
③　イ・ウ　　④　イ・エ

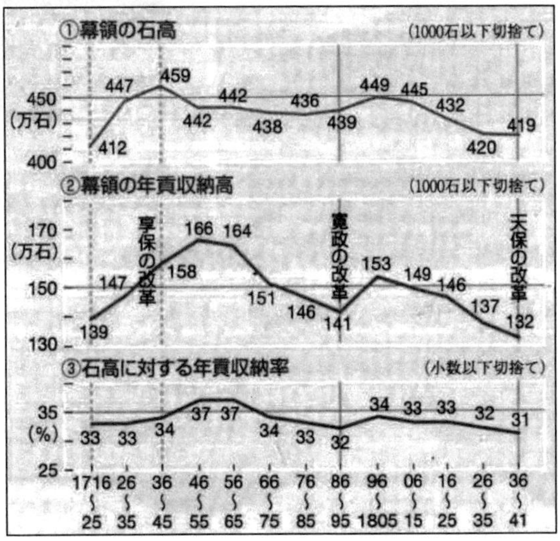

（山川出版社『詳説日本史図録　第９版』より）

（２）この時期に世界で起こった以下の出来事を、歴史的に古い順に並べ替えたものとして正しいものを、次の①～⑧から１つ選びなさい。 27

ア：清がアヘン戦争で敗北した。　　イ：イギリスで名誉革命が起こった。
ウ：アメリカ合衆国で独立宣言が出された。　　エ：フランスでナポレオンが皇帝になった。

①　イ→ウ→ア→エ　　②　イ→ア→ウ→エ　　③　ウ→イ→エ→ア　　④　ウ→エ→イ→ア
⑤　イ→エ→ウ→ア　　⑥　イ→ウ→エ→ア　　⑦　ウ→ア→イ→エ　　⑧　ウ→イ→ア→エ

問８　下線部（ｈ）について、以下の問いに答えなさい。

（１）日清戦争で日本が獲得したが、三国干渉によって返還した地域は地図中のア～エのどこか。正しいものを、次の①～④から１つ選びなさい。 28

①　ア　　②　イ　　③　ウ　　④　エ

（２）以下の風刺画は日清戦争後の中国分割を描いたものである。この風刺画中に**描かれていない国**はどこか。20 世紀初めの中国分割にどこの国が参加していたかを考えて、次の①～④から１つ選びなさい。 29

①　イギリス　　②　フランス　　③　アメリカ　　④　ロシア

問９　下線部（ｉ）について、第一次世界大戦に関連する事柄を述べた文として正しいものを、次の①～④から１つ選びなさい。 30

①　バルカン半島は「ヨーロッパの火薬庫」と呼ばれ、ドイツとオーストリアの対立が深まっていた。

②　４年におよぶ戦争の中で、新兵器の戦車や毒ガスなどが登場し、多数の死傷者を出した。

③　アメリカが参戦すると、日本は日英同盟に基づいてドイツに宣戦布告した。

④　第一次世界大戦が終わると、レーニンが主導してロシア革命が起こった。

問 10　下線部（ｊ）について、満州事変に関して述べた次のア・イの正誤の組み合わせとして正しいものを、次の①～④から１つ選びなさい。 31

ア：奉天郊外の南満州鉄道の線路を爆破する盧溝橋事件をきっかけとして、軍事行動を開始した。

イ：満州国が認められず日本は国際連盟を脱退した後、世界恐慌が起こった。

①　アー正　イー正　　②　アー正　イー誤　　③　アー誤　イー正　　④　アー誤　イー誤

問 11　下線部（ｋ）について、この時期（1970 年代）の日本の様子を述べた文として正しいものを、次の①～④から１つ選びなさい。 32

①　第四次中東戦争が起こったことにより、石油危機が発生した。

②　投機によって株式と土地の価格が異常に高くなるバブル経済が発生した。

③　東京～新大阪間で東海道新幹線が開業した。

④　日米安保条約の改定に反対する安保闘争が起こった。

4　以下の問いに答えなさい。

問1　次の文章ア・イは人権について述べたものである。その正誤の組み合わせとして正しいものを、次の①～④から1つ選びなさい。　33

ア：モンテスキューは権力の集中を防ぐために権力分立を主張した。
イ：世界人権宣言は人間固有の権利と自由を第二次世界大戦下に宣言した。

①　アー正　イー正　　②　アー正　イー誤　　③　アー誤　イー正　　④　アー誤　イー誤

問2　日本国憲法で保障されている基本的人権には、平等権、自由権、社会権、請求権などが含まれる。次のア～エの事例はどの権利に関わるものであるか。正しい組み合わせを、次の①～⑧から1つ選びなさい。
34

ア：同和問題の解決のために、全国水平社が結成された。
イ：労働組合員であることを理由とする解雇を不当労働行為として法律で禁じた。
ウ：路上喫煙を禁止する条例の制定を求めて、市議会に請願を提出した。
エ：学生運動の過去を理由に、企業から内定を取り消されたことで訴訟を起こした。

A：平等権　B：自由権　C：社会権　D：請求権

①　Aーア　Bーイ　Cーウ　Dーエ　　②　Aーア　Bーエ　Cーイ　Dーウ
③　Aーイ　Bーア　Cーウ　Dーエ　　④　Aーイ　Bーエ　Cーウ　Dーア
⑤　Aーウ　Bーエ　Cーア　Dーイ　　⑥　Aーウ　Bーア　Cーイ　Dーエ
⑦　Aーエ　Bーウ　Cーア　Dーイ　　⑧　Aーエ　Bーイ　Cーウ　Dーア

問3　次の文章ア・イは日本の平和主義について述べたものである。その正誤の組み合わせとして正しいものを、次の①～④から1つ選びなさい。　35

ア：日本政府は自衛隊が「自衛のための必要最小限度の実力」を超えない組織として認めている。
イ：自衛隊はPKO協力法以外でも他の法律を根拠に海外に派遣された例がある。

①　アー正　イー正　　②　アー正　イー誤　　③　アー誤　イー正　　④　アー誤　イー誤

問4　日本の地方自治の現状について**誤っているもの**を、次の①～④から1つ選びなさい。　36
①　地方分権一括法の整備により、政府と地方自治体の関係性が見直され、地方へ権限が移された。
②　住民投票条例に基づく住民投票が地方自治体によって行われており、法的な拘束力によって住民の意思が問われる機会が増えた。
③　条例の制定に関しては、有権者の50分の1以上の署名を集めて、首長に提出することで請求が可能となっている。
④　地方公共団体の収入格差を減らすために、国税の一部を地方交付税として配分している。

問5　日本の企業について述べた次のア～エの文章のうち、**誤りを含むもの**はいくつあるか。次の①～⑤から1つ選びなさい。 37

ア：日本全体の従業員数の過半数を中小企業が占める。

イ：日本はベンチャー企業に対する投資の規模が他国に比べて大きい。

ウ：造幣局は公企業のうちの地方公営企業に分類される。

エ：企業は利潤を求めるだけでなく、社会的な役割や責任を負うという考えが広まっている。

①　1つ　②　2つ　③　3つ　④　4つ　⑤　全て正しい

問6　2018年6月、働き方改革関連法が成立した。下記の資料を参照し、次の①～④の発言の中でこの法律に明確に抵触するものを1つ選びなさい。 38

働き方改革関連法案のポイント
・時間外労働の罰則付きの上限規制の導入 時間外労働の上限を月45時間、年360時間を原則とし、臨時的な特別な理由がある場合でも年720時間、単月100時間未満、複数月平均80時間を限度に設定。
・中小企業の月60時間超の時間外労働に対する割増賃金の見直し 月60時間を超える時間外労働の割増賃金の中小企業への猶予措置を廃止。
・高度プロフェッショナル制度の創設 金融ディーラーやアナリスト、エンジニアなど職務の範囲が明確で1075万円以上の年収がある専門職を労働時間規制から外す。
・勤務時間インターバル制度の普及 前日の終業時刻と翌日の始業時刻の間に一定時間の休息の確保の義務。
・同一労働同一賃金の導入 正社員と非正規社員との不合理な待遇格差を是正。
・年次有給休暇の消化義務 年10日以上の年休が与えられた労働者に、5日は消化させることを企業に義務付け。

（2018年7月13日 朝日新聞デジタルより抜粋）

①　コロナ禍をきっかけにテレワークが当たり前になったけど、完全出社を強要されるんだ。

②　教員の時間外勤務は残業として認められないから、何時間働いても給料が変わらないんだ。

③　男性の育児休業取得が広まりつつあるけど、実際に申し出ても却下されることもあるらしい。

④　正社員と同じ仕事をしても、契約社員や派遣社員は賃金が低く設定されていたり賞与も無いんだ。

問７　縦軸に価格、横軸に数量をとり、右下がりの需要曲線、右上がりの供給曲線を描くとき、消費者の所得が減少したときのグラフの変化として正しいものを、次の①～④から１つ選びなさい。 39

①　需要曲線が右へ移動する

②　需要曲線が左へ移動する

③　供給曲線が右へ移動する

④　供給曲線が左へ移動する

問８　次の図は家計・企業・政府の相互関係を示したものである。図中のＸには家計あるいは政府のいずれか一方が、Ｙには他の一方が入る。図中の矢印Ａ・Ｂに入る内容ア～ウの組み合わせとして正しいものを、次の①～⑥から１つ選びなさい。 40

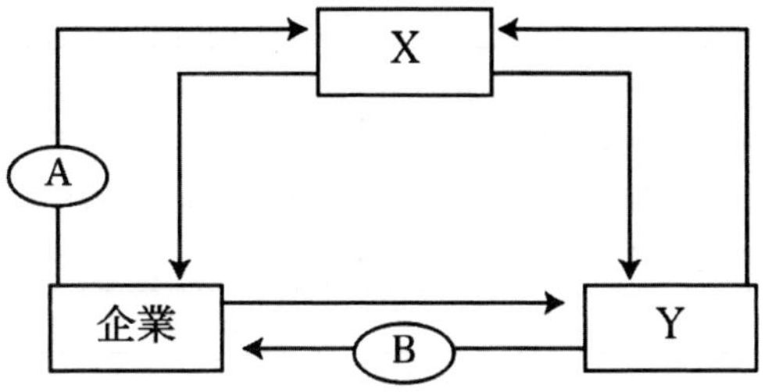

ア：労働の提供　　イ：商品の提供　　ウ：公共サービスの提供

①　A－ア　B－イ　　②　A－ア　B－ウ　　③　A－イ　B－ア

④　A－イ　B－ウ　　⑤　A－ウ　B－ア　　⑥　A－ウ　B－イ

問９　ヨーロッパ連合（EU）に関する次のア～エの文章のうち、**誤りを含むもの**はいくつあるか。あてはまるものを、次の①～④から１つ選びなさい。 41

ア：東南アジア諸国連合（ASEAN）よりも多くの域内人口を抱える。

イ：加盟国の過半数が共通通貨ユーロを採用している。

ウ：ウクライナは加盟国の１つである。

エ：設立以降、加盟国が減少した年はない。

①　１つ　　②　２つ　　③　３つ　　④　４つ

問10　2000年以降の国際情勢について述べた次の文を、歴史的に古い順に並べ替えたときに、**3番目にあたるもの**はどれか。次の①～④から１つ選びなさい。 42

①　アメリカの大銀行の倒産をきっかけに世界中の株価が暴落し、日本経済も大きな影響を受けた。

②　環太平洋経済連携協定が離脱したアメリカを除いて再び調印された。

③　円ドルの為替相場において１ドル＝149円を記録した。

④　前年のギリシャの財政破綻をきっかけにユーロが下落し、ヨーロッパ全体に影響が及んだ。

5　「東京」について調べた以下のA～Dの項目を読み、後の問いに答えなさい。

A

【あ】年9月1日におこった関東大震災では、当時の東京市の約6割の家屋が罹災し、死者・行方不明者は10万人以上といわれている。その後、（a）前東京市長で内務大臣が帝都復興院総裁として近代的な都市計画のもと復興事業を推進したが、予算が大幅に削減されたため、当初の計画からは規模が縮小された。

B

（b）先進国首脳会議（サミット）が日本で初めて開催されたとき、会場となったのが東京であった。このサミットでは（c）イラン革命によりおこった（d）原油・石油問題が主要な議題となった。その後も、サミットは東京で行われていたが、（e）2000年以降は地方でも開催されることになり、2023年は広島で開催される。

C

【い】年3月10日、アメリカ合衆国のB-29爆撃機によって東京の下町を中心に東京大空襲とよばれる無差別攻撃が行われた。東京への空襲は太平洋戦争終結1年前から100回以上おこなわれていたが、3月10日に行われた空襲は、死者・被災者ともに世界史上最大のものとなった。

D

【う】年10月10日に開会式が行われた東京オリンピックは、アジアで初めての夏季オリンピック大会であり、その後、10月10日は（f）国民の祝日となり「体育の日」とされた。そして、現在10月の第2月曜日が「スポーツの日」となっている。このオリンピックを開催するに至り、首都高速道路や東海道新幹線など様々なインフラストラクチャーが整備された。

問1　上の【あ】・【い】・【う】にあてはまる年代の組み合わせとして正しいものを、次の①～⑥から1つ選びなさい。 43

①	【あ】大正9	【い】昭和20	【う】昭和39
②	【あ】大正12	【い】昭和20	【う】昭和39
③	【あ】大正9	【い】昭和25	【う】昭和39
④	【あ】大正12	【い】昭和25	【う】昭和39
⑤	【あ】大正9	【い】昭和20	【う】昭和64
⑥	【あ】大正12	【い】昭和25	【う】昭和64

問2　下線部（a）の前東京市長で内務大臣が帝都復興院総裁として近代的な都市計画のもと復興事業を推進したことに関する以下の文を読み、正誤の組み合わせとして正しいものを、次の①～④から1つ選びなさい。 44

ア：帝都復興院総裁となった後藤新平は災害に強い都市づくりを目指し、幹線道路の拡張や環状道路の建設、緑地公園の建設を進めた。

イ：帝都復興院総裁となった犬養毅は焼失した土地の買収を進めて大規模な幹線道路建設を目指したが、予算をめぐり軍部と対立したため後に暗殺された。

①　アー正　イー正　②　アー正　イー誤　③　アー誤　イー正　④　アー誤　イー誤

問３　下線部（ｂ）の先進国首脳会議（サミット）について説明した以下の文の空欄にあてはまる語句の組み合わせとして正しいものを、次の①～⑥から１つ選びなさい。 45

先進国首脳会議（サミット）はG7ともよばれ、世界不況に対応するためにアメリカ合衆国・イギリス・フランス・ドイツ・イタリア・【　イ　】・日本で構成され、年に１度開かれる国際会議である。東西冷戦終結後はロシアも加盟したため G8 となり、先進国首脳会議から主要国首脳会議へと改称された。これは【　ロ　】ためである。その後、2014年以降はロシアが【　ハ　】されたため、G7へと戻った。

① 【イ】カナダ　【ロ】ロシアの経済状況が発展途上国並みで先進国とはいえなかった
【ハ】内戦によって混乱していたアフガニスタンへ侵攻したことで除外

② 【イ】カナダ　【ロ】アジア通貨危機により各国の経済状況が悪化し先進国とはいえなかった
【ハ】ウクライナに属するクリミア半島を併合したことで除外

③ 【イ】カナダ　【ロ】ロシアの経済状況が発展途上国並みで先進国とはいえなかった
【ハ】ウクライナに属するクリミア半島を併合したことで除外

④ 【イ】メキシコ　【ロ】アジア通貨危機により各国の経済状況が悪化し先進国とはいえなかった
【ハ】ウクライナに属するクリミア半島を併合したことで除外

⑤ 【イ】メキシコ　【ロ】ロシアの経済状況が発展途上国並みで先進国とはいえなかった
【ハ】内戦によって混乱していたアフガニスタンへ侵攻したことで除外

⑥ 【イ】メキシコ　【ロ】アジア通貨危機により各国の経済状況が悪化し先進国とはいえなかった
【ハ】内戦によって混乱していたアフガニスタンへ侵攻したことで除外

問４　下線部（ｃ）の「イラン」の首都・地図中の場所の組み合わせとして正しいものを、次の①～⑥から１つ選びなさい。 46

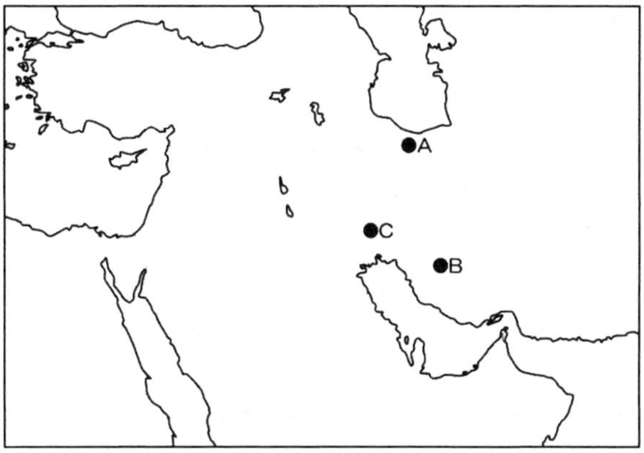

①	首都－テヘラン	場所－A	②	首都－テヘラン	場所－B
③	首都－テヘラン	場所－C	④	首都－ペルセポリス	場所－A
⑤	首都－ペルセポリス	場所－B	⑥	首都－ペルセポリス	場所－C

問５　下線部（ｄ）の原油・石油の生産量及び消費量についての下記のグラフ中にある「X」と「Y」の国にあてはまる組み合わせとして正しいものを、次の①～⑥から１つ選びなさい。なお、グラフは外務省の2020年のデータを参照しており、単位はどちらとも1000バレル/日量である。　47

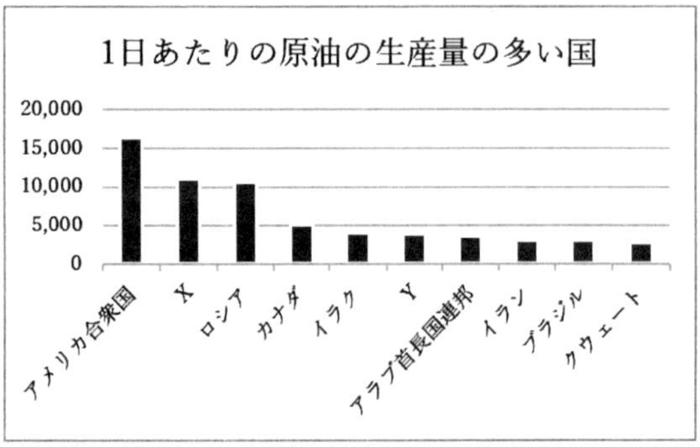

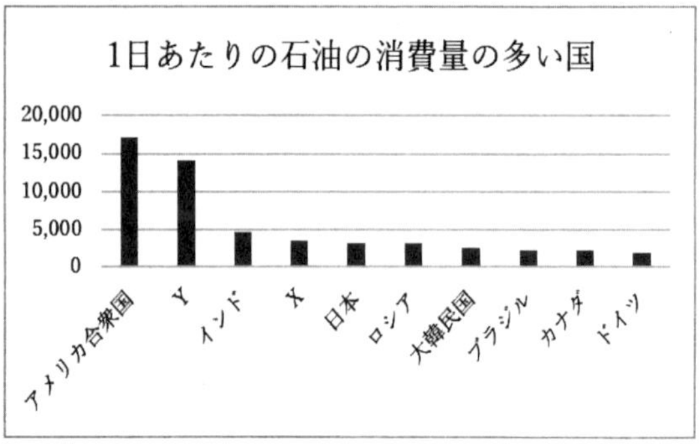

①　X－中国　Y－インドネシア
②　X－インドネシア　Y－中国
③　X－インドネシア　Y－サウジアラビア
④　X－サウジアラビア　Y－インドネシア
⑤　X－サウジアラビア　Y－中国
⑥　X－中国　Y－サウジアラビア

問６　下線部（ｅ）の2000年以降に地方で開催されたサミット会場の組み合わせとして正しいものを、次の①～⑥から１つ選びなさい。　48

①　2000年－九州沖縄　2008年－北海道洞爺湖　2016年－伊勢志摩
②　2000年－伊勢志摩　2008年－九州沖縄　2016年－北海道洞爺湖
③　2000年－北海道洞爺湖　2008年－九州沖縄　2016年－伊勢志摩
④　2000年－九州沖縄　2008年－伊勢志摩　2016年－北海道洞爺湖
⑤　2000年－伊勢志摩　2008年－北海道洞爺湖　2016年－九州沖縄
⑥　2000年－北海道洞爺湖　2008年－伊勢志摩　2016年－九州沖縄

問７　下線部（ｆ）の「国民の祝日」とその説明として**誤っているもの**を、次の①～④から１つ選びなさい。なお、その説明については内閣府の説明を参照しています。　49

①　春分の日

自然をたたえ、生物をいつくしむ日とされています。この日は昼夜の長さが等しく、自然のあらゆる生命が若々しく盛り上がる時であるためです。

②　海の日

平成28年に設けられた最も新しい国民の祝日であり、海の恩恵に感謝するとともに、海洋国日本の繁栄を願い、海を大切にする心を育てる日とされています。

③　秋分の日

祖先をうやまい、なくなった人々をしのぶ日とされています。春分の日と同様に昼夜の長さが等しい日であり、季節上の一つの区切りになるため春分の日に対応するものになります。

④　文化の日

自由と平和を愛し、文化をすすめる日とされています。祝日法として制定される前、11月3日は明治天皇の誕生日だったことから「明治節」として休日でした。

【理　科】（50分）〈満点：100点〉

注意　解答にあてはまる１～０までの数値をマークしなさい。ただし，計算結果を記入する場合など，必要に応じて０をマークすること。

例　［１］［２］［３］に25と答えたいとき。

1	① ② ③ ④ ⑤ ⑥ ⑦ ⑧ ⑨ ●
2	① ● ③ ④ ⑤ ⑥ ⑦ ⑧ ⑨ ⓪
3	① ② ③ ④ ● ⑥ ⑦ ⑧ ⑨ ⓪

1　〔解答番号[1]～[2]〕

(1) ボウリングの球などで用いられる質量の単位としてポンド（1ポンド＝0.45kgとする）というものがある。一方，貴金属の質量の単位としてオンス（1オンス=28gとする）がある。では，12ポンドのボウリングの球は何オンスであるか。もっとも適切なものを①～⑧から1つ選べ。[1]

① 0.193　② 0.747　③ 1.05　④ 1.34

⑤ 193　⑥ 747　⑦ 1050　⑧ 1340

(2) 1m進むのにかかる時間を，ここでは「遅さ」と定義する。東京−大阪間（400km）を2時間30分で走る新幹線の2倍の「遅さ」で動く車が800m走るのにかかる時間は何秒か。もっとも適切なものを①～⑧から1つ選べ。[2]

① 4.5　② 9　③ 17.777　④ 18

⑤ 36　⑥ 72　⑦ 71.111　⑧ 111.1

2　〔解答番号[3]～[10]〕

1．図2-1は，金属製の2本のレールと平行になるように磁石を置き，レール上に金属棒Aを置いたようすを示している。また，図2-2は，図2-1で示した装置全体を水平面から角度30°の状態に傾け，金属棒Aにある向きの電流を流し静止させたときのようすを示している。ただし，以下の問いではレールと金属棒Aとの間には摩擦ははたらかず，2本のレールの電気抵抗は無視できるものとする。

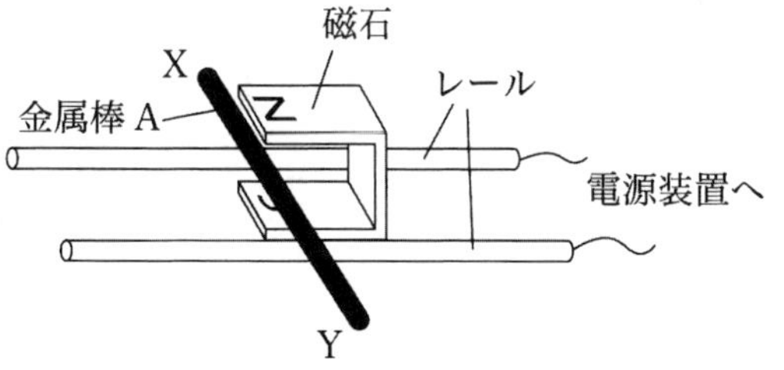

図2-1

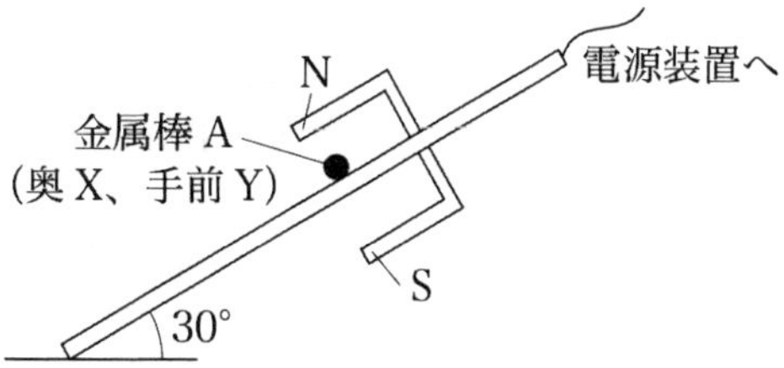

図2-2

(1) 図2-2のとき，磁界の向きと金属棒Aに流れる電流の向きの正しい組み合わせとして，もっとも適切なものを①～④から1つ選べ。[3]

	磁界の向き	金属棒Aに流れる電流の向き
①	NからSの向き	XからYの向き
②	NからSの向き	YからXの向き
③	SからNの向き	XからYの向き
④	SからNの向き	YからXの向き

(2) 図2-3は，図2-2の磁石を水平に変えて横から見たときのようすを示している。この状態で金属棒Aが静止するように電流の大きさを調整した。このとき，磁界と電流によって金属棒Aに生じる力は，金属棒Aの重さの何倍か。もっとも適切なものを①～⑦から1つ選べ。[4]

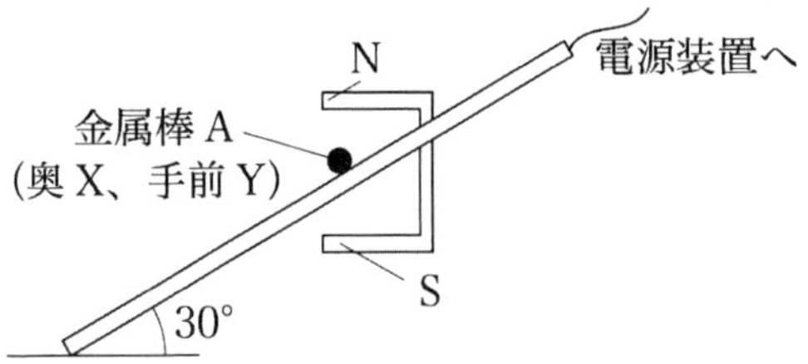

図2-3

① 2　② $\sqrt{3}$　③ $\frac{\sqrt{3}}{2}$　④ 1　⑤ $\frac{2\sqrt{3}}{3}$　⑥ $\frac{\sqrt{3}}{3}$　⑦ $\frac{1}{2}$

(3) 図2-2の状態で，金属棒Aと電気抵抗が等しい金属棒Bを，図2-4で示した位置に固定した。金属棒Aはその後どうなるか。もっとも適切なものを①～⑤から1つ選べ。[5]

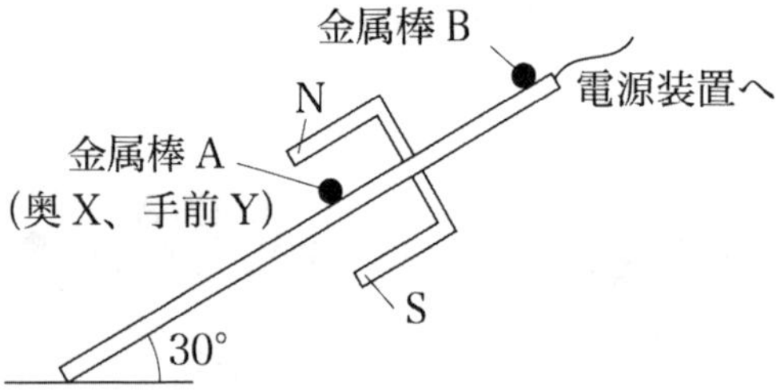

図2-4

① 静止したまま動かない。

② レールに沿って上昇する。

③ レールに沿って下降する。

④ はじめ，レールに沿って下降し，続いてレールに沿って上昇する。

⑤ はじめ，レールに沿って上昇し，続いてレールに沿って下降する。

2．焦点距離が10cmの凸レンズについて，次の問いに答えよ。

(1) 凸レンズを通過した光は像を結ぶ1点に向かって進む。図2-5の実線で表された光が凸レンズを通過したあと進む光はどれか。もっとも適切なものを①～⑥から1つ選べ。[6]

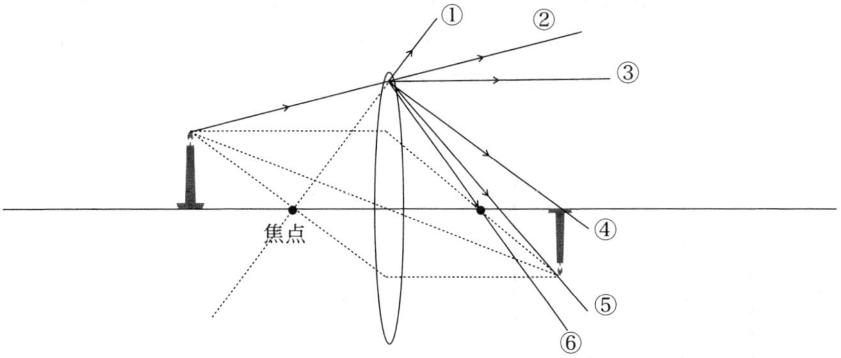

図2-5

(2) このレンズに，図2-6に示した矢印のように光が入射すると，レンズを通過したあと光はレンズから何cmのところで光軸と交わるか。もっとも適切なものを①～⑧から1つ選べ。ただし，図2-6で**1マスを5cm**とする。[7]

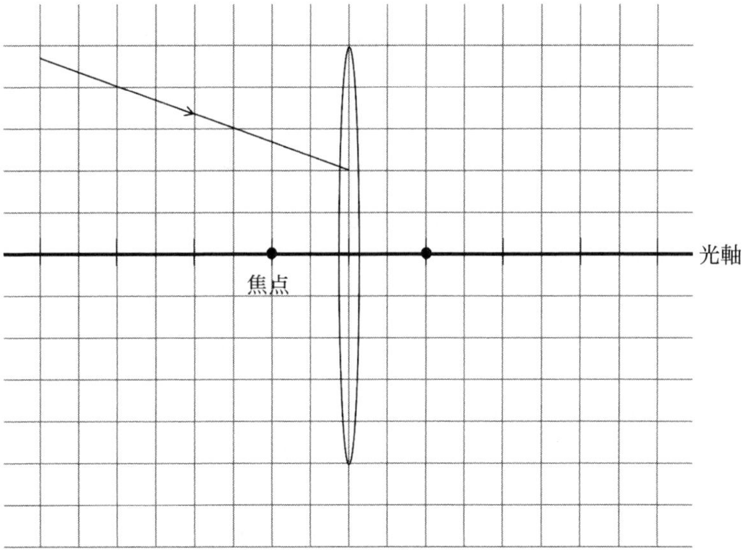

図2-6

① 5　② 7.5　③ 10　④ 12.5
⑤ 15　⑥ 17.5　⑦ 20　⑧ 22.5

(3) 図2-7のように，このレンズを太陽光線に対して垂直に置き，レンズから10cmの位置（図2-7のBの位置）に白い厚紙を置いた。このとき，厚紙の表面上の明るさの違いを測定したところ，図2-8のＢのようになった。Bは中心の1点が明るく，点線内はレンズがないときより暗くなり，点線外はレンズがないときと同じ明るさであった。次に，厚紙を取り去り，レンズから5cmの位置（図2-7のAの位置）に白い厚紙を置き，同様に測定したところ図2-8のＡのようになった。Cの位置でも同様の実験を行い，図2-8のCのようになった。ただし，厚紙は太陽光線に対して垂直に置き，図2-8の点線はレンズの大きさを表している。また，図2-7で**２マスを５cm**とする。

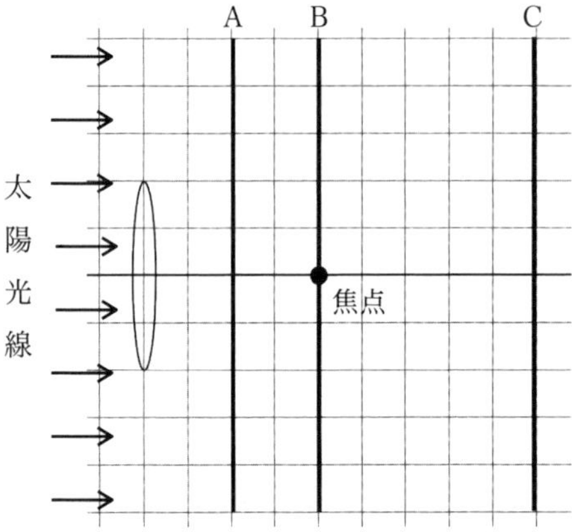

図2-7

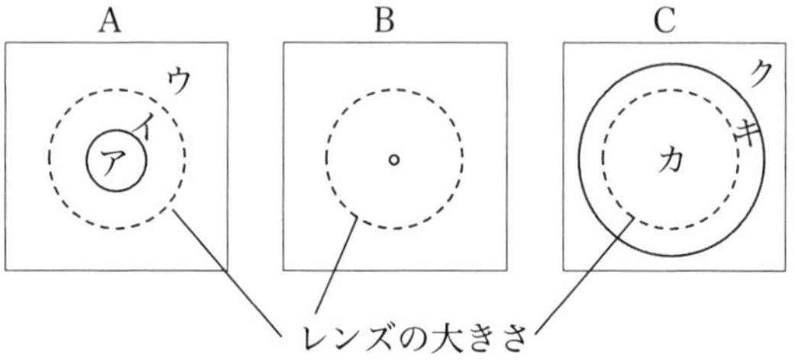

図2-8

(a) 図2-8のAのア，イ，ウの部分の明るさを比べるとどうなるか。明るい順として，もっとも適切なものを①～⑥から1つ選べ。[8]

① ア ＞ イ ＞ ウ　　② ア ＞ ウ ＞ イ　　③ イ ＞ ア ＞ ウ
④ イ ＞ ウ ＞ ア　　⑤ ウ ＞ ア ＞ イ　　⑥ ウ ＞ イ ＞ ア

(b) 図2-8のCのカ，キ，クの部分の明るさを比べるとどうなるか。明るい順として，もっとも適切なものを①～⑥から1つ選べ。[9]

① カ ＞ キ ＞ ク　　② カ ＞ ク ＞ キ　　③ キ ＞ カ ＞ ク
④ キ ＞ ク ＞ カ　　⑤ ク ＞ カ ＞ キ　　⑥ ク ＞ キ ＞ カ

(c) レンズの上半分を黒い紙で覆ったのちに，同様の実験を行った。Aの位置に置いた厚紙の表面上の明るさを調べると，図2-8のAのアの部分の明るさは紙で覆う前と比べてどのように変わるか。もっとも適切なものを①～⑤から1つ選べ。[10]

① 全体的に明るくなる。　　② 全体的に暗くなる。
③ 下半分は上半分より暗くなる。　　④ 上半分は下半分より暗くなる。
⑤ 覆っていないときと変わらない。

3 〔解答番号[11]～[19]〕

1. 沸騰水に$FeCl_3$水溶液を加えると，$Fe(OH)_3$とHClが生成した。図3-1のように，生成した物質をセロハン膜という一定の大きさ以下のイオンや分子を通すことができる膜に入れ，これを水に浸けるとセロハン膜の内側にあるH^+とCl^-が，膜の外側に移動した。セロハン膜の外側の液体を溶液Aとする。また，$Fe(OH)_3$は水に溶けにくい物質とする。次の問いに答えよ。

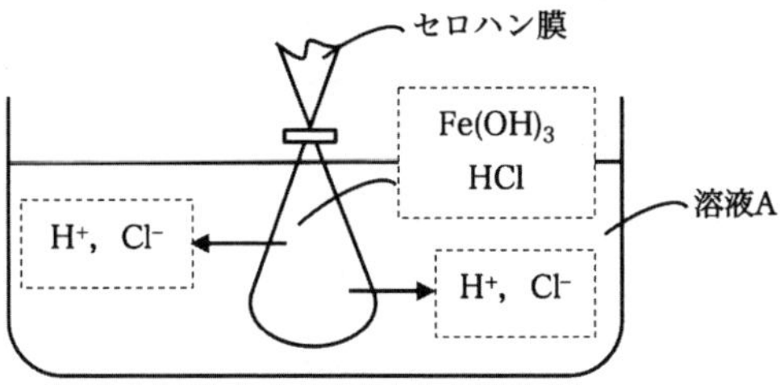

図3-1

(1) 沸騰水に$FeCl_3$水溶液を加えたときの化学反応式は次の式で表される。

$$a\,FeCl_3 + b\,H_2O \rightarrow c\,Fe(OH)_3 + d\,HCl$$ （a～dは係数を表す）

この化学反応式の係数について，次の例に従い，a+b+c+dの数値として，もっとも適切なものを①～⑨から1つ選べ。[11]

（例）$2H_2 + O_2 \rightarrow 2H_2O$の場合，係数の和は「5」である。

① 4　② 5　③ 6　④ 7　⑤ 8
⑥ 9　⑦ 10　⑧ 11　⑨ 12

(2) 溶液Aを試験管に取り出し，BTB溶液を加えた。この溶液にうすい水酸化ナトリウム水溶液を1滴ずつ滴下し，色の変化が見られなくなるまで十分加えた。溶液の色の変化として，もっとも適切なものを①～⑧から1つ選べ。[12]

① 青→黄　② 青→緑　③ 緑→黄　④ 赤→無色
⑤ 無色→赤　⑥ 青→黄→赤　⑦ 黄→緑→青　⑧ 青→緑→黄

(3) 溶液Aの性質として正しいものはどれか。正しく選択したものとして，もっとも適切なものを①～⑧から1つ選べ。[13]

ア. 溶液Aにうすい水酸化ナトリウム水溶液を加えたときに生じる塩はすべて固体として存在する。
イ. 溶液Aに，溶液Aと同じ温度のうすい水酸化ナトリウム水溶液を加えると温度が上がる。
ウ. 溶液Aに亜鉛を入れると水素が発生する。
エ. 溶液Aから塩素が発生する。

① ア　② イ　③ ウ　④ エ
⑤ ア，イ　⑥ ア，ウ　⑦ イ，ウ　⑧ ウ，エ

(4) 溶液Aに硝酸銀水溶液を加えると白色の沈殿が生成した。2種類の溶液の体積を変えて実験したときに生じた沈殿の質量は表3-1のようになった。表3-1のXの値として，もっとも適切なものを①～⑧から1つ選べ。[14]

① 0.36　② 0.42　③ 0.48　④ 0.54　⑤ 0.60　⑥ 0.72　⑦ 0.96　⑧ 1.44

表3-1

溶液Aの体積〔mL〕	硝酸銀水溶液の体積〔mL〕	白色沈殿の質量〔g〕
100	25	0.06
100	50	0.12
100	100	0.24
100	200	0.36
400	300	X

2. 氷20gを一様に加熱したところ，図3-2のグラフが得られた。加熱や物質の状態に関する次の問いに答えよ。

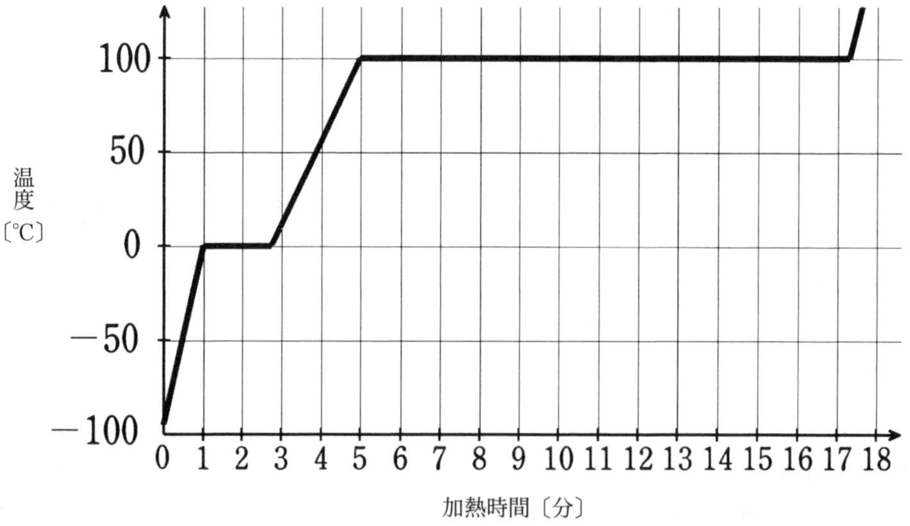

図3-2

(1) 次の物質のうち，加熱することで図3-2と同様のグラフの形を示すと考えられる物質の組み合わせとして，もっとも適切なものを①～⑦から1つ選べ。[15]

ア．食塩水　イ．エタノール　ウ．パルミチン酸

① ア　② イ　③ ウ　④ ア，イ

⑤ ア，ウ　⑥ イ，ウ　⑦ ア，イ，ウ

(2) 図3-2において，1分あたりに加えた熱量は何kJか。小数第二位まで求めよ。ただし，水1gを1℃上昇させるために4.2Jを必要とし，氷が融解するのに必要な熱量は1gあたり0.33kJ，水が蒸発するのに必要な熱量は1gあたり2.3kJであり，加熱による熱は全て水の温度上昇と状態変化に使われたとする。[16].[17][18]kJ

(3) 以下の温度について，正しい説明をしている組み合わせとして，もっとも適切なものを①～⑧から1つ選べ。[19]

ア．部屋に置いてあり，氷が浮いている水の温度

イ．富士山頂での水の沸点

ウ．実験室での窒素の沸点

	ア	イ	ウ
①	0 ℃	0 ℃より高く，100 ℃より低い	0 ℃より低い
②	0 ℃	0 ℃より高く，100 ℃より低い	100 ℃より高い
③	0 ℃	100 ℃	0 ℃より低い
④	0 ℃	100 ℃	100 ℃より高い
⑤	0 ℃より低い	0 ℃より高く，100 ℃より低い	0 ℃より低い
⑥	0 ℃より低い	0 ℃より高く，100 ℃より低い	100 ℃より高い
⑦	0 ℃より低い	100 ℃	0 ℃より低い
⑧	0 ℃より低い	100 ℃	100 ℃より高い

4 〔解答番号[20]～[26]〕

1．動物の進化と分類について，以下の文章を読み，次の問いに答えよ。

図4-1は，5つになかま分けされた脊椎動物の進化のようすを模式的に表したものである。

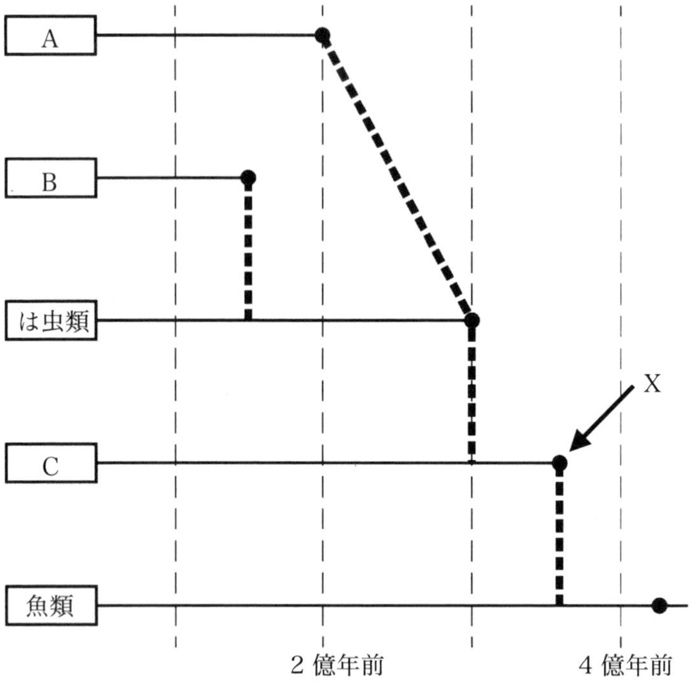

図4-1

(1) 図4-1のA～Cにあてはまる動物のなかまの組み合わせとして，もっとも適切なものを①～⑧から1つ選べ。[20]

	A	B	C
①	鳥類	哺乳類	両生類
②	鳥類	両生類	哺乳類
③	鳥類	哺乳類	昆虫類
④	鳥類	昆虫類	哺乳類
⑤	哺乳類	鳥類	両生類
⑥	哺乳類	両生類	鳥類
⑦	哺乳類	鳥類	昆虫類
⑧	哺乳類	昆虫類	鳥類

(2) 図4-1のXの時期に起こった変化として考えられることは何か。もっとも適切なものを①～⑤から1つ選べ。[21]

① 羽毛をもつようになった。

② 背骨をもつようになった。

③ 親が肺で呼吸するようになった。

④ 陸上に殻のある卵を産むようになった。

⑤ 卵生から胎生になった。

(3) シソチョウのからだのつくりで，は虫類と共通する特徴として正しいものはどれか。正しく選択したものとして，もっとも適切なものを①～⓪から1つ選べ。[22]

ア. 背骨が長く，尾にまで伸びている。

イ. 前あしは，つばさになっている。

ウ. からだは，うろこと羽毛で覆われている。

エ. つめのついた指がある。

① ア，イ	② ア，ウ	③ ア，エ	
④ イ，ウ	⑤ イ，エ	⑥ ウ，エ	
⑦ ア，イ，ウ	⑧ ア，イ，エ	⑨ ア，ウ，エ	⓪ イ，ウ，エ

2. 生物の有機物合成について，以下の文章を読み，次の問いに答えよ。

植物は細胞内にある葉緑体が光を受けて，水と二酸化炭素から有機物を作り出す。この反応を (a) 光合成という。光の届かない土壌中には，物質の酸化により生じるエネルギーを利用して有機物を合成する細菌もいる。このような細菌を総称して (b) 化学合成細菌という。

植物は変動し続ける環境の下で光合成を行うため，光合成によって作られる有機物の量は大気中の二酸化炭素濃度や光の強さといった周辺の環境の変化に大きく影響を受ける。そのため光を受け取る葉緑体は，植物細胞の中で光に対して方向性をもち，流れるように動くことがある。このような現象を (c) 細胞質流動という。

(1) 下線部 (a) について，もっとも適切なものを①～④から1つ選べ。[23]

① 光合成を行う葉緑体は赤色の粒で，光学顕微鏡で観察を行うと，タマネギの表皮細胞の中央部分に一つだけ観察ができる。

② 光合成により窒素ができ，植物体内から排出される。

③ 光合成で利用する二酸化炭素は，植物の表面上にある気孔で取り込まれる。

④ 植物は光合成のみを行い細胞に必要なエネルギーを作っているので，呼吸は行わない。

(2) 下線部 (b) の化学合成細菌について考えられるものとして，もっとも適切なものを①～④から1つ選べ。[24]

① 化学合成細菌は光が当たらないと有機物の合成ができない。

② 化学合成細菌は合成した有機物を栄養分として利用することができる。

③ 化学合成細菌は有機物を分解できない。

④ 化学合成細菌は光合成も同時に行っている。

(3) 下線部（c）について，細胞質流動は光学顕微鏡で観察することができる。ある植物の葉の細胞を観察し，葉緑体の移動距離を測定したところ，細胞の端から端まで6秒間で移動した。細胞質流動の速度〔m/分〕として，もっとも適切なものを①～⑥から1つ選べ。ただし，この細胞は全長0.1mmということがわかっている。[25]

① 0.001　　② 0.01　　③ 0.1
④ 1　　⑤ 10　　⑥ 100

(4) 植物の光合成と光，温度との関係を調べるために，以下のような実験を行った。ある植物の葉を密閉した容器に入れ，暗黒下および照度1000ルクス，1500ルクス，2000ルクスの下に20分ずつ置き，容器の中の酸素濃度の変化を，最初の酸素濃度を0として測定した。ここでは，呼吸による単位時間あたりの酸素濃度の変化を呼吸速度，光合成による単位時間あたりの酸素濃度の変化を光合成速度として，10℃と20℃について実験を行った。その結果をグラフにしたものが図4-2である。ただし，二酸化炭素濃度は十分に保たれているものとする。また，呼吸速度は照度によって変化しないものとする。ルクスは明るさを表す指標で，数値が大きいほど明るいことを示す。

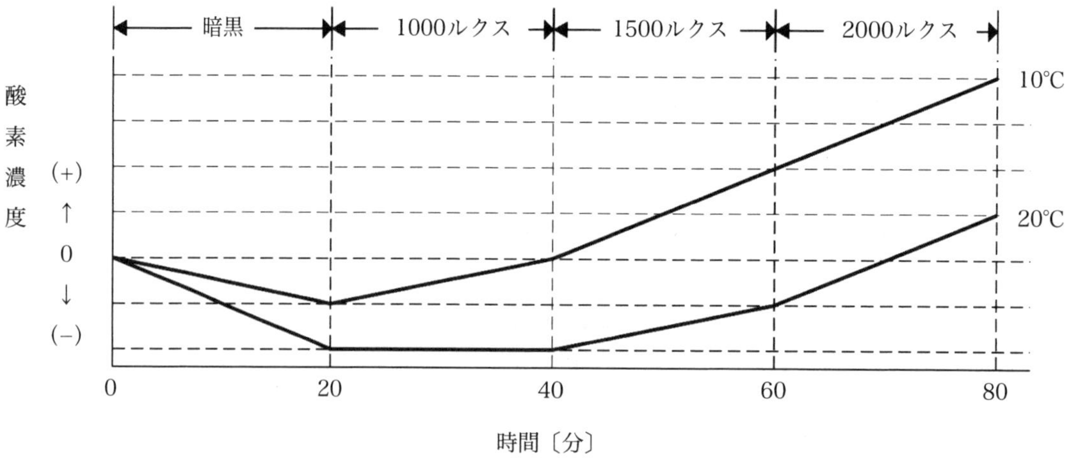

図4-2

この実験から推定されることとして，もっとも適切なものを①～④から1つ選べ。[26]

① 10℃のときの光合成速度が最大になる照度が1500ルクスである可能性はあるが，20℃のときの光合成速度が最大になる照度が1500ルクスではありえない。
② 20℃，1000ルクスでは，光合成は行われていないと考えられる。
③ 10℃，1000ルクスでは，光合成速度と呼吸速度は等しくなっている。
④ 10℃，1000ルクスと，20℃，1500ルクスのときの光合成速度は同じである。

5 〔解答番号[27]～[30]〕

図5-1はある地区の地形図であり，図5-2は地層の重なり方を柱状図で表したものである。この地域では，ある方向に地層が傾いているが，地層の上下が逆転するような大地の変動や断層などは起こっていない。

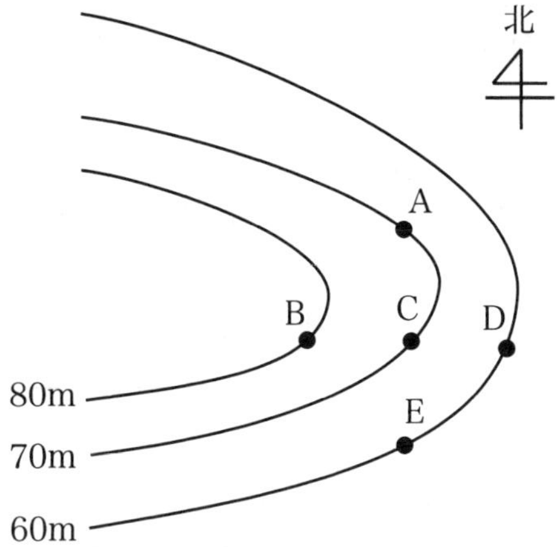

北
A
B
C
D
E
80m
70m
60m

図5-1

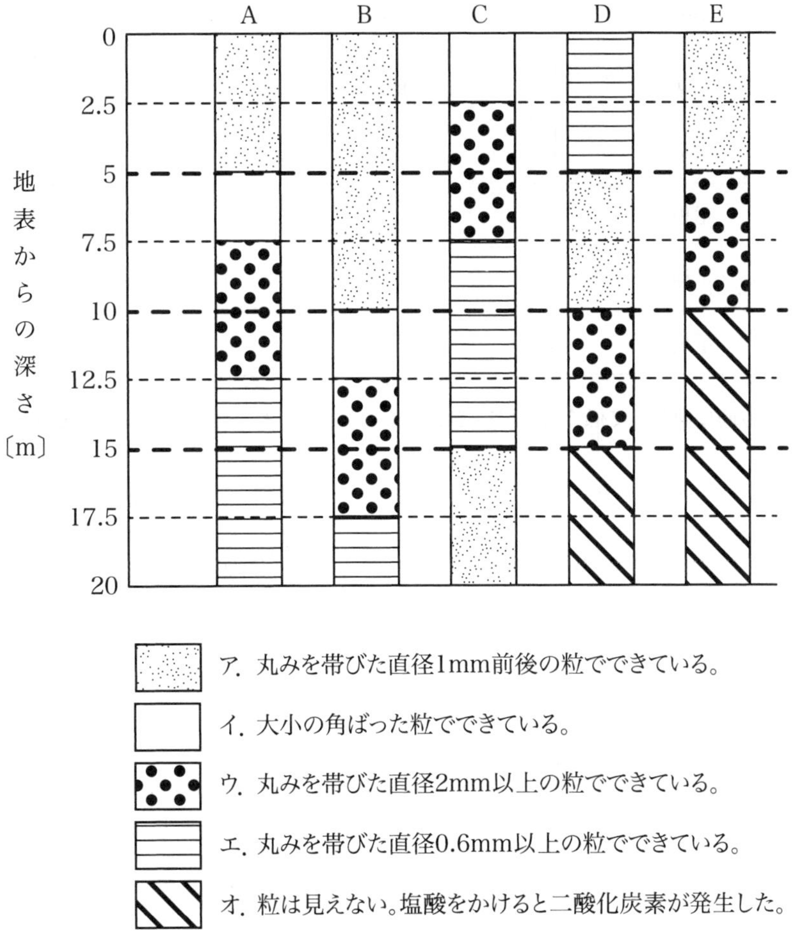

A
B
C
D
E
0
2.5
5
7.5
10
12.5
15
17.5
20
地表からの深さ〔m〕
ア．丸みを帯びた直径1mm前後の粒でできている。
イ．大小の角ばった粒でできている。
ウ．丸みを帯びた直径2mm以上の粒でできている。
エ．丸みを帯びた直径0.6mm以上の粒でできている。
オ．粒は見えない。塩酸をかけると二酸化炭素が発生した。

図5-2

(1) この地層が堆積していく途中で火山活動が起きた。このときに地層ができた環境はどのような環境と予測できるか。正しい組み合わせとして，もっとも適切なものを①〜⑧から1つ選べ。[27]

a.V字谷　b.扇状地　c.三角州　d.湾　e.沖合　f.川底　g.深い海　h.浅い海

① a，e　② a，f　③ b，e　④ b，f　⑤ c，h　⑥ c，g　⑦ d，h　⑧ d，g

(2) 次の文中の空所にあてはまる語句の組み合わせとして，もっとも適切なものを①〜⑧から1つ選べ。[28]

堆積岩の中には，堆積した当時すんでいた生物の死がいや生活した後が化石となって残っていることがある。その地層が堆積した年代を推定できる手がかりとなる化石を（　a　）化石という。（　a　）化石として有効であるための条件として，化石として残りやすい，産出個体数が多い，種としての生存期間が（　b　），生息域が（　c　）などがある。

	a	b	c
①	示準	短い	狭い
②	示準	短い	広い
③	示準	長い	狭い
④	示準	長い	広い
⑤	示相	短い	狭い
⑥	示相	短い	広い
⑦	示相	長い	狭い
⑧	示相	長い	広い

(3) この地層はどの方向に向かって低くなっていると考えられるか。もっとも適切なものを①〜④から1つ選べ。[29]

① 東　② 西　③ 南　④ 北

(4) 地点Aで地表から垂直に掘るとき，図5-2のオの層に達する距離は何mか。もっとも適切なものを①〜⑥から1つ選べ。[30]

① 20　② 22.5　③ 25　④ 27.5　⑤ 30　⑥ 32.5

問六　この文章の内容に関する説明として最も適当なものを次の中から一つ選び、記号で答えなさい。

イ　仁戒上人は師である僧都の行いに対して困り果てて寺から出たので、もう後戻りはできないのだと自分自身を奮い立たせ極楽の道を目指そうと意気込んでいた。

ロ　人々は女と一緒にいる仁戒上人を見て、仏道修行以外には見向きもしなかった真面目な仁戒上人が役に立たないだめな者になってしまったことを残念に思った。

ハ　自分の命はもう長くないと感じていた仁戒上人は、自分の臨終に立ち会いたいという何年か前に聞いていた郡司夫婦の願いを叶えようと思い彼らの家を訪れた。

ニ　仁戒上人はいつも自分に精一杯尽くしてくれる郡司夫婦の家を訪れた際、部屋中をこの世のものとは思えない名香で満たすことにより恩返しをしようと考えた。

ホ　郡司夫婦はなかなか起きてこない仁戒上人を心配していたが、一方の弟子は仁戒上人が腹痛に見舞われていることを考慮してもう少し様子を見ようと提案した。

問一　傍線①「仁戒上人《しやうにん》」の動作ではないものを二重傍線A～Dの中から一つ選び、記号で答えなさい。

問二　傍線②「この女の頭に抱きつきて、後ろに立ち添ひたり」とあるが、上人がこのような行動をとったのはなぜか。本文に即して理由を説明しなさい。

問三　傍線③「何事か侍《はべ》らん」とあるが、その解釈として最も適当なものを次の中から一つ選び、記号で答えなさい。

イ　何の事情がございますか

ロ　何の理由もございません

ハ　何か訳があるのでしょう

ニ　何か根拠があるはずです

問四　傍線④「西に向かひ端座《たんざ》合掌して、はや死に給へり」とあるが、この時の上人の様子を表したものとして最も適当なものを次の中から一つ選び、記号で答えなさい。

イ　僧都に女との交際を反対され仕方なく山階寺を出ることになった上人は、郡司夫婦に看取られながら思い描いていた通りの死を迎えることができた。

ロ　僧都の制止を振り切ってでも山階寺から出て行くことを望んでいた上人は、以前から理想としていた郡司夫婦の家で極楽往生を遂げることができた。

ハ　極楽往生を遂げたいというかねてからの思いが無事達成できたことで心に余裕が生まれた上人は、郡司夫婦の家で安心して死を迎えることができた。

ニ　山階寺にいた時からの望みである道心を遂げるため、周囲の目を気にすることなく寺を出た上人は、自ら望んだ場所で極楽往生を遂げることができた。

問五　二重傍線E「暁」とはどの時間帯を指すか。最も適当なものを次の中から一つ選び、記号で答えなさい。

イ　深夜　　ロ　夜明け前　　ハ　早朝　　ニ　正午　　ホ　夕暮れ時

四　次の文章を読んで、後の問に答えなさい。問題作成上、一部改変している部分があります。

これも今は昔、*南京に①仁戒上人といふ人ありけり。山階寺《やましなでら》の僧なり。才学、寺中にならぶ輩なし。しかるに、にはかに*道心を起こして寺を出《い》でんとしけるに、その時の*別当《べったう》興正僧都《そうづ》、いみじう惜しみて、制しとどめて出だし給《たま》はず。しわびて、西の里なる人の女《むすめ》を妻にして通ひければ、人々やうやうささやき立ちけり。人にあまねく知らせんとて、家の門に、②この女の頭に抱きつきて、後ろに立ち添ひたり。行き通る人見て、あさましがり、心《こころ》憂《う》がる事限りなし。*徒者《いたづらもの》にAなりぬと、人に知らせんためなり。さりながら、この妻とあひ具《ぐ》しながら、さらに近づく事なし。堂にB入りて、夜もすがら眠らずして涙を落として*行ひけり。この事を別当僧都聞きて、いよいよ貴《たふと》みてC呼び寄せければ、しわびて逃げて、*葛下郡《かつらぎのしものこほり》の*郡司が聟《むこ》になりにけり。念珠《ねんず》などをもわざと持たずして、ただ心中の道心はいよいよ堅固にD行ひけり。

ここに*添下郡《そふのしものこほり》の郡司、この上人に目をとどめて、深く貴み思ひければ、跡も定めず歩《あり》きける尻に立ちて、衣食、沐浴《もくよく》等を営みけり。上人思ふやう、「いかに思ひて、この郡司夫妻はねんごろに我を訪《とぶら》ふらん」とて、その心を尋ねければ、郡司答ふるやう、「③何事か侍らん。ただ貴く思ひ侍れば、かやうに仕《つかまつ》るなり。ただし、一事申さんと思ふ事あり」といふ。「何事ぞ」と問へば、「御臨終の時、いかにしてかあひ申すべき」といひければ、上人、心に任せたる事のやうに、「いとやすき事にありなん」と答ふれば、郡司、手を摺《す》りて悦《よろこ》びけり。

さて年比《としごろ》過ぎて、ある冬、雪降りける日、暮れがたに、上人、郡司が家に来ぬ。郡司悦びて、例の事なれば、食物、下人どもにも営ませず、夫婦手づからみづからして召させけり。湯なども浴《あ》みて臥《ふ》しぬ。E暁はまた、郡司夫婦とく起きて、食物種々に営むに、上人の臥し給へる方香ばしき事限りなし。匂ひ、一家に充《み》ち満《み》てり。これは名香などたき給ふなめりと思ふ。「暁はとく出でん」とのたまひつれども、上人、夜明くるまで起き給はず。郡司、「御粥《かゆ》出で来たり。この由《よし》申せ」と御弟子にいへば、「腹悪《あ》しくおはする上人なり。悪しく申して打たれ申さん。今起き給ひなん」といひてゐたり。

さる程に、日も出でぬれば、例はかやうに久しくは寝給はぬに、あやしと思ひて、寄りておとなひけれど、音なし。引きあけて見ければ、④西に向かひ端座合掌して、はや死に給へり。あさましき事限りなし。郡司夫婦、御弟子どもなど悲しみ泣きみ、かつは貴み拝みけり。「暁香ばしかりつるは、極楽の迎へなりけり」と思ひ合はす。「終はりにあひ申さんと申ししかば、ここに来たり給ひてけるにこそ」と、郡司、泣く泣く葬送の事もとり沙汰《さた》しけるとなん。

（『宇治拾遺物語』巻第十五　第九話）

注　南京　……　現在の奈良県。
　　道心　……　仏の道を求める心。
　　別当興正僧都　……　人名。
　　徒者　……　役に立たないだめな者。
　　行ひけり　……　仏道修行をした。
　　葛下郡　……　現在の奈良県北葛城郡。
　　郡司　……　郡を治める役職名。
　　添下郡　……　現在の奈良県生駒郡。

問四　傍線④「福子はにこにこして、うれしそうに、ちょっと頸《くび》をすくめた」とあるが、ここでの福子の心情を説明したものとして最も適当なものを次の中から一つ選び、記号で答えなさい。

イ　隠居にもらった万年青が元気に育っているさまを見せることができて満足しただけでなく、隠居が他のどの嫁よりも自分のことを褒《ほ》めてくれたことを嬉しく思い、得意になっている。

ロ　自分の育てている万年青の手入れが行き届いていることに隠居が気づいてくれたことで、本家の柱であり家の者に人気の隠居を独り占めできた気分になり、嬉しいと感じている。

ハ　万年青を大事に育てていることに感心してもらえただけでなく、自分の人柄も認めてくれたことを嬉しく思うとともに、面と向かって隠居に褒められて恥ずかしく感じている。

ニ　手料理や万年青の手入れを褒めてくれる隠居の言葉に嬉しい気持ちがわくと同時に、隠居に自分の心遣いを無理強いしてしまっているのではないかと哀しい気もしている。

問五　傍線⑤「隠居には、これしか言葉がないようだった」とあるが、この時の隠居の心情を七十字以内で説明しなさい。

問六　次の一文は本文中から抜き出したものである。どこに入れるのが最も適当か。直前の十文字で答えなさい（句読点、記号を含む）。

三ばん目の嫂が攻勢に出た。

問七　この文章の内容や表現に関する説明として最も適当なものを次の中から一つ選び、記号で答えなさい。

イ　短い文章を重ねていくことで全体のリズムを整え、話題がテンポよく進むようになっているだけでなく、福子の思いは長文で語ることで、読者により強い印象を与えるよう工夫されている。

ロ　どんな場面でも一貫してにこにこと幸せそうな隠居の様子と、明るく無邪気な福子の様子が描かれることで、立場は違うものの、お互いに通じるところのある二人の内面を浮かび上がらせている。

ハ　嫂や姑たちとのやりとりを通じて、明るく無邪気な福子の側面を描きながらも、表の顔とは違った内面描写を随所に入れることで、家族にはわからない福子の多面性が読者に提示されている。

ニ　会話文を多用するだけでなく、登場人物たちのやりとりの様子を細かく描くことで、それぞれの人物の性格や思惑に加え、人間関係までもが自然と浮かび上がってくるように描かれている。

問一　傍線①「心からうれしそうに、隠居は満足気だった」とあるが、孫嫁たちに尽くされる隠居の心情を説明したものとして最も適当なものを次の中から一つ選び、記号で答えなさい。

イ　いつも自分のことを気にかけてくれる者たちの存在を心からありがたいと思いつつ、自分が喜んでいることをいかに周囲の人々に伝えるかを考え、言葉を選ぶことに心を砕いている。

ロ　高木家の実権を握っている自分に一生懸命媚《こ》びを売ろうとする人々にうんざりしつつも、親族同士の仲が悪くなると困るため、満足している姿を見せて皆を安心させようとしている。

ハ　まだ元気とはいえ年を取った自分に真心を尽くして世話をしてくれる人たちに感謝しつつも、福子だけは他の者たちとは比べ物にならないくらいに可愛い存在だと思っている。

ニ　自分のことを大切に思い、生活のあらゆる場面で気遣いをみせる孫達の存在をありがたいと思いつつ、平等に感謝の気持ちを述べねばならないと、かえって気を遣っている。

問二　傍線②「福子さんて、ほんとうにお嬢さんねえ」とあるが、この言葉を説明したものとして最も適当なものを次の中から一つ選び、記号で答えなさい。

イ　いつも明るい笑顔の福子と話すとはずんだ気持ちになるものの、楽しいことにばかり目がいってしまい、周囲の人への配慮を欠く福子の言動にあきれてもいる。

ロ　無邪気な福子の存在に助けられている一方で、まだ幼く気遣いが足りない福子など、高木家の嫁として気にかけるほどの存在ではないと軽んじている。

ハ　隠居への優しさが足りない福子を苦々しく思うものの、持ち前の明るさから、隠居を含む高木家の人々に可愛がられている福子をうらやましいとも感じている。

ニ　明るい福子の存在は周囲をなごませるものだと捉える一方で、結婚してから日が浅い福子の言動は隠居を喜ばせるほどのものではないと見下している。

問三　傍線③「福子は、さっきから可笑しくてならなかった」とあるが、その理由を説明した次の文の空欄に合う言葉を、本文中からそれぞれ十一字で抜き出して答えなさい。

【　Ⅰ　】と【　Ⅱ　】ている嫂たちの姿が、こっけいに見えたから。

「この間ね、植えかえましたのよ。水はけが悪いと思ったら根が少し腐っていましたの。知らないでいたら、大変なことでしたわ。」

「麻布じゃあ、みんな枯らしてしまってね。こういう鉢物は、面倒みてやらないとね。ほったらかしじゃあ万年青が可哀想だよ。」

隠居は、こう*忿懣《ふんまん》の一端を述べた。麻布の二ばん目の孫嫁のことだった。

この万年青は、隠居が永年丹誠したもので「入舟《いりぶね》」という名前までついていた。その親株から子分けしてもらって、孫たちが一鉢ずつ縁起《えんぎ》に貰《もら》ったものだった。

隠居に手入れの仕方を教わった通り、福子は丹念にその万年青の面倒をみてきた。はじめ、白い星の出かかった葉も、茶汁を筆につけて毎朝洗ってやっているうちに、すっかりとれて、青黒い葉も、この頃は艶光《つやびか》りしてきた。

「万年青の扱いかたで、その人柄がわかるってね。先代が口癖のようにおっしゃったよ。」

隠居は、こう優しい眼遣《めづか》いで福子を見た。

④福子はにこにこして、うれしそうに、ちょっと頸をすくめた。

「隠居さんに、万が一のことがあったら、お前さんは何が欲しいね。」

唐突だったので、福子は何んのことかと眼を大きくして見た。

隠居は笑って、

「まあさ、仮《か》りの話だよ。これでも隠居さんは、まだまだ長生きするつもりだからね。」

と、福子を安心させておいて、そして附《つ》け加えた。

「この間ね、家の者や嫁さんたちが集まったところで、隠居さんが聞いてやった。隠居さんが死んだら、みんなは、何が欲しいね、気持を開けて話してごらん、ってね。みんな、言い出したよ。本家《うち》の嫁さんはまあ、あの屋敷と伊東の別荘だそうな。孫娘の辰子はね、一生暮せるだけのお金だそうな。麻布じゃあ、吉祥寺の土地が欲しいって言い出すし、三ばん目のは会社の株が欲しいんだそうな。なかなか賑やかなことだった。ところで、お前さんはその場にいなかったんでね。お前さんは何が欲しいね？」

隠居は、福子の涙の張った眼を見て、びっくりした。言葉もなく、しばらく福子を見ていた。隠居も潤《うる》み眼になっていた。

「いいよ、いいよ。」

⑤隠居には、これしか言葉がないようだった。

「おばあさん、お湯が煮立ってますよ。」

縁側から良人が声をかけた。「久し振りに、おばあさんの淹れたお茶を飲もうじゃないか。」

促されて、隠居は立ちあがった。福子はその背を抱えるようにして、しずかに縁のほうへ歩きだした。

（矢田津世子「万年青」）

注　お懐石　…　茶席で、茶の前に出す簡単な食事のこと。懐石料理。
　　厠　…　便所。
　　普茶料理　…　中国から伝わった禅寺の精進料理。野菜類を主材料に用い、油を多く使うのが特徴。
　　万年青　…　ユリ科の常緑多年草。青々と張りのある葉の様子から、長寿や健康を司《つかさど》る縁起の良い植物とされる。
　　忿懣　…　腹が立って、がまんができないこと。

福子がすましてこう言ったので、みんな、どっと笑った。
「わたくしね、*普茶《ふちゃ》料理にしますわ。みなさん、どうぞ、かち合わないようにね。」
二ばん目の嫂は、ちょっと白けた顔で、
「あら、普茶なの？　おばあさま、あまりお好きじゃないと思うけど……」
と、逸《そ》らしたふうに言った。
「そう。お世話さま。おばあさまね、いつだったか、とてもお気に召しましてね。」
三ばん目の嫂は、にこやかな顔で応酬した。
「おばあさまも、この頃は、お好みが変りましてね。純粋のお懐石でないとお口にあいませんのよ。」
こう言っておいて、二ばん目の嫂は急に話題を変えた。
はぐらかされた三ばん目の嫂は、唇をキュッと釣って、聞えない振りで紅茶の匙《さじ》をまわしていた。
③福子は、さっきから可笑しくてならなかった。嫂たちの真剣な顔や、皮肉な応酬や、気持の探りあいなどを見ていると、しぜん、笑いがこみあげてくる。
「福子さんたら、困った人ね。」
上の嫂も、つりこまれて笑っていた。
客の帰った気配がしたので、福子は奥へ行ってみた。
隠居は、たった一人でお茶を飲みながら何か思案をしていた。
「おばあさま。わたしもお茶いただきたいの。」
福子を見ると、隠居はどういうつもりか眼鏡をはずして、にこにこと迎えた。
「さあさあ、おあがり。」
そして、自分で淹《い》れて勧めた。
「あした、お天気だったらな、お前さんの家へ行くつもりだからね。」
隠居は、そのことをよほど前から楽しみにしていたらしく、乗り出して言うのだった。
翌日、隠居は朝の中に出かけてきた。
ちょうど日曜日で、良人も早くから待ちかまえていた。
昼食は、福子の心をこめた手料理だった。
「こりゃ、うまい、うまい。」
隠居は、あちこちへ箸《はし》をのばしては喜んだ。自分の口には、福子の味つけが一とう合うと云って、眼を細めて喜ぶのだった。
「隠居さんには、これに限るよ、ゴテゴテ並べられたって、そうそう食べられたもんじゃあない。こういう野菜料理が一とうなんだよ。」
くりかえし、こう云うのだった。
食事がすんで、福子は年寄りに引き添うて庭に出た。小さな庭だったけれど、福子の丹誠で草花の緑りの芽も、もう出ていた。
「ほう、この*万年青《おもと》はよく手入れがとどいている。」
隠居は、そこにしゃがんで、万年青の鉢をゆっくりと眺めにかかった。
福子も並んでしゃがんだ。

「おばあさまが喜んで下さることだったら、何《な》んでもいたしますわ。あさってあたり、*お懐石でもしようかと、わたし、こっそり計画してますのよ。」

二ばん目の孫嫁はお茶に熱心だった。時折り、年寄りを主客にして懐石料理を楽しませては、自分だけという取り入り方で、ほかの嫁たちに負けまいとつとめるのだった。

誰でもが隠居の寵《ちょう》を得ようと力《つと》めていた。料理の上手な者は料理で、お針の上手な者はお針で、それから別に取り柄のない者は隠居の足腰をもんでやったり使いを足したり、*厠《かわや》にまでついて行っていろいろと優しく心遣いをみせた。

「隠居さんは、ほんとうに仕合せだねえ。」

人に会いさえすれば、隠居はこうわが身の幸福を語らずにはいられなかった。

「お羨《うら》やましいことですよ。前世から持ってきなすった福運なんですからね。」

聞き手は、隠居のいかにも仕合せそうなにこやかな面差《おもざ》しを見て自分もやはり仕合せな気がするのだった。

福子は、そのような隠居を見ていると、何がなし哀しくなってくるのだった。みんなの心遣いを喜んで受けている隠居が、何か、その心遣いを無理強《じ》いされているように見えてならない。隠居が喜べば喜ぶほど、哀しい気がした。

「福子さん。あなたって、笑っているばかりが能なのね。少しは、おばあさまのことをしてあげたらどうなの。」

姑《はは》からこんな優しい注意をうけたりした。

「②福子さんて、ほんとうにお嬢さんねえ。」

と、ほかの嫁たちは噂《うわさ》しあった。世間のことなどまだ分らないほどの子供なのだ、笑っているばかりが取り柄なのだろうと、軽くしか考えなかった。隠居を中にしての競争相手に、福子は入っていなかった。

「無邪気な可愛い方!」

と、みんなは福子を見ると、やはり、心がやわらぐのだった。

福子には、そうした嫂《あによめ》たちの気持が飲みこめなかった。隠居に取り入って何をしようとするのだろう。そんなことでお互いに気持を摺《す》りあっている嫂たちの姿が、何か哀しかった。

或る日、福子が本家へ行くと、めずらしく嫂たちが寄り合って、茶の間で何か相談事をしているところだった。

「あら、福子さんがいらっしった。」

みんな喜んで迎えてくれた。

「本気なお顔をして、なんの御相談?」

福子も、そこへ割りこんだ。嫂たちの何やら真剣な表情が可笑《おか》しくってならなかった。

「近いうちね、おばあさまの慰安会をしましょうって、今御相談していたところなのよ。」

上の嫂が教えた。

「各自、持ち寄りの御馳走ではいかが? 時節柄、お重詰めにして、めいめい腕をふるいあったら、おばあさまもお喜びなさってよ。」

二ばん目の嫂は、自信ありげな口調だった。

「福子さんのお料理は、なあに?」

と、いつのまにか仲間入りしていた小姑《こじゅうと》が訊《たず》ねた。

「わたし? わたしは、おでんよ。」

問七　この文章の内容に関する説明として最も適当なものを次の中から一つ選び、記号で答えなさい。

イ　人と安心して話をするには、他人と深く関わることを避けて立ち回ることが無難ではあるものの、人は誰かと意見を分かち合いたいという思いを持っており、検索はその欲求を満たすための一助となった。

ロ　ＳＮＳの隆盛により、他人とつながることが容易にはなったが、相手がどのようなパーソナリティをもっているかを判別することは容易ではないので、危険に巻き込まれる可能性に留意しながら対話をする必要がある。

ハ　「お母さん食堂」の事例において、名称の変更を推進する署名活動に反対する人々が結託してインターネットを悪用し、反撃を書き込んだことは、性別の役割の偏見を助長させてしまうことにつながり、無配慮な行動であった。

ニ　世の中を二つに分断してしまうことの原因として、インターネットの発展によって外界と触れる機会が減ったことが挙げられ、対面でのコミュニケーションスキルが減退してしまい、対立を促してしまったといえる。

三　次の文章を読んで、後の問に答えなさい。問題作成上、一部改変している部分があります。

福子は、友だちの間でも、親類の間でも、「福子さん、福子さん」で親しまれていた。座がはずまないようなとき、

「福子さんがいらっしったらね。」

と、かならず、その名が話題になるのだった。福子がいるだけで、もう、座の空気がやわらぐ。気づまりな雰囲気が、福子が入ってきただけで、なごやかに明るくはずんでくるのだった。

「高木の家では、いい嫁さんを当てたものだ。気だてはよし、働きものだし、隠居《いんきょ》さんも自慢の可愛《かわい》い嫁さんだからね。」

親類の者たちは、こう云《い》って評判しあった。

この隠居は、本家の先代の連合いで、福子の良人《おっと》には祖母にあたる人だった。七十六になっていたが、少し耳が遠いだけで、まだ元気で家の中のことを何かとおさえていた。先代が築きあげた産を、時代に添って生かしているのも、この隠居の力だった。

本家は、大家族で、隠居を頭《かしら》に、当主夫婦、跡継ぎの孫夫婦に子供たち、それに嫁入り前の孫娘たちに召使を入れると二十人からの賑《にぎ》やかさだった。このほかに、別に家を持っている孫達がいたが、福子の良人もその一人で、結婚してまだ一年もたっていなかった。

本家の柱になっている隠居は、みんなから大事にされて、「おばあさま、おばあさま」と、なかなかの人気である。別暮しをしている孫嫁たちも入れかわり立ちかわり訪ねては、隠居に優しく、真心から尽《つく》そうとする。

「おばあさま。きょうは、お好きな餅菓子《もちがし》を見つけてまいりましたのよ。」

こう言って隠居を喜ばせる嫁がいるかと思うと、隠居を茶室へ招じ入れてお茶を点《た》てて喜ばせる嫁もいる。

「すまんことだね。隠居さんは日本中での仕合《しあわ》せ者ですよ。」

①心からうれしそうに、隠居は満足気だった。自分のことを、こうして「隠居さん」と言い慣《なら》わしていたが、気丈そうに見える年寄りも、何かそんなことでユーモラスな愛すべき人に見えるのだった。

問二　傍線①「言葉のもつリスク」とあるが、その具体例として当てはまらないものを次の中から一つ選び、記号で答えなさい。

イ　ボランティアで募金をすることになった時に、裕福な友人が他の人より少ない募金額だったので、「君はお金を沢山稼いでいるのに、たったそれだけの募金しかしないのかい」と言ってしまった。

ロ　新学期に新しいクラスメイトの交流を深めるためにクラス対抗のスポーツ大会が開かれることになったので、身長が高い友人に、「バスケットボールが上手そうだから是非代表になってくれよ」と頼んでしまった。

ハ　デパートのおもちゃ売り場で、欲しがっていたおもちゃを買ってもらえなかったことにより、息子が泣き始めたので、「泣くなんて男らしくないし、みっともないからやめなさい」と怒ってしまった。

ニ　将来なりたい職業について話し合う授業中に、同じグループの友人の親が医師であることが話題に挙がったので、「お父さんが医者なんて格好いいね。君も将来その跡を継ぐのかい」と言ってしまった。

問三　傍線②「検索の機能」とあるが、ここで筆者が指摘している「機能」はどのようなものか。本文中の語句を用いて二十字以内で「機能」に続くかたちで説明しなさい。

問四　傍線③「悪い面」とあるが、その説明として最も適当なものを次の中から一つ選び、記号で答えなさい。

イ　「人それぞれの社会」においては、各自の考えや行動について、人に迷惑をかけていない限りあからさまに批判することができなくなってしまったということ。

ロ　検索サービスの充実によって、世論に反する意見をもった人同士が共感し合い、他の人に知られないように集まることができるようになってしまったということ。

ハ　検索サービスの充実によって、偏った考え方をもった人々同士で交流するようになり、様々な意見を取り入れることができなくなってしまったということ。

ニ　「人それぞれの社会」においては、自分の意見を簡単には表明できなくなり、そのことに対して不満を抱く人が生まれてきてしまったということ。

問五　空欄 X に当てはまる最も適当な語を次の中から一つ選び、記号で答えなさい。

イ　汎用性　　ロ　同質性　　ハ　共感性　　ニ　周知性

問六　傍線④「『真の意味』での多様性を手に入れる」とあるが、どのようにすることか。六十字以内で説明しなさい。

索した言葉の意味のみを提示するため、それ以外の言葉に触れる機会はありません。

検索システムを使った出会いも同じで、似通った人たちを結びつけ、それ以外の人を排除する性質があります。仲間を見つける過程で、他の人に出会うこともありません。

このような集団は、固有の意見で凝り固まった、「純化した集団」と呼びうるものです。ある立場で純化した集団に所属すると、それ以外の多様な意見に触れるのは難しいでしょう。本音の抜け道としての検索システムの充実は、純化した集団を生み出し、多様性を損なう側面もあるのです。

極端な考え方をもつ人たちの「結託」が進めば、世の中には、純化した集団があふれます。

このような集団は、互いに異なる考えで固まっているため、相容《い》れません。それどころか、ひとつの事象に対する考えをめぐって、不毛とも言えるような対立を引き起こすこともあります。

「お母さん食堂」の事例では、まさにそのような兆候が見て取れました。簡単に紹介しましょう。

事の発端は、公益社団法人ガールスカウト日本連盟の協力のもと、高校生たちが行った署名活動にあります。高校生たちは、ファミリーマートで売られている「お母さん食堂」という名を冠した商品に、「お母さん＝家事・料理」というイメージを植え付ける可能性があると考え、名前の変更を求めた署名活動を実施しました。署名は七〇〇〇人以上の賛同を得たため、あるていど成功を収めたように思えます。

しかし、事態は、意外な方向に展開していきました。この問題はネットでとりあげられ、いっとき炎上のような状態になります。女性の権利を主張する言説に反対の意見を抱く人たちや、言葉への統制に不満を感じている人たちが、こぞって反撃をしたのです。

その間、それぞれの立場を支持する人たちから、数々の意見が表明されました。しかし、それぞれの意見は一方的に表明されるのみで、両者に対話が交わされることはなかったようです。ライターの赤木智弘《あかぎともひろ》さんは、この騒動を振り返って、「単純な二元論で相手を罵り合い、相手の口を塞《ふさ》ぎ合う様を、僕はとても見ていられない」と嘆いています。

純化した集団は、ときに、端から見れば不毛とも思えるような対立を引き起こすことがあります。そこには、建設的な対話は見られず、両者の間には、さながら「分断」とでも言いうるほどの深い溝が存在します。

今や「分断」は世界の情勢を表すキーワードになっています。二〇二〇年のアメリカの大統領選挙では、現職であるトランプ大統領を支持するか否かで、アメリカ社会は真っ二つに分断されました。少し前の二〇一六年には、イギリスでＥＵ離脱をめぐる国民投票が実施され、やはり、国論が二分しました。二〇一七年に惜しまれつつも亡くなったポーランドの社会学者ジグムント・バウマンは、このような分断の背景にもインターネットの影響があると指摘しています。私たちが④「真の意味」での多様性を手に入れるためには、検索に慣れきった社会のあり方を見直す必要があるでしょう。

（石田光規『「人それぞれ」がさみしい』）

問一　次の段落は本文中から抜き出したものである。どこに入れるのが最も適当か。直前の段落の最後の十文字で答えなさい（句読点、記号を含む）。

しかしながら、相手が同じ意見をもっているかどうか判定するのは、そう簡単ではありません。というのも、相手が同じ意見をもっているかどうか確認するためには、その話題に触れて、相手の考えを確かめなければならないからです。これは非常にリスクの高い行為です。

二　次の文章を読んで、後の問に答えなさい。問題作成上、一部改変している部分があります。

「人それぞれの社会」では、なぜ思うように発言をすることが難しいのでしょうか。その理由は、①言葉のもつリスクが高まったからです。何気なく発した言葉でも、少なからぬ非難を受けてしまうことがあります。とくに、属性にまつわる話は、タブー化していると言っても過言ではありません。

このような社会で安心して話をするためには、言葉のもつリスクを低くすることが肝心です。その方法のひとつとして、「緩やかな撤退」があげられました。相手や物事に対して深く関わるのをやめたり、無難な対応に終始していれば、面倒なことに巻き込まれる可能性は低くなります。

しかし、そうはいっても、なんらかの考えを共有したい、一緒に話したいという人もいるでしょう。人は共感を求めるものです。

その場合、もっとも無難なのは、あらかじめ同じ意見をもつと分かっている人と話すことです。話す言葉を選ぶのではなく、話す相手を選ぶことでも、言葉のもつリスクは引き下げることができるのです。

もし、相手がまったく違う意見や考え方の持ち主だったら、キャンセルの憂き目に遭うかもしれません。相手を選ぶためには、選ぶ段階で相応のリスクを背負わねばならないのです。とくに、主義・信条にかかわる深い話題には、そう簡単に触れることはできません。

言葉のリスクが高まるなか、私たちは、相手を選ぶリスクを劇的に減らしてくれる魔法を、ついに手に入れました。検索です。私たちの検索能力は、パソコンとインターネットの普及を皮切りに、格段に増していきました。

一九九〇年代半ばにアメリカで開発されたＹａｈｏｏ！やＧｏｏｇｌｅなどの検索サイトの普及をきっかけに、人びとの「調べる」行為は激変しました。それまで、何かを調べるためには、辞書や事典、専門書を開くか、その話題に詳しい人に聞かなければなりませんでした。検索サイトの登場は、私たちに、誰もが必要な情報に直接アクセスできる環境をもたらしました。

二〇〇〇年代に入ると、携帯電話がインターネットと本格的につながるようになります。誰もが携帯電話やスマートフォンをもち、そこにソーシャル・ネットワーキング・サービス（ＳＮＳ）が実装されることで、私たちは人の検索も容易にできるようになりました。特定の話題や趣味について話したければ、そうしたことに関心がある人を検索すればよいわけです。

この機能を使えば、たとえ世論に反する意見をもっていたとしても、同じ考え方の人を探すのは簡単です。つまり、たとえ風変わりな考えをもっていたとしても、リスクなく同じ考えの人を探し出し、安心して胸の内を明かすことができる、ということです。

珍しい趣味や嗜好《しこう》、あるいは、多数派ではない考えをもつ人にとって、検索の機能の充実は、嬉しい知らせでした。これまで、身の回りの人には、なかなか共感してもらえなかった悩みや考えを共有できる喜びは、ひとかたならぬものだったでしょう。多様性を受け入れるという観点からも、②検索の機能は大いに役立っています。

しかし、物事にはよい面もあれば③悪い面もあります。「人それぞれの社会」では、世の中に迷惑をかけていることは例外として、それ以外のことに表だって批判をするのは難しくなります。しかし、そのこと自体に不満を募らせている人も少なからずいます。

検索の機能が整えば、そうした人びとが集まり、「結託」することも十分可能です。つまり、目の前の人に無関心を装いながら、極端な考え方の人びとで結託することができるようになったのです。

しかも、形成される集団の X は、かなり高くなります。その理由は検索システムをつうじてできる集団の仕組みにあります。

現在の検索システムは、同じ考えをもつ人びとを、他の意見の干渉もなく直接結びつける機能を備えています。そのため、関係を結ぶ過程で、多様な考えに触れる機会がなかなかありません。たとえるなら、紙の辞書と電子辞書のような違いがあります。

紙の辞書は、目当ての言葉を調べる過程で、他の言葉を目にします。そこで、今まで知らなかった言葉に触れることもあります。しかし、電子辞書は、検

二〇二三年度　朋優学院高等学校（一般一回）

【国語】（五〇分）〈満点：一〇〇点〉

一　次の各問に答えなさい。

(一)　次の各文の傍線部のカタカナは漢字に直し、漢字はその読みをひらがなで答えなさい。楷書で丁寧に書くこと。

問一　ロバタで昔話を聞く。

問二　世界平和にキヨした人物。

問三　休暇をマンキツする。

問四　多摩川は東京と神奈川をヘダてる河川だ。

問五　友人宅でご相伴にあずかる。

(二)　次の各文の傍線部の意味として最も適当なものを次の中からそれぞれ一つずつ選び、記号で答えなさい。

問一　いかになだめすかしても、こんな仕事はごめんだと言って彼は去って行った。

イ　脅しつけて意に従わせる

ロ　機嫌をとって相手の心を和らげる

ハ　許しを求めて相手の怒りを鎮《しず》める

ニ　冗談を言って相手の気分を変えさせる

問二　あの人とは気が置けない間柄だ。

イ　遠慮がいらない　　ロ　気が許せない

ハ　気持ちが通じない　　ニ　言葉がいらない

英語解答

1 A　1…①　2…④　3…③　4…②
5…①　6…②　7…③
B　1…③$_{8}$　2…③$_{9}$　3…③$_{10}$
4…④$_{11}$　5…②$_{12}$

2 1　13…⑦　14…③
2　15…⑤　16…⑦
3　17…①　18…②
4　19…①　20…④
5　21…④　22…②

3 A　②$_{23}$　B　③$_{24}$　C　②$_{25}$
D　①$_{26}$　E　④$_{27}$　F　④$_{28}$
G　①$_{29}$，④$_{30}$，⑤$_{31}$，⑥$_{32}$
H　(例)午後１時から４時の間に起きたまま，何か作業をする(24字)

4 A　1…②$_{33}$　2…①$_{34}$　3…④$_{35}$
4…②$_{36}$　5…③$_{37}$　6…①$_{38}$
7…③$_{39}$
B　②$_{40}$　C　41…①　42…④

5 1　How many zoos are there in Tokyo?
2　The mountain will be covered with snow next month.
3　This is the cup I bought last Thursday.

6 1　正解…②　訂正後…has
2　正解…④　訂正後…happened
3　正解…①　訂正後…is doing
4　正解…①　訂正後…What

1〔放送問題〕解説省略

2〔整序結合〕

1．‘Would you mind if＋主語＋動詞...?’「～が…してもかまいませんか」という‘許可’を求める文をつくる。このmindは「気にする，嫌だと思う」という意味の動詞。不要語はmay。　Would you mind if I borrow your charger?「君の充電器を借りてもかまいませんか」

2．hear from ～で「～から便り〔連絡〕がある」という意味。語群にbeenがあるので，‘～’の部分を主語にした受け身の表現と考えてHe has never been heard fromとすると，「彼から便り〔連絡〕がない」の意味になる。このように動詞句の受け身形は，過去分詞の後ろにその動詞句を構成する語(句)をそのままの順で置くことに注意。残りはsince ～「～以来」を使ってsince he left the Everestとまとめる。不要語はby。　He has never been heard from since he left the Everest.「彼はエベレストを出発してから連絡がない」

3．have toの後にthink about「～について考える」の形を続け，aboutの目的語を‘which＋名詞＋to不定詞’の形でwhich city to visit「どの都市を訪れるべきか」とする。‘疑問詞＋to不定詞’の形のうち，whichとwhatについてはこのように後ろに名詞をとって‘which〔what〕＋名詞’で１つの疑問詞をつくることができることに注意。不要語はus。　We have to think about which city to visit.「私たちはどの都市を訪れるべきか考えなくてはならない」

4．‘～% of all the …’で「全ての…の～%」となるので，About 60% of all the clothesとする。この後は過去分詞producedを置くと直後のin the worldにつながり「世界で製造される全ての衣類の約60%」となり，ここまでが主語となる。残りは述語動詞としてis wastedとまとめる。不要語はwhich。　About 60% of all the clothes produced in the world is wasted.「世界で製造される全ての衣類の約60%はごみになる」

5．まずI was in Taiwanとする。残りはいつ台湾にいたのかという‘時間’を表す部分となるが，whenを使うとまとまらない。on the morning of last Fridayで「この前の金曜日の朝」となる。不要語はwhen。 I was in Taiwan on the morning of last Friday.「この前の金曜日の朝，私は台湾にいた」

3 〔長文読解総合―説明文〕

≪全訳≫❶たっぷりの食事と長い昼寝は，今もマドリードでの暮らし方だ。❷鳥はそうする。猫はそうする。そしてスペイン人はとりわけそうする――毎日，真っ昼間に。彼らは昼寝をする。大人たちは――重役も教師も公務員も――勤務日の最中に昼寝をする。毎日午後，1時か2時から4時30分かそこらまで，スペインは徒歩での帰宅，くつろいだ食事，昼寝のために世界を止める。ヨーロッパ経済共同体の官僚たちはスペイン人に，これは統一されたヨーロッパで物事が行われるやり方ではないと知らせた。❸生産性が世界最大の信条である時代に，シエスタの伝統は続いている。スペインでは，暮らし方は仕事より重要で，その逆ではない。どんな仕事も，食べたりくつろいだり睡眠不足を取り戻したりといったもっと重要なことをしている間の数時間を待てないほどには重要ではない。昼休みが始まると，オフィスは空っぽになり，通りは人気《ひとけ》がなくなる。混乱した外国人はすぐに，睡眠と覚醒のパターンの新しい習慣に入ったのだと知る。❹「はじめのうち，私は午後にすべきことを探し続けましたし，どこも開いていないことがただ信じられませんでした」と，数年間スペインに住んでいるオークランドの作家ピア・ロバーツは回顧する。「どこか行く場所を探してマドリードの通りを歩きました。外は本当に暑くて熱波が見え，ゴーストタウンのようでした」❺1日の真ん中に長い休憩を取ることは，普通の昼食より健康に良いだけでなく，より自然なことだ。睡眠の研究者たちは，スペイン人のバイオリズムは私たちの体内時計により密接に調整されているかもしれないことを発見した。研究は，人間には1回の睡眠時間ではなく2回の睡眠時間によって分けられた日々が必要だと示している。昼食後に感じる眠気は，食べ物からではなく，時間帯からくるのだ。❻「全ての動物には，人間も含め，生体リズムがあります」と，マサチューセッツにあるクロノ・バイオロジー研究所長のクラウディオ・スタンピは説明する。「1つは1日の終わりまでには疲れて眠るという24時間のリズムですが，午後の早い時間には眠気の第2のピークと注意力低下があります。一部の人にとっては，午後1時から4時の間に起きたまま，どんな種類の作業であれ，するのは困難なのです。他の人にとってはそれほど困難ではないですが，私たち皆にそのリズムがあります。ですから，シエスタには生物学的な理由があるのです」❼平均的な昼休みとは異なり，シエスタはまるまる完全に休む以外に選択肢がないので，行動の本当の中断だ。用事を済ませることはできず，店は閉まる。仕事の電話もかけられず，オフィスには誰もいない。ほとんどの人は昼食を取りに帰宅するか，家族や友人たちと集まり，そして眠る。❽スペイン人は睡眠を必要としている。彼らには長い夜がある，というのもシエスタのある生活様式のもう1つの重要な部分はその夜間の活動であるからだ。午後4時30分から午後8時かそこらまでの午後の仕事の後，彼らは友人たちに加わって飲むだろう。夕食は午後9時か10時に始まり，そこから午前1時か2時まで町に出るのだ。❾「マドリードでは，朝6時前に家に着くようならひどい夜です」と，ロバーツは笑う。シエスタの起源は，気候と建築にある。1年の多くが溶鉱炉のようである世界中の他の場所の人々と同じように，スペイン人は真っ昼間に暑さを避けるため，日陰と静けさに向かった。夜，建て込んだとても暑い家々が，人々を涼むために通りに駆り立てたのだ。❿気候は今でも１つの要因だが，今日のシエスタのある生活様式は，主にスペイン人の生活の社会的要求によるものであり，それはオフィスの外の生活にも同じだけの重きを置くものだ。「私たちは仕事だけに取りつかれているのではありません」と，スペイン観光局のフロレンティノ・ソトマヨルは言う。「私たちは休憩して，友人たちとコーヒーを飲んで他のことを考えたり話したりする機会を持つのです，仕事だけでなくね」

Ａ＜指示語＞ここに当てはめて意味が通る内容を前から探すと，午後１時か２時から４時30分かそこらまで休息を取るというスペイン人の習慣を述べた直前の文の内容が該当する。②「昼食や仮眠のために家に帰ること」がこの内容に一致する。このようにthisは前の文，またはその一部の内容を指すことが多い。　nap ≒ short sleep「仮眠」

Ｂ＜英文解釈＞下線部を直訳すると，「生産性が世界最大の信条である」という意味。前文の内容とこの文の後半から，下線部はシエスタの伝統と対照的な現代の考え方を表していることが読み取れる。その内容として適切なのは③「人生でできるだけ多くの仕事をすることが重要だ」。　at a time when ～「～というとき〔時代〕に」

Ｃ＜適語句選択＞この段落で描写されている，店はどこも閉まっていて，外は熱波が見えるほど暑いという町の様子を表す言葉として適切なものを選ぶ。

Ｄ＜適語選択＞文頭にThey've got a long nightとあり，空所の後に続く文にも仕事終わりから午前１時か２時まで外で活動することが述べられている。

Ｅ＜適語句選択＞日が沈んだ夜に，建て込んだ暑い家から人々が通りに出てくるのは「涼む」ためである。　'drive ～ into …'「～を…の中に追いやる」

Ｆ＜適語選択＞直前の文にあるlife outside the officeとは生活の仕事以外の部分のこと。スペイン人は仕事だけでなく，それ以外の部分も同様に大切にしているのである。

Ｇ＜内容真偽＞①「他のヨーロッパの国々の人の中には，シエスタの伝統は実用的ではないと言う人もいる」…○　第１段落最終文の内容に一致する。　②「スペイン人はシエスタの伝統がヨーロッパで人気が出ることを望んでいる」…×　このような記述はない。　③「スペイン人のように伝統を持つことは重要だ」…×　このような記述はない。　④「一部の人は，人間には１日当たり２回の睡眠時間が必要だと考えている」…○　第５段落第３文の内容に一致する。　⑤「ある睡眠の研究者によると，全ての動物には自然な体のリズムがある」…○　第６段落第１文に一致する。　⑥「１日の真ん中で眠気を感じるのは，人間にとって自然なことだ」…○　第５段落第１文および最終文の内容に一致する。　⑦「スペインの昼休みの間，人々は昼食を取りに帰宅し，買い物に行く」…×　第４段落第１文および第７段落第２文参照。その時間店は閉まっている。　⑧「マドリードはスペインの首都で，とても暑い夏と寒い冬のある都市だ」…×　首都であるとの記述はない。また，冬の寒さについても書かれていない。

Ｈ＜指示語＞文頭のFor othersが前文のfor some peopleと対比されていることを読み取る。前文は'It is ～ for … to —'「…が〔…にとって〕—することは～だ」の形式主語構文。下線部(3)のitは前文で真主語に当たるto remain awake ... in the afternoonを指す。

4〔長文読解総合—物語〕

≪全訳≫❶イワンは小さな，勇気のない男だった――あまりにも怖がりやすいので，村人たちは彼を

「まぬけ」と呼んだり「イワン雷帝」の称号でからかったりした。毎晩，イワンは村の墓地の端にある居酒屋に立ち寄った。イワンは，もう一方の端にポツンとある自宅に帰るのに，決して墓地を横切らなかった。墓地を通る小道を通れば彼は何分も早く帰れただろうが，満月の光の中でさえも，彼は決してそこを通らなかった。❷ある冬の夜遅く，居酒屋に激しい風と雪が吹きつけているとき，客たちはいつものように冷やかし始めた。❸イワンの弱々しい抵抗は彼らを挑発しただけで，彼らは若い軽騎兵隊長がイワンに恐ろしい挑戦をしかけたとき，容赦なくからかった。❹「お前はまぬけだ，イワン。この寒さの中，墓地をぐるっと回って歩くんだろう，だが，怖がりすぎて墓地を横切ることはできないだろうな」❺イワンは小さなはっきりしない声で言った。「墓地は横切るのに何てことはありませんよ，隊長。何でもない，ただの地面です，他の全ての地面と同じような」❻隊長は大声で言った。「ならばやってみろ！　今夜墓地を横切るんだ，イワン，そうすれば，お前に５ルーブルやろう――５ルーブル金貨だ！」❼ウォッカのせいだったかもしれない。５ルーブル金貨の誘惑だったかもしれない。誰も，なぜイワンが唇をちょっと湿らせて突然「承知しました，隊長，墓地を横切ります！」と言ったのか全くわからなかった。❽居酒屋にいた面々は，彼の言ったことが信じられなかった。隊長は部下たちに目配せし，剣のとめ金を外した。「さあ，イワン。墓地の真ん中，一番大きな墓の前に着いたら，剣を地面に刺せ。朝になったら我々がそこへ行こう。そしてもし剣が地面に刺されていたら，５ルーブル金貨はお前のものだ！」❾イワンは剣を受け取った。部下たちは乾杯した。「イワン雷帝に！」　彼らは笑いながら叫んだ。❿イワンが自分の後ろで居酒屋の戸を閉めたとき，風が強く大きな音を立てて彼の周りを吹いた。寒さはナイフのように鋭かった。彼は長いコートのボタンをとめ，泥道を横切った。隊長の声が他の者たちよりも大きく彼の後ろから叫んでいるのが聞こえた。「５ルーブルだぞ，まぬけ！　41生きていればな！」⓫イワンは墓地の門を押し開けた。彼は速足で歩いた。「地面，ただの地面…他のどの地面とも同じような」　しかし，暗さはとても怖かった。「５ルーブル金貨…」　風が激しく吹き，剣は彼の両手の中で氷のようだった。イワンは長く厚いコートの下でどうしようもなく震え，何とか走り出した。⓬彼は大きな墓を認めた。彼は絶望して叫んだに違いないが，それは風にかき消された。そして彼は寒くて極度の恐怖を感じながらひざまずき，剣を固い地面に刺し込んだ。拳を使って，彼は剣の持ち手までそれを押し込んだ。それは成し遂げられた。墓地…挑戦…５ルーブル金貨。⓭イワンは膝をついた状態から起き上がり始めた。だが動けなかった。何かが彼を引きとめていた。何かが彼をしっかり，がっちりとつかんでいた。イワンはぐいぐい引き，激しく動き，引っ張った――パニックを起こして荒い息をつき，身の毛もよだつ恐怖に震えて。だが，何かがイワンを引きとめた。彼は極度の恐怖に叫び声を上げ，無意味で役に立たない声を出した。⓮翌朝，彼らはイワンを，墓地の中央にある墓の前の地面の上で発見した。彼の顔は凍死した人のそれではなく，何か言葉にしがたい恐怖によって死んだ人のそれだった。そして隊長の剣は，イワンがしっかりと突き刺した地面にあった――彼の長いコートのひだを貫いて。

Ａ＜内容一致＞１.「若い隊長はイワンに(　　)ようけしかけた」―②「墓地の中央まで歩いていく」　第４～８段落参照。　　２.「隊長は自分が(　　)と示すために部下たちに目配せした」―①「勝負に勝つ自信がある」　第８段落第１，２文参照。誰もイワンが墓地を横切れるとは思っていない。　　３.「勝負に勝つためには，イワンは(　　)必要があった」―④「剣を地面に突き刺す」　第８段落第４～最終文参照。　　４.「物語の最後でイワンは動けなかった，というのも

(　　)からだ」―②「地面に押さえつけられた」　第13段落第２～４文および最終段落最終文参照。名詞のfoldは「折りたたんだ部分，ひだ」という意味。イワンはひざまずいたときに地面についた自分のコートの上から剣を刺してしまい身動きがとれなくなったのだが，それを何者かにつかまれたせいだと思ったまま恐怖のあまり死んだのである。　grip「～をしっかりつかむ」　hold down「～を押さえつける」　　５．「イワンは(　　)のために死んだ」―③「恐怖」　第14段落第２文参照。　horror ≒ terror「恐怖」　　６．「イワンがどのように死んだのかを知ったとき，隊長はおそらく(　　)」―①「驚かなかっただろう，というのもイワンが怖がりすぎてその状況に冷静に対処できないだろうとわかっていたからだ」　第４，８段落参照。隊長はイワンが夜に墓地を歩けないほどの怖がりであることを知っていたので，イワンが恐怖のあまり死んでいるのを見ても驚かなかったと考えられる。　　７．「物語は(　　)に設定されている」―③「凍えるように寒く，風が吹き荒れる夜」　第２段落および第10段参照。

B＜適語選択＞最後の空所に注目する。丈が長いあまり，ひざまずいたときに地面についていた自分のコートの上から剣を刺してしまったというオチである。

C＜適文・適語選択＞41．５ルーブルをかけて墓に向かおうとするイワンに対し，隊長は「生きていればな！」と恐怖を助長する言葉でイワンをあおったと考えられる。　　42．第12段落でイワンは剣を持ち手のところまで地中に押し込んでいる。

5〔和文英訳〕

１．「～はいくつありますか」という‘数’を尋ねる疑問文なので，How many ～ are thereとし，「東京には」を‘場所’を表すinを使ってin Tokyoと続ける。

２．「～で覆われている」はbe covered with ～で表せる。「来月～でしょう」という未来の文なので，beの前にwillをつける。

３．文の骨組みは「これはカップです」なので，This is the cup.とする。カップを修飾する「私が買った」の部分は目的格の関係代名詞を使ってthat〔which〕I boughtと表し，the cupの後に続け，指定語数により，目的格の関係代名詞は省略する。「先週の木曜日に」はlast Thursday。

6〔誤文訂正〕

１．that以下は「長い耳と短い足を持つ」という意味で先行詞a dogを説明する関係代名詞節。a dogが単数なので動詞はhaveではなくhasが正しい。　「彼は長い耳と短い足を持つ犬を飼っている。それに加えて，今は猫を飼うことを考えている」

２．happenは「起こる」という意味の自動詞なので，受け身形にはしない。　because of ～「～のために」　「私は昨日，あの角で起きた交通事故のために学校に遅刻した」

３．文末にnow「今」があるので，動詞は現在進行形(is/am/are ～ing)にする。　「すみませんが，母は今キッチンで皿を洗っています。なので，あなたに電話を折り返しかけるように彼女に言います」

４．「～をどう思いますか」は，What do you think of ～？で表す。Howを使う場合は，How do you feel about ～？となる。　「ミーガンが私たちにした提案についてどう思いますか。私には，さらなる話し合いが必要かどうか判断できません」

2023年度／朋優学院高等学校（一般１回）

数学解答

1 (1) $\dfrac{225a}{c^3}$　(2) $b=\dfrac{m-c}{n}+a$　(3) 840m　(4) 440g　(5) 114°　(6) $\dfrac{a^2+2ab+b^2}{2ab+b^2}$倍

2 (1) 分速80m　(2) 1時間48分後

3 (1) $y=\dfrac{3}{2}x+9$　(2) $\dfrac{1215}{2}\pi$

4 (1) $\dfrac{\sqrt{6}}{4}a^2$　(2) $\dfrac{\sqrt{6}}{3}a$

5 (1) 18cm　(2) $\dfrac{504}{5}$秒後

6 (1) $\dfrac{3}{8}$　(2) $\dfrac{5}{16}$　(3) $\dfrac{35}{128}$

7 (1) 127　(2) 181　(3) 上から13番目，左から32番目

1 〔独立小問集合題〕

(1)＜式の計算＞$(-6a^2)\div 4abc^2\times(-10bc)=\dfrac{6a^2\times 10bc}{4abc^2}=\dfrac{15a}{c}$より，与式$=\left(\dfrac{15a}{c}\right)^3\div 15a^2=\dfrac{15^3\times a^3}{c^3}\div 15a^2=\dfrac{15^3\times a^3}{c^3\times 15a^2}=\dfrac{225a}{c^3}$となる。

(2)＜等式変形＞左辺と右辺を入れかえて，$-n(a-b)+c=m$，cを右辺に移項して，$-n(a-b)=m-c$，両辺を$-n$でわって，$a-b=\dfrac{m-c}{-n}$，aを右辺に移項して，$-b=\dfrac{m-c}{-n}-a$，両辺に-1をかけて，$b=\dfrac{m-c}{n}+a$となる。

(3)＜数量の計算＞時速5.4kmは，1時間で5.4km進む速さ，つまり60分で5400m進む速さだから，$5400\div 60=90$より，分速90mである。また，20秒は$\dfrac{20}{60}=\dfrac{1}{3}$(分)だから，9分20秒は$9+\dfrac{1}{3}=\dfrac{28}{3}$(分)である。自宅から駅まで，時速5.4kmで9分20秒かかるので，その道のりは，$90\times\dfrac{28}{3}=840$(m)となる。

(4)＜一次方程式の応用＞200gの水に20gの食塩を入れると，含まれる食塩の量が20g，食塩水の量が$200+20=220$(g)より，濃度は$\dfrac{20}{220}\times 100=\dfrac{100}{11}$(%)となる。この食塩水に水を$x$g加えて，濃度を$\dfrac{1}{3}$倍にするとする。このとき，食塩水の量は$220+x$g，濃度は$\dfrac{100}{11}\times\dfrac{1}{3}=\dfrac{100}{33}$(%)になる。含まれる食塩の量は20gのままだから，含まれる食塩の量について，$(220+x)\times\left(\dfrac{100}{33}\div 100\right)=20$が成り立つ。これを解くと，$(220+x)\times\dfrac{1}{33}=20$，$220+x=660$，$x=440$となるので，加える水の量は440gである。

図1

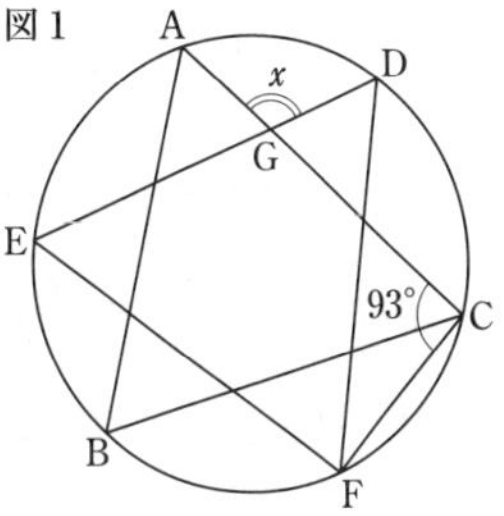

(5)＜平面図形─角度＞右図1で，線分DEと線分ACの交点をGとする。△ABC，△DEFが正三角形より，∠ACB＝∠GEF＝∠DFE＝60°であり，∠BCF＝∠ACF－∠ACB＝93°－60°＝33°となる。また，3点A，B，C，3点D，E，Fはそれぞれ円の周を3等分するから，$\overset{\frown}{\mathrm{DF}}=\overset{\frown}{\mathrm{BC}}$となり，これより，$\overset{\frown}{\mathrm{DF}}-\overset{\frown}{\mathrm{CF}}=\overset{\frown}{\mathrm{BC}}-\overset{\frown}{\mathrm{CF}}$，$\overset{\frown}{\mathrm{DC}}=\overset{\frown}{\mathrm{BF}}$となる。よって，∠DFC＝∠BCF＝33°となるので，∠EFC＝∠DFE＋∠DFC＝60°＋33°＝93°となる。したがって，四角形GEFCで，∠EGC＝360°－∠GEF－∠EFC－∠GCF＝360°－60°－93°－93°＝114°となるから，対頂角より，$\angle x$＝∠EGC＝114°である。

図2

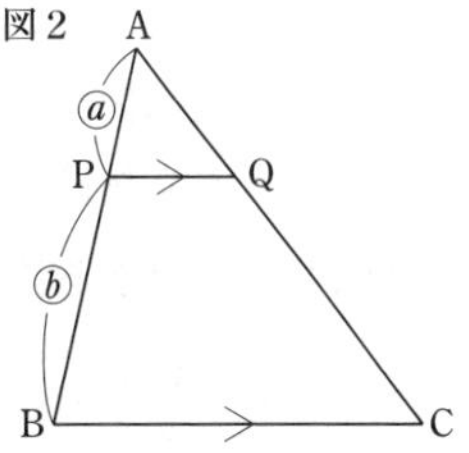

(6)＜平面図形─面積比＞右図2で，PQ∥BCより，△APQ∽△ABCである。AP：PB＝a：bより，相似比はAP：AB＝a：$(a+b)$だから，面積

比は，△APQ：△ABC＝a^2：$(a+b)^2=a^2$：$(a^2+2ab+b^2)$である。よって，〔台形PBCQ〕：△ABC＝$\{(a^2+2ab+b^2)-a^2\}$：$(a^2+2ab+b^2)=(2ab+b^2)$：$(a^2+2ab+b^2)$となるので，△ABCの面積は台形PBCQの面積の$\dfrac{a^2+2ab+b^2}{2ab+b^2}$倍である。

2 〔数と式—方程式の応用〕

(1)＜速さ＞P，Qの歩く速さをそれぞれ分速xm，分速ymとする。池の周りを同じ地点から反対方向に歩くとき，出会うまでに2人が歩く道のりの和は，池の1周の長さと等しいので，2.8km，すなわち2800mとなる。出発してから20分後に出会うので，Pの歩く道のりが$x\times20=20x$(m)，Qの歩く道のりが$y\times20=20y$(m)より，$20x+20y=2800$が成り立ち，$x+y=140$……①となる。また，早歩きのときの速さは，Pが3割増し，Qが6割増しだから，$x\times\left(1+\dfrac{3}{10}\right)=\dfrac{13}{10}x$，$y\times\left(1+\dfrac{6}{10}\right)=\dfrac{8}{5}y$より，Pが分速$\dfrac{13}{10}x$m，Qが分速$\dfrac{8}{5}y$mとなる。早歩きのときは出発してから14分後に出会うので，同様に考えて，$\dfrac{13}{10}x\times14+\dfrac{8}{5}y\times14=2800$が成り立ち，$13x+16y=2000$……②となる。①×16－②で$y$を消去すると，$16x-13x=2240-2000$，$3x=240$，$x=80$となるので，Pの歩く速さは分速80mである。

(2)＜時間＞(1)より，$x=80$を①に代入して，$80+y=140$，$y=60$となるから，Qの歩く速さは分速60mである。Qが出発してからt分後に，Pが初めてQに追いつくとする。Pが歩き始めてから8分後にQが同じ地点から同じ方向に歩き始めるので，PがQに初めて追いつくのは，Pが出発してから$t+8$分後である。このとき，Pが歩く道のりはQが歩く道のりより2800m長い。Pが歩く道のりは$80(t+8)$m，Qが歩く道のりは$60t$mだから，$80(t+8)-60t=2800$が成り立つ。これを解くと，$80t+640-60t=2800$，$20t=2160$，$t=108$となるので，Pが初めてQに追いつくのはQが出発してから108分後である。$108=60+48$より，108分は1時間48分だから，Qが出発してから1時間48分後となる。

3 〔関数—関数$y=ax^2$と一次関数のグラフ〕

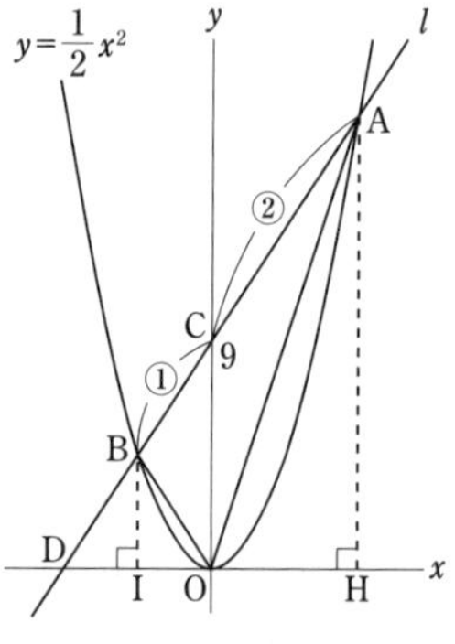

(1)＜直線の式＞右図で，2点A，Bからx軸にそれぞれ垂線AH，BIを引くと，AH∥CO∥BIより，HO：OI＝AC：CB＝2：1となる。これより，2点A，Bのx座標はそれぞれ$2t$，$-t$とおける。2点A，Bは放物線$y=\dfrac{1}{2}x^2$上の点だから，$y=\dfrac{1}{2}\times(2t)^2=2t^2$，$y=\dfrac{1}{2}\times(-t)^2=\dfrac{1}{2}t^2$より，A$(2t,\ 2t^2)$，B$\left(-t,\ \dfrac{1}{2}t^2\right)$となる。よって，直線$l$の傾きは，$\left(2t^2-\dfrac{1}{2}t^2\right)\div\{2t-(-t)\}=\dfrac{3}{2}t^2\div3t=\dfrac{1}{2}t$となる。また，直線$l$上にC(0，9)があるので，直線$l$の傾きは$\dfrac{2t^2-9}{2t-0}=\dfrac{2t^2-9}{2t}$とも表せる。よって，$\dfrac{1}{2}t=\dfrac{2t^2-9}{2t}$が成り立ち，$t^2=2t^2-9$，$t^2=9$，$t=\pm3$となる。$t>0$だから，$t=3$であり，直線$l$の傾きは$\dfrac{1}{2}t=\dfrac{1}{2}\times3=\dfrac{3}{2}$である。切片は9なので，直線$l$の式は$y=\dfrac{3}{2}x+9$となる。

(2)＜体積—回転体＞右上図で，直線lとx軸との交点をDとすると，△OABをx軸の周りに1回転させてできる立体は，△ADHを1回転させてできる円錐から，△AOH，△BOI，△BDIをそれぞれ1回転させてできる円錐を除いた立体となる。(1)より，$2t=2\times3=6$，$2t^2=2\times3^2=18$，$-t=-3$，$\dfrac{1}{2}t^2=\dfrac{1}{2}\times3^2=\dfrac{9}{2}$だから，A(6，18)，B$\left(-3,\ \dfrac{9}{2}\right)$となる。点Dは直線$y=\dfrac{3}{2}x+9$と$x$軸の交点だから，$y$

$=0$を代入して，$0=\frac{3}{2}x+9$，$-\frac{3}{2}x=9$，$x=-6$となり，D$(-6,\ 0)$である。よって，AH$=18$，DH$=6-(-6)=12$より，△ADHを1回転させてできる円錐の体積は，$\frac{1}{3}\times\pi\times18^2\times12=1296\pi$となる。また，OH$=6$より，△AOHを1回転させてできる円錐の体積は，$\frac{1}{3}\times\pi\times18^2\times6=648\pi$となり，BI$=\frac{9}{2}$，OI$=0-(-3)=3$，DI$=(-3)-(-6)=3$より，△BOI，△BDIを1回転させてできる円錐の体積はともに，$\frac{1}{3}\times\pi\times\left(\frac{9}{2}\right)^2\times3=\frac{81}{4}\pi$となる。したがって，求める立体の体積は，$1296\pi-648\pi-\frac{81}{4}\pi\times2=\frac{1215}{2}\pi$である。

4〔空間図形—立方体〕

≪基本方針の決定≫(2)　三角錐B-MFNの体積を利用する。

(1)<面積>右図で，2点M，Nはそれぞれ辺AE，辺CGの中点だから，MN=ACとなる。△ABCは直角二等辺三角形なので，AC$=\sqrt{2}$AB$=\sqrt{2}a$となり，MN$=\sqrt{2}a$となる。また，ME$=\frac{1}{2}$AE$=\frac{1}{2}a$だから，△MEFで三平方の定理より，MF$=\sqrt{\mathrm{EF}^2+\mathrm{ME}^2}=\sqrt{a^2+\left(\frac{1}{2}a\right)^2}=\sqrt{\frac{5}{4}a^2}=\frac{\sqrt{5}}{2}a$となり，同様にして，NF$=\frac{\sqrt{5}}{2}a$となる。よって，△MFNはMF=NFの二等辺三角形なので，点Fから線分MNに垂線FIを引くと，点Iは線分MNの中点となり，MI$=\frac{1}{2}$MN$=\frac{1}{2}\times\sqrt{2}a=\frac{\sqrt{2}}{2}a$である。△FMIで三平方の定理より，FI$=\sqrt{\mathrm{MF}^2-\mathrm{MI}^2}=\sqrt{\left(\frac{\sqrt{5}}{2}a\right)^2-\left(\frac{\sqrt{2}}{2}a\right)^2}=\sqrt{\frac{3}{4}a^2}=\frac{\sqrt{3}}{2}a$となるから，△MFN$=\frac{1}{2}\times$MN$\times$FI$=\frac{1}{2}\times\sqrt{2}a\times\frac{\sqrt{3}}{2}a=\frac{\sqrt{6}}{4}a^2$となる。

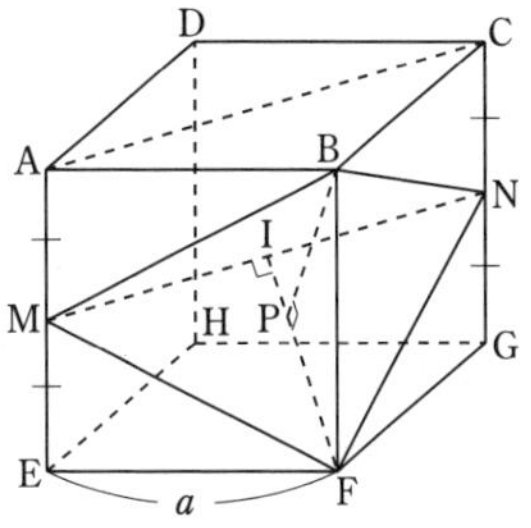

(2)<長さ>右上図で，点Bから△MFNに引いた垂線BPの長さは，三角錐B-MFNの底面を△MFNと見たときの高さに当たる。三角錐B-MFNは，底面を△BMFと見ると，高さがBC$=a$の三角錐と見ることもできるので，〔三角錐B-MFN〕$=\frac{1}{3}\times$△BMF$\times$BC$=\frac{1}{3}\times\left(\frac{1}{2}\times a\times a\right)\times a=\frac{1}{6}a^3$となる。よって，$\frac{1}{3}\times$△MFN$\times$BP$=\frac{1}{6}a^3$より，$\frac{1}{3}\times\frac{\sqrt{6}}{4}a^2\times$BP$=\frac{1}{6}a^3$が成り立ち，BP$=\frac{\sqrt{6}}{3}a$となる。

5〔関数—図形の移動と関数〕

≪基本方針の決定≫(2)　グラフ1，グラフ2を重ね，その交点に着目する。

(1)<長さ>右図1で，点Pは頂点Aを出発し，長方形ABCDの辺上を一定の速さで，A→B→C→D→A→……と移動するので，グラフ1より，点Pが頂点Bを通るのは出発してから9秒後，頂点Cを通るのは出発してから21秒後である。よって，点Pは，頂点Aから頂点Bまで9秒，頂点Bから頂点Cまで$21-9=12$(秒)かかるので，AB：BC$=9:12=3:4$となる。これより，AB$=a$(cm)とおくと，BC$=\frac{4}{3}a$と表せる。また，点Qは頂点Aを出発し，長方形ABCDの辺上を一定の速さで，A→D→C→B→A→……と移動するので，グラフ2より，初めて$y=$△OAQ$=108$となるのは，点Qが頂点Dを通るときである。したがって，△OAD$=108$なので，〔長方形ABCD〕$=4$△OAD$=4\times108=432$となる。以上より，長方形ABCDの面積について，$a\times\frac{4}{3}a=432$が成り立つ。これを解くと，$a^2=324$，$a=\pm18$となる。a

図1

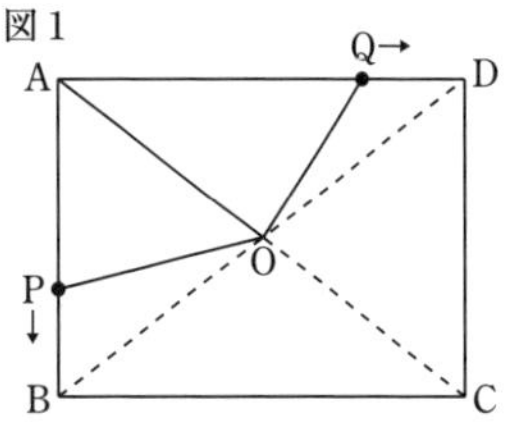

>0 だから，$a=18$ であり，$\mathrm{AB}=18(\mathrm{cm})$ である。

(2)<時間>(1)より，点Pは，頂点Aから頂点Bまで9秒，頂点Bから頂点Cまで12秒かかり，同様にして，頂点Cから頂点Dまで9秒，頂点Dから頂点Aまで12秒かかる。前ページの図1で，$\triangle\mathrm{OAB}=\triangle\mathrm{OAD}=108$ だから，グラフ1において，$x=9$ のとき $y=108$ であり，以後，$x=21$ のとき $y=0$，$x=21+9=30$ のとき $y=108$，$x=30+12=42$ のとき $y=0$ となり，この変化を繰り返す。また，グラフ2より，初めて $y=\triangle\mathrm{OAQ}=0$ となるのは，出発してから14秒後だから，点Qは，頂点Aから頂点Cまで14秒かかる。$\mathrm{AB}:\mathrm{BC}=3:4$ なので，$\mathrm{AD}:\mathrm{DC}=4:3$ であり，点Qは，頂点Aから頂点Dまで $14\times\dfrac{4}{4+3}=8$(秒)，頂点Dから頂点Cまで $14-8=6$(秒)かかる。同様にして，頂点Cから頂点Bまで8秒，頂点Bから頂点Aまで6秒かかるので，グラフ2において，$x=8$ のとき $y=108$，$x=14$ のとき $y=0$，$x=14+8=22$ のとき $y=108$，$x=22+6=28$ のとき $y=0$ となり，この変化を繰り返す。以上より，グラフ1とグラフ2を重ね合わせると，上図2のようになる。図2で，$\triangle\mathrm{OAP}=\triangle\mathrm{OAQ}$ となることを表すのは，2つのグラフの交点である。出発してから42秒後までに，2つの三角形の面積が等しくなることは，4回ある。42秒後に2つの三角形の面積がともに0になるので，42秒後からは，2つの三角形の面積は，0〜42秒後と同じ変化を繰り返す。したがって，$10\div4=2$ あまり2より，2つの三角形の面積は，$42\times2=84$(秒)後までに $4\times2=8$(回)等しくなり，10回目に等しくなるのは，84秒後以降で2回目に等しくなるときである。図2のように，4点E，F，G，Hを定めると，EFとGHの交点が2回目に面積が等しくなるときを表す。E(9，108)，F(21，0)より，直線EFの傾きは $\dfrac{0-108}{21-9}=-9$ だから，その式は $y=-9x+b$ とおけ，点Fを通ることより，$0=-9\times21+b$，$b=189$ となるので，直線EFの式は $y=-9x+189$ である。同様に，G(14，0)，H(22，108)より，直線GHの傾きは $\dfrac{108-0}{22-14}=\dfrac{27}{2}$ だから，その式は $y=\dfrac{27}{2}x+c$ とおけ，点Gを通ることより，$0=\dfrac{27}{2}\times14+c$，$c=-189$ となるので，直線GHの式は $y=\dfrac{27}{2}x-189$ である。この2式より，$-9x+189=\dfrac{27}{2}x-189$，$-\dfrac{45}{2}x=-378$，$x=\dfrac{84}{5}$ となるので，2つの三角形の面積が10回目に等しくなるのは，出発してから，$84+\dfrac{84}{5}=\dfrac{504}{5}$(秒)後である。

図2

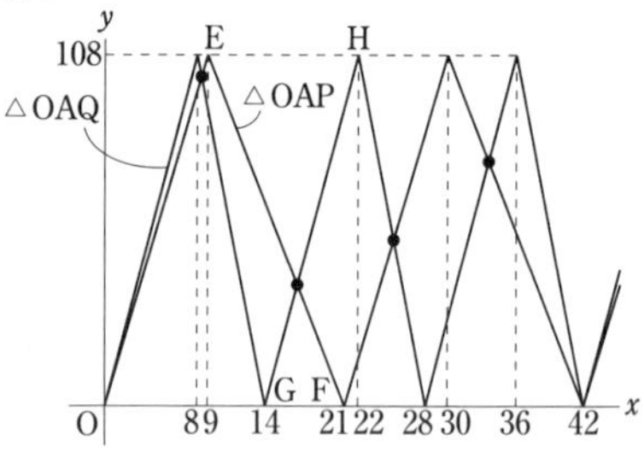

6〔データの活用—確率—コイン〕

(1)<確率>4枚のコインを同時に投げることの1回目のみで考える。コインは表，裏の2通りの出方があるので，4枚のコインを同時に投げるとき，1回目の表裏の出方は，$2\times2\times2\times2=16$(通り)ある。このうち，$X_1=Y_1$ となるのは，1回目に表が出た枚数と裏が出た枚数が等しくなる場合だから，表と裏が2枚ずつになる場合である。4枚のコインをA，B，C，Dとすると，表となる2枚の組は(A，B)，(A，C)，(A，D)，(B，C)，(B，D)，(C，D)の6通りあるから，表と裏が2枚ずつとなる場合は6通りであり，求める確率は $\dfrac{6}{16}=\dfrac{3}{8}$ となる。

(2)<確率>4枚のコインを同時に投げることの2回目のみで考える。4枚のコインを同時に投げるとき，2回目の表裏の出方は，1回目と同様で，(1)より，16通りある。このうち，$X_2<Y_2$ となるのは，表が出た枚数が，裏が出た枚数より少ない場合だから，表が0枚，裏が4枚となる場合か，表が1枚，裏が3枚となる場合である。表が0枚，裏が4枚となる場合は(A，B，C，D)＝(裏，裏，裏，裏)の1通り，表が1枚，裏が3枚となる場合は(A，B，C，D)＝(表，裏，裏，裏)，(裏，表，裏，裏)，

(裏，裏，表，裏)，(裏，裏，裏，表)の4通りだから，$X_2<Y_2$となる場合は，$1+4=5$(通り)ある。よって，求める確率は$\frac{5}{16}$となる。

⑶＜確率＞4枚のコインを同時に投げることを2回繰り返したときの表裏の出方は，全部で$16\times16=256$(通り)ある。また，$X_1+Y_1=4$，$X_2+Y_2=4$より，$X_1+Y_1+X_2+Y_2=4+4$，$(X_1+X_2)+(Y_1+Y_2)=8$だから，$X_1+X_2=Y_1+Y_2$となるとき，$X_1+X_2=Y_1+Y_2=8\div2=4$である。よって，X_1，X_2の組は，$(X_1,\ X_2)=(0,\ 4)$，$(1,\ 3)$，$(2,\ 2)$，$(3,\ 1)$，$(4,\ 0)$が考えられる。$(X_1,\ X_2)=(0,\ 4)$のとき，1回目は全て裏，2回目は全て表だから，それぞれ1通りより，$1\times1=1$(通り)ある。$(X_1,\ X_2)=(1,\ 3)$のとき，1回目は表が1枚，裏が3枚，2回目は表が3枚，裏が1枚である。⑵より，表が1枚，裏が3枚となる場合は4通りあり，表が3枚，裏が1枚となる場合も同様に4通りあるから，$(X_1,\ X_2)=(1,\ 3)$のときは，$4\times4=16$(通り)となる。$(X_1,\ X_2)=(2,\ 2)$のとき，1回目，2回目とも，表と裏が2枚ずつである。⑴より，表と裏が2枚ずつとなる場合は6通りあるから，$(X_1,\ X_2)=(2,\ 2)$のときは，$6\times6=36$(通り)ある。$(X_1,\ X_2)=(3,\ 1)$のとき，$(X_1,\ X_2)=(1,\ 3)$のときと同様に16通りあり，$(X_1,\ X_2)=(4,\ 0)$のとき，$(X_1,\ X_2)=(0,\ 4)$のときと同様に1通りある。以上より，$X_1+X_2=Y_1+Y_2$となる場合は，$1+16+36+16+1=70$(通り)あるから，求める確率は$\frac{70}{256}=\frac{35}{128}$となる。

7〔特殊・新傾向問題―規則性〕

⑴＜上から1番目，左から8番目にある数＞正の奇数は，1から順に，右図のように並んでいる。上から1番目にある奇数は，左から1番目が，1からかぞえて1個目の奇数であり，2番目は$2\times2=4$(個)目の奇数，3番目は$3\times3=9$(個)目の奇数，4番目が$4\times4=16$(個)目の奇数，……となる。よって，上から1番目，左から8番目は，1からかぞえて$8\times8=64$(個)目の奇数である。正の奇数は，1から順に2ずつ大きくなるので，1からかぞえて64個目の奇数は，1より2×63大きい数である。したがって，上から1番目，左から8番目にある奇数は，$1+2\times63=127$となる。

1	7	17	31	…
3	5	15	29	…
9	11	13	27	…
19	21	23	25	…
33	35	…	…	…
…	…	…	…	…

⑵＜上から10番目，左から10番目にある数＞上から10番目，左から10番目の位置は，上から1番目，左から10番目の位置から9個下の位置である。⑴と同様に考えると，上から1番目，左から10番目にある奇数は，1からかぞえて$10\times10=100$(個)目の奇数となり，$1+2\times99=199$である。上から10番目，左から10番目にある奇数は，上から1番目，左から10番目にある奇数より2×9小さい数となるから，$199-2\times9=181$である。

⑶＜数の位置＞$2023-1=2022=2\times1011$より，2023は，1より2×1011大きい数である。これより，2023は，1からかぞえて1012番目の奇数である。$31^2=961$，$32^2=1024$より，1からかぞえて1024番目の奇数は，上から1番目，左から32番目にあるので，1からかぞえて1012番目の奇数は，上から1番目，左から32番目の位置よりも，$1024-1012=12$(個)下の位置にある。よって，2023は，上から13番目，左から32番目の位置にある。

═読者へのメッセージ═

[3]で，関数$y=\frac{1}{2}x^2$のグラフは放物線です。放物線は英語でパラボラ(parabola)といいます。パラボラアンテナは放物線の形を利用してつくられています。

2023年度／朋優学院高等学校（一般１回）

社会解答

1 問１　⑤　　問２　②　　問３　⑥
問４　②
問５　⑴　５…４　６…１　７…８
⑵　８…４　９…２　10…２
11…４　12…０

2 問１　③　　問２　①　　問３　③
問４　③　　問５　④　　問６　④
問７　④

3 問１　②〔④〕　問２　②　　問３　③
問４　①　　問５　④　　問６　③
問７　⑴…②　⑵…⑥
問８　⑴…①　⑵…③　　問９　②
問10　④　　問11　①

4 問１　②　　問２　②　　問３　①
問４　②　　問５　②　　問６　④
問７　②　　問８　③〔④〕　問９　③
問10　②

5 問１　②　　問２　②　　問３　③
問４　①　　問５　⑤　　問６　①
問７　②

1〔世界地理―アフリカ州〕

問１＜アフリカ州の自然環境＞サハラ砂漠周辺に広がる，丈の短い草が生える草原地帯をステップという(⑤…×)。なお，タイガとは，冷帯〔亜寒帯〕の地域に広がる，針葉樹からなる森林のことである。

問２＜アフリカ州の気候＞ポートハーコートは赤道付近にあるため熱帯に属し，一年を通して気温が高いので，アが当てはまる。カイロはサハラ砂漠にあるため乾燥帯に属し，一年を通して雨が少ないので，ウが当てはまる。チュニスは地中海沿岸に位置するため地中海性気候に属し，夏に乾燥するので，イが当てはまる。

問３＜日本とアフリカ州の貿易＞日本は，輸入額割合の多い順に，中国を中心とするアジア州，EUを中心とするヨーロッパ州，アメリカ合衆国を中心とする北アメリカ州と盛んに貿易を行っている。その後，オセアニア州，南アメリカ州と続くが，アフリカ州からの輸入額割合は最も少ない。

問４＜アフリカ州の歴史・文化＞19世紀後半から20世紀前半にかけて，アフリカやアジア，太平洋の島々を欧米の列強が軍事力によって植民地にした動きを，帝国主義という(②…○)。なお，16世紀から，ヨーロッパ人によってアフリカから多くの奴隷が連れていかれたのは，アジアではなくアメリカ大陸である(①…×)。サハラ砂漠より南では英語やフランス語などが共通の言語になることが多いが，中国語を公用語とする国はない(③…×)。アフリカ州の国境線は，他の地域と比較して緯線や経線などを利用して人為的に引かれた所が多い(④…×)。

問５＜時差の計算＞⑴最初に，日本とアラブ首長国連邦の時差を求める。それぞれの国の標準時子午線である東経135度と東経60度の経度差は，135－60＝75より，75度である。経度15度につき１時間の時差が生じることから，日本とアラブ首長国連邦の時差は，75÷15＝５より，５時間である。日付変更線をまたがずに地球上の位置関係を見た場合，西へ行くほど時刻は遅れるため，日本よりも西にあるアラブ首長国連邦の時刻は，日本よりも５時間遅れている。次に，日本(成田国際空港)を出発したときの時刻をアラブ首長国連邦の時刻に直すと，８月４日10時30分の５時間前なので８月４日５時30分となる。12時間30分後にアブダビ国際空港に到着するので，到着時刻は８月４日18時

00分となる。　(2)(1)と同様に，アラブ首長国連邦とエジプトの時差を求める。それぞれの国の標準時子午線である東経60度と東経30度の経度差は，60－30＝30より，30度である。よって，アラブ首長国連邦とエジプトの時差は，30÷15＝2より，2時間であり，アラブ首長国連邦よりも西にあるエジプトの時刻は，アラブ首長国連邦よりも2時間遅れている。したがって，アラブ首長国連邦(アブダビ国際空港)に到着したときの時刻をエジプトの時刻に直すと，8月4日18時00分の2時間前なので8月4日16時00分となる。カイロ国際空港に到着するまでにかかった時間(乗継時間＋飛行時間)は6時間40分であるため，到着時刻は8月4日22時40分となる。

2〔日本地理―関東地方，地形図〕

問1＜流域面積＞流域面積とは，降水(雨や水)が河川に流れ込む範囲の面積のことである。隣接する流域の境界を分水嶺といい，山の尾根が分水嶺となる。

問2＜関東地方の気候＞冬に越後山脈を越えた北西の季節風は水蒸気が少ないため，北関東を中心とする内陸に吹くからっ風や赤城おろしは，乾燥している(①…×)。

問3＜関東地方の気候＞群馬県草津町は内陸にあるため，冬の気温が0℃を下回るなど特に低く，夏と冬との気温差が大きいイが当てはまる。東京都千代田区は太平洋側にあるため，冬の降水量の少ないアが当てはまる。父島は太平洋上の小笠原諸島に含まれるため，年平均気温が高いウが当てはまる。

問4＜地形図の読み取り＞特にことわりのないかぎり，地形図では上が北を表している。地形図の北東に断続的に連なる水たまりが見られることから，かつて蛇行していた川の流路だった部分が，三日月湖として残されていることがわかる。

問5＜人口ピラミッドの読み取り＞東京都多摩市には，多摩ニュータウンが位置しており，1970年代に20～30歳代だった人々が移住し，その子どもたちも住んでいるため，50年ほどたった現在では70～80歳代の人口と，40～50歳代の人口が多いので，ウが当てはまる。東京都大島町は島しょ部の過疎地に位置しており，少子高齢化が進んでいるため，アが当てはまる。東京都千代田区は，都心部に位置し，近年の都心回帰により40歳代を中心に新しい住民が増えているため，イが当てはまる。

問6＜関東地方の農業＞房総半島や三浦半島では，冬でも温暖な気候を利用し，1年を通して都市向けに野菜や生花を栽培・出荷している(④…×)。

問7＜環境問題＞原子力は，2010年までは日本の発電量の4分の1を占めていたが，2011年の東日本大震災に伴う福島第一原子力発電所事故の影響で，2011年以降，発電量に占める割合は大きく低下している(④…○)。なお，温室効果ガスには二酸化炭素やメタン，代替フロンなどが含まれるが，水素は含まれない(①…×)。再生可能エネルギーには地熱や太陽・風力・水力・バイオマスなどが含まれるが，天然ガスは化石燃料に含まれる(②…×)。3Rとは，リデュース(ゴミの減量)，リユース(再利用)，リサイクル(資源再生)のことである(③…×)。コージェネレーションシステムとは，発電の際に出る熱を冷暖房や給湯などに使うことによって有効に利用し，エネルギー効率を高めるしくみのことである(⑤…×)。

3〔歴史―日中関係史〕

問1＜1世紀の日本と世界＞下線部(a)の倭の奴国の王が中国に使いを送ったのは，57年で，日本では弥生時代のことである。弥生時代の日本では小さな国々が分立しており，奴国もそのような国の1

つと考えられている(ア…○)。また，弥生時代には，稲作が発達し，縄文時代に引き続きたて穴住居をつくって住んでいた人々がいた(イ…○)。ローマは紀元前30年に地中海周辺を統一した後，紀元前27年に皇帝が支配する帝政に移行した(エ…○)。なお，ムハンマドがイスラム教を創始したのは，610年のことである(ウ…×)。

問２＜資料の読み取り＞資料の４～５行目に，「臣(武)も恐れながら王位を継ぎ，……そこで朝貢の道は，……」とあるため，武が王位について中国に朝貢の使者を送ったことがわかる(ア…正)。また，６行目に「武を使持節都督倭・新羅・任那・加羅・秦韓・慕韓六国諸軍事安東大将軍倭王に任命した」とあるため，中国が武を倭と朝鮮半島にある５か国の合わせて６か国の軍事指揮権を持つ倭王と認めたことがわかる(イ…誤)。

問３＜年代整序＞年代の古い順に，イ(仏教の伝来―６世紀)，ア(冠位十二階の制定―603年)，下線部(ｃ)(遣隋使の派遣―607年)，ウ(中大兄皇子らが蘇我氏を滅ぼす―645年)となる。

問４＜天平文化＞唐の影響を強く受けた文化とは，奈良時代の天平文化のことである。奈良時代には，国ごとの地誌である『風土記』がまとめられた(①…○)。なお，『竹取物語』は平安時代の国風文化の時期に成立した(②…×)。奈良時代に『万葉集』をまとめたのは，大伴家持らであるといわれる(③…×)。鑑真は奈良時代に来日し，唐招提寺を創建した(④…×)。

問５＜元寇＞元寇において，鎌倉幕府の御家人らが一騎打ち戦を基本としたのに対し，元からの派遣軍は火器を用いた集団戦法を基本とした(④…×)。

問６＜日明貿易＞日明貿易では，硫黄は刀・銅・漆器などと並ぶ日本の輸出品であった(③…×)。

問７⑴＜資料の読み取り＞幕領の石高を見ると，最も低い値は412万石で，1716～25年にあたる。一方で，幕領の年貢収納高を見ると，最も低い値は132万石で，1836～41年にあたる(ア…○)。また，石高に対する年貢収納率を見ると，最も低い値は31％で，天保の改革の開始の時期にあたる(エ…○)。なお，1746～55年の間は，幕領の年貢収納高は166万石で最も高いが，幕領の石高は442万石で，1736～45年の間の459万石よりも低い(イ…×)。徳川吉宗が将軍であったのは享保の改革の時期(1716～45年)だが，石高に対する年貢収納率を見ると，この時期は33％から34％つまり１％しか上昇しておらず，享保の改革が終わった後の方が上昇している(ウ…×)。

⑵＜年代整序＞年代の古い順に，イ(イギリスの名誉革命―1688年)，ウ(アメリカの独立宣言―1776年)，エ(ナポレオンの皇帝即位―1804年)，ア(アヘン戦争の終結―1842年)となる。

問８⑴＜三国干渉＞日清戦争に勝利した日本は，1895年に結ばれた下関条約で，清から遼東半島(ア)や台湾(エ)などを獲得したが，直後にロシア・ドイツ・フランスによる三国干渉で遼東半島を返還することになった。

⑵＜中国分割＞風刺画は，日清戦争後，中国のケーキを５か国の列強が囲んで切り分けている様子を表している。左から，イギリス，ドイツ，ロシア，フランス，日本である。イギリスは長江流域で，ドイツは山東半島で，ロシアは中国東北部で，フランスは中国南部で勢力を広げた。一方，アメリカは中国の市場開放と領土保全を求め，中国に直接勢力圏を持つことはしなかったため，風刺画には描かれていない。

問９＜第一次世界大戦＞第一次世界大戦は，1914～18年の４年間続き，新兵器として戦車や毒ガスが登場したことなどにより，多数の死傷者を出した(②…○)。なお，バルカン半島では，オーストリアとロシアが勢力争いを繰り広げた(①…×)。日本は大戦初期に日英同盟に基づいてドイツに宣戦布告したが，アメリカが参戦したのは大戦末期の1917年である(③…×)。レーニンが主導してロシア革命が起こったのは，大戦末期の1917年である(④…×)。

問10＜満州事変＞満州事変のきっかけとなったのは，奉天郊外で南満州鉄道の線路が爆破された柳条湖事件である(ア…誤)。世界恐慌が始まったのは1929年であり，日本が国際連盟脱退を通告した1933年よりも前のことである(イ…誤)。

問11＜1970年代の日本＞第四次中東戦争をきっかけとした石油危機は，1973年に起こった(①…○)。なお，バブル経済は1980年代後半に発生した(②…×)。東海道新幹線は1964年に開業した(③…×)。安保闘争は1960年に起こった(④…×)。

4〔公民—総合〕

問１＜権力分立，世界人権宣言＞モンテスキューは，フランスの思想家で，『法の精神』を著して権力の集中を防ぐために権力分立(三権分立)を主張した(ア…正)。世界人権宣言は，第二次世界大戦終結後の1948年に国連総会で採択された(イ…誤)。

問２＜基本的人権＞アの全国水平社は部落解放運動を推進するために大正時代の1922年に結成された組織であり，平等権(Ａ)と関係が深い。イの不当労働行為を禁じる労働組合法は労働基本権の１つである団結権を保障するための法律であり，社会権(Ｃ)との関係が深い。住民が条例の制定を地方議会に請願する権利は，(直接)請求権(Ｄ)に含まれる。学生運動に参加することは表現の自由に，企業に就職することは職業選択の自由に含まれ，どちらも自由権(Ｂ)との関係が深い。

問３＜平和主義＞日本政府は，主権国家である日本には自衛権があり，自衛隊は自衛権を行使するための「必要最小限度の実力」なのであって，日本国憲法は自衛隊を持つことを禁止していないと説明している(ア…正)。自衛隊は，2001年にはアメリカ同時多発テロへの対応として制定されたテロ対策特別措置法を根拠に，2003年にはイラク戦争への対応として制定されたイラク復興支援特別措置法を根拠に，それぞれ海外に派遣された(イ…正)。

問４＜地方自治＞特定の地方公共団体にのみ適用される特別法を制定する際に行われる住民投票は，憲法第95条に基づくため，投票の結果には法的な拘束力がある。しかし，地方議会が制定した住民投票条例は憲法に直接基づくものではなく，投票結果に法的な拘束力はない(②…×)。

問５＜企業＞日本のベンチャー企業に対する投資の規模は，他国に比べると小さい(イ…×)。また，硬貨などを製造する造幣局は，公企業のうち独立行政法人に分類される(ウ…×)。なお，2016年現在，日本全体の従業員数の７割ほどは中小企業が占める(ア…○)。消費者の安全や従業員の生活の安定など，企業が社会において担うべき役割と責任を，企業の社会的責任〔CSR〕という(エ…○)。

問６＜労働環境の変化＞正社員と同じ仕事をしている契約社員や派遣社員の賃金を，正社員よりも低く設定することは，正社員〔正規労働者〕と非正社員〔非正規労働者〕との不合理な待遇格差を是正する同一労働同一賃金の原則に反する。

問７＜需要と供給＞消費者の所得が減少すると，同じ価格においても消費者が購入する数量が減少するので，消費量すなわち需要量と価格の関係を示す需要曲線が左へ移動する(②…○)。

問８＜国民経済の循環＞図中のＡの矢印は企業が提供していることを表すが，ア～ウの中で企業が提供するものは商品であるため，Ａの矢印にはイが当てはまる。また，企業から商品を提供されるのは政府，もしくは家計である。Xが政府の場合，残ったYには家計が当てはまり，家計が企業に提供するものは労働であるため，Bにはアが当てはまる(③)。一方，Xが家計の場合，Yには政府が当てはまり，政府は企業に公共サービスを提供するため，Bにはウが当てはまる(④)。

問9＜EU＞東南アジア諸国連合〔ASEAN〕には人口が世界で第4位(2021年)であるインドネシアなど，人口の多い国々が含まれるが，ヨーロッパ連合〔EU〕には人口の少ない国が多く，全体ではASEANよりもEUの方が域内人口が少ない(ア…×)。ウクライナはEUには加盟していない(ウ…×)。2020年にイギリスがEUから離脱し，加盟国が減少した(エ…×)。なお，2023年5月現在EUの加盟国は27か国であるが，そのうち20か国がユーロを導入している(イ…○)。

問10＜年代整序＞年代の古い順に，①(2008年)，④(2010年)，②(2018年)，③(2022年)となる。

5〔三分野総合―東京をテーマとする問題〕

問1＜関東大震災，東京大空襲，東京オリンピック＞関東大震災は大正12(1923)年，東京大空襲は終戦直前の昭和20(1945)年，東京オリンピックは高度経済成長期の昭和39(1964)年の出来事である。

問2＜関東大震災＞後藤新平は関東大震災後に帝都復興院総裁となり，災害に強い都市づくりを目指して東京を近代的な都市に生まれ変わらせた(ア…正)。犬養毅は，政党内閣の首相であった1932年，五・一五事件で海軍の青年将校などによって暗殺された(イ…誤)。

問3＜サミット＞G7は，アメリカ合衆国・イギリス・フランス・ドイツ・イタリア・カナダ(イ)・日本で構成される。1998年からはロシアが参加してG8となったが，ロシアの経済は当時は先進国とはいえない状況であったため，先進国首脳会議は主要国首脳会議へと改称された(ロ)。しかし，ロシアは2014年にウクライナに属するクリミア半島を一方的に併合したため，サミットへの参加資格を停止された(ハ)。

問4＜テヘラン＞イランの首都テヘランは，イラン北部のAに位置する。なお，ペルセポリスはBに位置し，紀元前6～紀元前4世紀に古代オリエントのほとんど全域を支配したイラン〔ペルシア〕人の王朝であるアケメネス朝の首都であった。

問5＜原油・石油の生産・消費＞ペルシア湾岸は石油の産出量が多く，湾岸に位置するサウジアラビアは世界有数の産油国であるため，Xにはサウジアラビアが当てはまる。また，中国は「世界の工場」として21世紀に入ってから石油の消費量を増やしているため，Yには中国が当てはまる。

問6＜日本のサミット会場＞2000年以降，日本では，2000年に九州沖縄で，2008年に北海道洞爺湖で，2016年に伊勢志摩でサミットが開催された。なお，2023年5月には広島で開催された。

問7＜国民の祝日＞平成28(2016)年に設けられた最も新しい国民の祝日は，山の日であり，8月11日が該当する。

理科解答

1 (1)　⑤　　(2)　⑤

2 1　(1)…①　(2)…⑥　(3)…①

2　(1)…⑤　(2)…②

(3)　(a)…②　(b)…④　(c)…④

3 1　(1)…⑤　(2)…⑦　(3)…⑦　(4)…⑥

2　(1)…⑥

(2)　16…3　17…7　18…5

(3)…①

4 1　(1)…⑤　(2)…③　(3)…③

2　(1)…③　(2)…②　(3)…①　(4)…①

5 (1)　④　　(2)　②　　(3)　④　　(4)　⑤

1〔運動とエネルギー〕

(1)＜質量の単位＞１ポンドは0.45kg だから，12ポンドは，$0.45\times12=5.4$(kg)より，5400g である。よって，１オンスが28g だから，$5400\div28=192.8\cdots$より，12ポンドは約193オンスとなる。

(2)＜速さ＞400km を２時間30分で走る新幹線の２倍の「遅さ」で動く車は，400km を５時間で走る。つまり，$400\times1000=400000$(m)を，$5\times60\times60=18000$(秒)で走るので，800m 走るのにかかる時間は，$18000\times\frac{800}{400000}=36$(秒)となる。

2〔電流とその利用，身近な物理現象〕

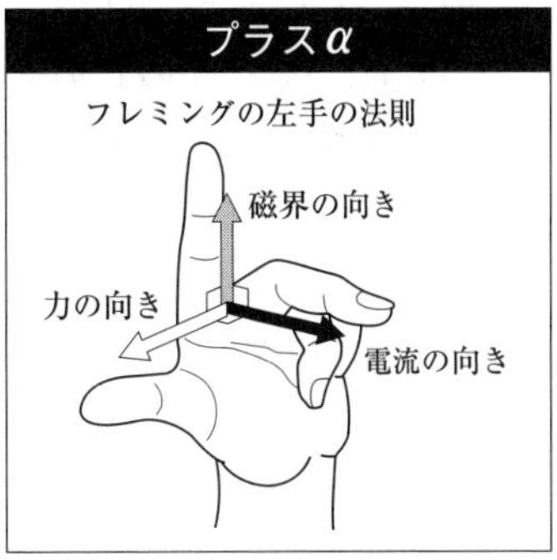

図１

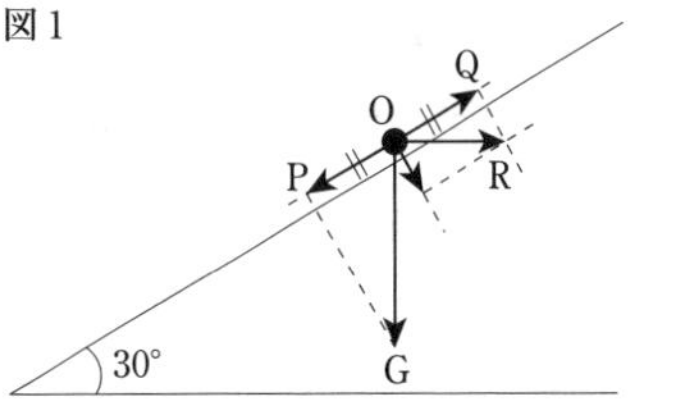

1 ＜電流が磁界から受ける力＞(1)図２－２で，磁界の向きは，磁石のＮ極からＳ極へ向かう向きである。また，傾けたレール上の金属棒Ａが静止しているから，金属棒Ａにはレールに平行で上向きの力がはたらいている。よって，右プラスαより，左手の人さし指を磁界の向き，親指を力の向きに合わせると，中指が指す電流の向きは奥Ｘから手前Ｙの向きになる。　(2)右下図１で，金属棒Ａにはたらく重力を OG の矢印で表すと，重力 OG を斜面に平行な方向と斜面に垂直な方向に分解したとき，OP の矢印が，金属棒Ａにはたらく斜面に平行な力となる。図２－２で，金属棒Ａに電流を流して静止しているのは，磁界と電流によって金属棒Ａに生じる力が，力 OP とつり合っているためで，この力を OQ の矢印で表す。力 OQ の大きさを a N とおくと，力 OP の大きさも a N となり，△OGP は∠OGP＝30°の直角三角形で，３辺の比が $1:2:\sqrt{3}$ だから，金属棒Ａにはたらく重力 OG の大きさは，$OG=2OP=2\times a=2a$(N)となる。次に，図２－３で，金属棒Ａに電流を流したとき，磁界と電流によって金属棒Ａに生じる力を OR の矢印で表す。この力 OR を斜面に平行な方向と斜面に垂直な方向に分解したとき，斜面に平行な力が力 OQ と等しくなる場合に，金属棒Ａは静止する。このとき，△ROQ は∠ROQ＝30°の直角三角形で，３辺の比が $1:2:\sqrt{3}$ だから，力 OR の大きさは，$OR=\frac{2}{\sqrt{3}}OQ=\frac{2\sqrt{3}}{3}a$(N)となる。したがって，図２－３で，磁界と電流によって金属棒Ａに生じる力の大きさは，金属棒Ａの重さの，$\frac{2\sqrt{3}}{3}a\div2a=\frac{\sqrt{3}}{3}$(倍)である。　(3)図２－４で示した位置に金属棒Ｂを固定すると，金属棒Ａと金属棒Ｂは並列につながれることになる。そのため，金属棒Ａに加わる電圧の大きさは変わらず，流れる電流の大きさも変わらない。よって，

磁界と電流によって金属棒Aに生じる力の大きさも変わらないから，金属棒Aは静止したまま動かない。

2＜凸レンズによる像＞(1)図2－5で，物体の先端から出て凸レンズを通る光は，全て像の先端に向かって進むので，実線で表された光は⑤のように進む。　(2)右図2で，図2－6に示した矢印の光が点Pから出たものとする。点Pから出て光軸に平行に進み，凸レンズで屈折して焦点を通る光と，点Pから出て凸レンズの中心を通って直進する光の交点をP′とすると，点Pの像は点P′の位置にできる。よって，図2－6に示した矢印の光は，図2のように，凸レンズで点P′を通るように屈折するから，凸レンズを通過した後の光は，凸レンズから7.5cmの位置で光軸と交わる。　(3)(a)図2－8のAは，図2－7のAの位置に白い厚紙を置いたときの明るさの違いを測定したものである。このとき，右図3のAの位置に置いた白い紙には，凸レンズを通った光が図2－7のアの部分に集まるため，アの部分は明るくなり，届く光が少なくなるイの部分は暗くなる。また，ウの部分はレンズを通っていない光が当たるので，アの部分より暗く，イの部分より明るい。　(b)図2－8のCは，図2－7のCの位置に白い厚紙を置いたときの明るさの違いを測定したものである。図3のCの位置に置いた白い紙には，凸レンズを通った光が，焦点に集まった後，再び広がってカとキの部分に届く。キの部分は，凸レンズを通った光と凸レンズを通っていない光が重なるので，最も明るくなる。また，凸レンズを通って広がった光のみが当たるカの部分は，凸レンズを通っていない光が当たるクの部分より暗くなる。　(c)太陽光線は光軸に平行なので，凸レンズの上半分を黒い紙で覆うと，黒い紙で覆わない場合と比べて，アの部分の上半分に届く光の量は少なくなる。一方，凸レンズの下半分は黒い紙で覆っていないので，アの部分の下半分に届く光の量は変わらない。よって，上半分は下半分より暗くなる。

図2

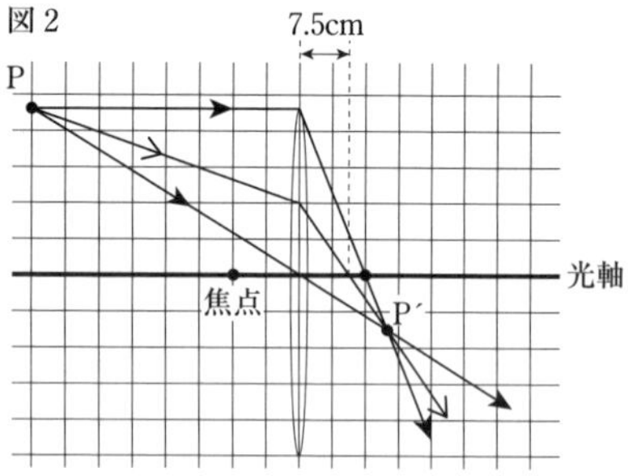

図3

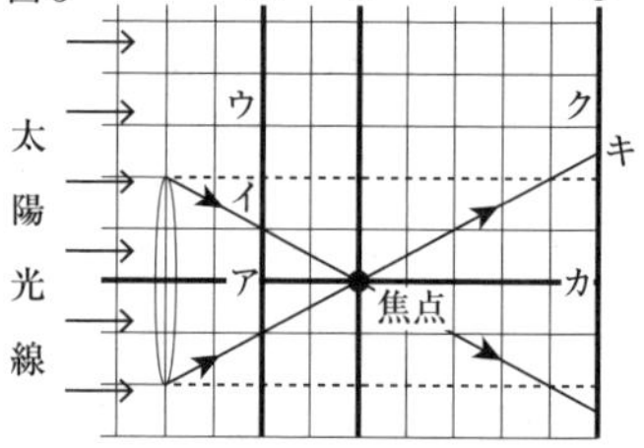

3 〔化学変化とイオン，物質のすがた〕

1＜化学反応式，中和，反応する物質の質量＞(1)化学反応式は，矢印の左右で原子の種類と数が等しくなるように，化学式の前に係数をつける。よって，沸騰水に$FeCl_3$(塩化鉄(Ⅲ))の水溶液を加えたときの化学反応式は，$FeCl_3+3H_2O \longrightarrow Fe(OH)_3+3HCl$となるので，$a=1$，$b=3$，$c=1$，$d=3$より，$1+3+1+3=8$である。　(2)溶液Aはうすい塩酸で，溶液中に$H^+$(水素イオン)が存在するので，酸性を示す。この溶液に，アルカリ性のうすい水酸化ナトリウム水溶液を加えると中和が起こり，溶液の性質は中性になり，さらにうすい水酸化ナトリウム水溶液を加えると，アルカリ性になる。BTB溶液は酸性では黄色，中性では緑色，アルカリ性では青色を示すから，このとき，溶液の色は，黄色→緑色→青色と変化する。　(3)イ…正しい。溶液Aは塩酸で，うすい塩酸にうすい水酸化ナトリウム水溶液を加えると中和が起こる。中和は発熱反応だから，熱が発生し，温度が上がる。　ウ…正しい。うすい塩酸に亜鉛やアルミニウムなどの金属を入れると，水素が発生する。　ア…誤り。うすい塩酸とうすい水酸化ナトリウム水溶液の中和によって生じる塩《えん》は塩化ナトリウム(NaCl)で，水に溶けやすいため，全て固体として存在しているわけではない。　エ…

誤り。塩酸は塩化水素(HCl)の水溶液なので，そのままでは塩素(Cl_2)は発生しない。　⑷表3－1より，溶液A100mLに対して，加えた硝酸銀水溶液の体積が100mLまでは，白色沈殿の質量は硝酸銀水溶液の体積に比例している。しかし，加えた硝酸銀水溶液の体積が100mLから200mLと2倍になっても，白色沈殿の質量は0.24gから0.36gと2倍になっていない。これより，溶液A100mLが全て反応すると白色沈殿が0.36g生成するから，溶液A100mLと過不足なく反応する硝酸銀水溶液の体積は，100×(0.36÷0.24)＝150(mL)である。よって，溶液A400mLに硝酸銀水溶液300mLを加えると，硝酸銀水溶液は全て反応するが溶液Aの一部は未反応で残る。したがって，硝酸銀水溶液100mLが全て反応したときに生成する白色沈殿の質量は0.24gなので，硝酸銀水溶液300mLが全て反応したときに生成する白色沈殿の質量Xgは，$X=0.24\times\frac{300}{100}=0.72$(g)となる。

2＜状態変化＞⑴純粋な物質は一定の融点や沸点を示す。よって，図3－2と同様のグラフの形を示すと考えられるのは，純粋な物質であるエタノールとパルミチン酸である。なお，食塩水は混合物なので，加熱しても融点や沸点は決まった値にはならない。　⑵温度が0℃の間に氷20gが融解するために加えられた熱量は0.33×20＝6.6(kJ)である。また，氷20gが溶けると水20gになるから，水20gの温度を0℃から100℃まで上昇させるのに加えられた熱量は，4.2×20×(100－0)＝8400(J)より，8.4kJである。図3－2より，氷が融け始めた加熱時間は，温度が融点である0℃になった1分後で，水の温度が100℃になったのは5分後である。よって，この5－1＝4(分)間に加えられた熱量は，6.6＋8.4＝15(kJ)だから，1分当たりに加えられた熱量は，15÷4＝3.75(kJ)である。
⑶ア…部屋に置いた水に氷が浮いているとき，氷は水に状態変化しているので，水の温度は水の融点である0℃である。　イ…富士山頂のように標高が高い地点では気圧が低いため，水は100℃より低い温度で沸騰する。よって，水の沸点は0℃より高く100℃より低くなる。　ウ…実験室での窒素の沸点は－196℃であり，0℃より低い。

4〔生命・自然界のつながり〕

1＜動物の進化と分類＞⑴魚類から両生類が進化し，両生類からは虫類や哺乳類が，は虫類から鳥類が進化したと考えられている。よって，図4－1のAは哺乳類，Bは鳥類，Cは両生類である。
⑵図4－1のXの時期は，魚類から両生類が進化した時期である。両生類(C)は，一生えらで呼吸する魚類とは違い，親が肺で呼吸するようになったので，Xの時期に起こった変化は③である。なお，①は鳥類が進化した時期に起こった変化であり，②は脊椎動物が進化した時期に起こった変化，④はは虫類が進化した時期に起こった変化，⑤は哺乳類が進化した時期に起こった変化である。
⑶シソチョウは鳥類とは虫類の両方の特徴を持ち，ア～エのうち，アとエがは虫類の特徴であり，イは鳥類の特徴である。また，は虫類はうろこで覆われ，鳥類は羽毛で覆われている。

2＜有機物合成＞⑴光合成で利用する二酸化炭素は気孔から取り込まれるので，適切なのは③である。なお，葉緑体は緑色の粒で，タマネギの表皮細胞には存在しない。表皮細胞の中央部分に1つだけ観察できるのは核である。また，光合成によりできるのは酸素で，植物も呼吸を行っている。
⑵化学合成細菌は，無機物から合成した有機物を栄養分として利用しているので，適切なのは②である。なお，化学合成細菌は，光の届かない土壌中にいるので，光合成は行わない。　⑶0.1mmは0.1÷10÷100＝0.0001(m)，6秒は6÷60＝0.1(分)である。よって，葉緑体は0.0001mを0.1分で移動したから，細胞質流動の速度は，0.0001÷0.1＝0.001(m/分)である。　⑷植物は暗黒下では呼吸のみを，明かりがある下では呼吸と光合成を行い，呼吸速度は常に一定である。また，図4－2

の単位時間を20分とし，縦軸１目盛りを◇1とする。暗黒下での呼吸速度は，10℃のときは◇1，20℃のときは◇2である。照度1000ルクスの下では，光合成と呼吸の両方を行い，10℃のとき，酸素濃度の増加量は◇1で，呼吸速度は◇1だから，光合成速度は◇1＋◇1＝◇2になり，20℃のとき，酸素濃度の増加量は◇0で，呼吸速度は◇2だから，光合成速度は◇0＋◇2＝◇2になる。同様に求めると，照度1500ルクスの下では，10℃のとき，酸素濃度の増加量は◇2より，光合成速度は◇2＋◇1＝◇3になり，20℃のとき，酸素濃度の増加量は◇1より，光合成速度は◇1＋◇2＝◇3になり，照度2000ルクスの下では，10℃のとき，酸素濃度の増加量は◇2より，光合成速度は◇2＋◇1＝◇3になり，20℃のとき，酸素濃度の増加量は◇2より，光合成速度は◇2＋◇2＝◇4になる。これより，10℃での光合成速度は1500ルクスのときと2000ルクスのときが同じ値なので，最大が1500ルクスである可能性はある。しかし，20℃での光合成速度は，1500ルクスのときより2000ルクスのときの方が大きいので，1500ルクスが最大ではありえない。よって，適切なのは①である。なお，20℃，1000ルクスでも光合成は行われていて，10℃，1000ルクスでは呼吸速度より光合成速度の方が大きい。また，10℃，1000ルクスのときの光合成速度は◇2，20℃，1500ルクスのときの光合成速度は◇3だから，同じではない。

5 〔大地の変化〕

(1)＜土砂の堆積＞火山活動によって噴火した火山灰などが堆積してできた岩石は凝灰岩である。火山灰は流水のはたらきを受けないので，凝灰岩は角ばった粒でできている。これより，図５－２で凝灰岩の層はイの層だから，地点Ａ，Ｂの柱状図より，凝灰岩の層ができる前には，ウのれき岩の層ができ，その後，アの砂岩の層ができている。れきや砂などが堆積する環境としては，扇状地(b)，川底(f)，浅い海(h)が考えられるので，適切なのは④である。なお，Ｖ字谷は水の流れが強く，堆積作用より浸食作用が大きいため土砂は堆積しない。三角州は水の流れが弱く砂や泥などが堆積し，湾は水の流れが穏やかな所が多いため泥や砂が堆積しやすい。沖合と深い海は水の流れが弱いので泥などが堆積する。

(2)＜化石＞地層が堆積した年代を推定できる手がかりとなる化石を示準化石という。示準化石となる生物の条件として，種としての生存期間が短い，生息域が広いなどがある。生存期間が短い生物だと，ある特定の時代の地層にだけ含まれるので，年代を特定する手がかりになる。また，生息域が広いと，離れた地域の地層が同じ時代に堆積したかどうかを調べる手がかりとなる。

(3)＜地層の広がり＞図５－２のイの凝灰岩の層をかぎ層として考える。図５－１より，地点Ａ～Ｃの標高は，地点Ａが70m，地点Ｂが80m，地点Ｃが70mで，図５－２より，凝灰岩の層の下面の地表からの深さは，地点Ａが7.5m，地点Ｂが12.5m，地点Ｃが2.5mである。よって，凝灰岩の層の下面の標高は，地点Ａが70－7.5＝62.5(m)，地点Ｂが80－12.5＝67.5(m)，地点Ｃが70－2.5＝67.5(m)である。したがって，凝灰岩の層の下面の標高が，地点Ｂと地点Ｃは同じだから，東西方向に傾きはなく，地点Ａは地点Ｃより低いから南から北に向かって低くなっている。

(4)＜地層の広がり＞この地域の地層は上下の逆転や断層などがないので，地層の重なり方や厚さは同じである。図５－２の地点Ａ，Ｃ，Ｄの柱状図より，地点Ａの地表から下の地層は，上から，ア→イ→ウ→エ→ア→ウ→オのように重なっている。そして，地点Ａの柱状図で，ア，イ，ウの層の厚さは12.5m，地点Ｃの柱状図で，エの層の厚さは15－7.5＝7.5(m)，地点Ｄの柱状図で，アとウの層の厚さは15－5＝10(m)である。よって，地点Ａで，地表からオの層の上面までの深さは12.5＋7.5＋10＝30(m)だから，地表から30m掘るとオの層に達する。

2023年度／朋優学院高等学校（一般１回）

国語解答

一　(一)　問一　炉端　問二　寄与
問三　満喫　問四　隔
問五　しょうばん
(二)　問一…ロ　問二…イ

二　問一　ことができるのです。
問二　イ
問三　特定の話題や趣味に関心のある人を探す［機能］
問四　ハ　問五　ロ
問六　検索によって一つの考え方に固定化されてしまうのではなく，対話を通して多様な考え方を受け入れる態度を獲得するということ。（59字）
問七　イ

三　問一　ニ　問二　ロ
問三　Ⅰ　ほかの嫁たちに負けまい
Ⅱ　お互いに気持を摺りあっ
問四　ハ
問五　相続のことを考えて自分に取り入ろうとする家の者たちに比べ，福子は純粋な優しさから自分を思ってくれていることが伝わり，胸をうたれている。（67字）
問六　合わないようにね。」
問七　ニ

四　問一　C
問二　道心を遂げるため，女に気を取られているだめなやつだという印象を周囲の人々に与えようとしたから。
問三　ロ　問四　ニ　問五　ロ
問六　ハ

一〔国語の知識〕

(一)＜漢字＞問一．囲炉裏のそばのこと。　問二．社会や人の役に立つようにすること。　問三．十分に楽しむこと。　問四．音読みは「隔離」などの「カク」。　問五．主賓の相手をして，一緒にもてなしを受けること。

(二)問一＜語句＞相手の機嫌を取って，気持ちを変えさせる，という意味。　問二＜慣用句＞遠慮せず，心から打ち解けることができるさま。

二〔論説文の読解―社会学的分野―コミュニケーション〕出典；石田光規『「人それぞれ」がさみしい　「やさしく・冷たい」人間関係を考える』「萎縮を生み出す『人それぞれ』」。

≪本文の概要≫「人それぞれの社会」では，何げなく発した言葉でも，少なからず非難を受ける可能性があるため，思うように発言をするのが難しくなった。それでも，人は誰かと共感したいという思いがあるので，話す言葉ではなく話す相手を選ぶことによって，言葉の持つリスクを下げようとしてきた。ただ，相手が自分と同じ意見を持つかどうかを見きわめるために，相手と深い話をしなければならないという，相応のリスクが伴う。インターネットの検索サービスは，自分と同じ意見を持つ人を容易に探し出し，つながることができる，画期的な方法として登場した。そのようにしてつながった集団の中には，他の意見を排除し，自分たちの意見だけに固執する「純化した集団」もいて，多様性を損なう側面もある。しかも，そのような集団は，相手の考えを聞くことなく一方的に自分の主張だけを述べるので，分断を引き起こす原因にもなる。「真の意味」での多様性を手に入れるためには，検索に慣れきった社会のあり方を見直す必要がある。

問一＜文脈＞言葉の持つリスクは，「話す言葉を選ぶのではなく，話す相手を選ぶこと」でも下げることができるとはいえ，「相手が同じ意見をもっているかどうか判定する」のは，難しい。

問二＜文章内容＞身体的特徴や性別，家柄など，個人の力では変えることのできない，「属性にまつわる話」は，何げなく発した言葉でも非難の対象になりやすい。

問三＜文章内容＞SNSや検索サイトを通して，容易に「珍しい趣味や嗜好，あるいは，多数派ではない考えをもつ人」を探し出せるのは，検索機能のよい面である。

問四＜文章内容＞検索サービスの充実は，同じ考えを持つ人どうしを結びつける一方で，それ以外の考えを排除する傾向にもつながっているので，多様性を損なう側面もある。

問五＜表現＞検索サービスは，他の意見の干渉を受けることなく，同じ考えを持つ人々を直接結びつけるので，そのように形成された集団は，同じような意見に偏った「純化した集団」になりやすいのである。

問六＜文章内容＞検索は，自分と同じ考え方の人を探すのに便利だが，一つの意見に固執しやすいので，他の人と話してさまざまな考え方を知り，それを受け入れる態度を持つことが必要である。

問七＜要旨＞人と安心して話をするために，話す言葉ではなく話す相手を選ぶとき，インターネットの検索機能は，大いに役に立っている(イ…○)。SNSで他人とつながることが容易になったが，固有の意見に偏った「純化した集団」が形成されやすい点に留意する必要がある(ロ…×)。「お母さん食堂」の事例を通して，一方的に意見を表明するだけで，対話を通して建設的な意見交換につながらなければ，かえって「分断」が明らかになることが示されている(ハ…×)。世の中の「分断」の原因の一つとして，インターネットの検索サービスによって，自分とは異なる意見を排除し，一つの意見に偏った集団ができたことが挙げられる(ニ…×)。

三〔小説の読解〕出典；矢田津世子『万年青』。

問一＜心情＞隠居は，自分の遺産目当てで，皆があれこれ手を尽くすことにうんざりしながらも，本家の「頭」として，皆に気を配ろうとしていた。

問二＜文章内容＞無邪気に振る舞う福子の存在に周囲は和まされながらも，その一方で，嫂たちは，福子を世間知らずで自分たちの競争相手ではないと，「軽くしか考えなかった」のである。

問三＜文章内容＞隠居に取り入るために，嫁どうしで腹を探り合ったり，他の嫁と張り合ったりする様子が，福子には滑稽に見えていたのである。

問四＜心情＞万年青を大事に育てていることに隠居が気づいただけでなく，そこから福子の人柄までも褒めてくれたことを，福子はうれしく，また面と向かって言われ恥ずかしくも感じた。

問五＜心情＞隠居は，周囲の者が皆相続目当てで自分に接しているのに対し，福子だけが自分を純粋に気遣ってくれていることに心を打たれ，これ以上余計なことを言うまいと思った。

問六＜文脈＞普茶料理を出そうとしているのは，「三ばん目の嫂」である。

問七＜表現＞隠居を巡るかけ引きや気持ちの探り合いが，嫂たちの会話を通して描かれるだけでなく，彼女たちの性格や思惑，関係性も浮かび上がらせている。

四〔古文の読解―説話〕出典；『宇治拾遺物語』巻第十五ノ九。

≪現代語訳≫これも今となっては昔の話だが，奈良に仁戒上人という人がいた。山階寺の僧である。学問の才能は，寺中で匹敵する者はいなかった。それなのに，急に仏の道を求める心を起こして寺を出ようとするので，その当時の別当である興正僧都は，(仁戒上人が寺から出ることを)とても残念に思って，(彼を)引きとめて(寺から)お出しにならない。(仁戒上人は)どうしようもなくて，西の里に住んでいる人の娘を妻にして(その元に)通ったので，人々の間でだんだんとうわさが立っていった。(上人はこのことを)人々に広く知らせようと，家の門の前で，この娘の首に抱きついて，後ろにくっついていた。道行く人が(その様子を)見て，驚きあきれ，嫌な思いをすることこのうえもない。(これは上人が女にうつつを抜かし)役に立たないだめな者になってしまったと，人々に知らせるためである。しかし，上人はこの妻と連れ添いながら，(それ以上)全く近づくことはなかった。(上人は)お堂に入って，一晩中眠らないで涙を流して修行していた。このことを別当僧都が聞いて，ますます(上人を)尊んで(寺に上人を)呼び寄せたので，(上人は)途方に暮れて逃げ出して，(その後，上人は)葛下郡の郡司の婿になった。数珠《じゅず》などもわざと持たず，ただ心の中で仏道を修めようとする心をますます固めて修行した。／ここに添下郡の郡司は，この上人に目をとめて，非常に尊いと思ったので，目的地も決めずに歩き回る(上人の)後について，衣食や，沐浴のことなどを世話していた。上人が思うことには，「どのように思って，この郡司夫妻は親切に私を見舞うのだろう」と，(郡司に)その真意を尋ねたところ，郡司が答えたことには，「何の理由もございません。ただ(あなたを)尊く思っておりますので，このようにお仕えするのです。ただし，一言申し上げたいことがございます」と言う。(上人が)「何ですか」と問うと，(郡司は)「(あなたが)ご臨終のとき，どうしたらお会いできましょうか」と言ったので，上人は，思いどおりになることであるように，「とてもたやすいことでしょう」と答えたので，郡司は，手をすり合わせて喜んだ。／さて長い年月が過ぎて，ある冬，雪が降っていた日の，夕方に，上人が，郡司の家に来た。郡司は喜んで，いつものことなので，食事も，召し使いたちに準備させず，夫婦が自分で手づくりして召し上がっていただいた。(上人は)湯あみして横になった。夜明け前にはまた，郡司夫婦が早く起きて，食事などをこまごまと準備していると，上人がお休みになっている方向がよい香りのすることたとえようもない。その香りは，家中に満ちている。これは名香などをたいておられるのだろうと思う。「明け方は早く出よう」とおっしゃっていたけれども，上人は，夜が明けるまでお起きにならない。郡司は，「お粥ができました。このことを(上人に)申し上げてください」とお弟子に言ったところ，(弟子は)「気が短くていらっしゃる上人です。下手なことを申すとぶたれましょう。そのうち起きてこられるでしょう」と言って座っていた。／そうこうするうちに，日も出たので，いつもはこのように長くはお休みにならないので，不審に思って，(部屋に)近づいて声をかけたけれども，何の返事もない。(戸を)引き開けて見ると，(上人は)西に向かい正座し両手を合わせて，すでに死んでおられた。残念に思うことは限りない。郡司夫婦や，お弟子たちは悲しみ泣いたり，また尊んで拝んだりした。「明け方よい香りがしたのは，極楽浄土へのお迎えであったのだなあ」と納得した。「臨終にお会いしようと申したので，ここにいらしてくださったのだ」と，郡司は，泣きながら葬儀のことなどを取り行ったとかいうことである。

問一＜古文の内容理解＞A．周囲から役に立たない者と思われようとしたのは，仁戒上人である。　B．一晩中，お堂で修行を行ったのは，仁戒上人である。　C．仁戒上人が一晩中修行していることを知った僧都は，仁戒上人を呼び寄せようとした。　D．わざと数珠などを持たずに，ひたすら心の中で仏の道を求めたのは，仁戒上人である。

問二＜古文の内容理解＞仁戒上人は，女性にうつつを抜かし役に立たない者になったと周囲からあきれられるようにすれば，寺から出て仏の道の修行に励めると考えたのである。

問三＜現代語訳＞「何事か」の「か」は，反語の意味。直訳すると，何事があるでしょうか，いや，何もありません，となる。

問四＜古文の内容理解＞仁戒上人は，別当僧都が引きとめるのも聞かず，山階寺を逃げ出したが，臨終を迎えるときには，自分が望んだ仕方で，極楽往生を遂げることができたのである。

問五＜古語＞「暁」は，夜明け前の暗い時分，という意味。

問六＜古文の内容理解＞仁戒上人は，仏道を修めるため，僧都の反対を押しきって寺を出た(イ…×)。仁戒上人自ら，周囲の者に，自分を役に立たない者と思わせようとした(ロ…×)。自分の死期を悟った仁戒上人は，自分の臨終に立ち会いたいという郡司夫婦の願いをかなえるため，郡司夫婦の家を訪れた(ハ…○)。仁戒上人に極楽からのお迎えが来たときに，よい香りが満ちた(ニ…×)。上人の弟子は，気が短い上人の機嫌を損なわないため，待つように郡司夫婦に言った(ホ…×)。

2023年度　朋優学院高等学校（一般２回）

【英　語】（60分）〈満点：100点〉

注意　1．試験開始約１分後にリスニング試験の音声が放送されます。

　　　2．1 ～ 44 はマークシートの解答欄にマークしなさい。

■リスニングテストの音声は，当社ホームページで聴くことができます。（実際の入試で使用された音声です）
再生に必要なユーザー名とアクセスコードは「収録内容一覧」のページに掲載しています。

1

リスニングテスト

このリスニングテストには、AとBの２つのパートがあります。**英文は一度だけ読まれます。**

パートA

対話を聞き、その最後の文に対する応答として最も適切なものを選択肢より一つ選ぶ形式

例　題

次のような英文が聞こえてきます。

“Hi, Jamie.”
“Hi, David. Long time no see.”
“Yeah, how have you been?”

そして、例題の解答の選択肢は以下のように問題冊子に書かれています。

① Yes, I have some.
② I’ve been good.
③ Thanks. You too.
④ I’ve been abroad.

例題の正解は② I’ve been good. です。

1.　① It looks good on you.　　1

② Don’t mention it.

③ I want to be a hairdresser.

④ Thanks anyway.

2. ① All right. I'll buy you one. 2

② Let me see. Could you give the book back?

③ Sure. This is yours.

④ No problem. Let's make one for you.

3. ① No, I'm pretty good, thank you. 3

② No, I was cheering too loudly at my son's soccer game.

③ No, I've fully recovered from a cold.

④ No, I don't have a fever, either.

4. ① Yes, but it's not far from here. 4

② No, it was my first time.

③ Yes, but I won't go skateboarding.

④ No, I went snowboarding.

5. ① Last week was my birthday! 5

② She should talk with her mother now.

③ That's another matter.

④ A purse might be good.

6. ① Can I have another steak, please? 6

② Your service was far from perfect!

③ No thanks. I've had enough.

④ The coffee was so delicious.

7. ① Public transportation is just cheaper. Gas prices are just rising too fast. 7

② My car is so comfortable that I drive it anywhere I go.

③ The bus terminal near the station was under construction.

④ My wife doesn't have driver's license, so I always give her a ride.

パートB

英文を聞き、その質問に対して最も適切な答えを選択肢より一つ選ぶ形式

例　題

次のような英文が聞こえてきます。

The alarm clock went off at 6:00, and then my mother came into my room to wake me up, but actually I got up at 6:30. I left home about 7:00 and arrived at my school at 8:00.

さらに、次のような英文が聞こえてきます。

Question: How long did it take from home to the school?

そして、例題の解答の選択肢は以下のように問題冊子に書かれています。

① For about two hours.
② For one hour and a half.
③ For about one hour.
④ For half an hour.

例題の正解は③ For about one hour. です。

1. ① For two months. 　8

② For six months.

③ For ten months.

④ For two years.

2. ① Chloe. 　9

② Emily.

③ Jessica.

④ Katie.

3. ① At the information center. 10

② At the airport in Atlanta.

③ Over Boston.

④ In the airplane.

4. ① Because Isabella got hurt on the previous day. 11

② Because he couldn’t find new clothes and shoes.

③ Because Hannah was injured in an accident.

④ Because he didn’t have a reservation for that night.

5. ① The United States produces the most electricity in the world. 12

② All the electricity made in Iceland is produced from renewable energy sources.

③ The heat of the earth makes Iceland hotter and hotter.

④ The price of electricity is low for Icelanders.

※＜リスニングテスト放送原稿＞は英語の問題の終わりに付けてあります。

2 与えられた語（句）を並べかえて最も適切な文を完成させ、[13]～[22]に入るものをそれぞれ一つ選びなさい。**選択肢の中には不要なものが一つ含まれている**ため、注意しなさい。文頭にくるものも小文字で書いてあります。

問題例：＿＿ [x] ＿＿ [y] ＿＿ ＿＿ student?

① a　② are　③ high　④ is　⑤ junior　⑥ school　⑦ you

正解：[x]：⑦・[y]：⑤

完成させた文は Are you a junior high school student?　④ is が不要語

1. Where ＿＿ ＿＿ [13] ＿＿ ＿＿ [14]?

① do　② is　③ jacket　④ know

⑤ my　⑥ think　⑦ you

2. They ＿＿ [15] ＿＿ [16] ＿＿ ＿＿ a few weeks.

① be　② eat　③ have　④ in

⑤ nothing　⑥ to　⑦ will

3. I left ＿＿ [17] ＿＿ ＿＿ [18] ＿＿ there.

① at　② for　③ Kyoto　④ living

⑤ my grandmother　⑥ see　⑦ to

4. This computer system ＿＿ [19] ＿＿ [20] ＿＿ ＿＿ our office next month.

① be　② going　③ have　④ into

⑤ introduced　⑥ is　⑦ to

5. ＿＿ ＿＿ ＿＿ [21] ＿＿ [22] how to cook.

① book　② help　③ read　④ this

⑤ understand　⑥ will　⑦ you

3 下記の英文を読み、以下の問いに答えなさい。

In this age of information, more and more elderly people are using social media. Today's grandparents are joining their grandchildren on social media, but the different generations' online habits couldn't be more different than ever. In the UK the over-55s are joining Facebook in increasing numbers, and they are expected to be the site's second biggest user group of 3.5 million users aged 55-64 and 2.9 million over-65s in the very near future.

Sheila, who is 59 years old, says, "I joined Facebook because I wanted to see what my grandchildren are doing, as my daughter posts videos and photos of (1)<u>them</u>. It's a much better way to see what they're doing than waiting for letters and photos in the post. That's [24] we did it when I was a child, but I think I'm lucky that I'm able to see so much more of their lives than my grandparents did."

Actually, Sheila's grandchildren are less likely to use Facebook themselves. Children under 17 in the UK are leaving the site — only 2.2 million users are under 17 — but they're not going far from their smartphones. Chloe, who is 15 years old, even sleeps with her smartphone. "It also works as my alarm clock so I have (2)<u>to</u>," she says. "I look at it before I go to sleep and as soon as I wake up."

Unlike her grandmother's generation, Chloe's age group is spending so much time on their phones at home that they are missing chances to spend time with their friends in real life. Sheila, [26], has finally got a chance to communicate with old friends from school whom she hasn't heard from in forty years. "We use Facebook to arrange to meet each other all over the country," she says. "I'm very happy that it's totally changed my social life."

Teenagers might have their parents to thank for giving (3)<u>them</u> their smartphone and for keeping them away from social media addiction* as their parents were the early generation that started to use the smartphone. Peter, who is 38 years old and a father of two teenagers, reports that he used to be using his phone or working on his laptop computer very often. "I was always connected and I felt like I was always working, even when I was at home," he says. "How can I tell my kids to reduce the time for using their phones if I am always in front of a screen myself?" So, in the evenings and at weekends, instead of his smartphone, he uses an old-style mobile phone that can only make calls and send text messages. "I'm not always cut off from the world in case of emergencies, but the important thing is I'm setting a better example to my kids and spending more quality time with them."

It can be said that we are seeing a growing variety in people's attitudes toward their digital life. [28] are choosing to be more involved in online activities; others are willing to be less online. Is it only a matter of time until the generation above and below Peter catches up with the new trend* for a less digital life?

addiction　中毒　　trend　傾向

A. 下線部(1)の指すものとして、最も適切なものを①～④より一つ選びなさい。[23]

① Sheila's children

② Sheila's grandchildren

③ Sheila's grandparents

④ Today's grandparents

B.　空所[24]に入る最も適切なものを①～④より一つ選びなさい。

① because　　② how
③ what　　④ why

C.　下線部(2)の後に省略されているものとして、最も適切なものを①～④より一つ選びなさい。[25]

① look at my phone　　② sleep with my phone
③ go to sleep　　④ wake up

D.　空所[26]に入る最も適切なものを①～④より一つ選びなさい。

① for example　　② in other words
③ on the other hand　　④ therefore

E.　下線部(3)の指すものとして、最も適切なものを①～④より一つ選びなさい。[27]

① elderly people　　② smartphones
③ teenagers　　④ teenagers' parents

F.　空所[28]に入る最も適切なものを①～④より一つ選びなさい。

① People　　② Some
③ They　　④ We

G.　本文の内容に基づいた推測として適しているものを①～⑧より四つ選びなさい。（順不同）

[29]～[32]

① It is expected that more people aged 55 to 64 will use Facebook than people aged 65 or more.
② Some grandparents today feel lucky to have the internet in their lives.
③ Most grandparents today usually use Facebook less than their grandchildren.
④ Parents today were one of the first generations to get smartphones.
⑤ Teenagers today use social media to find old friends.
⑥ Some parents today are returning to older technology.
⑦ Parents today like to keep their phones near them.
⑧ Many parents today do not use digital devices because they know the devices are not good for their children.

記述問題 ※マークシートの裏面に解答すること。

H.　Peter が自分のスマートフォンの使い方を改めたのはなぜか。次の空所を**句読点を含めて 15 字以上 20 字以下の日本語で**埋める形で答えなさい。

（　　　　　　　　　　　　　　　　　）、一緒により中身のある時間を過ごしたかったから。

4 下記の英文を読み、以下の問いに答えなさい。

Life seems a little less fragile* when you can depend on a special place to always be there for you.

There is a tiny slice of the Gulf* of Mexico that belongs to me. Looking across the water, or down the shoreline,* I see the past 20 years play over and over, [42] an old Super 8 movie.*

I'm 16, writing poetry while sitting on a bench at sunset. I'm floating on the salty sea on my yellow raft.* I'm sitting at the water's edge, gathering a rainbow of shells. I'm in college, red hair shining. I'm a working woman, thinking about my career, paying the bills. I'm heavy, I'm thin. My hair is long, short, long again. I'm happy, sad. Growing older, growing up.

My parents and I moved from North Carolina to St. Petersburg, Florida, when I was just about to start my senior year* of high school. It was a difficult time to be uprooted;* I had lived in North Carolina all my life. But I loved the water, so Florida seemed an okay place to live. I can't remember how I first chose my special beach at the end of Eighth Avenue. But once I chose my spot, I never switched beaches.

Almost daily, I swam and sunned there. I watched the sun set. I thought about life. On weekend nights in college, I hung out* at the beach with friends, playing music or just listening to the waves. My bedroom at my parents' house holds no memories for me. My memories of Florida are all a mile away, at Eighth Avenue beach.

I live in Boston now and visit my parents in Florida twice a year. When I [43] there, I always spend many hours at my beach, usually under a hot sun, but sometimes at night, when the sand is cool and the sea seems to offer answers it won't share during the day. I go to my beach not only to relax and think, but also to feed off* the sea. The waves are gentle, the water soothing.* But more important to me is the sea's permanence* and great strength. I want to be strong like that.

During one [44] to Florida last year, I was sad about the end of a relationship, and I knew that my sadness would worry my parents. I had to stop at Eighth Avenue before I could see them. After flying in from Boston, I drove straight to the beach. It was late afternoon in May, and the sun was soft. When I reached the beach, I parked at the end of Eighth Avenue and slowly walked barefoot to the water. I tasted the Gulf, and with it, some hope.

I have taken a few friends to my sanctuary,* but it's not a place I share with many. Five years ago I brought Jack, a former boyfriend, and I'm glad I did. Now when I look down the shore or across the water, he is there, too, laughing at the pelicans as they dive for food, holding me while we watch the sunset from the edge of the water.

<u>Jack will always be there.</u> So will my friend JoEllen, who came to Eighth Avenue with me a couple of years ago. We walked and walked until we were exhausted. Sometimes I talk my mother into* going to watch the sunset, and we sit on the bench, appreciating our time together.

Last year, I had planned to take Tom to Eighth Avenue. He was going to be the most important visitor of all, the person I thought I would spend the rest of my life with. A few days before our departure date, he changed his mind, about the trip to Florida and about us. I'm glad he never saw my beach.

As long as* my parents are alive, I will go to Eighth Avenue. I have realized that I will probably mourn* their deaths there, listening to the waves and watching the gulls. I wonder how often I will see my beach after my parents are gone. I'm sure I will go there sometimes, maybe even stay in one of the cottages nearby that I've passed so often. But it doesn't matter.* My tiny slice of the Gulf of Mexico is always within reach.*

fragile　傷つきやすい、壊れやすい　　gulf　湾　　shoreline　海岸線
Super 8 movie　1960 年代後半から 70 年代に流行した 8mm フィルム映画　　raft　ゴムボート
senior year　最高学年　　uproot(ed)　（長い間暮らした場所から）～を引き離す
hung < hang out　のんびりする　　feed off　～から元気をもらう
soothing　なだめる、心を静めるような　　permanence　永続性　　sanctuary　大事な場所
talk ～ into …　～を説得して…させる　　as long as　～する限り　　mourn　～を悲しむ
matter　重要である　　reach　手の届く範囲

A.　以下の問いに対する最も適切なものを①～④よりそれぞれ一つ選びなさい。

1. The author chose her special beach when she [33], and she never changed beaches after that.
   ① was in college
   ② moved to Florida
   ③ started high school
   ④ moved to North Carolina

2. The author has already done all of the following at the Eighth Avenue beach except: [34].
   ① Play music and write poetry
   ② Take long walks and collect shells
   ③ Watch the sunset with a boyfriend
   ④ Mourn the death of a family member

3. The underlined sentence, "Jack will always be there." means: [35].
   ① Jack lives near the Eighth Avenue beach
   ② Jack follows the author to her special beach every time she goes
   ③ When the author visits her beach, she remembers the time she spent there with Jack
   ④ Visiting the Eighth Avenue beach was the best part of the author's relationship with Jack

4. All of the statements are probably true about the author except: [36].
   ① She has positive feelings about Jack
   ② She has always liked the ocean
   ③ She does not regret Tom did not come to Florida
   ④ She has always been strong

5. Put the following events into the order in which they happened. [37] → [38] → [39] → [40]
   ① The author and her family moved to St. Petersburg, Florida.
   ② The author ended her relationship with Tom.
   ③ The author took Jack to her special beach.
   ④ The author found her special beach.

6. The main idea of this reading is: [41].
   ① You need to be alone to solve your problems because it becomes easier when you are alone
   ② You should bring only a few close friends to your special place because it is secret
   ③ If you have something special to depend on anytime, you can deal with your problems more easily
   ④ When you end an important relationship, it is a good idea to spend time alone at your special place

B.　空所 42 ・ 43 ・ 44 に入る最も適切なものを①〜⑥よりそれぞれ一つ選びなさい。ただし、各選択肢は一度しか使えません。

① bring　② go　③ like
④ live　⑤ visit　⑥ watch

以下の問題はマークシートの裏面に解答すること。

5　以下の日本語を英語に訳しなさい。その際、(　　) 内の語を**与えられた形で、並んでいる順番のまますべて使い、指定された語数で**答えなさい。

＊解答用紙の所定の欄に合うように記入すること。
＊ピリオドなどの記号は語数に数えない。
＊ピリオドなどの記号が適切に用いられていない場合、採点の対象外とする。
＊短縮形（例：don't）は 1 語とする。
＊算用数字は用いないこと。
＊指示を守っていない答案は採点の対象外とする。

問題例：ヒロの弟は高校生ですか。(Is / a / high) [7 語]

解答例：

1 Is	2 Hiro's	3 brother	4 a	5 high	6 school
7 student?	8	9	10	11	12

1. 彼は先週の火曜日、その会議に出席していましたか。(present / at / last) [8 語]

2. 私は今日ここにいたい。(would / stay / today) [7 語]

3. リアムはそのクラスの中で一番背が高い生徒だ。(other / in / is / Liam) [10 語]

6

下線部①～④のうち文法的・語法的に誤っているものを一つ選び、番号をマークしなさい。また、**選んだ箇所全体**を訂正しなさい。

問題例　:　Are ①your a ②high ③school ④student?

正解　　:　①

訂正後　:　you a

解答例　:

正解				訂正後
●	②	③	④	you a

1. Two days ago, ①almost of the students came to school late ②because the trains ③were delayed due to the snow ④lasting all night.

2. When I ①read the newspaper ②this morning, I ③found some quizzes in it and enjoyed ④to solve them.

3. As I had some part-time ①jobs and worked as ②hard as possible ③when I was young, I had as ④many money as my brother at that time.

4. Bob met a girl yesterday ①who ②loved movies, and they ③discussed about their favorite films ④during lunch.

＜リスニングテスト放送原稿＞

A 問題

1

Alan, did you notice something?

Hmm. Oh! Did you get a haircut?

Yes! What do you think?

2

Excuse me, I’d like to borrow this book.

OK. Can I see your library card, please?

Oh, I don’t havc one.

3　<効果音(電話)>

This is Olivia speaking.

Cough! Cough! Hi, Olivia. This is Lucas. (*in a hoarse voice)

Oh, no. What’s wrong with your voice? Do you have a cold?

4

Hello, Ms. Andersen. How are you? Did you have a good weekend?

Yeah, definitely! I went skateboarding with my cousin.

Oh, did you? Are you good at skateboarding?

5

Hi, Thomas. Are you busy? Can I talk to you now?

Hi, honey. Why not? What’s up?

It’s almost Yoko’s birthday. What do you think I should give her?

6　<効果音(レストラン)>

Did you enjoy your meal, Ms. Taylor?

Oh, yes. Everything was great. I’m full. The *wagyu* steak was delicious.

I’m very glad to hear that. Would you like some more coffee?

7

Good morning, Greg! Wait a second. Didn’t you drive to work today?

No, I didn’t. I actually take the train and bus these days.

Really? But you were so happy with your new car! Why aren’t you driving it?

B 問題

1

Daniel began studying Japanese two years ago. He is going to visit Japan for half a year in an exchange program this spring. The program will have a total of ten students who will study at a university in Tokyo.

Question: How long will Daniel stay in Japan?

2

My sister Jessica has three daughters. Katie is the eldest and studies mathematics at the University of Miami. Chloe is seventeen years old and is in a swimming club. Emily is fourteen years old and has been learning piano for ten years.

Question: Who is the oldest of these four?

3　<効果音(航空機内)>

Attention all passengers. This is your captain speaking. We are currently flying over Atlanta, but our landing will be delayed due to strong winds at Boston Logan Airport. We will be arriving at around 10:30 p.m. local time. We apologize for the delay. Thank you.

Question: Where is this announcement being made?

4

Victor planned to go to a new restaurant with his girlfriend, Hannah, on Saturday night. He was looking forward to his date with her and bought some new clothes and shoes at a department store. However, Victor’s mother, Isabella, was injured falling down the stairs on Friday night, so he had to cancel their reservation.

Question: Why couldn’t Victor go to the restaurant?

5

Which country do you think produces the most electricity per person? The United States? China? Actually, it is Iceland, an island country in the North Atlantic Ocean. In Iceland, almost all the electricity is made from renewable sources such as water and the heat of the earth. They have easy access to renewable energy, so they can produce relatively cheap electricity.

Question: Which is true about the statement?

【数　学】 (50分) 〈満点：100点〉

注意　定規，コンパス，分度器を使用してはいけません。

1　次の各問いに答えよ．

(1)　$(-2x^2y)^3 \times (3xy^3)^2 \div (6x^4y^4)^2$ を計算せよ．

(2)　$x = vt + \frac{1}{2}at^2$ を a について解け．

(3)　A 町から B 町まで時速 48 km で行くと，a 分 b 秒かかる．A 町と B 町の間の距離は何 m か，a と b を用いて表せ．

(4)　4 %の食塩水 A と 7 %の食塩水 B を混ぜて 6 %の食塩水を作るつもりであったが，間違えて食塩水 B を 300 g 少なく混ぜたため，5 %の食塩水を作ってしまった．この 5 %の食塩水を改めて 6 %の食塩水にするためには，水を何 g 蒸発させればよいか求めよ．

(5)　右の図において，$\angle x$ の大きさを求めよ．ただし，四角形 ABCD は正方形，△PBC は正三角形である．

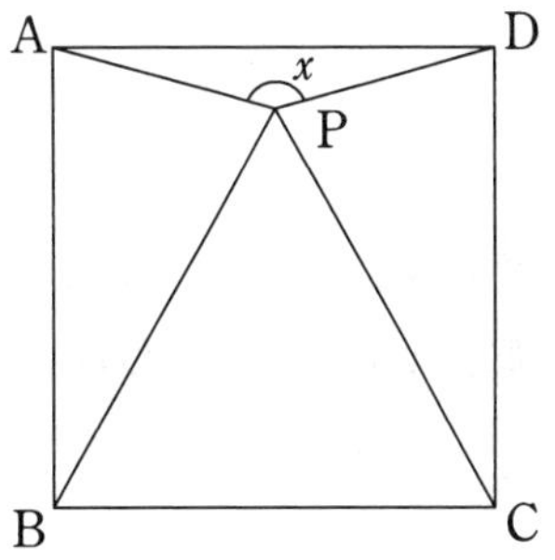

(6)　右の図のように，△ABC の辺 AC，BC 上にそれぞれ点 D，E をとり，AE と BD の交点を F とする．AD：DC=1：1，BE：EC=2：1 のとき，△BEF の面積は△ABC の面積の何倍か求めよ．

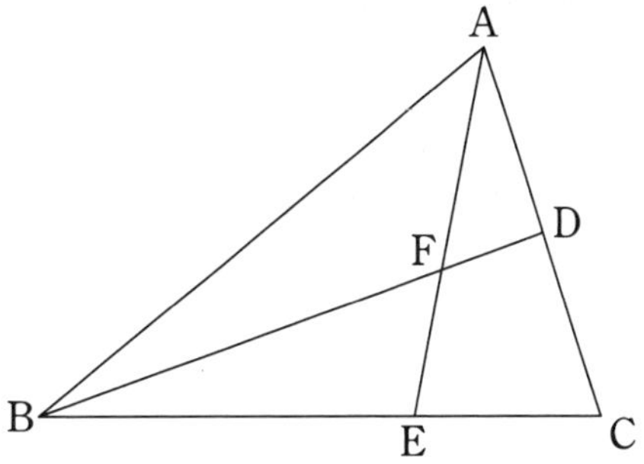

2　男女合わせて何人かで体育館と校庭に机とイスを運んだ．男子は机を 1 人 1 脚ずつ，イスを 1 人 3 脚ずつ，女子は机を 2 人で 1 脚ずつ，イスを 1 人 2 脚ずつ運んだ．ただし，1 人が運んだのは机とイスのうちどちらか一方のみであり，何も運ばない人はいなかった．
次の各問いに答えよ．

(1)　体育館には男女合わせて 22 人でイスを 50 脚運んだ．男子の人数を求めよ．

(2)　校庭には男女合わせて 142 人で机とイスの脚数の比が 1：3 となるように運んだ．机とイスを運んだ人数の比は，男子が 6：5，女子が 4：5 であった．イスを運んだ女子の人数を求めよ．

3　右の図のように，直線 l が関数 $y=\dfrac{1}{2}x^2$ のグラフと２点 A，B で交わっており，A，B の x 座標はそれぞれ 1，-6 である．点 P を $y=\dfrac{1}{2}x^2$ のグラフ上で x 座標が正の部分を動く点とするとき，次の各問いに答えよ．

(1)　△OAB の面積を求めよ．

(2)　△OAB と△APB の面積比が 1：3 となるとき，P の座標を求めよ．

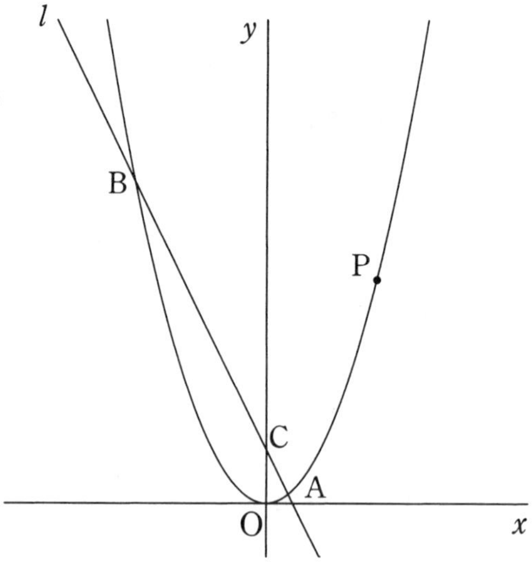

4　右の図のように，１辺の長さが $\sqrt{3}$ の正方形 ABCD を底面とし，OA＝OB＝OC＝OD である正四角すいがある．この正四角すいの体積が $\dfrac{\sqrt{42}}{2}$ であるとき，次の各問いに答えよ．

(1)　辺 OA の長さを求めよ．

(2)　辺 OB，OC 上にそれぞれ点 P，Q をとる．AP＋PQ＋QD の最小値を求めよ．

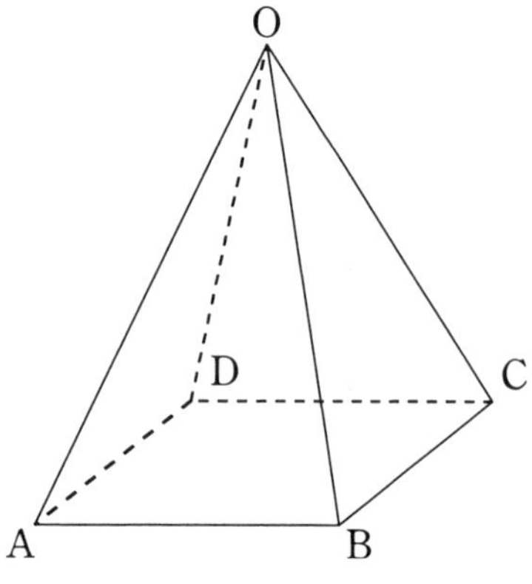

5 下の図のように円周上を動く点P，Qがあり，2点は円周上の点Aから時計回りで同時にそれぞれ一定の速さで動き出した．グラフ1は動き出してからの時間 x 秒と弧APの長くない方の長さ y cmの関係を，グラフ2は動き出してからの時間 x 秒と弧AQの長くない方の長さ y cmの関係を表している．次の各問いに答えよ．

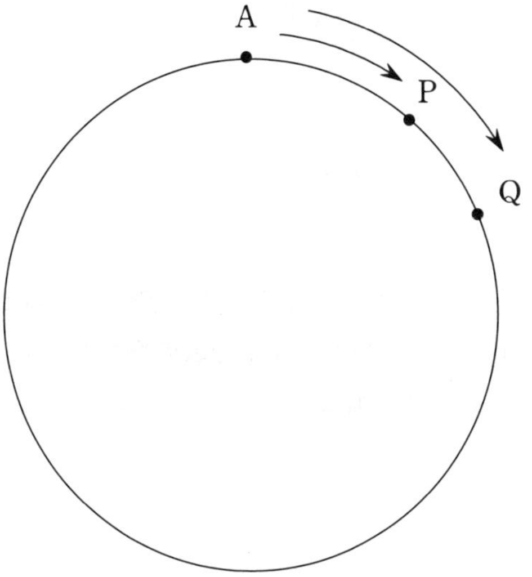

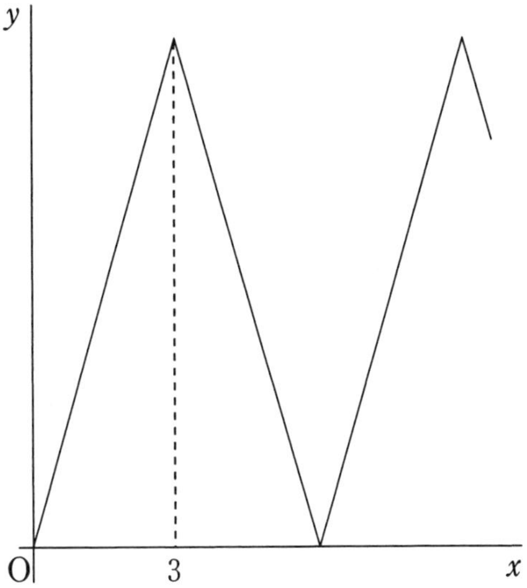

グラフ1

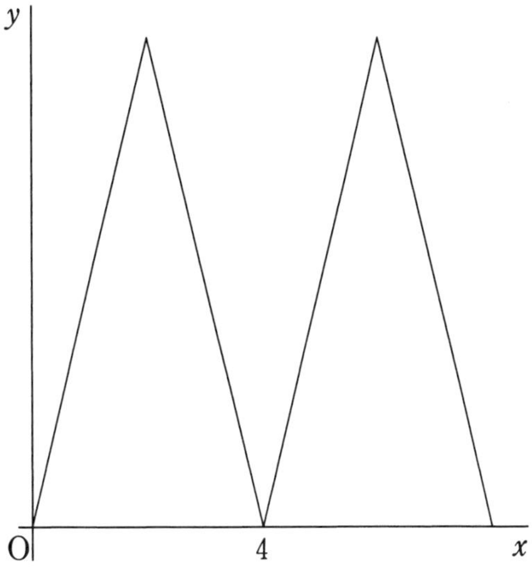

グラフ2

(1) △APQが初めてAP＝AQである二等辺三角形になるとき，∠PAQの大きさを求めよ．

(2) 15回目に△APQがAP＝AQである二等辺三角形になるのは出発してから何秒後か求めよ．

6 大小2つのサイコロを投げ，出た目をそれぞれ a，b とする．次の各問いに答えよ．

(1) 2次方程式 $x^2-ax+b=0$ が $x=2$ を解にもつ確率を求めよ．

(2) $a^2-4b \geqq 0$ となる確率を求めよ．

(3) 2次方程式 $x^2-ax+b=0$ が整数の解をもつ確率を求めよ．

7 n を2以上の自然数とし，$(n-1)$ 個の分数 $\dfrac{2}{n+1}$，$\dfrac{3}{n+1}$，…，$\dfrac{n}{n+1}$ について考える．次の各問いに答えよ．

(1) $n=50$ のとき，約分して分子が1になる分数の個数を求めよ．

(2) $n=359$ のとき，約分して分子が1になる分数の個数を求めよ．

(3) 約分して分子が1になる分数の個数が3個となる n の中で，2023以上で最も小さいものを求めよ．

【社　会】（50分）〈満点：100点〉

1　以下の問いに答えなさい。

問１　北アメリカ大陸の自然環境について正しいものを、次の①～④から１つ選びなさい。 1

① 北アメリカ大陸西部のロッキー山脈は日本列島と同じ造山帯に属している。

② アメリカ合衆国南東部では8～9月頃にしばしば熱帯低気圧のサイクロンに襲われる。

③ ミシシッピ川はアメリカ合衆国とメキシコの国境となっている。

④ 北緯40度以北は冷帯の気候となり、おもに広葉樹林が生育している。

問２　アメリカ合衆国の農牧業や林業について述べた文のうち、**誤っているもの**の組み合わせとして正しいものを、次の①～⑨から１つ選びなさい。 2

ア：乾燥地域では、円形の農地で回転するスプリンクラーを用いるセンターサークル方式での農業が行われている。

イ：牛を狭い施設に入れ、運動させず濃厚な飼料をたくさん与えるフィードロットと呼ばれる肥育場で肉牛が生産される。

ウ：アメリカ合衆国は日本に比べて土地生産性（面積あたりの生産性の高さ）が高く、１つの農地で多くの種類の作物を栽培している。

エ：アメリカ合衆国は農業が盛んであるため林業はあまり発達しておらず、木材はあまり生産されていない。

①　ア・イ　　②　イ・ウ　　③　ウ・エ　　④　ア・ウ　　⑤　イ・エ

⑥　ア・イ・ウ　　⑦　イ・ウ・エ　　⑧　ア・イ・エ　　⑨　ア・ウ・エ

問３　下の地図のａ、ｂの地域で行われている農業の組み合わせとして正しいものを、次の①～⑥から１つ選びなさい。 3

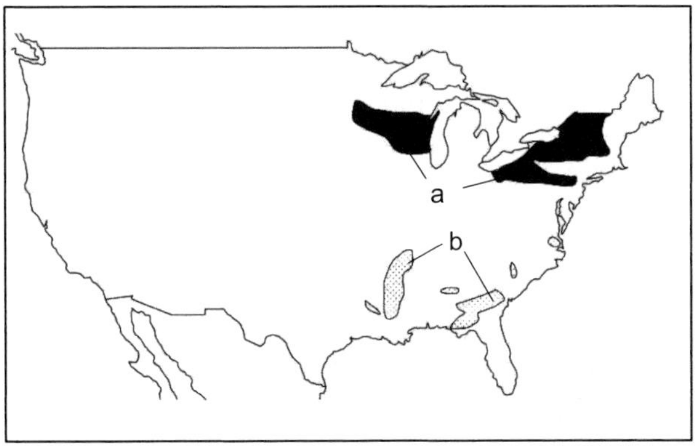

	a	b
①	酪農	小麦
②	酪農	綿花
③	とうもろこし	小麦
④	とうもろこし	綿花
⑤	放牧	とうもろこし
⑥	放牧	綿花

問４　北アメリカ州の工業について**誤っているもの**を、次の①～④から１つ選びなさい。　[4]

①　五大湖周辺は、石炭や鉄鉱石などの鉱産資源に恵まれ、19 世紀以降のピッツバーグではこの資源を利用して大量の鉄鋼がつくられた。

②　20 世紀には鉄鋼を材料とする自動車の生産がデトロイトで始まり、流れ作業を用いた大量生産方式による自動車工業が成長した。

③　20 世紀後半には航空機や人工衛星を生産する航空宇宙産業やコンピュータ関連産業など、高い収益をもたらす先端技術産業に力を注ぎ、そのための研究機関もつくられた。

④　アメリカ、カナダ、メキシコの３カ国は工場進出や貿易の面で強く結び付いており、1994 年に NAFTA、2020 年に USMCA を結び貿易の自由化を進めているほか、人の移動の自由化も進んでいる。

問５　アメリカ合衆国では一部の地域を除きサマータイムを実施している。サマータイムとは、夏の期間に太陽の出ている時間を有効に使うために時間を１時間進める制度である。下の文章を読み、（１）～（３）の問いに答えなさい。ただし、サマータイムを考慮すること。各地域の経度は、日本が東経 135 度、ニューヨークが西経 75 度、サンフランシスコが西経 120 度とする。

「朋子さんは夏休みを利用して、サンフランシスコに住む友人の優子さんに会いに行った。成田国際空港を８月10 日 18 時 30 分発の飛行機で出発し、現地時間で８月 10 日 12 時 30 分にサンフランシスコ国際空港に到着した。空港に迎えに来ていた優子さんと合流し、その日は優子さんの家に宿泊した。翌日２人は 16 時 20 分サンフランシスコ国際空港発の飛行機に乗り、ニューヨークへ向かった。ニューヨークへの所要時間は６時間 40 分であった。ニューヨークで数日観光して、現地時間の８月 15 日８時 30 分発の便で日本に帰国した。ニューヨークから日本までの搭乗時間は 13 時間 32 分であった。優子さんとはニューヨークで解散した。」

（※時刻はすべて 24 時間表記）

（１）日本とサンフランシスコの時差は何時間であるか。次の①～⑥から１つ選びなさい。　[5]

①　14 時間　②　15 時間　③　16 時間　④　17 時間　⑤　18 時間　⑥　19 時間

（２）２人がニューヨークに到着した現地時間での日時を、次の①～⑦から１つ選びなさい。　[6]

①　８月 11 日 22 時　②　８月 11 日 23 時　③　８月 12 日０時　④　８月 12 日１時

⑤　８月 12 日２時　⑥　８月 12 日３時　⑦　８月 12 日４時

（３）朋子さんが日本に帰国した（成田国際空港に到着した）日時を日本時間で求め、以下の空欄にあてはまる数字をマークしなさい。ただし、時刻は 24 時間表記とし、時刻が１桁になる場合は [8]、[10] には０をマークしなさい（例：13 時７分と答える場合、[8] に１、[9] に３、[10] に０、[11] に７をマークする。[8]、[10] に０がマークされていない場合は不正解とする。）。

８月１[7]日　[8][9]時　[10][11]分

2　以下の問いに答えなさい。

問１　中部地方の自然環境に関する（１）（２）の問いに答えなさい。

（１）次のア～ウは山梨県甲府市、静岡県静岡市、新潟県新潟市の雨温図である。それらの組み合わせとして正しいものを、次の①～⑥から１つ選びなさい。 12

ア

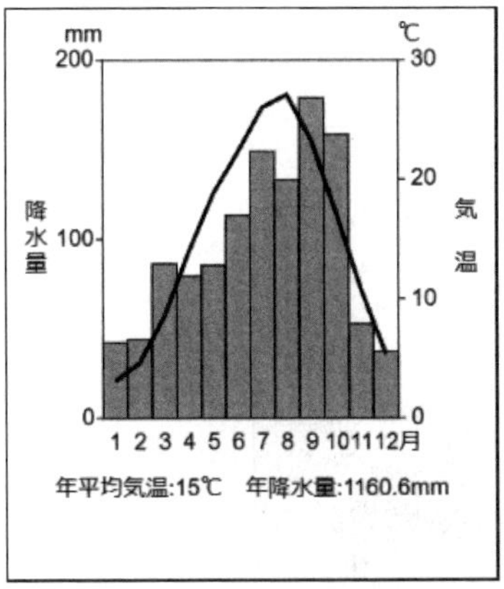

イ

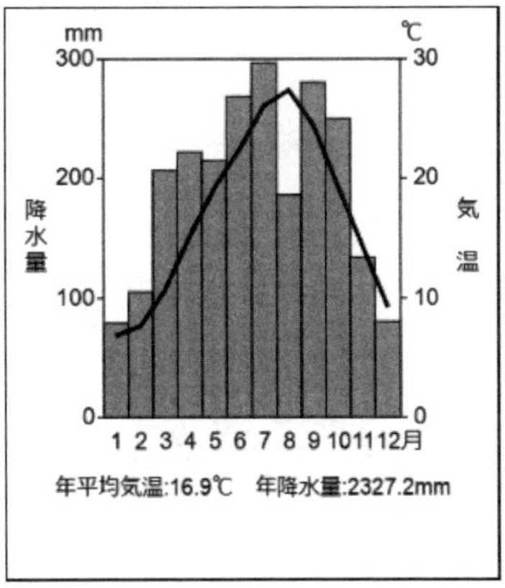

ウ

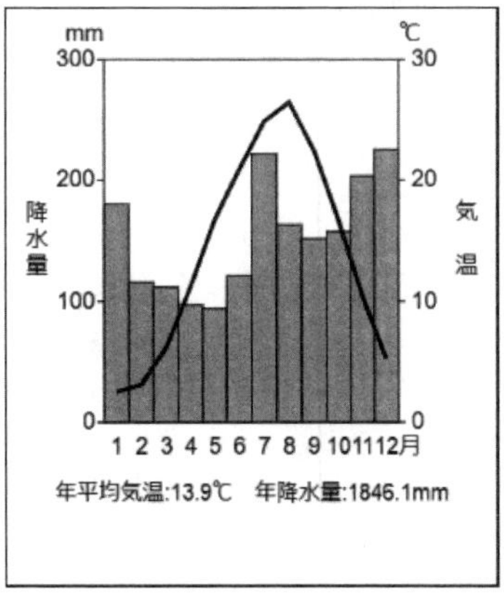

※気象庁のデータを使用し作成

	①	②	③	④	⑤	⑥
ア	甲府市	甲府市	静岡市	静岡市	新潟市	新潟市
イ	静岡市	新潟市	甲府市	新潟市	甲府市	静岡市
ウ	新潟市	静岡市	新潟市	甲府市	静岡市	甲府市

（２）下の文章の空欄（　Ａ　）（　Ｂ　）にあてはまる語句の組み合わせとして正しいものを、次の①～⑧から１つ選びなさい。 13

「日本列島の中央部には大きな溝という意味の（　Ａ　）が南北に走っている。（　Ａ　）の西縁は（　Ｂ　）と呼ばれるが、東縁は諸説存在する。」

ア：フォッサマグナ　　イ：造山帯　　ウ：日本アルプス　　エ：糸魚川・静岡構造線　　オ：トラフ

	①	②	③	④	⑤	⑥	⑦	⑧
Ａ	ア	ア	イ	イ	エ	エ	オ	オ
Ｂ	ウ	エ	ア	ウ	ア	オ	ア	エ

問２　下の文章は山梨県のある場所の地形と土地利用について述べた文であり、図はその場所の等高線図である（等高線間隔10ｍ）。これらについて、（１）～（３）の問いに答えなさい。

「この場所には、河川が山地から平地に出るところに形成される（　Ａ　）という地形がみられる。この地形は、明治から昭和の初めにかけては、養蚕のための（　Ｂ　）として主に利用されていたが、現在では主に（　Ｃ　）として利用されている。山梨県の甲府盆地にはこのような（　Ａ　）が多数みられる。甲府盆地にはいくつもの河川が流れているが、すべての河川は盆地の南側に集まり、（　Ｘ　）となって、やがて（　Ｙ　）にそそぐ。」

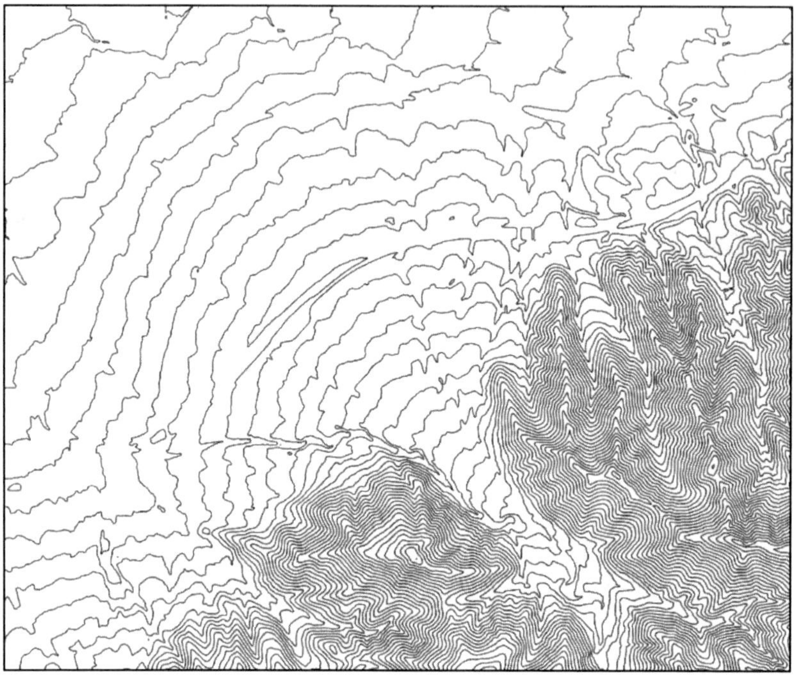

※地理院タイル（標高タイル）を「Web等高線メーカー」で作成

（１）文章中の空欄（　Ａ　）～（　Ｃ　）にあてはまる語句の組み合わせとして正しいものを、次の①～⑧から１つ選びなさい。　14

	①	②	③	④	⑤	⑥	⑦	⑧
Ａ	扇状地	扇状地	扇状地	扇状地	三角州	三角州	三角州	三角州
Ｂ	茶畑	水田	桑畑	水田	茶畑	桑畑	水田	桑畑
Ｃ	広葉樹林	住宅地	果樹園	広葉樹林	住宅地	果樹園	広葉樹林	住宅地

（２）文章中の空欄（　Ｘ　）（　Ｙ　）にあてはまる語句の組み合わせとして正しいものを、次の①～⑧から１つ選びなさい。　15

	①	②	③	④	⑤	⑥	⑦	⑧
Ｘ	利根川	富士川	信濃川	多摩川	利根川	富士川	信濃川	多摩川
Ｙ	東京湾	相模湾	日本海	東京湾	太平洋	駿河湾	駿河湾	相模湾

（３）下の図は昭和８年発行の山梨県韮崎市の地形図である。この地図を見ると、釜無川（かまなしがわ）沿岸の堤防は不連続になっていることが分かる（破線の楕円内）。この堤防の説明として正しいものを、次の①～④から１つ選びなさい。 16

破線の楕円

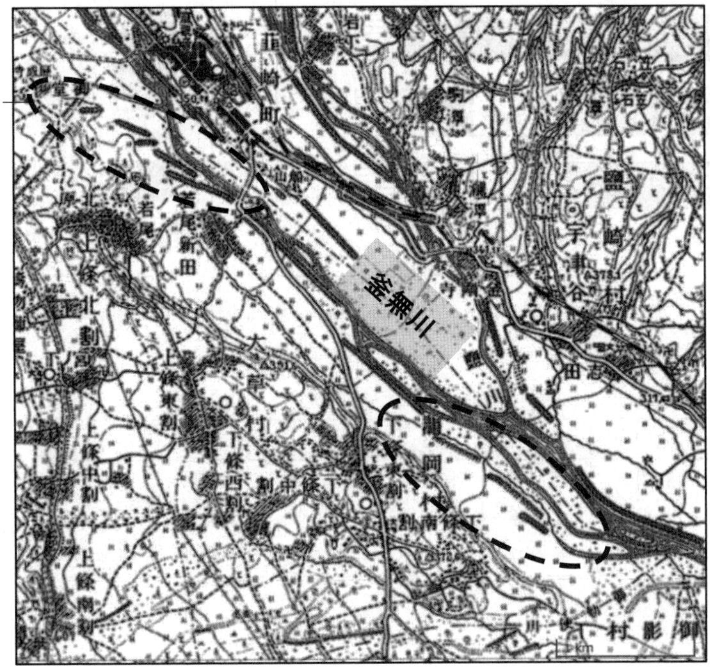

※「今昔マップ on the web」より作成

① 河川の氾濫が繰り返し発生したことにより堤防が壊れたため、不連続な堤防となった。

② 洪水時には堤防から水は溢れるが、洪水が終わったときに溢れた水が河川に戻りやすくするために不連続な堤防とした。

③ かつては堤防の建設に莫大な費用と時間がかかるため、連続的な堤防は築けなかった。

④ かつての釜無川は流路の変更が頻繁に発生したが、流路変更のたびに堤防の位置も変更する必要があるため、あえて不完全な堤防とした。

問３　下の図は県別の農業生産額の割合であり、ア〜ウは静岡県、長野県、富山県のいずれかである。それらの組み合わせとして正しいものを、次の①〜⑥から１つ選びなさい。　17

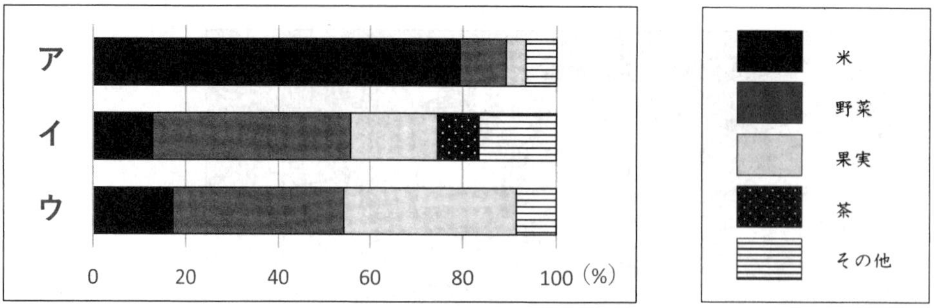

※農林水産省市町村別農業産出額（2020）のデータを用いて作成

	①	②	③	④	⑤	⑥
ア	静岡県	静岡県	長野県	長野県	富山県	富山県
イ	長野県	富山県	静岡県	富山県	静岡県	長野県
ウ	富山県	長野県	富山県	静岡県	長野県	静岡県

3　以下の３人の生徒は香川県について調べました。これを読んで、以下の問いに答えなさい。

Xくん：香川県の歴史を紹介します。まず（a）弥生時代の遺跡である紫雲出山遺跡があります。平安時代には瀬戸内海で（b）武士による反乱もありました。源平合戦での屋島の戦いは有名です。（c）戦国時代には長宗我部元親によって統治されていました。江戸時代は高松藩・丸亀藩・多度津藩の３つの藩が並立していましたが、明治時代になり（d）廃藩置県後に高松県と丸亀県が合併して現在の香川県が誕生しました。

Yくん：歴史上の人物としては平安時代の弘法大師空海が有名です。また、芥川賞を創設した（e）菊池寛も出身であり道路の名前にもなっています。総理大臣としては（f）大平正芳もいます。江戸時代に多方面の文化で活躍した（g）平賀源内などユニークな人材も輩出しています。

Zくん：観光名所として、本州と初めて結ばれた橋である（h）瀬戸大橋があります。（i）江戸時代に高松藩松平家の別邸であった栗林公園は文化財庭園に指定されており有名です。『二十四の瞳』の舞台となった（j）小豆島や「さぬきこんぴらさん」で有名な（k）金毘羅宮などもあります。

問１　下線部（a）に関連して、弥生時代の日本の様子を述べた文として正しいものを、次の①〜④から１つ選びなさい。　18

①　代表的な遺跡として大きな集落である三内丸山遺跡がある。
②　人々の間には身分の差はまだなく、指導者のための墓もつくられなかった。
③　宝物に用いられた青銅器、武器や農具に用いられた鉄器などの金属器が伝わった。
④　豊かな生産をいのるためのものと考えられる土偶もつくられた。

問２　下線部（ｂ）に関連して、以下の文は武士の戦いや政治に関して述べたものである。文中の空欄（　ア　）、（　イ　）にあてはまる文の組み合わせとして正しいものを、次の①～⑥から１つ選びなさい。 19

保元の乱・平治の乱で（　ア　）の決着をつけるため武士が動員された。このことから、武士の役割が次第に大きくなり、政治に力を及ぼすようになったことがわかる。その後、鎌倉時代に入り執権北条泰時は（　イ　）に御成敗式目を定めた。

①　アー東北地方の豪族の争い　　イー朝廷をきちんと処罰するため
②　アー東北地方の豪族の争い　　イー武家の裁判を公平に行うため
③　アー朝廷内の権力争い　　イー武家の裁判を公平に行うため
④　アー朝廷内の権力争い　　イー公家の裁判を公平に行うため
⑤　アー九州の豪族の争い　　イー公家の裁判を公平に行うため
⑥　アー九州の豪族の争い　　イー朝廷をきちんと処罰するため

問３　下線部（ｃ）に関連して、下の分国法を出した戦国大名が統治していた場所は地図中のア～オのどこか。正しいものを、次の①～⑤から１つ選びなさい。（史料は部分要約している。） 20

一　本拠である朝倉館のほか、国内に城を構えてはならない。全ての有力な家臣は、一乗谷に引っ越し、村には代官をおくようにしなさい。

①　ア　　②　イ　　③　ウ　　④　エ　　⑤　オ

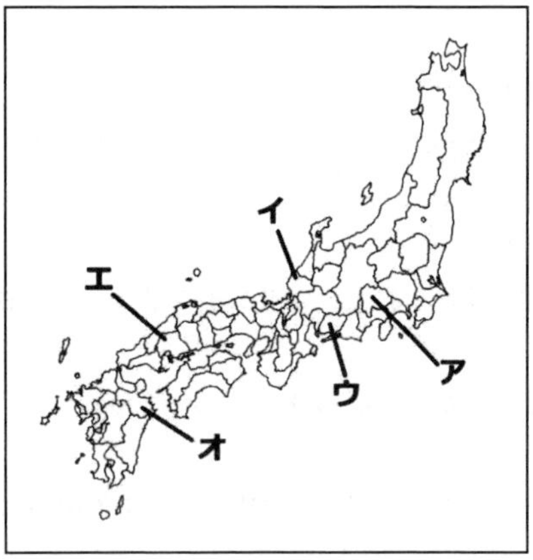

問４　下線部（ｄ）に関連して、廃藩置県は下の表中のア～エのどこに入るか。次の①～④から１つ選びなさい。 21

①　ア　　②　イ　　③　ウ　　④　エ

大政奉還
↓　ア
五箇条の御誓文
↓　イ
地租改正
↓　ウ
民撰議院設立の建白書
↓　エ
国会開設の勅諭

問５　下線部（ｅ）に関連して菊池寛は大正時代に文藝春秋を創刊した。次のア〜エは大正時代の出来事である。これらを歴史的に古い順に並べ替えたものとして正しいものを、次の①〜⑧から１つ選びなさい。 22

ア：関東大震災がおきる　　イ：全国水平社が結成される
ウ：第一次世界大戦が勃発する　　エ：普通選挙法が成立する

①　イ→ウ→ア→エ　②　イ→ア→ウ→エ　③　ウ→イ→エ→ア　④　ウ→エ→イ→ア
⑤　イ→エ→ウ→ア　⑥　イ→ウ→エ→ア　⑦　ウ→ア→イ→エ　⑧　ウ→イ→ア→エ

問６　下線部（ｆ）に関連して、大平正芳が総理大臣に就任した1970年代の出来事を述べた文として正しいものを、次の①〜④から１つ選びなさい。 23

①　アメリカ軍がベトナムから撤退した。　②　日韓基本条約が結ばれた。
③　キューバ危機がおこった。　④　アジア・アフリカ会議が開かれた。

問７　下線部（ｇ）に関連して、平賀源内は江戸時代の文化に貢献した人物であった。次の＜Ⅰ群＞と＜Ⅱ群＞から、江戸時代の文化・学問に関する人物と事項をそれぞれ選んだとき、正しい組み合わせになるものは何組できるか。次の①〜⑤から１つ選びなさい。 24

＜Ⅰ群＞
尾形光琳　近松門左衛門　菱川師宣　井原西鶴　本居宣長　松尾芭蕉

＜Ⅱ群＞
『古事記伝』　富嶽三十六景　『大日本史』　風神雷神図屏風　見返り美人図　『解体新書』

①　１組　②　２組　③　３組　④　４組　⑤　５組

問８　下線部（ｈ）に関連して、交通関係について述べた文として正しいものを、次の①〜④から１つ選びなさい。 25

①　東海道の箱根や中山道の碓氷には江戸を守るための関所が置かれた。
②　1868年、日本で初めて新橋〜横浜間に鉄道が開通した。
③　19世紀に世界で初めてオランダで蒸気機関による機関車が開通した。
④　東京オリンピック後に国内への観光客が増えたことにより東海道新幹線が開通した。

問９　下線部（ｉ）に関連して、享保の改革の政策の組み合わせとして正しいものを、次の①〜⑥から１つ選びなさい。 26

ア：目安箱が設置された。
イ：ききんに備えて農村に米を蓄えさせた。
ウ：公事方御定書をつくって裁判の基準とした。
エ：幕府の学問所である昌平坂学問所では朱子学以外の講義を禁じた。
オ：江戸に出稼ぎにきている農民を村に帰らせた。

①　ア・ウ　②　ア・エ　③　イ・ウ　④　イ・オ　⑤　ウ・エ　⑥　ウ・オ

問10　下線部（ j ）に関連して、小豆島は豊臣秀吉がキリシタン大名の小西行長に領地としてあたえた場所である。豊臣秀吉の外交政策について正しいものを、次の①～④から１つ選びなさい。 27

①　朝鮮やルソンに服属を求めた。

②　香辛料を求めるためにインドへの航路を開いた。

③　外国からの侵攻に備えて西日本の各地に山城を築いた。

④　明と朝貢の形で勘合貿易を始めた。

問11　下線部（ k ）に関連して、宗教について述べた次のア・イの正誤の組み合わせとして正しいものを、次の①～④から１つ選びなさい。 28

ア：10世紀半ばには、死後に浄土へ生まれ変わることを願う浄土信仰が都でおこった。

イ：明治時代になり、西洋の思想が入ってきて神仏習合の考えが生まれた。

①　アー正　イー正　　②　アー正　イー誤　　③　アー誤　イー正　　④　アー誤　イー誤

問12　香川県にも国分寺という地名が残っているがこれは律令制度が整えられている時代の名残である。この時代について以下の問いに答えなさい。

（１）律令国家の成立の時期について述べた次のア・イの正誤の組み合わせとして正しいものを、次の①～④から１つ選びなさい。 29

ア：太政官の下で実務にあたる八省には戸籍の管理や課税などを行う治部省が設けられた。

イ：重い税から逃れるため逃亡した人たちは東北地方に逃れ、蝦夷と呼ばれる集団となり、朝廷に反抗した。

①　アー正　イー正　　②　アー正　イー誤　　③　アー誤　イー正　　④　アー誤　イー誤

（２）山陽道は下の地図中の〈a〉～〈h〉のどこになるか。次の①～⑧から１つ選びなさい。 30

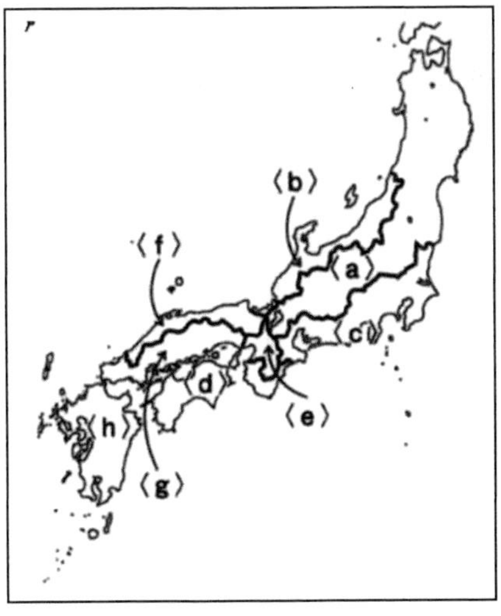

①　〈a〉　　②　〈b〉　　③　〈c〉　　④　〈d〉

⑤　〈e〉　　⑥　〈f〉　　⑦　〈g〉　　⑧　〈h〉

4　以下の問いに答えなさい。

問１　会話文から予想される語句として正しいものを、次の①～④から１つ選びなさい。 31

A：最近では技術が進んできて、モノの通信が可能になっているね。
B：この技術が普及していくためにインターネット接続が欠かせないよね。
A：どのようなところで使われているか知っている？
B：スマホのアプリを使ってお風呂の掃除を行っていたのをニュースで見たよ。
A：離れた場所から操作できるんだ！
B：さらにはモノにセンサー組み込んで情報も集められるんだって！すごいよね。

①　AI　　②　IoT　　③　SNS　　④　GE

問２　大日本帝国憲法（明治憲法）の内容として正しいものを、次の①～④から１つ選びなさい。 32

①　民定憲法であり、国民が定めた憲法である。
②　憲法の改正については国民が投票する手続きを必要とする。
③　臣民の権利として法律の範囲で人権が認められる。
④　国会は裁判官を罷免させることができる。

問３　次のア～エの文章のうち**誤りを含むもの**はいくつあるか。資料を参考にしてあてはまるものを、次の①～④から１つ選びなさい。なお、年齢はそれぞれの実施年当時の満年齢と考えるとする。 33

有権者の推移

法公布年	1889 年	1900 年	1919 年	1925 年	1945 年	2015 年
実施年	1890 年	1902	1920	1928	1946	2016
全人口に占める有権者の割合	1.1％	2.2％	5.5％	20.0％	48.7％	83.6％

（総務省資料より作成）

Aさん：35 歳女性　　Bさん：18 歳男性　　Cさん：24 歳男性　　Dさん：41 歳男性

ア：Aさんは 1928 年の国政選挙において選挙権を持つ。
イ：Bさんは 2016 年の国政選挙において被選挙権を持つ。
ウ：Cさんが初めて選挙権を得たのは 1946 年の国政選挙である。
エ：Dさんは 1890 年以降全ての国政選挙において選挙権を持つ。

①　１つ　　②　２つ　　③　３つ　　④　４つ

問４　日本とアメリカの行政について**誤っているもの**を、次の①～④から１つ選びなさい。　34

①　日本の首相は公選制を採用しており、国会での指名が行われた後に国民投票において過半数の賛成を必要とする。

②　アメリカの大統領は連邦議会とは異なる選挙方式を用いて国民の選挙によって選ばれる。

③　日本の内閣は国会に対して法案を提出することが可能とされている。

④　アメリカの行政府は議会に対して法案の提出権はなく、教書の送付を認められている。

問５　次の①～④のカードは裁判員裁判に参加した者の発言である。これらのうち明らかに**誤りを含むもの**を、１つ選びなさい。　35

①	②
20歳になってすぐに、裁判員として選任された。	第一審が控訴されたため、高等裁判所に出向いた。
③	④
裁判員を辞退しようとしたが認められなかった。	刑事裁判に参加し、被告人の刑罰の内容を決めた。

問６　製造物責任法（PL法）によって消費者が損害賠償を求めることができる事例として正しいものを、次の①～④から１つ選びなさい。　36

①　電化製品の説明書にある正しい使い方をしなかったために事故が起きた場合。

②　店頭販売時に受けた美容製品の説明とは異なって、効果を実感できなかった場合。

③　スポーツジムでケガをして治療費を請求したが、契約上では損害賠償請求を受け付けないとしている場合。

④　企業の過失がなく、電化製品に欠陥があったために発火した場合。

問７　株式会社について**誤っているもの**を、次の①～④から１つ選びなさい。　37

①　現代の株式会社は多くの企業で株主が経営を行っている。

②　株主に対して支払われる利益の分配を配当という。

③　近年は投資をする際に企業の社会的責任を重視する株主が増えている。

④　会社法の施行以降、株式会社は資本金が１円で起業することが可能となった。

問８　次の図は価格Ｐと数量Ｑで均衡していることを示している。この市場における変化について述べた文として正しいものを、次の①～④から１つ選びなさい。 38

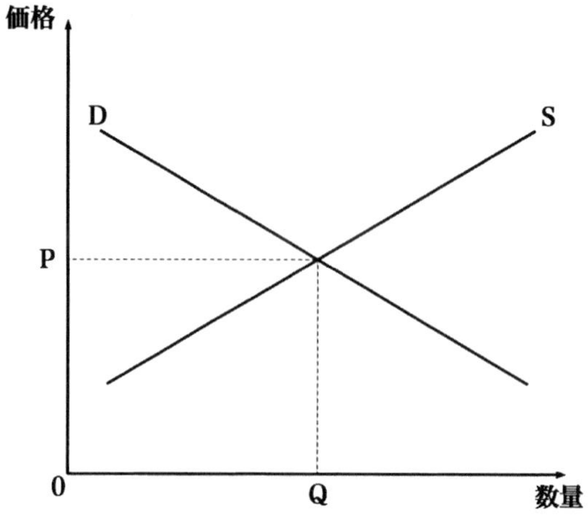

①　この商品の価格が下がった場合、売れ残りが生じる。

②　この商品の価格が上がった場合、品不足が生じる。

③　この商品の生産効率が下がった場合、価格は上がる。

④　この商品の競合他社が撤退した場合、価格は下がる。

問９　日本の社会保障制度のうち、次のア～エの事例はＡ～Ｄのどの分野にあてはまるか。正しい組み合わせのものを、次の①～⑥から１つ選びなさい。 39

ア：失業者に対して勤務年数や退職理由に応じて基本手当を給付する。

イ：健康で文化的な最低限の生活を保障するために必要費用を支給する。

ウ：障がい者の自立を支援する。

エ：新型コロナウイルスのワクチン接種を推進する。

Ａ－公衆衛生　　Ｂ－公的扶助　　Ｃ－社会福祉　　Ｄ－社会保険

①　ア－Ａ　イ－Ｂ　ウ－Ｃ　エ－Ｄ　　②　ア－Ｃ　イ－Ｄ　ウ－Ａ　エ－Ｂ

③　ア－Ｂ　イ－Ａ　ウ－Ｄ　エ－Ｃ　　④　ア－Ｄ　イ－Ｂ　ウ－Ｃ　エ－Ａ

⑤　ア－Ｂ　イ－Ｃ　ウ－Ａ　エ－Ｄ　　⑥　ア－Ｄ　イ－Ｃ　ウ－Ｂ　エ－Ａ

問10　日本とアメリカの為替レートが１ドル＝80円から１ドル＝95円へ変化したときの内容として正しいものを、次の①～④から１つ選びなさい。 40

①　アメリカへ輸出された商品の場合、変化する前の方が日本企業の売り上げが大きい。

②　アメリカに住む人にとって、日本円で預金をしていた場合、変化する前の方が受取額が大きい。

③　日本人がアメリカへ旅行した場合、変化する前の方が旅行費用が大きい。

④　日本で輸出商品を生産する企業は、変化した後に生産拠点の海外移転が増加する。

5 「ノーベル賞受賞」について説明した以下のⅠ～Ⅴの文を読み、後の問いに答えなさい。

Ⅰ

受賞理由：国際外交と国民間の協力を強化するための並外れた努力のために

アメリカ合衆国大統領（ Ⅰ ）は、ノーベル平和賞を受賞したとき、権力の座に就いて8ヶ月足らずだった。ノーベル委員会は、（Ⅰ）の「国際外交と国民間の協力を強化するための並外れた努力」を称賛した。また、【 あ 】のプラハにおいて宣言した「核兵器のない世界」というビジョンに対する（Ⅰ）の支持も、言葉と行動において強調された。

Ⅱ

受賞理由：日本人の心の本質を感性よく表現する彼の物語の巧みさのために

作家（ Ⅱ ）は短編小説『伊豆の踊子』でデビュー。いくつかの著名な作品の後、小説『雪国』は、（Ⅱ）の日本を代表する作家の一人としての地位を確保した。その後、（Ⅱ）は『千鶴』と『山の音』の連載を開始した。そして、（a）『古都』は、著者の母国と海外で最も深い印象を与えた。

Ⅲ

受賞理由：核力に関する理論的研究に基づく中間子の存在の彼の予測のために

原子核は、強い力でつながれた陽子と中性子で構成されている。（ Ⅲ ）は、この力は粒子によって担われており、力の範囲と力を持つ粒子の質量との間には関係があると仮定した。（Ⅲ）は、この粒子は電子の約200倍の質量を持つと予測した。彼はこの粒子を「中間子」と呼んだ。中間子の存在は後の実験で検証された。

一方で反核運動も積極的に行っており、【 い 】のパグウォッシュで開かれた（b）核兵器廃絶を求める科学者の会議にも参加している。

Ⅳ

受賞理由：成熟細胞が多能性になるように再プログラムできるという発見のために

私たちの生活は、受精卵が分裂して新しい細胞を形成し、それも分裂するときに始まる。これらの細胞は最初は同じだが、時間の経過とともにますます変化する。成熟した細胞や特殊な細胞は未熟な状態に戻ることはできないと長い間考えられていたが、これは現在正しくないことが証明された。（ Ⅳ ）はマウスのゲノムから少数の遺伝子を同定することに成功し、その過程で決定的な役割を果たした。活性化されると、マウスの皮膚細胞は未熟な幹細胞に再プログラムされ、体内でさまざまな種類の細胞に成長する可能性がある。その細胞は人工多能性幹細胞（iPS細胞）として知られ、今後も再生医療だけではなくさまざまな医療に応用されることが期待されている。

Ⅴ

受賞理由：環太平洋地域の状況安定化への貢献と核不拡散条約への署名

ノーベル委員会が（ Ⅴ ）に平和賞を授与した理由は、日本の（c）総理大臣として日本国民の平和への意志を代表し、核兵器不拡散条約(NPT)に署名したからである。委員会の意見では、（Ⅴ）への授与は、核兵器の拡散を阻止するために働いていたすべての人々を奨励するだろう。

※受賞理由や人物紹介はノーベル財団発表のものを一部改変・要約してある。

問１　Ⅰ〜Ⅴの文が説明している人物の組み合わせとして正しいものを、次の①〜⑥から１つ選びなさい。

41

①	Ⅰ－オバマ	Ⅱ－川端康成	Ⅲ－湯川秀樹	Ⅳ－利根川進	Ⅴ－佐藤栄作
②	Ⅰ－カーター	Ⅱ－大江健三郎	Ⅲ－朝永振一郎	Ⅳ－山中伸弥	Ⅴ－岸信介
③	Ⅰ－オバマ	Ⅱ－川端康成	Ⅲ－湯川秀樹	Ⅳ－山中伸弥	Ⅴ－佐藤栄作
④	Ⅰ－カーター	Ⅱ－川端康成	Ⅲ－朝永振一郎	Ⅳ－利根川進	Ⅴ－岸信介
⑤	Ⅰ－オバマ	Ⅱ－大江健三郎	Ⅲ－湯川秀樹	Ⅳ－利根川進	Ⅴ－岸信介
⑥	Ⅰ－カーター	Ⅱ－大江健三郎	Ⅲ－朝永振一郎	Ⅳ－山中伸弥	Ⅴ－佐藤栄作

問２　Ⅰ〜Ⅴが受賞した順番として正しく並んでいるものを、次の①〜⑥から１つ選びなさい。　42

①　Ⅱ→Ⅲ→Ⅰ→Ⅴ→Ⅳ　　②　Ⅱ→Ⅲ→Ⅳ→Ⅰ→Ⅴ　　③　Ⅱ→Ⅲ→Ⅴ→Ⅰ→Ⅳ

④　Ⅲ→Ⅱ→Ⅰ→Ⅴ→Ⅳ　　⑤　Ⅲ→Ⅱ→Ⅴ→Ⅰ→Ⅳ　　⑥　Ⅲ→Ⅱ→Ⅰ→Ⅳ→Ⅴ

問３　空欄【　あ　】と【　い　】にあてはまる国名の組み合わせとして正しいものを、次の①〜⑥から１つ選びなさい。　43

①　【あ】フランス　【い】アメリカ　　②　【あ】アメリカ　【い】カナダ

③　【あ】チェコ　【い】カナダ　　④　【あ】フランス　【い】カナダ

⑤　【あ】アメリカ　【い】フランス　　⑥　【あ】チェコ　【い】フランス

問４　下線部（ａ）の『古都』とは京都のことであるが、この京都について後の問いに答えなさい。

（１）次の①〜④の写真のうち、京都に建立されたものとして**誤っているもの**を１つ選びなさい。　44

①

②

③

④

（２）以下の京都議定書についての文章の空欄にあてはまる語句として正しいものを、次の①〜⑥から１つ選びなさい。 45

京都議定書とは、京都で開かれた地球温暖化防止会議において「気候変動に関する国際連合枠組条約における議定書」のことである。地球温暖化の原因である【　イ　】の排出量削減目標が設定され国際的な取り組みが図られた。【イ】排出量削減目標は 1990 年を基準年として、日本は 6%、アメリカ合衆国は 7%、EU は 8% という削減目標を設定した。2001 年に【　ロ　】が離脱したが、日本は 2008 から 2012 年までの削減目標は達成することができた。しかし、【　ハ　】を不服とし、次の約束である第２約束期間（2013 から 2020 年）には不参加となった。その後、2020 年以降の取り組みに向けて 2015 年にパリ協定が結ばれ、今世紀後半に向けて「脱炭素化」を目標に世界全体での【イ】排出量実質ゼロを目指すようになった。

①【イ】温室効果ガス　　【ロ】アメリカ合衆国
　【ハ】削減目標は先進国に限られており、途上国に削減目標を義務付けないこと
②【イ】マイクロプラスチック　　【ロ】アメリカ合衆国
　【ハ】削減目標は先進国に限られており、途上国に削減目標を義務付けないこと
③【イ】温室効果ガス　　【ロ】中華人民共和国
　【ハ】削減目標は先進国に限られており、途上国に削減目標を義務付けないこと
④【イ】マイクロプラスチック　　【ロ】中華人民共和国
　【ハ】削減目標を達成できなかった国に対して罰則がないため、削減目標を達成できた国がほとんどなかったこと
⑤【イ】温室効果ガス　　【ロ】ロシア連邦
　【ハ】削減目標を達成できなかった国に対して罰則がないため、削減目標を達成できた国がほとんどなかったこと
⑥【イ】マイクロプラスチック　　【ロ】ロシア連邦
　【ハ】削減目標を達成できなかった国に対して罰則がないため、削減目標を達成できた国がほとんどなかったこと

問５　下線部（ｂ）の核兵器廃絶に関して述べた次のア・イの正誤の組み合わせとして正しいものを、次の①〜④から１つ選びなさい。 46

ア：冷戦の緊張が高まる中で、アメリカ合衆国がビキニ環礁で行った水爆実験で第五福竜丸が被爆する事件が起こると、原水爆禁止世界大会が広島で開催された。
イ：アメリカ合衆国とソ連邦との間でマルタ会談が行われると、冷戦における緊張緩和が進むことになり、その後中距離核戦力(INF)全廃条約が結ばれたことによって冷戦の終結が実現した。

①　アー正　イー正　　②　アー正　イー誤　　③　アー誤　イー正　　④　アー誤　イー誤

問６　下線部（ｃ）の総理大臣について、このＶの総理大臣在職中に関して述べた次のア・イの正誤の組み合わせとして正しいものを、次の①〜④から１つ選びなさい。 47

ア：景気回復を戦後の復興に頼ってきた時代が終わり、経済白書にて「もはや戦後ではない」と言われるようになったため、日本は国際連合に加盟した。
イ：核兵器を「持たず、作らず、持ち込ませず」という非核三原則を提唱し、戦後においてアメリカ合衆国の占領下にあった土地の返還を実現させた。

①　アー正　イー正　　②　アー正　イー誤　　③　アー誤　イー正　　④　アー誤　イー誤

【理　科】（50分）〈満点：100点〉

注意　解答にあてはまる１～０までの数値をマークしなさい。ただし，計算結果を記入する場合など，必要に応じて０をマークすること。

例　［１］［２］［３］に25と答えたいとき。

1	① ② ③ ④ ⑤ ⑥ ⑦ ⑧ ⑨ ●
2	① ● ③ ④ ⑤ ⑥ ⑦ ⑧ ⑨ ⓪
3	① ② ③ ④ ● ⑥ ⑦ ⑧ ⑨ ⓪

1　以下の問いに答えよ。〔解答番号[1]～[2]〕

(1) 液体の体積を示す単位としてオンス（1オンス＝30mLとする）というものがある。一方で，より大きな量の液体の体積を示す単位としてガロン（1ガロン＝3.785Lとする）というものもある。では，140オンスのジュースは何ガロンであるか。もっとも適切なものを①～⑧から1つ選べ。[1]

① 0.811　② 1.11　③ 5.2　④ 15.9

⑤ 811　⑥ 1110　⑦ 5200　⑧ 1590

(2) モーターなどでシャフトが1分間に何回転するかを表す単位として〔rpm〕というものがある。N〔rpm〕のモーターを用意した。このモーターのシャフトがX°回転するのにかかる時間は何秒であるか。もっとも適切なものを①～⑧から1つ選べ。[2]

① $\dfrac{X}{6N}$　② $\dfrac{6X}{N}$　③ $\dfrac{N}{6X}$　④ $\dfrac{6N}{X}$

⑤ $\dfrac{X}{360N}$　⑥ $\dfrac{360X}{N}$　⑦ $\dfrac{N}{360X}$　⑧ $\dfrac{360N}{X}$

2 〔解答番号[3]～[11]〕

1．図2-1は真空放電管の図である。A，B，C，D，E，Fはそれぞれ電極で，CとD，EとFは平行な2枚の金属板である。またGは蛍光板である。EとFの金属板は蛍光板の中央にある。AB間にのみ高い電圧を加えたところ，蛍光板に明るい線が現れた。なお，CD間とEF間の距離は同じである。

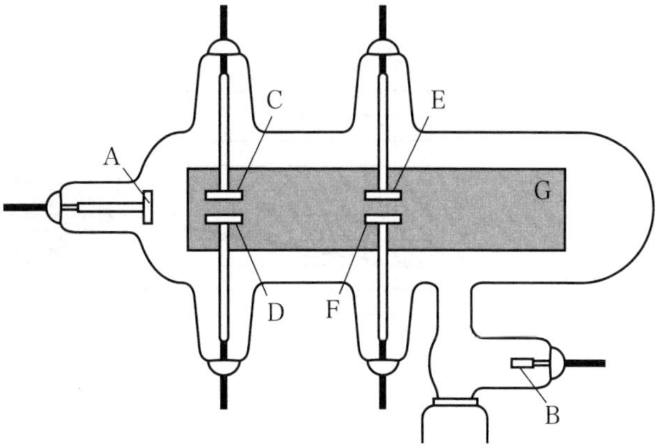

図2-1

(1) 蛍光板に明るい線が現れるのは，電極Aからあるものが連続的に飛び出して蛍光板に当たるからである。電極Aから飛び出しているものは何か。もっとも適切なものを①～⑧から1つ選べ。[3]

① 陽子　② 中性子　③ 原子　④ 電子

⑤ 陰イオン　⑥ 原子核　⑦ 放射線　⑧ 陰極線

(2) 電極Aは何極か。もっとも適切なものを①～②から1つ選べ。[4]

① ＋極　② －極

次に，CD間にも電圧を加えたところ，蛍光板に現れた明るい線が上側へ曲がった。

(3) U字磁石を使いCD間に磁界も加えると，明るい線を直進させることができた。どのようにU字磁石を近づけたと考えられるか。もっとも適切なものを①～⑥から1つ選べ。[5]

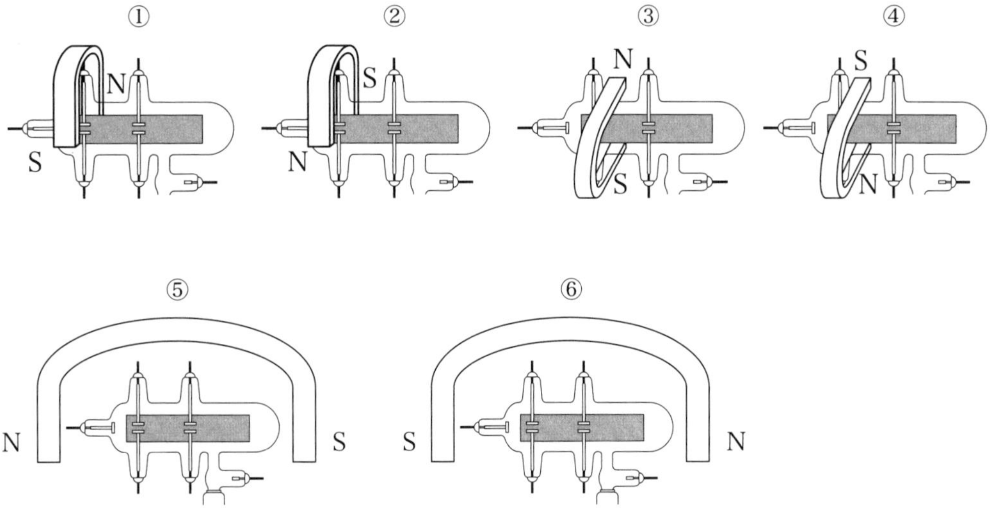

(4) EF間にCD間と同じ電圧を同じ向きに2倍の強さで加えた。このとき，明るい線はどのように進むか。図2-2から，もっとも適切なものを①～⑧から1つ選べ。[6]

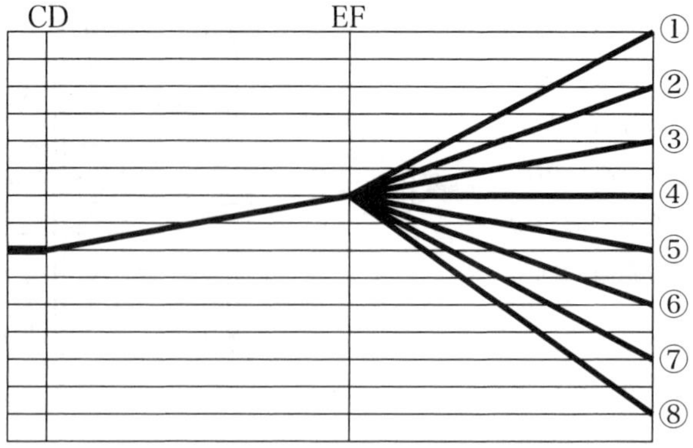

図2-2

(5) 図2-3のように，電極EFのE側を手前に90°回転させた。EF間にCD間と同じ電圧を加えた。電極EFから電極CDと電極EF間の距離と等しい距離の位置に板を置いた。このとき，明るい線はどのように進み板へぶつかるか。図2-3の中から，もっとも適切なものを①～⑧から1つ選べ。[7]

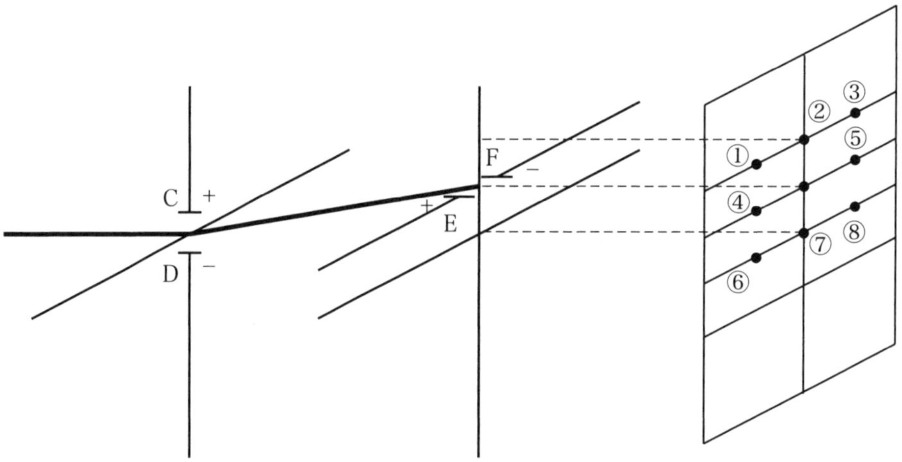

図2-3

2. 鏡に関する様々な実験を行った。次の問いに答えよ。

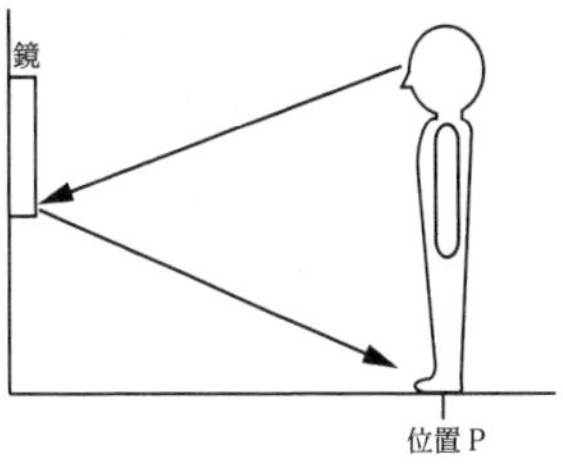

図2-4

(1) 図2-4のように鏡の正面の位置Pに立ち，自分の姿を鏡に写したところ，鏡に写って見えた範囲は足首から上のみであった。これについて，以下の文章中の（ I ）と（ II ）にあてはまる文章の組み合わせとして，もっとも適切なものを①～⑥から1つ選べ。[8]

位置Pにおいて，足首まで見えるということは，鏡の下端は目線と足首の半分の高さにあることがわかる。また位置Pから鏡に向かって近づくと，鏡に写って見える体の範囲は（ I ）。この理由は，（ II ）からだ。

	I	II
①	広くなり，足首の下も見える	鏡に近づいても，光の入射角と反射角は等しい大きさになる
②	広くなり，足首の下も見える	鏡に近づくほど，鏡による光の屈折が大きくなる
③	狭くなり，足首は見えなくなる	鏡に近づいても，光の入射角と反射角は等しい大きさになる
④	狭くなり，足首は見えなくなる	鏡に近づくほど，鏡による光の屈折が小さくなる
⑤	変わらず，足首まで見える	鏡に近づいても，光の入射角と反射角は等しい大きさになる
⑥	変わらず，足首まで見える	鏡に近づくほど，鏡による光の屈折が大きくなる

図2-5のように鏡Aと鏡Bと角度（これを鏡の角度とする）が調整できる接合部からなる合わせ鏡と人形を用意した。

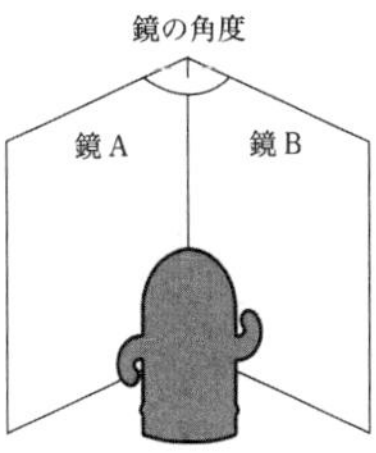

図2-5

(2) 図2-5から人形は動かさずに鏡の角度を120°としたとき，鏡Aと鏡Bに写る像として，もっとも適切なものを①～④から1つ選べ。[9]

①

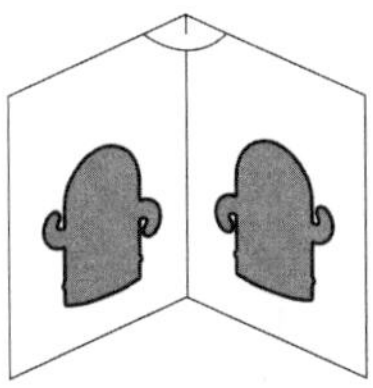

②

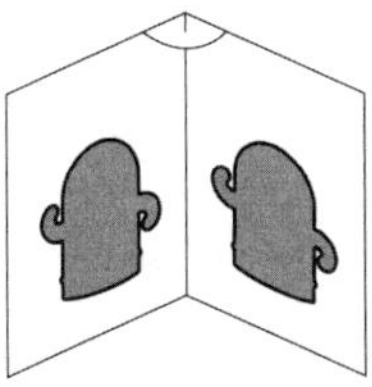

③

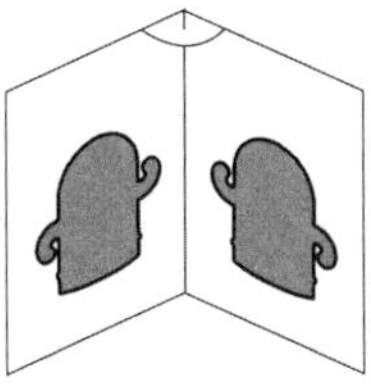

④

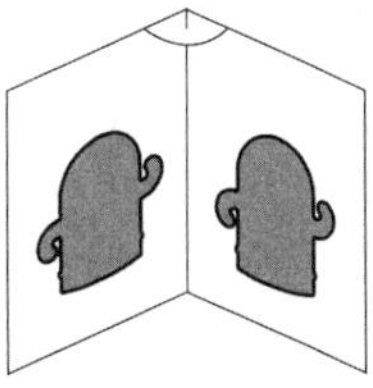

(3) (2)のときの鏡と像を真上から模式的に作図したものが図2-6であり，人形を図中の矢印の向きに動かす。このとき，図2-6の像の位置はそれぞれどのように変化するか。もっとも適切なものを①～⑧から1つ選べ。[10]

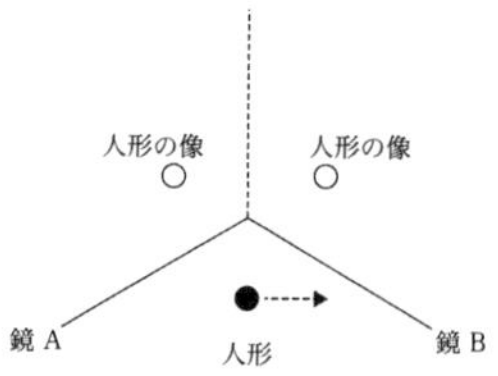

図2-6

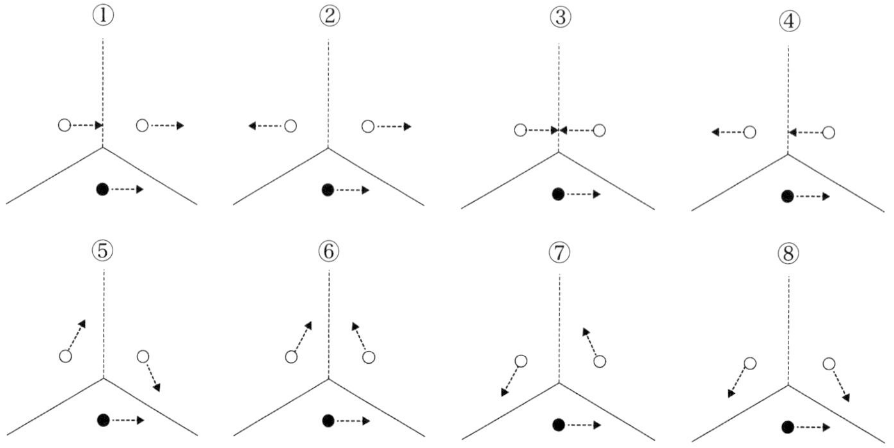

(4) 続いて，人形を元の位置に戻し，鏡の角度を120°から小さくしていく。このとき，以下の文章中の空所にあてはまる数値や式の組み合わせとして，もっとも適切なものを①～⑧から1つ選べ。[11]

鏡の角度を小さくしていくと，鏡に写る人形の像の個数が増えていく。角度が90°のときは，鏡に写る人形の像の個数は（　I　）個となる。同じく，60°のときは，鏡に写る人形の像の個数は（　II　）個となる。ここから鏡の角度をX°としたときに，鏡に写る人形の像の個数は（　III　）となる。ただし，Xは180の約数とする。

	I	II	III
①	3	4	$\frac{360}{X}$
②	3	5	$\frac{360}{X}$
③	3	4	$\frac{360}{X}-1$
④	3	5	$\frac{360}{X}-1$
⑤	4	5	$\frac{360}{X}$
⑥	4	6	$\frac{360}{X}$
⑦	4	5	$\frac{360}{X}-1$
⑧	4	6	$\frac{360}{X}-1$

3 〔解答番号[12]～[21]〕

1．以下の文章を読み，次の問いに答えよ。ただし，化学反応は同じ温度，同じ圧力で起きたものとする。

18世紀後半から質量保存の法則，定比例の法則など化学に関する諸法則が明らかになった。定比例の法則は化合物を構成する成分元素の質量比は常に一定であるという法則であり，CO_2を構成する炭素と酸素の質量比は常に3：8である。また，メタンCH_4を構成する炭素と水素の質量比は常に3：1である。

19世紀前半にゲイ=リュサックは気体反応の法則を提唱した。気体反応の法則は，反応に関係する気体の体積比は同じ温度，同じ圧力のもとでは簡単な整数比になるという法則である。その体積比は分子の数の比と一致することが後に分かった。また，化学反応式の係数は，反応に関与する粒子の個数の比を表している。

都市ガスの主成分であるメタンが完全燃焼したときの化学反応式は次の通りである。

$$CH_4 + 2O_2 \rightarrow CO_2 + 2H_2O$$

(1) 二酸化炭素分子1個とメタン分子1個の質量を簡単な整数比で表したものとして，もっとも適切なものを①～⑧から1つ選べ。[12]

① 1：6　② 2：7　③ 3：8　④ 5：16　⑤ 7：1　⑥ 9：2　⑦ 11：4　⑧ 13：5

(2) 32gのメタンを完全燃焼させたときに発生した二酸化炭素の質量は何gか。もっとも適切なものを①～⑧から1つ選べ。[13]

① 24　② 32　③ 36　④ 44　⑤ 48　⑥ 64　⑦ 72　⑧ 88

(3) 10Lのメタンと10Lの酸素を十分反応させたときに発生した二酸化炭素に含まれる炭素の質量は何gか。小数第二位を四捨五入して小数第一位まで求めよ。ただし，二酸化炭素1Lの質量を2gとする。[14].[15] g

(4) 5Lのメタンに少しずつ酸素を加えて燃焼させた。このとき加えた酸素の体積と，発生した二酸化炭素の体積の関係を表したグラフとして，もっとも適切なものを①～⑧から1つ選べ。[16]

①
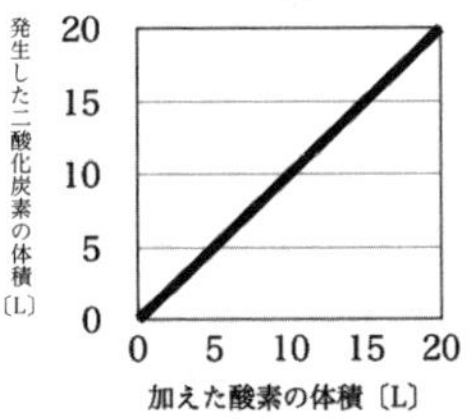

②
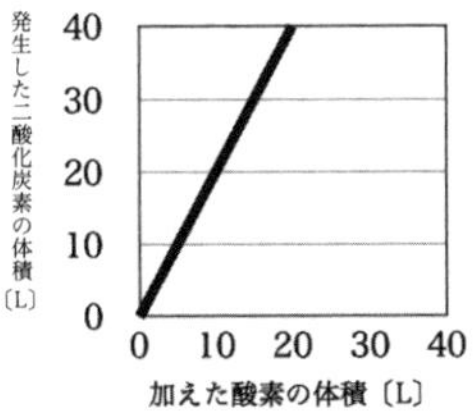

③
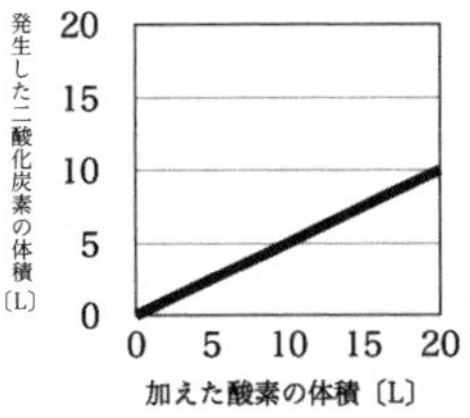

④
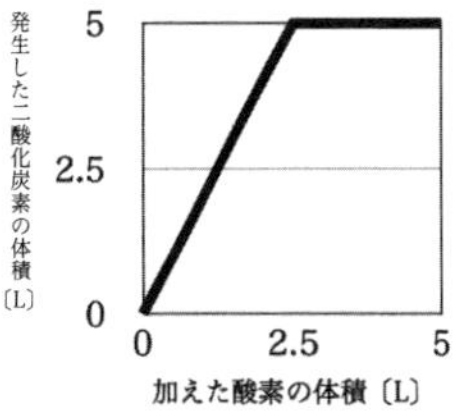

⑤
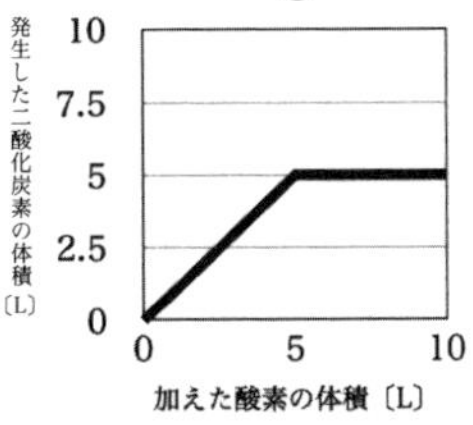

⑥
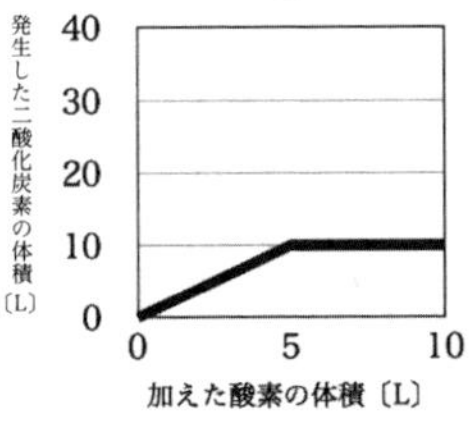

⑦
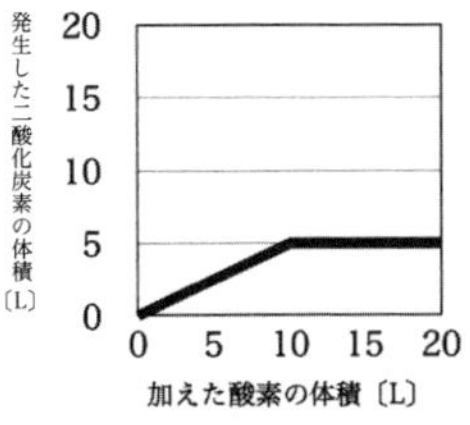

⑧
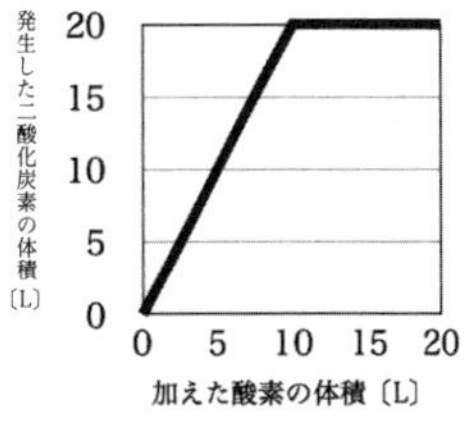

2. ある混合気体中に気体Xが含まれているか確認するための実験を行った。気体Xを検出することができる水溶液Yがなかったので，実験書を読み，以下のように水溶液を調製した。また，今回の実験で酸・アルカリに興味をもったため，pHについての調査を行った。

操作1：水1000cm^3に水酸化カルシウム50gを加えてかき混ぜた。 操作2：十分に静置した後の上澄み液を水溶液Yとして，気体Xの検出に使用した。

(1) 操作1で得られた水溶液の質量パーセント濃度を求めるために，得られた水溶液をろ過した。ろ過で得られた沈殿の質量を求めたところ，沈殿の質量は48.35gであった。水溶液Yの質量パーセント濃度は何%か。小数第三位を四捨五入して，小数第二位まで求めよ。ただし，ろ過による沈殿の質量の損失はなく，水の密度は1.0g/cm^3とする。[17].[18][19]%

(2) 気体Xを水溶液Yに通じたところ，反応がすぐさま起こり白色の沈殿が生じた。この結果から，気体Xが溶けた水溶液および水溶液YにBTB溶液を加えたときの色の組み合わせとして，もっとも適切なものを①～⑨から1つ選べ。[20]

	気体Xが溶けた水溶液	水溶液Y
①	青	青
②	青	黄
③	青	緑
④	黄	青
⑤	黄	黄
⑥	黄	緑
⑦	緑	青
⑧	緑	黄
⑨	緑	緑

(3) 身近な液体のpHを調べた。次のア～ウの水溶液を，pHの高いものから順に並べたものとして，もっとも適切なものを①～⑥から1つ選べ。[21]

ア.コーラ　　イ.牛乳　　ウ.植物の灰が入った水溶液

① ア ＞ イ ＞ ウ　　② ア ＞ ウ ＞ イ
③ イ ＞ ア ＞ ウ　　④ イ ＞ ウ ＞ ア
⑤ ウ ＞ ア ＞ イ　　⑥ ウ ＞ イ ＞ ア

4　〔解答番号[22]～[28]〕

1. 生物と遺伝子について，以下の文章を読み，次の問いに答えよ。

複雑なからだのつくりをもつ生物も，もともと1個の受精卵が(ⅰ)分裂を繰り返しながらできたものである。この過程において，分裂した細胞が特定の形やはたらきをもつように変化していき，組織や器官がつくられていく。そして，成長した生物はやがて次世代を残すことがあり，受精により子をつくる有性生殖をおこなう生物と，受精によらず子をつくる(ⅱ)無性生殖をする生物がいる。

(1) 下線部（ⅰ）について，下のAを1番目として細胞分裂の進行順に並べたとき，3番目になるものとして，もっとも適切なものを①～⑤から1つ選べ。[22]

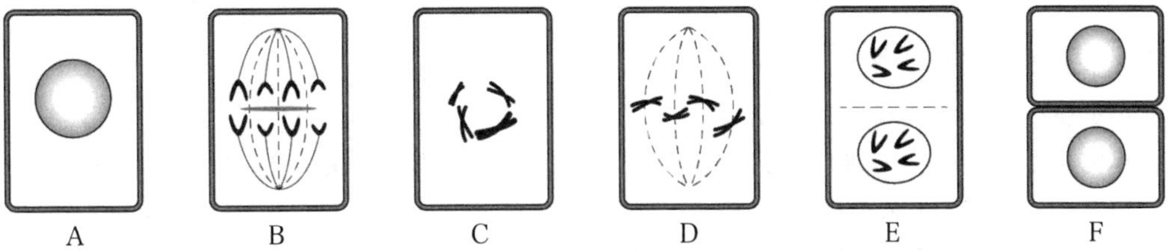

①B　　②C　　③D　　④E　　⑤F

(2) 下線部（ⅰ）について，図4-1は，タマネギの根の細胞が分裂するときの模式図である。分裂前の細胞1個に含まれる染色体数をaとしたとき，分裂後の細胞1個に含まれる染色体数として，もっとも適切なものを①～④から1つ選べ。[23]

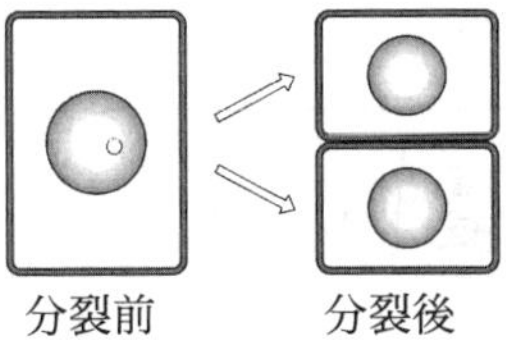

図4-1

① 3a　　② 2a　　③ a　　④ $\frac{1}{2}$a

(3) 下線部（ⅱ）について，無性生殖について述べているものとして正しいものはどれか。正しく選択したものとして，もっとも適切なものを①～⓪から1つ選べ。[24]

ア. 同じ親から生じた子でも，遺伝情報が異なる。

イ. 生まれた子の遺伝子構成は親と同一である。

ウ. いろいろな形質の個体ができるので，環境の変化に対応しやすい。

エ. 新たな個体を容易に多数生み出すことができない。

①ア　　②イ　　③ウ　　④エ

⑤ア，イ　　⑥ア，ウ　　⑦ア，エ　　⑧イ，ウ

⑨イ，エ　　⓪ウ，エ

2. 感覚器官について，以下の文章を読み，次の問いに答えよ。

動物は光や音などのさまざまな刺激を耳や目などによって受け取っている。このような刺激を感知するために，外界へ向けられた器官を感覚器官という。感覚器官はそれぞれ受け取ることができる刺激が決まっており，そのような刺激を (a) 適刺激という。

視覚器官である目に光が入ると，レンズ，網膜，視神経，脳へと情報が伝わる。(b) レンズは網膜上で像を結ぶはたらきを担っている。網膜上には光を受容できる感覚細胞が多数存在しているが，ヒトの感覚細胞には，赤色のみを受容する細胞，青色のみを受容する細胞，緑色のみを受容する細胞の3種類がある。(c) 白い光は全ての色の光を含むため，赤色を受容する細胞，青色を受容する細胞，緑色を受容する細胞全てが情報を受け取っていることになる。

聴覚器官である耳は，外耳と中耳および内耳から構成される。外耳から入ってきた音は鼓膜を振動させ，その振動は中耳の耳小骨によって増幅され，(d) うずまき管内にある感覚細胞が震え，聴神経，脳へと信号が伝わる。

(1) 下線部（a）について，もっとも適切なものを①～④から1つ選べ。[25]

① 嗅覚（きゅうかく）は鼻にある感覚細胞が，液体に溶けた物質を受け取ることで嗅神経（きゅうしんけい）に刺激が伝わる。

② 味覚は舌にある感覚細胞が，高い温度を刺激として受け取ることで刺激が伝わる。

③ 皮膚にある感覚点の1つが，熱い・冷たい・痛いなどの刺激を全て受け取り刺激が伝わる。

④ 皮膚にある感覚点は分散しており，部位によって感覚点の種類や量の頻度も異なる。

(2) 下線部（b）について，図4-2は目（断面図で示してある）が「朋優」という文字を認識したときの様子である。網膜上ではどのように像が結ばれているか。矢印の方向から見たときの図として，もっとも適切なものを①～④から1つ選べ。[26]

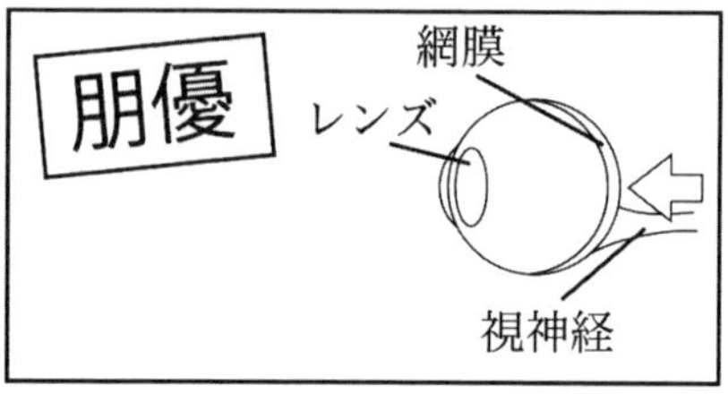

図4-2

①

②

③

④

(3) 下線部（c）について，青色を受容する細胞がはたらかなくなったとき，白色の光を見るとどのような色を認識するか。もっとも適切なものを①～⑥から1つ選べ。[27]

① 白　② 赤　③ 青　④ 緑　⑤ 黄　⑥ 紫

(4) 下線部（d）について，図4-3はヒトの耳において５種類の異なる振動数の音による感覚細胞の振幅と，うずまき管の入口からの距離との関係を調べたものである。図4-3からわかる，ヒトが異なる音程を聞き分けている仕組みについて，もっとも適切なものを①～④から1つ選べ。ただし，図中の横軸の点線は1目盛あたり5mmを表しているものとする。[28]

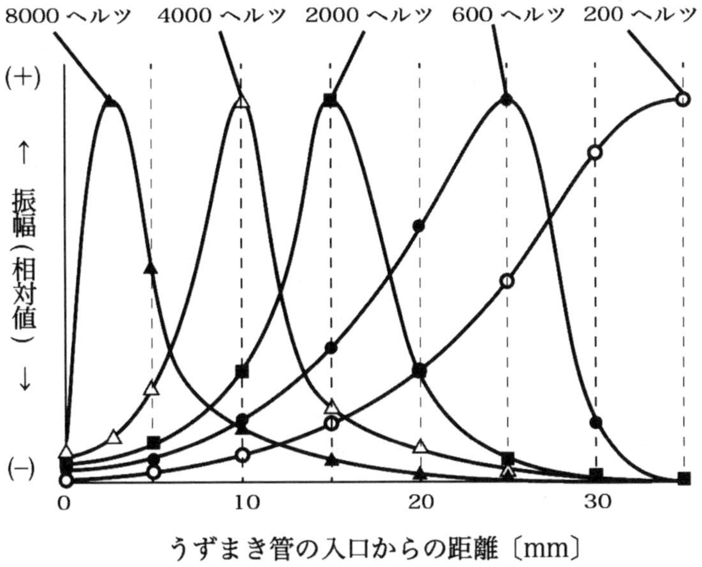

図4-3

① うずまき管入口付近の感覚細胞は高い音で，うずまき管奥の感覚細胞は低い音で振動することで，音を聞き分けている。
② うずまき管入口付近の感覚細胞は低い音で，うずまき管奥の感覚細胞は高い音で振動することで，音を聞き分けている。
③ うずまき管にある感覚細胞が音の高低によって振幅を変えることで，音を聞き分けている。
④ うずまき管にある感覚細胞が振動数によってうずまき管内の位置を変えることで，音を聞き分けている。

5　〔解答番号[29]～[37]〕

1．以下の文中の空所にあてはまる語句の組み合わせとして，もっとも適切なものを①～⑧から1つ選べ。[29]

太陽を中心とした天体の集まりである太陽系には，太陽のまわりをまわっている大きな天体が8つあり，それらを惑星という。惑星は決まった軌道を通って，太陽のまわりを公転している。また，それぞれの環境は太陽からの距離や構成される物質の違いなどで多様である。

太陽系の惑星のうち，岩石の表面をもち，平均密度の大きい金星と火星は（　a　）型惑星とよばれている。金星は（　b　）の厚い大気で覆われているため，表面の平均気温は非常に（　c　）。火星の大気の主成分は（　b　）で厚さが薄いため，大気圧は地球の約170分の1である。

	a	b	c
①	地球	窒素	低い
②	地球	窒素	高い
③	地球	二酸化炭素	低い
④	地球	二酸化炭素	高い
⑤	木星	窒素	低い
⑥	木星	窒素	高い
⑦	木星	二酸化炭素	低い
⑧	木星	二酸化炭素	高い

2. 以下の文章を読み，次の問いに答えよ。

図5-1はある年の金星，地球および火星の公転軌道上の位置関係を，公転軌道面の北極側から見たものである。この年の1月1日の金星と9月1日の火星について，日本から見える時刻と方角，および日本から望遠鏡を通して見える形として，もっとも適切なものをそれぞれの選択肢から1つずつ選べ。ただし，望遠鏡で見た惑星は上下左右が肉眼で見たときと同じで，紙面の右側を西，左側を東とし，白い部分が輝いているものとする。

(1) 金星の見える時刻と方角[30]　見える形[31]

(2) 火星の見える時刻と方角[32]　見える形[33]

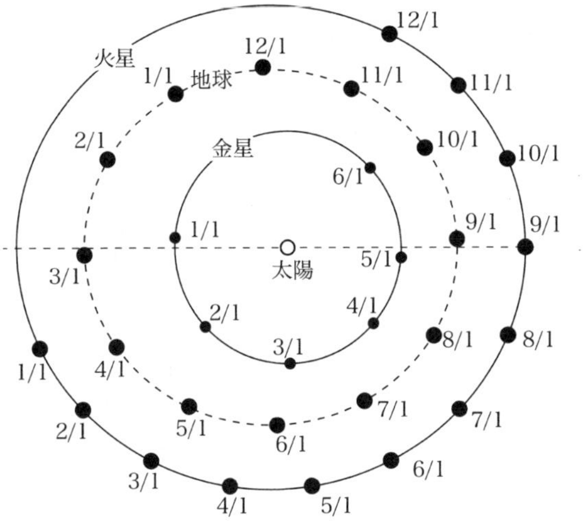

図5-1

【日本から見える時刻と方角】

① 日の出前　東の空　　② 日没後　西の空　　③ 午前０時　南の空

【日本から見える金星と火星の形】

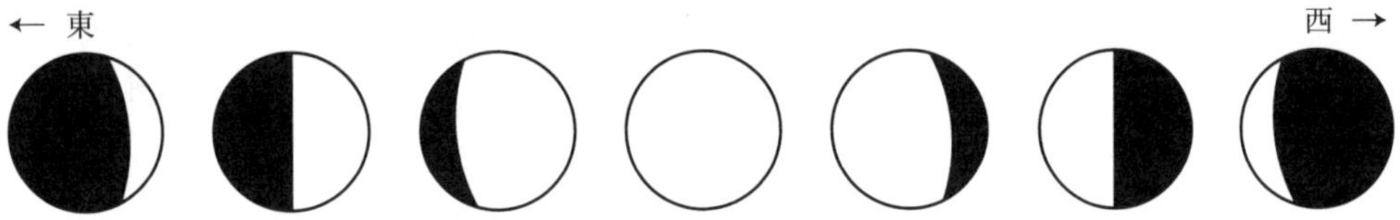

①　②　③　④　⑤　⑥　⑦

2つの惑星がある位置関係になってから，再びその位置関係になるまでの周期のことを会合周期という。2つの惑星がもっとも近い位置に来たときを内合といい，またもっとも遠い位置に来たときを外合という。一度，内合の位置関係になってから，再び内合の位置関係になるまでの期間，あるいは一度外合の位置関係になってから，再び外合の位置関係になるまでの期間は会合周期になる。

(3) 火星と地球の会合周期として，もっとも適切なものを①～⑥から1つ選べ。ただし，火星の公転周期は1.8年，地球の公転周期は1年とする。[34]

① 2年　② 27ヶ月　③ 5年　④ 66ヶ月　⑤ 9年　⑥ 132ヶ月

(4) 金星の公転周期は何日か。ただし，金星と地球の会合周期は20ヶ月，1ヶ月は30日とする。
[35][36][37]日

問四　空欄[A]に当てはまる最も適当な語を次の中から一つ選び、記号で答えなさい。

イ　世　　ロ　現《うつつ》　　ハ　地獄　　ニ　面影《おもかげ》　　ホ　夢心地

問五　傍線④「あはれに悲しき事限りなし」とあるが、このとき僧都が感動したのはなぜか。本文に即して理由を説明しなさい。

問六　この文章の内容に関する説明として最も適当なものを次の中から一つ選び、記号で答えなさい。

イ　賀能知院の死について院内の人々は特に見向きもせずにいたが、僧都のみ賀能知院が古い地蔵を大切にしていたことを知っていたため今後の命運を案じた。

ロ　賀能知院は僧都の夢の中で、塔のもとにいた古い地蔵がいなくなった理由と自らが抱く地蔵への敬いの気持ちを伝えることで、僧都に救いを求めた。

ハ　地蔵の行方と賀能知院の行いを夢の中で知った僧都は夢から覚めた後、実際に塔のもとに地蔵がいないことを確認し、夢の内容が本当のことだと考えた。

ニ　僧都は地獄から救い出された夢を見たため、助けてくれた地蔵を探したところ火傷《やけど》をしたような黒い足の地蔵が存在したことで本当に助けられたのだと認識した。

ホ　地獄へ行き二尺五寸ほどの大きさになってしまった地蔵は今なお存在しているため、話を聞いた多くの人々が救いを求めその地蔵を拝むようになった。

注
山の横川　…　比叡山延暦寺の境内の一部。
破戒無慚　…　僧が戒律を破りながら恥と思わないこと。
執行　…　寺務をとり行う僧職。
政所　…　政治をとり行う機関。
きぬかぶり　…　僧が用いたかぶりもの。
院内の人々　…　横川で修行をしていた人々。
二尺五寸　…　約百センチメートル。

問一　傍線①「あはれみ給《たま》ふ事限りなし」とあるが、ここでの僧都についての説明として最も適当なものを次の中から一つ選び、記号で答えなさい。

イ　僧都は賀能知院が日頃から戒律を破るもそれを恥と思っていなかったことを知っており、前世にどれほど徳を積んでいようとも地獄に落ちることからは逃れられないだろうと悲しんでいる。

ロ　僧都は賀能知院が人前で戒律を破りながらも神仏への信仰は忘れずにいたことを知っており、生前の信仰心からくる行動を誰にも知られないまま地獄に落とされてしまわないか心配している。

ハ　僧都は賀能知院が仏教の戒律を破り仏の物を盗んでも平気な顔をしている悪僧であったことを知っていたため、地獄に落ちることは仕方がないことだと理解しつつも気の毒に思っている。

ニ　僧都は賀能知院が師に対して失礼な態度をとるだけでなく戒律さえも守れない悪僧であったことを知っていたため、地獄に落ちることは避けられないがどうにかして助けたいと思っている。

問二　傍線②「いかにしてさる罪人には具して入り給ひたるぞ」とあるが、その解釈として最も適当なものを次の中から一つ選び、記号で答えなさい。

イ　なぜ罪人が地蔵を連れて地獄から抜け出すことができたのか
ロ　やはりそのような罪人には地獄へ落ちる理由があったのか
ハ　どのようにして地蔵は罪人とともにいなくなられたのか
ニ　どうして地蔵はそのような罪人と一緒に地獄へ行かれたのか

問三　傍線③「思《おぼ》す」の主語を次の中から一つ選び、記号で答えなさい。

イ　賀能知院　　ロ　地蔵　　ハ　師の僧都　　ニ　傍らの僧

問七　この文章の表現や構成に関する説明として最も適当なものを次の中から一つ選び、記号で答えなさい。

イ　別荘の鎧扉の描写は、少々奇妙な建物の様子を直接的に表現しているだけでなく、「私」が感じている、外部に対するO夫人の心理的な障壁をも象徴している。

ロ　「――」は「私」の、「……」は夫人の迷いや言外の思いに対応しており、あえて具体的な言葉にしないことで、心情表現に奥行きを持たせている。

ハ　O夫人やA氏のミステリアスな人物像を冒頭で提示した上で、時系列順に物語を展開し、徐々に情報を開示することで、謎解きのような面白さを出している。

ニ　「私」の心情は地の文で、O夫人の心情はセリフで表現されており、一人称視点の物語でありながら、二人の人物の心情を立体的に浮かび上がらせている。

四　次の文章を読んで、後の問に答えなさい。問題作成上、一部改変している部分があります。

これも今は昔、＊山の横川《よかわ》に賀能知院《かのうちいん》といふ僧、きはめて＊破戒無慚《むざん》の者にて、昼夜に仏の物を取り使ふ事をのみしけり。横川の＊執行《しゆぎやう》にてありけり。＊政所《まんどころ》へ行くとて、塔のもとを常に過ぎ歩《あり》きければ、塔のもとに、古き地蔵の物の中に捨て置きたるをきと見奉りて、時々＊きぬかぶりしたるをうち脱ぎ、頭を傾《かたぶ》けて、過ごし過ごし敬ひ拝みつつ行く時もありけり。

かかる程に、かの賀能はかなく失せぬ。師の僧都《そうづ》これを聞きて、「かの僧、破戒無慚の者にて、後世《ごせ》定めて地獄に落ちん事疑ひなし」と心憂《こころう》がり、①あはれみ給ふ事限りなし。かかる程に、「塔のもとの地蔵こそこの程見え給はね。いかなる事にか」と＊院内の人々言ひ合ひたり。「人の修理し奉らんとて、取り奉りたるにや」などいひける程に、この僧都の夢に見給ふやう、「この地蔵の見え給はぬはいかなる事ぞ」と尋ね給ふに、傍らに僧ありて曰《いは》く、「この地蔵菩薩《ぼさつ》、早う賀能知院が無間《むげん》地獄に落ちしその日、やがて助けんとて、あひ具《ぐ》して入り給ひしなり」といふ。夢心地にいとあさましくて、「②いかにしてさる罪人には具して入り給ひたるぞ」と問ひ給へば、「塔のもとを常に過ぐるに、地蔵を見やり申して、時々拝み奉りし故《ゆゑ》なり」と答ふ。夢覚めて後、自ら塔のもとへおはして見給ふに、地蔵まことに見え給はず。

「さは、この僧にまことに具しておはしたるにや」と③思す程に、その後また僧都の夢に見給ふやう、塔のもとにおはして見給へば、この地蔵立ち給ひたり。「これは失せさせ給ひし地蔵、いかにして出で来給ひたるぞ」とのたまへば、また人のいふやう、「賀能具して地獄へ入りて、助けて帰り給へるなり。されば御足の焼け給へるなり」といふ。御足を見給へば、まことに御足黒う焼け給ひたり。夢心地にまことにあさましき事限りなし。

さて、夢覚めて、涙とまらずして急ぎおはして、塔のもとを見給へば、［A］にも地蔵立ち給へり。御足を見れば、まことに焼け給へり。これを見給ふに、④あはれに悲しき事限りなし。さて、泣く泣くこの地蔵を抱き出だし奉り給ひてけり。「今におはします。＊二尺五寸ばかりの程にこそ」と人は語りし。これ語りける人は拝み奉りけるとぞ。

（『宇治拾遺物語』巻第五　第十三話）

問三　傍線③「彼女の云うことは私にはすぐ理解されなかった」とあるが、なぜか。その説明として最も適当なものを次の中から一つ選び、記号で答えなさい。

イ　A氏の絵が数年前の姿をとどめていないからといって、面会後の会話を通して「私」に特別な感情を抱き始めているらしい夫人が、「私」の希望を拒むとはにわかには信じがたかったから。

ロ　夫人のA氏に対する好奇心が普通でないのに加え、A氏の絵を独占したいがために、既に元の姿をとどめていないので見せられないなどと嘘としか思えない主張をし始めたことに唖《あ》然としたから。

ハ　眼病を患っている夫人が現在の絵の状態を確認できるはずがないのに、A氏への思慕のあまり、あたかもそれが分かるかのようなことまで言い出したのを気の毒に感じたから。

ニ　夫人の回答が突拍子《とっぴょうし》もないものであった上に、彼女が大切に保管しているはずのA氏の作品が、たった数年で原形をとどめないような状態になってしまったとは到底思えなかったから。

問四　空欄［A］に当てはまる最も適当な語を次の中から一つ選び、記号で答えなさい。

イ　慈愛に満ちた　　ロ　月明のごとき　　ハ　この世ならぬ　　ニ　冷たく澄んだ

問五　傍線④「この驚くべき変化、一つの奇蹟《きせき》」とあるが、これについての「私」の思いや考えの説明として当てはまらないものを次の中から一つ選び、記号で答えなさい。

イ　以前は気づかなかったA氏の顔が絵に浮かび出ていることに、驚きを禁じ得ないが、それが元々描かれていたものであるとは思えない。

ロ　A氏の絵が上描きされたのだとしたら、それは数年前のことで、今眼前にあるものこそ表層が剥《は》がれ落ちた本来の姿だと考えるべきだ。

ハ　実際には絵自体が変化したのではなく、現在絵が置かれている条件においてのみ、A氏の顔が浮かび上がって見えている可能性もある。

ニ　もしかすると夫人とA氏との間には秘められた過去があり、A氏を思う夫人の感性が、絵にまつわる奇蹟に関わっているのではないか。

問六　次の一文は本文中から抜き出したものである。どこに入れるのが最も適当か。直前の十文字で答えなさい（句読点、記号を含む）。

それほど、夫人はこの家の中でなら、何もかも知悉《ちしつ》していて、ほとんどわれわれと同様に振舞えるらしく見えたからである。

私は再び私の視線をその絵の上に移しながら、④この驚くべき変化、一つの奇蹟について考え出した。それがこのように描きかえられたのでないことはこの夫人を信用すればいい。よしまた描きかえられたのにせよ、それはむしろ私達がいま見ているものの上に、更に線や色彩を加えられたものが数年前に私達が展覧会で見たものであって、それが年月の流れによって変色か何かして、その以前の下絵がおのずから現われてきたものと云わなければならない。そういう例は今までにも少なくはない。例えばチントレットの壁画などがそうであった。

――だが、それにしては、この絵の場合は、あまりに、日数が少なすぎる。数年の間にそのような変化が果して起り得るものかどうかは疑わしい。そうだとすると、それは丁度現在のように、夫人の驚くべき共感性によってこの絵の置かれてある唯一の距離、唯一の照明のみが、その他のいかなる距離と照明においても見ることを得ない部分を、私達に見せているのであろうか？

そういうことを考えているうちに、私にふと、A氏はかつてこの夫人を深く愛していたことがあるのではないか、そして夫人もまたそれをひそかに受け容《い》れていたのではないか、という疑いがだんだん萌《きざ》して来た。

それから私は深い感動をもって、私の前のA氏の傑作と、それに見入っているごとく思われるO夫人の病める眼とを、かわるがわる眺めたのである。

（堀辰雄『窓』）

注　眼疾　……　目の病気。
　　未亡人　……　夫に先立たれた女性。
　　メタフォル　……　隠喩。ここでは、「窓」という表題にもかかわらずA氏の絵にそれらしきものが描かれておらず、極度に抽象的な内容であることが、一種の隠喩のように感じられることを指している。

問一　傍線①「何時《いつ》のまにか夢見心地になっていた」とあるが、「私」がそのような感覚を抱いたのはなぜか。その説明として最も適当なものを次の中から一つ選び、記号で答えなさい。

イ　別荘は近くに見えるのに、道のせいで歩いても距離が縮まらない不思議さに加え、固く閉ざされた屋敷の奥で、周囲との関係を絶って孤独な生活を送る美しい未亡人の姿を思い描き、情緒的で甘美な思いを抱いたから。

ロ　道が沼を迂回していて、なかなか別荘に着かない上に、別荘自体に蔦が生い茂り、外部の者の訪問を拒むかのような様子であるため、永遠に目的地にたどり着けないのではないかと、現実離れした妄想を抱いたから。

ハ　目の前にある別荘に、遠回りな道のおかげで一向に近付けないだけでなく、その外見も侵入者を寄せ付けない雰囲気があり、それを突破して秘蔵の絵画を手に入れようとする挑戦に、空想じみた高揚感を抱いたから。

ニ　別荘への道をいくら歩いてもたどり着く気配すらないことに、徒労感をおぼえる一方で、世間から見捨てられた古びた別荘の中に、一人寂しく暮らす盲目の未亡人の姿を想像し、同情と共に思慕に似た感情を抱いたから。

問二　傍線②「よろこんで自分の知っている限りのことを彼女に答えた」とあるが、「私」がそのようにしたのはなぜか。七十字以内で説明しなさい。

私が思わずそれから不吉な予感を感じて、そっと近づいて行くと、氏はその緑色になった小指を私に見せながら、「こうでもしなければ、この色はとても盗めないよ。」と低い声でささやいたのであった。……

私はそういう話をしながら、A氏について異常な好奇心を持っているらしいこの夫人が、いつか私にも或る特別な感情を持ち出しているらしいことを見逃さなかった。

そのうちに私達の話題は、夫人の所有している氏の作品の上に落ちて行った。

私は、さっきから待ちに待っていたこの機会をすばやく捕えるが早いか、私の用件を切り出したのである。

するとそれに対して彼女の答えたことはこうであった。

「あの絵はもうA氏の絵として、世間の人々にお見せすることは出来ないのです。たとえそれをお見せしたところで、誰もそれを本物として取扱ってはくれないでしょう。何故と云いますと、あの絵はもう、それが数年前に持っていたとおりの姿を持っていないからです。」

③彼女の云うことは私にはすぐ理解されなかった。私は、ことによるとこの夫人は気の毒なことにすこし気が変になっているのかも知れないと考え出した位であった。

「あなたは数年前のあの絵をよく憶《おぼ》えていらっしゃいますか？」と彼女が云った。

「よく憶えています。」

「それなら、あれを一度お見せさえしたら……」

夫人はしばらく何か躊躇《ちゅうちょ》しているように見えた。やがて彼女は云った。

「……よろしゅうございます。私はそれをあなたにお見せいたします。私はそれを私だけの秘密として置きたかったのですけれど。――私はいま、このように眼を病んでおります。ですから、私がまだこんなに眼の悪くなかった数年前にそれを見た時と、この絵がどんなに変っているかを、私はただ私の心で感じているのに過ぎません。私はそういう自分の感じの正確なことを信じておりますが、あなたにそれをお見せして、一度それをあなたにも確かめていただきとうございます。」

そして夫人は、私を促すように立ち上った。私はうす暗い廊下から廊下へと、私の方がかえって眼が見えないかのように、夫人の跡について行った。急に夫人は立ち止った。そして私は、夫人と私とがA氏の絵の前に立っていることに気づいた。その絵はどこから来るのか、不思議な、何とも云えず神秘な光線のなかに、その内廊《うちろう》だか、部屋だかわからないような場所の、宙に浮いているように見えた。――というよりも、文字通り、そのうす暗い場所にひらかれている唯一の「窓」であった！　そしてそれの帯びている［A］光は、その絵自身から発せられているもののようであった。或《ある》いはその窓をとおして一つの超自然界から這入ってくる光線のようであった。――と同時に、それはまた、私のかたわらに居る夫人のその絵に対する鋭い感受性が私の心にまで伝播《でんぱ》してくるためのようにも思われた。

その上、私をもっと驚かせたのは、その超自然的な、光線のなかに、数年前私の見た時にはまったく気づかなかったところの、A氏の青白い顔がくっきりと浮び出していることだった。それをいま初めて発見する私の驚きかたというものはなかった。私の心臓ははげしく打った。けれども私には、数年前のこの絵に、そういうものが描かれてあったとは、どうしても信ずることが出来なかった。

「あっ、A氏の顔が！」と私は思わず叫んだ。

「あなたにもそれがお見えになりますか？」

「ええ、確かに見えます。」

そこの薄明《はくめい》にいつしか慣れてきた私の眼は、その時夫人の顔の上に何ともいえぬ輝かしい色の漂ったのを認めた。

三　次の文章を読んで、後の問に答えなさい。問題作成上、一部改変している部分があります。

或《あ》る秋の午後、私は、小さな沼がそれを町から完全に隔離している、O夫人の別荘を訪れたのであった。

その別荘に達するには、沼のまわりを迂回《うかい》している一本の小径《こみち》によるほかはないので、その建物が沼に落しているその影とともに、たえず私の目の先にありながら、私はなかなかそれに達することが出来なかった。私が歩きながら①何時のまにか夢見心地になっていたのは、しかしそのせいばかりではなく、見棄てられたような別荘それ自身の風変りな外見にもよるらしかった。というのは、その灰色の小さな建物は、どこからどこまで一面に蔦《つた》がからんでいて、その繁茂の状態から推すと、この家の窓の鎧扉《よろいど》は最近になって一度も開かれたことがないように見えたからである。私は、そういう家のなかに、数年前からたった一人きりで、不幸な*眼疾《がんしつ》を養っているといわれる、美しい*未亡人のことを、いくぶん浪漫的《ロマンチック》に、想像せずにはいられなかった。

そうして私は、私の突然の訪問と、私の携えてきた用件とが、そういう夫人の静かな生活をかき乱すだろうことを恐れたのだった。私の用件というのは、――最近、私の恩師であるA氏の遺作展覧会が催されるので、夫人の所有にかかわるところの氏の晩年の作品の一つを是非とも出品して貰《もら》おうがためであった。

その作品というのは、それが氏の個人展覧会にはじめて発表された時は、私もそれを一度見ることを得たものであるが、それは難解なものの多い晩年の作品の中でもことに難解なものであって、その「窓」というごく簡単な表題にもかかわらず、氏独特の線と色彩とによる異常な*メタフォルのために、そこに描かれてある対象のほとんど何物をも見分けることの出来なかった作品であった。しかしそれは、氏のもっとも自ら愛していた作品であって、その晩年私に、自分の絵を理解するための鍵はその中にある、とまで云《い》われたことがあった。だが、何時からかその絵の所有者となっていたO夫人は、何故かそれを深く秘蔵してしまって、その後われわれの再び見る機会を得なかったものであった。そこで、私は今度の氏の遺作展覧会を口実に、それに出品してもらうことの出来ないまでも、せめて一目でもそれを見たいと思って、この別荘への訪問を思い立ったのであったが。……

私は漸《ようや》くその別荘の前まで来ると、ためらいながら、そのベルを押した。

しかし家の中はしいんとしていた。このベルはあまり使われないので鳴らなくなっているのかしらと思いながら、それをためすかのように、私がもう一度それを押そうとした瞬間、扉は内側から機械仕掛で開かれるように、私の前にしずかに開かれた。

夫人に面会することにすら殆《ほとん》ど絶望していた私は、私の名刺を通じると、思いがけなくも容易にそれを許されたのであった。

私の案内された一室は、他のどの部屋よりも、一そう薄暗かった。

私はその部屋の中に這入《はい》って行きながら、隅の方の椅子から夫人がしずかに立ち上って私に軽く会釈《えしゃく》するのを認めた時には、私はあやうく夫人が盲目であるのを忘れようとした位であった。

夫人は私に椅子の一つをすすめ、それに私の腰を下ろしたのを知ると、ほとんど唐突と思われるくらい、A氏に関するさまざまな質問を、次ぎから次ぎへと私に発するのだった。

私は勿論《もちろん》、②よろこんで自分の知っている限りのことを彼女に答えた。のみならず、私は夫人に気に入ろうとするのあまり、夫人の質問を待とうとせずに、私だけの知っているA氏の秘密まで、いくつとなく洩《も》らした位であった。たとえば、こういうことまでも私は夫人に話したのである。――私はA氏とともに、第何回かのフランス美術展覧会にセザンヌの絵を見に行ったことがあった。私達はしばらくその絵の前から離れられずにいたが、その時あたりに人気のないのを見すますと、いきなり氏はその絵に近づいて行って、自分の小指を唇で濡らしながら、それでもってその絵の一部をしきりに擦《こす》っていた。

問三　傍線①「〝優秀〟なグライダー」とあるが、それはどのような「学生」か。本文中の語句を用いて二十五字以内で「学生」に続くかたちで説明しなさい。

問四　傍線②「エンジンを搭載して、自分で空を飛ぶ」とあるが、これと対照的な飛び方を筆者はどのように表現しているか。本文中から八文字で抜き出して答えなさい。

問五　傍線③「おのずから別である」とあるが、その説明として最も適当なものを次の中から一つ選び、記号で答えなさい。

イ　グライダーのような動力がない学び方は、学びたい学問に自由に取り組んでいるように見えるが、自前のエンジンで航路を作り出せる飛行機のような未知の学問への探求心はないという点で大きな差があるということ。

ロ　グライダーのいつ落ちるかわからないような学び方は、周囲についていこうと努力したことで思わぬ結果を生むこともあるが、飛行機のように墜落や爆発といったリスクを負うことではじめて自力で創意工夫し、自由に新たなものを作り出せる学び方とは異なること。

ハ　創造性の乏しいグライダーのような学び方は、周囲に合わせ続けることで高い適応能力を発揮することになるが、難解な局面になった時に思考力不足に陥る点で、飛行機のように自己問答し解決を導き出す学び方には全く及ばないということ。

ニ　自力で飛ばないグライダーのような学び方は、周囲が予想しなかった意外な方向へ着地、結果が出る点で新たな見方を提供することもあるが、飛行機の動力のように最初から自力で試行錯誤し作り出す結果とは違う種類のものであるということ。

問六　傍線④「本当の移動でも何でもない」とあるが、「本当の移動」とはどのようなことか。本文中の語句を用いて五十字以内で説明しなさい。

問七　傍線⑤「切り花文化」とあるが、その具体例として当てはまらないものを次の中から一つ選び、記号で答えなさい。

イ　古来、日本は遣唐使などによって中国から漢字が伝来し、思想や文学面でその影響を色濃く受け続けてきたが、ひらがなを用いるようになってからは、その情緒に合った特有の文学を残すようになっていった。

ロ　平安時代後期から盛んになった中国との貿易を通じて、日本は中国の貨幣である宋銭を大量に輸入し、国内でそのまま流通させることによって安定した貨幣経済を実現させていった。

ハ　近代化を目指す明治政府は、世界の列強に肩を並べようと多くの外国人を雇い、日本人に合った哲学や法学、軍制などを外国語で学ばせ、短期間で世界に並ぶ近代国家の礎《いしずえ》を築いた。

ニ　現代社会では、様々なメディアを通じて世界の多様な食文化が紹介されるようになり、その需要を敏感に察知した日本人の農家が外国産の果物をいち早く栽培して販売したところ評判となり、経済的に成功した。

連れてくるような動物の移動。椅子は移動させても、それだけでこわれたりすることはないが、パンダはうっかりすると死んでしまう。熱帯に生息する動物は自然の状態なら寒帯では生きられない。もっとデリケートなのは植物の移動である。椅子の移動のようにいかないのはもちろん、パンダの移動よりもさらにやっかいだ。花のさいている木を移そうとするのに、枝だけ切ってきたのでは移したことにならない。どうしても根から掘って移植する必要がある。

おもしろい着想があると、われわれは、簡単にそれをわがものにしようとする。借りてきていかにもわがもの顔をしているが、それなら物理的移動に近い。アイディアはそういう非生命的なもの、無生物ではなく、ひとりの人間の心という土壌の中で芽を出した〝いのち〟〝植物〟である。借りてきたアイディアはさしずめ、花の咲いている枝を切って来るようなものである。④本当の移動でも何でもない。

切り花は根がないから、たちまち、枯れてしまう。そこで根が生えたり、次の代の花がついたりしないのはもちろんである。学校で教えるのは、つまり切り花の売買であって、花はいかにして咲かせられるかという思想の園芸学ではない。知識人というのは切り花の中にうまって花の香にむせぶ花屋にいくらか似たところがある。

われわれは美しい花が咲いていると見たら、どうしてそれを移植するかを考えるだろう。そこですぐ掘りくりかえしたりするのは論外。どんな頓馬《とんま》な庭師でもそんな真似はしない。花の散るのを待つ。木なら葉が落ちるのを待って、根のまわりを掘って根まわしをする。もちろん、季節を選ぶ。根には土をつけなくてはいけない。移植した植物が翌年すぐ花をつけてくれるかどうかはわからない。一年や二年は花は咲かないと覚悟した方がいい。時間をかけるのである。植物の移動にあせりは禁物だ。

明治以来、われわれの社会は海の彼方に咲く文化の花に心を奪われてきた。美しいとなると矢も楯《たて》もたまらず、切り取ってきてわがものにしたように思った。それはいってみれば、花瓶に入れて眺めていたにすぎない。そういう花の命は文字通りに短い。枯れればまた後がまを切り取ってくる。⑤切り花文化であった。これでは独自の花を咲かせることに成功しなかったとしても、当然であろう。

移植した方がもとのままよりも成長のよい植物、たとえば、稲などがある。それと同じように、思想、文化の花についても原産地におけるよりも移植した先においていっそう大きな花をつけ、実を結ぶということがあるのは、文化交流の歴史が教えてくれる通りである。まず植物的生命をもつものを移植し、理解する。ついで、それから新しい花をさかせる。これが独創である。そういう思想の園芸学について、われわれはほとんど何も知らない。それで、切り花を並べてさも花をもっているように考えてきた。

（外山滋比古『知的創造のヒント』）

問一　次の段落は本文中から抜き出したものである。どこに入れるのが最も適当か。直前の段落の最後の十文字で答えなさい（句読点、記号を含む）。

ただ、グライダーの泣きどころはたちまち落ちてくることである。真似は身につかないで、すぐはげる。もっとも、落ちてくる前にまた引っ張ってもらえば滑空を続けられるから、それを繰り返している限りグライダーは自らの悲哀を味わわなくて済む。そういうグライダーがいかにも飛行機みたいに大きな顔をするということはありうることである。

問二　空欄 X ・ Y に当てはまる最も適当な語を、それぞれ本文中から抜き出して答えなさい。

二　次の文章を読んで、後の問に答えなさい。問題作成上、一部改変している部分があります。

英語の会話をしなくてはならないという日の朝、英語のレコードを聴いておくと、そうしないときより確実に言葉が出やすくなる。これは多くの人がひそかに実行していることらしい。外国語で文章を綴《つづ》るときも、その直前に、お手本になる英文をしばらく読んでから執筆にかかると、たしかに書きやすくなるように思われる。

これをたとえていえばグライダーのようなものである。お手本になるものに引っ張ってもらうと、飛び上って空を滑る。しかし、自分の力で飛んでいるわけではないから、やがて力を失って地上へ降りてこなくてはならない。ただ、飛んでいるときは、あくまで優雅で、どうして飛んでいるかなどは問題にならない。そればかりではなく、むしろ、音もなく滑空しているところなど、本当の飛行機よりもましであると思うかもしれない。飛んでいれば、グライダーか飛行機かはわからない。すくなくともグライダーはグライダーであることを忘れることができる。

しかし、グライダーはやがて落ちるところにその本領？がある。ほかの力に引かれて飛ぶが、その動力がなくなると、やがて動きをとめる。しばしの虚の運動である。考えてみると、教育というのもいくらかはこのグライダー効果をねらっているように思われる。自分では飛べないものを引っ張って飛び上らせる。落ちそうになったらまた引っ張り上げる。こうして落ちてくるひまのないグライダーは、永久に飛び続けられるような錯覚をもつかもしれない。しかし、それはあくまで錯覚である。

学校の成績の優秀な学生が、卒業論文を書く段になって思いがけない混乱に陥ることがある。小学校以来、試験といえば、教わったことをそのまま紙に書きつける。それがうまくいくと満点をもらってきた。引っ張られるままにおとなしく飛べれば〝優秀〟なのである。それはグライダーとしての性能である。そういうグライダーに向って、さあ、自由に好きな方へ飛んでみよ、いつものように、引っ張ってはやらない、自分の力で飛ぶんだ、といったらどうであろう。①〝優秀〟なグライダーほど途方に暮れる。

下手に自前のエンジンなどつけていると、グライダーの効率は悪くなる。グライダーはグライダーに徹しなくてはならない。そう思っているときに急に自力飛翔を求められる。混乱するのは当り前である。独創的な論文など、何のことか見当もつかない。

学校は［X］訓練所である。そこで飛ぶことができるようになる、と見るのはあくまで外見の上だけにすぎない。何年滑空していても［Y］のついていないのははっきりしている。自力で飛び立つことはできない。これは教育に限ったことではない。読書も一種のグライダー効果を与える。本を読むと、その当座はいかにも知識が豊かになったように感じられる。人間が高尚になったと思うこともあろう。ただし、本から離れると、やがてまたもとのモクアミに帰る。

それがグライダー効果であることに気付かず、読書によって簡便に自己改造ができるように思い込む読者にとって、読書はしばしばきわめて有害なものになりうる。それは、古来、先人が警告している通りである。

世の中がグライダー効果の習得にのみ目を奪われているとき、②エンジンを搭載して、自分で空を飛ぶにはどうしたらよいかについては、ほんのすこししか考えられないとしても不思議ではあるまい。エンジンさえあればいいというものでもない。爆発するかもしれないし、飛び上ることもできるかわり、ひょっとすれば墜落しかねない。グライダーは滑りながら着陸できるが、飛行機が墜落すれば木端みじんになる。それにもかかわらず、われわれはエンジンを積んだ飛行機の方がグライダーよりも決定的に優れていると判断せざるをえない。学校教育がグライダー訓練だけしか考えないのは奇怪である。

もっとも、グライダーにも独創の余地がまったくないわけではない。引っ張る力がなくなってグライダーが緩慢に着地するとき、予期されている方向へ向わずにおもしろい降り方を試みることは可能である。学説の修正や批判がある程度の創造的な仕事となるのは、グライダー効果の消滅時におこる個性の発揮によるのである。それはしかし、飛行機が飛びたいところへ自由に飛んでいくのとは、③おのずから別である。

モノを移すのに三つの方法がある。ひとつは、たとえば椅子をAの地点からB点へ移すような物理的移動。もうひとつは、中国のパンダを東京の動物園へ

二〇二三年度 朋優学院高等学校（一般二回）

【国語】〈五〇分〉〈満点：一〇〇点〉

一 次の各問に答えなさい。

㈠ 次の各文の傍線部のカタカナは漢字に直し、漢字はその読みをひらがなで答えなさい。**楷書で丁寧に書くこと。**

問一 気管にジュウトクな疾患を持つ。

問二 ヒキンな例を挙げて説明する。

問三 私語をツツシむ。

問四 深く考えもせずにジャスイしてはいけない。

問五 継嗣を巡る争いが起きた。

㈡ 次の各文の傍線部の意味として最も適当なものを次の中からそれぞれ一つずつ選び、記号で答えなさい。

問一 何度言ってもわからない息子に、父はとうとう匙《さじ》を投げた。

イ 不快な表情を見せた

ロ 救いようがないと断念した

ハ どうしようもなくあきれかえった

ニ 我慢できずに反論した

問二 彼にとっては、与えられた仕事は役不足であった。

イ 荷が重い　　ロ 力が足らない

ハ 時期が早い　　ニ 不相応に軽い

2023年度／朋優学院高等学校（一般２回）

英語解答

1　A　1…①　2…④　3…②　4…②
5…④　6…③　7…①
B　1…②$_{8}$　2…③$_{9}$　3…④$_{10}$
4…①$_{11}$　5…④$_{12}$

2　1　13…⑥　14…②
2　15…③　16…⑥
3　17…③　18…⑤
4　19…②　20…①
5　21…②　22…⑤

3　A　②$_{23}$　B　②$_{24}$　C　②$_{25}$
D　③$_{26}$　E　③$_{27}$　F　②$_{28}$
G　①$_{29}$，②$_{30}$，④$_{31}$，⑥$_{32}$
H　(例)自分の子どもに対して，より良い手本〔模範／例〕となり

4　A　1…②$_{33}$　2…④$_{34}$　3…③$_{35}$
4…④$_{36}$
5　①$_{37}$→④$_{38}$→③$_{39}$→②$_{40}$
6…③$_{41}$
B　42…③　43…②　44…⑤

5　1　Was he present at the〔that〕 meeting last Tuesday?
2　I would like to stay here today.
3　No other student in the class is taller than Liam.

6　1　正解…①
訂正後…most〔almost all〕
2　正解…④　訂正後…solving
3　正解…④　訂正後…much money
4　正解…③
訂正後…talked about〔discussed〕

1〔放送問題〕解説省略

2〔整序結合〕

1．語群から，do you know，またはdo you thinkというまとまりができるが，文頭がWhereであることに注目する。「～はどこだと思いますか」のようなYes/Noで答えられない疑問文の場合，‘疑問詞＋do you think＋主語＋動詞…?’という語順になる。なお，「～が…か知っていますか」のようなYes/Noで答えられる疑問文の場合は，‘Do you know＋疑問詞＋主語＋動詞…?’という語順になる。不要語はknow。　Where do you think my jacket is?「私のジャケットはどこにあると思いますか」

2．Theyの後にまず助動詞willを置く。この後は語群から，「数週間で食べる物がなくなる」という文意になると推測できるのでhave nothing to eat「食べる物が何もない」とまとめ，最後に「～後に」を表すinを置いてa few weeksにつなげる。不要語はbe。　They will have nothing to eat in a few weeks.「彼らは数週間で食べる物がなくなるだろう」

3．leave for ～で「～に向けて出発する」という意味。この後は，‘目的’を表すto不定詞を使ってto see my grandmotherとし，最後にlivingを置くとliving thereがmy grandmotherを修飾する語句となる(現在分詞の形容詞的用法)。不要語はat。　I left for Kyoto to see my grandmother living there.「私はそこに住む祖母に会うために京都に向けて出発した」

4．主語This computer systemの後にis going toを続け，未来の文をつくる。この後は‘introduce ～ into …’「…に～を導入する」の受け身の形でbe introduced intoと続ける。不要語はhave。　This computer system is going to be introduced into our office next month.「このコンピューターシステムは来月私たちのオフィスに導入される予定だ」

5．‘help＋人＋動詞の原形’「〈人〉が～するのに役立つ〔～するのを助ける〕」の形を考える。‘人’を

youとすると，主語はThis bookに決まり，‘動詞の原形’には文末のhow to cook「料理の仕方」とのつながりからunderstandとする。不要語はread。　This book will help you understand how to cook.「この本は君が料理の仕方を理解するのに役立つだろう」

3〔長文読解総合―説明文〕

≪全訳≫❶この情報の時代において，ますます多くの高齢者がソーシャルメディアを使っている。今日の祖父母はソーシャルメディアで孫たちに加わっているが，異なる世代のオンライン習慣はかつてないほどさまざまだ。イギリスではますます多くの55歳を超えた人々がフェイスブックに参加しており，彼らはとても近い将来，55～64歳の350万人，そして65歳以上の290万人という，サイトで2番目に大きなユーザー群になると予想されている。❷シェイラは59歳だがこう言う。「娘が孫たちの動画や写真を投稿しているので，孫たちが何をしているか知りたくてフェイスブックに加入しました。彼らが何をしているか知るのに，ポストに入る手紙や写真を待つよりもずっといい方法です。それは私が子どもの頃に私たちがしていたやり方ですが，私は私の祖父母がしていたよりもずっと多く孫たちの生活を見られることを幸運だと思います」❸実は，シェイラの孫たち自身はフェイスブックを使う傾向がより低い。イギリスの17歳未満の子どもたちはそのサイトを離れつつある――17歳未満のユーザーはわずか220万人にすぎないが，彼らがスマートフォンから遠く離れているわけではない。クロエは15歳だが，スマートフォンとともに眠りさえする。「目覚まし時計としても機能するから，そうせざるをえないんです」と彼女は言う。「寝る前に見るし，起きたらすぐに見ています」❹祖母の世代とは異なり，クロエの年齢層は家で非常に多くの時間をスマートフォンに費やすため，現実の生活で友人たちと時間を過ごす機会を失っている。他方で，シェイラは，40年間連絡のなかった学生時代の旧友とついに連絡を取る機会を手に入れた。「私たちはフェイスブックを使って全国でお互いに会う調整をしています」と彼女は言う。「それは私の社会生活をすっかり変えてくれて，とてもうれしいです」❺10代の子どもたちは，親がスマートフォンを使い始めた初期世代だったため，自分たちにスマートフォンを与えてくれたことやソーシャルメディア中毒から自分たちを遠ざけてくれていることで親に感謝しているかもしれない。ピーターは38歳で2人の10代の子どもの父親だが，自身は以前しょっちゅうスマートフォンを使ったりラップトップコンピューターで作業をしたりしていたと述べている。「家にいるときでさえ，私は常につながれていて，ずっと働いているような気がしていました」と彼は言う。「私自身がいつも画面の前にいたら，どうして子どもたちにスマートフォンを使う時間を減らしなさいと言えるでしょう」　そこで，夜と週末には，彼はスマートフォンの代わりに，電話をかけることとテキストメッセージを送信することしかできない旧式の携帯電話を使っている。「非常事態に備え，いつも世界から切り離されているわけではありませんが，重要なのは自分が子どもたちにより良い手本を示していることと，彼らとより質の良い時間を過ごしていることです」❻私たちは，デジタルライフに対する人々の向き合い方の増大する多様性を見ているといえる。オンラインの活動にもっと関わることを選んでいる人もいれば，あまりオンラインにつながらないようにしている人もいる。ピーターの上下の世代が，よりデジタルライフの度合いが低い新傾向に追いつくのは時間の問題にすぎないだろうか。

A＜指示語＞themなので前に出ている複数名詞の中で意味が通るものを探す。前の文にあるmy grandchildrenが該当する。シェイラは孫たちの様子を見るためにフェイスブックを始めたのである。

B＜適語選択＞文頭のThatは前文の手紙や写真を待つという内容を指す。59歳のシェイラにとって，それは「子どもの頃にしていたやり方」といえる。「～が…するやり方」は「どうやって～が…するか」と考えて‘how＋主語＋動詞…’の間接疑問の形で表せる。なお，whatを関係代名詞として用いて「子どもの頃にしていたこと」とする場合，what we did when I was a childとなるので，itが不要。

C<英文解釈>「目覚まし時計としても機能するから，（そう）せざるをえない」という文の意味から，toの後には重復となるsleep with her smartphone「スマートフォンとともに眠る」が省略されていると判断できる。このように，英語では，前に出た語句と重複する場合，繰り返しを避けるために通例省略される。

D<適語（句）選択>on the other handで「他方では」という意味。15歳のクロエの年齢層と，59歳のシェイラを対照させている。　in other words「言い換えれば」　therefore「したがって」

E<指示語>themなので前に出ている複数名詞の中で意味が通るものを探す。下線部は‘give＋人＋物’「〈人〉に〈物〉を与える」の構文の‘人’に当たる部分。スマートフォンを与えるのはtheir parents「彼ら（10代の子どもたち）の親」なので，与えられるのはteenagers「10代の子どもたち」。

F<適語選択>セミコロン（;）の後にothersがあることに注目する。‘Some ～, others …’で「～する者もいれば，…する者もいる」という‘対照’を表す。

G<内容真偽>①「55～64歳の人々は65歳以上の人々よりも大勢フェイスブックを利用すると予想されている」…○　第１段落第３文の内容に一致する。　②「今日の祖父母の中には，生活にインターネットがあって幸運だと感じる人もいる」…○　第２段落最終文および第４段落最後の２文の内容に一致する。　③「今日の祖父母の大部分は，孫たちよりもフェイスブックを利用していないのが普通だ」…×　このような記述はない。　④「今日の親は，スマートフォンを手に入れた最初の世代の１つだった」…○　第５段落第１文の内容に一致する。　⑤「今日の10代の子どもたちは，旧友を見つけるためにソーシャルメディアを利用する」…×　第４段落第２，３文参照。旧友を見つけるために利用しているのは，祖父母世代。　⑥「今日の親の中には，より旧式のテクノロジーに戻っている人もいる」…○　第５段落第５文の内容に一致する。　⑦「今日の親は，電話を手元に置いておくことを好む」…×　このような記述はない。　⑧「今日の親の多くは，デバイスが子どもたちにとって良くないと知っているので，デジタルデバイスを利用しない」…×　このような記述はない。

H<文脈把握>第５段落第最終文参照。設問箇所に印字されているのは，この文の最後のspending more quality time with themの部分。その直前にあるI'm setting … kidsまでの内容を補う。ここでのsetは「（模範・手本）を示す」という意味。

4〔長文読解総合―エッセー〕

≪全訳≫❶自分のために常にそこにある特別な場所に頼ることができれば，人生はさほど壊れやすいものでなくなるようだ。❷メキシコ湾には私のものである小さな一部分がある。海の向こうや手前の海岸線を見ていると，昔の８ミリフィルム映画のように，過去の20年間が何度も何度も映し出されるのが見える。❸私は16歳で，夕暮れどきにビーチに座って詩を書いている。黄色いゴムボートに乗って塩からい海を漂っている。波打ち際に座って虹のように色とりどりの貝殻を集めている。私は大学生で，赤い髪が輝いている。私は働く女性で，キャリアについて考えたり，支払いをしたりしている。太っていたり，痩せていたり。髪が長かったり短かったり，また長くなったり。うれしかったり，悲しかったり。年齢を重ねて，成長して。❹私が高校の最高学年をまさに始めようとしていたとき，両親と私は，ノースカロライナからフロリダのセント・ピーターズバーグに引っ越した。長い間暮らした場所から引き離されるのは，つらい時間だった。それまでの人生の全てをノースカロライナで暮らしていたのだ。だが海が大好きだったので，フロリダは住んでもいい場所のように思われた。８番街の突き当たりにある私の特別なビーチを，最初にどうやって選んだのかは思い出せない。だが，私はいったん自分の場所を選んだら，決してビーチを変えなかった。❺ほぼ毎日，私はそこで泳いだり日光浴をしたりした。日が沈むのを見た。人生について考えた。大学時代の週末の夜には，友人たちと音楽を演奏したり，ただ波の音を聞いたりしながらビーチでのんびりした。両親の家にある私の寝室は，私のために何の思い出も残していない。フロリダの私の記憶は，全て１マイル先の８番街ビーチにある。❻今はボストンに住んでいて，年２回，フロリダの両親を訪ねている。そこへ行くと，私はいつも，たいていは暑い太陽の下で，ときには夜，砂がひんやりして，海が昼間には話してくれない答えを差し出してくれるように思える時間に，ビーチで何時間も過ごす。私はくつろいで考えるためだけでなく，海から元気をもらうためにもビーチへ行く。波は穏やかで，水は心を静めてくれる。だが，私にとってもっと重要なのは，海の永続性と偉大な強さだ。私はそのように強くなりたい。❼去年のフロリダ滞在中，私はある関係が終わってしまったことを悲しんでいて，私の悲しみが両親を心配させるだろうとわかっていた。彼らに会える状態になる前に，８番街に立ち寄らなくてはならなかった。ボストンから空路で入った後，私はまっすぐビーチへと車を走らせた。５月の遅い午後で，太陽は穏やかだった。ビーチに着くと，８番街の端に駐車し，ゆっくりと裸足で海へと歩いた。私は湾とともにいくらかの希望を味わった。❽私は大切な場所に数人の友人たちを連れてきたが，それは多くの人と共有する場所ではない。５年前，元彼氏のジャックを連れてきたが，そうして良かったと思っている。今，手前の海岸や海の向こうを見ると，彼もそこにいて，ペリカンがエサを求めて飛び込むのを見て笑ったり，水辺から夕陽を見ている間私を抱いていたりする。❾ジャックはいつでもそこにいるだろう。数年前に私と一緒に８番街に来た友人のジョーエレンもだ。私たちは疲れ果てるまで歩きに歩いた。ときどき，私は母を説得して夕日を見に行かせ，私たちは一緒にいる時間に感謝しながらビーチに座る。❿去年，私はトムを８番街に連れていくつもりだった。彼は全員のうちで最も大切な訪問者になる予定だった，私が人生の残りをともに過ごすことになると思っていた人だったのだ。出発日の数日前，彼はフロリダへの旅行と私たちについて心変わりをした。彼が私のビーチを見ることがなくて良かったと思う。⓫両親が生きているかぎり，私は８番街に行くつもりだ。おそらくそこで彼らの死を，波の音を聞き，カモメの姿を見ながら悲しむことになるだろうと思っている。両親がいなくなった後，私は私のビーチを何回見ることになるのだろうと思う。きっとときどきはそこへ行くだろうし，たぶんしょっちゅう通りすぎた近くのコテージの１つに泊まりさえするだろう。だがそれは重要ではない。私の小さなメキシコ湾の一部は，いつも手の届くところにある。

Ａ＜英問英答＞

１＜内容一致＞「著者は(　　)ときに自分の特別なビーチを選び，その後は決してビーチを変えなかった」―②「フロリダに引っ越した」　第４段落参照。

２＜内容一致＞「著者は８番街のビーチで，(　　)を除く以下の全てのことをすでにしている」―④「家族の死を悲しむ」　第11段落第１，２文参照。著者の両親はまだ存命であるが，著者はいずれビーチで彼らの死を悲しむことになると予想している。　except「～を除いて」

３＜英文解釈＞「下線部の『ジャックはいつでもそこにいるだろう』は(　　)という意味だ」―③「自分のビーチを訪れると，著者はそこでジャックと過ごした時間を思い出す」　第８段落参照。海を見ているときに，ジャックとここで過ごした日のことがよみがえっている。下線部はビーチに来ると必ずその当時のことが思い出されるということを表した文である。

4＜内容一致＞「著者について，(　　)以外の記述は全ておそらく正しい」―④「彼女は常に強かった」　第６段落最終文および第７段落参照。彼女は強くないので海のように強くなりたいと思っている。

5＜要旨把握＞「次の出来事を起こった順に並べ換えなさい」　①「著者と家族はフロリダのセント・ピーターズバーグに引っ越した(第４段落第１文)」／→④「著者は自分の特別なビーチを見つけた(第４段落第４文)」／→③「著者はジャックを自分の特別なビーチに連れていった(第８段落第２文)」／→②「著者はトムとの関係を終わらせた(第10段落第１，３文)」

6＜主題＞「この読み物の主題は(　　)だ」―③「いつでも頼れる何か特別なものを持っていれば，問題によりたやすく対処できる」　第１段落参照。著者の場合はメキシコ湾の一部であり，そこで過去20年間のさまざまな出来事を乗り越えてきたことが書かれている。‘be there for＋人’「(助けになる存在として)〈人〉のためにある〔いる〕」　deal with ～「～に対処する」

B＜適語選択＞42．過去の20年間が繰り返し脳裏をよぎるさまを，「昔の８ミリフィルム映画のように」とたとえた表現。この like は前置詞で「～のように」という意味。　43．何時間もビーチで過ごすのは「そこへ行くとき」。　44．During one (　) to Florida で「フロリダ滞在〔訪問〕中に」といった意味になると推測できる。visit を「訪問」という意味の名詞として使う。前に one があるのは，年に２回帰るうちの１回の帰省の間にということ。

5〔和文英訳〕

1．present には形容詞で「出席している」という意味がある。　be present at ～「～に出席している」

2．「～したい」は would like to ～ で表せる。

3．与えられた語より，「～はそのクラスの中で一番背が高い生徒だ」を，「そのクラスの中の他のどの生徒も～ほど背が高くない」と読み換え，‘No other＋単数名詞...＋is＋比較級＋than ～’「他のどの…も～ほど―ではない」の構文にする。

6〔誤文訂正〕

1．almost「ほとんど」は副詞で名詞の用法はない。「～のほとんど」は almost all of ～ か most of ～ で表す。　「２日前，生徒のほとんどが学校に遅刻した。一晩中降り続いた雪のせいで電車が遅延したからだ」

2．enjoy は「～すること」という意味の目的語に to不定詞ではなく動名詞(～ing)をとる。　「今朝新聞を読んだとき，私はその中にいくつかのクイズを見つけ，それらを解いて楽しんだ」

3．money は‘数えられない名詞’なので，‘量’が多いことを表すには many ではなく much を使う。「若いときにいくつかのアルバイトをしてできるだけ一生懸命働いたので，私は当時兄と同じくらいたくさんお金を持っていた」

4．discuss は「～について話し合う」という意味の他動詞なので後ろに前置詞は不要。about を使う場合は talked about とする。　「ボブは昨日映画が大好きな少女と会い，彼らは昼食の間，一番好きな映画について語り合った」

数学解答

1 (1) $-2y$　(2) $a=\dfrac{2x-2vt}{t^2}$

(3) $800a+\dfrac{40}{3}b$ m　(4) 50g

(5) 150°　(6) $\dfrac{4}{15}$倍

2 (1) 6人　(2) 30人

3 (1) $\dfrac{21}{2}$　(2) $\left(3,\ \dfrac{9}{2}\right)$

4 (1) $2\sqrt{3}$　(2) $\dfrac{11\sqrt{3}}{4}$

5 (1) 36°　(2) $\dfrac{216}{5}$秒後

6 (1) $\dfrac{1}{12}$　(2) $\dfrac{19}{36}$　(3) $\dfrac{7}{36}$

7 (1) 2個　(2) 22個　(3) 2400

1〔独立小問集合題〕

(1)<式の計算>与式 $=-8x^6y^3\times9x^2y^6\div36x^8y^8=-\dfrac{8x^6y^3\times9x^2y^6}{36x^8y^8}=-2y$

(2)<等式変形>左辺と右辺を入れかえて，$vt+\dfrac{1}{2}at^2=x$，vt を移項して，$\dfrac{1}{2}at^2=x-vt$，両辺を２倍して，$at^2=2x-2vt$，両辺を t^2 でわって，$a=\dfrac{2x-2vt}{t^2}$ となる。

(3)<文字式の利用>時速48kmは，１時間で48km進む速さ，つまり60分で48000m進む速さだから，$48000\div60=800$ より，分速800mである。また，b 秒は $\dfrac{b}{60}$ 分だから，a 分 b 秒は $a+\dfrac{b}{60}$ 分となる。よって，Ａ町からＢ町まで，分速800mで行くと $a+\dfrac{b}{60}$ 分かかることになるので，求める距離は，$800\times\left(a+\dfrac{b}{60}\right)=800a+\dfrac{40}{3}b$(m)と表せる。

(4)<連立方程式の応用>6%の食塩水をつくるときの4%の食塩水Ａの量を xg，7%の食塩水Ｂの量を yg とする。6%の食塩水は $x+y$g できるので，含まれる食塩の量について，$x\times\dfrac{4}{100}+y\times\dfrac{7}{100}=(x+y)\times\dfrac{6}{100}$ が成り立ち，$4x+7y=6x+6y$，$y=2x$……①となる。間違えて食塩水Ｂを300g少なく混ぜて5%の食塩水をつくったので，食塩水Ｂの量は $y-300$g となり，5%の食塩水の量は $x+y-300$g となる。このときの含まれる食塩の量について，$x\times\dfrac{4}{100}+(y-300)\times\dfrac{7}{100}=(x+y-300)\times\dfrac{5}{100}$ が成り立ち，$4x+7y-2100=5x+5y-1500$，$-x+2y=600$……②となる。①を②に代入すると，$-x+2\times2x=600$，$3x=600$，$x=200$ となり，これを①に代入すると，$y=2\times200$，$y=400$ となるので，間違えてつくった5%の食塩水の量は $x+y-300=200+400-300=300$(g)である。次に，6%の食塩水にするために5%の食塩水300gから蒸発させる水の量を zg とする。このとき，6%の食塩水の量は $300-z$g となり，含まれる食塩の量は変わらないので，$300\times\dfrac{5}{100}=(300-z)\times\dfrac{6}{100}$ が成り立つ。これを解いて，$1500=1800-6z$，$6z=300$，$z=50$(g)となる。

(5)<平面図形―角度>右図１で，四角形ABCDが正方形より，AB＝BC＝DC，∠ABC＝∠DCB＝90°である。△PBCが正三角形より，PB＝BC＝PC，∠BPC＝∠PBC＝∠PCB＝60°である。よって，AB＝PB，∠ABP＝∠ABC－∠PBC＝90°－60°＝30°となる。△BAPは二等辺三角形だから，∠APB＝(180°－∠ABP)÷2＝(180°－30°)÷2＝75°となる。同様に，PC＝DC，∠PCD＝30°となり，∠DPC＝75°となる。したがって，$\angle x$＝360°－∠BPC－∠APB－∠DPC＝360°－60°－75°－75°＝150°である。

図１

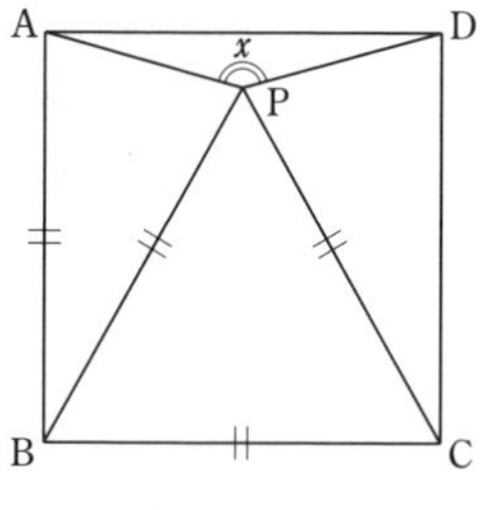

(6)＜平面図形―面積比＞右図２で，点Ｅを通り線分 BD に平行な直線と辺 AC の交点を G とする。△ABE と △ABC は底辺をそれぞれ BE，BC と見ると，△ABE：△ABC＝BE：BC＝2：(2＋1)＝2：3 となる。これより，$△ABE=\frac{2}{3}△ABC$ となる。また，BD∥EG より，DG：GC＝BE：EC＝2：1 だから，$DG=\frac{2}{2+1}DC=\frac{2}{3}DC$ となり，AD：DC＝1：1 より，AD＝DC だから，$AD:DG=DC:\frac{2}{3}DC=3:2$ となる。よって，BD∥EG より，AF：FE＝AD：DG＝3：2 となる。△ABE と △BEF は底辺をそれぞれ AE，FE と見ると，△ABE：△BEF＝AE：FE＝(3＋2)：2＝5：2 となる。したがって，$△BEF=\frac{2}{5}△ABE=\frac{2}{5}\times\frac{2}{3}△ABC=\frac{4}{15}△ABC$ となるので，△BEF の面積は △ABC の面積の $\frac{4}{15}$ 倍である。

図２

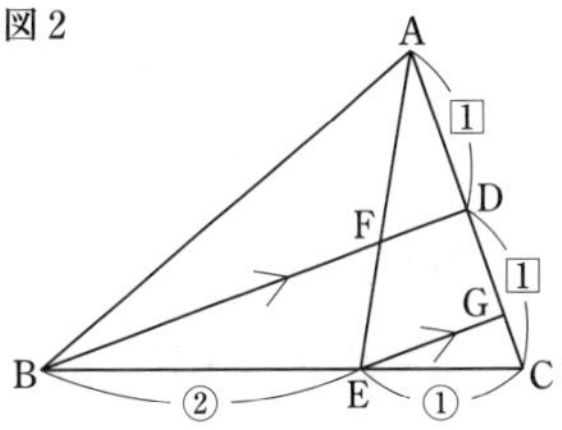

2〔数と式―連立方程式の応用〕

(1)＜連立方程式の応用＞体育館にイスを運んだ男子の人数を x 人，女子の人数を y 人とすると，合わせて 22 人だから，$x+y=22$……①が成り立つ。また，男子は１人３脚ずつ，女子は１人２脚ずつ運び，合わせて 50 脚運んだので，$3x+2y=50$……②が成り立つ。②－①×2 で y を消去すると，$3x-2x=50-44$，$x=6$ となるので，男子の人数は６人である。

(2)＜連立方程式の応用＞校庭に机とイスを運んだ男子の人数の比が 6：5 より，机，イスを運んだ男子の人数は，それぞれ，$6a$ 人，$5a$ 人とおける。女子の人数の比が 4：5 より，机，イスを運んだ女子の人数は，それぞれ，$4b$ 人，$5b$ 人とおける。男女合わせて 142 人だから，$(6a+5a)+(4b+5b)=142$ が成り立ち，$11a+9b=142$……③となる。また，男子は机を１人１脚ずつ，イスを１人３脚ずつ運んだので，運んだ机は $1\times6a=6a$(脚)，イスは $3\times5a=15a$(脚)であり，女子は机を２人で１脚ずつ，イスを１人２脚ずつ運んだので，運んだ机は $\frac{1}{2}\times4b=2b$(脚)，イスは $2\times5b=10b$(脚)となる。よって，男女で運んだ机の合計は $6a+2b$ 脚，イスの合計は $15a+10b$ 脚となる。机とイスの脚数の比が 1：3 となることから，$(6a+2b):(15a+10b)=1:3$ が成り立ち，$(6a+2b)\times3=(15a+10b)\times1$，$18a+6b=15a+10b$，$3a=4b$，$a=\frac{4}{3}b$ となる。これを③に代入すると，$11\times\frac{4}{3}b+9b=142$，$\frac{71}{3}b=142$，$b=6$ となるので，イスを運んだ女子の人数は $5b=5\times6=30$(人)である。

3〔関数―関数 $y=ax^2$ と一次関数のグラフ〕

(1)＜面積＞右図で，直線 l と y 軸の交点を C とすると，△OAB＝△OAC＋△OBC となる。２点 A，B は関数 $y=\frac{1}{2}x^2$ のグラフ上にあり，x 座標はそれぞれ 1，－6 だから，$y=\frac{1}{2}\times1^2=\frac{1}{2}$，$y=\frac{1}{2}\times(-6)^2=18$ より，$A\left(1,\ \frac{1}{2}\right)$，B(－6，18)である。直線 l は２点 A，B を通るので，傾きは $\left(\frac{1}{2}-18\right)\div\{1-(-6)\}=-\frac{5}{2}$ となり，その式は $y=-\frac{5}{2}x+b$ とおける。これが点 B を通るので，$18=-\frac{5}{2}\times(-6)+b$，$b=3$ となり，切片が 3 なので，C(0，3)である。これより，OC＝3 となる。OC を底辺と見ると，２点 A，B の x 座標より，△OAC の高さは 1，△OBC の高さは 6 となるから，$△OAB=\frac{1}{2}\times3\times1+\frac{1}{2}\times3\times6=\frac{21}{2}$ である。

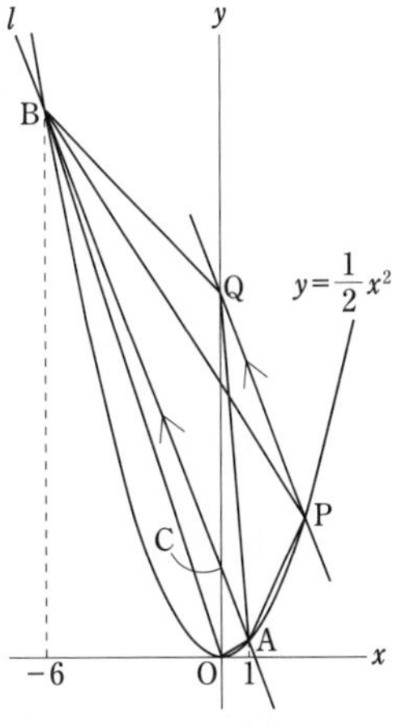

(2)＜座標＞右上図で，△OAB：△APB＝1：3 となるとき，(1)より，$△APB=3△OAB=3\times\frac{21}{2}=\frac{63}{2}$ と

なる。y 軸上の直線ABより上側に△AQB＝△APB＝$\frac{63}{2}$となる点Qをとり，$\mathrm{Q}(0,\ t)$とする。このとき，PQ∥ABとなり，直線ABの傾きは$-\frac{5}{2}$だから，直線PQの傾きも$-\frac{5}{2}$となる。また，C(0, 3)だから，QC＝$t-3$となる。QCを底辺と見ると，△AQCの高さは1，△BQCの高さは6だから，△AQB＝△AQC＋△BQC＝$\frac{1}{2}\times(t-3)\times1+\frac{1}{2}\times(t-3)\times6=\frac{7}{2}t-\frac{21}{2}$と表せる。よって，$\frac{7}{2}t-\frac{21}{2}=\frac{63}{2}$が成り立ち，$t=12$となるから，Q(0, 12)である。これより，直線PQの式は$y=-\frac{5}{2}x+12$となる。点Pは関数$y=\frac{1}{2}x^2$のグラフと直線$y=-\frac{5}{2}x+12$の交点だから，$\frac{1}{2}x^2=-\frac{5}{2}x+12$，$x^2+5x-24=0$，$(x+8)(x-3)=0$より，$x=-8$，3となり，点Pは$x$座標が正の部分を動くので，$x>0$より，$x=3$である。点Pの$x$座標が3より，$y=\frac{1}{2}\times3^2=\frac{9}{2}$となるので，$\mathrm{P}\left(3,\ \frac{9}{2}\right)$である。

4 〔空間図形—正四角錐〕

図1

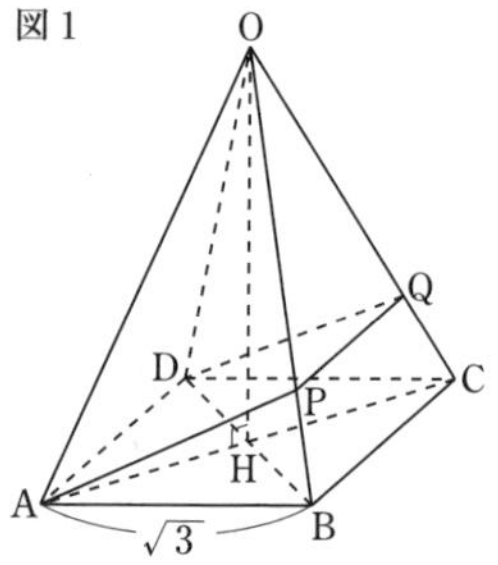

(1)<長さ>右図1で，立体O-ABCDは正四角錐だから，頂点Oから底面に垂線OHを引くと，点Hは正方形ABCDの対角線AC，BDの交点と一致する。正四角錐O-ABCDの体積が$\frac{\sqrt{42}}{2}$より，$\frac{1}{3}\times\sqrt{3}\times\sqrt{3}\times\mathrm{OH}=\frac{\sqrt{42}}{2}$が成り立ち，$\mathrm{OH}=\frac{\sqrt{42}}{2}$となる。また，△ABCは直角二等辺三角形だから，$\mathrm{AC}=\sqrt{2}\mathrm{AB}=\sqrt{2}\times\sqrt{3}=\sqrt{6}$となり，$\mathrm{AH}=\frac{1}{2}\mathrm{AC}=\frac{1}{2}\times\sqrt{6}=\frac{\sqrt{6}}{2}$となる。よって，△OAHで三平方の定理より，$\mathrm{OA}=\sqrt{\mathrm{OH}^2+\mathrm{AH}^2}=\sqrt{\left(\frac{\sqrt{42}}{2}\right)^2+\left(\frac{\sqrt{6}}{2}\right)^2}=\sqrt{12}=2\sqrt{3}$である。

図2

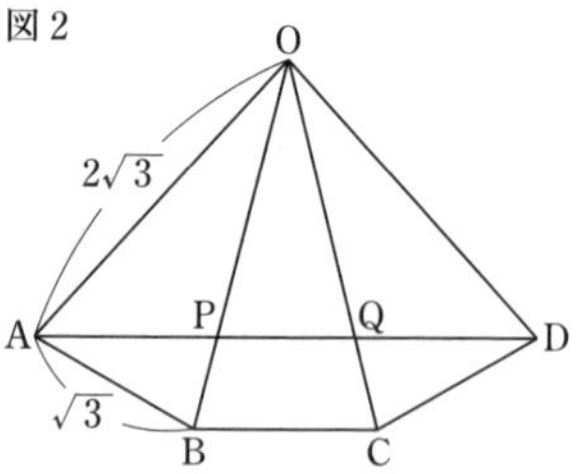

(2)<長さ>右上図1で，AP，PQ，QDを含む3つの面OAB，面OBC，面OCDを右図2のように展開する。AP＋PQ＋QDが最小となるのは4点A，P，Q，Dが一直線上にあるときだから，AP＋PQ＋QDの最小値は，線分ADの長さである。OA＝ODより，∠OAP＝∠ODQであり，△OAB≡△ODCより，∠AOP＝∠DOQである。よって，△OAP≡△ODQだから，OP＝OQとなり，△OPQは二等辺三角形である。△OBCもOB＝OCの二等辺三角形であり，∠POQ＝∠BOCだから，∠OPQ＝∠OBCとなり，AD∥BCとなる。平行線の錯角より，∠APB＝∠OBCであり，△OABと△OBCが合同な二等辺三角形より，∠ABP＝∠OBCだから，∠APB＝∠ABPである。したがって，△APBは二等辺三角形となり，AP＝AB＝$\sqrt{3}$となる。同様にして，QD＝CD＝$\sqrt{3}$である。次に，△OABと△APBは底角を共有する二等辺三角形となるので，△OAB∽△APBである。よって，AB：PB＝OA：APだから，$\sqrt{3}$：PB＝$2\sqrt{3}$：$\sqrt{3}$が成り立ち，$\mathrm{PB}\times2\sqrt{3}=\sqrt{3}\times\sqrt{3}$より，$\mathrm{PB}=\frac{\sqrt{3}}{2}$となる。これより，$\mathrm{OP}=\mathrm{OB}-\mathrm{PB}=2\sqrt{3}-\frac{\sqrt{3}}{2}=\frac{3\sqrt{3}}{2}$となる。△OPQ∽△OBCだから，PQ：BC＝OP：OBより，PQ：$\sqrt{3}$＝$\frac{3\sqrt{3}}{2}$：$2\sqrt{3}$が成り立ち，$\mathrm{PQ}\times2\sqrt{3}=\sqrt{3}\times\frac{3\sqrt{3}}{2}$より，$\mathrm{PQ}=\frac{3\sqrt{3}}{4}$となる。以上より，求める最小値は，$\mathrm{AD}=\mathrm{AP}+\mathrm{PQ}+\mathrm{QD}=\sqrt{3}+\frac{3\sqrt{3}}{4}+\sqrt{3}=\frac{11\sqrt{3}}{4}$である。

5 〔関数—関数の利用〕

(1)<角度>次ページの図1で，円の中心をOとし，AOの延長と円Oの周との交点をBとする。$\overset{\frown}{\mathrm{AP}}$

の長さが最大となるのは，点Pが点Bを通るときである。グラフ1より，3秒後に点Pは点Bを通り，点Pが円を1周するのにかかる時間は$3\times2=6$(秒)である。また，グラフ2より，点Qは動き出してから4秒後に点Aを通るから，点Qが円を1周するのにかかる時間は4秒である。よって，点Pの速さより点Qの速さの方が速いので，△APQが初めてAP＝AQである二等辺三角形となるとき，図1のように，点Pは点Bを通る前，点Qは点Bを通った後である。このとき，∠AQP＝∠APQだから，$\overset{\frown}{AP}=\overset{\frown}{AQ}$となる。円Oの周の長さを$a$とすると，点Pの速さは毎秒$\frac{a}{6}$，点Qの速さは毎秒$\frac{a}{4}$だから，$\overset{\frown}{AP}=\frac{a}{6}x$，$\overset{\frown}{AQ}=a-\frac{a}{4}x$と表せる。したがって，$\frac{a}{6}x=a-\frac{a}{4}x$が成り立ち，$\frac{1}{6}x=1-\frac{1}{4}x$，$\frac{5}{12}x=1$，$x=\frac{12}{5}$となる。これより，$\overset{\frown}{PQ}=\frac{a}{4}\times\frac{12}{5}-\frac{a}{6}\times\frac{12}{5}=\frac{a}{5}$となり，$\overset{\frown}{PQ}$の長さは円Oの周の長さの$\frac{1}{5}$である。点Oと2点P，Qを結ぶと，$\angle POQ=\frac{1}{5}\times360^\circ=72^\circ$となるので，$\overset{\frown}{PQ}$に対する円周角と中心角の関係より，$\angle PAQ=\frac{1}{2}\angle POQ=\frac{1}{2}\times72^\circ=36^\circ$である。

図1

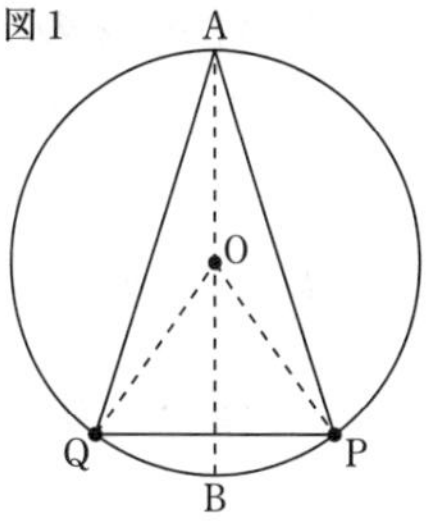

(2)＜時間＞△APQがAP＝AQの二等辺三角形になるとき，∠AQP＝∠APQだから，$\overset{\frown}{AP}=\overset{\frown}{AQ}$である。よって，15回目に△APQがAP＝AQである二等辺三角形になるのは，15回目に$\overset{\frown}{AP}=\overset{\frown}{AQ}$になるときである。(1)より，円を1周するのにかかる時間は，点Pが6秒，点Qが4秒だから，2点P，Qが初めて同時に点Aを通るのは，6と4の最小公倍数が12より，動き出してから12秒後である。そこで，12秒後までのグラフ1，グラフ2を重ね合わせると，右図2のようになり，$y=0$になる点以外で2つのグラフの交点は4個ある。つまり，2点P，Qが動き出してから12秒後までに，$\overset{\frown}{AP}=\overset{\frown}{AQ}$となることが4回ある。その後も同じように，12秒ごとに，$\overset{\frown}{AP}=\overset{\frown}{AQ}$となることが4回ある。$15\div4=3$あまり3より，15回目に$\overset{\frown}{AP}=\overset{\frown}{AQ}$となるのは，3回目に同時に点Aを通った後で3回目に$\overset{\frown}{AP}=\overset{\frown}{AQ}$となるときである。図2のように，点Kを定めると，点Kが3回目に$\overset{\frown}{AP}=\overset{\frown}{AQ}$となるときを表す点である。このとき，点Pは，円を1周した後で点Bを通る前であり，点Qは，1周して点Bを通った後だから，円Oの周の長さをaとして，$\overset{\frown}{AP}=\frac{a}{6}x-a$，$\overset{\frown}{AQ}=2a-\frac{a}{4}x$と表せ，$\frac{a}{6}x-a=2a-\frac{a}{4}x$が成り立つ。これを解くと，$\frac{1}{6}x-1=2-\frac{1}{4}x$，$\frac{5}{12}x=3$，$x=\frac{36}{5}$となる。したがって，2点P，Qが3回目に同時に点Aを通るのは$12\times3=36$(秒)後，この後で3回目に$\overset{\frown}{AP}=\overset{\frown}{AQ}$となるのは，その$\frac{36}{5}$秒後だから，15回目に$\overset{\frown}{AP}=\overset{\frown}{AQ}$となるのは$36+\frac{36}{5}=\frac{216}{5}$(秒)後となり，15回目に△APQがAP＝AQである二等辺三角形になるのは$\frac{216}{5}$秒後である。

図2

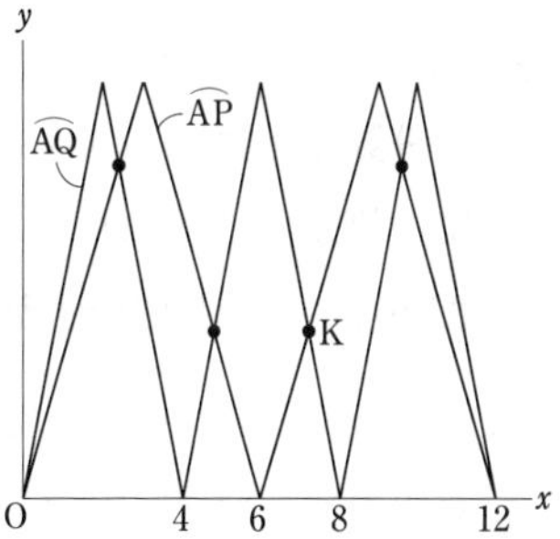

6 〔データの活用―確率―サイコロ〕

(1)＜確率＞大小2つのサイコロを同時に投げるとき，目の出方はそれぞれ6通りより，全部で$6\times6=36$(通り)あり，a，bの組も36通りある。二次方程式$x^2-ax+b=0$が$x=2$を解に持つとき，$2^2-a\times2+b=0$より，$2a-b=4$だから，これを満たすa，bの組は$(a,\ b)=(3,\ 2)$，$(4,\ 4)$，$(5,\ 6)$の3通りある。よって，求める確率は$\frac{3}{36}=\frac{1}{12}$である。

(2)＜確率＞$a^2-4b\geqq0$となるのは，$a=1$のとき，$1^2-4b\geqq0$より，$1-4b\geqq0$だから，これを満たすbは

ない。$a=2$ のとき，$2^2-4b\geqq 0$，$4-4b\geqq 0$ だから，$b=1$ の1通りある。$a=3$ のとき，$3^2-4b\geqq 0$ より，$9-4b\geqq 0$ だから，$b=1$，2の2通りある。以下同様にして，$a=4$ のとき $b=1$，2，3，4の4通り，$a=5$ のとき $b=1$，2，3，4，5，6の6通り，$a=6$ のとき $b=1$，2，3，4，5，6の6通りある。よって，$a^2-4b\geqq 0$ となる a，b の組は $1+2+4+6+6=19$(通り)あるから，求める確率は $\frac{19}{36}$ である。

(3)＜確率＞二次方程式 $x^2-ax+b=0$ の解は，$x=\frac{-(-a)\pm\sqrt{(-a)^2-4\times1\times b}}{2\times1}=\frac{a\pm\sqrt{a^2-4b}}{2}$ である。これが整数となるとき，$\sqrt{a^2-4b}$ は整数となる。$a^2-4b\geqq 0$ だから，(2)より，$x=\frac{a\pm\sqrt{a^2-4b}}{2}$ が整数となる a，b の組は，$a=1$ のときはない。$a=2$ のとき，$x=\frac{2\pm\sqrt{4-4b}}{2}$ より，$b=1$ の1通りある。$a=3$ のとき，$x=\frac{3\pm\sqrt{9-4b}}{2}$ より，$b=2$ の1通りある。$a=4$ のとき，$x=\frac{4\pm\sqrt{16-4b}}{2}$ より，$b=3$，4の2通りある。$a=5$ のとき，$x=\frac{5\pm\sqrt{25-4b}}{2}$ より，$b=4$，6の2通りある。$a=6$ のとき，$x=\frac{6\pm\sqrt{36-4b}}{2}$ より，$b=5$ の1通りある。よって，二次方程式 $x^2-ax+b=0$ が整数の解を持つ a，b の組は $1+1+2+2+1=7$(通り)あるから，求める確率は $\frac{7}{36}$ である。

7 〔数と式―数の性質〕

(1)＜分数の個数＞$n+1=50+1=51$ だから，分数は，$\frac{2}{51}$，$\frac{3}{51}$，$\frac{4}{51}$，……，$\frac{50}{51}$ の49個である。この中で，約分して分子が1になるのは，分子が51の約数である分数である。51の約数は1，3，17，51だから，約分して分子が1になる分数は $\frac{3}{51}$，$\frac{17}{51}$ の2個ある。

(2)＜分数の個数＞$n+1=359+1=360$ だから，分数は，$\frac{2}{360}$，$\frac{3}{360}$，$\frac{4}{360}$，……，$\frac{359}{360}$ の358個である。この中で，約分して分子が1になるのは，分子が360の約数である分数である。$360=2^3\times3^2\times5$ より，360の約数は，2^3 の約数(1，2，2^2，2^3)，3^2 の約数(1，3，3^2)，5の約数(1，5)の中から1つずつ選んだ数の積で表されるから，2^3 の約数の選び方が4通り，3^2 の約数の選び方が3通り，5の約数の選び方が2通りより，360の約数は $4\times3\times2=24$(個)ある。このうち，2以上359以下のものは，1と360の2個を除いた $24-2=22$(個)だから，約分して分子が1になる分数は22個ある。

(3)＜n の値＞$\frac{2}{n+1}$，$\frac{3}{n+1}$，$\frac{4}{n+1}$，……，$\frac{n}{n+1}$ の $n-1$ 個の分数の中で，約分して分子が1になる分数が3個のとき，$n+1$ の約数の個数は，1と $n+1$ の2個を含めて $3+2=5$(個)となる。約数の個数が5個となる自然数は，m を素数として，約数が1，m，m^2，m^3，m^4 となる自然数だから，m^4 と表される自然数である。$5^4=625$，$7^4=2401$ より，2023より大きく，m^4 で表される自然数のうち最も小さいのは2401だから，$n+1=2401$ より，$n=2400$ である。

2023年度／朋優学院高等学校(一般２回)

社会解答

1 問１ ①　問２ ⑨　問３ ②
問４ ④
問５ (1)…③　(2)…⑤
(3) 7…6　8…1　9…1
10…0　11…2
問７ ②　問８ ①　問９ ①
問10 ①　問11 ②
問12 (1)…④　(2)…⑦

2 問１ (1)…①　(2)…②
問２ (1)…③　(2)…⑥　(3)…②
問３ ⑤

3 問１ ③　問２ ③　問３ ②
問４ ②　問５ ⑧　問６ ①

4 問１ ②　問２ ③　問３ ③
問４ ①　問５ ②　問６ ④
問７ ①　問８ ③　問９ ④
問10 ②

5 問１ ③　問２ ⑤　問３ ③
問４ (1)…②　(2)…①　問５ ②
問６ ③

1 〔世界地理─北アメリカ州〕

問１＜北アメリカ大陸の自然環境＞北アメリカ大陸西部のロッキー山脈は，日本列島と同じ環太平洋造山帯に属している(①…○)。なお，アメリカ合衆国南東部を襲う発達した熱帯低気圧はハリケーンと呼ばれる(②…×)。ミシシッピ川はアメリカ合衆国中央部を北から南に流れる河川であり，メキシコとの国境にはなっていない(③…×)。冷帯の地域には，タイガと呼ばれる針葉樹林が生育している(④…×)。

問２＜アメリカ合衆国の農牧業・林業＞乾燥地域で，円形の農地で回転するスプリンクラーを用いて行われる農業は，センターピボット方式と呼ばれる(ア…×)。アメリカ合衆国では，それぞれの環境に適した農作物を栽培する適地適作が行われている(ウ…×)。アメリカ合衆国では林業は盛んであり，日本にとってアメリカ合衆国は木材の主要な輸入先になっている(エ…×)。

問３＜アメリカ合衆国の農業分布＞ａの五大湖周辺は冷涼湿潤な気候であり，酪農が盛んである。また，ｂのアメリカ合衆国南東部はコットンベルトと呼ばれ，かつては綿花栽培が盛んであったが，現在は混合農業地域が綿花栽培地域に代わって広がりつつある。

問４＜北アメリカ州の工業＞アメリカ，カナダ，メキシコの３か国では，貿易の自由化は進んでいるが，人の移動の自由化は進んでおらず，トランプ政権ではメキシコなどの中南米からの移民には厳しい姿勢がとられた(④…×)。

問５＜時差の計算＞⑴日本とサンフランシスコのそれぞれの都市の標準時子午線である東経135度と西経120度の経度差は，135＋120＝255より，255度である。経度15度につき１時間の時差が生じることから，日本とサンフランシスコの時差は，255÷15＝17より，17時間である。日付変更線をまたがずに地球上の位置関係を見た場合，西へ行くほど時刻は遅れるため，日本よりも西にあるサンフランシスコの時刻は，日本よりも17時間遅れている。ただし，アメリカ合衆国ではサマータイムを実施しているため，サンフランシスコの時刻は通常より１時間進んでいる。よって，日本とサンフランシスコの時差は，サマータイムを考慮すると16時間になる。　⑵最初に，サンフランシスコとニューヨークの時差を求める。それぞれの都市の標準時子午線である西経120度と西経75度の経度差は，120－75＝45より，45度である。経度15度につき1時間の時差が生じることから，サンフランシスコとニューヨークの時差は，45÷15＝3より，3時間である。日付変更線をまたがずに地球上の位置関係を見た場合，東へ行くほど時刻は早まるため，サンフランシスコよりも東にあるニューヨークの時刻は，サンフランシスコよりも3時間進んでいる。次に，サンフランシスコ国際空港を出発したときの時刻をニューヨークの時刻に直すと，8月11日16時20分の3時間後なので8月11日19時20分となる。到着までにかかった時間は6時間40分であるため，ニューヨークの到着時刻は8月12日2時となる。　⑶最初に，ニューヨークと日本の時差を求める。それぞれの都市の標準時子午線である西経75度と東経135度の経度差は，75＋135＝210より，210度である。経度15度につき1時間の時差が生じることから，ニューヨークと日本の時差は，210÷15＝14より，14時間である。日付変更線をまたがずに地球上の位置関係を見た場合，東へ行くほど時刻は早まるため，ニューヨークよりも東にある日本の時刻は，ニューヨークよりも14時間進んでいる。ただし，アメリカ合衆国ではサマータイムを実施しているため，ニューヨークの時刻は通常より1時間進んでいる。よって，ニューヨークと日本の時差はサマータイムを考慮すると13時間になる。次に，ニューヨークを出発したときの時刻を日本の時刻に直すと，8月15日8時30分の13時間後なので8月15日21時30分となる。到着までにかかった時間は13時間32分であるため，日本の到着時刻は8月16日11時02分となる。

2〔日本地理―中部地方，地形図〕

問1⑴＜中部地方の気候＞山梨県甲府市は中央高地の気候に属し，夏と冬の気温差が大きいので，アが当てはまる。静岡県静岡市は太平洋側の気候に属し，夏は降水量が多く冬は比較的乾燥するので，イが当てはまる。新潟県新潟市は日本海側の気候に属し，冬は雨や雪が多いので，ウが当てはまる。

⑵＜フォッサマグナ＞フォッサマグナは，日本列島の中央部を南北に走る凹地形である。フォッサマグナの西縁は新潟県糸魚川市から静岡県静岡市に至る断層線である糸魚川・静岡構造線である。

問2⑴＜扇状地の土地利用＞河川が山地から平地に出た所に土砂がたまってできた扇形の地形を，扇状地(A)という。扇状地は水が得にくく，土の中に大きな石もあって水田に適さないので，以前は養蚕のための桑畑(B)として主に利用されてきた。しかし，現在では気温差の大きい気候や水はけのよさを生かした，果樹園(C)として主に利用されている。

⑵＜富士川＞富士川(X)は，赤石山脈に発する釜無川と，関東山地に発する笛吹川が甲府盆地で合流した河川で，山梨県西部および静岡県東部を流れて駿河湾(Y)に注いでいる。

⑶＜地形図の読み取り＞堤防が連続せず，その一部が切れているようにつくられた堤防は霞堤と呼ばれ，洪水時に河川から勢いを弱めた一部の水を意図的に堤の間または外へ取り込むことにより，洪水の被害を軽減するような仕組みになっている。また，洪水が終わった後は，取り込んだ水を速やかに河川に戻すことができる。なお，霞堤は，戦国時代に武田信玄が考案したものと考えられている(②…○)。

問3＜中部地方の農業＞静岡県は日本を代表する茶の産地であるため，イが当てはまる。長野県は，扇状地でぶどうなどの果樹栽培が盛んであり，また，レタスやキャベツなどの高原野菜の栽培も盛んであるため，ウが当てはまる。富山県などの北陸地方の諸県は，日本を代表する水田地帯であるため，アが当てはまる。

3 〔歴史—香川県の歴史〕

問１＜弥生時代＞弥生時代の日本には，大陸から稲作とともに青銅器や鉄器が伝わった(③…○)。なお，三内丸山遺跡は縄文時代の代表的な遺跡である(①…×)。弥生時代には人々の間に身分の差が生まれ，指導者のための墓もつくられた(②…×)。土偶は縄文時代につくられた(④…×)。

問２＜保元の乱・平治の乱，御成敗式目＞平安時代末期の1156年に起こった保元の乱は，後白河天皇が平清盛や源義朝ら武士の協力を得て，崇徳上皇の勢力を滅ぼして権力を握った。また，1159年に起こった平治の乱は，後白河上皇を中心とする朝廷内部で，平清盛が対立していた源義朝らを滅ぼし，権力を握るきっかけをつくった。また，鎌倉時代の1232年，執権の北条泰時は最初の武家法として御成敗式目〔貞永式目〕を定めた。

問３＜分国法＞戦国大名の朝倉氏は，一乗谷を本拠地として現在の福井県にあたる越前国を中心に勢力を持った。

問４＜廃藩置県＞廃藩置県は1871年に断行されたが，これは1868年に五箇条の御誓文が出された後であり，1873年に地租改正が行われる前である。

問５＜年代整序＞年代の古い順に，ウ(第一次世界大戦の勃発—1914年)，イ(全国水平社の結成—1922年)，ア(関東大震災の発生—1923年)，エ(普通選挙法の成立—1925年)となる。

問６＜1970年代の世界＞アメリカ軍がベトナムから撤退したのは1973年である(①…○)。なお，日韓基本条約が結ばれたのは1965年(②…×)，キューバ危機が起こったのは1962年(③…×)，アジア・アフリカ会議が開かれたのは1955年である(④…×)。

問７＜江戸時代の文化・学問＞菱川師宣は元禄文化の時期に，『見返り美人図』を描いて，浮世絵の祖とされた。本居宣長は化政文化の時期に，『古事記伝』を著し，国学の祖とされた。

問８＜交通の歴史＞江戸時代，幕府は東海道の箱根や中山道の碓氷に江戸を守るための関所を置き，江戸に鉄砲などの武器が持ち込まれることや大名の妻子が無断で江戸から出ることを厳しく取り締まった(①…○)。なお，日本で初めて新橋～横浜間に鉄道が開通したのは，1872年である(②…×)。19世紀に世界で初めて蒸気機関による機関車が開通したのは，イギリスである(③…×)。東海道新幹線は，1964年10月の東京オリンピックに先立って同じ年に開通した(④…×)。

問９＜享保の改革＞江戸幕府第８代将軍である徳川吉宗の主導による享保の改革においては，民衆の意見を聞くための目安箱の設置(ア…○)や，裁判の基準となる法律である公事方御定書の制定(ウ…○)が行われた。なお，ききんに備えて農村に米を蓄えさせる囲米や，昌平坂学問所での朱子学以外の講義を禁じる寛政異学の禁，江戸に出稼ぎに来ている農民を村に帰らせる旧里帰農令は，いずれも老中松平定信による寛政の改革における政策である(イ，エ，オ…×)。

問10＜豊臣秀吉の外交政策＞豊臣秀吉は，国力の衰退した明に代わって日本を東アジアの中心とする新しい国際秩序をつくることを目指し，朝鮮やルソン(フィリピン)に服属を求めた(①…○)。

問11＜日本の宗教史＞平安時代中期の10世紀半ばには，死後に浄土へ生まれ変わることを願い，念仏を唱えて阿弥陀仏にすがる浄土信仰が都でおこった(ア…正)。仏教と神への信仰が混じり合う神仏習合はすでに奈良時代から平安時代初期には見られたが，明治時代初期の1868年には，神道を国の宗教にするため，神道と仏教を分離する神仏分離令が出された(イ…誤)。

問12⑴＜律令国家＞律令国家において，戸籍の管理や課税などを担当したのは，民部省であり，治部省は外交や仏事を行った(ア…誤)。蝦夷は，東北地方で朝廷の支配に従おうとしない人々の呼称である(イ…誤)。

⑵＜山陽道＞山陽道は，古代の七道の１つで，現在の近畿地方から中国地方の瀬戸内海側に沿った地域を指す。

4〔公民―総合〕

問１＜IoT＞IoT〔Internet of Things〕は「モノのインターネット」とも呼ばれ，通信機器だけでなくさまざまな物にインターネット通信機能を持たせることで，遠隔操作や自動制御などを行う考え方である。

問２＜大日本帝国憲法＞大日本帝国憲法では，臣民の権利は天皇から与えられるもので，法律の範囲内に制限された(③…○)。なお，国民が定めた憲法であり，憲法改正に国民投票が必要で，弾劾裁判により国会が裁判官を罷免することができるのは，全て日本国憲法である(①，②，④…×)。

問３＜選挙権の拡大＞日本で女性が選挙権を得たのは，第二次世界大戦後の1945年である(ア…×)。被選挙権は，衆議院議員は25歳以上，参議院議員は30歳以上の日本国民に与えられる(イ…×)。男性の選挙権に関する納税額による制限が撤廃され，普通選挙が実現したのは，1925年の普通選挙法の成立のときである(エ…×)。

問４＜日本とアメリカの行政＞日本の首相は公選制ではなく，国会議員の中から国会の議決により指名され，天皇により任命される(①…×)。

問５＜裁判員制度＞裁判員が参加するのは地方裁判所で行われる第一審だけであり，第二審からは他の裁判と同様に裁判官のみで裁判が行われる(②…×)。なお，裁判員は満18歳以上の国民の中から，くじと面接によって選任される(①…○)。一部の例外を除いて，裁判員になることは辞退できない(③…○)。裁判員は重大事件の刑事裁判に参加し，有罪か無罪か，有罪の場合は刑罰の内容を決める(④…○)。

問６＜製造物責任法＞製造物責任法〔PL 法〕は，欠陥商品で消費者が被害を受けたとき，企業に過失がなくても損害賠償を求めることができる法律である(④…○)。

問７＜株式会社＞特に大企業では，一般的には株主は企業経営に参画せず，経営に関する専門知識を持つ人が取締役に選任されて日常の企業経営を行う(①…×)。

問８＜価格の決定＞図中のＤは，商品の価格が下がると数量が増えるので，買う側である需要の動きを表し，Ｓは，商品の価格が上がると数量が増えるので，売る側である供給の動きを表している。商品の生産効率が下がると，同じ価格でも生産・販売できる量が減るため，Ｓが左に移動する。すると，ＤとＳの交点は左上に移動するので，価格であるＰは上がることになる(③…○)。

問９＜社会保障制度＞アの失業者への給付は，Ｄの社会保険に当てはまる。イの健康で文化的な最低限度の生活を保障するための給付は，Ｂの公的扶助に当てはまる。ウの障がい者などの社会的に弱い立場にある人々の自立支援は，Ｃの社会福祉に当てはまる。ワクチン接種などの国民の健康の増進は，Ａの公衆衛生に当てはまる。

問10＜為替レート＞１ドル＝80円から１ドル＝95円へ変化すると，ドルに対する円の価値が下がっているので，円安である。円安になると，日本円の預金の価値がドルに対して下がるので，アメリカに住む人にとって，日本円で行った預金の価値は，ドルに換算すると１ドル＝95円のときよりも１

ドル＝80円のときの方が受取額が大きい(②…○)。

5〔三分野総合―「ノーベル賞受賞」をテーマとする問題〕

問１＜ノーベル賞受賞者＞2009年，プラハにおいて「核兵器のない世界」というビジョンを宣言したのは，当時のアメリカ合衆国大統領であるオバマ(Ⅰ)である。『伊豆の踊子』『雪国』などの作者は川端康成(Ⅱ)である。中間子の存在を予測したのは，湯川秀樹(Ⅲ)である。人工多能性幹細胞〔iPS細胞〕を研究したのは，山中伸弥(Ⅳ)である。核兵器不拡散条約〔NPT〕に署名することを決断したのは，佐藤栄作(Ⅴ)である。

問２＜年代整序＞年代の古い順に，Ⅲ(1949年)，Ⅱ(1968年)，Ⅴ(1974年)，Ⅰ(2009年)，Ⅳ(2012年)となる。

問３＜プラハ，パグウォッシュ＞プラハはチェコ(あ)の首都である。パグウォッシュはカナダ(い)東部の町である。

問４⑴＜京都の寺院＞②は東大寺で，奈良に存在する。なお，①は清水寺，③は鹿苑寺金閣，④は平等院鳳凰堂で，いずれも京都に存在する。

⑵＜京都議定書＞1997年に地球温暖化防止京都会議で採択された京都議定書は，地球温暖化の原因となる二酸化炭素などの温室効果ガス(イ)について，先進国に削減目標を定めた内容であった。しかし，アメリカ合衆国(ロ)は2001年に離脱した。京都議定書の削減目標は先進国に限られており，途上国に削減目標は義務づけられていなかった(ハ)が，2015年に京都議定書の後継として採択されたパリ協定では，先進国も途上国もともに温室効果ガスを削減していくこととなった。

問５＜核軍縮＞1954年に起こった第五福竜丸事件をきっかけとして，1955年以降は毎年，原水爆禁止世界大会が開催されている(ア…正)。中距離核戦力〔INF〕全廃条約が結ばれたのは1987年であり，マルタ会談が行われた1989年よりも前のことである(イ…誤)。

問６＜佐藤栄作内閣＞1956年，日本が国際連合に加盟したときの首相は鳩山一郎であり，加盟することができた理由は直前に日ソ共同宣言に調印し，ソ連との国交を回復したためである(ア…誤)。非核三原則の提唱や小笠原諸島・沖縄の返還は佐藤栄作内閣のときである(イ…正)。

2023年度／朋優学院高等学校(一般２回)

理科解答

1 (1) ②　(2) ①

2 1　(1)…④　(2)…②　(3)…②　(4)…①
(5)…①
2　(1)…⑤　(2)…④　(3)…⑤　(4)…④

3 1　(1)…⑦　(2)…⑧
(3)　14…２　15…７　(4)…⑦
2　(1)　17…０　18…１　19…６
(2)…④　(3)…⑥

4 1　(1)…③　(2)…③　(3)…②
2　(1)…④　(2)…④　(3)…⑤　(4)…①

5 1　④
2　(1)　時刻と方角…①　見える形…⑥
(2)　時刻と方角…③　見える形…④
(3)　②
(4)　35…２　36…２　37…５

1〔小問集合〕

(1)＜体積＞１オンスは30mLだから，140オンスは，30×140＝4200(mL)より，4.2Lである。よって，１ガロンが3.785Lなので，4.2Lは，4.2÷3.785＝1.109…より，約1.11ガロンである。

(2)＜回転数＞１回転は360°回転することだから，Nrpmのモーターのシャフトは，360N°回転するのに１分間，つまり60秒間かかる。よって，X°回転するのにかかる時間をx秒とすると，60：x＝360N：Xより，x×360N＝60×X，$x=\frac{60X}{360N}=\frac{X}{6N}$(秒)である。

2〔電流とその利用〕

１＜陰極線，電流が磁界から受ける力＞(1)蛍光板が光るのは，電極Ａ(－極)から飛び出した電子が蛍光板に当たるためである。この電子の流れを陰極線(電子線)という。　(2)電子は－の電気を持つ粒子で，－極から＋極に向けて移動する。よって，電極Ａが－極，電極Ｂが＋極である。　(3)図２－１で，電子は左側から右側へ移動するので，電流の向きは電子の移動する向きとは逆で，右側から左側である。また，上側に曲がった陰極線を直進させたので，電流が磁界から受けた力の向きは下向きである。よって，右プラスαより，左手の中指を電流の向き，親指を力の向きに合わせると，磁界の向きを表す人差し指の向きは手前側から奥側になる。したがって，磁界の向きはＵ字形磁石のＮ極からＳ極に向かう向きだから，Ｕ字形磁石を②のように近づけたと考えられる。　(4)陰極線は－の電気を持つ電子の流れなので，金属板に電圧を加えると＋極側に引かれて曲がる。CD間に電圧を加えると上側へ曲がったので，EF間に同じ向きの電圧を加えると，さらに上側に曲がる。よって，EF間ではCD間の２倍の強さの電圧を同じ向きに加えたので，陰極線の曲がり方はCD間の曲がり方よりも大きくなり，①のように進む。　(5)図２－３で，EF間に電圧を加えなければ，陰極線は直進して板の②へぶつかる。EF間に電圧を加えると，陰極線は＋極に引かれて曲がるので，＋極のＥ側に曲がり，板の①へぶつかる。

プラスα

フレミングの左手の法則

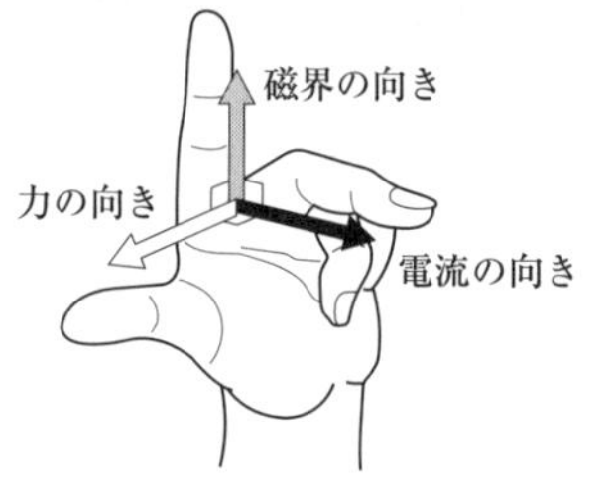

２＜光の反射＞(1)位置Ｐから鏡に近づいても，鏡に写って見える体の範囲は変わらない。これは，鏡に近づいても，光の入射角と反射角は常に等しく，足首から出た光が鏡の下端で反射して目に届くことに変わりはないからである。　(2)図２－５の鏡Ａと鏡Ｂには，いずれも人形と左右対称の像が写る。　(3)図２－６で，人形の動きと，それぞれの鏡に写る人形の像の動きは，鏡に対して線対称になる。　(4)次ページの図のように，鏡に写る像の個数は，角度が90°のときは３個，角

度が60°のときは５個となる。鏡の角度をX°とすると，鏡や鏡の像によってつくられる空間は$\frac{360}{X}$個となり，つくられた空間$\frac{360}{X}-1$個に１個ずつ像があるから，鏡に写る人形の像の個数は$\frac{360}{X}-1$個となる。

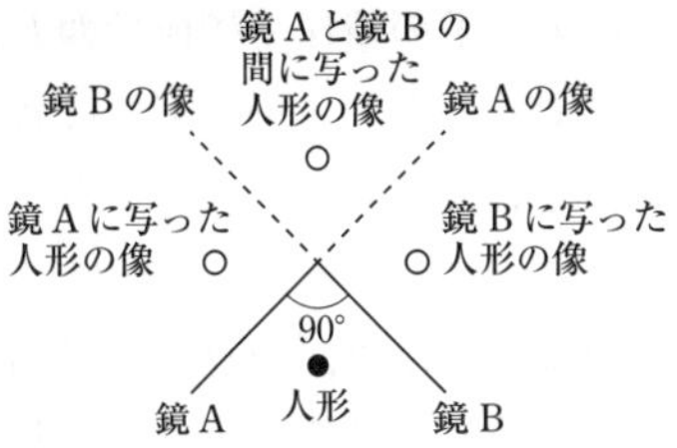

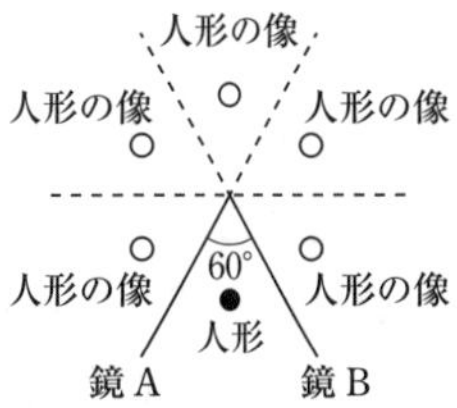

3〔化学変化と原子・分子，化学変化とイオン〕

１＜反応する物質の質量，気体反応の法則＞⑴二酸化炭素(CO_2)の構成は炭素：酸素＝3：8だから，炭素(C)：二酸化炭素(CO_2)＝3：(3＋8)＝3：11である。同様に，メタン(CH_4)の構成は炭素：水素＝3：1だから，炭素(C)：メタン(CH_4)＝3：(3＋1)＝3：4である。これらより，炭素：二酸化炭素：メタン＝3：11：4だから，二酸化炭素１分子とメタン１分子の質量比は11：4である。　⑵⑴より，二酸化炭素１分子とメタン１分子の質量比は，二酸化炭素：メタン＝11：4だから，32gのメタンが完全燃焼したときに発生する二酸化炭素の質量は，$32\times\frac{11}{4}=88$(g)となる。　⑶気体反応の法則より，メタンが完全燃焼するときの体積比は，メタン：酸素：二酸化炭素＝1：2：1である。よって，10Lのメタンと酸素10Lを反応させると，メタン５Lが酸素10Lと反応して二酸化炭素が５L発生する。二酸化炭素１Lの質量が２gだから，二酸化炭素５Lは$2\times5=10$(g)で，⑴より，二酸化炭素の構成において炭素と二酸化炭素の質量比は，炭素：二酸化炭素＝3：11だから，二酸化炭素に含まれる炭素の質量は，$10\times\frac{3}{11}=2.72\cdots$より，約2.7gである。　⑷⑶より，メタン５Lと酸素10Lが完全に反応して二酸化炭素が５L発生する。酸素を10L以上にしても，反応するメタンは５Lのままなので，発生する二酸化炭素の体積も５Lで一定になる。よって，求めるグラフは⑦である。

２＜水溶液＞⑴上澄み液に溶けている水酸化カルシウムは，$50-48.35=1.65$(g)である。また，水の密度が1.0g/cm^{3}だから，水1000cm^{3}の質量は，$1000\times1=1000$(g)である。よって，操作１で得られた水酸化カルシウム水溶液(石灰水)の質量パーセント濃度は，〔質量パーセント濃度(％)〕＝〔溶質の質量(g)〕÷(〔溶媒の質量(g)〕＋〔溶質の質量(g)〕)×100より，$1.65\div(1000+1.65)\times100=0.164\cdots$より，約0.16％である。　⑵水溶液Ｙは水酸化カルシウム水溶液(石灰水)で，アルカリ性を示す。また，石灰水に通して白色の沈殿が生じる気体Ｘは二酸化炭素で，二酸化炭素の水溶液(炭酸水)は酸性を示す。よって，BTB溶液は酸性では黄色，中性では緑色，アルカリ性では青色を示すから，気体Ｘ(二酸化炭素)が溶けた水溶液は黄色を示し，水溶液Ｙ(水酸化カルシウム水溶液)は青色を示す。　⑶コーラは酸性，牛乳は中性，植物の灰が入った水溶液はアルカリ性を示す。pHの値は，中性が７で，酸性は７より小さく，アルカリ性は７より大きいから，pHの値の大きさは，〔植物の灰が入った水溶液〕＞〔牛乳〕＞〔コーラ〕となる。

4〔生命・自然界のつながり，生物のからだのつくりとはたらき〕

１＜細胞分裂＞⑴Ａ～Ｆを，Ａを１番目として細胞分裂の進行順に並べると，Ａ→核の中に細い糸のような染色体が現れる(Ｃ)→染色体が細胞の中央に集まる(Ｄ)→それぞれの染色体が２つに割れて細胞の両端に移動する(Ｂ)→分かれた染色体は細い糸のかたまりになり，細胞の真ん中に仕切りができ始める(Ｅ)→２つの新しい細胞ができる(Ｆ)。よって，３番目はＤである。　⑵体細胞分裂では，分裂前の細胞の染色体が複製されて２倍になり２個の細胞に分けられるので，分裂の前後の細胞１個に含まれる染色体数は分裂前と変わらない。　⑶無性生殖は受精を行わずに体細胞分裂で子がつくられるので，子の遺伝子構成は親と同一であり，子の形質は親と同じものになる。よって，正しいのはイである。なお，子の形質は親と同じであるため，環境の変化に対応しにくい。また，無性生殖は受精を必要としないので，有性生殖より容易に新たな個体を多数生み出すことができる。

2＜感覚器＞(1)皮膚には温点，冷点，痛点などの感覚点が受け取る刺激ごとにそれぞれ存在する。これらの感覚点は分散していて，部位によって感覚点の種類や量の頻度が異なる。なお，鼻にある感覚細胞が受け取る適刺激は気体の物質であり，舌にある感覚細胞が受け取る適刺激は液体に溶けた物質である。　(2)目のレンズは凸レンズと同じように光を屈折させて網膜上に実像を結ぶ。よって，網膜上に結ばれた像を図4－2の矢印の方向から見ると，上下左右が逆さまの④のような像が見える。　(3)青色を受容する細胞がはたらかなくなっても，赤色を受容する細胞と緑色を受容する細胞ははたらいている。赤色の光と緑色の光が合わさると，黄色の光になる。　(4)周波数が多いほど音は高くなる。図4－3より，うずまき管の入口からの距離が小さいほど，感覚細胞は高い音で振動し，距離が大きいほど低い音で振動している。よって，正しいのは①である。

5 〔地球と宇宙〕

1＜金星，火星＞太陽系の惑星のうち，表面が岩石で覆われ，平均密度が大きい地球や水星，金星，火星は地球型惑星と呼ばれ，水素とヘリウムを主成分とする気体でできていて，平均密度が小さい木星や土星，天王星，海王星は木星型惑星と呼ばれている。また，金星は主成分が二酸化炭素の厚い大気で覆われ，表面温度が非常に高い。火星の大気は非常に薄く，主成分は二酸化炭素である。

2＜惑星の見え方＞(1)図5－1で，1/1の地球から見ると，1/1の金星は太陽の右側にあるので，日の出前の東の空に見える。また，金星は太陽の光が当たっている側が光って見え，地球－金星－太陽がつくる角度が約90°なので，左半分が光った⑥のような形に見える。　(2)図5－1で，9/1の地球から見ると，9/1の火星は太陽と反対側にある。そのため，地球からは，午前0時(真夜中)の南の空に見える。また，地球からは太陽の光が当たっている部分がほとんど見えるので，④のような形に見える。　(3)火星の公転周期が1.8年より，火星は1.8年で360°公転するから，1年で公転する角度は，360°÷1.8＝200°である。よって，1年で，地球は360°公転し，火星は200°公転するから，1年後の公転軌道面の位置関係における角度の差は360°－200°＝160°である。この差が360°になる期間が会合周期になるから，求める会合周期は，360°÷160＝2.25(年)より，2.25×12＝27(か月)となる。　(4)金星の公転周期をx日とする。金星はx日で360°公転するから，1日で公転する角度は$\frac{360}{x}^{\circ}$となる。一方，地球は12か月，ここでは1か月を30日とするので，360日で360°公転するから，1日で公転する角度は1°である。よって，図5－1より，金星の公転周期は1年より短いから，金星と地球の1日後の公転軌道面の位置関係における角度の差は，$\left(\frac{360}{x}-1\right)^{\circ}$となる。会合周期は，この差が360°になるときの期間だから，金星と地球の会合周期が20か月，つまり，30×20＝600(日)より，$360\div\left(\frac{360}{x}-1\right)=600$が成り立つ。これを解くと，$360=600\times\left(\frac{360}{x}-1\right)$，$3=5\left(\frac{360}{x}-1\right)$，$3=\frac{1800}{x}-5$，$8=\frac{1800}{x}$，$8x=1800$，$x=225$(日)である。

国語解答

一 ㈠ 問一　重篤　問二　卑近　問三　慎
問四　邪推　問五　けいし
㈡ 問一…ロ　問二…ニ

二 問一　忘れることができる。
問二　X　グライダー　Y　エンジン
問三　試験で教わったことをそのまま書きつけ満点を取る（23字）［学生］
問四　しばしの虚の運動　問五　ニ
問六　他人の着想〔アイディア〕をただまねるだけでなく，時間をかけて〔じっくりと〕理解して自分のものにしてから新しく独創すること。（47字）
問七　イ

三 問一　イ
問二　A氏に異常な好奇心を持つO夫人にA氏についての情報を語り，夫人に気に入られることで，彼女が秘蔵するA氏の絵を見せてもらおうと考えたから。（68字）
問三　ニ　問四　ハ　問五　ロ
問六　うとした位であった。
問七　イ

四 問一　ハ　問二　ニ　問三　ハ
問四　ロ
問五　地蔵が生前信仰心を見せた悪僧を地獄から助けたということに慈悲深さを感じたから。
問六　ハ

一〔国語の知識〕

㈠＜漢字＞問一．病気が重いさま。　問二．身近でわかりやすいこと。　問三．音読みは「慎重」などの「シン」。　問四．他の人の言動を悪くとらえること。　問五．あとつぎのこと。

㈡問一＜慣用句＞「匙を投げる」は，救済や解決の見込みがないとして諦める，という意味。　問二＜語句＞「役不足」は，その人の能力に対して，与えられた役目が軽いこと。

二〔論説文の読解―教育・心理学的分野―教育〕出典；外山滋比古『知的創造のヒント』「自力と他力」。

≪本文の概要≫お手本になるものに引っ張ってもらうと，自力で行うよりもよりスムーズに行えることがある。それは，まるでグライダーが空を飛んでいるときのようなものである。ただ，グライダーは，やがて力を失うと落ちてしまう。グライダーが永久に飛び続けられるように思うのは錯覚であるのと同様に，まねもまた，すぐにはがれるものである。考えてみると，教わったことをそのまま紙に書くという能力は，グライダーとしての性能のようなものであり，学校は，グライダーの訓練所にたとえられる。いつも誰かに引っ張ってもらうことに徹する教育では，自分で考える力は育つはずがない。明治以来，日本の社会は，外国の文化に心を奪われて，ただそれをそのまま導入してきたために，そこから独自の文化を生み出すことには至らなかった。手本となるような着想を自分自身でまず理解し，その着想をもとに考え，試行錯誤していくことで，独自の新しい発想を生み出すことができるのである。

問一＜文脈＞グライダーは，「自分の力で飛んでいるわけではない」が，飛んでいる間は「グライダーであることを忘れる」ことができる。ただし，「グライダーの泣きどころ」は，引っ張ってもらう力がなくなると，「たちまち落ちてくること」である。

問二＜文章内容＞教わったことをそのまま紙に書けば「優秀」と見なされる学校教育は，「引っ張られるままに」おとなしく飛ぶ「グライダー」を訓練するようなものである（…X）。グライダーである以上,「自前のエンジン」がついていないのは明白で(…Ｙ),そのような教育では自分で考える力が身につくわけがない。

問三＜文章内容＞グライダーが引っ張られるままにおとなしく飛ぶことで遠くまで進めるように,学校教育では,「教わったことをそのまま」答案に書くことで満点をもらえ,「優秀」と見なされる。

問四＜文章内容＞エンジンを搭載して自由に滑空できる飛行機とは異なり,グライダーは「ほかの力に引かれて飛ぶ」が,その力がなくなるとやがて動きを止めて,「しばしの虚の運動」をする。

問五＜文章内容＞自力で飛べないグライダーでも,着地する際に予想外の「おもしろい降り方」を試みることができるように,自分で考えない学びであっても,学説の修正や批判の点である程度の成果を出すこともあるが,それは,飛行機が自前のエンジンによって目的地を目指すような,自分で考え出した成果とは別のものである。

問六＜文章内容＞他人の着想をただまねるのは物理的な移動であり,植物を移植するように,まず自分の中でそれを時間をかけてしっかり「理解」し考えてはじめて,本当の意味で移動することができる。

問七＜文章内容＞他国の思想や文化をそのまま輸入し,ただまねたような文化は,美しい花を「切り取って」花瓶に入れているのと同じであり,「切り花文化」といえる(ロ・ハ・ニ…○)。

三 〔小説の読解〕出典;堀辰雄『窓』。

問一＜文章内容＞別荘は目の先にあるのに一向に到達しない不思議さに加え,最近窓の鎧扉が「一度も開かれたことがない」ように見える家の中で,眼病を患い,一人きりで暮らしている美しい未亡人がいるという状況に,「私」は「浪漫的」な印象を受けていたのである。

問二＜文章内容＞Ｏ夫人が秘蔵するＡ氏の絵を見せてもらいたいという目的があるので,「私」は,彼女がＡ氏について知りたいのであれば,自分が知っていることを話して気に入ってもらい,確実に目的を達成したいと考えたのである。

問三＜文章内容＞絵が「数年前に持っていたとおりの姿を持っていない」ため,世間に見せられないという夫人の回答は「私」にとって予想外なもので,まして大切にしていると思われる絵がたった数年で変わってしまったというのは考えにくいと,「私」は思ったのである。

問四＜文章内容＞その絵からは「不思議な,何とも云えず神秘な光線」,あるいは「一つの超自然界から這入ってくる光線」が感じられたのである。

問五＜文章内容＞「私」は,「窓」という作品に以前は見えなかったＡ氏の顔が浮かび出たことに驚きながらも,数年前に上描きされたものが落ちたとすると「日数が少なすぎる」ので,この変化は,さまざまな条件が重なったゆえに生じた「奇蹟」によるものだと考えた。

問六＜文脈＞「私」が「あやうく夫人が盲目であるのを忘れようとした位」に,夫人はこの家の中を知り尽くしていて,「ほとんどわれわれと同様に振舞えるらしく見えた」のである。

問七＜表現＞別荘は建物一面に蔦がからんでいて,その「窓の鎧扉は最近になって一度も開かれたことがないように見えた」という描写は,「風変りな外見」だけでなく,夫人が外部に対して心を閉ざしていると「私」が感じていることをも表現しているといえる。

四 〔古文の読解―説話〕出典;『宇治拾遺物語』巻第五ノ十三。

≪現代語訳≫これも今となっては昔のことだが,比叡山延暦寺の横川に(いる)賀能知院という僧は,全く戒律を破りながら恥と思わない態度の者で,昼夜に仏の物を取って使うことばかりしていた。横川の執行の職であった。(賀能知院が)政所へ行こうとして,塔の下をいつも通り過ぎて歩いていたが,塔の下に,古くなった地蔵が物の中に捨て置かれているのをちらっと拝見して,ときどき自分がかぶっていた物を脱ぎ，頭を下げて，通り過ぎながら(地蔵を)敬い拝んでいくときもあった。／このようにしているうちに，あの賀能(知院)があっけなく死んでしまった。(賀能知院の)師の僧都はこのことを聞いて，「あの僧は，戒律を破りながら恥と思わない者であったから，来世はきっと地獄に落ちること疑いない」と心を痛め，ひたすら気の毒にお思いになられた。そうこうするうちに，「塔の下の地蔵が最近お見えにならない。どうしたことか」と，横川で修行していた人々は言い合っていた。「誰かが(地蔵を)修理して差し上げようと，運び申し上げたのではないか」などと言っているうちに，この僧都が夢にご覧になったことには，「この地蔵がお見えにならないのはどういうことか」と(僧都が)お尋ねになると，そばに僧がいて，「この地蔵菩薩は，前に賀能知院が無間地獄に落ちたその日，すぐに助けようとして，(賀能知院と)一緒に(無間地獄に)お入りになったのです」と言う。(僧都は)夢心地にもとても意外で，「どうして(地蔵は)そのような罪人と一緒に行かれて(無間地獄へ)お入りになったのか」とお尋ねなさると，「(賀能知院は)塔の下をいつも通り過ぎるときに，地蔵をちらっと拝見して，ときどき拝み申し上げていたからです」と答える。(僧都は)夢が覚めてから，自分で塔の下へ行かれてご覧になると，地蔵は本当にお見えにならなかった。／(僧都が)「さては，(地蔵は)この僧に本当に連れ立っていらっしゃったのか」とお思いになるうちに，その後また僧都が夢にご覧になったことには，(僧都が)塔の下に行かれてご覧になると，この地蔵が立っておいでになる。「これはいなくなってしまわれた地蔵様，どうしてまた(姿を)現されたのですか」とおっしゃると，また一人の者が言うには，「賀能(知院)を連れて地獄へ入り，(彼を)助けてお帰りになられたのです。そういう訳で(地蔵の)おみ足はやけどなされたのです」と言う。おみ足をご覧になると，本当におみ足(の部分)が黒く焼けておいでであった。夢心地にも本当に驚かれることこのうえない。／さて，(僧都は)夢から覚めて，(感動で)涙が止まらず急いでおいでになって，塔の下をご覧になると，〈現実世界〉にも地蔵が立っておいでになる。(地蔵の)おみ足を見ると，本当にお焼けになっていた。これをご覧になるにつけ，本当にありがたくおいたわしいことといったらない。そこで，泣きながらこの地蔵を抱き出し申し上げなさったのであった。「(この地蔵は)今もおいでになります。二尺五寸ばかりの背丈です」とある人は語った。この話を語ってくれた人は，(地蔵を)拝み申し上げたとかいうことだ。

問一＜古文の内容理解＞僧都は，賀能知院が戒律を破っても恥と思わないような悪僧だったので，きっと地獄に落ちるに違いないと思いつつも，地獄に落ちることを気の毒に感じていたのである。

問二＜現代語訳＞「具す」は，一緒に行く，という意味。「入り給ひ」の「給ふ」は，尊敬を表す補助動詞。全体で，地蔵はどうして罪人と一緒に行かれて地獄にお入りになったのか，という意味。

問三＜古文の内容理解＞地蔵がいらっしゃらなくなったのは賀能知院と一緒に地獄に行かれたからだと夢の中で聞いた師の僧都は，実際に地蔵がいらっしゃらない様子を見て，本当に地蔵が賀能知院と連れ立って行かれたのかと思うようになった。

問四＜古文の内容理解＞夢の中で地蔵が賀能知院を助けて戻ってきたと聞いた僧都は，実際に塔の下を見に行くと，現実の世界でも地蔵が戻ってきていたのである。

問五＜古文の内容理解＞悪僧の賀能知院が生前わずかに行った善行に報いるため，地蔵が彼を地獄から助けたことを知り，僧都は，地蔵の慈悲深さに心を打たれたのである。

問六＜古文の内容理解＞夢の中で，地蔵の姿が見えないのは，生前に賀能知院が塔の下を通り過ぎる際，地蔵を拝んでいたことに報いるため，地蔵が賀能知院と一緒に地獄へ行ったからであると知り，実際に塔の下に行って見ると地蔵がいなかったので，僧都は，夢の内容が本当であると思うようになったのである。

2023年度 朋優学院高等学校（一般３回）

【英　語】（60分）〈満点：100点〉

注意　1．試験開始約１分後にリスニング試験の音声が放送されます。

　　　2．[1]〜[44]はマークシートの解答欄にマークしなさい。

■リスニングテストの音声は，当社ホームページで聴くことができます。（実際の入試で使用された音声です）
再生に必要なユーザー名とアクセスコードは「収録内容一覧」のページに掲載しています。

1

リスニングテスト

このリスニングテストには、AとBの２つのパートがあります。**英文は一度だけ読まれます。**

パートA

対話を聞き、その最後の文に対する応答として最も適切なものを選択肢より一つ選ぶ形式

例　題

次のような英文が聞こえてきます。

"Hi, Jamie."
"Hi, David. Long time no see."
"Yeah, how have you been?"

そして、例題の解答の選択肢は以下のように問題冊子に書かれています。

① Yes, I have some.
② I've been good.
③ Thanks. You too.
④ I've been abroad.

例題の正解は② I've been good. です。

1.　① Yes, I'll make some.　[1]

② Yes, we can help you.

③ Yes, I hope you enjoy them.

④ Yes, we can have another one.

2. ① Yeah, you have the other one. 2

② You don't have to.

③ It's more difficult to write with your pencil.

④ Yes, I'll bring it from home.

3. ① Where is the nearest parking lot? 3

② No, I'm on the way home.

③ Oh, I do see it. I'm sorry.

④ This street is so clean.

4. ① You can submit it on the internet. 4

② The report is not ours.

③ We should go to the coffee shop near here.

④ Let's ask the teacher to extend our deadline.

5. ① Really? That would be great! 5

② Good idea. How about going to Australia?

③ No, thank you. I can communicate well.

④ Sure. I'll help you to pack up your luggage.

6. ① I'll study art and science. 6

② Yeah. We need more time to decide.

③ It's a good idea to go there.

④ I think so, too. It's not a difficult decision.

7. ① No problem. You can buy some vegetables. 7

② Sure. Which do you want, beef or chicken?

③ OK. Do you want anything else?

④ Sounds great. I want to go home.

パートB

英文を聞き、その質問に対して最も適切な答えを選択肢より一つ選ぶ形式

例　題

次のような英文が聞こえてきます。

The alarm clock went off at 6:00, and then my mother came into my room to wake me up, but actually I got up at 6:30. I left home about 7:00 and arrived at my school at 8:00.

さらに、次のような英文が聞こえてきます。

Question: How long did it take from home to the school?

そして、例題の解答の選択肢は以下のように問題冊子に書かれています。

① For about two hours.
② For one hour and a half.
③ For about one hour.
④ For half an hour.

例題の正解は③ For about one hour. です。

1. ① Because she talked with her client. 　8

② Because her husband was busy.

③ Because she likes the paintings.

④ Because she wanted to go to the museum.

2. ① On Monday. 　9

② On Wednesday.

③ On Saturday.

④ On Sunday.

3. ① To take a nap during her class. 10

② To be a better basketball player.

③ To wake up early.

④ To get a longer sleep.

4. ① Taking a walk after having toast and coffee. 11

② Reading a book about music after breakfast.

③ Playing golf with his friends in the afternoon.

④ Getting up at 6:30 every morning.

5. ① $10. 12

② $12.

③ $16.

④ $20.

※＜リスニングテスト放送原稿＞は英語の問題の終わりに付けてあります。

2 与えられた語（句）を並べかえて最も適切な文を完成させ、[13]～[22]に入るものをそれぞれ一つ選びなさい。**選択肢の中には不要なものが一つ含まれている**ため、注意しなさい。文頭にくるものも小文字で書いてあります。

問題例：______ [x] ______ [y] ______ ______ student?

① a　② are　③ high　④ is　⑤ junior　⑥ school　⑦ you

正解：[x]：⑦・[y]：⑤

完成させた文は Are you a junior high school student?　④ is が不要語

1. As I approached the concert hall, ______ ______ ______ [13] ______ [14].

① beating　② could　③ feel　④ heart
⑤ I　⑥ my　⑦ to

2. ______ ______ [15] ______ [16] ______ this weekend?

① be　② going　③ is　④ like
⑤ the weather　⑥ to　⑦ what’s

3. She is the ______ ______ [17] ______ ______ [18] seen.

① beautiful　② ever　③ I have　④ lady
⑤ most　⑥ never　⑦ that

4. ______ ______ [19] ______ [20] ______ called Fenway Park.

① a stadium　② brings　③ bus　④ come
⑤ the　⑥ to　⑦ you

5. You ______ [21] ______ [22] ______ ______ your homework.

① by　② finish　③ go out　④ not
⑤ should　⑥ until　⑦ you

3 下記の英文を読み、以下の問いに答えなさい。

At lunch time, look around the large Chaparral High School campus in Arizona. The 1,850 students have their own place at school. The football players have the center table outdoors. In back of them, other popular students chat cheerfully — an attractive gathering of cheerleaders, lesser athletes, and members of the student government. If you qualify for* membership under some unwritten rules in the group's unwritten rulebook, you've got it made. Lauren, a second grade cheerleader, notes that "unqualified"* students never sit where she's sitting. "But when you're in with the girls, everyone is really friendly to you."

Inside, in the cafeteria, a converse* society exists. There are more braces* and glasses and hair that doesn't quite have a shape. These are the skateboarders, the nerds,* those who say they are just regular, the first grade students who have not yet found their place. They may have [23] social status than the sunny groups outside, but they generally feel they have, or eventually will have, a social place they can live with. There are many other lunchtime groups as well. A group of art students eats in the studios, and some band members gather by the music building.

High schools worldwide are shaped by the natural tendency* of teenagers to form exclusive* social groups known as cliques.* In spite of all the choices at Chaparral, a few students still have no clique. They eat upstairs or alone outside the library, or they just wander,* their heads [24] as they pass groups of noisy schoolmates. They are reminders that a U.S. public high school has to admit all kinds of students, but it cannot guarantee* them all a place in high-school society.

Chaparral is a large, famous high school in a rich suburb.* It is a pleasant place, where parents, teachers, and students take proper pride in their facilities,* their community, and their achievements. Unlike big-city schools, these schools do not look very [25]. The majority of the students are white, middle class, and dressed in the same few brand names. But the reality is far more complex. Those who run such good suburban* schools are well aware that some of the most terrible school violence has happened at (1)<u>this kind of place</u>, not at poor urban high schools.

They believe in the reasons for this. The dropout rate in the U.S. has declined sharply since the 1960s, especially in suburban schools. Poor urban schools still lose many of their problem students to the streets. Suburban schools still have (2)<u>them</u>. "In the past, the kids who were really having trouble would leave," said John Kriekard, the principal at Chaparral. But now, "we serve all kinds of kids and we have to try to be all things to all people."

He and others also emphasize* the central role schools play in suburban life. "In big cities, there are lots of places where kids make connections, where they have pieces of their lives," he said. "But in a place like this, we have a few." This increases the influence that school society has on a student's overall life. Adolescence* has always been a time of identity formation, trying out new ideas, styles, and friends. And these are not primarily girl issues. No matter what your gender, good looks, cool friends, academic results, and money have always defined the social status.

A few troubled students would quit the whole school if someone didn't intervene.* These students are likely to be rootless* and poorly directed, and their chances of finding effective control at home are few. Economic factors* are less important than family factors and previous social experience. To teenagers who have [28] experience with acceptance* and security, these advantages seem to be given to some people and not to others, certainly not to them.

qualify for　～を得る資格がある　　unqualified　資格のない　　converse　逆の
brace(s)　（歯の）矯正器具　　nerd(s)　何かに熱中していて社会性のない人　　tendency　傾向
exclusive　排他的な　　clique(s)　派閥　　wander　ぶらぶらする
guarantee ～ …　～に…を保証する　　suburb　郊外　　facilities < facility　施設、設備
suburban　郊外の　　emphasize　～を強調する　　adolescence　思春期　　intervene　介入する
rootless　不安定な　　factor(s)　要因　　acceptance　容認、受容

A. 空所 23 に入る最も適切なものを①～④より一つ選びなさい。

① outer
② higher
③ inner
④ lower

B. 空所 24 に入る最も適切なものを①～④より一つ選びなさい。

① low
② high
③ under
④ above

C. 空所 25 に入る最も適切なものを①～④より一つ選びなさい。

① different
② similar
③ easy
④ difficult

D. 下線部(1)の指すものとして、最も適切なものを①～④より一つ選びなさい。 26

① private schools
② urban schools
③ suburban schools
④ public schools

E. 下線部(2)の指すものとして、最も適切なものを①～④より一つ選びなさい。 27

① problem students
② urban schools
③ the streets
④ a lot of terrible school violence

F.　空所 28 に入る最も適切なものを①～④より一つ選びなさい。

① a lot of
② little
③ low
④ much

G.　本文の内容と一致するものを①～⑧より四つ選びなさい。（順不同） 29 ～ 32

① At Chaparral High School, some athletes have the highest social position.
② Students in the first grade must ask special permission from the school to eat lunch outdoors.
③ Most students who don't fit in with any clique cause problems in the whole school.
④ Cheerleaders are guaranteed acceptance at the center table.
⑤ Public schools in the U.S. are required to accept even troubled students.
⑥ In a suburb, schools are likely to provide most of a student's social experience.
⑦ The dropout rate in the U.S. is the highest in the world.
⑧ Family problems are more important than economic ones to some students.

記述問題 ※マークシートの裏面に解答すること。

H.　大都市では、学校が生徒に与える影響が郊外と比べてより小さくなる理由は何か。次の空所を**句読点を含めて15字以上20字以下の日本語で**埋める形で答えなさい。

大都市には学校以外に子どもたちが（　　　　　　　　　　　　　　　　　　　　）、彼らの生活の一部となっているから。

4　下記の英文を読み、以下の問いに答えなさい。

The tent flap* opens, and Trevor comes in. Everyone's here now. Everyone, that is, except Alan the group leader. He'll be making our plan with the baggage-carrying team outside. Eating with them too. I give Trevor a bright smile from beneath* my red baseball cap, holding out my plastic plate to Muhammed as he serves from a huge bowl of lamb and vegetable stew. A pile of some kind of bread lies on a large plate on the grass. Because of dysentery, a serious disease of the bowels* I caught in India, that's (1)haunted me for years, I won't use the metal plates they give us. I have my own plate which I'll wash in bottled water. The plates will be washed in the nearest river.

Edna looks at Trevor. The others are already eating, or else waiting in anticipation* for their turn. She's in her fifties and her face reminds me of a dried fruit, but with the sunburn from the days of walking, her leathery* features are lined with red stripes. We can see them clearly even in the lamplight.

Trevor sits in one of the two empty seats on either side of the tent flap, seating himself next to Barbara. She's quiet, but not unfriendly and I think her attractive, the most beautiful of the group I suppose. She holds her bowl out to Muhammed. He begins to ladle* the stew, and the smell of potatoes, rich gravy* and lamb fills the air.

Edna wipes gravy from her chin. "I think we should leave at five tomorrow, it'll be too hot by the time we reach the pass if we leave later."

A couple of the others mumble* agreement with mouths full of food.

"Hold on a minute," Trevor says, "I don't want to get up at four-thirty. It'll be windy up there, that'll keep us cool."

It looks like there is hardly any lamb left as Muhammed serves Trevor's out. [43], everyone else had two pieces and he has just one, very small piece of meat.

Edna snorts.* "We had to get up at two to see Machu Pichu!"

"Well, we're not going to see an ancient city, we're just going up a mountain path and down the other side!" says Trevor.

"That's the problem with you. You want everything cushy,* you even complained about having to put up a tent!"

Trevor looks a little angry. "That's because in the brochure* it said they'd be set up for us."

Muhammed speaks calmly, "We should make a decision after hearing what Alan suggests."

Just then, Barbara moves forward and her plate falls to the floor, splashing gravy onto the grass. She makes a strange sound, a gurgling,* gasping* noise. Her face is red.

We all sit, shocked. I feel helpless. Is she choking?* Yes, that's it, maybe some lamb or something? Barbara collapses* forwards onto her hands and knees. Her back is arched* and her fingers dig into the earth like pincers.*

I shout, "Somebody do something, Barbara is choking. Muhammed!"

But Muhammed just stands, mouth opening, dangling* the near-empty serving bowl and looking at Barbara writhing* on the ground as if* he were watching a turtle race.

Only a few seconds pass but it feels like time has stopped. Then the tent flap opens and Alan comes in. He bends down and lifts Barbara up. She looks [44] in his big arms. He clasps* both hands beneath her breasts* and gives her a squeeze.* Something small and white and hard flies out of Barbara's mouth and she breathes like a writhing fish, then tears begin to streak* her red cheeks.

"Oh my god!" Edna sits, rubbing* her face. "Ow, that went right in my eye. I can't see!"

flap 垂れ幕　beneath ～の下　bowel(s) 腸　anticipation 期待　leathery 革のような
ladle ～をよそう　gravy 肉汁　mumble ～をもごもごと伝える　snort(s) 鼻を鳴らす
cushy 気楽な　brochure パンフレット
gurgling < gurgle （水などが）ゴボゴボと音を立てる　gasp(ing) 息をきらす
choking < choke 窒息する　collapse(s) 倒れる　arched 弓なりに曲がった
pincer(s) くぎ抜き　dangling < dangle ぶら下げる　writhing < writhe 苦しむ
as if あたかも～かのように　clasp(s) ～を握りしめる　breast(s) 胸
give(s) ～ a squeeze ～をぎゅっと抱きしめる　streak ～に筋を描く　rub(bing) ～をこする

A. 下線部(1)の意味として、最も適切なものを①～④より一つ選びなさい。[33]

① annoyed　② excited
③ pleased　④ surprised

B.　以下の問いに対する最も適切なものを①～④よりそれぞれ一つ選びなさい。

1. What was **NOT** mentioned about Edna? [34]

① Age.

② Bodyline.

③ Skin color.

④ Face.

2. What did the author think of Barbara? [35]

① She was charming.

② She was too quiet to talk with.

③ She was boyish.

④ She was really talkative.

3. What happened to Barbara when Muhammed suggested that they hear Alan's opinion? [36]

① She had a stomachache.

② She had a runny nose.

③ She had difficulty breathing.

④ She had a fever.

4. How was Muhammed when the author shouted up to him? [37]

① He seemed surprised because the author spoke to him in a loud voice.

② He seemed disappointed because there was little food in the bowl.

③ He seemed interested in Barbara's moving because it looked like a turtle race.

④ He seemed confused because he could not understand what was happening.

5. How many people were in the tent around Barbara when she collapsed forwards onto her hands and knees? [38]

① Three.

② Four.

③ Five.

④ Six.

6. Put the following events into the order in which they happened. [39]→[40]→[41]→[42]

① Edna said that she got something in her eye.

② Alan went out to discuss the schedule and eat with the members who were not in the tent.

③ Trevor disagreed with Edna on the next day's schedule.

④ Alan helped Barbara throw up something in her throat.

C.　空所 43 ・ 44 に入る最も適切なものを①～④よりそれぞれ一つ選びなさい。

43

① Especially　　② Luckily

③ Suddenly　　④ Unfortunately

44

① beautiful　　② comfortable

③ lifeless　　④ sleepy

以下の問題はマークシートの裏面に解答すること。

5　以下の日本語を英語に訳しなさい。その際、(　　) 内の語を**与えられた形で、並んでいる順番のまますべて使い、指定された語数で**答えなさい。

＊解答用紙の所定の欄に合うように記入すること。

＊ピリオドなどの記号は語数に数えない。

＊ピリオドなどの記号が適切に用いられていない場合、採点の対象外とする。

＊短縮形（例：don't）は 1 語とする。

＊算用数字は用いないこと。

＊指示を守っていない答案は採点の対象外とする。

問題例：ヒロの弟は高校生ですか。(Is / a / high) [7 語]

解答例：

1　Is	2　Hiro's	3　brother	4　a	5　high	6　school
7　student?	8	9	10	11	12

1.　ロンドンに着くのに八時間かかった。(took / get / London) [8 語]

2.　一月に私たちで旅行しませんか。(Why / take / trip) [8 語]

3.　叔父はなんて上手にフランス語を話すのだろう！(well / my) [6 語]

6 下線部①～④のうち文法的・語法的に誤っているものを一つ選び、番号をマークしなさい。また、**選んだ箇所全体**を訂正しなさい。

問題例 : Are ①your a ②high ③school ④student?

正解 : ①

訂正後 : you a

解答例 :

正解				訂正後
●	②	③	④	you a

1. My brother was ①so ②tiring yesterday that he fell ③asleep while ④listening to his favorite music.

2. Will you ①call back and tell me ②about the tomorrow's game schedule when you ③will come back ④home?

3. Cathy was sick ①in bed yesterday, so she told her brother ②getting some orange juice ③from the supermarket. She was happy because he bought ④her some chicken soup, too.

4. When I was young, ①I often went to the beach, but now I live ②far from the ocean. ③A friend of mine has a swimming pool at his house, so I sometimes ④went swimming there.

＜リスニングテスト放送原稿＞

A 問題

1

Mom, did you make these cookies?

Yes, I made them last night.

Are we having them for dessert after lunch?

2

Oh no! I forgot to bring my pen from home.

You can use mine. I have another one.

Thanks, I'll give it back to you before school ends.

3

Excuse me, street parking is not allowed around here.

Really? I didn't see any road signs.

You can find one at that corner. Can you see it?

4

I don't have any more ideas! Have you come up with anything, John?

Let's take a break, Emma. We've been discussing this problem for hours.

I know, but we have to hand in the report tomorrow.

5

I hear you're going to Australia next month.

Yeah, but I don't know if I will be able to communicate with people there.

Shall I introduce you to my friend who has been to Australia before?

6

What would you like to study at university?

Well, I like my art classes and my science classes, so I haven't decided yet. How about you, Tiffany? What do you want to study after we graduate from high school?

I haven't decided, either. It's a difficult decision.

7

Hello?

Hi honey, I'm on my way home. I'll stop by the supermarket and buy some vegetables. Can I get you anything?

Can you pick up some beef and milk? I want to have curry and rice.

B 問題

1

My father was planning to take my brother to the city art museum on Saturday, but he couldn't because he had to go to his office to talk with a client from work. So, my mother went to the museum with my brother instead, but she wasn't interested in the paintings at all.

Question: Why did the girl's mother take her brother to the museum?

2

Kenji practices soccer on Sundays, but he didn't go to practice last weekend because he had a headache. He went to the hospital the next day. We have a game this Saturday, so I hope he can come.

Question: When did Kenji go to the hospital?

3

Hikaru is a high school student. She is on the basketball team. She practices three times a week. Last week, she decided to practice before school began because she wanted to get ready for a tournament. She had to get up early, so now she is very tired. She's decided to go to bed an hour earlier than usual so she can get some more sleep.

Q: What is Hikaru's plan to solve her problem?

4

Joseph gets up at 6:30 every morning and has some toast and two cups of coffee. After breakfast, he takes a walk around his house. Next, he reads a book and listens to classical music for two hours. In the afternoon, he plays golf with his friends for four hours. After dinner, he goes to bed as early as he can to get up early the next morning.

Question: Which is NOT a part of Joseph's routine?

5

Welcome to ABC clothing store. We have a sale on T-shirts. All T-shirts are only $10. In addition, you can get a 20% discount on your total when you buy two T-shirts. This is the final day of the sale, so if you want to save money, buy some today! If you would like to try a T-shirt on, please do not hesitate to contact our staff. We hope you enjoy shopping at our store today. Thank you.

Question: How much do you have to pay if you want two T-shirts?

【数　学】（50分）〈満点：100点〉

注意　定規，コンパス，分度器を使用してはいけません。

1　次の各問いに答えよ．

(1)　$\{4a^5bc^2\times(-3a^4b^3c^2)\div(6a^6b^4c^4)\}^2$ を計算せよ．

(2)　$l-3m=2\left(a+\dfrac{1}{b}\right)$ を b について解け．

(3)　時速 48 km で行くと 2 分 30 秒かかる道のりを，分速 x m で行くと 3 分 20 秒かかる．x の値を求めよ．

(4)　9 %の食塩水と 12 %の食塩水を $m:n$ の割合で混ぜたとき何%の食塩水ができるか，m，n を用いて表せ．

(5)　右の図において，$\angle x$ の大きさを求めよ．

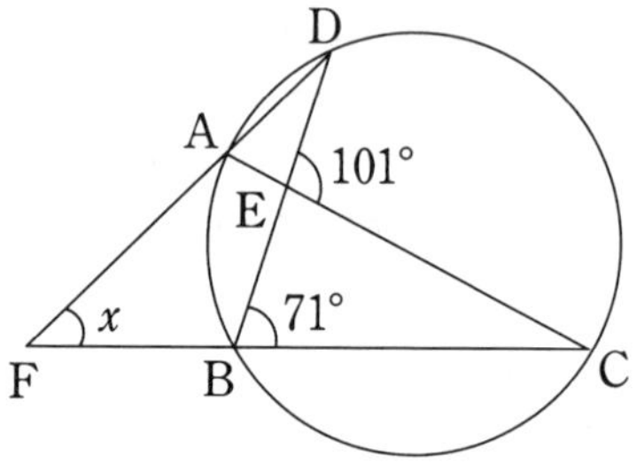

(6)　右の図において，△ABC は AB＝AC，BC＝4，∠A＝50° の二等辺三角形である．辺 BC を直径とする半円と辺 AB，AC の交点をそれぞれ P，Q とする．半円の中心を M としたとき，おうぎ形 MQP の面積を求めよ．ただし，円周率を π とする．

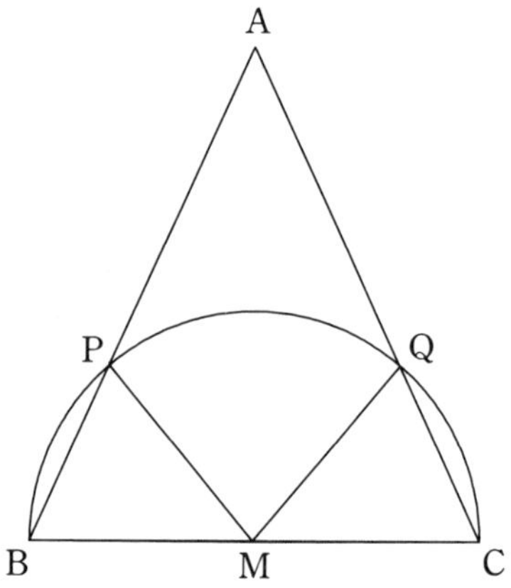

2　容量 250 L の水そうに，給水管 A，B と排水管 C，D がついている．A は B の 2 倍の量の水を入れることができ，C は D の 3 倍の量の水を抜くことができる．A と D を同時に開いた場合，12 分 30 秒で水そうが空の状態から満水になり，B と C を同時に開いた場合，50 分で水そうが満水の状態から空になる．次の各問いに答えよ．

(1)　B は毎分何 L の水を入れることができるか求めよ．

(2)　水そうに水が 160 L 入っている状態から B と C を同時に開き，数分後に B を閉めると同時に A を開いたところ，満水になるまで合計 21 分かかった．B が開いていたのは何分間か求めよ．

3 右の図のように，関数 $y=ax^2\ (a>0)$ のグラフ上の 3 点 O，A，C と y 軸上の点 B を頂点とする正方形 OABC がある．直線 CB と $y=ax^2$ のグラフの交点のうち，C とは異なるものを D，直線 OD と辺 AB の交点を E とする．A の x 座標が 2 のとき，次の各問いに答えよ．

(1) D の座標を求めよ．

(2) F は 直線 CD 上の点とする．直線 EF が △ODC の面積を 2 等分するとき，F の座標を求めよ．

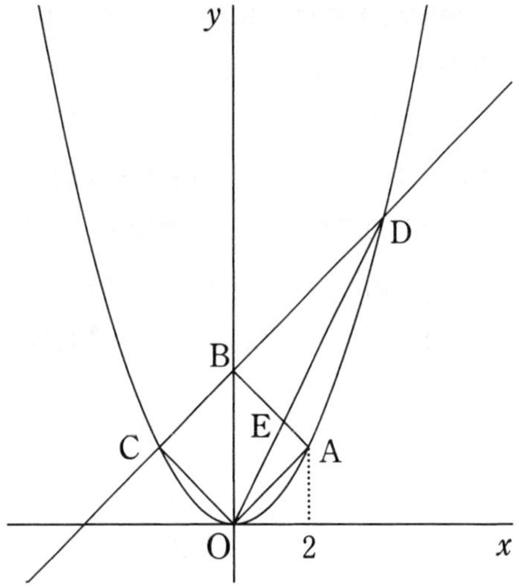

4 右の図のように△ABC と円 O があり，円 O の中心は辺 AB 上にある．また，円 O は直線 AC，BC とそれぞれ点 A，D で接している．BC＝5，AC＝3 のとき，次の各問いに答えよ．ただし，円周率を π とする．

(1) 円 O の半径を求めよ．

(2) 直線 AB を軸として△ABD，円 O を 1 回転させてできる立体の体積をそれぞれ U，V とするとき，$\dfrac{U}{V}$ の値を求めよ．

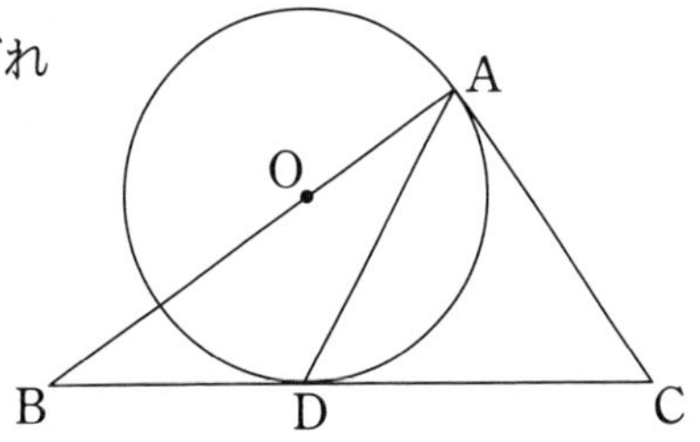

5 下の図のように，半径 3 cm の円に正方形 ACEG と正六角形 ABDEFH が内接している．点 P は頂点 A を出発し A → C → E → G → A → C → … の順で ACEG の辺上を，点 Q は A を出発し A → B → D → E → F → H → A → B → … の順で ABDEFH の辺上をそれぞれ一定の速さで何周も移動する．グラフ 1 は P が動き出してからの時間 x 秒と△APE の面積 y cm^2 の関係を，グラフ 2 は Q が動き出してからの時間 x 秒と△AQE の面積 y cm^2 の関係を表している．次の各問いに答えよ．ただし P，Q は同時に出発するものとし，三角形ができない場合は $y=0$ とする．

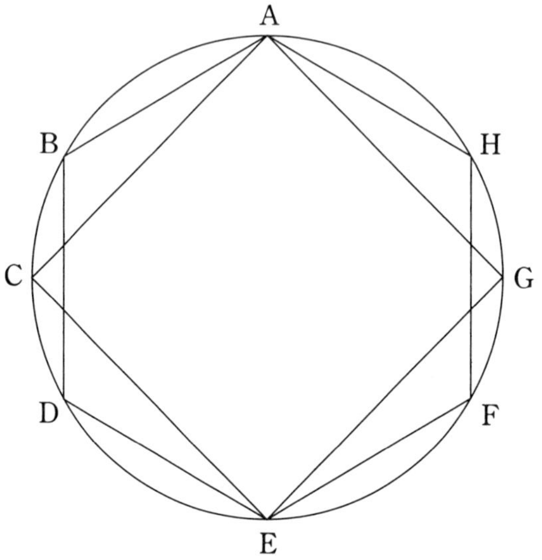

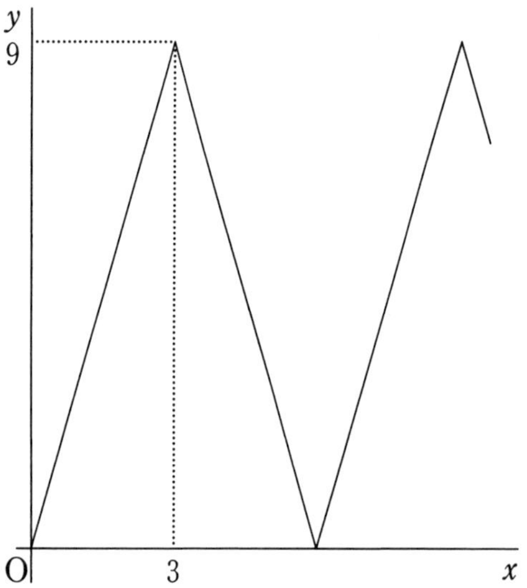

グラフ 1

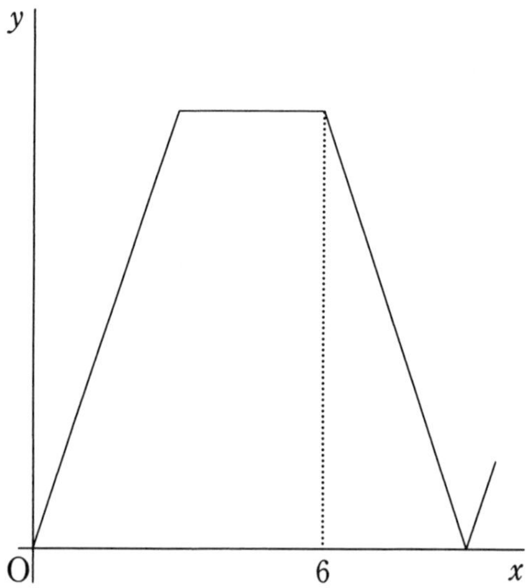

グラフ 2

(1) P の速さは秒速何 cm か求めよ．

(2) 13 回目に△APE の面積と△AQE の面積が等しくなるのは出発してから何秒後か求めよ．ただし，2 つの三角形の面積がともに 0 となるときは，回数には含めないものとする．

6 1枚のコインと1つのサイコロを投げ，コインの表裏とサイコロの出た目を確認し，数直線上で点Pを次の①，②の規則に従って移動させる操作を考える．

① コインが表のとき

サイコロの出た目が奇数であればPを正の方向に出た目の数だけ移動させ，

サイコロの出た目が偶数であればPは移動させない．

② コインが裏のとき

サイコロの出た目が偶数であればPを正の方向に出た目の数だけ移動させ，

サイコロの出た目が奇数であればPは移動させない．

次の各問いに答えよ．ただし，最初Pは原点にあるものとする．

(1) この操作を1回行うとき，Pの座標が4である確率を求めよ．

(2) この操作を1回行うとき，Pの座標が偶数である確率を求めよ．

(3) この操作を2回行うとき，Pの座標が6以上である確率を求めよ．

7 ある年の3月1日は日曜日である．次の各問いに答えよ．ただし，この年はうるう年ではないものとする．

(1) この年の1月1日は何曜日か求めよ．

(2) この年の10月12日は何曜日か求めよ．

(3) この年の25日が金曜日になるのは何月かすべて求めよ．

問四　傍線④「いみじくおぢけり」とは、「いさかふ者共」のどのような様子を表したものか。本文に即して説明しなさい。

問五　傍線⑤「きはめて益無き事なり」とあるが、「つはものなりける男」がこのように評されるのはなぜか。その理由として最も適当なものを次の中から一つ選び、記号で答えなさい。

イ　屋敷の主人の信頼を得るため、周囲の人々に励まされつつ行動を起こし、赤い単衣を射貫くことはできたが、その正体を明らかにする前に死んでしまったから。

ロ　周囲の反対を押し切る形で赤い単衣を射落とすことに名乗りを上げ、見事に成功したものの、命を落としたことによって周囲からの称賛を得ることはできなかったから。

ハ　弓に自信のあった自らの腕前を試そうと赤い単衣を射落とすことに挑戦したが、大量の血を流しただけで射落とすことはできず、宣言通りにいかなかった罰のために死んでしまったから。

ニ　良いところを見せようと意気込み、周囲の人々からもあおられて意地を張った結果、赤い単衣を射貫いたように見えたが射落とすまではいかず、最後には命を落としてしまったから。

問六　この文章の内容に関する説明として最も適当なものを次の中から一つ選び、記号で答えなさい。

イ　つはものなりける男は屋敷の主人の頭を悩ませていた空飛ぶ赤い単衣を射落としてやろうと名乗りを上げたが、最終的には自らの命を落とすことになってしまった。

ロ　つはものなりける男が宿直していた屋敷は、本来は左大弁の扶義という男のものだったが、向かいの屋敷に赤い単衣が出るという噂が立ったため、讃岐の守が主人として住むようになった。

ハ　つはものなりける男は、皆の前で宣言した通り赤い単衣を射落とそうとしたが、その夜に眠ったまま死んでしまい、二度と息を吹き返すことはなかった。

ニ　つはものなりける男が射落とそうとした赤い単衣が現れるのは、きまって夕方ごろであったため、その時刻には皆僧都殿から他の場所へ移ることが当たり前になっていた。

ホ　つはものなりける男は屋敷に戻ったあと、そこに居た人々に自分が体験したことを語って聞かせたが、周囲からは「無駄なことをしたものだ」とあきれた態度を取られてしまった。

四 次の文章を読んで、後の問に答えなさい。問題作成上、一部改変している部分があります。

今は昔、*冷泉院《れいぜいのゐん》よりは南、*東の洞院《とうゐん》より東の角《すみ》は、僧都殿《そうづどの》と言ふきはめたる悪《あ》しき所なり。されば、うちとけて人住む事無かりけり。

しかるに、その冷泉院よりはただ北は、左大弁の宰相《さいしやう》源扶義《すけよし》と言ひける人の家なり。その左大弁の宰相の舅《しうと》は、讃岐《さぬき》の守《かみ》源是輔《これすけ》と言ひける人なり。

それに、その家にて見ければ、向《むかひ》の僧都殿の①戌亥の角には、大きに高き榎《え》の木ありけり。*彼《か》れは誰《た》そ時に成れば、寝殿の前より赤き単衣《ひとへぎぬ》の飛びて、彼の戌亥の榎の木の方《かた》ざまに飛びて行きて、木の末になむ登りける。

されば、人、これを見ておぢて、あたりへも寄らざりけるに、彼の讃岐の守の家に宿直《とのゐ》しける②つはものなりける男の、この単衣の飛び行くを見て、「おのれはしも、彼の単衣をば射落としてむかし」と A言ひければ、これを聞く者共、「③さらにえ射じ」といさかひをして、彼の男を励まし言ひければ、男、「必ず射む」といさかひて、夕暮方に彼の僧都殿に行きて、南面なる*簀子《すのこ》にやはら上《あが》りて B待ち居たりける程に、東の方に竹の少し生ひたりける中より、例の様にはへ飛びて C渡りけるを、男、*雁胯《かりまた》を弓に番《つが》ひて、強く引きて射たりければ、単衣の中を射貫くと思ひけるに、単衣は矢立てながら、同じさまに榎の木の末に登りにけり。その矢の当たりぬと見る所の土を D見ければ、血多くこぼれたりけり。

男は本《もと》の讃岐の守の家に返りて、いさかひつる者共に会ひて、この由《よし》を語りければ、いさかふ者共、④いみじくおぢけり。そのつはものは、その夜、寝死になむ死にける。されば、このいさかふ者共より始めて、これを聞く人皆、「益無きわざして死ぬる者かな」となむ言ひそしりける。

まことに人は命に増す物は無きに、由無く猛き心を見えむとて死ぬる、⑤きはめて益無き事なりとなむ語り伝へたるとや。

（『今昔物語集』巻第二十七　第四話）

注　冷泉院・東の洞院　…　ともに冷泉院小路、東洞院大路という平安京の通りの名称。
　　彼れは誰そ時　…　夕暮れ時。
　　簀子　…　寝殿造りで、外に面した板敷きの縁側。
　　雁胯　…　矢尻の一種。矢尻の先端を二股にし、その内側に刃をつけたもの。

問一　傍線①「戌亥」とは北西の方角を表すが、「辰巳」とはどの方角を表すか。最も適当なものを次の中から一つ選び、記号で答えなさい。

イ　南西　　ロ　南　　ハ　北　　ニ　南東　　ホ　北東

問二　傍線②「つはものなりける男《をのこ》」の動作ではないものを二重傍線A～Dの中から一つ選び、記号で答えなさい。

問三　傍線③「さらにえ射じ」とあるが、その解釈として最も適当なものを次の中から一つ選び、記号で答えなさい。

イ　どうにかして射落としてほしい　　ロ　ぜったいに射落とすことはできまい
ハ　けっして射落としてはならない　　ニ　ほんとうに射落としてくれるのだろうか

問三　傍線③「やりにくい仕事」とあるが、この下駄の歯つぎがやりにくい理由について説明した次の文の空欄に合う言葉を、本文中から三十字以上四十字以内で抜き出し、初めと終わりの五文字を抜き出して答えなさい。

下駄の材が【　　　　　　　　】から。

問四　空欄 A に当てはまる最も適当な語を次の中から一つ選び、記号で答えなさい。

イ　そこはかとない執着　　ロ　とめどない哀愁　　ハ　取るに足らない未練　　ニ　身震いするような感嘆

問五　傍線④「今みれば案外にやわらかみがあった」とあるが、きよにとっての「くせ下駄」は昔と今でどのように変化しているか。昔と今を比較しながら七十字以内で説明しなさい。

問六　次の一文は本文中から抜き出したものである。どこに入れるのが最も適当か。直前の十文字で答えなさい（句読点、記号を含む）。

つまり一度で、なじみ並みのサーヴィスをしてくれた。

問七　この文章の表現に関する説明として最も適当なものを次の中から一つ選び、記号で答えなさい。

イ　息子の家ときよの記憶の中の下町、きよや「くせ下駄」の現在と過去というように異なる時間と空間が交錯することで、下駄にまつわる多数のエピソードが絡み合う構造になっている。

ロ　弟たちのために華やかな生活を制約していたきよと、豊かな生活を送る息子家族の様子を対比的に表現することで、苦しかったきよの青春時代の記憶が強調され、読者の共感を誘うようになっている。

ハ　きよが仕舞われていた下駄を長い年月を経て取り出す描写は、想いを伝える前に田舎へ帰ってしまった青年との複雑な記憶が、三十年経って昇華されたことを示唆している。

ニ　はな緒の色やその変化の描写があることで、「くせ下駄」にまつわる記憶がきよにとって鮮明であることや、その捉え方が時間と共に変化していることを象徴している。

注

柾目　……　木材を、その中心に向かう方向（半径方向）で縦断したときの面。

行李　……　竹または柳などで編み、衣類や旅行用の荷物などを入れるのに用いるかぶせ蓋つきの入れもの。

お針子　……　仕立屋に雇われて衣服などを縫う女性。

と見こう見　……　あっちを見たり、こっちを見たりすること。

繁柾・糸柾　……　柾目の一種。

問一　傍線①「きよはそのけんかで上の孫が〝いまはもう下駄はくひとはいないもの〟といったひと言が不意につうと胸にしみてきて」とあるが、ここでのきよの心情の説明として最も適当なものを次の中から一つ選び、記号で答えなさい。

イ　自分にとってなじみのある品だった下駄を否定されたことで、自分が時代遅れの老人として孫たちから疎まれていることに気付き、孤独を感じている。

ロ　兄妹げんかを目の当たりにし、弟たちのために働いていた日々を懐かしく思うとともに、家のどこかに仕舞われている下駄の存在を思い出している。

ハ　孫の言葉がきっかけとなり、下駄を当たり前にはいていた時代が瞬時に思い出され、自分の青春時代から長い時が経ったことを実感している。

ニ　化粧や髪よりも足もとを飾るという下町の風俗が途絶えてしまったことに寂しさを覚え、しみじみ昔の方が良かったと感傷にひたっている。

問二　傍線②「くせのある材に多分並ならぬ手間をかけたであろうその人の哀しさ」とあるが、ここでいう「哀しさ」の説明として最も適当なものを次の中から一つ選び、記号で答えなさい。

イ　店での交流をきっかけに店員と客という垣根を超え、下働き生活を送るうえで唯一心を許した友人であるきよを置いて、東京を離れ故郷へ帰ることになってしまった哀しさ。

ロ　下駄職人としての自信のなさから、自分の作品である下駄に、きよが欲しがっていた繁柾に勝る価値を見出すことができず、その価値を「手間だけ」としか言えない哀しさ。

ハ　長年下働きを重ねたものの、下駄屋の主人に認められる日は来ず、とうとう上物を扱えるようにならないまま、明日には東京を離れ故郷へ帰らなければならないという哀しさ。

ニ　きよが初めて店を訪れた日から長年想いを寄せ、控え目な態度で格別のはからいをしてきたものの、その想い叶わず、餞別《せんべつ》の品とともに別れを告げなければならない哀しさ。

ぐに伸びた木目の美しさ。たいした材なのだ。こしらえも薄手で華奢《きゃしゃ》なくせに、粋にならず上品である。手から放せない魅力があった。

「気に入りましたか。」

びっくりした。いつも殆《ほとん》どしゃべらない人だから、そんなふうに話しかけられるとは、ほんとに思いがけないことだった。反射的に、一生に一度でいいから、こんな柾がほしいわといった。主人はちらとこちらを見た。きよは恥しかった。所詮《しょせん》手の届かぬものに心奪われたのが、きまり悪かった。でも、きまり悪さはちょっとのまのこと、それはそれ、これはこれ、普断ばきでも四足の新調はうちの中を明るくしたし、やはり満足感があった。

その晩、また思いがけないことに、その人が訪ねてきた。

「ぜひこの一足をあなたにはいてもらいたい、そう思って仕上げた。しかし、主人が上物は扱わせてくれないので、自費の材料ゆえ粗末で恥しい。かなりなくせのある木目で、今日のあれとは比べものにならない。気をわるくされやしないかと心配だが、くせがあるだけに仕事に手間はかけた、それだけが価値だ。」といつもの無口に似ず一気に話し、はっとして自分の気負いかたに気付いてあわて、あすは東京をはなれ、故郷へ帰るものだから、ついせかせかして、と詫《わ》びた。

なるほど、それは歯に当るあたりに、二段のくせがあった。おそらく根に近い、土ぎわの部分の材であり、そう木取るよりほかない材だったとしか思えぬ。はけばそう目立たないから、そそっかしい人は、なんと贅沢《ぜいたく》なのをはいているのかとほめる。そうなるとどうしても、一言そのあらを話さずにはいられないし、あらをあばけば下駄にもその人にもうしろめたい。へんな感じだった。それに正直いうと、あるく当りがあまり柔かい下駄ではなかった。土の上を歩くと、土も下駄も両方とも固いという触感はあり、固いもの同士がぶつかり合って、なにか足が難儀だという気がした。はきにくいとはいわないが、軽快でらくというのではなかった。きよはしみじみ思った。下駄というのは、はいた時の気持のよさと、脱いだ時の見付きのよさと、二つながら備わることが肝心だ、と。

いずれにもせよ、一番心にかかったのは、くせのある木のいとしさ、②くせのある材に多分並ならぬ手間をかけたであろうその人の哀しさ、そしてまたくせを贈られた自分は、いったいどういう巡りあわせか、ということ。それは考えてわかることではなく、ただ、三者ともに通じるのは、ふしあわせな環境におかれたとき我慢する能力がある、という点だった。

しかしこのおかげで、きよはとにもかくにも繁柾をはいたのである。たしかに歯は減りがおそく長もちした。はき捨てるのは惜しく、近所の歯つぎへもっていった。するとおじさんは見るなり、ほうと声をあげ、珍しい下駄だといった。そして新品のように仕上げて、この歯はおれでないと継げないよ、と自慢した。柾のつまったくせ木が継いであった。そのつぎ禿《ち》びた時、そのおやじはもういなくて、他の人に頼んだ。その人も目をみはって、③やりにくい仕事だがためしましょうといい、同じように自慢じゃないがほかじゃ出来まいと笑った。最初えんじだったはな緒は、二代目にはしそ紫、そして今度は濃紺になった。このつぎはもう歯つぎはできない。なぜならもう削る余地のない程に、甲もうすく脚も短くなっていたからである。こんどはきへらせば、もう別れであり、きよはそれをいとおしんだ。［　A　］が、あのひとと下駄とを結んで漂っていた。それ以来「仕舞ってある下駄」だった。戦争中にも、一行李だけ疎開させた荷物の中へいれて――。

三十年を経たくせ下駄は、たしかに当時よりずっと目方がへって、手に軽かった。はな緒の紺も落付いて深い色をしている。磨きがかけてある木肌は、艶《つや》をふくんでやさしい。記憶の中ではなにか固々としたおぼえがあるのに、④今みれば案外にやわらかみがあった。下駄は三十年のきよの心にこたえて、見勝りする姿である。

来週の土曜はこれをはいていって、先《ま》ず第一に嫁の春子に、由来をきかせようとたのしかった。

（幸田文「濃紺」）

三　次の文章を読んで、後の問に答えなさい。問題作成上、一部改変している部分があります。

土曜日の午後は、息子の家へいって寛《くつろ》ぐのが、きよの習慣になっていた。

その日は栗ごはんにするからと引きとめられ、きよもゆっくりするつもりで、栗むきを手伝っていた。すると孫たちがけんかをはじめた。一年生の妹が三年の兄に、なぜ下駄やさんは看板に下駄店と書かずに、おはきものと書くのか。おはきものとは何のことか、ときいたのがけんかのもとだった。

「いまはもう下駄、はかないもの。下駄店じゃ時代に合わないさ。ぞうり店でもセンスわるいだろ。だから、おはきもの、としたんだと思うけどな。はきものというのは、足にはくものという意味だから、ぞうりも下駄もサンダルもふくまれちゃって、都合いいじゃないか。」最初からはきものというのが気にいらないらしい妹は、ぬからず逆らった。それなら靴はなぜ靴店でもいいのか、なぜおはきものと書かないのか、と。逆襲に閉口した兄は、千代っぺはしつこくて根性曲りだとこきおろすし、妹は得意で、お兄ちゃんは負けだとよろこび、そのあげくカッとした兄が暴力をふるって、妹の肩をこづいて、泣かせたが――①きよはそのけんかで上の孫が〝いまはもう下駄はくひとはいないもの〟といったひと言が不意につうと胸にしみてきて、三十年も以前の回想のなかへ引きこまれ、栗むきの手を休めてしまったのさえ気付かずいた。

その記憶の中には、*柾目《まさめ》のこまかい桐の台へ、濃紺のはな緒をすげた、小粋な下駄一足が、あざやかに見えていた。その下駄はいまもまだ、丁寧に包んだなり仕舞《しま》ってある筈《はず》で、仕舞っておいた場所もあの押入れの、あの*行李《こうり》のわき、とわかっていた。そうだ、あれを出してみよう。出してはこう。あたしのほかの誰のものでもない下駄なのだから、惜しがるあまりになまじ仕舞ったきりでおくより、はいて、はいて、はきぬいてしまうほうが、かえってやさしくもあろうか。そう、そうしよう、ときよは思った。

「ねえ、すまないけど、急にあたし帰りたくなった。栗ごはん、そのうちもう一度たいて頂戴《ちょうだい》。」

「ごはんはいつでもまた炊きますけど、どうしたんですか。」

「いえね、下駄なのよ。千代ちゃんたちのけんかでね、急に、仕舞っといた古い下駄をだしてみたくなったの。」

数えの十九歳、きよはもうすぐれた*お針子《はりこ》で、家のささえになっていた。弟が二人いて、それが頭がよかったので進学したがり、いきおいきよは懸命に稼いだ。呉服屋に目をかけられたのは、その頃からである。むろん仕立代はそっくり母に渡したが、時折呉服屋のおかみさんが心付けをくれる。それだけが自分の小遣いだった。きよはそれで下駄を買うのが、たった一つの楽しみだった。下町では化粧より髪より着物より、足をうつくしく、足もとをすずやかにという風俗が、根強く受継がれていた。それにきよの足はほそく、指がすんなりして、かかとが丸かった。細身で、すこし粋好みな下駄がよく似合うのだった。といっても買える範囲のものは、せいぜいが中の下という級の品だが、それでも*と見こう見して、喜びにあふれてえらぶ。はな緒は紫蘇《しそ》むらさきが好きだった。

隣町に品が豊富で、応待の静かな店があった。品が多いから選《えら》みがきいて、買いやすい。きよはいつもわざわざそこへいく。ある日、そこにその青年がいた。どこの店でも中級品以下は、主人でなく店員が扱う。その人は一度できよの好みをおぼえてくれ、二度目に行った時には、黙っていたのにはな緒の締めぐあいを、ぴたりにしてくれた。それは買物のよろこびを倍にもした。こころよい買物だった。
はたち、二十一。きよの財布は相変らず普段ばきしか買えず、その人も相変らず下働きをつとめて、控え目だった。

七月、うらぼん。この月と十二月には毎年、母と弟たちへ中元のしるしに、新しい下駄をおくる。自分のもまぜて四足のはな緒をすげるのを待つ間に、ふと見るとそこに*繁柾《しげまさ》というか、*糸柾というか、みごとな女物がでていた。思わず手にとって、見惚《ほ》れた。一分置きほどの間隔に、すうんと素直に、まっす

問五　傍線③「自分の存在価値は無に等しいとさえ感じられてしまいます」とあるが、どのようなことか。その説明として最も適当なものを次の中から一つ選び、記号で答えなさい。

イ　近しい家族や友だちといった周囲の人々の考え方を、幼少の頃から絶対的なものだと信じてきたため、その価値観に沿った行動が取れないのであれば、他者から承認されず、自分自身が生きている意味を感じられなくなってしまうということ。

ロ　自分の属する人間関係が世界のすべてであると感じられる環境では、周囲の人々に承認されなかった途端に、他者から蔑まれても仕方ない存在であることが確定するため、自分には何の取り柄も無いと考えてしまうということ。

ハ　現代では人間関係が閉鎖的な小集団内で完結するようになったことから、承認の対象が身近な人々だけに狭まったうえにそれらが修正される機会がないため、周囲からの承認が得られなければ、集団から疎外されてしまうということ。

ニ　社会共通の価値観が曖昧になった現代において、誰もが何を尊重すれば良いのか分からない状態が生まれたため、本来尊重されるべき個人の人権が無視され、閉鎖的な人間関係内においても存在が承認されなくなってしまうということ。

問六　傍線④「承認の基準が不透明なこの時代」とあるが、このような時代になったのはなぜだと筆者は考えているか。その理由として最も適当なものを次の中から一つ選び、記号で答えなさい。

イ　現在では家族の価値観が反映された幼児期の自己ルールが成長してからも修正されないことが多々あり、各自が自己ルールを絶対だと考えているために、統一的な価値基準を設けようともしないから。

ロ　いくら価値観が多様化してきているとはいえ、自分とは異なる価値観を認めるということは、自分の行為や存在を否定することにもつながりかねない、という危機感が広まっているから。

ハ　日常のなかで、困難を抱えている人の手助けをするなどの良いことをしたとしても、人々のなかで当たり前だと共通了解されているようなことでは評価されず、承認されたことにはならないから。

ニ　現代において人々の価値観はますます多様化し、どのような行動に他人から認められる価値があるのか、誰にも判断できなくなるほど、統一的な価値基準は見えにくくなってしまっているから。

問七　傍線⑤「自由と承認が両立する道」とあるが、ここでの「承認」とはどのようなものか。本文中の語句を用いて六十字以内で説明しなさい。

問一　次の段落は本文中から抜き出したものである。どこに入れるのが最も適当か。直前の段落の最後の十文字で答えなさい（句読点、記号を含む）。

権威的人物におもねり、へつらい、自分より立場の弱い人間は蔑《さげす》み、徹底的にいたぶる、という人間は、残念ながらどこにでもいます。

問二　傍線①「空虚な承認ゲーム」とあるが、その具体例として当てはまらないものを次の中から一つ選び、記号で答えなさい。

イ　大学の友人が高級ブランドのバッグを誕生日に恋人からプレゼントされたことを自慢していたので、自分も友人に負けまいと、同じブランドでより値段の高いバッグを誕生日プレゼントとして彼氏に買ってもらい、キャンパスに持っていくことにした。

ロ　受験が近づいてきた三年生の秋、道徳の授業内で鑑賞した映画の感想を書く機会があり、先生には「考えたことを素直に書きなさい」と言われたが、コメントシートに氏名を記す必要があったため、先生に好まれそうな内容を書いて提出することにした。

ハ　数十人のフォロワーしかいなかったＳＮＳのアカウントを成長させ、数万人からフォローされるようになった現在では、美食という同じ趣味をもつインフルエンサーに負けないように、より多くの「いいね」が得られそうなお店を選ぶようになった。

ニ　他校との交流試合で、キャプテンである自分よりも実力が勝っている後輩が大量得点を果たしたので悔しい思いをしていたところ、彼が掃除をせずに遊びに行くといった傲慢《ごうまん》な行動を繰り返すようになったため、部員全員の前で最近の彼の態度を叱責した。

問三　傍線②「自分のほうが価値のある人間だと周囲に見せたがる」とあるが、なぜか。三十字以内で説明しなさい。

問四　空欄［Ｘ］に当てはまる最も適当な語を自分で考え、漢字二文字で答えなさい。

いうことです。これは「存在の承認」を与えることに他なりません。「存在の承認」に、価値のある行為をしたかどうかは関係ありません。その人がどのような行為をしようと、どのような考え方をしようと、他人の迷惑にならないかぎりは認める、ということなのです。

「存在の承認」が保証されれば、私たちは自由に生きることができます。あるがままの自分が否定されないのですから、それも当然のことでしょう。だから、「存在の承認」は自由の承認でもあるのです。そこに自由と承認の葛藤はありません。自由と承認の葛藤は、自由と「行為の承認」の葛藤であり、自由な行為に対する価値評価が問題になるときにのみ、顕在化するのです。

相互に自由を認め合い、「存在の承認」を保証し合うためには、一定のルールが必要になります。それは、個人の自由を侵害しないためのルールであり、他人に迷惑をかけない、傷つけない、といったような、誰もが納得できるようなルールでなければなりません。

このようなルールを措定するには、一定の価値基準を共有している必要があります。これは多様な価値観を認め合うことと矛盾するように思えるかもしれません。しかし、生き方や思想、信条、ライフスタイルなどの価値観が異なっていても、善悪に関わる価値については、必ず一定の共通了解が可能です。たとえば、人間は自由を求める存在であり、他人の迷惑にならないかぎり、誰もそれを邪魔したり批判することはできない、困っている人、苦しんでいる人は助けるべきだ、といったような考え方、価値判断は、たとえ文化や生き方、思想・信条が異なっていても、ほとんどの人が納得するでしょう。こうした価値の共有に基づいたルールは、大勢の人が望んでいること、みんなの意志として共通了解されるはずなのです。

*ルソーはこうしたみんなの意志のことを、「一般意志」と呼んでいます。民主主義社会の基本は、お互いの自由を尊重し、侵害しないためのルールを決めるところにあります。自由を守るためのルールがなければ、それぞれが自分勝手な自由を主張し、他人の自由や迷惑など考えずに行動し、社会は混乱してしまうでしょう。そのルールの基準となるのが「一般意志」なのです。このようなルールの基本にある価値観の共有は、ただ自由を守り、「存在の承認」を保証するだけでなく、認められるための行為の価値基準を明確にし、「行為の承認」の可能性を広げてくれます。

他人に迷惑をかけないことは当然であり、ルールを守っただけなら、特に評価されることはありません。しかし、困っている人を助けたり、苦しんでいる人を慰めれば、相手に感謝され、周囲の人たちにも称賛されるでしょう。これは、倫理的な行為の価値が認められたわけですから、「行為の承認」が充足された状態です。また、陰ながら誰かを助けた場合、相手はこちらの善意に気づかないし、周囲も知らないので誰もほめてくれません。しかし、自分でその行為の価値を理解していれば、「自分はよいことをしている、役立っている」と信じることができます。「どんな人でも〝よい行為〟だと認めるはずだ」と確信できれば、普遍的自己承認が得られるのです。

したがって、この共有された価値基準に沿った行動は必ず評価されますし、「行為の承認」を得ることができます。もちろん、ルールを守っただけではなかなか評価されませんが、積極的に困っている人を助ければ、たいていの人は称賛するでしょう。つまり、価値観が多様化し、④承認の基準が不透明なこの時代にあっても、この善悪の基準に沿った道徳的な行為だけは、承認される可能性が高いのです。

価値観の多様化と自由への道は、一見すると、承認への欲望と矛盾し、自由と承認の葛藤、承認不安の増大は必然のように見えます。自由への欲望を満たせば承認への欲望が満たされず、承認を満たすには自由を犠牲にするしかない。そう思っている人も多いでしょう。しかし、ルソーやヘーゲルが構想した民主主義社会の原理には、⑤自由と承認が両立する道が、承認不安を緩和し、自由に生きるための道が示されているのです。

（山竹伸二『ひとはなぜ「認められたい」のか』）

注　ヘーゲル　……　ドイツの哲学者。一七七〇—一八三一。
　　ルソー　……　フランスの哲学者。一七一二—一七七八。

二　次の文章を読んで、後の問に答えなさい。問題作成上、一部改変している部分があります。

周囲の人々に認められるためには、彼らにとって価値のある行為が必要であり、その行為の基準となる価値観を理解していなければなりません。しかし、価値観が多様化した現代では、統一的な価値基準がなくなっているため、多くの人が、どのような行動に価値があるのかがわからず、認められるための指針を見出せないでいます。

認められるための価値基準を失った人々は、強い承認不安に煽《あお》られ、身近な人々の言動に左右され、同調行動に駆られやすくなりました。しかしそのような行為は、とりあえず批判を免《まぬか》れ、かりそめの承認を維持することはできても、自分の存在価値に自信をもつことはできません。

最初にこの傾向が強まるのは、小学校の高学年、中学生ぐらいの思春期です。この時期は自意識が高まり、自分の存在価値にも強い関心を向けるようになるため、承認不安に駆られた行動、①空虚な承認ゲームが目立ってきます。まだ自分なりの信念も価値観もできていない時期なので自己承認も難しく、他人の承認に左右されやすいのです。

またこの時期は、勉強でもスポーツでも優劣を競う場面が多いため、自分の価値は他人より上なのか下なのか、やたら気にするようになります。成績、行いがよければ、大人に認められ、周囲の称賛を得ることができるのですが、そうでなければ承認不安、自己否定感が強くなるでしょう。

こうした承認不安から、他の子の価値を貶《おとし》めることで、②自分のほうが価値のある人間だと周囲に見せたがる子もいます。趣味のあう仲間とグループになり、他の子たちを見下したり、横暴な態度をとることで、自分の属するグループのほうが優れている、と思いたがるのです。

そうした人間にとって、自分の属する閉鎖的人間関係だけが世界のすべてであり、その他の多様な価値観の世界に目を向けることはできません。彼らは自分の役割、価値が保証された世界の中で、上の人間に追従し、下の人間を蹴落とすことで、自己価値を守ろうとします。同じような人間が集まることで、自分の承認不安にも自己ルールの歪《ゆが》みにも気づかないまま、やがては犯罪にさえ手を染めてしまうのです。

閉鎖的な小集団における忖度《そんたく》、同調行動、差別、ハラスメントは、承認の対象が身近な人々だけに向かい、多様な人々の承認を無視するようになったことを示しています。社会共通の価値観が曖昧《あいまい》になったため、社会の承認、見知らぬ人々の承認は、あまり気にならなくなっています。そのような人は、自分の属する集団の承認以外に興味はなく、身近な人々の価値観だけが重要だと思っているのです。これは、価値観の多様化と個人主義が広まった結果でもあります。

本来、家族の価値観が反映された幼児期の自己ルールは、小学校などでさまざまな子に出会い、よその家の価値観や社会のルールを知ることで［X］化され、修正されていくのが望ましいのですが、現在は、「よそはよそ、うちはうち」という考えが強く、似たような価値観の家族同士、友だち同士で固まりやすく、そうした身内の承認だけが重要になっています。その結果、自己ルールを自分なりに修正する力、多様な価値観を受容する感度が、育ちにくくなっているのです。

このような状態が長く続けば、身近な人間関係の価値観にしか目を向けなくなり、そこから脱け出せなくなるでしょう。その集団以外の考えや承認は目に入らないため、そこで承認されなければ、③自分の存在価値は無に等しいとさえ感じられてしまいます。そのため、怯《おび》えながら同調する人もいれば、マウントをとったり、特定のメンバーをいじめることで、自分の価値が上だと錯覚する人もいます。

どれをとっても、承認不安がいびつな形で現れているのです。

*ヘーゲルはお互いの自由を認め合うことを民主主義社会の基本原理に据えましたが、それは個人の生き方や考え方を認めあうということであり、価値観の多様化を肯定することを意味します。

また、個人の自由を認めるということは、その人がどのような価値観、ライフスタイルであっても受け入れるということ、あるがままの存在を承認すると

二〇二三年度 朋優学院高等学校（一般三回）

【国 語】〈五〇分〉〈満点：一〇〇点〉

一 次の各問に答えなさい。

㈠ 次の各文の傍線部のカタカナは漢字に直し、漢字はその読みをひらがなで答えなさい。**楷書で丁寧に書くこと。**

問一 メディアによって形成された世論にゲイゴウする。

問二 彼は私との間にカコンを残したまま消息を絶った。

問三 成績がカンバしくない。

問四 新しい法律がシコウされる。

問五 心の内奥は誰にも明かさない。

㈡ 次の各文の傍線部の意味として最も適当なものを次の中からそれぞれ一つずつ選び、記号で答えなさい。

問一 制服自由化についての議論が煮詰まってきたため、多数決による投票を行うことになった。

イ 新しい意見が全く出ないほど停滞してきた

ロ 結論を出せるほど成熟してきた

ハ 話し合いが成立しないほど紛糾してきた

ニ 収拾がつかないほど混乱してきた

問二 怒っている先生に対して差しさわりのない返事をした。

イ 礼儀深い　　ロ 支障のない

ハ 思いやりのない　　ニ 反発するような

英語解答

1 A　1…③　2…②　3…③　4…④
5…①　6…②　7…③

B　1…②$_{8}$　2…①$_{9}$　3…④$_{10}$
4…②$_{11}$　5…③$_{12}$

2 1　13…⑥　14…①
2　15…②　16…①
3　17…④　18…②
4　19…②　20…⑥
5　21…④　22…⑥

3 A　④$_{23}$　B　①$_{24}$　C　①$_{25}$
D　③$_{26}$　E　①$_{27}$　F　②$_{28}$
G　①$_{29}$，⑤$_{30}$，⑥$_{31}$，⑧$_{32}$
H　(例)つながりをつくれる場所がたくさんあり

4 A　①$_{33}$

B　1…②$_{34}$　2…①$_{35}$　3…③$_{36}$
4…④$_{37}$　5…②$_{38}$
6　②$_{39}$→③$_{40}$→④$_{41}$→①$_{42}$

C　43…④　44…③

5 1　It took eight hours to get to London.
2　Why don't we take a trip in 〔this/next〕 January?
3　How well my uncle speaks French!

6 1　正解…②　訂正後…tired
2　正解…③　訂正後…come
3　正解…②　訂正後…to get
4　正解…④　訂正後…go

数学解答

1 (1)　$4a^6$　(2)　$b=\dfrac{2}{l-3m-2a}$
(3)　600　(4)　$\dfrac{9m+12n}{m+n}$%
(5)　41°　(6)　$\dfrac{8}{9}\pi$

2 (1)　毎分13L　(2)　6分間

3 (1)　(4，8)　(2)　$\left(-\dfrac{1}{2},\ \dfrac{7}{2}\right)$

4 (1)　$\dfrac{3}{2}$　(2)　$\dfrac{32}{75}$

5 (1)　秒速$\sqrt{2}$cm　(2)　$60-\dfrac{3\sqrt{3}}{2}$秒後

6 (1)　$\dfrac{1}{12}$　(2)　$\dfrac{3}{4}$　(3)　$\dfrac{19}{72}$

7 (1)　木曜日　(2)　月曜日
(3)　9月，12月

国語解答

一 (一) 問一 迎合 問二 禍根 問三 芳
問四 施行 問五 ないおう
(二) 問一…ロ 問二…ロ

二 問一 と思いたがるのです。
問二 ニ
問三 自分の存在価値に自信が持てずに，他人の承認を求めるから。(28字)
問四 相対 問五 イ 問六 ニ
問七 他人からの承認が得られずとも，誰もが共有している善悪の基準に沿った行動をとることで得られる自己承認。(50字)

三 問一 ハ 問二 ハ
問三 おそらく根〜い材だった
問四 イ
問五 昔はふしあわせな環境で我慢しながら生活する自分の心の支えになっていたが，時を経て今は，その当時を懐かしく思い出す物である。(61字)
問六 ぴたりにしてくれた。
問七 ニ

四 問一 ニ 問二 C 問三 ロ
問四 射貫いたはずの赤い単衣が木を登ったという男の話を聞き，わけもわからないことだと気味が悪くなり，恐れている様子。
問五 ニ 問六 ハ

2022年度 朋優学院高等学校(一般１回)

【英　語】（60分）〈満点：100点〉

注意 1 ～ 51 はマークシートの解答欄にマークしなさい。

■リスニングテストの音声は，当社ホームページで聴くことができます。(実際の入試で使用された音声です)
再生に必要なユーザー名とアクセスコードは「収録内容一覧」のページに掲載しています。

1

リスニングテスト

このリスニングテストには、AとBの２つのパートがあります。英文は一度だけ読まれます。

パートA

対話を聞き、その最後の文に対する応答として最も適切なものを選択肢より一つ選ぶ形式

例　題

次のような英文が聞こえてきます。

"Hi, Jamie."
"Hi, David. Long time no see."
"Yeah, how have you been?"

そして、例題の解答の選択肢は以下のように問題冊子に書かれています。

① Yes, I have some.
② I've been good.
③ Thanks. You too.
④ I've been abroad.

例題の正解は② I've been good. です。

1.　① I wanted to practice more.　　1
② Because it is a difficult language.
③ I've just started learning it at school.
④ I lived in Canada when young.

2. ① I really enjoyed it. 2

② We drove there.

③ It was not that expensive.

④ I didn't like them at all.

3. ① Yes. I'll buy a new one for you. 3

② Yes. I'll bring it tomorrow.

③ Yes. It's in my backpack.

④ Yes. It's kind of you.

4. ① Oh yeah, that's right. You already told me. 4

② I also like walking to the store.

③ Yeah, you did a good job.

④ I don't know what it is.

5. ① Sorry, I didn't have any here. 5

② We can get it after dinner.

③ All the stores nearby sell it.

④ I'm not sure where it was.

6. ① I know, but I have no other choice. 6

② I think so, too.

③ Yes, it isn't.

④ I think he is nice.

7. ① Yeah. That movie was interesting. You should see it. 7

② That movie is about basketball and its history.

③ OK. I hope you'll like the movie.

④ That's a great idea! What time do you want to meet at?

8. ① Thank you. It is the one I wanted. 8

② Thank you. It is black with white dots.

③ Thank you. I'll pick it up later.

④ Thank you. I don't need it any more.

9. ① Of course. I did. They also said hello to you. 9

② Yes, I could. We are excited to talk to you.

③ Sure, I will. They will be disappointed.

④ Not at all. We'll invite you again some time.

パートB

英文を聞き、その質問に対して最も適切な答えを選択肢より一つ選ぶ形式

例　題

次のような英文が聞こえてきます。

The alarm clock went off at 6:00, and then my mother came into my room to wake me up, but actually I got up at 6:30. I left home about 7:00 and arrived at my school at 8:00.

さらに、次のような英文が聞こえてきます。

Question: How long did it take from home to the school?

そして、例題の解答の選択肢は以下のように問題冊子に書かれています。

① For about two hours.
② For one hour and a half.
③ For about one hour.
④ For half an hour.

例題の正解は③ For about one hour. です。

1. ① 88. 10

② 74.

③ 48.

④ 40.

2. ① She plays soccer with them. 11

② She plays tennis with them.

③ She jogs with them.

④ She goes golfing with them.

3. ① They go to different high schools. 12

② Miranda has shorter hair than Amanda.

③ Their friends cannot tell who is who.

④ Their personalities are different.

4. ① Because she had to visit France several times. 13

② Because she loved French films.

③ Because she is interested in French food.

④ Because she wants to graduate from college.

※＜リスニングテスト放送原稿＞は英語の問題の終わりに付けてあります。

2 [14]～[19]に入る最も適切なものを①～④よりそれぞれ一つ選びなさい。

1. When I lived in Hokkaido, I would often go skiing with my family, but I [14] only once since I moved to Tokyo.

① have skied ② haven't skied ③ skiing ④ will ski

2. "How [15] does the bus for Niagara Falls leave?" "Five times a day."

① far ② long ③ many ④ often

3. Judy is sad to find that only [16] friends are coming to her birthday party.

① a few ② a little ③ lots of ④ many

4. Leap Year (*Urūdoshi*) comes around [17] four years.

① all ② between ③ by ④ every

5. His careless driving resulted [18] the accident.

① about ② by ③ in ④ to

6. The waiter asked me [19] I would like some coffee.

① that ② if ③ what ④ which

3 各語を並べかえて最も適切な文を完成させ、[20]～[29]に入るものをそれぞれ一つ選びなさい。

ただし、文頭にくるものも小文字で書いてあります。

1. That is ＿＿ [20] ＿＿ [21] ＿＿ ＿＿ this town.

① any ② higher ③ in

④ other ⑤ than ⑥ tower

2. I am ＿＿ [22] ＿＿ ＿＿ [23] ＿＿.

① cold ② drink ③ for

④ looking ⑤ something ⑥ to

3. These days some companies have ______ [24] ______ ______ [25] ______.

① a ② new ③ of

④ started ⑤ style ⑥ working

4. ______ [26] ______ ______ [27] ______ decided to stay at home.

① hard ② I ③ it

④ rained ⑤ so ⑥ that

5. ______ ______ [28] ______ ______ [29] Ken now?

① baseball ② brother ③ is

④ playing ⑤ with ⑥ your

4 下記の英文を読み、以下の問いに答えなさい。

The Japanese television series *Tiger and Bunny* started in 2011 as an advertiser's dream. Cartoon superheroes do good deeds* partly so they can wear costumes with company names on them. A character named Wild Tiger wears a suit printed with the names of S.H. Figuarts (a Japanese toy company) and a media company named SoftBank. Other characters wear suits with labels for the Bandai game company, Pepsi soft drinks, and the food company Calbee. [30] No sponsor is linked with any bad guy because that would go against the branding message.

The sponsors of *Tiger and Bunny* depend not on commercial breaks but on product placement — inserting* products into the show's plot* and setting. A brand is the set of images that arise when the name of a company or product is mentioned*. In *Tiger and Bunny*, a company name symbolizes* the doing of good deeds, and this builds a great brand image. The sponsors believe that they can make large income* by linking their brands to nice characters. For TV networks and movie companies, product placement is great [a] it costs very little while earning large income to help subsidize* their shows and films.

Product placement can take many forms. In *Tiger and Bunny*, it is apparent. In other cases, (1) it is a little. The product doesn't even have to fit the theme of the show. [31] He gets into his car, a Honda, and then answers his Nokia cell phone. Each product is part of the background, not a main part of the movie. In the viewer's mind, the product is seen as the normal thing to use.

Companies may turn to product placement to reach consumers at unusual times. A business can't stop a movie at a theater to show commercials. To a company, this is a wasted opportunity. Hundreds of customers are sitting together, all their eyes focused on a screen for nearly two hours, and no one is thinking about the company's products. How can the company change that film into a medium that carries product messages? [32] If the film is good, viewers will equate* its high quality with (2) <u>that</u> of the product.

In any case, viewers are unlikely to shut a placed product out of their consciousness*. This helps solve a long standing problem for advertisers — getting [b] to watch. Since the early days of television, viewers have walked away from their TVs during commercials, and newer technologies have made ad-skipping even easier. With digital video recorders (DVRs), people can record TV shows to watch later. A survey found that 53% of households in the United States with DVRs really skipped commercials. Many viewers now watch TV on their smartphones, which have a lot of "distraction* media" like music and games. [33]

Showcasing products is not free. In 2009, spending on product placement was $6.25 billion worldwide. More than half of that — $3.7 billion — was by U.S. companies. Spending on product placement may be a better use of money than buying ordinary advertising. [34] For that amount of money, a product could get placement in an average TV show for three or four years.

Evidence suggests that product placement can really work. The first *Transformers* movie, about robots that could change into cars and trucks, featured a yellow sports car called the Camaro. Sales of Camaros had fallen off, and the Chevrolet car brand was not sure whether to keep producing them. Then came the *Transformers* movie. David Caldwell, an official at Chevrolet, says that Camaro sales have been increasing since the movie came out, and 10% of buyers have bought yellow ones. Product placers, however, should not guess that viewers will always react positively. In Australia, the first season of a TV series called *The Block* helped increase the sales of Black & Decker tools, which are often used in the series. [c], the second season had too much placement. It lost many viewers who then thought of the show as just one long commercial.

deed(s)　行為　　insert(ing)　～を挿入する　　plot　（小説などの）筋
mention(ed)　～に言及する　　symbolize(s)　～を象徴する　　income　収入
subsidize　～を助成する　　equate　～を同等とみなす　　consciousness　意識
distraction　気をそらすもの

A.　空所[30]～[34]に入る英文として最も適切なものを①～⑤よりそれぞれ一つ選びなさい。

① One study showed that when a commercial came on, 73% of people watching the show online switched to some form of distraction media.

② The average cost of a 30 second commercial on a U.S. TV network is $175,000, so 10 minutes commercial for a product would cost $3.5 million.

③ A movie or TV character might check email on an Apple computer and then sit at a breakfast table with a box of Kellogg's Corn Flakes.

④ Each corporate sponsor of the show links with one of the heroes.

⑤ The logical way is to put a soft drink, or car, or refrigerator into the movie.

B.　空所[　a　]に入る最も適切なものを①～④より一つ選びなさい。　[35]

① which　② but　③ because　④ or

C.　下線部(1)の指すものとして、最も適切なものを①～④より一つ選びなさい。　[36]

① product placement　② *Tiger and Bunny*　③ a movie　④ large income

D.　下線部(2)の指すものとして、最も適切なものを①～④より一つ選びなさい。　[37]

① the message　② the way　③ the film　④ the quality

E.　空所[　b　]に入る最も適切なものを①～④より一つ選びなさい。　[38]

① commercials　② advertisers　③ TVs　④ consumers

F.　空所[　c　]に入る最も適切なものを①～④より一つ選びなさい。　[39]

① So　② However　③ Therefore　④ For example

G.　本文の内容と一致するものを①～⑧より四つ選びなさい。(順不同)　[40]～[43]

① Characters in *Tiger and Bunny* wear clothes with company names on them.

② S.H. Figuarts and SoftBank are characters in the *Tiger and Bunny* show.

③ Product placement occurs mostly during commercial breaks in a TV show.

④ Company products are often placed in the background of a show.

⑤ DVRs are a problem for advertisers because they let viewers skip commercials.

⑥ Producers of shows pay companies for the right to place their products.

⑦ Spending on product placement in the U.S. is about five times higher than spending worldwide.

⑧ The first *Transformers* movie included a yellow Camaro car.

5 下記の英文を読み、以下の問いに答えなさい。

More than anything in the world, Prince Llywelyn loved to hunt. When he was ready for the hunt, he would stop by the castle gate and blow his hunting horn. All his hounds* would come running, and fastest and most willing of all was his favorite hound, Gelert. This hound had been a gift from the prince's father-in-law*, King John. The prince loved the hound because, although he was brave as a lion when hunting, he was the gentlest creature at home, and was especially fond of the prince's young son, still a baby in arms.

The dog would always come to his master's orders and was usually the first to smell a deer and lead the hunters to their quarry*. Few were the days when they returned home without venison* for the prince's table when Llywelyn went hunting with Gelert.

One morning Llywelyn waited by the castle gatehouse and blew his horn to call his hounds as usual. All the hounds came running to the call except for* Gelert. Llywelyn was surprised, for this rarely happened, so he sounded the horn once more, but still Gelert did not appear. In the end, they gave up their wait and Llywelyn rode off without his favorite hound.

That day they had poor hunting. They rode far, but the few deer they saw managed to escape, and Llywelyn and his men went home empty-handed. The prince felt that it was because he did not have his best hound with him, and he was angry when he returned to the castle. As he approached the gatehouse, his favorite hound came running towards him. At first Llywelyn was overjoyed. But then, as the dog grew near him, he saw that the animal's nose and mouth were dripping* with blood.

The prince was confused, but a terrible feeling came to him. He thought of his young son, just one year old, and how Gelert loved to play with the child. Perhaps the dog harmed the child! Quickly, the prince jumped up the stairs to the nursery.

When he got to his room, his fears were confirmed*. The baby's basket lay upset on the floor, and there was no sign anywhere of Llywelyn's son. He looked more closely, and there was blood on the cradle*. Surely the dog had killed his child. In a great hurry, the prince searched for his son, but he could only find more patches of blood and signs of a struggle. He turned to Gelert and said, "Monster! You have killed and eaten my son." The prince drew his sword right away and plunged* it into the hound's side. The dog cried in [50] and died, looking as if* in wonder at his master's face.

As Gelert cried, a small, pitiful cry came from somewhere on the other side of the room. Straight away, Llywelyn realized his fatal* mistake. He moved across the room and looked beneath the baby's basket. Sure enough, there was his baby son, unharmed, and waking from sleep. Beside the child was the body of a great wolf, its flesh torn and bloodied*. Gelert had not killed the boy but had stood guard and protected him from the wolf. The prince hung his head in [51] and shame.

Llywelyn knew he could do nothing to bring his faithful hound back to life. He took Gelert's body out of the castle walls and carried him to a spot where the peak of Snowdon* could be seen. Here they made his grave, and when the hound had been buried with due ceremony*, the prince put a pile of stones over the burial* so that all would know the spot.

Ever since, the place of the hound's burial has been called Beth Gelert, the Grave of Gelert. If somebody asks about the grave, the locals always tell the story, so that every visitor shares a little of the prince's regret for his hound. As for Llywelyn, it took a long time for him to enjoy the hunt again.

hound(s)　猟犬　　father-in-law　義父　　quarry　獲物　　venison　鹿肉
except for　〜を除いては　　drip(ping)　したたる　　confirm(ed)　〜を裏付ける
cradle　ゆりかご　　plunge(d)　〜を突き刺す　　as if　あたかも〜かのように　　fatal　致命的な
flesh torn and bloodied　肉が裂けて血まみれになった　　Snowdon　ウェールズの山の名
due ceremony　正式な式典　　burial　墓・埋葬

A.　以下の問いに対する最も適切なものを①〜④よりそれぞれ一つ選びなさい。

1.　Which of the following is **NOT** given as a reason why Prince Llywelyn loved Gelert?　[44]

① Gelert was fearless in hunting.
② Gelert was very good-natured.
③ Gelert was Llywelyn's son's favorite.
④ Gelert was friendly to Llywelyn's son.

2.　When Llywelyn went hunting with Gelert, [45]

① he never failed to bring back food for his meals.
② he rarely failed to bring back food for his meals.
③ he sometimes failed to bring back food for his meals.
④ he often failed to bring back food for his meals.

3.　When Llywelyn saw blood dripping from Gelert's mouth, [46]

① he felt sick.
② he got angry straight away.
③ he shot the dog then and there.
④ he did not understand the situation at first.

4. Which of the following was Llywelyn's fatal mistake? 47

① He didn't take Gelert for hunting that day.

② He left his baby alone in the nursery.

③ He thought the wolf had killed his baby.

④ He killed Gelert from his misunderstanding.

5. Which of these feelings did Llywelyn **NOT** have when he found the truth about Gelert? 48

① He was sorry that he did not thank Gelert for saving his son.

② He was sorry that the wolf almost killed his son.

③ He was sorry that he did not believe in Gelert's faithfulness.

④ He was sorry that he would not see Gelert any more.

6. After Gelert's burial, 49

① Llywelyn never hunted again.

② Llywelyn never enjoyed the hunt again.

③ Llywelyn began to enjoy the hunt again after a long time.

④ Llywelyn began to enjoy the hunt shortly.

B. 空所 50 ・ 51 に入る最も適切なものを①～⑥よりそれぞれ一つ選びなさい。

① fear　② danger　③ regret

④ pain　⑤ memory　⑥ anger

以下の問題はマークシートの裏面に解答すること。

6 以下の日本語を英語に訳しなさい。その際、(　　)内の語を与えられた形で、並んでいる順番のまますべて使い、指定された語数で答えなさい。

＊解答用紙の所定の欄に合うように記入すること。

＊ピリオドなどの記号は語数に数えない。

＊ピリオドなどの記号が適切に用いられていない場合、採点の対象外とする。

＊短縮形（例：don't）は1語とする。

＊算用数字は用いないこと。

＊指示を守っていない答案は採点の対象外とする。

問題例：ヒロの弟は高校生ですか。(Is / a / high) [7 語]

解答例：

1 Is	2 Hiro's	3 brother	4 a	5 high	6 school
7 student?	8	9	10	11	12

1. あなたは次の二月に何をする予定ですか。(are / do / next) [8 語]

2. 彼は土曜日までに宿題を終わらせなければいけなかった。(to / his / by) [8 語]

7 下線部①～④のうち文法的・語法的に誤っているものを一つ選び、番号をマークしなさい。また、**選んだ箇所全体**を訂正しなさい。

問題例： Are ①your a ②high ③school ④student?

正解　： ①

訂正後： you a

解答例：

7

	正解				訂正後
1	❶	②	③	④	you a

1. The ticket ①that ②you bought it ③a week ago is now ④a little more expensive.

2. To ①tell the truth, I don't like ②this skirt very much. Can I ③see ④other?

3. Excuse me, ①but ②would you be kind ③much to carry my bag ④to my room?

4. ①The number of ②elderly people ③all over the world ④are growing.

<リスニングテスト放送原稿>

A 問題

1.

Your English is perfect.
Thank you.
How do you speak English so well?

2.

What did you do during the winter vacation?
I went snowboarding with my cousins.
How did you like it?

3.

Emma, I need your help.
What's wrong, Danny?
Can I borrow your cell phone battery today? Mine is missing.

4. <効果音（駅の雑踏）>

Hey, Bill!
Oh, hi Sophia! I didn't expect to see you here!
I started working part-time at a convenience store in this station last week.

5.

I'll cook miso soup tonight.
Sounds good.
Where can I get miso around here?

6.

Olivia. You look pale.
I stayed up all night doing my homework, but I haven't finished it. I'm thinking of asking Mr. Green to give me two more days.
I don't think that's a good idea.

7.

What's your plan for tomorrow, Gianna?
I haven't had any plans so far. How about you, Andrew?
Well, if you have nothing special to do, would you like to go to the movies with me?

8. <効果音（電話）>

This is Nakanobu Public Library. How can I help you?
Hello. I think I left my umbrella there yesterday. I was studying on the third floor.
OK. We can check the area. Can you tell me more about the umbrella?

9.

Zack, I'm sorry, but I don't think I can come to your house tonight.
Oh, that's too bad. My family was looking forward to seeing you again.
Could you say hello to them for me?

B 問題

1.

Takashi has moved to Shikoku and his goal is to visit the 88 famous temples there. Last year he visited 40, and he is planning to go to the rest this year.

Question: How many temples in Shikoku will Takashi **PROBABLY** visit this year?

2.

My family loves exercising. My parents jog for an hour before breakfast. My sister and I play soccer or tennis after school. All of us enjoy golf together on Sundays.

Question: What does the speaker usually do with her parents?

3.

Amanda and Miranda are twins. They go to the same high school and are both members of the baseball team. They look alike, but Amanda has shorter hair than Miranda, so their friends are now able to tell who is who. Also, they have very different personalities. Miranda takes everything too seriously and Amanda is easy-going.

Question: Which is true about the twins?

4.

Kaori started learning French when she first visited Europe in college. To learn the language, she watched a lot of French films and she loved them. She has continued to study French even since graduating from college because she is now very much interested in French cooking. She has been to France several times, so her spoken French has improved greatly.

Question: Why does Kaori still study French?

【数　学】（50分）〈満点：100点〉

注意　定規，コンパス，分度器を使用してはいけません。

1　次の各問いに答えよ．

(1)　$2\sqrt{5}\times\frac{1}{\sqrt{2}}-2\sqrt{2}\div\sqrt{\frac{16}{5}}$ を計算せよ．

(2)　$(-3x^4y^2)^2\div\left(-\frac{3}{2}x^2y\right)^3$ を計算せよ．

(3)　$a=2\sqrt{3}+3$，$b=2\sqrt{3}-3$ のとき，$a^3b^2-a^2b^3$ の値を求めよ．

(4)　$\sqrt{735n}$ が整数となるような正の整数 n のうち最小のものを求めよ．

(5)　4.8 km の道のりを初めの 1.2 km は分速 250 m で走り，残りの道のりは時速 12 km で走った．かかった時間は何分何秒か求めよ．

(6)　8 %の食塩水と 12 %の食塩水を 3：1 の割合で混ぜたとき，何%の食塩水ができるか求めよ．

2　次の各問いに答えよ．

(1)　右の図において，線分 AB は点 O を中心とする円の直径であり，点 D は円周上の点 C における円の接線と直線 AB の交点である．$\angle$BAC$=35^\circ$ のとき，$\angle x$ の大きさを求めよ．

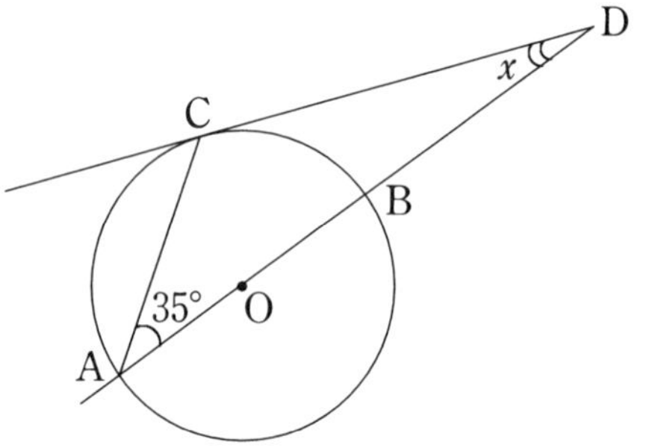

(2)　右の図のように，線分 AB を直径とする半円がある．点 O は AB の中点であり，点 C，D は $\angle$AOC$=100^\circ$，$\angle$COD$=40^\circ$ となるような半円上の点である．AB$=6$ のとき，線分 AD，CD と弧 AC で囲まれた斜線部分の面積を求めよ．ただし，円周率を π とする．

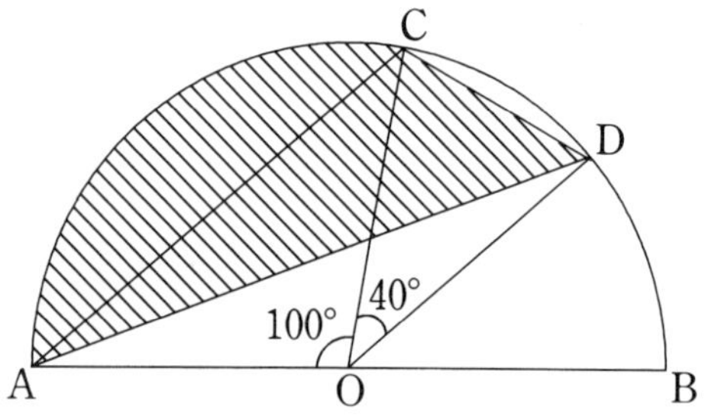

3 箱の中に x 個の球がある．まず A さんがその中から y 個の球を取り，その後 B さんが残った球の $\frac{1}{3}$ を取ったところ，箱の中には 198 個の球が残った．次の各問いに答えよ．

(1) 箱の中に残った球の個数 198 を，x と y を用いて表せ．

(2) A さんと B さんが取った球の個数が等しいとき，x の値を求めよ．

4 右の図のように，関数 $y=x^2$ のグラフと直線が 2 点 A，B で交わっている．この直線の y 軸との交点を C とし，B から x 軸へ引いた垂線と x 軸との交点を H とする．このとき，A の座標は $(-2,\ 4)$，AC : CB = 1 : 2 であった．

次の各問いに答えよ．

(1) C の座標を求めよ．

(2) 直線 AH と $y=x^2$ のグラフの交点のうち，A でない点を D とする．このとき，△ADB の面積を求めよ．

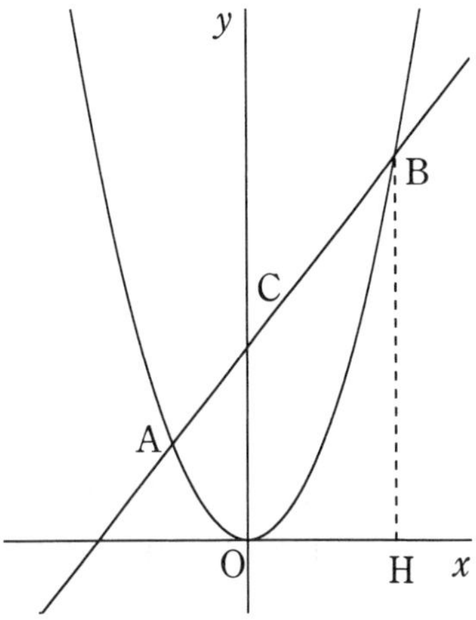

5 右の図のように，∠BAC＝90°，AB＝a の扇形 ACB と ∠CAD＝90°，∠DCA＝60° の直角三角形 ADC を線分 AC で合わせた図形がある．この図形を直線 BD を軸として 1 回転させてできる立体について，次の各問いに答えよ．ただし，円周率を π とする．

(1) 体積を求めよ．

(2) 表面積を求めよ．

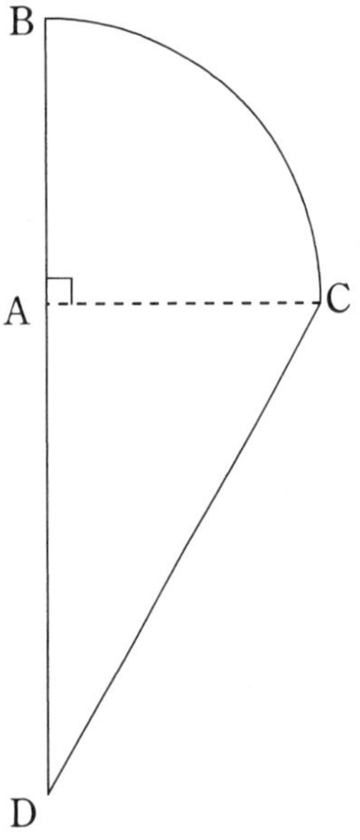

6 図1のように円周の長さが30 cmの円があり，その周上に点Aがある．点Pと点QはAを同時に出発して，円周上を矢印の方向にそれぞれ毎秒1 cm，2 cmの速さで移動する．図2は2点が出発してからx秒後における弧PQのうち短い方の長さをy cmとしたときのxとyの関係をグラフに表したものである．次の各問いに答えよ．

図1

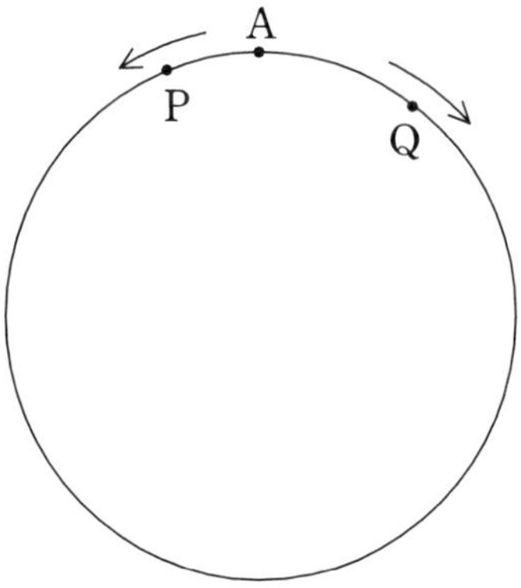

図2

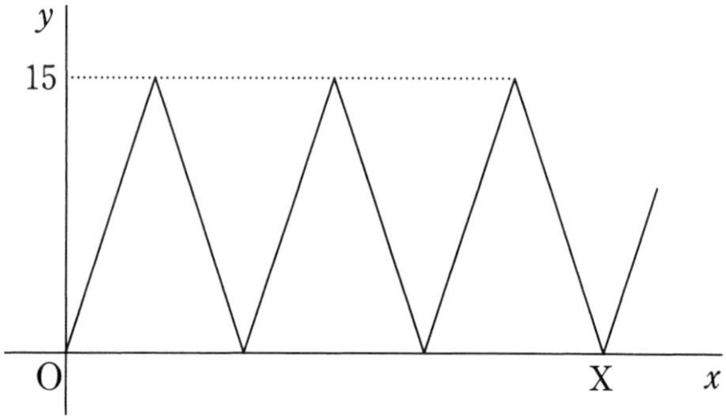

(1) 図2のXの値を求めよ．

(2) △APQが4回目に直角三角形となるのは，3回目に直角三角形となってから何秒後か求めよ．

7 大中小3つのさいころを同時に投げ，3つとも同じ目が出た場合は出た目の和をXとし，1つでも異なる目が出た場合は1番小さい目をXとする．次の各問いに答えよ．

(1) $X=5$となる確率を求めよ．

(2) $4 \leqq X \leqq 10$となる確率を求めよ．

8 各桁の数字が0，2，4，6のみである0以上の整数を小さい順に並べると，0，2，4，6，20，22，… となる．次の各問いに答えよ．

(1) 210番目の整数は何か求めよ．

(2) 2022は何番目の整数か求めよ．

【社　会】 (50分) 〈満点：100点〉

1　プロ野球が好きな太郎さんは、全国各地に行って試合観戦をしている。次のＡ～Ｄはその報告の一部である。これを読んで、後の問いに答えなさい。

Ａ
広島東洋カープの本拠地であるマツダスタジアムに行った。この球場は、北側のＪＲ広島駅側へ大きく開けていて、球場全体が開放的なのが特徴である。カープは2016～18年までセ・リーグを３連覇した球団で、特に地元では熱心なファンが多い印象がある。

Ｂ
千葉ロッテマリーンズの本拠地であるZOZOマリンスタジアムに行った。2016年12月１日より「QVCマリンスタジアム」から名称が変わった。現在はコロナ禍で大声での応援は禁止されているが、マリーンズの応援は統率がとれていることで有名である。

Ｃ
阪神タイガースの本拠地である阪神甲子園球場に行った。春と夏の高校野球でも使用されるため有名な球場の１つである。７回裏のタイガースの攻撃（ラッキーセブンの攻撃）に「六甲おろし」が流れると、阪神ファンが非常に盛り上がっていた。

Ｄ
福岡ソフトバンクホークスの本拠地であるPayPayドームに行った。ホークスは九州唯一のプロ野球球団であり、PayPayドームは、野球場として日本で唯一の開閉式屋根のドームである。2021年シーズンは４位だったが、それまでは４年連続で日本一となるなど、強さが際立っていた。

問１　Ａに関連して、広島の雨温図として正しいものを、次の①～④から１つ選びなさい。　[1]

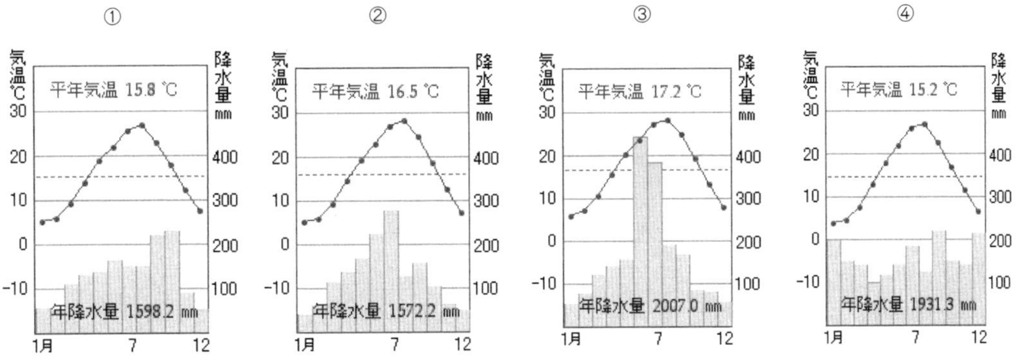

（気象庁HP地点別データ・グラフより作成）

問２　Ｂに関連して、千葉県には日本有数の貿易額をほこる成田国際空港がある。次ページの表は成田国際空港・川崎港・関西国際空港・神戸港の輸出額・輸入額の上位品目（2019年）を示したものである。成田国際空港を示すものとして正しいものを、次の①～④から１つ選びなさい。　[2]

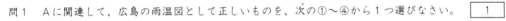

①

	輸出	輸入
1位	半導体等製造装置	通信機
2位	科学光学機器	医薬品
3位	金（非貨幣用）	コンピュータ

②

	輸出	輸入
1位	プラスチック	たばこ
2位	建設・鉱山用機械	衣類
3位	内燃機関	無機化合物

③

	輸出	輸入
1位	集積回路	医薬品
2位	電気回路用品	通信機
3位	科学光学機器	集積回路

④

	輸出	輸入
1位	自動車	石油
2位	有機化合物	液化ガス
3位	石油製品	肉類

（『日本国勢図会 2020/21』より作成）

問3　Cに関連して、右は甲子園球場周辺の地形図である（縮尺は 25000 分の 1）。これを利用して、甲子園球場のおおよその面積を調べた。地形図上で縦 1cm・横 0.5cm の長方形である場合、実際の面積は何㎡となるか。次の①～④から１つ選びなさい。 3

〈編集部注：編集上の都合により原図の80%に縮小してあります。〉

① 1250 ㎡　　② 12500 ㎡

③ 3125 ㎡　　④ 31250 ㎡

問4　Dに関連して、九州の農業に関する次のア・イの文章の正誤の組み合わせとして正しいものを、次の①～④から１つ選びなさい。 4

ア：北部の筑紫平野では、冬でも温暖な気候を利用して二毛作が行われている。

イ：南部のシラス台地では、水はけが悪いため、畜産業が盛んである。

①　アー正　イー正　　②　アー正　イー誤　　③　アー誤　イー正　　④　アー誤　イー誤

問5　A～Dの野球場がある都道府県は、いずれも日本の主要な工業地帯・工業地域になっている。これらの説明についての以下のア～エの文章のうち、正しいものの組み合わせを、次の①～⑥から１つ選びなさい。

5

ア：Aの都道府県がある工業地域（地帯）では、石油化学工業や製鉄業などが盛んである。

イ：Bの都道府県がある工業地域（地帯）では、全国有数の工業出荷額を誇り、印刷業が盛んである。

ウ：Cの都道府県がある工業地域（地帯）では、交通の便の良さから製紙・パルプ業や楽器・オートバイの生産が盛んである。

エ：Dの都道府県がある工業地域（地帯）では、かつて鉄鋼業が盛んであったが、他の地域と比べて工業生産量は低い。

①　ア・イ　　②　ア・ウ　　③　ア・エ　　④　イ・ウ　　⑤　イ・エ　　⑥　ウ・エ

2 HY 中学校の 3 年生は、夏休みの課題として世界各国の新型コロナウイルスに関わるニュースを取り上げ、その国の特徴についてまとめた。後の問いに答えなさい（注：以下の内容は 2021 年 8 月現在の情報に基づくものである）。

【A 国】
医薬品メーカーと提携した首相が先導し、国民へのワクチン接種を積極的に推進した。(a)3つの宗教にとっての聖地とされる場所がある。

【B 国】
集団免疫の獲得を目指すという独自の方針をとった。(b)環境や福祉に関心が高い国の一つであり、子どもにかかる教育費は幼稚園から大学まで全て無料である。

【C 国】
(c)観光業が盛んであり、リゾート地から優先的にワクチン接種を推進した。雨季と乾季に分かれ、年間を通して高温湿潤な気候である。

【D 国】
この国は、世界第 3 位の約 2000 万人の累計感染者数である。当初大統領がウイルスを軽視したことが感染を拡大させたとして、国内外から批判があがった。

問 1　下線部(a)について、これに**当てはまらない**宗教を、次の①～④から 1 つ選びなさい。 [6]

①　ヒンドゥー教　　②　キリスト教　　③　イスラーム教　　④　ユダヤ教

問 2　下線部(b)に関連して、地球上で見られる環境問題について述べた以下の記述のうち正しいものを、次の①～④から 1 つ選びなさい。 [7]

①　ポリネシアの島々は海面上昇によって冠水の被害を受けている。
②　地球温暖化の一つの要因となるアマゾンの熱帯雨林の開発は、年々減少傾向にある。
③　中国は世界で最もガソリン消費量が多い国であり、新しい資源としてシェールガスの開発を進めている。
④　アフリカ南部のサヘルでは過度な伐採や家畜の増加などにより砂漠化が進んでいる。

問 3　下線部(c)に関連して、下の表は各国の観光業における収入・支出についてまとめたものである。表から読み取れる内容の正誤の組み合わせとして正しいものを、次の①～④の中から 1 つ選びなさい。 [8]

国名	観光客数（千人）	観光収入（百万ドル）
フランス	89322	73125
スペイン	82773	81250
アメリカ	79746	256145
中国	62900	40386
イタリア	61567	51602
トルコ	45768	37140
メキシコ	41313	23802

国名	海外旅行者数（千人）	観光支出（百万ドル）
中国	149720	277345
ドイツ	108542	104204
アメリカ	92564	186508
イギリス	70386	68888
ロシア	41964	38791
イタリア	33347	37644
マレーシア	30761	13248

（『データブック オブ・ザ・ワールド 2021』より作成）

ア：メキシコよりも中国の方が、観光客一人当たりがその国で使う金額が少ないことが予想される。
イ：多くの世界遺産が存在する観光大国であるスペインとイタリアは、国民も盛んに海外旅行に行くことが分かる。

①　アー正　イー正　　②　アー正　イー誤　　③　アー誤　イー正　　④　アー誤　イー誤

問4　D国へ旅行した延子さんは成田空港を8月30日午後10時30分に出発し、D国の空港に現地時間の8月31日午後5時20分に到着した。延子さんが搭乗した便の飛行時間（実際に飛行機に搭乗していた時間）として正しいものを次の①～④から1つ選びなさい。なお、日本の標準時子午線は東経135度、D国の標準時子午線は西経45度であり、途中で3時間30分の乗継時間があったとする。 9

①　24時間50分　②　27時間20分　③　30時間50分　④　38時間20分

問5　A～C国の組み合わせとして正しいものを、次の①～⑥から1つ選びなさい。 10

①　A－イスラエル　B－フィリピン　C－スウェーデン
②　A－イスラエル　B－スウェーデン　C－フィリピン
③　A－フィリピン　B－イスラエル　C－スウェーデン
④　A－フィリピン　B－スウェーデン　C－イスラエル
⑤　A－スウェーデン　B－イスラエル　C－フィリピン
⑥　A－スウェーデン　B－フィリピン　C－イスラエル

3　次の略年表を見て、各問いに答えなさい。

時代	西暦／世紀	おもなできごと
旧石器時代	～16500年前	(a)岩宿遺跡（約35000年前）
縄文時代	16500年前～紀元前4世紀後半	日本列島の形成、竪穴住居・貝塚・磨製石器を使用
弥生時代	57年	(b)倭の奴国の王が後漢に使者を送る
古墳時代	538年	百済から仏教が伝わる
飛鳥時代	663年	白村江の戦いが起こる
奈良時代	743年	(c)墾田永年私財法が出される
平安時代	794年	(d)平安京に都を移す
鎌倉時代	1185年	(e)守護・地頭がおかれる
南北朝時代	1333～1336年	建武の新政
(f)室町時代	1429年	琉球王国建国
安土・桃山時代	1582年	本能寺の変で(g)織田信長が自害する
(h)江戸時代	1787年	(i)寛政の改革が始まる
	1858年	日米修好通商条約調印、安政の大獄
明治時代	1894年	(j)日清戦争起こる、日英通商航海条約調印
(k)大正時代	1923年	関東大震災
昭和時代	1945年	(l)ポツダム宣言受諾（日本降伏）
	1978年	(m)日中平和友好条約調印
平成時代	1991年	湾岸戦争
	2011年	東日本大震災（福島第一・第二原発事故）

問1　下線部(a)に関して、下記の文の空欄にあてはまるものの組み合わせとして正しいものを、次の①～④から1つ選びなさい。 11

1946年、岩宿遺跡から（　ア　）によって、（　イ　）つくられた遺物が発見された。

①　ア＝モース　イ＝石をすり合わせて、磨いて　②　ア＝相沢忠洋　イ＝石を打ち欠いて
③　ア＝モース　イ＝土を形成し、焼き上げて　④　ア＝相沢忠洋　イ＝鉄斧で削って、磨いて

問２　下線部(ｂ)に関連して、次の史料Ａ～Ｃは、それぞれ中国の歴史書の意訳である。Ａ～Ｃの史料を年代の古い順に並べるとどのようになるか。正しいものを次の①～⑥から１つ選びなさい。　12

Ａ　楽浪郡の海の向こうには、倭の人々が住んでいる。百余りの小国に分かれている。倭の人々は楽浪郡を通じて定期的に朝貢していたという。

Ｂ　建武中元二年に倭の奴国が後漢に朝貢してきた。その使者は自ら大夫であると言った。奴国は倭の南端にある国である。光武帝は奴国王に金印とひもを授けた。

Ｃ　帯方郡から倭に行くには、海岸に沿って進み、・・邪馬台国に到着する。女王が都を作っている。・・邪馬台国は、もとは男子が王で、国を支配していたが、その後倭国は乱れて、長い間争いが続いた。そこで、倭の国々がともに一人の女子を王とした。この女王の名前を卑弥呼と呼んだ。女王は呪術にすぐれ、よく人々を治めていた。・・景初二年六月に、倭の女王卑弥呼は、大夫難升米たちを送って帯方郡に行かせ、皇帝に会って朝貢したいと願い出た。・・卑弥呼が死んだ。その時大きな墓を作った。その直径は百余歩もあり、百人ほどの奴隷が一緒に埋められた。

①　Ａ－Ｂ－Ｃ　②　Ａ－Ｃ－Ｂ　③　Ｂ－Ａ－Ｃ　④　Ｂ－Ｃ－Ａ　⑤　Ｃ－Ａ－Ｂ　⑥　Ｃ－Ｂ－Ａ

問３　下線部(ｃ)の法令の内容を、記述解答欄の書き出しの文に続けるように、25字以内で答えなさい。

問４　下線部(ｄ)に関して、右の地図は、古代における主な都の位置をあらわしたものである。地図上のＣは長岡京、Ｄは難波宮、その他は、大津宮・藤原京・平城京・平安京のいずれかである。地図中の都を、置かれた順に並べた時、次の（ア）～（エ）にあてはまる正しい組み合わせを、次の①～④から１つ選びなさい。　13

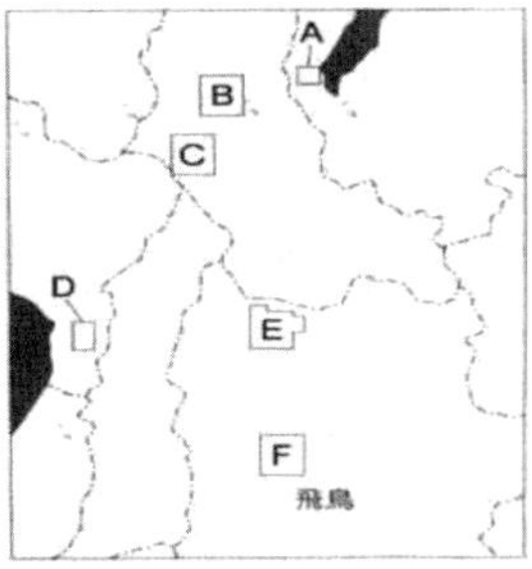

飛鳥→Ｄ→（　ア　）→飛鳥→（　イ　）→（　ウ　）→Ｄ→Ｃ→（　エ　）

①　ア＝Ａ　イ＝Ｆ　ウ＝Ｅ　エ＝Ｂ

②　ア＝Ａ　イ＝Ｆ　ウ＝Ｂ　エ＝Ｅ

③　ア＝Ｆ　イ＝Ａ　ウ＝Ｅ　エ＝Ｂ

④　ア＝Ｆ　イ＝Ａ　ウ＝Ｂ　エ＝Ｅ

問５　下線部(ｅ)に関して、次の史料は、鎌倉幕府が武家社会で行われていた慣習をもとに、武士のおきてを定めたわが国最初の武家法である。この法令名と、これを定めた執権の正しい組み合わせを、次の①～④から１つ選びなさい。　14

一　諸国の守護の職務は、頼朝公の時代に定められたように、京都を守る義務を指揮・催促すること、謀反や殺人などの犯罪人の取りしまりである。

一　地頭は荘園の年貢をさしおさえてはいけない。

一　二十年以上継続して土地を支配していれば、その者の所有になる。

①　御成敗式目・北条泰時　　②　建武式目・北条義時

③　御成敗式目・北条義時　　④　建武式目・北条泰時

問６　下線部(ｆ)に関して、室町文化の特色・美術・文学や芸能の組み合わせとして正しいものを、次の①～⑥から１つ選びなさい。　15

〈特色〉㋐上方（京都・大坂）の町人中心で、明るく現実的な文化
㋑大名や大商人の気風を反映した、雄大で豪華な文化
㋒貴族の文化と、禅宗の文化が混じり合い、民衆にも親しまれた文化

〈美術〉㋐水墨画（雪舟）　東求堂同仁斎（銀閣）
㋑装飾画（俵屋宗達・尾形光琳）　浮世絵（菱川師宣）
㋒大坂城・姫路城の天守閣　ふすま絵や屏風絵（狩野永徳・山楽）

〈文学・芸能〉㋐浮世草子（井原西鶴）　俳諧（松尾芭蕉）　浄瑠璃台本（近松門左衛門）
㋑神皇正統記（北畠親房）能楽（観阿弥・世阿弥）
㋒茶道（千利休）　阿国歌舞伎

①　特色＝㋐　美術＝㋑　文学・芸能＝㋒
②　特色＝㋐　美術＝㋒　文学・芸能＝㋐
③　特色＝㋑　美術＝㋐　文学・芸能＝㋑
④　特色＝㋑　美術＝㋒　文学・芸能＝㋐
⑤　特色＝㋒　美術＝㋐　文学・芸能＝㋑
⑥　特色＝㋒　美術＝㋐　文学・芸能＝㋒

問７　下線部(ｇ)に関して、織田信長の統一事業を年代の古い順に並べるとどのようになるか。正しい組み合わせを次の①～④から１つ選びなさい。　16

①　長篠の戦い　→　比叡山延暦寺の焼き打ち　→　安土城下に楽市・楽座をしく
②　比叡山延暦寺の焼き打ち　→　長篠の戦い　→　安土城下に楽市・楽座をしく
③　比叡山延暦寺の焼き打ち　→　安土城下に楽市・楽座をしく　→　長篠の戦い
④　長篠の戦い　→　安土城下に楽市・楽座をしく　→　比叡山延暦寺の焼き打ち

問８　下線部(ｈ)に関して、室町時代から江戸時代の産業について述べた次の文中の下線部㋐～㋙には誤りがある。その個数を次の①～④から１つ選びなさい。　17

室町時代には、㋐二期作や㋑牛馬耕がいっそう広まり、稲の品種が改良され商品作物の栽培が盛んになってきた。商業も著しく発達し、㋒座と呼ばれた商工業者などの同業組合がさらに発展し、市の開かれる回数も増えてきた。京都や奈良では、㋓札差と呼ばれた質屋が高利貸しを営み、各地の港では問と呼ばれた業者が商品の保管・輸送・委託販売を行って活躍し、陸上では㋔馬借・車借と呼ばれた運送業者が活躍した。

江戸時代になると、土を深く耕すことのできる㋕備中ぐわが普及し、漁業の発達もあって㋖干鰯が新しく肥料に用いられるなど、農業技術が発展し、新田開発が盛んに行われた。㋗五街道などの交通路も整備されて、商業はなおいっそう発展し、㋘工場制機械工業も発達した。また、㋙株仲間と呼ばれた商工業者の同業組合が、幕府に公認されて発展した。

①　1　　②　2　　③　3　　④　4

問９　下線部(ｉ)に関して、寛政の改革と同じ時期の出来事を、次の①～④から１つ選びなさい。　18

①　フランス革命が発生し、王政が打倒された。
②　アメリカ合衆国で南北戦争が発生した。
③　明が滅亡して清が中国を統一した。
④　ドイツでルターが宗教改革を開始した。

問 10　下線部(j)に関して、次のグラフは、日清戦争の前と後のわが国の品目別輸出輸入の割合を表すものである。グラフ中Ⓐ Ⓑの品目名は何か。正しい組み合わせを、次の①～④から１つ選びなさい。 19

① Ⓐ＝綿織物　Ⓑ＝生糸
② Ⓐ＝綿糸　Ⓑ＝生糸
③ Ⓐ＝生糸　Ⓑ＝綿糸
④ Ⓐ＝綿織物　Ⓑ＝綿糸

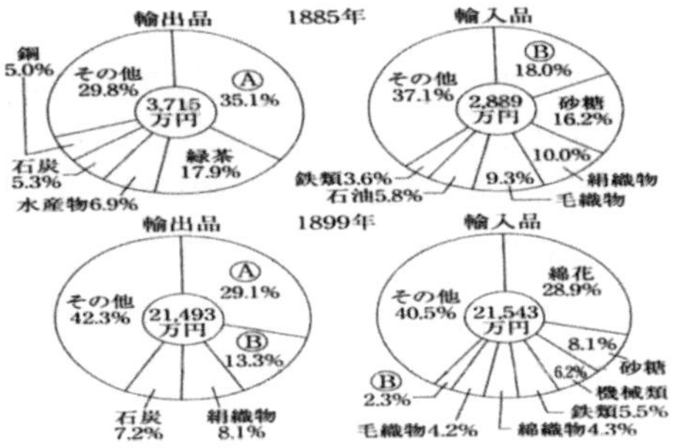

（『日本貿易精覧』より）

問 11　下線部(k)に関して、次のＡ・Ｂの文章は大正デモクラシーに関連した人物についてのものである。Ａ・Ｂにあてはまる人名を、次の①～④から１つ選びなさい。 20

Ａ　私は岩手県出身の政治家で、1918 年、寺内内閣が米騒動によって退陣した後、立憲政友会を中心とした内閣を組織し、「平民宰相」として好意的にむかえられました。しかし、社会主義運動を弾圧し、普通選挙法に反対するなど強硬な政策をつづけたため、東京駅で暗殺されました。
Ｂ　私は兵庫県出身の憲法学者で、天皇機関説を主張し、理論的な面から政党内閣制を支え、大正デモクラシーにおける代表的理論家として知られています。しかし、昭和時代には天皇機関説事件により、貴族院議員を辞職しました。

① Ａ＝原敬　Ｂ＝吉野作造　② Ａ＝犬養毅　Ｂ＝美濃部達吉
③ Ａ＝原敬　Ｂ＝美濃部達吉　④ Ａ＝犬養毅　Ｂ＝吉野作造

問 12　下線部(l)に関して、1945 年８月 15 日、昭和天皇がラジオ放送によって日本の降伏を国民に伝えた。この放送を一般に何というか、次の①～⑤から１つ選びなさい。 21

① 敗北宣言　② 降伏放送　③ 玉音放送　④ 独立宣言　⑤ 人間宣言

問 13　下線部(m)に関して、以下の文は、20 世紀の日本と中国に関係するできごとである。これを年代の古い順に並べると、**3番目にあたるもの**はどれか。次の①～④から１つ選びなさい。 22

① 南満州鉄道の線路を爆破して、中国側の行いだと主張して満州を攻撃し占領した満州事変がおきた。
② 「二十一か条の要求」の取り消しを求め、北京で学生が五・四運動をおこした。
③ 日本が「満州国」の建国を宣言した。
④ 北京郊外の盧溝橋で日中両軍が衝突する事件から、日中戦争が始まった。

4　以下の各問いに答えなさい。

問１　第二次世界大戦後に確立された基本的人権に関する権利として正しいものを、次の①～④から１つ選びなさい。 23

①　ワイマール憲法では世界で初めて社会権を明文で規定した。

②　国際人権規約は国連で採択されているが、発効はされていない。

③　フランス人権宣言では主権が国民にあることを規定している。

④　世界人権宣言では人種による差別を禁止している。

問２　法の下の平等に関して禁止される差別の例として正しいものを、次の①～④から１つ選びなさい。 24

①　身体や知的に障がいがあることを理由に学校の入学を拒否する。

②　所得に応じて課税の割合を変動させる。

③　一定の年齢以上に飲酒を限定する。

④　一定の職種に関して資格を必要とする。

問３　日本国憲法上の基本的人権について正しいものを、次の①～④から１つ選びなさい。 25

①　日本国憲法は間接民主制の政治運営を中心としているため、公職者を国民が直接罷免する制度は存在しない。

②　労働に関する社会権が保障されており、全ての日本国民に労働三権が不足なく保障されている。

③　日本ではえん罪を防止するために、自白を裁判での証拠として認めている。

④　日本国憲法では人権に一定の制約があり、例外的に制約がなされる。

問４　次のＡ～Ｄは日本の安全保障に関する出来事である。Ａ～Ｄを年代の古い順に並べ替えると、**3番目にあたるもの**として正しいものを、次の①～④から１つ選びなさい。 26

Ａ：ＰＫＯ協力法を制定　　Ｂ：警察予備隊が発足

Ｃ：日米安全保障条約を改定　　Ｄ：安全保障関連法が成立

①　Ａ　②　Ｂ　③　Ｃ　④　Ｄ

問５　衆議院の議員定数（465 名）において、日本国憲法の改正を発議する際に、必要な賛成の数として正しいものを、次の①～④から１つ選びなさい。 27

①　233　②　261　③　310　④　344

問６　地方財政において国から受け取る財源を依存財源と呼ぶ。また使い道が限定されていない財源を一般財源と呼ぶ。地方歳入のうち、依存財源かつ一般財源として正しいものを、次の①～④から１つ選びなさい。 28

①　地方税　②　地方交付税　③　国庫支出金　④　地方債

問７　企業の経済活動を述べた次のア～エの文を正しい順に並べたものを、次の①～④から１つ選びなさい。 29

ア：企業が資本金を元に工場・原材料・労働力などを準備する。

イ：企業が売上金の中から労働者に賃金を払う。

ウ：企業が消費者に商品を販売する。

エ：企業が商品を製造する。

①　ア→エ→ウ→イ　②　ア→ウ→イ→エ　③　ア→イ→エ→ウ　④　ア→エ→イ→ウ

問８　労働基準法の内容として正しいものを、次の①～④から１つ選びなさい。 30

①　労働時間は週48時間以内を原則としている。

②　解雇には一定期日前に予告する義務が雇用主にある。

③　労働契約は12歳未満の使用を禁止している。

④　休日は週に最低２日以上設ける必要がある。

問９　次の図は需要と供給の関係を表したものである。価格 P_1 から P_2 へ変動した場合、どのようなことが生じるか。適当なものを次の①～④から１つ選びなさい。 31

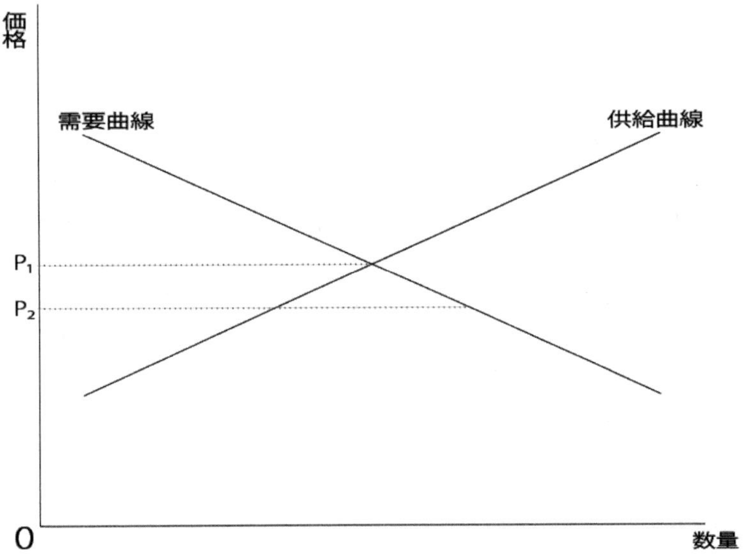

①　需要が上回っているため、均衡価格が低下する。

②　P_1 の時よりも、P_2 の時には供給が増加している。

③　P_2 の時には、品不足が生じる。

④　価格が低下したため、需要は減少する。

問10　好況時に行われる財政政策として正しいものを、次の①～④から１つ選びなさい。 32

①　新規に税金を課す。

②　政府主導のダムの整備を増やす。

③　所得税の税率を下げる。

④　企業への給付金を支給する。

問11　地域での経済関係を強めることを地域経済統合という。地域経済統合の例として誤っているものを、次の①～④から１つ選びなさい。 33

①　WHO　②　EU　③　USMCA　④　APEC

問12　朝日訴訟の争点となった基本的人権として正しいものを、次の①～④から１つ選びなさい。 34

①　自由権　②　平等権　③　参政権　④　社会権

5 次の会話文を読み、後の問いに答えなさい。

教師：右の資料は1922年に発表された「水平社宣言」です。1871年の「解放令」により江戸時代からの古い身分制度はなくなりましたが、すぐに国民全体が平等になったわけではありませんでした。その後も、差別を受けていた人々への具体的な生活改善を定めた政策が行われなかったため、差別からの解放を目指す人々によって全国水平社が結成されました。

生徒：何故、この時期に全国水平社が結成されたのですか。

> 水平社宣言
>
> 全国に散在する部落の人々よ、団結せよ。ここに我々が人間を尊敬することによって、自らを解放しようとする運動をおこしたのは当然である。（略）
>
> 水平社はこうして生まれた。
>
> 人の世に（A）あれ、人間に（B）あれ。
>
> ※一部要約・抜粋

教師：きっかけは、これより少し前におこった「米騒動」にそれまで差別を受けていた人々が多数参加したことで、政府に頼るだけではなく、自らの力で差別問題に立ち向かうようになったからです。

生徒：他にも差別問題はあったのですか。

教師：このころの差別は色々とありますが、日本列島北部、とりわけ北海道の先住民族である(a)アイヌの人々への差別や、女性差別などがあります。例えば、女性差別の解消を目指して青鞜社を設立した【　あ　】は女性に対する古い慣習や考え方を批判し、女性参政権獲得への運動もおこしました。【あ】は雑誌『青鞜』発刊に際して、「元始、女性は実に太陽であった。真正の人であった。今、女性は（C）である。他に依って生き、他の（B）によって輝く、病人のような蒼白い顔の（C）である。」と載せています。

生徒：女性差別解消、女性の社会進出は進んでいるのですか。

教師：男女格差を図る一つの指標として、世界経済フォーラム（WEF）が毎年発表している「ジェンダーギャップ指数」というものがあります。2021年度版の日本は156か国中120位でした。前年が121位なのですが、(b)G7とよばれる先進国の中では最下位です。

生徒：差別問題は(c)100年以上経っても、あまり解消されていないということですね。差別問題はどうしたら解消されるのですか。

教師：日本国憲法第14条では「法の下の平等」が保障されています。しかし、実際に様々な差別があるのは確かです。このような差別問題を解消するための第一歩は関心を持つことだと思います。無関心であることが差別の解消を妨げるのだと思います。過去に差別からの解放を自らの力で解消しようとした人々のように、まずは、自らが差別問題に関心を持ち、社会全体で取り組んでいけば少しずつでも差別は減っていくのだと思います。なので、みなさんも自分には関係がない違う世界のことだとは考えずに、関心を持って学ぶように心がけて下さい。

問１　会話文における水平社宣言、文章中の空欄（Ａ）～（Ｃ）にあてはまる適切な語句の正しい組み合わせを、次の①～④から１つ選びなさい。　35

①（Ａ）光（Ｂ）熱（Ｃ）月　　②（Ａ）熱（Ｂ）光（Ｃ）月

③（Ａ）熱（Ｂ）光（Ｃ）星　　④（Ａ）光（Ｂ）熱（Ｃ）星

問２　会話文中の空欄【　あ　】にあてはまる人物として正しいものを、次の①～④から１人選びなさい。　36

①　渋沢栄一　　②　樋口一葉　　③　新渡戸稲造　　④　平塚らいてう

問３　下線部(ａ)の「アイヌの人々」の文化を復興・創造・発展させる拠点として北海道の白老町に「ウポポイ」とよばれるアイヌ民族の共生象徴空間が 2020 年にオープンした。下記の白老町の紹介文を読み、白老町の場所として正しいものを、次の①～④から１つ選びなさい。　37

> 白老とは、アイヌ語で「虻（あぶ）の多いところ」と言う意味の言葉「シラウオイ」からきたと言われています。
> 白老町は、胆振総合振興局管内のほぼ中央に位置し、南は太平洋 、西は登別市、北は千歳市と伊達市大滝区（旧大滝村）、東は別々川をはさんで苫小牧市と隣接しています。 ※白老町HPより一部要約

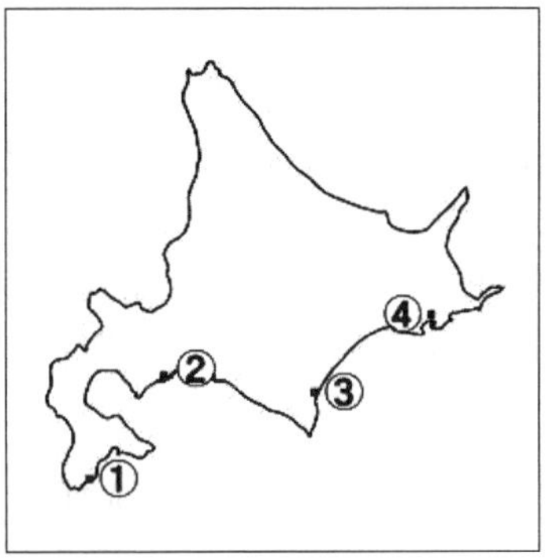

※地図は周辺の島しょ部を省略しています

問４　下線部(ｂ)の「G7とよばれる先進国の中では最下位です」とあるように、日本における男女格差は他の先進国に比べて大きいということであるが、ジェンダーギャップ指数は経済、政治、教育、健康の４つの分野からの指標となっている。そのうちの政治分野において、1946 年以降に女性の内閣総理大臣が誕生していない理由を記述解答用紙に 20 字以内で説明しなさい。

問５　下線部(ｃ)の「100 年」について、この 100 年の様子を写した次のア～エの写真が歴史的に古い順に正しく並んでいるものを、次の①～⑧から１つ選びなさい。　38

ア

イ

ウ

エ

①　ア→イ→ウ→エ	②　ア→イ→エ→ウ	③　イ→ア→ウ→エ	④　イ→ア→エ→ウ
⑤　ウ→エ→ア→イ	⑥　ウ→エ→イ→ア	⑦　エ→ウ→ア→イ	⑧　エ→ウ→イ→ア

【理　科】（50分）〈満点：100点〉

1　〔解答番号 [1]〜[7]〕

1. 180 km を 2 時間で走ったときの速さは何 m/s か。もっとも適切なものを①〜⑥から 1 つ選べ。[1]

　① 15　　② 20　　③ 25　　④ 30　　⑤ 60　　⑥ 90

2. 図 1-1 のように，光源，「朋」の文字がくり抜かれた厚紙を立てた台，凸レンズ，スクリーンが一直線に並んでいる。また，台と凸レンズの距離は 20 cm で固定されており，スクリーンの位置を調節したところ，ある位置で図 1-1 のように厚紙に書かれた「朋」の文字と大きさが等しい像がスクリーンにうつった。なお，厚紙を立てた台の矢印は，厚紙を立てる向きを確認するためのものである。次の問いに答えよ。

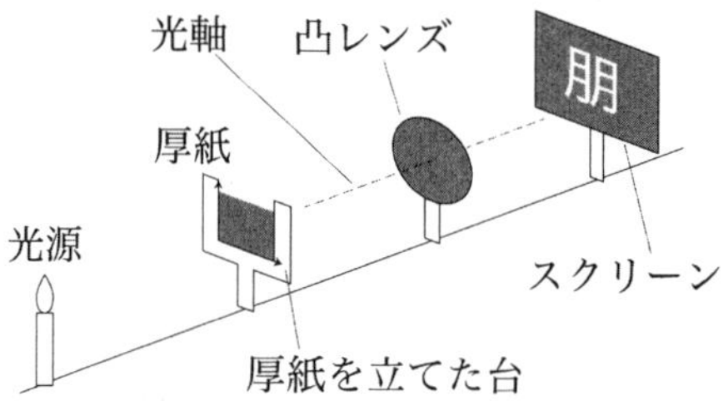

図 1-1

(1) 図 1-1 の厚紙を立てた台とスクリーンの距離は何 cm か。もっとも適切なものを①〜⑦から 1 つ選べ。[2]

　① 20　　② 25　　③ 30　　④ 35　　⑤ 40　　⑥ 60　　⑦ 80

(2) 図 1-1 において，光源から見て厚紙はどのように台に立てられているか。もっとも適切なものを①〜⑧から 1 つ選べ。[3]

①

②
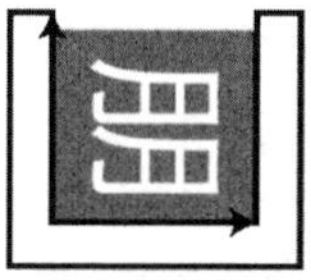
③
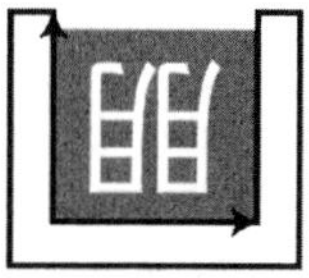
④
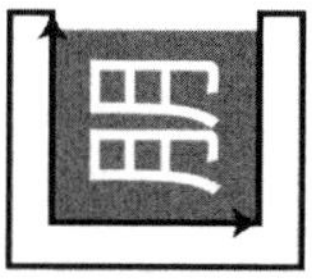
⑤

⑥

⑦

⑧
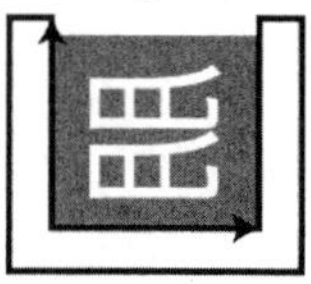

3. ある長さの糸と，長さがその半分の糸を用意し，同じおもりをつるして 2 つのふりこを作った。これをふりこ 1 とふりこ 2 とする。続いて，図 1-2 のように同じ高さ（点 A および点 D ）からおもりを静かにはなし，おもりを 100 往復させ， 1 往復するのにかかる時間の平均を計算したところ，それぞれ表 1-1 のようになった。点 O ，点 O’ の真下にある点 B ，点 E の高さを基準面とし，次の問いに答えよ。

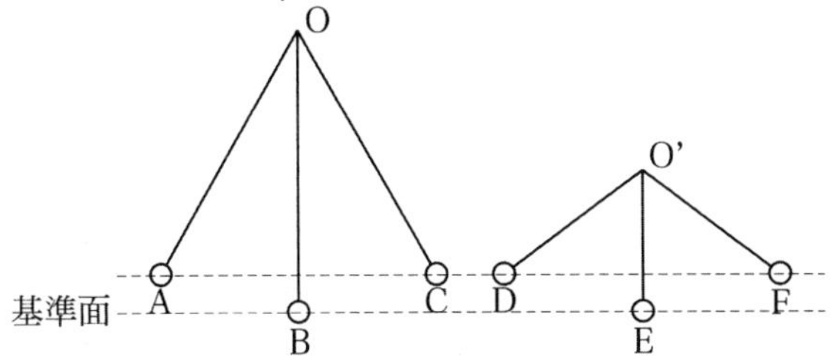

図 1-2

表 1-1 おもりが 1 往復するのにかかる時間の平均

ふりこ 1	ふりこ 2
2.82 秒	2.00 秒

(1) 糸がおもりを引く力の大きさと，おもりが糸を引く力の大きさは常に等しくなる。このことを表す言葉や法則として，もっとも適切なものを①～④から 1 つ選べ。[4]

① 力のつり合い　② 力の分解　③ 慣性の法則　④ 作用・反作用の法則

(2) ふりこ 1 のおもりが点 B を通過するときの運動エネルギーは，ふりこ 2 のおもりが点 E を通過するときの運動エネルギーの何倍か。もっとも適切なものを①～⑤から 1 つ選べ。[5]

① $\frac{1}{4}$　② $\frac{1}{2}$　③ 1　④ 2　⑤ 4

(3) 図 1-3 は，ふりこ 1 のおもりが点 A から点 C まで運動したときの位置エネルギーの大きさの変化を示している。おもりが点 A から点 C まで運動したときの運動エネルギーの大きさの変化を表す図として，もっとも適切なものを①〜④から 1 つ選べ。[6]

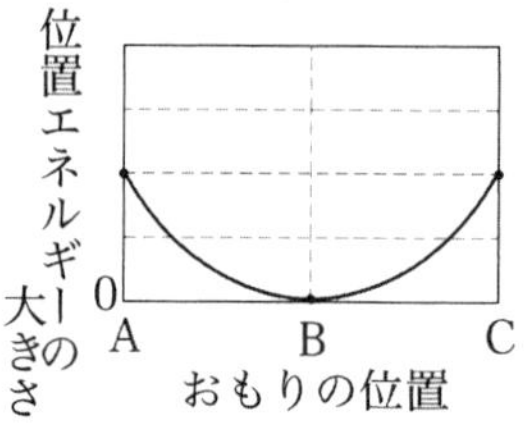

図 1-3

①

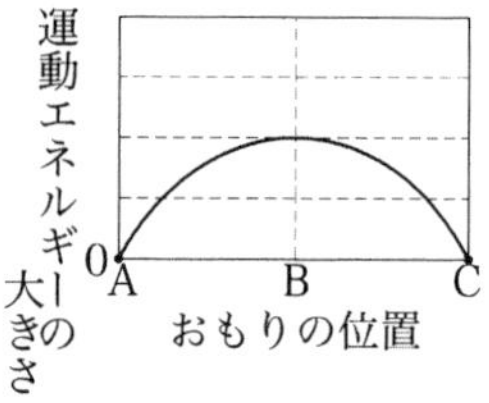

②

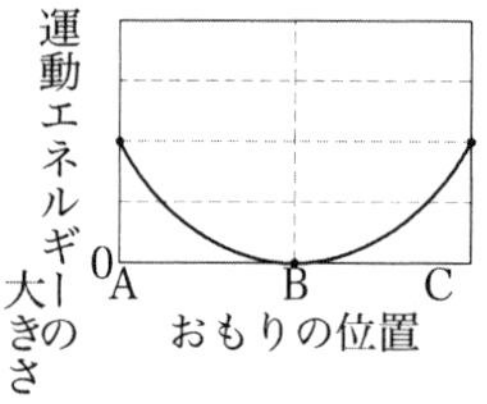

③

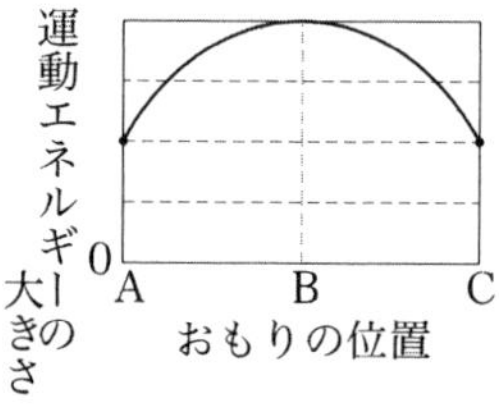

④

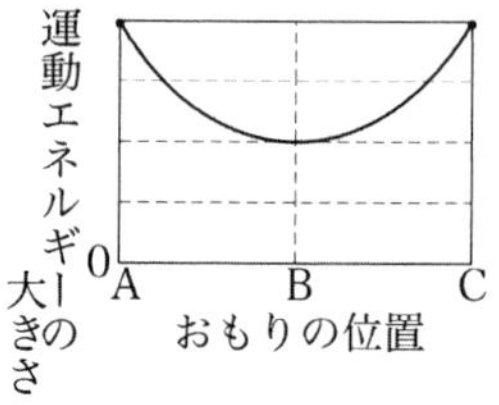

(4) 次に，図 1-4 のように，線分 OB の中点に細いくぎをさしてから，ふりこ 1 のおもりを点 A から静かにはなす。このとき，おもりが 1 往復するのにかかる時間の平均は何秒だと考えられるか。もっとも適切なものを①〜⑧から 1 つ選べ。[7]

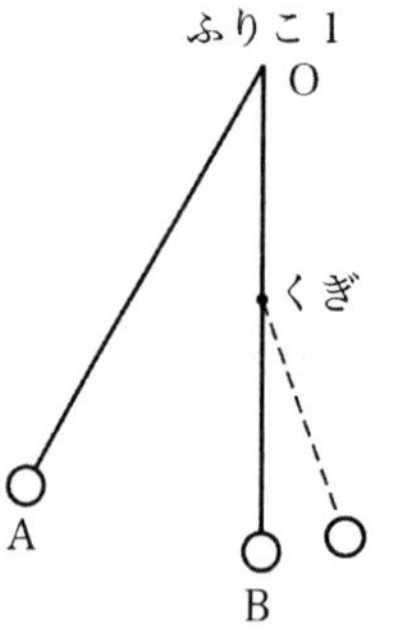

図 1-4

① 1.41	② 1.50	③ 2.00	④ 2.12
⑤ 2.26	⑥ 2.41	⑦ 2.82	⑧ 3.76

2 〔解答番号 [8]〜[14]〕

1. 表 2-1，表 2-2 について次の問いに答えよ。

表 2-1　気体の発生方法と捕集方法

気体の種類	気体の発生方法	捕集方法
アンモニア	a	x
塩化水素	塩化ナトリウムに濃硫酸を加えて穏やかに加熱する。	y
水素	b	z
二酸化炭素	c	y または z

表 2-2　水溶液に指示薬を加えた結果

水溶液の種類	BTB溶液を加えたときの色	フェノールフタレイン溶液を加えたときの色	ムラサキキャベツ液を加えたときの色
アンモニア水	青色	赤色	
塩酸	黄色	無色	赤色
炭酸水	黄色	無色	
食塩水	緑色	無色	紫色
水酸化ナトリウム水溶液	青色	赤色	黄色

(1) 表 2-1 の気体の発生方法 a について，次の文中の空所に当てはまる語句の組み合わせとして，もっとも適切なものを①〜⑥から 1 つ選べ。[8]

塩化アンモニウムに（　ア　）を混ぜて，（　イ　）する。

	ア	イ
①	塩化ナトリウム	加熱
②	塩化ナトリウム	冷却
③	硝酸カリウム	加熱
④	硝酸カリウム	冷却
⑤	水酸化カルシウム	加熱
⑥	水酸化カルシウム	冷却

(2) 表 2-1 の気体の発生方法 b，c の組み合わせとして，もっとも適切なものを①～⑥から1つ選べ。[9]

	気体の発生方法 b	気体の発生方法 c
①	亜鉛にうすい塩酸を加える。	石灰石にうすい塩酸を加える。
②	亜鉛にうすい塩酸を加える。	二酸化マンガンにうすい過酸化水素水（オキシドール）を加える。
③	石灰石にうすい塩酸を加える。	亜鉛にうすい塩酸を加える。
④	石灰石にうすい塩酸を加える。	二酸化マンガンにうすい過酸化水素水（オキシドール）を加える。
⑤	二酸化マンガンにうすい過酸化水素水（オキシドール）を加える。	亜鉛にうすい塩酸を加える。
⑥	二酸化マンガンにうすい過酸化水素水（オキシドール）を加える。	石灰石にうすい塩酸を加える。

(3) 表 2-1 の気体の捕集方法 x～z に当てはまる組み合わせとして，もっとも適切なものを①～⑥から 1 つ選べ。[10]

	捕集方法 x	捕集方法 y	捕集方法 z
①	下方置換法	上方置換法	水上置換法
②	下方置換法	水上置換法	上方置換法
③	上方置換法	下方置換法	水上置換法
④	上方置換法	水上置換法	下方置換法
⑤	水上置換法	下方置換法	上方置換法
⑥	水上置換法	上方置換法	下方置換法

(4) 図 2-1 のように，アンモニアを満たした丸底フラスコ内に，スポイトで水を入れると，ビーカー内のフェノールフタレイン溶液を数滴加えた水が丸底フラスコへ勢いよく上がり，赤色の噴水となる。塩化水素はアンモニアと同様に噴水実験をすることができる。これはアンモニアと塩化水素が共通の特徴をもつためである。この共通の特徴として，もっとも適切なものを①～⑥から 1 つ選べ。[11]

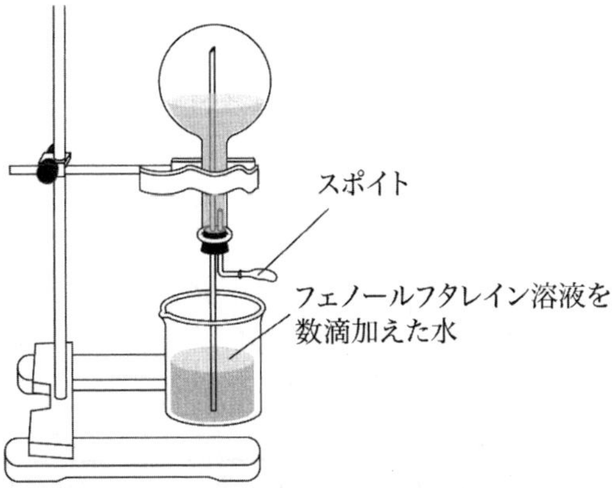

図 2-1

① 水よりも密度が小さい。　② 水に溶けにくい。　③ 水溶液が酸性を示す。
④ 水よりも密度が大きい。　⑤ 水に溶けやすい。　⑥ 水溶液がアルカリ性を示す。

(5) pH の値が 14 である水溶液にムラサキキャベツ液を加え，その後 pH を 1 まで下げたときの色の変化として考えられるものとして，もっとも適切なものを①～⑥から 1 つ選べ。[12]

① 赤色 → 黄色 → 紫色　② 赤色 → 紫色 → 黄色　③ 黄色 → 赤色 → 紫色
④ 黄色 → 紫色 → 赤色　⑤ 紫色 → 赤色 → 黄色　⑥ 紫色 → 黄色 → 赤色

2. **【実験1】**，**【実験2】**を行い，**【実験2】**の結果を表 2-3 と図 2-2 にまとめた。次の問いに答えよ。

【実験1】

酸とアルカリを用いた以下の（あ）・（い）の中和反応を行った。（い）の反応では沈殿が生じたので，より詳しく調べるために**【実験2】**を行い，結果をまとめた。

（あ）うすい塩酸にうすい水酸化ナトリウム水溶液を少しずつ加えていった。
（い）うすい硫酸にうすい水酸化バリウム水溶液を少しずつ加えていった。

【実験2】

操作1. 同じ濃さの硫酸を 5 個のビーカー A～E に 10 cm^3 ずつ加えた。
操作2. 同じ濃さの水酸化バリウム水溶液を A～E のビーカーそれぞれに 10 cm^3, 20 cm^3, 30 cm^3, 40 cm^3, 50 cm^3 ずつ加えた。
操作3. A～E のビーカーをそれぞれろ過し，ろ紙上の物質（沈殿）を乾燥させ，質量を測定した。

以上の実験結果を表 2-3 と図 2-2 としてまとめた。

表 2-3

ビーカーの種類	A	B	C	D	E
硫酸の体積〔cm^3〕	10	10	10	10	10
加えた水酸化バリウム水溶液の体積〔cm^3〕	10	20	30	40	50
沈殿の質量〔mg〕	50	100	150	150	150

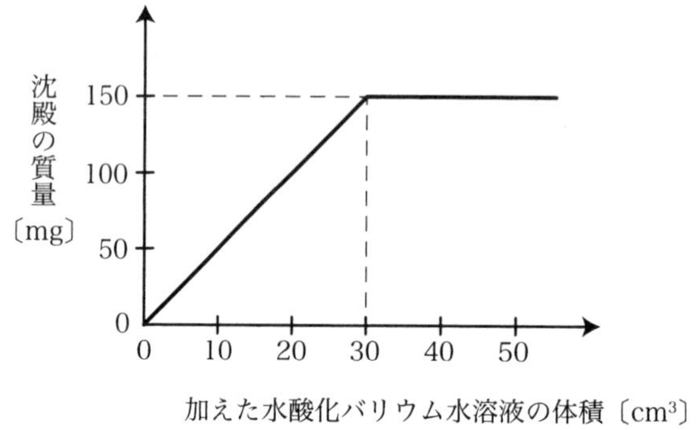

図 2-2

(1) **【実験1】**の（あ）において，加えた水酸化ナトリウム水溶液の体積と水溶液中の水素イオン，水酸化物イオンおよび塩化物イオンの個数の関係を表したグラフを（ア）～（エ）から選び，もっとも適切な組み合わせとなるものを①～④から 1 つ選べ。[13]

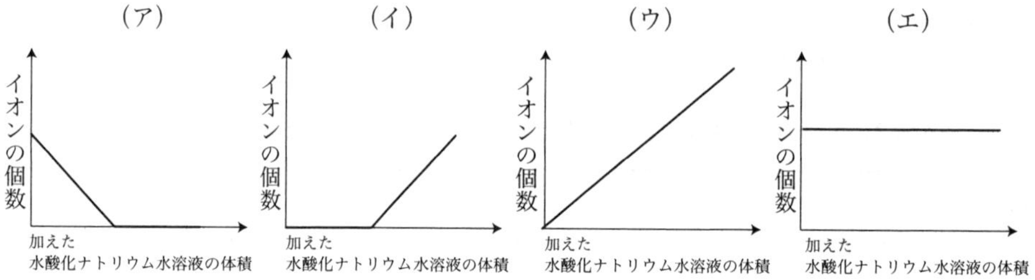

	水素イオンのグラフ	水酸化物イオンのグラフ	塩化物イオンのグラフ
①	（ア）	（イ）	（ウ）
②	（ア）	（イ）	（エ）
③	（イ）	（ア）	（ウ）
④	（イ）	（ア）	（エ）

(2) **【実験2】**のビーカー E をろ過せずに，操作 1 と同じ濃さの硫酸をさらに 10 cm^3 加えたとき，新たに生じる沈殿の質量は何 mg か。もっとも適切なものを①～⑥から 1 つ選べ。[14]

① 50　② 100　③ 150　④ 200　⑤ 250　⑥ 300

3 〔解答番号 [15]〜[21]〕

1. ヒトのからだに関する次の問いに答えよ。

(1) 図 3-1 は血管内の血液の成分の模式図である。酸素を運ぶものとして，もっとも適切なものを①〜③から 1 つ選べ。[15]

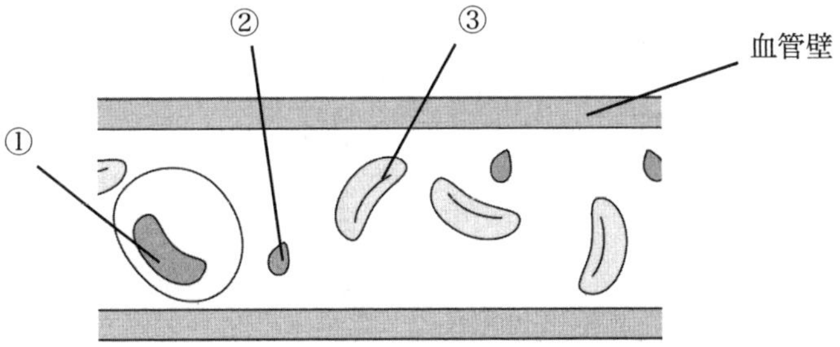

図 3-1

(2) 肺から全身への酸素の移動経路として，もっとも適切なものを①〜④から 1 つ選べ。[16]

① 肺→右心房→右心室→全身　　② 肺→左心房→左心室→全身

③ 肺→右心室→右心房→全身　　④ 肺→左心室→左心房→全身

(3) ヒトが分解する栄養素と酵素の組み合わせとして，もっとも適切なものを①〜④から 1 つ選べ。[17]

	栄養素	酵素
①	タンパク質	ペプシン
②	脂質	アミラーゼ
③	デンプン	リパーゼ
④	水	カタラーゼ

2. 植物のはたらきに関する実験を行った。次の問いに答えよ。

【実験】

1. 葉の枚数や大きさが同じツバキの枝を用意し，メスシリンダー A 〜 D に入れた。
2. メスシリンダーに等量の水を入れ，油を浮かべた。
3. メスシリンダー A の葉は何も処理せず，B はすべての葉の表にワセリンを塗り，C はすべての葉の裏にワセリンを塗り，D はすべての葉の表と裏にワセリンを塗った（図 3-2 ）。ただし，ワセリンを塗った領域では，気孔からの蒸散は起こらないものとする。
4. 五時間後に，メスシリンダーの水の減少量を測定した。

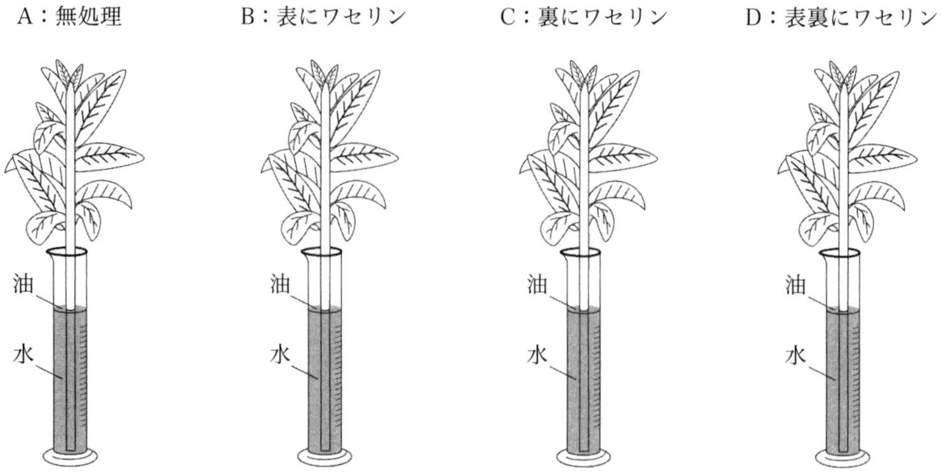

図 3-2

【結果】

メスシリンダーの水の減少量は表 3-1 のようになった。

表 3-1

	A	B	C	D
水の減少量〔cm^3〕	3.7	3.1	1.0	0.4

(1) 図 3-3 は，ツバキの葉の断面図である。メスシリンダーの水が通る場所として，もっとも適切なものを①～⑤から 1 つ選べ。[18]

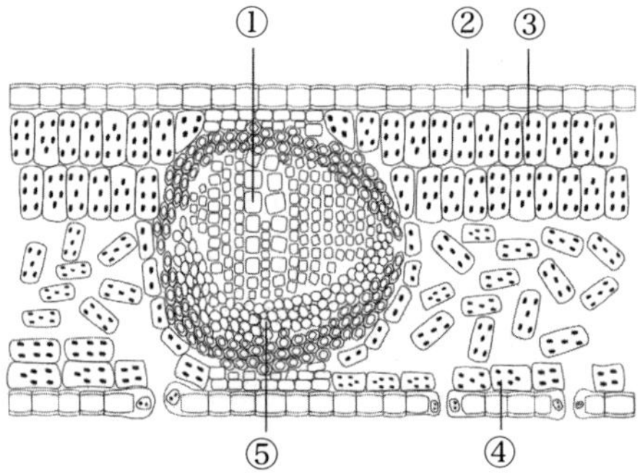

図 3-3

(2) **【実験】**の下線部について，水面に油を浮かべた理由として，もっとも適切なものを①～④から 1 つ選べ。[19]

① メスシリンダーにツバキの枝を入れやすくするため。

② メスシリンダーからの水の蒸発を防ぐため。

③ 植物への油の影響を調べるため。

④ 植物へのワセリンの影響を調べるため。

(3) **【結果】**から葉の蒸散量について分かることとして，もっとも適切なものを①～④から 1 つ選べ。[20]

① 一時間あたりの葉の表からの蒸散量は，およそ 0.08 cm^3 である。
② 一時間あたりの葉の表からの蒸散量は，およそ 0.12 cm^3 である。
③ 一時間あたりの葉の裏からの蒸散量は，およそ 0.08 cm^3 である。
④ 一時間あたりの葉の裏からの蒸散量は，およそ 0.12 cm^3 である。

(4) この実験から分かることとして，もっとも適切なものを①～④から 1 つ選べ。ただし，この植物の全ての気孔において，単位時間あたりの蒸散量は同じであるとする。[21]

① A と B を比較すると，この植物の気孔は葉の表より裏に多いと考えられる。
② A と C を比較すると，この植物の気孔は葉の裏より表に多いと考えられる。
③ B と C を比較すると，この植物の気孔は葉の表より裏に多いと考えられる。
④ C と D を比較すると，この植物の気孔は葉の裏より表に多いと考えられる。

4 〔解答番号 [22]～[28]〕

1. 次の文中の空所に当てはまる語句の組み合わせとして，もっとも適切なものを①～⑧から 1 つ選べ。

(1) 日本の春の天気の特徴として，日本列島の上空を吹く（ a ）により，高気圧と低気圧が交互に通過する。日本の近くで低気圧が生まれて発達することも多く，春一番などの（ b ）よりの強風が吹きやすい。やがて，2 つの湿った気団がぶつかることで日本列島付近に（ c ）ができる梅雨へと移行していく。[22]

	a	b	c
①	貿易風	北	停滞前線
②	貿易風	北	閉塞前線
③	貿易風	南	停滞前線
④	貿易風	南	閉塞前線
⑤	偏西風	北	停滞前線
⑥	偏西風	北	閉塞前線
⑦	偏西風	南	停滞前線
⑧	偏西風	南	閉塞前線

(2) 粘性の大きなマグマが地表近くで急に固まると（　a　）が多く含まれる（　b　）になる。また，このようなマグマがゆっくりと火口から噴出した場合，（　c　）火山がつくられる。[23]

	a	b	c
①	無色鉱物	流紋岩	傾斜の緩やかな
②	無色鉱物	流紋岩	ドーム状の形の
③	無色鉱物	花こう岩	傾斜の緩やかな
④	無色鉱物	花こう岩	ドーム状の形の
⑤	有色鉱物	流紋岩	傾斜の緩やかな
⑥	有色鉱物	流紋岩	ドーム状の形の
⑦	有色鉱物	花こう岩	傾斜の緩やかな
⑧	有色鉱物	花こう岩	ドーム状の形の

(3) 北緯 35 度に位置する東京では，夏至の日に真東より約 30 度（　a　）よりの地平線から太陽があらわれる。この日の南中高度は（　b　）度になる。また，晴れた日の気温の変化をみると一般的に（　c　）時頃で最高気温に達することが多い。[24]

	a	b	c
①	北	55.0	12
②	北	55.0	14
③	北	78.4	12
④	北	78.4	14
⑤	南	55.0	12
⑥	南	55.0	14
⑦	南	78.4	12
⑧	南	78.4	14

2. 以下の文章を読み，次の問いに答えよ。

地震には 2 種類の地震波が存在し，この地震波の速さが違うために各観測地点では 2 つの地震波の到着時刻に差ができる。この差にあたる時間に (a) 弱いゆれを感じ，遅い方の地震波が到達すると (b) 強いゆれを感じる。

ある地域で 14 時 33 分 32 秒に地震が発生した。図 4-1 は，この地震による地震波の伝わる様子を観測したものである。図の黒い点は観測地点，近くの数字は弱いゆれを感じ始めた時刻の秒の位だけを表している。また，図の 1 目盛りは 10 km の距離を表している。例えば，地点 A では 14 時 33 分 41 秒にゆれを記録しており，BC 間の距離は 200 km と読み取れる。

ただし，この地震は地表付近で発生したとし，震源の深さは無視できるものとする。また，地震波の伝わり方は地質の影響を受けないものとする。

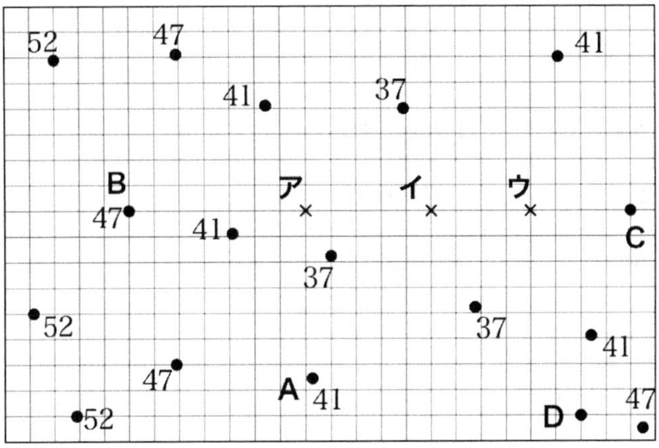

図 4-1　数字は 14 時 33 分台の秒の位

(1) 下線部（a）・（b）それぞれを引き起こす地震波の名称と伝わり方の特徴の組み合わせとして，もっとも適切なものを①～⑧から 1 つ選べ。[25]

	(a)		(b)	
	名称	伝わり方	名称	伝わり方
①	P 波	横ゆれ	S 波	横ゆれ
②	P 波	音の波と同じ	S 波	横ゆれ
③	P 波	横ゆれ	S 波	音の波と同じ
④	P 波	音の波と同じ	S 波	音の波と同じ
⑤	S 波	横ゆれ	P 波	横ゆれ
⑥	S 波	音の波と同じ	P 波	横ゆれ
⑦	S 波	横ゆれ	P 波	音の波と同じ
⑧	S 波	音の波と同じ	P 波	音の波と同じ

(2) この地震の震央と考えられる地点は図の**ア～ウ**のどれか。もっとも適切なものを①～③から 1 つ選べ。[26]

① ア　　② イ　　③ ウ

(3) 地点 B において強いゆれを感じた時刻が 14 時 34 分 02 秒だった。地点 C において強いゆれを感じる時刻として，もっとも適切なものを①～⑥から 1 つ選べ。[27]

① 14 時 33 分 52 秒　　② 14 時 33 分 53 秒　　③ 14 時 33 分 54 秒
④ 14 時 34 分 12 秒　　⑤ 14 時 34 分 13 秒　　⑥ 14 時 34 分 14 秒

(4) (3) のとき，地点 D での初期微動継続時間の秒数として，もっとも適切なものを①～⑥から 1 つ選べ。[28]

① 5　　② 10　　③ 12.5
④ 17.5　　⑤ 20　　⑥ 25

問三　傍線③「思量《おもばかり》もなかりける男」とあるが、なぜ男は作者からそのように評価されたのか、その理由として最も適当なものを次の中から一つ選び、記号で答えなさい。

イ　郷の人々に協力してもらい妻に化けた狐を柱に縛り付けておけば、そのうち狐も苦しくなり正体を明かすものを、男は自分一人の力を過信して、狐を逃がしてしまったから。

ロ　落ち着いて両方の妻を捕らえて縛っておけば、化けた狐が耐えかねて正体を現し捕らえられたものを、男はそれをせずにまんまと狐を逃がしてしまったから。

ハ　男は妻に化けた狐に対し太刀で切りつけ、退治しておけばよかったものを、男の腕が未熟なためにそれができず、狐に無傷で逃げられてしまったから。

ニ　男は二人の妻の違いを冷静に判断すればよかったものを、あさはかにも感情的になり狐を柱に縛り付けたが、気を許し狐に逃げる隙を与えてしまったから。

問四　空らん【　A　】に当てはまる最も適当な語を次の中から一つ選び、記号で答えなさい。

イ　なむ　　ロ　や　　ハ　か　　ニ　こそ　　ホ　ぞ

問五　この文章の内容に関する説明として不適当なものを次の中から一つ選び、記号で答えなさい。

イ　京の都に住んでいた雑色男は、ある夕暮れ時、朱雀大路へ用事のために外出した妻が、長い間家に帰ってこないので、何か怪しいと感じていた。

ロ　夫は最初、狐が化けたのは家に後から入って来た妻の方だと思い、切りつけようとしたが、その妻が手を合わせて泣き惑ったので許してやった。

ハ　夫が片方の妻を捕らえていたところ、その妻があまりにも臭い小便をまき散らしたので、夫はその臭さに耐えきれず油断をしてしまい狐を取り逃がした。

ニ　狐は、男の妻が朱雀大路にいるのを見つけて、その妻に化けて男をだましたが、結局何も得られないまま、自分の命が危ない目に遭っただけだった。

四 次の文章を読んで、後の問に答えなさい。問題作成上、一部改変している部分があります。

今は昔、京にありける*雑色男《ざふしきをのこ》の妻《め》、夕暮方に暗くなるほどに、用事ありて*大路に出でたりけるが、やや久しく返り来ざりければ、夫、「何《な》ど遅くは来るならむ」と、怪しく思ひて居たりけるほどに、妻入り来たり。さて、しばしばかりあるほどに、また同じ顔にして有り様つゆばかりも違ひたる所もなき妻入り来たり。

①夫、これを見るにあさましきこと限りなし。「*いかにまれ、一人は狐《きつね》などにこそはあらめ」と思へども、いづれをまことの妻と言ふことを知らねば、思ひ廻《めぐ》らすに、「後に入り来たる妻こそ、定めて狐にてはあらめ」と思ひて、男、太刀を抜きて、後に入り来たりつる妻に走り懸《か》かりて、切らむとすれば、その妻、「こはいかに、我をばかくはするぞ。」と言ひて泣けば、また前に入り来たりつる妻を切らむとて走り懸かれば、それもまた手を摺《す》りて②泣きまどふ。されば、男、思ひわづらひて、とかく騒ぐほどに、なほ前に入り来たりつる妻の怪しくおぼえければ、それを捕へて居たるほどに、その妻、あさましく臭《くさ》き尿を散《さ》と馳《は》せ懸けたりければ、夫、臭さに堪《た》へずしてうち免《ゆる》したりける際《きは》に、その妻、たちまちに狐になりて、戸の開きたりけるより大路に走り出でて、こうこうと鳴きて逃げ去《い》にけり。その時に、男、妬《ねた》く悔《くや》しく思《おぼ》えけれども、さらに甲斐《かひ》なし。

これを思ふに、③思量もなかりける男なりかし。しばらく思ひ廻らして、二人の妻を捕へて縛《しば》り付けて置きたらましかば、つひにはあらはれなまし。いと口惜《くちを》しく逃したるなり。郷《さと》の人どもも来集《きつど》ひて見ののしりける。

狐も益《やく》なきわざかな。希有《けう》の命を生きてぞ逃げにける。妻の大路にありけるを見て、狐のその妻の形と変じて謀《はか》りたりけるなり。されば、かやうのことのあらむには、心を静めて思ひ廻らすべきなり。「希有にまことの妻を殺さざりけること【　A　】賢《かしこ》けれ」とぞ、人言ひけるとなむ、語り伝へたるとや。

（『今昔物語集』巻第二十七　第三十九話）

注　雑色男　…　雑役をして仕える男。
　　大路　…　都の主要道路、朱雀大路。
　　いかにまれ　…　いずれにせよ。

問一　傍線①「夫、これを見るにあさましきこと限りなし」とあるが、その解釈として最も適当なものを次の中から一つ選び、記号で答えなさい。

イ　夫はまったく同じ顔をした二人の妻を見て、ひどく驚きあきれてしまった。
ロ　夫はもう一人の妻が入って来たのを見て、動揺を隠すことができなかった。
ハ　夫はみすぼらしい二人の妻の容姿を見て、思わず顔を背けてしまった。
ニ　夫はよく似た二人の妻が同時に入って来たのを見て、不思議な感情にとらわれた。

問二　傍線②「泣きまどふ」の主語を次の中から一つ選び、記号で答えなさい。

イ　男　　ロ　妻　　ハ　狐　　ニ　郷の人

問六　傍線⑤「甘っちょろく、気長に、考えつづける」とあるが、ここで「ぼく」は、どのようなことを考えているのか。その説明として最も適当なものを次の中から一つ選び、記号で答えなさい。

イ　半生がすでに過ぎてしまった自分の人生を振り返る中で、無為に過ごしてきた過去を反省し、残りの人生を有意義なものとするため、資格の取得などの現実的な方法を模索している。

ロ　これまでの人生で様々な人たちから投げかけられた言葉について、その意味を自分なりに考えながら、これからの人生について、真剣に、しかし焦ることなく思いを巡らせている。

ハ　美根子さんについては後悔が残っているが、人はやがて死ぬという事実を前にして、あまり深刻になっても仕方がないと思い直し、この経験を今後の人生に生かそうと前向きにとらえている。

ニ　自分の今後を心配してくれる英さんに感謝しつつ、人生の後半をどう過ごすべきなのか、そう簡単には決められず、長い目で見て正しい生き方をじっくり考えていこうとしている。

問七　次の一文は本文中から抜き出したものである。どこに入れるのが最も適当か。直前の七文字で答えなさい（句読点を含む）。

歯切れのいい早口で、千木良さんはつづけた。

問八　この文章の内容や表現に関する説明として最も適当なものを次の中から一つ選び、記号で答えなさい。

イ　主人公である「ぼく」だけでなく、様々な人物の視点から美根子さんを描写することで、複雑な内面を持つ美根子さんの人物像を立体的に浮かび上がらせている。

ロ　美根子さんの病状の進行を、出来事の経過に沿って具体的に説明することで、「ぼく」がヘルパーとして冷静に状況を把握していたことが示唆されている。

ハ　「ぼく」の台詞《せりふ》にはカギ括弧をつけ、心の中の思いはカギ括弧なしで表現することで、本音と建て前を使い分ける「ぼく」の大人としての側面を印象づけている。

ニ　物語中の人物である「ぼく」が、読者に向けて語るような形式をとることで、読者が聞き手としての立場で「ぼく」の体験をとらえる構造となっている。

問二　傍線①「美根子さん」についての説明として最も適当なものを次の中から一つ選び、記号で答えなさい。

イ　大柄ではきはき話す快活な女性であり、小柄でおとなしい夫の辰次さんに物足りなさを感じつつも、実は「ぼく」との会話でしょっちゅうほめそやすほど慕っている。

ロ　本当は潔癖なまでのきれい好きなので、辰次さんがこまめにシーツを交換してくれないことにいら立ち、細やかにケアしてくれる「ぼく」への依存を強めていった。

ハ　若い頃は辰次さんの浮気に悩まされ、涙で枕を濡らすことも多かったが、辰次さんが他の女性との関係を全て清算してくれたことで、ようやく心の平穏を手に入れた。

ニ　脳溢血で倒れて寝たきり生活を送っているが、辛いことがあっても周囲に八つ当たりするようなことはなく、むしろ介護してくれる辰次さんへの気遣いを見せている。

問三　傍線②「肩をすくめた」とあるが、ここでの英さんの様子の説明として最も適当なものを次の中から一つ選び、記号で答えなさい。

イ　「ぼく」の言語表現の趣深さを褒《ほ》めたところ、からかわれたと感じた「ぼく」からさらに意表を突く表現が返ってきたため、半ばあきれている。

ロ　美根子さんの「ぼく」に対する純粋な思いを冗談半分に冷やかしたところ、怒った「ぼく」から軽蔑のまなざしを向けられたため、恥じ入っている。

ハ　「ぼく」の言葉から美根子さんとの関係の進展を期待したが、それは全くの見当違いな憶測だと「ぼく」に否定されたため、がっかりしている。

ニ　美根子さんから慕われているという「ぼく」の思い込みを皮肉を込めてたしなめたが、むきになった「ぼく」から反論を受けたため、動揺している。

問四　傍線③「けれど、ぼくは辰次さんを憎んだ」とあるが、どのような憎しみか。六十字以内で説明しなさい。

問五　傍線④「蛇は穴に入る」とあるが、この言葉をつぶやいた際の辰次さんの心情はどのようなものだと考えられるか。その説明として最も適当なものを次の中から一つ選び、記号で答えなさい。

イ　たわいのない世間話から始めて「ぼく」との親睦を図ろうとしたものの、妻の話になるとぎくしゃくしてしまい、意味深長な詩を持ち出して誤魔化そうとしている。

ロ　病気の妻を差し置いてバーの女主人にかまけていることを「ぼく」から暗に責められ、穴があったら入りたいと思うほど妻に申し訳なく思っている。

ハ　妻の病状が思わしくないことに気落ちする一方で、人の生も死も大きな自然の営みの一部なのだと受け入れ、その思いを「ぼく」と共有しようとしている。

ニ　妻のことで世話になった「ぼく」に気前のいいところを見せて謝意を示そうとしたのに、予想外にそれを拒絶するような態度をとられたために、呆然《ぼうぜん》としている。

る」という、辰次さんの二番目の奥さんの言葉について。そして、半生がすでに終わってしまったぼくの人生を、これからいかに生くべきかについて。

　人生は、いつだって、しり切れとんぼだ。

　ぼくは毎日元気に訪問介護をおこなっている。英さんはときどき、「自分の人生がまとめて自分にふりかかってくる年齢」に関しての率直な感想を述べる。サンハウスからぼくの家までの道を、一日の介護に疲れた足どりで歩きながら、ぼくは両の肩をぐるぐるまわす。少しだけ、凝りがほぐれる。

　ロマンには、あれからも時々行く。辰次さんがいる時もあるし、いない時もある。一度英さんを誘って行ったら、英さんはロマンのおでんをけなした。おでんは、みそ味に限るのにね。英さんは、名古屋の出身なのだ。

　美根子さんは、もうだいぶん危ないらしい。「ねえあんた」という美根子さんの声を、ぼくは甘く思いだす。その甘さは、*「ぐれて」いたときと同じような感じの、甘っちょろい、甘さだ。

「谷口くん、あと二年したらケアマネージャーの資格とりなよ。五年以上介護に従事すると、試験、受けられるんだよ」と、英さんは勧める。考えてみます。ぼくは答える。蛇は穴に入り、人はやがて死ぬ。そしてぼくは、日々、考えつづける。⑤甘っちょろく、気長に、考えつづける。

（川上弘美「蛇は穴に入る」）

注　英さん　…「ぼく」が勤めるケアハウス「サンハウス」の先輩。
　　癇性　…　異常に潔癖な性質。神経質。
　　褥瘡　…　体のある部位が長時間圧迫されることで、その部位の血流がなくなった結果、組織が損傷されること。
　　中庸　…　かたよることなく、常に変わらないこと。過不足がなく調和がとれていること。
　　さとみちゃん　…「ぼく」が以前に勤めていたコンビニの同僚。勤務中に強盗に襲われ、命を落とした。この事件が「ぼく」のコンビニ退職のきっかけになった。
　　社長　…「ぼく」が以前に勤めていた会社の社長。理不尽な理由で「ぼく」を殴《なぐ》り、退職の原因になった。
　　「ぐれて」いたとき　…「ぼく」が自堕落な生活を送っていた時期のこと。中途半端で甘っちょろい「ぐれ」だったと述べられている。

問一　二重傍線Ⅰ・Ⅱの本文中における意味として最も適当なものを次の中からそれぞれ一つずつ選び、記号で答えなさい。

Ⅰ「周到」
イ　隅々まで行き届いていること
ロ　入念に計画されていること
ハ　態度に心がこもっていること
ニ　指示が徹底されていること

Ⅱ「後ろ髪を引かれる」
イ　不安を抱かせる
ロ　心残りで離れがたい
ハ　慕わしくも切ない
ニ　後ろめたさを感じる

「ねえ、人生には、節目、とかいうものがあると、谷口くんは思う？」
英さんに、聞かれた。
ぼくは少しの間、記憶の中をさぐった。最初の会社を辞めるよう勧告されたとき、部長の手の甲にびっしりと黒い毛がはえているのに、つい目が引き寄せられたこと。*さとみちゃんのニュースを、事件の翌日あらためて新聞で読んだときに湧いてきた、なまなましい感情のこと。大きな泡のように、それらの記憶は浮かんでは消え、した。
「これ、と言えるほどのものは、ありませんねえ」ぼくは答えた。
この前、ぼくは辰次さんに会った。商店街の、れいの「ロマン」に、ぼくは初めて入ってみたのだ。辰次さんは一人でビールを飲んでいた。つまみはたこ焼きだった。
「ああ、ヘルパーさん」と、辰次さんは呼びかけた。
「一杯、おごるよ」辰次さんは言った。うちのひと、お金の使いかたがきれいなの。美根子さんがいつか言っていた言葉を思い出した。
並んでビールを飲んだ。
「奥さんは、お元気ですか」
「ボケがずいぶん進んじまってなあ」辰次さんはうつむきながら答えた。
美根子さんはやせて、軽くなったのだという。あたしは大きいから、介助がたいへんよね。すまないわねえ。いつも美根子さんは身を縮めるようにして言っていた。
しばらくぼくは、無言でビールを飲んだ。辰次さんの方は、カウンターの内側にいる化粧の濃いおばさんに、しきりに話しかけていた。こんど一緒に温泉でも行こうか。このたこ焼き、焼き加減がいいね。今年は巨人が弱くてだめだな。
ジョッキが空になったので、ぼくは自分のぶんのお金を卓にのせて、立ち上がった。辰次さんは、焦点のずれたような目で、置かれた千円札を見ていた。
「なんだな、にいさん、④蛇は穴に入る、だな」
唐突に、辰次さんが言った。ぼくは驚いて辰次さんを見返した。
「蛇は穴に入る
天は雨を降らす
土は雨に濡れる
人はやがて死ぬる」
何かの詩を読むように、辰次さんはつぶやいた。
な、なんですか、それは。ぼくが聞くと、辰次さんはちょっとの間だけ、苦いものを食べたときのような表情になり、「おれの二番目のかみさんの、口癖」
と、答えた。
ぼくの話は、これでおしまいだ。
しり切れとんぼな話、だろうか。けれどどうか、この話のしり切れとんぼなところを、非難しないでほしい。ぼくは、しんじつ考えつづけているのだ。「長所と短所は表裏」という母の言葉について。「おれはそういう人間なのだ」という、*社長の言葉について。「蛇は穴に入の曲がったおばあさんだった。
「辰次さん、さんざっぱら奥さんのこと泣かして、ようやく女があんまりつかなくなったと思ったら、奥さん、倒れちゃって、かわいそうに」
そういう話は、あんまりぼくは。手をひらひらふりながら言うと、千木良さんは「ふん」と言いながら、自分の家に入っていってしまった。けれど次の訪問のときに、また千木良さんはいそいそと出てきて、
「美根子さんて、一日に三回掃除して、洗濯も朝と晩の二回、必ずしてたのよ。辰次さんはぜんぜん駄目だから、せめてあなたたちが掃除洗濯、せっせとやってあげてよね」と、早口でまくしたてたのだった。

美根子さんがぼくを慕うようになったのは、認知症があらわれはじめてからだった。
「ねえあんた」と、美根子さんはぼくに呼びかけるのだ。
「なんですか」と、ぼくが言うと、美根子さんはびっくりする。
「そんなよそよそしい言葉づかい、よしてちょうだいよ」
辰次さんとぼくとを、ごっちゃにしているのだ。だから、慕う、と言っても、それはぼく自身を、ではなく、元から慕っている辰次さんをなのだ、ということを、ぼくはむろん承知していた。
美根子さんは、我慢強かった。寝たきりで背中に*褥瘡《じょくそう》ができてしまった時も、痛いという言葉は、ひとことも美根子さんの口からは出なかった。ものすごく、痛いはずなのだけれど。
「もっと美根子さんの姿勢を、こまめに変えてあげて下さい」と、ぼくは辰次さんに頼んだ。
ああ、悪い悪い、というのが、辰次さんの答えだった。人のいい表情で、手刀を切るようにしながら、頭を軽く下げた。
美根子さんの褥瘡は、ぜんぜんよくならなかった。辰次さんのことを、ぼくは疑った。
「うちのひと、ちゃんと優しくしてくれるから、だいじょぶよ」と、美根子さんはほほえむばかりだった。
そのうちに美根子さんが意識を正確に保っていられない時間が、ふえてきた。ぼくに向かって、「ねえあんた」と呼びかける回数も。
美根子さんの髪を、ぼくはときどき撫《な》でた。そうすると、喜んでくれるので。辰次さんのことを、ぼくはほんの少し憎むようになっていた。介護先の家庭の事情は、さまざまだ。まだ駆け出しのヘルパーだけれど、それでもひととおりの「さまざま」を、ぼくはこの目で実際に見てきた。辰次さんの、美根子さんに対する介護の様子は、ぜんぜんひどいものではなかった。むしろ、辰次さんはふつうよりもよくやっていたといえる。
③けれど、ぼくは辰次さんを憎んだ。「さまざま」な事情をもつ介護先の家族たちに対する「無関心」や「やさしみ」や「困惑」などといった、ヘルパーたちにとってはごく*中庸《ちゅうよう》な感情の範疇《はんちゅう》にはおさまらない、それはやはり、憎い、と表現するほかはないものだった。
じきにぼくが美根子さんの介護からはずれる時が来た。サンハウスのシステムは、決まったヘルパーが長く一つの家庭を訪問しないようにできているのだ。
ぼくはⅡ後ろ髪を引かれる思いで、美根子さんに別れを告げた。美根子さんは、にこにこしながら、またね、と言った。またね、またあしたね。
美根子さんの認知症の症状は、最初の頃よりもずいぶん、進んでいた。

三　次の文章を読んで、後の問に答えなさい。問題作成上、一部改変している部分があります。

様々な不運なめぐりあわせが重なり、不本意ながら職を転々としてきた「ぼく」は、一時は自堕落な生活を送っていたが、介護の資格を取って訪問介護サービス「サンハウス」で再び働き始めた。それから三年が過ぎ、「ぼく」は今年で三十八歳になる。

ぼくはこのケアハウスでは、かなりの働き手だ。フルタイムで、おまけに力仕事もこなし、かつ細やかなケアもけっこう得意。昔女にもてたのと、なにか通じるところがあるのかもしれない。もてる、ということは、けれど、ぼくのことをあまり助けない。

助けもなく、輝かしい未来への展望もなく、ぼくは今現在、人生のなかば（平均年齢まで生きるとして）を過ぎようとしながら、これからどうやって生きてゆけばいいのかを、真面目に考えているのだ。こんなふうに自分の来《こ》し方をわざわざ語りはじめたのも、そのせいだ。「どうやって生きていったって、べつにたいした変わりはないわよ」*英《はなぶさ》さんは断言するけれど。

ぼくが「いかに生くべきか」なんていう青少年みたいなことをあらためて考えはじめたのは、①美根子さんの介護に行きはじめてからだ。

美根子さんは、おととし脳溢血《いっけつ》で倒れ、右半身が不自由になった。美根子さんの旦那さんの辰次さんは、以前は隣町でダンスホールを経営していたそうだ。美根子さんは寝たきりだが、辰次さんの方はしごく元気で、ぼくが訪問すると、入れ代わりですぐに出かけてしまう。どうやら商店街にある「ロマン」という店に入りびたっているらしい。

美根子さんは、このごろ少し、認知症の症状が出はじめている。

美根子さんは、ぼくを慕っているのだ。

「慕っているって、魅せられる、と同じくらい非日常的な言葉だわね」英さんは感心した。

ちゃかさないで下さいよ、美根子さんの気持ちは、ものすごく清らかなものなんです。

「清らか」英さんは繰り返し、②肩をすくめた。

美根子さんは、大柄なおばあさんだ。辰次さんがどちらかといえば小柄なので、昔はきっと「蚤《のみ》の夫婦」とよばれたにちがいない。

美根子さんの体は大きいが、声は小さい。髪はまっ白で、短く切りそろえてある。月に一回、床屋に来てもらうのだ。

「うちのひとの好きな髪形なのよ」と、美根子さんはいつか教えてくれた。

美根子さんは、しょっちゅう「うちのひと」の話をした。「うちのひと」は、気っぷがいいの。好男子なの。優しいの。お金の使いかたがきれいなの。でも計画性はぜんぜんないの。

美根子さんがそのようにほめそやす辰次さんは、ごくふつうのおじいさんだった。ヘルパーが来ていないときには美根子さんの面倒をひととおりは見、けれどその面倒の見かたはさほどⅠ周到なのではなく、たとえば美根子さんの髪をカットするに関しては手をつくすのに、着ている浴衣やベッドのシーツは、お世辞にもこまめに交換しているようにはみえなかった。

「いいのよ、あたしだって、そんなに、きれい好きじゃないもの」

美根子さんはほほえんだが、美根子さんがほんとうは*癇性《かんしょう》なほどの清潔好きだということは、隣に住んでいる千木良《ちぎら》さんのおばあちゃんから聞いていた。

「ここの奥さんて、美人でしょう」と、ある日、千木良さんは話しかけてきた。美根子さんよりもよほど年をとっているように見える、腰

ハ　現代の医学にはやはり限界があり、これまでに自分が命を救ってきた患者よりも救えなかった患者の方が多かったことに気付いたある医師は、自身の無力さにうちひしがれている。

ニ　安楽死を望む終末期患者の申し出に従って劇薬を投与したある医師は、患者を救えなかっただけでなく、自分の手で患者の命を絶ってしまったという罪悪感を強く感じている。

問七　傍線⑤「このデリケートな問題」とあるが、その説明として最も適当なものを次の中から一つ選び、記号で答えなさい。

イ　医師という職業を志す人間は、自分が人の命を預かる立場にあることを常に忘れず、他者のために自分の人生のすべてを捧《ささ》げる覚悟を持たなくてはならないということ。

ロ　医師としての職務を全うするには、患者が持つ十人十色の死生観、日々刻々と変化する病状に対応できるような相対的価値観を必要とするということ。

ハ　医師という職業は病気を治療し人間の寿命を延ばすことを務めとするが、時として患者のためにその命を奪わなければならない事態も起こりうるということ。

ニ　医師として生きるためには多くの覚悟を持つことが大切だが、現在の医学教育では知識や技術の習得に重きが置かれ、そうした精神面の育成は軽視されているということ。

問八　次の形式段落は本文中から抜き出したものである。どこに入れるのが最も適当か。直前の形式段落の最後の七文字で答えなさい（句読点を含む）。

オランダやベルギーの事例を見て、日本と違うと思うのは、ありふれたことですが、近代市民社会の成立というものを体験した文化とそうでない文化ということです。

問九　次に掲げるのは、この文章を読んだ生徒たちの発言である。本文の内容と合致しないものを次の中から一つ選び、記号で答えなさい。

イ　生徒Ａ――これまでの歴史においてさまざまな伝染病が世界規模で大流行したけれど、多くの命を奪っただけでなく、社会の構造に変化を与えたり、人々の生き方や価値観にまで影響を及ぼしたりしてきたんだね。

ロ　生徒Ｂ――ヨーロッパのいくつかの国では「自分で死を選ぶ」安楽死を容認する動きがあって、この動きには個人の意志を尊重し患者一人ひとりの尊厳を守るべきだという思想が、どうやら関係しているようだよ。

ハ　生徒Ｃ――日本では延命治療を行わないという尊厳死についても法律では認められていないけれど、患者さんとお医者さんそれぞれの苦しみを取り除くためにも、これから法制化する必要があると思う。

ニ　生徒Ｄ――医師としてやっていくためには、さまざまな苦しみに向き合う覚悟や精神力が不可欠だけれど、現在の医育機関でそういった部分に対する教育がされているのかは疑問だな。

問一　二重傍線Ⅰ・Ⅱの本文中での意味として最も適当なものを次の中からそれぞれ一つずつ選び、記号で答えなさい。

Ⅰ「斟酌《しんしゃく》しなければならない」
イ　遠慮して慎まなければならない
ロ　同情して思いやらなければならない
ハ　推測して取り計らわなければならない
ニ　察知して仲立ちしなければならない

Ⅱ「折衷案的な」
イ　利点を組み合わせた最良の
ロ　自分の主張を抑えた控えめの
ハ　積極性に欠けていて受動的な
ニ　どっちつかずであいまいな

問二　空らん A ～ D に当てはまる最も適当な語を次の中からそれぞれ一つずつ選び、記号で答えなさい（同じ記号は二度用いない）。

イ　とりわけ　ロ　いかにも　ハ　どうやら　ニ　たとえ　ホ　もちろん

問三　傍線①「そうした宿命を背負った生き物」とあるが、これと同じ内容を表す箇所を本文中から三十五字以内で抜き出し、はじめと終わりの三文字を答えなさい（句読点や記号を含む）。

問四　傍線②「〈memento mori〉（メメント・モリ）、『死を思え』ということでしょう」とあるが、「死を思え」という言葉は現代ではどのような意味を持つと筆者は考えているか、六十字以内で説明しなさい。

問五　傍線③「面白いことに」とあるが、筆者がこのように述べるのはどうしてか。その理由として最も適当なものを次の中から一つ選び、記号で答えなさい。

イ　社会の成員の多くが命を落としてしまうペスト流行の時期に優れた文芸作品をどんなに数多く創作したところで、その作品を読んでくれる人はいないから。
ロ　人々の生きる姿や人生を描く文学作品が生み出されたことと、多くの人々に死をもたらす感染症が世界的に流行したこととの間に、関連性があると思われるから。
ハ　死を身近なものと捉えたとき、残された人生を献身的に生きようとする人間も自分の本能のままに生きようとする人間もいるが、どちらも人間の本当の一面だと言えるから。
ニ　パンデミックが起こっていた一四世紀や一九世紀のヨーロッパにおいて現代でも読み継がれている文学作品が生み出されたが、現代の日本ではとても想像できないから。

問六　傍線④「何重もの苦しみ」の事例として最も適当なものを次の中から一つ選び、記号で答えなさい。

イ　人の命を救いたいという夢を叶《かな》えた医師が、担当した末期ガンの患者について、病気が既に治療の施しようのないほど進行しており、自分の力では患者を助けられないということに心を痛めている。
ロ　終末期緩和ケア担当のある医師は、心身の苦痛を訴える余命わずかな患者に対し、ただ痛みを和らげることしかできない現在の医療制度と自分の不甲斐なさにやるせない思いを抱いている。

命を救いたい、苦しんでいる人の力になりたいと願わない医師はいませんが、実際に医師になってみると、その力は微々たるもので、救うことのできた命の数倍、数十倍の患者が亡くなっていく。そのことの苦しみがまずあります。

その上で、自分の患者が死にもまさる苦しみを感じているのに、苦しみを取り除く手段が相手に死を与えることしかない、といったような状況に直面することもあるのです。そんな時の医師としての矛盾は、苦しみがいわば二重三重になっているわけです。そこで、あえて自分の力を、死を与えることで、苦しんでいる人のために使ってあげようと決意するまでに、どれほどの思いがあるか。また実行した後に自らの内に起こる自責の念に堪えなければならないことも、当然予想される。そうした「共苦」の気持ちを持って安楽死を実行する医師をとがめる資格は誰にもないのではないかと私は思っています。

ただ、それをほんの少しでも医師に強要するようなことがあってはいけない。

オランダなどでも、安楽死を実行した医師が非常に苦しむ事例が、いくつも伝えられています。もっとも、その一方で、法的に許されているのだからこれも医師の務めの一つだと、割り切って、淡々と薬を渡す場合もあるようです。

逆に言えば、安楽死が制度化されてしまえば、事務的に安楽死を扱うケースも出てきてしまうのではないかという恐れがあります。もしそんな事態が日常化するとすれば、それは病んだ社会と言うべきではないか、とさえ思います。

安楽死を望む人に、文字通りの「共苦」の思いで臨んでくれる相手がいたとき、それは幸せなことです。医療の側も、医師になるということはそういう場面に遭遇することでもあるのだと、受け止められるような教育が必要です。人の死を宣告できるのは、医師だけに与えられた特権でもあります。そうである以上、それだけの覚悟を持った医師が育つことが望ましいと思います。

まず、人の命を救おうと全力を尽くす覚悟。全力を尽くしても救えない命はあり、そのまま見送らなければならない数のほうが多いという事実に直面する覚悟。自分が最初に立てた、人の命を救うという誓いに背いてでも、患者の苦しみを思いやって、慈悲の死を与える覚悟。医師になるということは、それだけの覚悟がいるのだ、と。

医師になる、命を預かるのはいつの時代でも変わらず、覚悟がいることです。そうした覚悟を持った医師が育つことが望ましいですが、命を延ばすことだけに絶対的価値を置いたいまの医学教育では、そうした大切な点に触れずにきてしまっているのでは、と恐れます。

*終末期鎮静は、⑤このデリケートな問題を扱ううえでの、いかにも日本らしいⅡ折衷案的な解決策です。日本緩和医療学会の方々は、「これは安楽死ではありません」と言いますが、実際の機能としては安楽死と限りなく同じ役割を果たしています。いったん意識を落としたら、意識の落ちた状態のまま死まで移行することも終末期鎮静には含まれている、という一点だけでも、それは明らかではないでしょうか。

(村上陽一郎『死ねない時代の哲学』)

注　尊厳死　…　過剰な医療や延命措置をやめ、自然な死に向かわせること。
　　橋田壽賀子さんの提案・西部邁さんの自死・東海大の事件　…　いずれも安楽死をめぐる出来事。
　　終末期鎮静　…　終末期の患者に心身の苦痛を緩和する薬物を投与すること。

②〈memento mori〉（メメント・モリ）、「死を思え」ということでしょう。ラテン語をまったく知らない人でも知っている言葉です。

多くの場合、激甚な疫病（今の言葉で言えば、感染症ですが）が流行したとき、社会は否応なく死の自覚へと傾きます。一四世紀、世界的に流行り、［B］ヨーロッパでの被害が甚大であったペスト。このとき、ヨーロッパ社会は人口の三分の一ほどを失ったといいます。社会の成員がそれだけ短い期間に失われたら、社会構造自体が変わらざるを得ないでしょうが、人々の意識にも、大きな変化が生まれたようです。一方には、明日が保証されていない以上、今日を享楽的に生きるほかはない、と、欲望を全開させようとする人々がいました。その一方で、自らを間もなく訪れる死を、厳粛に受け止めて、出来る限りの善根を積もうと努力する人々もいました。どちらも、人間の一面を示したものでしょう。

③面白いことに、ヨーロッパでは、ほぼ三〇〇年周期のパンデミック（世界的規模での感染症の流行）なペストが、重要な文学作品を生み出してきました。前にも書きましたが、この一四世紀には、ボッカチオの『デカメロン』、一七世紀にはD・デフォーの『疫病流行記』、一九世紀の流行にはカミュの『ペスト』といった具合です。それだけ、人間性の追求を基本とする文藝《げい》の世界にも、死は巨大な影響を与えてきたのでしょう。

死が日常だった時代と今が違うのは、これまでなら、死生観といっても、来世はどうなるだろう、といったことを考えていればよかったものが、今は、現実的に、自分がどう死ぬかを考えなくてはいけなくなったということです。

われわれは、［C］命にかかわる病気にかかったとしても、ある程度は医療の力で生きながらえることが可能になっています。「助けてあげられる」と言われれば、死んでゆく側にも「いつまで生きられるのだろう」という未練が少なからず残ります。

その「いつまで生きられるのだろう」が、「いつまで死ねないのだろう」に転じることがあるとすれば、それは、その人にとって、ある意味、不幸なことでもあります。

そうした現実があるからこそ、ヨーロッパの幾つかの国々をはじめとして、先進圏には、「死にたいのなら、自分の責任で死を選んでもいい」という方向にはっきりと舵《かじ》を切るところが現れたのです。死を選択する際に許される動機としては、肉体的な健康の侵害だけではなく、スピリチュアルな健康の侵害を受けている人も含めるようになりつつあります。

市民社会における個人が自立した存在である社会では、個人の自立性というのは一〇〇パーセント尊重しなければならないのであり、原理としてそのことを疑い得ない。Ⅰ斟酌しなければならない個別の事情が多少あるにせよ、振り子が完全にそちらの側に振れていて、［D］、もう揺り戻しはない状態のようです。

これまで見てきたように、日本でも、オランダやベルギーとそれほど変わらない時期から、安楽死という言葉は取りざたされてきました。表ざたになった事例にも事欠きませんし、当然刑事事件にもなり、その是非についても議論が繰り返されてきました。

日本でも、消極的安楽死である＊尊厳死について、そのような概念がない遠い過去から、現実には豊富な事例が存在してきましたし、現在でも、必要以上の延命治療は望まないという人についてはその意志を尊重するという社会的な合意が暗黙に成立し、ある程度の決着がついていますが、法制化まではいたっていません。

積極的な安楽死のほうは、＊橋田壽賀子《はしだすがこ》さんの提案があったり、＊西部邁《にしべすすむ》さんの自死が社会的な話題になったりしても、＊東海大の事件のころから状況はほとんど変わっておらず、安楽死を望む人は取り残されたままです。

今の日本の社会で、安楽死を法的に規制しないという決断を下すことは難しいという印象があります。

この問題を考えるとき、私はどうしても医療者の立場を考えてしまいます。

医師というのは④何重もの苦しみを背負わされています。第一に、何とかして人の命を助けたいという願いを抱いて職業につくものです。

二〇二二年度 朋優学院高等学校（一般一回）

【国語】（五〇分）〈満点：一〇〇点〉

一 次の各文の傍線部のカタカナは漢字に直し、漢字はその読みをひらがなで答えなさい。**楷書で丁寧に書くこと。**

問一 部活を引退してから体のオトロえを感じる。

問二 シュビよく事を運ぶ。

問三 球界クッシの投手。

問四 俳優はキキせまる演技をした。

問五 交差点では殊に注意が必要だ。

二 次の文章を読んで、後の問に答えなさい。問題作成上、一部改変している部分があります。

死を自覚している唯一の動物が人間です。象は死に場所を探すとか、猫は飼い主に死ぬところを見せないなどともよく言われますが、動物行動学的には根拠のない話だそうです。

動物の世界に、基本的に「老い」はありません。自然界の動物に、「老いた個体」はいない、というのが正確な言い方でしょうか。動物では老いは死に直結しています。老いた動物は死ぬしかなく、結果としてわれわれが老いた動物に出会うことがないということになります。

「老い」とは、間近に迫った死へと足早に進む過程にほかなりません。人間以外の動物の場合は、この過程に要する時間が極めて短いものになります。おそらくは人間だけが、この過程にかかる時間を、自分たちの手で引き延ばしてきたのです。

人間だけが、生きるにあたって死を考え、人生の旅路の究極点に見据えて生きている動物だということでしょう。幸か不幸か、人間性というものも、まさにそのことの中に成立しているとも言えます。

生まれたときから死に向かって歩き始めているわけで、考えてみれば不思議なことです。［A］生まれてすぐや、まだ幼いころにはそんなことはわかっていませんが、ある年齢になると、死ということを意識するようになってきます。①そうした宿命を背負った生き物として、私たちはこの世に生を享《う》けているのです。

2022年度／朋優学院高等学校（一般１回）

英語解答

1 A　1…④　2…①　3…③　4…①
5…③　6…①　7…④　8…②
9…③
B　1…③　2…④　3…④　4…③

2 1　①　2　④　3　①　4　④
5　③　6　②

3 1　20…⑤　21…④
2　22…③　23…⑥
3　24…①　25…③
4　26…④　27…⑥
5　28…②　29…⑤

4 A　30…④　31…③　32…⑤　33…①
34…②
B　③　C　①　D　④　E　④
F　②　G　①，④，⑤，⑧

5 A　1…③　2…②　3…④　4…④
5…②　6…③
B　50…④　51…③

6 1　What are you going to do next February?
2　He had to finish his homework by Saturday.

7 1　正解…②　訂正後…you bought
2　正解…④　訂正後…another〔others/the other(s)〕
3　正解…③　訂正後…enough
4　正解…④　訂正後…is growing

1〔放送問題〕解説省略

2〔適語(句)選択〕

1．前半は，‘過去の習慣’を表す would を使い，よくスキーに行ったという過去のことを述べている。‘逆接’の but「しかし」に続く後半では，‘時の起点’を表す since「〜以来」を使い，それ以降，現在まで１度だけスキーをした（１度しかスキーをしていない）と述べている。このように，ある時点から現在までつながっていることを示す表現として，現在完了（‘have/has＋過去分詞’）が適切。　「北海道に住んでいた頃は家族とよくスキーに行ったものだが，東京に引っ越してからは１度しかスキーをしていない」

2．a/an には，「〜につき」という‘単位’を表す意味がある。「１日に５回です」と答えているので，How often で‘頻度’を尋ねたのだとわかる。　「ナイアガラの滝行きのバスはどれくらい頻繁に出ていますか？―１日に５回です」

3．sad「悲しい」とあることや，直前に「たった〜，〜しかない」を意味する only があることなどから，誕生日会に来る友人が少ないのだと判断できる。friends のような‘数えられる名詞’が「少ない」という場合には，few を用いる。　a few「少しの〜，２，３の〜」　「ジュディは誕生日会に友達が少ししか来ないと知って悲しんでいる」

4．every 〜で「〜ごとに」を表せる。　「うるう年は４年ごとに巡ってくる」

5．result in 〜「〜という結果になる」　「彼の不注意な運転が事故という結果を招いた」

6．if 〜には「〜かどうか」という意味がある。　「ウェイターは私にコーヒーはいかがですかと尋ねた」

3〔整序結合〕

1．‘比較級＋than any other＋単数名詞’「他のどの～より…」　「あれはこの町の他のどの塔よりも高い」　That is higher than any other tower in this town.

2．I am と始まるので，look for ～「～を探す」を‘am/is/are＋～ing’の現在進行形にして looking for と続ける。この後は‘something＋形容詞＋to ～’「何か～するための…なもの」の形で something cold to drink とする。　「私は何か冷たい飲み物を探している」　I am looking for something cold to drink.

3．have の後に started を置いて現在完了(‘have/has＋過去分詞’)をつくる。この後，‘*A* of *B*’「*B* の *A*」を使って a new style of working「仕事の新しいスタイル，新しい働き方」をつくる。　「最近，一部の企業は新しい働き方を始めている」　These days some companies have started a new style of working.

4．‘so ～ that …’「とても～なので…」の文をつくる。一般に，‘天気・天候’を表す文では主語に it を用いる。　「雨がとても激しく降っていたので，私は家にいることにした」　It rained so hard that I decided to stay at home.

5．「?」があることと語群から，your brother を主語にした現在進行形(‘am/is/are＋～ing’)の疑問文をつくればよいとわかる。　「君のお兄さん〔弟さん〕は今ケンと野球をしているの？」　Is your brother playing baseball with Ken now?

4〔長文読解総合―説明文〕

≪全訳≫❶日本のテレビシリーズ「タイガー・アンド・バニー」は，広告主の夢として2011年に始まった。アニメのスーパーヒーローたちはいいことをするので，会社名が入ったコスチュームを身につけられる。ワイルドタイガーという名のキャラクターは，S.H.フィギュアーツ(日本のおもちゃ会社)とソフトバンクという名のメディア会社の名前がプリントされたスーツを着ている。他のキャラクターは，ゲーム会社のバンダイ，ソフトドリンクのペプシや食品会社のカルビーのラベルのついたスーツを着ている。30番組の各スポンサー企業は，ヒーローの中の1人と結びついているのだ。ブランディングのメッセージに反することになるので，悪役と結びつけられているスポンサーはない。❷「タイガー・アンド・バニー」のスポンサーは，コマーシャルの時間だけでなく，製品の紹介――番組の一節やセットへの挿入も当てにしている。ブランドとは，ある会社や製品の名前に言及されたときにわき上がる一連のイメージのことだ。「タイガー・アンド・バニー」において会社名は善行を象徴しており，これが強力なブランドイメージをつくり上げている。スポンサーは，自分たちのブランドとすてきなキャラクターを結びつけることにより，大きな収入が得られると信じている。テレビのネットワークや映画会社にとって製品の紹介は，番組や映画を助成する助けとなる大きな収入が得られる一方で，コストはほとんどかからないので，非常にいいことだ。❸製品の紹介は多くの形態で行われる。「タイガー・アンド・バニー」ではそれがあからさまだ。他のケースでは，それはわずかである。製品は，番組のテーマに沿っている必要さえない。31映画やテレビのキャラクターはアップルのコンピュータでメールをチェックし，ケロッグコーンフレークの箱を持って朝食のテーブルにつくだろう。彼はホンダの車に乗り込み，ノキアの携帯電話で通話する。各製品は，映画のメインのパートではなく，背景の一部だ。視聴者の心の中では，その製品は当たり前に使われるものと見なされている。❹会社は，いつもとは違うタイミングで消費者に届くように，製品の紹介を方向づけするかもしれない。コマーシャルを見せるためにある会社が映画館で映画を止めることはできない。会社にとって，これは無駄にされた機会だ。数百名の客が一緒に座っていて，2時間近くも彼ら全員の目がスクリーンにくぎづけになっているのに，誰もその企業の製品のことを考えていない。どうやったら会社は，その映画を製品のメッセージを伝えるメディアへと変えられるだろうか。$_{32}$理にかなった手法は，映画にソフトドリンクや車，冷蔵庫を入れ込むことだ。もしその映画がよいものなら，視聴者はその高い品質を製品の品質と同等と見なすだろう。❺いずれにしても，視聴者は置かれた製品を意識から締め出すことはしそうにない。このことは，広告主にとっての長年の問題――消費者に見させることを解決する手助けをしている。テレビの草創期以来，視聴者はコマーシャルの間はテレビから離れてしまい，より新しいテクノロジーは広告を飛ばすことをさらに容易にした。デジタルビデオレコーダー(DVR)があれば，テレビ番組を録画して後から見ることができる。ある調査では，アメリカでDVRを持っている家庭の53%が実際にコマーシャルを飛ばしていることがわかった。今は多くの視聴者がテレビをスマートフォンで見ており，そこには音楽やゲームのような多くの「気をそらすメディア」がある。$_{33}$ある研究によれば，コマーシャルになると，その番組をオンラインで見ている人の73%が気をそらすメディアのどれかに切り替えるそうだ。❻製品の紹介はただではない。2009年に製品の紹介に費やされたお金は，世界で62億5000万ドルだった。その半分を上回る額――37億ドルは，アメリカの会社によるものだった。製品の紹介に出費することは，通常の広告を買うよりも上手なお金の使い方だろう。$_{34}$アメリカのテレビのネットワークで30秒のコマーシャルを流すと平均で17万5000ドルかかるので，ある製品のコマーシャル10分では350万ドルかかることになる。その額のお金で，平均的なテレビ番組において1つの製品を3～4年間紹介ができるだろう。❼製品の紹介は本当に効果がありうると証拠が示している。車やトラックに変形できるロボットの映画である「トランスフォーマー」の第1作は，カマロと呼ばれる黄色いスポーツカーを取り上げた。カマロの売り上げは落ちており，自動車ブランドのシボレーはそれらを生産し続けるかどうか迷っていた。そこへ映画「トランスフォーマー」が現れた。シボレー役員のデイビッド・コールドウェルは，映画が封切られて以来カマロの売り上げは増えつつあり，購入者の10%は黄色いカマロを買ったと述べている。しかし，製品を紹介する側は，視聴者が常にプラスの反応を示すと思うべきではない。オーストラリアでは，「ザ・ブロック」と呼ばれる連続テレビの第1シーズンが，シリーズの中でよく使われるブラック・アンド・デッカーの工具の売り上げ増加を助けた。しかし，第2シーズンでは紹介をやりすぎてしまった。そして，番組を単なる長いコマーシャルだと思った多くの視聴者を失った。

A＜適文選択＞**30.**「タイガー・アンド・バニー」では会社名とキャラクターが結びついているということを，具体例を挙げながら説明している部分。登場人物とリンクされているとわかる。空所の後には，悪役と結びついているスポンサーはないと述べられているので，これと対比して，スポンサーがヒーローと結びついているという④が適する。　**31.** 空所の前に，番組のテーマとは関係なく製品が紹介されるとある。空所の後の内容はその具体例だと判断できるので，これと同様に，話の中で紹介される会社が挙げられている③が適する。空所の直後の He は，③の A movie or TV character を受けている。　**32.** 直前の文は，会社が映画を自社の宣伝に使うための手段・方法を問いかける形になっている。したがって，この疑問に答え，そのための方法を示す⑤が適する。　**33.** 前の文で distraction media「気をそらすメディア」について述べられているので，これをさらに説明する①が適切。　**34.** 直後に that amount of money「その額のお金」とあるので，これに先立って具体的な金額を示す②が適する。

B＜適語選択＞空所の後の内容は，その前の事柄の‘理由’になっているので，これを導く接続詞のbecause「なぜなら～からだ」が適切。

C＜指示語＞第１，２段落で示されたように，「タイガー・アンド・バニー」ではproduct placement「製品の紹介」が他とは異なる手法で行われている。第３段落第１～３文は，これを改めて説明し，「タイガー・アンド・バニー」では製品の紹介があからさまに行われるが，その他のケースではわずかだ，と対比している。

D＜指示語＞映画のクオリティーが高ければ，映っている製品のクオリティーも同等に高いと見なされる，という内容になっている。直前のqualityの繰り返しを避けるため，thatが用いられている。

E＜適語選択＞この部分では，‘get ～ to …’「～に…させる」の形が用いられている。この後，視聴者がコマーシャルを見ないことが話題となっており，これが前にあるa long standing problem for advertisers「広告主たちにとって長年の問題」を指している。ここから，広告主にとって「見させる」対象となるのはconsumers「消費者」だとわかる。

F＜適語(句)選択＞前の文では，製品の紹介によって売り上げが伸びたことが，後の文では，製品の紹介をやりすぎてしまったことが述べられている。前の文と後の文は相反する内容といえるので，これらをつなぐ語として‘逆接’のHowever「しかし」が適する。

G＜内容真偽＞①「『タイガー・アンド・バニー』のキャラクターは，企業名の入った服を着ている」…○　第１段落第２～５文に一致する。　②「S.H.フィギュアーツとソフトバンクは『タイガー・アンド・バニー』のキャラクターだ」…×　第１段落第３文参照。キャラクターの服に名前があるスポンサー企業である。　③「製品の紹介は，テレビ番組のコマーシャルの時間中に最もよく起きる」…×　第２段落第１文や本文全体の内容から，製品の紹介とコマーシャルは別のものであることが読み取れる。　④「企業の製品はよく，番組の背景に配置される」…○　第３段落最後から２文目に一致する。　⑤「DVRは視聴者にコマーシャルを飛ばさせるので，広告主にとって問題だ」…○　第５段落第４，５文に一致する。　⑥「番組のプロデューサーは，製作物を紹介する権利を得るため企業にお金を払う」…×　このような記述はない。　⑦「アメリカでの製品の紹介への出費は，世界中の出費よりも５倍ほど高い」…×　第６段落第２，３文参照。世界の出費の半分を上回る額である。　⑧「映画『トランスフォーマー』の第１作には黄色いカマロの車が出てきた」…○　第７段落第２文に一致する。

5〔長文読解総合―物語〕

≪全訳≫❶世界中の何よりも，リウェリン王子は狩りを愛していた。狩りの支度ができると，彼は城門のそばで止まって狩りの角笛を吹いたものだ。彼の猟犬が皆走ってきて，その中でも最も速くやる気があったのが，彼の一番のお気に入りの猟犬ゲラートだった。この猟犬は王子の義父であるジョン王からの贈り物だった。王子はその猟犬を愛した，というのも，狩りをしているときはライオンのように勇敢なのに，自宅では最も穏やかな生き物で，王子の幼い息子，まだ腕に抱かれている赤ん坊が特に好きだったからだ。❷その犬は常に主人の命令に従い，たいてい真っ先にシカのにおいを嗅ぎつけ，ハンターたちを獲物へと導いた。リウェリンがゲラートと狩りに行って，王子の食卓に載せるシカ肉なしに帰宅する日はほとんどなかった。❸ある朝，リウェリンはいつものように城の門楼で待ち，猟犬たちを呼ぶために角笛を吹いた。ゲラート以外の猟犬は皆，呼びかけに応えて走ってきた。このようなことはめったに起きなかったためリウェリンは驚き，もう一度角笛を吹いたが，ゲラートはそれでも現れなかった。とうとう，彼らは待つことを諦め，リウェリンはお気に入りの猟犬を連れずに馬で出かけた。❹その日の狩りの成果はひどかった。彼らは遠くまで馬で行ったが，見かけたわずかなシカはうまく逃げてしまい，リウェリンとお供の者たちは手ぶらで帰宅した。王子は最高の猟犬を連れていかなかったせいだと感じ，城に戻ってきたときには腹を立てていた。門楼に近づくと，お気に入りの猟犬が彼の方に走ってきた。はじめ，リウェリンは大喜びした。しかしその後，犬が近づくと，その動物の鼻と口から血がしたたっているのが見えた。❺王子は混乱したが，恐ろしい気持ちが彼に起きた。彼はわずか1歳の幼い息子と，ゲラートがその子と遊ぶのがどれほど好きかを思い出した。きっとその犬が子どもにけがをさせたのだ！　王子は急いで階段を駆け上がり，子ども部屋へ行った。❻その子の部屋に着いたとき，彼の恐れは裏づけられた。赤ん坊のかごは床にひっくり返っており，リウェリンの息子の気配はどこにもなかった。もっとよく見ると，ゆりかごには血がついていた。間違いなく犬が彼の子どもを殺したのだ。ひどく慌てて王子は息子を探したが，さらにいくつかの血の跡と格闘の跡しか見つけられなかった。彼はゲラートに向き直って言った。「化け物め！　私の息子を殺して食べたな」　王子はすぐさま剣を抜き，猟犬の横腹を突き刺した。犬は痛みで鳴き，主人の顔をあたかも不思議がるように見ながら死んだ。❼ゲラートが鳴いたとき，小さな痛ましい泣き声が部屋の反対側のどこかから聞こえた。たちまち，リウェリンは自らの致命的なあやまちに気づいた。彼は部屋を横切り，赤ん坊のかごの下を見た。確かにそこに彼の赤ん坊の息子がいて，けがもなく，眠りから目覚めるところだった。その子の横には大きなオオカミの死体があり，その肉は裂けて血まみれになっていた。ゲラートは坊やを殺したのではなく，番をしてオオカミから彼を守ったのだ。王子は後悔と恥ずかしさで頭を垂れた。❽リウェリンは，忠実な猟犬を生き返らせるためにできることは何もないと知っていた。彼はゲラートの死体を城壁から運び出し，スノードンの山頂が見える場所まで運んだ。ここに彼らは彼の墓をつくり，その猟犬が正式な儀式とともに埋葬されたとき，王子は皆がその場所に気づくように墓の上にたくさんの石を積んだ。❾それ以来，猟犬の墓の場所はベス・ゲラート，つまりゲラートの墓と呼ばれている。もし誰かが墓について尋ねたら，地元の人は全ての訪問者が王子の猟犬に対する後悔を少しでも共有できるようにいつでもこの話をする。リウェリンはというと，彼が再び狩りを楽しめるようになるのに長い時間がかかった。

A＜英問英答─内容一致・内容真偽＞**1**.「次のうち，リウェリン王子がゲラートを愛した理由として示されていないものはどれか」─③「ゲラートはリウェリンの息子のお気に入りだった」　第1段落最終文参照。ゲラートがリウェリンの息子を気に入っていたのである。　**2**.「リウェリンがゲラートと狩りに行くと，(　　)」─②「食事のための食料を持ち帰ってこられないことはめったになかった」　第2段落最終文参照。 rarely「めったに〜ない」　**3**.「リウェリンがゲラートの口から血がしたたっているのを見たとき，(　　)」─④「彼ははじめ，状況が理解できなかった」　第5段落第1文参照。「混乱した」とある。　**4**.「次のうち，リウェリンの致命的なあやまちはどれか」─④「誤解からゲラートを殺してしまった」　第6，7段落参照。　**5**.「次の感情のうち，ゲラートについて真相を知ったとき，リウェリンが持たなかったものはどれか」─②「オオカミが息子を殺しそうになったことを残念に思った」　第7段落および第8段落第1文参照。オオカミに対する感情は，直接的には読み取れない。　6．「ゲラートの埋葬後，(　　)」―③「長い時間がたった後，リウェリンは再び狩りを楽しむようになった」　第9段落最終文参照。

B＜適語選択＞50．剣で刺されたのだから，pain「痛み」で鳴いた，とするのが適切。　51．誤解から忠実な猟犬を殺してしまった後の感情で，shame「恥ずかしさ」と並立するものとして，regret「後悔，悔恨」が適する。

6〔和文英訳〕

1．「あなたは何をする予定ですか」は，What「何」で始まる疑問文で表せる。be動詞を用いて未来のことを述べるので be going to ～を使い，疑問文なので be動詞を前に出して are you going to do とする。最後に next February「次の二月に」を置く。

2．「～しなければならなかった」は had to ～で表せる。「宿題を終わらせる」は finish his homework とする。「土曜日までに」は by Saturday。by には‘期限’を表す意味がある。

7〔誤文訂正〕

1．「君が1週間前に買ったチケットは，今では少し高くなっている」　The ticket that you bought「君が1週間前に買ったチケット」のまとまりでは，you bought の目的語に当たる The ticket が先行詞として前に出ているので，bought の後に it を置く必要はない。

2．「実を言うと，このスカートはあまり好きではありません。別のを見てもいいですか」　「他のもの」が1つの場合は another，複数ある場合は others を使う。また，2つのもののうちの「もう1つ」は the other，3つ以上のもののうちの「残り全部」は the others で表せる。

3．「すみませんが，私のかばんを部屋まで運んでいただけますか」　‘形容詞＋enough to ～’で「～する(のに十分な)ほど…」。kind enough to ～は「親切にも～してくれる」といった意味で，相手の好意を求める際にも使える。

4．「世界中の高齢者の数は増えつつある」　be動詞は主語の中心となる The number「数」に一致させるので，is になる。

2022年度／朋優学院高等学校(一般１回)

数学解答

1 (1) $\dfrac{\sqrt{10}}{2}$　(2) $-\dfrac{8}{3}x^2y$　(3) 54

(4) 15　(5) 22分48秒　(6) 9％

2 (1) 20°　(2) $\dfrac{5}{2}\pi$

3 (1) $198=\dfrac{2}{3}(x-y)$　(2) 396

4 (1) (0, 8)　(2) $\dfrac{80}{3}$

5 (1) $\dfrac{2+\sqrt{3}}{3}\pi a^3$　(2) $4\pi a^2$

6 (1) 30　(2) $\dfrac{5}{2}$秒後

7 (1) $\dfrac{1}{36}$　(2) $\dfrac{13}{108}$

8 (1) 6202　(2) 70番目

1〔独立小問集合題〕

(1)<数の計算>与式$=\dfrac{2\sqrt{5}}{\sqrt{2}}-2\sqrt{2}\div\dfrac{\sqrt{16}}{\sqrt{5}}=\dfrac{2\sqrt{5}\times\sqrt{2}}{\sqrt{2}\times\sqrt{2}}-2\sqrt{2}\div\dfrac{4}{\sqrt{5}}=\dfrac{2\sqrt{10}}{2}-2\sqrt{2}\times\dfrac{\sqrt{5}}{4}=\dfrac{2\sqrt{10}}{2}-\dfrac{\sqrt{10}}{2}=\dfrac{\sqrt{10}}{2}$

(2)<式の計算>与式$=9x^8y^4\div\left(-\dfrac{27}{8}x^6y^3\right)=9x^8y^4\times\left(-\dfrac{8}{27x^6y^3}\right)=-\dfrac{9x^8y^4\times8}{27x^6y^3}=-\dfrac{8}{3}x^2y$

(3)<数の計算>与式$=a^2b^2(a-b)=(ab)^2(a-b)$と変形する。$ab=(2\sqrt{3}+3)(2\sqrt{3}-3)=(2\sqrt{3})^2-3^2=12-9=3$，$a-b=(2\sqrt{3}+3)-(2\sqrt{3}-3)=2\sqrt{3}+3-2\sqrt{3}+3=6$だから，与式$=3^2\times6=9\times6=54$である。

(4)<数の性質>$\sqrt{735n}=\sqrt{3\times5\times7^2\times n}$だから，$\sqrt{735n}$が整数となる最小の正の整数$n$は，$3\times5\times7^2\times n=3^2\times5^2\times7^2$となる$n$である。よって，$n=3\times5$より，$n=15$である。

(5)<数量の計算>1.2kmは$1000\times1.2=1200$(m)である。4.8kmの道のりのうち初めの1.2kmは分速250mで走ったので，かかった時間は$1200\div250=\dfrac{24}{5}$(分)となる。残りの道のりは$4.8-1.2=3.6$(km)である。残りの道のりは時速12kmで走ったので，かかった時間は$3.6\div12=\dfrac{36}{10}\div12=\dfrac{3}{10}$(時間)である。$\dfrac{3}{10}$時間は$60\times\dfrac{3}{10}=18$(分)だから，全体でかかった時間は$\dfrac{24}{5}+18=\dfrac{114}{5}$(分)となる。$\dfrac{114}{5}=22+\dfrac{4}{5}$であり，$\dfrac{4}{5}$分は$60\times\dfrac{4}{5}=48$(秒)だから，全体でかかった時間は22分48秒となる。

(6)<数量の計算>８％の食塩水と12％の食塩水を３：１の割合で混ぜたので，８％の食塩水の量を$3x$g，12％の食塩水の量をxgとおける。８％の食塩水$3x$gに含まれる食塩の量は$3x\times\dfrac{8}{100}=\dfrac{6}{25}x$(g)，12％の食塩水$x$gに含まれる食塩の量は$x\times\dfrac{12}{100}=\dfrac{3}{25}x$(g)である。この２つの食塩水を混ぜると，食塩水の量は$3x+x=4x$(g)となり，含まれる食塩の量は$\dfrac{6}{25}x+\dfrac{3}{25}x=\dfrac{9}{25}x$(g)となるので，食塩水の濃度は$\dfrac{9}{25}x\div4x\times100=9$(％)である。

図１

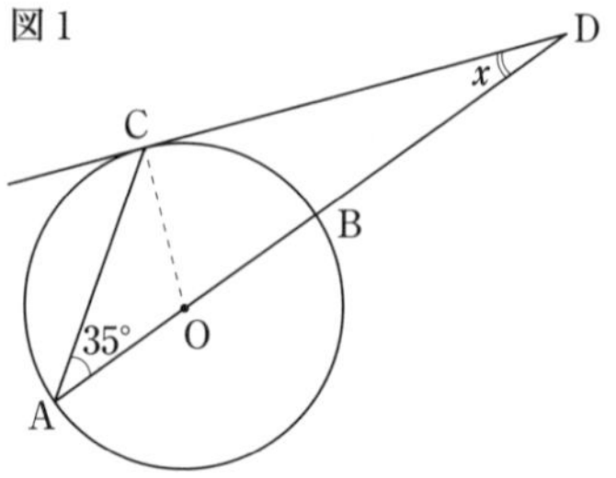

2〔独立小問集合題〕

(1)<平面図形―角度>右図１で，２点O，Cを結ぶ。点Cは円Oと直線CDの接点だから，∠OCD＝90°である。また，$\overparen{BC}$に対する円周角と中心角の関係より，∠DOC＝2∠BAC＝2×35°＝70°である。よって，△OCDで内角の和は180°だから，$\angle x=180°-$

$\angle OCD - \angle DOC = 180^\circ - 90^\circ - 70^\circ = 20^\circ$である。

(2)<**平面図形―面積**>右図2で，線分ABは半円の直径であり，点Oは線分ABの中点だから，点Oは半円の中心となる。△OACは$OA = OC$の二等辺三角形となるので，$\angle OCA = \angle OAC = (180^\circ - \angle AOC) \div 2 = (180^\circ - 100^\circ) \div 2 = 40^\circ$となる。$\angle COD = 40^\circ$より，$\angle OCA = \angle COD$だから，錯角が等しくなり，AC∥ODである。これより，△DACと△OACは，底辺をACと見ると高さは等しく，△DAC＝△OACとなる。線分ACと$\overset{\frown}{AC}$で囲まれた部分を図形Sとすると，〔図形S〕＋△DAC＝〔図形S〕＋△OACとなるから，斜線部分の面積はおうぎ形OACの面積と等しくなる。$OA = \frac{1}{2}AB = \frac{1}{2} \times 6 = 3$より，〔おうぎ形OAC〕$= \pi \times 3^2 \times \frac{100^\circ}{360^\circ} = \frac{5}{2}\pi$だから，斜線部分の面積は$\frac{5}{2}\pi$である。

図2

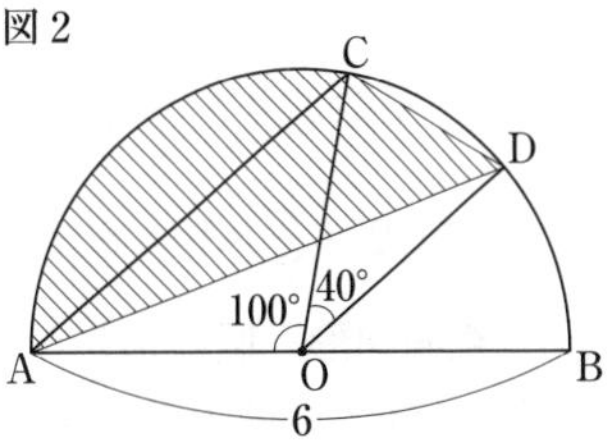

3 〔数と式―連立方程式の応用〕

(1)<**文字式の利用―等式**>Aさんはx個の球からy個の球を取るので，残りの球は$x-y$個となる。Bさんは残った球の$\frac{1}{3}$を取るので，Bさんが取った後に残った球は，$(x-y) \times \left(1 - \frac{1}{3}\right) = \frac{2}{3}(x-y)$個となる。198個の球が残るので，$198 = \frac{2}{3}(x-y)$と表せる。

(2)<**連立方程式の応用**>Aさんが取った球はy個，Bさんが取った球は$(x-y) \times \frac{1}{3} = \frac{1}{3}(x-y)$個であり，2人が取った球の個数が等しいので，$y = \frac{1}{3}(x-y)$が成り立つ。これより，$3y = x - y$，$x = 4y$……①となる。また，(1)より，$198 = \frac{2}{3}(x-y)$，$x - y = 297$……②となる。①を②に代入すると，$4y - y = 297$，$3y = 297$より，$y = 99$となり，これを①に代入して，$x = 4 \times 99$より，$x = 396$である。

4 〔関数―関数$y=ax^2$と一次関数のグラフ〕

(1)<**座標**>右図で，点Aを通りx軸に平行な直線とy軸，線分BHとの交点をそれぞれI，Jとする。点Aのx座標が-2より，$AI = 2$である。CI∥BJより，$AI : IJ = AC : CB = 1 : 2$だから，$IJ = 2AI = 2 \times 2 = 4$となる。これより，点Bの$x$座標は4となる。点Bは関数$y = x^2$のグラフ上にあるので，$y = 4^2 = 16$より，B(4，16)となる。A(−2，4)だから，直線ABの傾きは$\frac{16-4}{4-(-2)} = 2$となり，直線ABの式は$y = 2x + b$とおける。点Aを通ることより，$4 = 2 \times (-2) + b$，$b = 8$となり，切片が8だから，C(0，8)である。

(2)<**面積**>右図で，△ADB＝△AHB－△DHBである。B(4，16)よりH(4，0)である。A(−2，4)だから，直線AHの傾きは$\frac{0-4}{4-(-2)} = -\frac{2}{3}$となり，その式は$y = -\frac{2}{3}x + c$とおける。これが点Hを通るので，$0 = -\frac{2}{3} \times 4 + c$，$c = \frac{8}{3}$より，直線AHの式は$y = -\frac{2}{3}x + \frac{8}{3}$となる。点Dは関数$y = x^2$のグラフと直線$y = -\frac{2}{3}x + \frac{8}{3}$の交点だから，2式から$y$を消去して，$x^2 = -\frac{2}{3}x + \frac{8}{3}$，$3x^2 + 2x - 8 = 0$となり，解の公式より，$x = \frac{-2 \pm \sqrt{2^2 - 4 \times 3 \times (-8)}}{2 \times 3} = \frac{-2 \pm \sqrt{100}}{6} = \frac{-2 \pm 10}{6} = \frac{-1 \pm 5}{3}$となる。よって，$x = \frac{-1+5}{3} = \frac{4}{3}$，$x = \frac{-1-5}{3} = -2$となり，

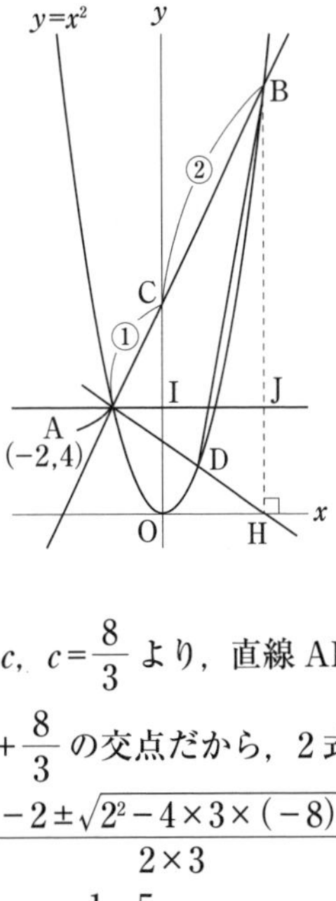

点Dのx座標は$\frac{4}{3}$である。△AHB，△DHBの底辺をBH＝16と見ると，2点A，B，2点D，Bのx座標より，△AHBの高さは$4-(-2)=6$，△DHBの高さは$4-\frac{4}{3}=\frac{8}{3}$となる。したがって，△ADB＝$\frac{1}{2}\times16\times6-\frac{1}{2}\times16\times\frac{8}{3}=\frac{80}{3}$である。

5 〔空間図形―回転体〕

(1)<**体積**>右図1で，∠BAC＝∠CAD＝90°より，おうぎ形ACBと△ADCを合わせた図形を直線BDを軸として1回転させてできる立体は，半径がAB＝aの半球と，底面の半径がAC＝AB＝a，高さがADの円錐を合わせた立体となる。半球の体積は，$\frac{1}{2}\times\frac{4}{3}\pi a^3=\frac{2}{3}\pi a^3$となる。また，∠DCA＝60°より，△ADCは3辺の比が$1:2:\sqrt{3}$の直角三角形だから，AD＝$\sqrt{3}$AC＝$\sqrt{3}a$となる。これより，円錐の体積は，$\frac{1}{3}\times\pi a^2\times\sqrt{3}a=\frac{\sqrt{3}}{3}\pi a^3$となる。よって，求める立体の体積は，$\frac{2}{3}\pi a^3+\frac{\sqrt{3}}{3}\pi a^3=\frac{2+\sqrt{3}}{3}\pi a^3$である。

図1

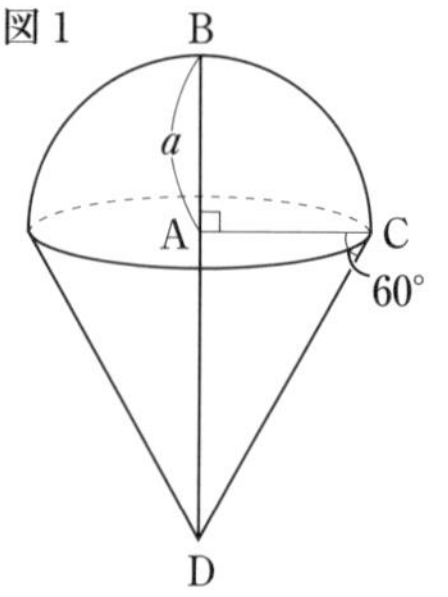

(2)<**表面積**>右上図1で，立体の表面積は，半球の曲面部分の面積と円錐の側面積の和となる。半球の曲面部分の面積は，半径がaの球の表面積の$\frac{1}{2}$だから，$\frac{1}{2}\times4\pi a^2=2\pi a^2$となる。また，△ADCは3辺の比が$1:2:\sqrt{3}$の直角三角形だから，DC＝2AC＝$2a$となり，円錐の側面を展開すると，右図2のようになる。側面のおうぎ形の弧の長さは半径がaの円の周の長さと等しいから，おうぎ形の中心角をxとすると，$2\pi\times2a\times\frac{x}{360^\circ}=2\pi\times a$が成り立ち，$\frac{x}{360^\circ}=\frac{1}{2}$となる。これより，おうぎ形の面積は$\pi\times(2a)^2\times\frac{x}{360^\circ}=\pi\times4a^2\times\frac{1}{2}=2\pi a^2$となるから，円錐の側面積は$2\pi a^2$である。よって，求める立体の表面積は，$2\pi a^2+2\pi a^2=4\pi a^2$である。

図2

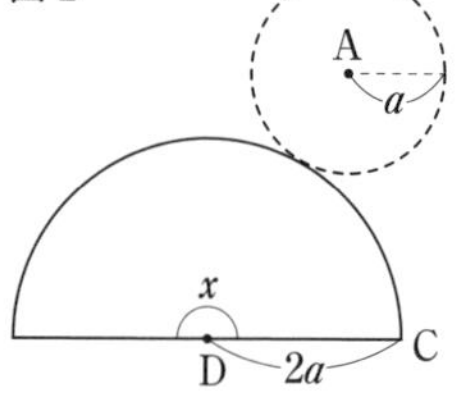

6 〔関数―図形の移動と関数〕

(1)<**時間**>$y=0$となるのは2点P，Qが一致するときだから，Xは2点P，Qが出発してから3回目に一致するときである。2点P，QがAを同時に出発して最初に一致するとき，2点P，Qが移動した長さの和は，円の周の長さと等しいから，30cmである。点Pは毎秒1cm，点Qは毎秒2cmの速さで移動するので，2点P，Qが移動した長さはそれぞれ$x$cm，$2x$cmと表せ，$x+2x=30$が成り立つ。これより，$3x=30$，$x=10$となる。2点P，Qは出発してから10秒後に初めて一致し，その後10秒ごとに一致するので，3回目に一致するのは，$X=10\times3=30$(秒)後である。

(2)<**時間**>△APQが直角三角形になるとき，辺PQ，辺AP，辺AQのいずれかが円の直径である。(1)より，2点P，Qが一致するのは10秒ごとである。また，$30\div1=30$，$30\div2=15$より，点PがAと一致するのは30秒ごと，点QがAと一致するのは15秒ごとである。最初に辺PQが円の直径となるのは，2点P，Qが移動した長さの和が円の周の$\frac{1}{2}$になるときだから，$x+2x=\frac{1}{2}\times30$が成り立ち，$x=5$(秒)後である。これより，辺PQが円の直径となるのは，2点P，Qが一致してから5秒後なので，$10+5=15$(秒)後，$10\times2+5=25$(秒)後，$10\times3+5=35$(秒)後，……となる。このうち，15秒後，45秒後，……は，点QがAに一致し，△APQはできない。次に，辺APが初めて円の直径となるとき，点Pが移動した長さは円の周の$\frac{1}{2}$だから，15÷1＝15(秒)後である。その後，(30＋15)÷1＝45(秒)後，(30×2＋15)÷1＝75(秒)後，……となるが，このとき，点QはAと一致し，△APQはできない。また，最初に辺AQが円の直径となるのは，15÷2＝$\frac{15}{2}$(秒)後で，その後，(30＋15)÷2＝$\frac{45}{2}$(秒)後，(30×2＋15)÷2＝$\frac{75}{2}$(秒)後，……となる。以上より，△APQが直角三角形となるのは，5秒後，$\frac{15}{2}$秒後，$\frac{45}{2}$秒後，25秒後，……となり，3回目が$\frac{45}{2}$秒後，4回目が25秒後だから，4回目に△APQが直角三角形となるのは，3回目に直角三角形となってから，25－$\frac{45}{2}$＝$\frac{5}{2}$(秒)後である。

7 〔データの活用―確率―さいころ〕

(1)＜確率＞大中小3つのさいころを同時に投げるとき，目の出方は全部で6×6×6＝216(通り)ある。3つとも同じ目が出た場合にX＝5となることはないので，X＝5となるのは，1つでも異なる目が出て，そのうち一番小さい目が5となる場合である。このような目の出方は，(大，中，小)＝(5，5，6)，(5，6，5)，(5，6，6)，(6，5，5)，(6，5，6)，(6，6，5)の6通りあるから，求める確率は$\frac{6}{216}$＝$\frac{1}{36}$である。

(2)＜確率＞3つとも同じ目が出た場合で，4≦X≦10となるのは，1＋1＋1＝3，2＋2＋2＝6，3＋3＋3＝9，4＋4＋4＝12より，(大，中，小)＝(2，2，2)，(3，3，3)の2通りある。1つでも異なる目が出て，4≦X≦10となるのは，3つとも4以上の目が出た場合から，(大，中，小)＝(4，4，4)，(5，5，5)，(6，6，6)の3通りを除いた場合である。4以上の目は4，5，6の3通りだから，3つとも4以上の目が出る場合は3×3×3＝27(通り)あり，1つでも異なる目が出て，4≦X≦10となる場合は27－3＝24(通り)となる。以上より，4≦X≦10となる目の出方は2＋24＝26(通り)あるから，求める確率は$\frac{26}{216}$＝$\frac{13}{108}$である。

8 〔特殊・新傾向問題〕

(1)＜210番目の整数＞1つの数字でできる整数は，0，2，4，6の4個ある。2けたの整数は，十の位の数字が0以外の3通り，一の位の数字が0，2，4，6の4通りより，3×4＝12(個)ある。3けたの整数は，百の位の数字が0以外の3通り，十の位と一の位の数字がそれぞれ4通りより，3×4×4＝48(個)ある。これより，3けた以下の整数は，4＋12＋48＝64(個)となる。千の位の数字が2の4けたの整数は，百の位，十の位，一の位の数字がそれぞれ4通りより，4×4×4＝64(個)ある。同様にして，千の位の数字が4，6の4けたの整数も64個ずつあるので，5000より小さい整数は64＋64＋64＝192(個)，7000より小さい整数は192＋64＝256(個)となる。よって，210番目の整数は千の位の数字が6の4けたの整数となる。千の位の数字が6，百の位の数字が0の整数は4×4＝16(個)あるので，6100より小さい整数は192＋16＝208(個)あり，これより，209番目は6200となり，210番目は6202となる。

(2)＜順番＞(1)より，3けた以下の整数は64個あるから，65番目は2000となる。これより，66番目は2002，67番目は2004，68番目は2006，69番目は2020となり，2022は70番目の整数である。

2022年度／朋優学院高等学校(一般１回)

社会解答

1 問１ ②　問２ ①　問３ ④
問４ ②　問５ ③

2 問１ ①　問２ ①　問３ ④
問４ ②　問５ ②

3 問１ ②　問２ ①
問３ (例)新たに開墾したものであればいつまでも所有してよい。(25字)
問４ ①　問５ ①　問６ ⑤
問７ ②　問８ ③　問９ ①
問10 ③　問11 ③　問12 ③
問13 ③

4 問１ ④　問２ ①　問３ ④
問４ ①　問５ ③　問６ ②
問７ ①　問８ ②　問９ ③
問10 ①　問11 ①　問12 ④

5 問１ ②　問２ ④　問３ ②
問４ (例)多数派与党の党首に女性がいなかったから。(20字)
問５ ⑥

1〔日本地理─日本の姿と諸地域，地形図〕

問１＜瀬戸内の気候＞広島は瀬戸内の気候に属する。したがって，年間の降水量が少なく比較的温暖な②が広島の雨温図となる。なお，①(東京)と③(熊本)は夏の降水量が多い太平洋側の気候，④(鳥取)は冬の降水量が多い日本海側の気候を示した雨温図である。

問２＜成田国際空港の貿易品目＞航空機での輸送には，小型で重量が軽く，高い輸送費をかけても採算のとれる高価なものが適している。よって，そのような品目が多く見られる①と③が成田国際空港と関西国際空港のいずれかとなる。このうち成田国際空港は，輸出品目の上位に金(非貨幣用)が含まれるのが特徴である。したがって，①が成田国際空港，③が関西国際空港となる。なお，残る川崎港と神戸港のうち，神戸港は輸出品目の上位に建設・鉱山用機械，輸入品目の上位にたばこが含まれるのが特徴である。また，京浜工業地帯に含まれる川崎港は，自動車をはじめとする重化学工業製品を主に輸出し，工業原料となる石油や液化ガスなどを多く輸入している。したがって，②が神戸港，④が川崎港となる。

問３＜縮尺と面積＞この地形図の縮尺は25000分の１であることから，地形図上で１cmの長さの実際の距離は１cm×25000＝25000cm＝250m，地形図上で0.5cmの長さの実際の距離は0.5cm×25000＝12500cm＝125mとなる。したがって，実際の面積は，250m×125m＝31250m^2となる。

問４＜九州の農業＞九州北部の筑紫平野では，冬でも温暖なため，稲作に加えて，冬に裏作として小麦などを栽培する二毛作が行われている(ア…正)。九州南部に広がる，火山噴出物が積もってできたシラス台地は，水はけがよい(水もちが悪い)ため，稲作などには向かず，畜産業が盛んな地域となっている(イ…誤)。

問５＜工業地帯・地域の特徴＞Ａの広島県を含む瀬戸内海沿岸に広がる瀬戸内工業地域では，石油化学工業や製鉄業などが盛んである(ア…○)。Ｄの福岡県北九州市を中心に広がる北九州工業地域では，かつて鉄鋼業が盛んであったが，現在の工業生産量は他の工業地帯・地域に比べて低い(エ…○)。Ｂの千葉県の東京湾岸に広がる京葉工業地域では重化学工業が盛んであり，印刷業が盛んなのは新聞社・出版社の多い東京都を含む京浜工業地帯である(イ…×)。Ｃの兵庫県・大阪府に広がる阪神工業地帯では機械工業や金属工業などが盛んであり，製紙・パルプ業や楽器・オートバイの生産が盛んなのは静岡県の臨海部に広がる東海工業地域である(ウ…×)。

2〔世界地理―世界の諸地域〕

問1＜エルサレムを聖地とする宗教＞「3つの宗教にとっての聖地」とは，イスラエルに位置する都市エルサレムである。エルサレムは，ユダヤ教，キリスト教，イスラーム教の3つの宗教の聖地とされている。

問2＜地球環境問題＞地球温暖化の進行によって南極などの氷がとけ，世界各地で海面の上昇が見られるようになっており，ポリネシアなどの島々では冠水の被害も発生している(①…○)。アマゾンの熱帯雨林の開発は，現在も増加している(②…×)。ガソリン消費量が世界で最も多い国はアメリカ合衆国である。アメリカ合衆国は，ガソリンの原料である石油に代わる新しい資源として，シェールガスの開発を進めている(③…×)。サヘルは，サハラ砂漠の南縁にあたる地域であり，アフリカ北部に位置する(④…×)。

問3＜資料の読み取り＞(観光収入)÷(観光客数)で観光客一人当たりがその国で使う金額を計算すると，メキシコが2380200万÷4131.3万＝576.1…より，約576ドル，中国が4038600万÷6290万＝642.0…より，約642ドルで中国の方が多い(ア…誤)。スペインは海外旅行者数の上位に含まれておらず，国民が盛んに海外旅行に行くかどうか判断できない(イ…誤)。

問4＜時差の計算＞最初に，日本とD国の時差を求める。それぞれの国の標準時子午線である東経135度と西経45度の経度差は，135＋45＝180より，180度である。経度15度につき1時間の時差が生じることから，日本とD国の時差は，180÷15＝12より，12時間である。日付変更線をまたがずに地球上の位置関係を見た場合，西へ行くほど時刻は遅れるため，日本よりも西にあるD国の時刻は，日本よりも12時間遅れている。次に，日本(成田空港)を出発したときの時刻をD国の時刻に直すと，8月30日午後10時30分の12時間前なので8月30日午前10時30分となる。D国の空港への到着時刻は8月31日午後5時20分(現地時間)なので，到着までにかかった時間(飛行時間＋乗継時間)は30時間50分となる。このうち乗継時間が3時間30分であるため，飛行時間(実際に飛行機に搭乗していた時間)は27時間20分となる。

問5＜国々の特徴＞A国は，ユダヤ教，キリスト教，イスラーム教の3つの宗教の聖地エルサレムがあるイスラエルである。B国は，教育費が無料であることなどから，社会保障制度が充実している北ヨーロッパのスウェーデンである。C国は，「雨季と乾季に分かれ，年間を通して高温湿潤な気候」であることから，熱帯に属するフィリピンである。なお，D国はブラジルである。

3〔歴史―古代～現代の日本と世界〕

問1＜岩宿遺跡＞岩宿遺跡(群馬県)は，相沢忠洋によって1946年に発見された旧石器時代の遺跡である。今から1万年以上前の地層である関東ローム層から，石を打ち欠いてつくった打製石器が見つかったことにより，日本にも旧石器時代が存在したことが明らかとなった。なお，モースは，明治時代に大森貝塚(東京都)を発見した学者である。

問2＜年代整序＞年代の古い順に，A(倭に百余りの小国[『漢書』地理志]―紀元前1世紀頃)，B(光武帝から奴国王に金印[『後漢書』東夷伝]―1世紀)，C(邪馬台国の卑弥呼[『魏志』倭人伝]―3世紀)となる。

問3＜墾田永年私財法＞律令制度が整えられた奈良時代には，6歳以上の男女に口分田を与える班田収授法が実施されていたが，人口の増加などによってしだいに口分田が不足するようになった。そのため，朝廷は開墾を進める目的で743年に墾田永年私財法を出し，新たに開墾した土地については永久に私有することを認めた。これにより，貴族や寺社が私有地を広げていった。このような私有地を荘園と呼ぶ。

問4＜都の位置と変遷＞主な都の位置と移された時期などをまとめると，飛鳥→難波宮(D：645年に始まった大化の改新のときに遷都)→大津宮(A：667年に中大兄皇子が遷都し，翌年天智天皇として即位)→飛鳥(672年に大海人皇子が遷都し，翌年天武天皇として即位)→藤原京(F：694年に持統天皇が遷都)→平城京(E：710年に元明天皇が遷都)→難波宮(D：744年に聖武天皇が一時的に遷都)→長岡京(C：784年に桓武天皇が遷都)→平安京(B：794年に遷都)となる。

問5＜御成敗式目＞史料は，鎌倉幕府の執権である北条泰時によって1232年に制定された御成敗式目〔貞永式目〕である。御成敗式目は，武家社会の慣習や先例をもとに，守護・地頭の職務や御家人の領地に関することなどを定めたもので，公正な裁判を行うための最初の武家法であり，後の武家政治の法の基本とされた。なお，北条義時は泰時の父で，承久の乱(1221年)が起こったときの執権である。また，建武式目(1336年)は，足利尊氏が室町幕府を開くにあたって政治の方針などを示した法である。

問6＜室町文化＞室町時代には，貴族の文化と禅宗の影響を受けた武士の文化が混じり合った文化が栄え，民衆の間にも広がった。第3代将軍足利義満の頃には北山文化が栄え，観阿弥・世阿弥が能〔能楽〕を大成した。また，第8代将軍足利義政の頃には東山文化が栄え，雪舟が水墨画を大成し，銀閣や東求堂同仁斎などに見られる書院造の部屋がつくられた。このほか，南朝の貴族であった北畠親房は歴史書『神皇正統記』を著した。なお，〈特色〉の㋐，〈美術〉の㋑，〈文学・芸能〉の㋐は，江戸時代の元禄文化に関するものである。また，〈特色〉の㋑，〈美術〉の㋒，〈文学・芸能〉の㋒は，安土桃山時代の桃山文化に関するものである。

問7＜年代整序＞年代の古い順に，比叡山延暦寺の焼き打ち(1571年)，長篠の戦い(1575年)，安土城下に楽市・楽座をしく(1577年)となる。

問8＜室町時代～江戸時代の産業＞鎌倉時代から室町時代にかけて広まったのは，米の裏作に麦などをつくる二毛作であり，同じ耕地で同じ作物を年2回栽培する二期作ではない(㋐…×)。室町時代に高利貸しを営んだ業者は土倉であり，札差は江戸時代に旗本・御家人の俸禄米(給料として与えられる米)を換金した業者である(㋓…×)。江戸時代には，18世紀頃から問屋制家内工業，19世紀頃から工場制手工業が行われるようになったが，工場制機械工業が発達したのは明治時代である(㋘…×)。

問9＜寛政の改革と同時期の出来事＞江戸幕府の老中の松平定信による寛政の改革が行われたのは，1787～93年である。これと同じ時期の1789年，ヨーロッパではフランス革命が起こり，王政が倒された。なお，アメリカ合衆国で南北戦争が起こったのは1861年，清が中国を統一したのは1644年，ドイツでルターが宗教改革を開始したのは1517年である。

問10＜日清戦争前後の日本の貿易品目＞江戸時代末に欧米との貿易が開始されて以降，日本の最大の輸出品は生糸であった。したがって，Ⓐは生糸である。1880年代後半になると，紡績業(綿糸を生産する工業)を中心とする軽工業の部門で産業革命が始まり，日本の綿糸の生産量は大きく増加した。1890年代後半には綿糸の輸出量が輸入量を上回るようになり，綿糸は日本の主要な輸出品の1つとなった。また，同時に綿糸の原料である綿花の輸入量も増加した。したがって，Ⓑは綿糸である。

問11＜大正デモクラシー＞A．原敬は，米騒動後の1918年に内閣総理大臣となり，陸軍・海軍・外務大臣以外は全て立憲政友会の党員で構成される，初の本格的な政党内閣を組織した。華族ではなく平民出身であったことから「平民宰相」と呼ばれたが，普通選挙の実現などには消極的であり，後に東京駅で暗殺された。なお，犬養毅は五・一五事件(1932年)によって暗殺された内閣総理大臣である。　B．美濃部達吉は，主権は国家にあり，天皇は国家の最高機関であるとする天皇機関説を説いた。これは，大日本帝国憲法のもとでの政党内閣制を支える理論であったが，昭和時代になると軍部などから非難され，天皇機関説は政府によって否定された(天皇機関説事件)。なお，吉野作造は，政治の目的を民衆の幸福や利益に置くべきだとする民本主義を説いて，美濃部達吉と同様に，大正デモクラシーを理論的に支えた人物である。

問12＜玉音放送＞1945年8月，日本がポツダム宣言を受諾して降伏したことにより，第二次世界大戦は終結した。日本の敗戦は，8月15日のラジオ放送によって昭和天皇から国民に伝えられた。この放送は玉音放送と呼ばれる。「玉音」とは天皇の声を敬っていう語である。

問13＜年代整序＞年代の古い順に，②(五・四運動―1919年)，①(満州事変―1931年)，③(満州国の建国―1932年)，④(日中戦争の開始―1937年)となる。

4〔**公民―総合**〕

問1＜第二次世界大戦後の基本的人権＞1948年，国際連合で世界人権宣言が採択された。世界人権宣言は，人権の尊重を人類の普遍的な価値とし，人種による差別などを禁止している。その後1966年には，これに条約としての法的な拘束力を持たせた国際人権規約が採択された(1976年に発効)。なお，ワイマール憲法が制定されたのは第一次世界大戦後の1919年，フランス人権宣言が出されたのはフランス革命が起こった1789年である。

問2＜法の下の平等＞法の下の平等とは，法律を適用するにあたって，全ての国民が平等に扱われるという原理であり，人権保障の基本となる考え方である。①は障がいを理由とする差別の例であり，平等権を侵害するものだといえる。なお，②，③は人権保障や差別とは無関係の例であり，④は公共の福祉の観点から人権(職業選択の自由)が制限される例である。

問3＜日本国憲法と基本的人権＞基本的人権は日本国憲法で保障されているが，人権の行使によって他人の人権が侵害されたり社会全体に不利益が及んだりするような場合には，公共の福祉の観点から例外的に人権が制約を受けることがある(④…○)。最高裁判所裁判官の国民審査や，地方の政治における解職請求や議会の解散請求などは，公職者を国民が直接罷免することができる制度である(①…×)。公務員については，仕事の公共性が高く国民生活への影響が大きいという理由から，労働三権の一部が制限されている(②…×)。日本国憲法や刑事訴訟法によって，自白のみを裁判の証拠として使うことや，強制などによる自白，不当に長い間抑留・拘禁された後の自白などを裁判の証拠として使うことを禁止するなど，捜査の行きすぎなどによるえん罪を防ぐため，自白の証拠としての能力に制限が加えられている(③…×)。

問４＜年代整序＞年代の古い順に，B(警察予備隊が発足—1950年)，C(日米安全保障条約を改定—1960年)，A(PKO協力法を制定—1992年)，D(安全保障関連法が成立—2015年)となる。

問５＜憲法改正の発議＞憲法改正原案が国会に提出された場合，衆議院と参議院でそれぞれ総議員の３分の２以上の賛成で可決されれば，国会が憲法改正の発議を行う。衆議院で発議の要件を満たすのに必要な賛成の数は，$465\times\frac{2}{3}=310$より，310名以上となる(2022年６月現在)。

問６＜地方交付税＞①～④のうち，「国から受け取る財源」に当てはまるのは地方交付税と国庫支出金である。このうち地方交付税は，地方公共団体間の財政格差を抑えるためのもので，地方税収入の多い地方公共団体には少なく，地方税収入の少ない地方公共団体には多く配分され，使い道は地方公共団体が自由に決めることができる。国庫支出金は，義務教育など特定の事業にかかる費用の一部を国が負担するもので，使い道は国によって指定されている。したがって，「使い道が限定されていない財源」に当てはまるのは地方交付税である。なお，地方税は地方公共団体に納められる税金，地方債は収入の不足を補うために地方公共団体が行う借金である。

問７＜企業の経済活動＞企業が生産活動を行うには，土地や工場，原材料，労働力などが必要である。企業は，資本金をもとにこれらを準備し(ア)，商品の製造(生産)を行う(エ)。商品を消費者に売る(ウ)ことにより，売上金の中から労働者に賃金を払う(イ)ことができる。売上金から原材料費や労働者の賃金などの費用を差し引いた残りが利潤となる。

問８＜労働基準法＞労働基準法は，労働条件の最低基準を定めた法律である。労働時間は１日８時間以内，週40時間以内を原則とし(①…×)，少なくとも週１日の休日を設けること(④…×)，満15歳未満(満15歳に達した日以後の最初の３月31日が終了するまで)の児童を使用してはならないこと(③…×)，使用者(雇用主)は，労働者を解雇する場合は少なくとも30日前に予告すること(②…○)などを定めている。

問９＜需要曲線・供給曲線＞価格がP_2のときの数量を見ると，需要量が供給量よりも多いことから，需要量と供給量の差の分だけ品物が不足することになる(③…○)。一般に需要量が供給量を上回っているとき，均衡価格は上昇する(①…×)。価格がP_1のときとP_2のときの供給曲線の数量をそれぞれ見ると，P_1のときよりも価格が低いP_2のときの方が供給量が少ない(②…×)。価格がP_1のときとP_2のときの需要曲線の数量をそれぞれ見ると，P_1のときよりも価格が低いP_2のときの方が需要量が多い(④…×)。

問10＜財政政策＞財政政策は，政府が景気の安定を図るため，税金や公共事業といった財政の活動を調節する政策である。好況のとき，政府は増税を行ったり公共事業への支出を減らしたりすることで，家計の消費や企業の生産活動を減らして景気の行きすぎを抑えようとする。反対に不況のとき，政府は減税を行ったり公共事業への支出を増やしたりすることで，家計の消費や企業の生産活動を増やして景気の回復を促す。したがって，①は好況時，②～④は不況時の財政政策である。

問11＜地域経済統合＞EU〔ヨーロッパ連合〕はヨーロッパの経済的・政治的統合を目指す地域機構，USMCA〔米国・メキシコ・カナダ協定〕は北アメリカの３か国が結んでいる貿易協定，APEC〔アジア太平洋経済協力会議〕はアジア・太平洋地域の経済的な結びつきの強化を目指す組織である。なお，WHO〔世界保健機関〕は感染症対策などを行う国際連合の専門機関である。

問12＜朝日訴訟と社会権＞朝日訴訟は，社会権の基本となる権利である生存権が争点となった訴訟である。生存権は，日本国憲法で「健康で文化的な最低限度の生活を営む権利」(第25条)と規定されており，生存権を保障するためのしくみとして，生活に困っている人に生活費などを支給する生活保護の制度がある。1957年，国の定める保護基準では生存権が保障されないとする訴訟が起こされた。この訴訟は，原告の名前から朝日訴訟と呼ばれ，生存権や社会保障制度のあり方を巡る議論のきっかけとなった。

5〔三分野総合―差別問題をテーマとする問題〕

問１，問２＜水平社宣言・青鞜社の宣言と平塚らいてう＞水平社宣言は，1922年に部落差別からの解放を目指す全国水平社が設立された際に出された宣言であり，「人の世に熱あれ，人間に光あれ」という言葉で結ばれている。雑誌『青鞜』は，女性差別からの解放を目指して青鞜社を結成した平塚らいてうによって発行されたもので，創刊号(1911年)には「元始，女性は実に太陽であった。真正の人であった。今，女性は月である。他に依って生き，他の光によって輝く，病人のような蒼白い顔の月である」という言葉で知られる青鞜社の宣言が載せられた。なお，渋沢栄一は明治時代に富岡製糸場の建設やさまざまな企業の設立を行った実業家，樋口一葉は明治時代に『たけくらべ』などの作品を著した小説家，新渡戸稲造は第一次世界大戦(1914～18年)後に設立された国際連盟の事務局次長となった人物である。

問３＜白老町の位置＞「胆振総合振興局」「登別市」「千歳市」「苫小牧市」などの地名を参考に，おおよその位置を推定する。登別市は温泉(登別温泉)がある観光地として知られている。千歳市・苫小牧市にまたがって，北海道の空の玄関口といえる新千歳空港がある。また，苫小牧市は製紙業から発展した工業都市である。

問４＜女性の内閣総理大臣が誕生していない理由＞日本では通常，国会(衆議院)で最も多くの議席を持つ政党の党首が内閣総理大臣に指名され，内閣を組織する。内閣に参加して政権を担当する政党を与党，それ以外の政党を野党という。これまで，国会で多数派となる与党の党首となった女性がいなかったことから，女性の内閣総理大臣も誕生していない。

問５＜年代整序＞年代の古い順に，ウ(日中戦争中に節約を訴える標語―1940年)，エ(東海道新幹線の開通―1964年)，イ(日本万国博覧会(大阪)の開催―1970年)，ア(ベルリンの壁の崩壊―1989年)となる。

理科解答

1　１　③　　２　⑴…⑤　⑵…③
　　３　⑴…④　⑵…③　⑶…①　⑷…⑥

2　１　⑴…⑤　⑵…①　⑶…③　⑷…⑤
　　　⑸…④
　　２　⑴…②　⑵…②

3　１　⑴…③　⑵…②　⑶…①
　　２　⑴…①　⑵…②　⑶…②　⑷…③

4　１　⑴…⑦　⑵…②　⑶…④
　　２　⑴…②　⑵…②　⑶…①　⑷…③

1　〔運動とエネルギー，身近な物理現象〕

１＜速さ＞180kmは180×1000＝180000（m），２時間は２×60×60＝7200（秒）だから，求める速さは$\frac{180000}{7200}$＝25（m/s）である。

２＜凸レンズによる像＞⑴物体と同じ大きさの像ができるのは，物体と凸レンズの間の距離を凸レンズの焦点距離の２倍にしたときである。このとき，凸レンズとスクリーンの間の距離も凸レンズの焦点距離の２倍になる。よって，図1-1で，厚紙を立てた台と凸レンズの距離が20cmのとき，凸レンズとスクリーンの距離も20cmになるから，厚紙を立てた台とスクリーンの距離は20＋20＝40（cm）である。　⑵図1-1で，光源から見て，スクリーンにうつる実像は厚紙にくり抜かれた文字と上下左右が逆になる。よって，「朋」の文字がくり抜かれた厚紙は，文字の上下左右が逆になるように台に立てられている。

３＜運動とエネルギー＞⑴糸がおもりを引く力とおもりが糸を引く力のように，２つの物体の間で対になってはたらく力のうち，一方を作用，もう一方を反作用という。作用と反作用の２力は，一直線上にあり，大きさは等しく，向きが反対である。この法則を，作用・反作用の法則という。なお，力のつり合いは，１つの物体にはたらく２力に間に成り立つ関係である。　⑵図1-2の点Ａ，点Ｄでそれぞれのおもりが持っていた位置エネルギーが，基準面である点Ｂ，点Ｅで全て運動エネルギーに移り変わっている。点Ａと点Ｄは同じ高さで，位置エネルギーの大きさは同じなので，点Ｂと点Ｅでおもりが持つ運動エネルギーの大きさも同じである。よって，１倍となる。　⑶位置エネルギーと運動エネルギーは互いに移り変わり，その和である力学的エネルギーの大きさは一定である。よって，運動エネルギーの大きさの変化を表す図は，図1-3と上下が対称であり，おもりが静止している点Ａと点Ｃで運動エネルギーの大きさが０の①である。　⑷表1-1より，おもりが１往復するのにかかる時間は，糸の長さに関係している。図1-4のように，線分OBの中点にくぎをさすと，おもりは点Ａから点Ｂまでは図1-2のふりこ１と同じ運動をして，点Ｂ以降はふりこ２と同じ運動をする。よって，１往復するのにかかる時間は，2.82÷2＋2.00÷2＝2.41（秒）となる。

2　〔物質のすがた，化学変化とイオン〕

１＜気体の性質＞⑴アンモニアは，塩化アンモニウムに水酸化カルシウムを混ぜて，加熱すると発生する。なお，この反応では他に塩化カルシウムと水が生じる。　⑵水素は亜鉛にうすい塩酸を加えると発生し，二酸化炭素は石灰石にうすい塩酸を加えると発生する。なお，二酸化マンガンにうすい過酸化水素水（オキシドール）を加えると酸素が発生する。　⑶アンモニアは水に溶けやすく，空気よりも密度が小さい気体なので，上方置換法で集める。塩化水素は水に溶けやすく，空気よりも密度が大きい気体なので，下方置換法で集める。また，水素は水に溶けにくい気体なので，水上置換法で集める。なお，二酸化炭素は空気よりも密度が大きいので，下方置換法で集められるが，水に少し溶けるだけなので，水上置換法でも集められる。　⑷図2-1のように，赤色の噴水となるのは，丸底フラスコに入れたアンモニアが急激にスポイトで入れた水に溶けてフラスコ内の圧力が小さくなり，ビーカー内の水が吸い上げられるためである。塩化水素でもアンモニアと同様に噴水実験をすることができるのは，塩化水素も水に溶けやすい性質を持つためである。なお，アンモニアで赤色の噴水になるのは，アンモニアは水に溶けてアルカリ性を示すからで，塩化水素は水に溶けると酸性を示すので赤色の噴水にはならない。　⑸ムラサキキャベツ液は，酸性で赤色，中性で紫色，アルカリ性で黄色を示す。また，pHは，中性が７で，７より小さいほど酸性が強くなり，７より大きいほどアルカリ性が強くなる。よって，水溶液のpHを14から１まで下げると，水溶液はアルカリ性→中性→酸性と変化するから，色は黄色→紫色→赤色と変化する。

２＜中和とイオン＞⑴塩酸中では，塩化水素(HCl)が水素イオン(H^+)と塩化物イオン(Cl^-)に電離し，水酸化ナトリウム水溶液中では水酸化ナトリウム($NaOH$)がナトリウムイオン(Na^+)と水酸化物イオン(OH^-)に電離している。うすい塩酸にうすい水酸化ナトリウム水溶液を加えると中和が起こり，H^+とOH^-が結びついて水(H_2O)ができる。よって，実験１の(あ)では，H^+はOH^-と結びつくので，㋐のように減少し，完全に中和した後は０のままであり，OH^-はH^+と結びつくので，㋑のように，完全に中和するまでは０のままで，完全に中和した後は増加する。Cl^-とNa^+は結びついて塩《えん》として塩化ナトリウム($NaCl$)となるが，水溶液中では電離しているため，Cl^-は，㋓のように，はじめに塩酸中に存在する個数のまま一定である。なお，Na^+は，㋒のように，増加し続ける。⑵硫酸と水酸化バリウム水溶液の中和では，硫酸バリウム($BaSO_4$)ができ，硫酸バリウムは水に溶けにくいため沈殿する。図2-2より，加えた水酸化バリウム水溶液の体積が30cm^3以上になると，沈殿の質量は150mgで一定になるので，硫酸10cm^3と水酸化バリウム水溶液30cm^3が完全に中和して硫酸バリウムが150mgできることがわかる。よって，ビーカーＥでは，加えた水酸化バリウム水溶液50cm^3のうち30cm^3が硫酸10cm^3と完全に中和して，未反応の水酸化バリウム水溶液が$50-30=20$(cm^3)残っている。ここに硫酸10cm^3を加えると，表2-3より，ビーカーＢと同じ条件になるため，新たに生じる沈殿の質量は100mgである。

３〔生物のからだのつくりとはたらき〕

１＜血液，消化酵素＞⑴血液の成分のうち，酸素を運ぶのは赤血球である。赤血球は中央がへこんだ円盤状の形をしているので，図3-1の③である。なお，①は白血球，②は血小板である。　⑵肺で酸素を取り込み，二酸化炭素を放出した血液は，心臓の左心房から左心室に入り，全身に送り出される。なお，全身から心臓に戻った血液は，右心房から右心室に入り，肺へ送り出される。⑶タンパク質は，胃液中のペプシンなどによって分解される。なお，アミラーゼはデンプンを分解し，リパーゼは脂質(脂肪)を分解する。また，カタラーゼは過酸化水素を水と酸素に分解する。

２＜蒸散＞⑴メスシリンダーの水は道管を通って移動する。葉の維管束では，道管は葉の表側にある。葉の裏側には気孔があるから，図3-3の上側が葉の表側である。よって，①が道管，⑤が師管である。なお，②は表皮細胞，③と④は葉肉細胞である。　⑵水の減少量から蒸散量を考えるので，蒸散以外による水の減少をなくすため，メスシリンダーの水面からの水の蒸発を防ぐ必要がある。⑶ワセリンを塗った部分からは蒸散が起こらないから，表3-1の水の減少量は，Ａは葉の表と葉の裏と茎，Ｂは葉の裏と茎，Ｃは葉の表と茎，Ｄは茎からの５時間の蒸散量を表す。よって，葉の表からの蒸散量は，Ａの蒸散量からＢの蒸散量をひくことで，葉の裏からの蒸散量は，Ａの蒸散量からＣの蒸散量をひくことで求められる。よって，１時間当たりの葉の表からの蒸散量は，$(3.7-3.1)\div5=0.12$(cm^3)，葉の裏からの蒸散量は，$(3.7-1.0)\div5=0.54$(cm^3)である。　⑷表3-1で，蒸散が葉の裏と茎から行われるＢと葉の表と茎から行われるＣを比較すると，水の減少量はＣよりＢの方が大きいことから，ツバキの葉では表より裏の方が蒸散量が大きいことがわかる。これより，ツバキの葉では表より裏の方が気孔の数が多いと考えられる。なお，ＡとＢ，ＣとＤの比較でわかるのは葉の表からの蒸散量であり，AとCの比較でわかるのは葉の裏からの蒸散量である。

4〔小問集合〕

1＜**気象，火山，太陽の動き**＞⑴日本列島の上空に一年中吹く西風を偏西風という。日本の春は，偏西風により高気圧と低気圧が交互に通過するため，天気は周期的に変化する。春一番は，立春以降の最初に吹く南寄りの強風で，日本海上で発達する低気圧に向かって吹き込む。また，梅雨のときは，オホーツク海気団と小笠原気団がぶつかり合う所に，停滞前線である梅雨前線ができる。⑵粘性の大きなマグマが固まると，白っぽい色の火成岩ができるので，粘性の大きなマグマには無色鉱物が多く含まれる。マグマが地表近くで急に冷え固まってできる火成岩は火山岩で，白っぽい色の火山岩は流紋岩である。また，粘性の大きなマグマが火口から噴出すると，溶岩は流れにくいので火口付近にドーム状の形の火山がつくられる。なお，粘性の小さなマグマが地表近くで急に固まると，有色鉱物が多く含まれる玄武岩になり，傾斜の緩やかな火山がつくられる。また，花こう岩は白っぽい色の深成岩である。　⑶夏至の日には，太陽は真東より北寄りから昇り，南中高度は，〔夏至の日の南中高度〕＝90°－(〔観察した地点の緯度〕－23.4°)より，90°－(35°－23.4°)＝78.4°になる。また，晴れた日は14時頃に最高気温に達することが多い。これは，太陽の高度は12時近くに最高になるが，空気があたたまるまでに時間がかかるためである。

2＜**地震**＞⑴はじめの弱いゆれはP波によって起こる初期微動で，P波の伝わり方は音の波(縦波)と同じである。また，遅い方の強いゆれはS波によって起こる主要動で，S波の伝わり方は横ゆれである。　⑵地震のゆれは，震央からほぼ同心円状に伝わっていく。よって，図4-1で，震央と考えられる地点は，地震波が同じ14時33分37秒に伝わった3地点からほぼ同じ距離にあるイである。⑶震源の深さは無視できるので，震央を震源と考える。⑵より，震源を図4-1のイとすると，震源からの距離は，地点Bが10×12＝120(km)，地点Cが10×8＝80(km)である。地震発生時刻が14時33分32秒より，強いゆれを起こすS波は120kmを，14時34分02秒－14時33分32秒＝30秒で伝わっているから，80kmを伝わるのにかかる時間は，$30\times\frac{80}{120}=20$(秒)である。つまり，地点CにS波が到着するのは，地震発生時刻14時34分02秒の20秒後で，14時33分52秒となる。　⑷震源からの距離が120kmの地点Bで，初期微動が始まった時刻は図4-1より14時33分47秒で，主要動が始まった時刻は，⑶より14時34分02秒である。よって初期微動継続時間は，14時34分02秒－14時33分47秒＝15秒である。ここで，右図のようなイ(震源)と地点Dを結ぶ線分を斜辺とする直角三角形を考えると，直角を挟む2辺の長さが10×8＝80(km)，10×6＝60(km)だから，地点Dの震源からの距離は，三平方の定理より，$\sqrt{80^2+60^2}=\sqrt{10000}=100$(km)となる。よって，初期微動継続時間は震源からの距離に比例するから，地点Dでの初期微動継続時間をx秒とすると，15：x＝120：100が成り立ち，x×120＝15×100より，x＝12.5(秒)である。

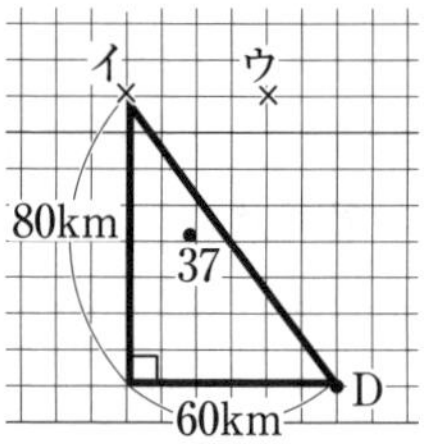

国語解答

一　問一　衰　　問二　首尾　　問三　屈指
　　問四　鬼気　　問五　こと

二　問一　Ⅰ…ハ　Ⅱ…ニ
　　問二　A…ホ　B…イ　C…ニ　D…ハ
　　問三　生きる～る動物
　　問四　命に関わる病気でもある程度は医療の力で生き延びられる現代，自分がどう死にたいのかを考える必要があるという意味。（55字）
　　問五　ロ　　問六　ニ　　問七　ハ
　　問八　つつあります。　　問九　ハ

三　問一　Ⅰ…イ　Ⅱ…ロ　　問二　ニ
　　問三　イ
　　問四　自分を一途に慕う美根子さんを心から大切にしているように見えない辰次さんに対して，仕事上の立場を超えて抱いている憎しみ。（59字）
　　問五　ハ　　問六　ロ
　　問七　あさんだった。　　問八　ニ

四　問一　イ　　問二　ハ　　問三　ロ
　　問四　ニ　　問五　ロ

一〔漢字〕
問一．音読みは「衰退」などの「スイ」。　問二．「首尾よく」は，うまいぐあいに，という意味。　問三．「屈指」は，多くの中で特に数え上げるほどに優れていること。　問四．「鬼気」は，恐ろしくて不気味なさま。　問五．音読みは「特殊」などの「シュ」。

二〔論説文の読解―哲学的分野―倫理〕出典；村上陽一郎『死ねない時代の哲学』「死を準備する」。
≪本文の概要≫死を自覚している唯一の動物が人間である。人間は生まれたときから死に向かって歩き始め，ある年齢になると，死を意識するようになる。また歴史を通じて多くの場合，激甚な疫病が流行したとき，社会全体で死を意識するが，個々の人々もまた，どのように生きるかを迫られるようになった。ただ，死が日常だった時代は，来世はどうなるだろうといったことを考えればよかったものだが，今は，人々は現実的に自分がどう死ぬかを考えなければならなくなった。ヨーロッパにおいて個人が自立した存在であるとする市民社会では，個人の自立性が尊重され，自分の責任で死を選ぶことが認められる方向で動いている。それに対して，日本では，消極的安楽死である尊厳死について，社会的な合意が暗黙に成立してはいるものの，法制化にはいたっていない。安楽死の問題を考えるにあたって，人の死を宣告できるのは医師だけである以上，人を救う覚悟とともに，救えない命に直面する覚悟，命を救うという意志に背いて患者の苦しみを思い死を与える覚悟を持った医師を育てることが必要である。

問一＜語句＞Ⅰ．「斟酌」は，相手の事情や心情をくみ取ること。　Ⅱ．「折衷」は，いくつかの異なる考えのよいところを取り合わせ，折り合いをつけて一つにまとめること。

問二＜表現＞A．確かに「生まれてすぐや，まだ幼いころ」には「生まれたときから死に向かって歩き始めている」ことをわかっていないが，ある年齢になると，「死ということを意識するように」なる。　B．ペストは「世界的に」流行し，その中でも特に「ヨーロッパでの被害が甚大」だった。　C．今は，我々は，仮に「命にかかわる病気にかかったとしても」，ある程度は「医療の力で生きながらえることが可能に」なった。　D．個人の自立性は一〇〇パーセント尊重しなければならないという方向に，振り子が完全に振れていて，おそらく「もう揺り戻しはない状態」のようである。

問三＜文章内容＞人間は「ある年齢になると，死ということを意識する」という宿命を背負っている生き物なのである。つまり，人間は「生きるにあたって死を考え，人生の旅路の究極点に見据えて生きている動物」といえる。

問四＜文章内容＞死が日常だった時代と違い，「命にかかわる病気にかかったとしても，ある程度は医療の力で生きながらえることが可能」になった現代では，死について考えるとは，「自分がどう死ぬか」を現実的に考えなければならないということである。

問五＜文章内容＞ヨーロッパにおいて，感染症が流行するたびに重要な文学作品が生み出されたのは，興味深いことであり，文芸の世界にも「死は巨大な影響を与えてきた」と考えられるのである。

問六＜文章内容＞医師が「何重もの苦しみを背負」っているといえるのは，まず，命を救いたくて医師になったのに，医療現場で実際に命を救える患者の方が少ないうえに，「苦しみを取り除く手段が相手に死を与えることしかない」という状況に直面して矛盾を感じ，それでも患者の気持ちを優先してそれを実行した場合にも「自責の念」に耐えなければならないからである。

問七＜文章内容＞医師という職業には「人の命を救おうと全力を尽くす覚悟」に加えて，ときには「患者の苦しみを思いやって，慈悲の死を与える覚悟」を持って行動しなければならないときがあるのである。

問八＜文脈＞ヨーロッパの幾つかの国々などでは「自分の責任で死を選んでもいい」という方向に動いているが，オランダやベルギーと日本では，「近代市民社会の成立」を体験したかどうかで考え方が大きく異なり，近代市民社会が成立した国では，個人の自立性を「一〇〇パーセント尊重しなければならない」という考えが定着している。

問九＜要旨＞歴史を通じて多くの場合，激甚な疫病が流行したとき，「社会は否応なく死の自覚へと」傾き，社会構造は変わり，「人々の意識にも，大きな変化」をもたらした(イ…○)。「ヨーロッパの幾つかの国々」などでは「自分の責任で死を選んでもいい」という方向に動いており，そのような社会では，個人の自立性は「一〇〇パーセント尊重しなければならない」と考えられている(ロ…○)。日本では，尊厳死について「法制度化までにはいたって」いないが，今の日本社会で「安楽死を法的に規制しないという決断を下すことは難しい」と思われる(ハ…×)。医師には「共苦」の気持ちを持って患者と向き合える多くの覚悟が必要であるが，延命に絶対的価値を置いた現代の「医学教育」では，そうした大切な点にふれずにきてしまっていることが危惧される(ニ…○)。

三 〔小説の読解〕出典；川上弘美『蛇は穴に入る』。

問一．Ⅰ＜語句＞「周到」は，全て行き届いていて落ち度がないこと。　Ⅱ＜慣用句＞「後ろ髪を引かれる」は，心残りがあってなかなか思いきれない，という意味。

問二＜文章内容＞美根子さんは，大柄だが声は小さく(イ…×)，清潔好きではあるが，辰次さんがこまめにシーツを交換しない不満を口にすることもなく，褥瘡ができても痛いと言わず，介護する辰次さんを優しいと言って気遣っている(ロ…×，ニ…○)。美根子さんは，辰次さんの浮気に悩まされたこともあったが，女が辰次さんに寄りつかなくなったと思ったら倒れてしまった(ハ…×)。

問三＜文章内容＞英さんは，「ぼく」が美根子さんは自分を「慕っている」と表現したことに「非日常的な言葉だ」と感心したら，さらに「清らか」という言葉が返ってきたので，あっけにとられた。

問四＜心情＞「ぼく」は，自分を辰次さんだと思って「慕う」美根子さんへの思い入れが強くなり，普通よりも介護をよくやっているとはいえ，美根子さんが思うほど辰次さんが彼女を大事にしていない様子に，介護ヘルパーという立場を超えていら立ちを感じている。

問五＜心情＞辰次さんは，妻の現状をつらく感じ，それでも「蛇は穴に入る」ように自然の営みの一つとして受け入れるべきだと自分に言い聞かせようと，「ぼく」にも同意を求めたと考えられる。

問六＜文章内容＞「ぼく」は，美根子さんの介護をきっかけに，これまでの人生で関わってきた人たちの言葉が思い出され，その言葉の意味について，そしてどう生きるべきかを，日々真剣に，しかし「気長に」考えを巡らせている。

問七＜文脈＞美根子さんのことを「美人」だと「ぼく」に話しかけてきた千木良さんは，美根子さん夫婦についての話を「歯切れのいい早口で」続けた。

問八＜表現＞「ぼくはこのケアハウスでは～」と「ぼく」が置かれている状況を語ったり，「ぼくの話はこれでおしまいだ」と結んだりして，「ぼく」から読者に語りかける形式が用いられることで，読者がより「ぼく」に感情移入しやすくなっている。

四〔**古文の読解―説話**〕出典；『今昔物語集』巻第二十七ノ第三十九。

≪現代語訳≫今となっては昔のことだが，京に住んでいた雑色男の妻が，夕方ちょうど暗くなる頃に，用事があって朱雀大路に出かけていったところ，しばらくたっても帰ってこなかったので，夫は，「どうしてこんなに遅いのだろう」と，不審に思っていたところに，妻が(家に)入ってきた。さて，しばらくすると，また同じ顔で姿形も全く違うところのない妻が入ってきた。

夫は，これを見るとひどく驚きあきれてしまった。「いずれにせよ，一人は狐など(が化けたもの)であろう」と思うけれども，どちらが本当の妻かわからないので，いろいろ考えを巡らすと，「後に入ってきた妻が，きっと狐に違いない」と考えて，男は，太刀を抜いて，後から入ってきた妻に飛びかかって，切ろうとすると，その妻は，「これはどうして，私にこのようにするのですか」と言って泣くので，(男は)今度はまた前に入ってきた妻を切ろうとして飛びかかれば，その妻(＝狐)もまた手をすり合わせて泣き惑う。それで，男は，どうしてよいかわからず，あれやこれや騒いでいるうちに，やはり最初に入ってきた妻が怪しく思えたので，それを押さえつけているうちに，その妻が，何とも言えないくさい尿をさっとひっかけたので，夫は，くささに耐えられず(手を)緩めた隙に，その妻は，たちまち狐の姿になって，戸の開いていたところから朱雀大路の方に走り出て，こんこんと鳴いて逃げ去った。そのときに，男は，腹立たしく悔しく思ったけれど，全くどうすることもできなかった。

これを思うに，(この男は)思慮が足りない男である。しばらく考えを巡らし，二人の妻を捕らえて縛りつけておいたならば，最後には(正体を)現しただろうに。大変残念なことに逃してしまったのである。近所の人たちも集まってきて(その様子を)見て大騒ぎした。

狐もつまらないことをしたものだ。やっと命が助かって逃げることができた。(その狐は，男の)妻が朱雀大路にいたのを見て，その妻の姿に化けて(男を)だましたのである。そうであれば，このようなことがあった場合には，冷静に思いを巡らすべきである。「すんでのところで本当の妻を殺さなかったことだけはよかった」と，人々が言い合ったと，語り伝えているとかいうことである。

問一＜古文の内容理解＞「あさまし」は，驚きあきれる，という意味。夫は，妻が帰ってきたと思ったら，同じ顔をした妻がもう一人現れたので，ひどく驚きあきれたのである。

問二＜古文の内容理解＞男が切ろうとして飛びかかったときに手をすり合わせて泣き惑ったのは，最初に家に入ってきた妻で，後に正体を現した狐である。

問三＜古文の内容理解＞二人の妻を捕らえて縛りつけておけば，最終的に正体を明らかにできたのに，それをしなかったので，男は狐に逃げられてしまったのである。

問四＜古典文法＞「賢けれ」は，「賢し」の已然形。係助詞「こそ」があると，係り結びの法則により，結びは已然形になる。

問五＜古文の内容理解＞京に住んでいた雑色男の妻が，夕暮れに出かけたまま帰ってこなかったので，夫である男は，不審に思った(イ…○)。夫が後から入ってきた方を狐だと思って切ろうとしたところ，その妻は，どうして自分にそのようなことをするのかと言って泣いた(ロ…×)。夫が片方の妻を捕らえていると，その妻がくさい尿をまき散らしたので，夫は，そのにおいに耐えきれず手を緩めてしまい，正体を現した狐を取り逃がしてしまった(ハ…○)。狐は，朱雀大路で男の妻を見つけて，その妻に化けて男をだまそうとしたが，結局，危ない目に遭っただけだった(ニ…○)。

●要点チェック●　図形編―相似と平行線

◎相似な図形

相似……一方の図形を拡大または縮小して，他方の図形と合同となるとき，２つの図形は相似である。

・相似な図形の性質

1．対応する線分の長さの比はすべて等しい。

2．対応する角の大きさはそれぞれ等しい。

・三角形の相似条件

２つの三角形は次のどれかが成り立つとき相似である。

1．３組の辺の比がすべて等しい。

2．２組の辺の比とそのはさむ角がそれぞれ等しい。

3．２組の角がそれぞれ等しい。

1.

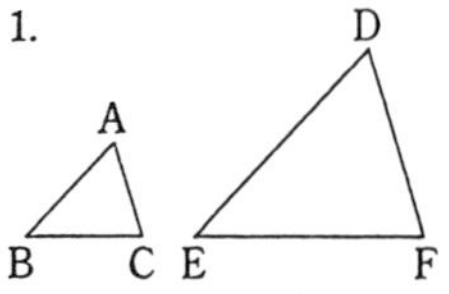

$AB:DE=BC:EF=AC:DF$

2.

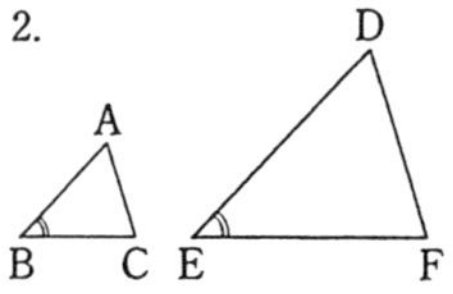

$AB:DE=BC:EF$
$\angle ABC=\angle DEF$

3.

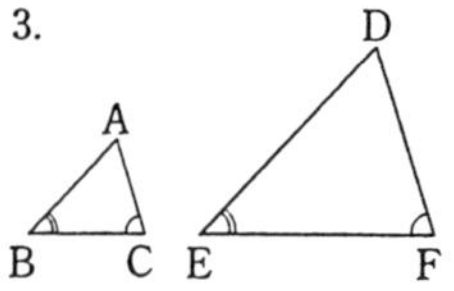

$\angle ABC=\angle DEF$
$\angle ACB=\angle DFE$

・平行線と線分の比

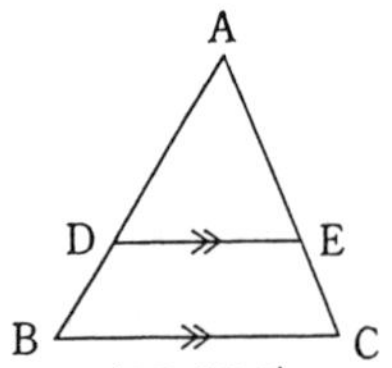

$(DE /\!/ BC)$
$AD:DB=AE:EC$
$AD:AB=DE:BC=AE:AC$

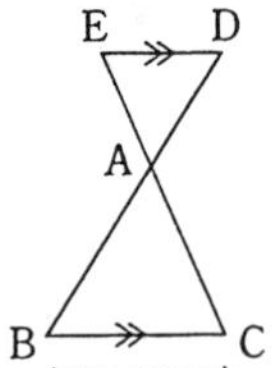

$(ED /\!/ BC)$
$AD:AB=DE:BC=AE:AC$

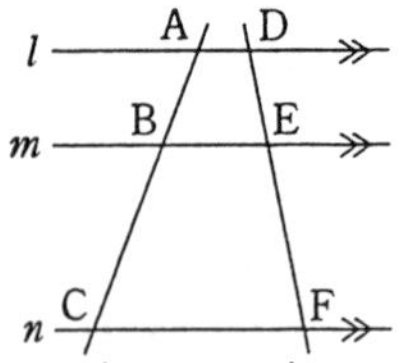

$(l /\!/ m /\!/ n)$
$AB:BC=DE:EF$

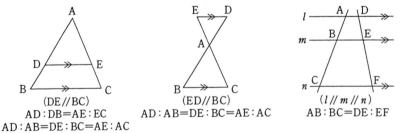

●要点チェック●　図形編—合同

◎図形の合同

合同……一方の図形を移動させて(ずらしたり《平行移動》，回したり《回転移動》，裏返したり《対称移動》して)，他方の図形に重ね合わせることのできるとき，この２つの図形は合同である。

- **合同な図形の性質**

１．対応する線分の長さは等しい。

２．対応する角の大きさは等しい。

- **三角形の合同条件**

２つの三角形は次のどれかが成り立つとき合同である。

１．３組の辺がそれぞれ等しい。

２．２組の辺とそのはさむ角がそれぞれ等しい。

３．１組の辺とその両端の角がそれぞれ等しい。

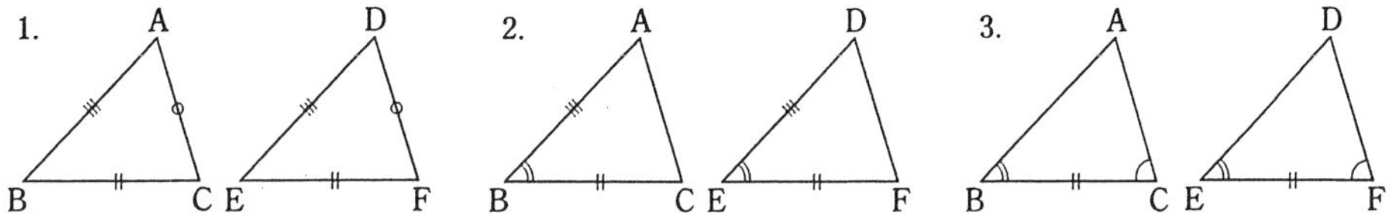

1.	2.	3.
AB＝DE	AB＝DE	BC＝EF
BC＝EF	BC＝EF	∠ABC＝∠DEF
AC＝DF	∠ABC＝∠DEF	∠ACB＝∠DFE

- **直角三角形の合同条件**

２つの直角三角形は次のどちらかが成り立つとき合同である。

１．斜辺と１鋭角がそれぞれ等しい。

２．斜辺と他の１辺がそれぞれ等しい。

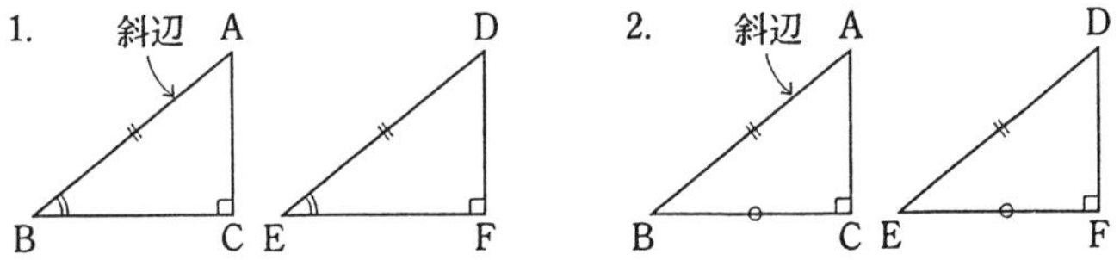

1.	2.
∠ACB＝∠DFE＝90°	∠ACB＝∠DFE＝90°
AB＝DE	AB＝DE
∠ABC＝∠DEF	BC＝EF

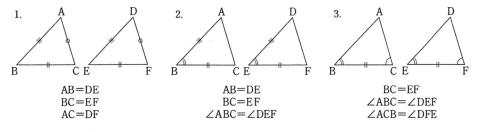

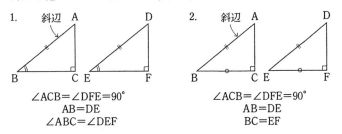

Memo

当社発行物の無断使用は固くお断りいたします。御使用の前はまずご相談ください。

当社発行物には500点余の首都圏中・高過去問をはじめ、6点の学校案内、そのほかいくつかの情報誌などがございます。その多くが年度版で、限られたスタッフが来るべき受験シーズン前に余裕を持って受験生へ届けられるよう、日夜作業にあたり出版を重ねております。

最近、通塾生ご父母や塾内部からの告発によって、いくつかの塾が許諾なしに当社過去問を複写（コピー）し生徒に配布、授業等にも使用していることが発覚し、その一部が紛争、係争に至っております。過去問には原著作者や管理団体、代行出版等のほか、当社に著作権がございます。当社としましては、著作権侵害の発覚に対しては著作権を有するこれらの著作権関係者にその事実を開示して、マスコミにリリースする場合や法的な措置を取る場合がございます。その事例としましては、毎年当社過去問の発行を待って自由にシステム化使用していたＡ塾、個別教室でコピーを生徒に解かせ指導していたＢ塾、冊子化していたＣ社、生徒の希望によって書籍の過去問代わりにコピーを配布していたＤ塾などがあります。

当社発行物の全部もしくは一部を無断使用することは固くお断りいたします。

当社コンテンツの中にはリーズナブルな設定で紙面の利用を許諾している塾もたくさんございますので、ご希望の方は、お気軽にご相談くださいますようお願いします。同時に、当社発行物を無断で使用している会社などにつきましての情報もお寄せいただければ幸いです。

株式会社 声の教育社

2025年度用
高校スーパー過去問

■編集人 声の教育社・編集部
■発行所 株式会社 声の教育社
〒162-0814 東京都新宿区新小川町8-15
☎03-5261-5061㈹ FAX03-5261-5062
https://www.koenokyoikusha.co.jp

カコを追いかけ
ミライをつかめ
「今の説明、もう一回」を何度でも
web過去問
ストリーミング配信による入試問題の解説動画
■ 高校受験「オンライン過去問塾（私立過去問ライブ）」（英語・数学） 5年間 各5,280円（税込）／8年間 各8,580円（税込）
青山学院高等部
市川高等学校
慶應義塾高等学校
慶應義塾志木高等学校
慶應義塾女子高等学校
芝浦工業大学柏高等学校
渋谷教育学園幕張高等学校
昭和学院秀英高等学校
専修大学松戸高等学校
中央大学高等学校
中央大学杉並高等学校
中央大学附属高等学校
日本大学習志野高等学校
早稲田大学高等学院
早稲田実業学校高等部
早稲田大学本庄高等学院
詳しくはこちらから

朋優学院高等学校

別冊解答用紙

丁寧に抜きとって、別冊としてご使用ください。

★合格者最低点

一　般

コース	2024 年度
国公立ＴＧ	オ 350 併 350
国公立ＡＧ	オ 180 併 180
特　進ＳＧ	オ 170 併 130

※オ＝オープン入試　併＝併願優遇

コース	2023 年度	2022 年度
国公立ＴＧ	350	390
国　公　立	オ 170 併 170	200
特　　進	オ 160 併 120	190

注意

○ 解答用紙は、収録の都合により縮小したものや、小社独自に作成したものもあります。
○ 学校配点は学校発表のもの、推定配点は小社で作成したものです。
○ 無断転載を禁じます。
○ 解答用紙を拡大コピーする場合、表示した拡大率に対応する用紙サイズは以下のとおりです。
101%～102%＝B5　103%～118%＝A4　119%～144%＝B4　145%～167%＝A3
(タイトルと配点表は含みません)

2024年度　朋優学院高等学校　一般1回

英語解答用紙　No. 1

評点
/100

フリガナ	
氏　名	

受験番号				
⓪	⓪	⓪	⓪	⓪
①	①	①	①	①
②	②	②	②	②
③	③	③	③	③
④	④	④	④	④
⑤	⑤	⑤	⑤	⑤
⑥	⑥	⑥	⑥	⑥
⑦	⑦	⑦	⑦	⑦
⑧	⑧	⑧	⑧	⑧
⑨	⑨	⑨	⑨	⑨

1. 記入欄・マーク欄以外には記入しないでください。
2. 鉛筆で、しっかり濃くマークしてください。
3. 間違った場合には、消しゴムで、きれいに消してください。

マーク例

良い例	●	悪い例	✓ ⊙ ◐

問	解答欄	問	解答欄	問	解答欄	問	解答欄
1	① ② ③ ④ ⑤ ⑥ ⑦ ⑧ ⑨	26	① ② ③ ④ ⑤ ⑥ ⑦ ⑧ ⑨	51	① ② ③ ④ ⑤ ⑥ ⑦ ⑧ ⑨	76	① ② ③ ④ ⑤ ⑥ ⑦ ⑧ ⑨
2	① ② ③ ④ ⑤ ⑥ ⑦ ⑧ ⑨	27	① ② ③ ④ ⑤ ⑥ ⑦ ⑧ ⑨	52	① ② ③ ④ ⑤ ⑥ ⑦ ⑧ ⑨	77	① ② ③ ④ ⑤ ⑥ ⑦ ⑧ ⑨
3	① ② ③ ④ ⑤ ⑥ ⑦ ⑧ ⑨	28	① ② ③ ④ ⑤ ⑥ ⑦ ⑧ ⑨	53	① ② ③ ④ ⑤ ⑥ ⑦ ⑧ ⑨	78	① ② ③ ④ ⑤ ⑥ ⑦ ⑧ ⑨
4	① ② ③ ④ ⑤ ⑥ ⑦ ⑧ ⑨	29	① ② ③ ④ ⑤ ⑥ ⑦ ⑧ ⑨	54	① ② ③ ④ ⑤ ⑥ ⑦ ⑧ ⑨	79	① ② ③ ④ ⑤ ⑥ ⑦ ⑧ ⑨
5	① ② ③ ④ ⑤ ⑥ ⑦ ⑧ ⑨	30	① ② ③ ④ ⑤ ⑥ ⑦ ⑧ ⑨	55	① ② ③ ④ ⑤ ⑥ ⑦ ⑧ ⑨	80	① ② ③ ④ ⑤ ⑥ ⑦ ⑧ ⑨
6	① ② ③ ④ ⑤ ⑥ ⑦ ⑧ ⑨	31	① ② ③ ④ ⑤ ⑥ ⑦ ⑧ ⑨	56	① ② ③ ④ ⑤ ⑥ ⑦ ⑧ ⑨	81	① ② ③ ④ ⑤ ⑥ ⑦ ⑧ ⑨
7	① ② ③ ④ ⑤ ⑥ ⑦ ⑧ ⑨	32	① ② ③ ④ ⑤ ⑥ ⑦ ⑧ ⑨	57	① ② ③ ④ ⑤ ⑥ ⑦ ⑧ ⑨	82	① ② ③ ④ ⑤ ⑥ ⑦ ⑧ ⑨
8	① ② ③ ④ ⑤ ⑥ ⑦ ⑧ ⑨	33	① ② ③ ④ ⑤ ⑥ ⑦ ⑧ ⑨	58	① ② ③ ④ ⑤ ⑥ ⑦ ⑧ ⑨	83	① ② ③ ④ ⑤ ⑥ ⑦ ⑧ ⑨
9	① ② ③ ④ ⑤ ⑥ ⑦ ⑧ ⑨	34	① ② ③ ④ ⑤ ⑥ ⑦ ⑧ ⑨	59	① ② ③ ④ ⑤ ⑥ ⑦ ⑧ ⑨	84	① ② ③ ④ ⑤ ⑥ ⑦ ⑧ ⑨
10	① ② ③ ④ ⑤ ⑥ ⑦ ⑧ ⑨	35	① ② ③ ④ ⑤ ⑥ ⑦ ⑧ ⑨	60	① ② ③ ④ ⑤ ⑥ ⑦ ⑧ ⑨	85	① ② ③ ④ ⑤ ⑥ ⑦ ⑧ ⑨
11	① ② ③ ④ ⑤ ⑥ ⑦ ⑧ ⑨	36	① ② ③ ④ ⑤ ⑥ ⑦ ⑧ ⑨	61	① ② ③ ④ ⑤ ⑥ ⑦ ⑧ ⑨	86	① ② ③ ④ ⑤ ⑥ ⑦ ⑧ ⑨
12	① ② ③ ④ ⑤ ⑥ ⑦ ⑧ ⑨	37	① ② ③ ④ ⑤ ⑥ ⑦ ⑧ ⑨	62	① ② ③ ④ ⑤ ⑥ ⑦ ⑧ ⑨	87	① ② ③ ④ ⑤ ⑥ ⑦ ⑧ ⑨
13	① ② ③ ④ ⑤ ⑥ ⑦ ⑧ ⑨	38	① ② ③ ④ ⑤ ⑥ ⑦ ⑧ ⑨	63	① ② ③ ④ ⑤ ⑥ ⑦ ⑧ ⑨	88	① ② ③ ④ ⑤ ⑥ ⑦ ⑧ ⑨
14	① ② ③ ④ ⑤ ⑥ ⑦ ⑧ ⑨	39	① ② ③ ④ ⑤ ⑥ ⑦ ⑧ ⑨	64	① ② ③ ④ ⑤ ⑥ ⑦ ⑧ ⑨	89	① ② ③ ④ ⑤ ⑥ ⑦ ⑧ ⑨
15	① ② ③ ④ ⑤ ⑥ ⑦ ⑧ ⑨	40	① ② ③ ④ ⑤ ⑥ ⑦ ⑧ ⑨	65	① ② ③ ④ ⑤ ⑥ ⑦ ⑧ ⑨	90	① ② ③ ④ ⑤ ⑥ ⑦ ⑧ ⑨
16	① ② ③ ④ ⑤ ⑥ ⑦ ⑧ ⑨	41	① ② ③ ④ ⑤ ⑥ ⑦ ⑧ ⑨	66	① ② ③ ④ ⑤ ⑥ ⑦ ⑧ ⑨	91	① ② ③ ④ ⑤ ⑥ ⑦ ⑧ ⑨
17	① ② ③ ④ ⑤ ⑥ ⑦ ⑧ ⑨	42	① ② ③ ④ ⑤ ⑥ ⑦ ⑧ ⑨	67	① ② ③ ④ ⑤ ⑥ ⑦ ⑧ ⑨	92	① ② ③ ④ ⑤ ⑥ ⑦ ⑧ ⑨
18	① ② ③ ④ ⑤ ⑥ ⑦ ⑧ ⑨	43	① ② ③ ④ ⑤ ⑥ ⑦ ⑧ ⑨	68	① ② ③ ④ ⑤ ⑥ ⑦ ⑧ ⑨	93	① ② ③ ④ ⑤ ⑥ ⑦ ⑧ ⑨
19	① ② ③ ④ ⑤ ⑥ ⑦ ⑧ ⑨	44	① ② ③ ④ ⑤ ⑥ ⑦ ⑧ ⑨	69	① ② ③ ④ ⑤ ⑥ ⑦ ⑧ ⑨	94	① ② ③ ④ ⑤ ⑥ ⑦ ⑧ ⑨
20	① ② ③ ④ ⑤ ⑥ ⑦ ⑧ ⑨	45	① ② ③ ④ ⑤ ⑥ ⑦ ⑧ ⑨	70	① ② ③ ④ ⑤ ⑥ ⑦ ⑧ ⑨	95	① ② ③ ④ ⑤ ⑥ ⑦ ⑧ ⑨
21	① ② ③ ④ ⑤ ⑥ ⑦ ⑧ ⑨	46	① ② ③ ④ ⑤ ⑥ ⑦ ⑧ ⑨	71	① ② ③ ④ ⑤ ⑥ ⑦ ⑧ ⑨	96	① ② ③ ④ ⑤ ⑥ ⑦ ⑧ ⑨
22	① ② ③ ④ ⑤ ⑥ ⑦ ⑧ ⑨	47	① ② ③ ④ ⑤ ⑥ ⑦ ⑧ ⑨	72	① ② ③ ④ ⑤ ⑥ ⑦ ⑧ ⑨	97	① ② ③ ④ ⑤ ⑥ ⑦ ⑧ ⑨
23	① ② ③ ④ ⑤ ⑥ ⑦ ⑧ ⑨	48	① ② ③ ④ ⑤ ⑥ ⑦ ⑧ ⑨	73	① ② ③ ④ ⑤ ⑥ ⑦ ⑧ ⑨	98	① ② ③ ④ ⑤ ⑥ ⑦ ⑧ ⑨
24	① ② ③ ④ ⑤ ⑥ ⑦ ⑧ ⑨	49	① ② ③ ④ ⑤ ⑥ ⑦ ⑧ ⑨	74	① ② ③ ④ ⑤ ⑥ ⑦ ⑧ ⑨	99	① ② ③ ④ ⑤ ⑥ ⑦ ⑧ ⑨
25	① ② ③ ④ ⑤ ⑥ ⑦ ⑧ ⑨	50	① ② ③ ④ ⑤ ⑥ ⑦ ⑧ ⑨	75	① ② ③ ④ ⑤ ⑥ ⑦ ⑧ ⑨	100	① ② ③ ④ ⑤ ⑥ ⑦ ⑧ ⑨

（注）この解答用紙は実物を縮小してあります。Ｂ４用紙に128％拡大コピーすると、ほぼ実物大で使用できます。（タイトルと配点表は含みません）

2024年度　朋優学院高等学校　一般1回

英語解答用紙　No. 2

長文読解 記述問題

				5					10					15
				20					25					30

条件英作文

1.

1	2	3	4	5	6
7	8	9	10	11	12

2.

1	2	3	4	5	6
7	8	9	10	11	12

3.

1	2	3	4	5	6
7	8	9	10	11	12

正誤問題

	正解				訂正後
1.	①	②	③	④	
2.	①	②	③	④	
3.	①	②	③	④	
4.	①	②	③	④	

（注）この解答用紙は実物を縮小してあります。Ｂ４用紙に132%拡大コピーすると、ほぼ実物大で使用できます。（タイトルと配点表は含みません）

推定配点

1 A 各2点×7　B 各3点×5
2 各2点×5
3 A～F 各2点×6　G、H 各4点×2
4 A 1～5 各2点×5　6 4点　B 各2点×3
5、6 各3点×7

計 100点

2024年度　朋優学院高等学校　一般1回

数学解答用紙

番号		氏名		評点	/100

1

(1)		(2)	
(3)		(4)	
(5)		(6)	

2

(1)		(2)	

3

(1)		(2)	

4

(1)		(2)	

5

(1)		(2)	
(3)			

6

(1)		(2)	

7

(1)		(2)	

（注）この解答用紙は実物を縮小してあります。A３用紙に156%拡大コピーすると、ほぼ実物大で使用できます。（タイトルと配点表は含みません）

推定配点

1 各4点×6　2 (1) 4点　(2) 8点　3 (1) 4点　(2) 8点

4 (1) 4点　(2) 8点　5 (1) 4点　(2)、(3) 各6点×2

6 (1) 4点　(2) 8点　7 (1) 4点　(2) 8点

計　100点

2024年度　朋優学院高等学校　一般1回

社会解答用紙

推定配点
1 問1　4点　問2～問4　各3点×3　問5　4点　問6　3点
問7　4点　問8、問9　各3点×2
2 問1、問2　各2点×2　問3　(1)　2点　(2)　3点　問4　2点
問5　3点　問6～問10　各2点×8
3 各3点×10　4 各2点×5
計　100点

フリガナ	
氏　名	

受験番号				
⓪	⓪	⓪	⓪	⓪
①	①	①	①	①
②	②	②	②	②
③	③	③	③	③
④	④	④	④	④
⑤	⑤	⑤	⑤	⑤
⑥	⑥	⑥	⑥	⑥
⑦	⑦	⑦	⑦	⑦
⑧	⑧	⑧	⑧	⑧
⑨	⑨	⑨	⑨	⑨

1. 記入欄・マーク欄以外には記入しないでください。
2. 鉛筆で、しっかり濃くマークしてください。
3. 間違った場合には、消しゴムで、きれいに消してください。

マーク例

良い例	●	悪い例	✓ ◉ ◐

問	解答欄	問	解答欄	問	解答欄	問	解答欄
1	①②③④⑤⑥⑦⑧⑨⓪	26	①②③④⑤⑥⑦⑧⑨⓪	51	①②③④⑤⑥⑦⑧⑨⓪	76	①②③④⑤⑥⑦⑧⑨⓪
2	①②③④⑤⑥⑦⑧⑨⓪	27	①②③④⑤⑥⑦⑧⑨⓪	52	①②③④⑤⑥⑦⑧⑨⓪	77	①②③④⑤⑥⑦⑧⑨⓪
3	①②③④⑤⑥⑦⑧⑨⓪	28	①②③④⑤⑥⑦⑧⑨⓪	53	①②③④⑤⑥⑦⑧⑨⓪	78	①②③④⑤⑥⑦⑧⑨⓪
4	①②③④⑤⑥⑦⑧⑨⓪	29	①②③④⑤⑥⑦⑧⑨⓪	54	①②③④⑤⑥⑦⑧⑨⓪	79	①②③④⑤⑥⑦⑧⑨⓪
5	①②③④⑤⑥⑦⑧⑨⓪	30	①②③④⑤⑥⑦⑧⑨⓪	55	①②③④⑤⑥⑦⑧⑨⓪	80	①②③④⑤⑥⑦⑧⑨⓪
6	①②③④⑤⑥⑦⑧⑨⓪	31	①②③④⑤⑥⑦⑧⑨⓪	56	①②③④⑤⑥⑦⑧⑨⓪	81	①②③④⑤⑥⑦⑧⑨⓪
7	①②③④⑤⑥⑦⑧⑨⓪	32	①②③④⑤⑥⑦⑧⑨⓪	57	①②③④⑤⑥⑦⑧⑨⓪	82	①②③④⑤⑥⑦⑧⑨⓪
8	①②③④⑤⑥⑦⑧⑨⓪	33	①②③④⑤⑥⑦⑧⑨⓪	58	①②③④⑤⑥⑦⑧⑨⓪	83	①②③④⑤⑥⑦⑧⑨⓪
9	①②③④⑤⑥⑦⑧⑨⓪	34	①②③④⑤⑥⑦⑧⑨⓪	59	①②③④⑤⑥⑦⑧⑨⓪	84	①②③④⑤⑥⑦⑧⑨⓪
10	①②③④⑤⑥⑦⑧⑨⓪	35	①②③④⑤⑥⑦⑧⑨⓪	60	①②③④⑤⑥⑦⑧⑨⓪	85	①②③④⑤⑥⑦⑧⑨⓪
11	①②③④⑤⑥⑦⑧⑨⓪	36	①②③④⑤⑥⑦⑧⑨⓪	61	①②③④⑤⑥⑦⑧⑨⓪	86	①②③④⑤⑥⑦⑧⑨⓪
12	①②③④⑤⑥⑦⑧⑨⓪	37	①②③④⑤⑥⑦⑧⑨⓪	62	①②③④⑤⑥⑦⑧⑨⓪	87	①②③④⑤⑥⑦⑧⑨⓪
13	①②③④⑤⑥⑦⑧⑨⓪	38	①②③④⑤⑥⑦⑧⑨⓪	63	①②③④⑤⑥⑦⑧⑨⓪	88	①②③④⑤⑥⑦⑧⑨⓪
14	①②③④⑤⑥⑦⑧⑨⓪	39	①②③④⑤⑥⑦⑧⑨⓪	64	①②③④⑤⑥⑦⑧⑨⓪	89	①②③④⑤⑥⑦⑧⑨⓪
15	①②③④⑤⑥⑦⑧⑨⓪	40	①②③④⑤⑥⑦⑧⑨⓪	65	①②③④⑤⑥⑦⑧⑨⓪	90	①②③④⑤⑥⑦⑧⑨⓪
16	①②③④⑤⑥⑦⑧⑨⓪	41	①②③④⑤⑥⑦⑧⑨⓪	66	①②③④⑤⑥⑦⑧⑨⓪	91	①②③④⑤⑥⑦⑧⑨⓪
17	①②③④⑤⑥⑦⑧⑨⓪	42	①②③④⑤⑥⑦⑧⑨⓪	67	①②③④⑤⑥⑦⑧⑨⓪	92	①②③④⑤⑥⑦⑧⑨⓪
18	①②③④⑤⑥⑦⑧⑨⓪	43	①②③④⑤⑥⑦⑧⑨⓪	68	①②③④⑤⑥⑦⑧⑨⓪	93	①②③④⑤⑥⑦⑧⑨⓪
19	①②③④⑤⑥⑦⑧⑨⓪	44	①②③④⑤⑥⑦⑧⑨⓪	69	①②③④⑤⑥⑦⑧⑨⓪	94	①②③④⑤⑥⑦⑧⑨⓪
20	①②③④⑤⑥⑦⑧⑨⓪	45	①②③④⑤⑥⑦⑧⑨⓪	70	①②③④⑤⑥⑦⑧⑨⓪	95	①②③④⑤⑥⑦⑧⑨⓪
21	①②③④⑤⑥⑦⑧⑨⓪	46	①②③④⑤⑥⑦⑧⑨⓪	71	①②③④⑤⑥⑦⑧⑨⓪	96	①②③④⑤⑥⑦⑧⑨⓪
22	①②③④⑤⑥⑦⑧⑨⓪	47	①②③④⑤⑥⑦⑧⑨⓪	72	①②③④⑤⑥⑦⑧⑨⓪	97	①②③④⑤⑥⑦⑧⑨⓪
23	①②③④⑤⑥⑦⑧⑨⓪	48	①②③④⑤⑥⑦⑧⑨⓪	73	①②③④⑤⑥⑦⑧⑨⓪	98	①②③④⑤⑥⑦⑧⑨⓪
24	①②③④⑤⑥⑦⑧⑨⓪	49	①②③④⑤⑥⑦⑧⑨⓪	74	①②③④⑤⑥⑦⑧⑨⓪	99	①②③④⑤⑥⑦⑧⑨⓪
25	①②③④⑤⑥⑦⑧⑨⓪	50	①②③④⑤⑥⑦⑧⑨⓪	75	①②③④⑤⑥⑦⑧⑨⓪	100	①②③④⑤⑥⑦⑧⑨⓪

評点
/100

(注) この解答用紙は実物を縮小してあります。Ａ３用紙に147%拡大コピーすると、ほぼ実物大で使用できます。(タイトルと配点表は含みません)

２０２４年度　朋優学院高等学校　一般１回

理科解答用紙

推定配点
[1] 各5点×2　[2] 1 (1) 2点　(2) 3点　(3) 2点　(4) 3点
2 (1) 3点　(2) 4点　(3) 5点　(4) 3点
[3] 1 (1)、(2) 各2点×2　(3) 3点　(4) 4点　(5) 3点
2 (1)、(2) 各2点×2　(3) 4点　(4) 3点
[4] 1 各3点×3　2 各4点×4　[5] (1) 3点　(2)～(4) 各4点×3
計　100点

フリガナ	
氏　名	

受験番号				
⓪	⓪	⓪	⓪	⓪
①	①	①	①	①
②	②	②	②	②
③	③	③	③	③
④	④	④	④	④
⑤	⑤	⑤	⑤	⑤
⑥	⑥	⑥	⑥	⑥
⑦	⑦	⑦	⑦	⑦
⑧	⑧	⑧	⑧	⑧
⑨	⑨	⑨	⑨	⑨

1. 記入欄・マーク欄以外には記入しないでください。
2. 鉛筆で、しっかり濃くマークしてください。
3. 間違った場合には、消しゴムで、きれいに消してください。

マーク例

良い例	●	悪い例	✓ ◉ ◐

問	解答欄	問	解答欄	問	解答欄	問	解答欄
1	①②③④⑤⑥⑦⑧⑨⓪	26	①②③④⑤⑥⑦⑧⑨⓪	51	①②③④⑤⑥⑦⑧⑨⓪	76	①②③④⑤⑥⑦⑧⑨⓪
2	①②③④⑤⑥⑦⑧⑨⓪	27	①②③④⑤⑥⑦⑧⑨⓪	52	①②③④⑤⑥⑦⑧⑨⓪	77	①②③④⑤⑥⑦⑧⑨⓪
3	①②③④⑤⑥⑦⑧⑨⓪	28	①②③④⑤⑥⑦⑧⑨⓪	53	①②③④⑤⑥⑦⑧⑨⓪	78	①②③④⑤⑥⑦⑧⑨⓪
4	①②③④⑤⑥⑦⑧⑨⓪	29	①②③④⑤⑥⑦⑧⑨⓪	54	①②③④⑤⑥⑦⑧⑨⓪	79	①②③④⑤⑥⑦⑧⑨⓪
5	①②③④⑤⑥⑦⑧⑨⓪	30	①②③④⑤⑥⑦⑧⑨⓪	55	①②③④⑤⑥⑦⑧⑨⓪	80	①②③④⑤⑥⑦⑧⑨⓪
6	①②③④⑤⑥⑦⑧⑨⓪	31	①②③④⑤⑥⑦⑧⑨⓪	56	①②③④⑤⑥⑦⑧⑨⓪	81	①②③④⑤⑥⑦⑧⑨⓪
7	①②③④⑤⑥⑦⑧⑨⓪	32	①②③④⑤⑥⑦⑧⑨⓪	57	①②③④⑤⑥⑦⑧⑨⓪	82	①②③④⑤⑥⑦⑧⑨⓪
8	①②③④⑤⑥⑦⑧⑨⓪	33	①②③④⑤⑥⑦⑧⑨⓪	58	①②③④⑤⑥⑦⑧⑨⓪	83	①②③④⑤⑥⑦⑧⑨⓪
9	①②③④⑤⑥⑦⑧⑨⓪	34	①②③④⑤⑥⑦⑧⑨⓪	59	①②③④⑤⑥⑦⑧⑨⓪	84	①②③④⑤⑥⑦⑧⑨⓪
10	①②③④⑤⑥⑦⑧⑨⓪	35	①②③④⑤⑥⑦⑧⑨⓪	60	①②③④⑤⑥⑦⑧⑨⓪	85	①②③④⑤⑥⑦⑧⑨⓪
11	①②③④⑤⑥⑦⑧⑨⓪	36	①②③④⑤⑥⑦⑧⑨⓪	61	①②③④⑤⑥⑦⑧⑨⓪	86	①②③④⑤⑥⑦⑧⑨⓪
12	①②③④⑤⑥⑦⑧⑨⓪	37	①②③④⑤⑥⑦⑧⑨⓪	62	①②③④⑤⑥⑦⑧⑨⓪	87	①②③④⑤⑥⑦⑧⑨⓪
13	①②③④⑤⑥⑦⑧⑨⓪	38	①②③④⑤⑥⑦⑧⑨⓪	63	①②③④⑤⑥⑦⑧⑨⓪	88	①②③④⑤⑥⑦⑧⑨⓪
14	①②③④⑤⑥⑦⑧⑨⓪	39	①②③④⑤⑥⑦⑧⑨⓪	64	①②③④⑤⑥⑦⑧⑨⓪	89	①②③④⑤⑥⑦⑧⑨⓪
15	①②③④⑤⑥⑦⑧⑨⓪	40	①②③④⑤⑥⑦⑧⑨⓪	65	①②③④⑤⑥⑦⑧⑨⓪	90	①②③④⑤⑥⑦⑧⑨⓪
16	①②③④⑤⑥⑦⑧⑨⓪	41	①②③④⑤⑥⑦⑧⑨⓪	66	①②③④⑤⑥⑦⑧⑨⓪	91	①②③④⑤⑥⑦⑧⑨⓪
17	①②③④⑤⑥⑦⑧⑨⓪	42	①②③④⑤⑥⑦⑧⑨⓪	67	①②③④⑤⑥⑦⑧⑨⓪	92	①②③④⑤⑥⑦⑧⑨⓪
18	①②③④⑤⑥⑦⑧⑨⓪	43	①②③④⑤⑥⑦⑧⑨⓪	68	①②③④⑤⑥⑦⑧⑨⓪	93	①②③④⑤⑥⑦⑧⑨⓪
19	①②③④⑤⑥⑦⑧⑨⓪	44	①②③④⑤⑥⑦⑧⑨⓪	69	①②③④⑤⑥⑦⑧⑨⓪	94	①②③④⑤⑥⑦⑧⑨⓪
20	①②③④⑤⑥⑦⑧⑨⓪	45	①②③④⑤⑥⑦⑧⑨⓪	70	①②③④⑤⑥⑦⑧⑨⓪	95	①②③④⑤⑥⑦⑧⑨⓪
21	①②③④⑤⑥⑦⑧⑨⓪	46	①②③④⑤⑥⑦⑧⑨⓪	71	①②③④⑤⑥⑦⑧⑨⓪	96	①②③④⑤⑥⑦⑧⑨⓪
22	①②③④⑤⑥⑦⑧⑨⓪	47	①②③④⑤⑥⑦⑧⑨⓪	72	①②③④⑤⑥⑦⑧⑨⓪	97	①②③④⑤⑥⑦⑧⑨⓪
23	①②③④⑤⑥⑦⑧⑨⓪	48	①②③④⑤⑥⑦⑧⑨⓪	73	①②③④⑤⑥⑦⑧⑨⓪	98	①②③④⑤⑥⑦⑧⑨⓪
24	①②③④⑤⑥⑦⑧⑨⓪	49	①②③④⑤⑥⑦⑧⑨⓪	74	①②③④⑤⑥⑦⑧⑨⓪	99	①②③④⑤⑥⑦⑧⑨⓪
25	①②③④⑤⑥⑦⑧⑨⓪	50	①②③④⑤⑥⑦⑧⑨⓪	75	①②③④⑤⑥⑦⑧⑨⓪	100	①②③④⑤⑥⑦⑧⑨⓪

評点
／100

（注）この解答用紙は実物を縮小してあります。Ａ３用紙に147%拡大コピーすると、ほぼ実物大で使用できます。（タイトルと配点表は含みません）

二〇二四年度　明優学院高等学校　一般一回

国語解答用紙

番号		氏名		評点	/100

一

(一) 問一　問二　問三

(二) 問一　問二

(三) 問一　問二

二

問一　問二　問三　問四　問五　問六

三

問一　問二　問三　問四　問五

四

問一　問二　問三　問四　問五

（注）この解答用紙は実物を縮小してあります。179％拡大コピーすると、ほぼ実物大で使用できます。（タイトルと配点表は含みません）

推定配点		計
	一　各２点×７ 二　問一　５点　問二　10点　問三～問五　各５点×３　問六　６点 三　問一　５点　問二　10点　問三～問五　各５点×３ 四　問一　３点　問二　４点　問三　３点　問四　４点　問五　６点	100点

２０２４年度　朋優学院高等学校　一般２回

英語解答用紙　No. 1

評点
/100

フリガナ	
氏　名	

受験番号				
⓪	⓪	⓪	⓪	⓪
①	①	①	①	①
②	②	②	②	②
③	③	③	③	③
④	④	④	④	④
⑤	⑤	⑤	⑤	⑤
⑥	⑥	⑥	⑥	⑥
⑦	⑦	⑦	⑦	⑦
⑧	⑧	⑧	⑧	⑧
⑨	⑨	⑨	⑨	⑨

1. 記入欄・マーク欄以外には記入しないでください。
2. 鉛筆で、しっかり濃くマークしてください。
3. 間違った場合には、消しゴムで、きれいに消してください。

マーク例

良い例	●	悪い例	✓ ⦿ ◐

問	解答欄	問	解答欄	問	解答欄	問	解答欄
1	① ② ③ ④ ⑤ ⑥ ⑦ ⑧ ⑨	26	① ② ③ ④ ⑤ ⑥ ⑦ ⑧ ⑨	51	① ② ③ ④ ⑤ ⑥ ⑦ ⑧ ⑨	76	① ② ③ ④ ⑤ ⑥ ⑦ ⑧ ⑨
2	① ② ③ ④ ⑤ ⑥ ⑦ ⑧ ⑨	27	① ② ③ ④ ⑤ ⑥ ⑦ ⑧ ⑨	52	① ② ③ ④ ⑤ ⑥ ⑦ ⑧ ⑨	77	① ② ③ ④ ⑤ ⑥ ⑦ ⑧ ⑨
3	① ② ③ ④ ⑤ ⑥ ⑦ ⑧ ⑨	28	① ② ③ ④ ⑤ ⑥ ⑦ ⑧ ⑨	53	① ② ③ ④ ⑤ ⑥ ⑦ ⑧ ⑨	78	① ② ③ ④ ⑤ ⑥ ⑦ ⑧ ⑨
4	① ② ③ ④ ⑤ ⑥ ⑦ ⑧ ⑨	29	① ② ③ ④ ⑤ ⑥ ⑦ ⑧ ⑨	54	① ② ③ ④ ⑤ ⑥ ⑦ ⑧ ⑨	79	① ② ③ ④ ⑤ ⑥ ⑦ ⑧ ⑨
5	① ② ③ ④ ⑤ ⑥ ⑦ ⑧ ⑨	30	① ② ③ ④ ⑤ ⑥ ⑦ ⑧ ⑨	55	① ② ③ ④ ⑤ ⑥ ⑦ ⑧ ⑨	80	① ② ③ ④ ⑤ ⑥ ⑦ ⑧ ⑨
6	① ② ③ ④ ⑤ ⑥ ⑦ ⑧ ⑨	31	① ② ③ ④ ⑤ ⑥ ⑦ ⑧ ⑨	56	① ② ③ ④ ⑤ ⑥ ⑦ ⑧ ⑨	81	① ② ③ ④ ⑤ ⑥ ⑦ ⑧ ⑨
7	① ② ③ ④ ⑤ ⑥ ⑦ ⑧ ⑨	32	① ② ③ ④ ⑤ ⑥ ⑦ ⑧ ⑨	57	① ② ③ ④ ⑤ ⑥ ⑦ ⑧ ⑨	82	① ② ③ ④ ⑤ ⑥ ⑦ ⑧ ⑨
8	① ② ③ ④ ⑤ ⑥ ⑦ ⑧ ⑨	33	① ② ③ ④ ⑤ ⑥ ⑦ ⑧ ⑨	58	① ② ③ ④ ⑤ ⑥ ⑦ ⑧ ⑨	83	① ② ③ ④ ⑤ ⑥ ⑦ ⑧ ⑨
9	① ② ③ ④ ⑤ ⑥ ⑦ ⑧ ⑨	34	① ② ③ ④ ⑤ ⑥ ⑦ ⑧ ⑨	59	① ② ③ ④ ⑤ ⑥ ⑦ ⑧ ⑨	84	① ② ③ ④ ⑤ ⑥ ⑦ ⑧ ⑨
10	① ② ③ ④ ⑤ ⑥ ⑦ ⑧ ⑨	35	① ② ③ ④ ⑤ ⑥ ⑦ ⑧ ⑨	60	① ② ③ ④ ⑤ ⑥ ⑦ ⑧ ⑨	85	① ② ③ ④ ⑤ ⑥ ⑦ ⑧ ⑨
11	① ② ③ ④ ⑤ ⑥ ⑦ ⑧ ⑨	36	① ② ③ ④ ⑤ ⑥ ⑦ ⑧ ⑨	61	① ② ③ ④ ⑤ ⑥ ⑦ ⑧ ⑨	86	① ② ③ ④ ⑤ ⑥ ⑦ ⑧ ⑨
12	① ② ③ ④ ⑤ ⑥ ⑦ ⑧ ⑨	37	① ② ③ ④ ⑤ ⑥ ⑦ ⑧ ⑨	62	① ② ③ ④ ⑤ ⑥ ⑦ ⑧ ⑨	87	① ② ③ ④ ⑤ ⑥ ⑦ ⑧ ⑨
13	① ② ③ ④ ⑤ ⑥ ⑦ ⑧ ⑨	38	① ② ③ ④ ⑤ ⑥ ⑦ ⑧ ⑨	63	① ② ③ ④ ⑤ ⑥ ⑦ ⑧ ⑨	88	① ② ③ ④ ⑤ ⑥ ⑦ ⑧ ⑨
14	① ② ③ ④ ⑤ ⑥ ⑦ ⑧ ⑨	39	① ② ③ ④ ⑤ ⑥ ⑦ ⑧ ⑨	64	① ② ③ ④ ⑤ ⑥ ⑦ ⑧ ⑨	89	① ② ③ ④ ⑤ ⑥ ⑦ ⑧ ⑨
15	① ② ③ ④ ⑤ ⑥ ⑦ ⑧ ⑨	40	① ② ③ ④ ⑤ ⑥ ⑦ ⑧ ⑨	65	① ② ③ ④ ⑤ ⑥ ⑦ ⑧ ⑨	90	① ② ③ ④ ⑤ ⑥ ⑦ ⑧ ⑨
16	① ② ③ ④ ⑤ ⑥ ⑦ ⑧ ⑨	41	① ② ③ ④ ⑤ ⑥ ⑦ ⑧ ⑨	66	① ② ③ ④ ⑤ ⑥ ⑦ ⑧ ⑨	91	① ② ③ ④ ⑤ ⑥ ⑦ ⑧ ⑨
17	① ② ③ ④ ⑤ ⑥ ⑦ ⑧ ⑨	42	① ② ③ ④ ⑤ ⑥ ⑦ ⑧ ⑨	67	① ② ③ ④ ⑤ ⑥ ⑦ ⑧ ⑨	92	① ② ③ ④ ⑤ ⑥ ⑦ ⑧ ⑨
18	① ② ③ ④ ⑤ ⑥ ⑦ ⑧ ⑨	43	① ② ③ ④ ⑤ ⑥ ⑦ ⑧ ⑨	68	① ② ③ ④ ⑤ ⑥ ⑦ ⑧ ⑨	93	① ② ③ ④ ⑤ ⑥ ⑦ ⑧ ⑨
19	① ② ③ ④ ⑤ ⑥ ⑦ ⑧ ⑨	44	① ② ③ ④ ⑤ ⑥ ⑦ ⑧ ⑨	69	① ② ③ ④ ⑤ ⑥ ⑦ ⑧ ⑨	94	① ② ③ ④ ⑤ ⑥ ⑦ ⑧ ⑨
20	① ② ③ ④ ⑤ ⑥ ⑦ ⑧ ⑨	45	① ② ③ ④ ⑤ ⑥ ⑦ ⑧ ⑨	70	① ② ③ ④ ⑤ ⑥ ⑦ ⑧ ⑨	95	① ② ③ ④ ⑤ ⑥ ⑦ ⑧ ⑨
21	① ② ③ ④ ⑤ ⑥ ⑦ ⑧ ⑨	46	① ② ③ ④ ⑤ ⑥ ⑦ ⑧ ⑨	71	① ② ③ ④ ⑤ ⑥ ⑦ ⑧ ⑨	96	① ② ③ ④ ⑤ ⑥ ⑦ ⑧ ⑨
22	① ② ③ ④ ⑤ ⑥ ⑦ ⑧ ⑨	47	① ② ③ ④ ⑤ ⑥ ⑦ ⑧ ⑨	72	① ② ③ ④ ⑤ ⑥ ⑦ ⑧ ⑨	97	① ② ③ ④ ⑤ ⑥ ⑦ ⑧ ⑨
23	① ② ③ ④ ⑤ ⑥ ⑦ ⑧ ⑨	48	① ② ③ ④ ⑤ ⑥ ⑦ ⑧ ⑨	73	① ② ③ ④ ⑤ ⑥ ⑦ ⑧ ⑨	98	① ② ③ ④ ⑤ ⑥ ⑦ ⑧ ⑨
24	① ② ③ ④ ⑤ ⑥ ⑦ ⑧ ⑨	49	① ② ③ ④ ⑤ ⑥ ⑦ ⑧ ⑨	74	① ② ③ ④ ⑤ ⑥ ⑦ ⑧ ⑨	99	① ② ③ ④ ⑤ ⑥ ⑦ ⑧ ⑨
25	① ② ③ ④ ⑤ ⑥ ⑦ ⑧ ⑨	50	① ② ③ ④ ⑤ ⑥ ⑦ ⑧ ⑨	75	① ② ③ ④ ⑤ ⑥ ⑦ ⑧ ⑨	100	① ② ③ ④ ⑤ ⑥ ⑦ ⑧ ⑨

（注）この解答用紙は実物を縮小してあります。Ｂ４用紙に128%拡大コピーすると、ほぼ実物大で使用できます。（タイトルと配点表は含みません）

２０２４年度　朋優学院高等学校　一般２回

英語解答用紙　No.２

長文読解 記述問題

				5					10					15
				20					25					30

条件英作文

1.

1	2	3	4	5	6
7	8	9	10	11	12

2.

1	2	3	4	5	6
7	8	9	10	11	12

3.

1	2	3	4	5	6
7	8	9	10	11	12

正誤問題

	正解				訂正後
1.	①	②	③	④	
2.	①	②	③	④	
3.	①	②	③	④	
4.	①	②	③	④	

（注）この解答用紙は実物を縮小してあります。Ｂ４用紙に132％拡大コピーすると、ほぼ実物大で使用できます。（タイトルと配点表は含みません）

推定配点

1 A 各２点×７　B 各３点×５

2 各２点×５

3 A～F 各２点×６　G、H 各４点×２

4 A 1～6 各２点×６　7 ４点　B 各２点×２

5、6 各３点×７

計	100点

２０２４年度　朋優学院高等学校　一般２回

数学解答用紙

番号		氏名		評点	/100

1

(1)		(2)	
(3)		(4)	
(5)		(6)	

2

(1)		(2)	

3

(1)		(2)	

4

(1)		(2)	

5

(1)		(2)	
(3)			

6

(1)		(2)	

7

(1)		(2)	

（注）この解答用紙は実物を縮小してあります。Ａ３用紙に156%拡大コピーすると、ほぼ実物大で使用できます。（タイトルと配点表は含みません）

推定配点

1 各4点×6　2 (1) 4点　(2) 8点　3 (1) 4点　(2) 8点
4 (1) 4点　(2) 8点　5 (1) 4点　(2)、(3) 各6点×2
6 (1) 4点　(2) 8点　7 (1) 4点　(2) 8点

計	100点

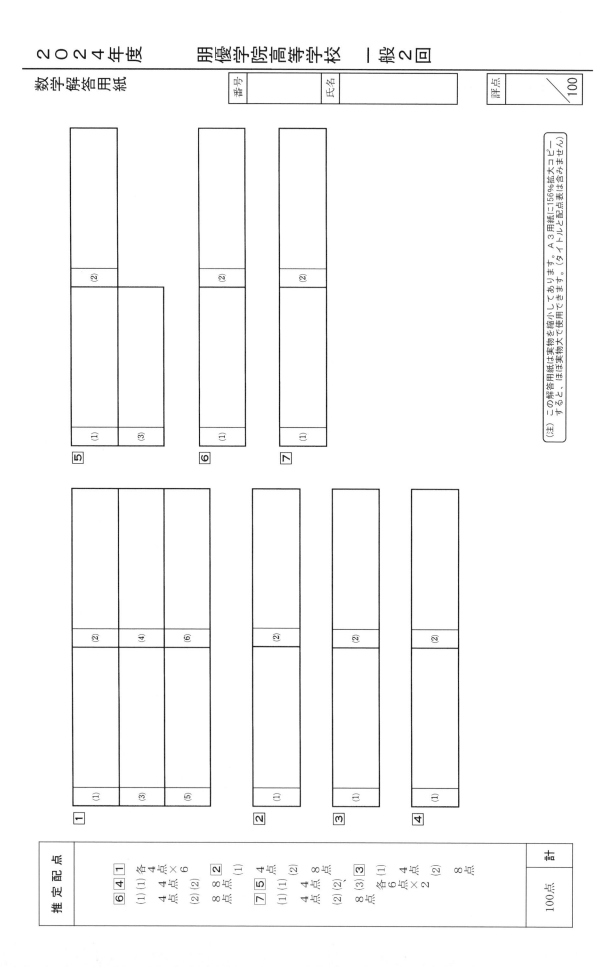

2024年度　朋優学院高等学校　一般2回

社会解答用紙

評点
/100

フリガナ	
氏　名	

受験番号				
⓪	⓪	⓪	⓪	⓪
①	①	①	①	①
②	②	②	②	②
③	③	③	③	③
④	④	④	④	④
⑤	⑤	⑤	⑤	⑤
⑥	⑥	⑥	⑥	⑥
⑦	⑦	⑦	⑦	⑦
⑧	⑧	⑧	⑧	⑧
⑨	⑨	⑨	⑨	⑨

1. 記入欄・マーク欄以外には記入しないでください。
2. 鉛筆で、しっかり濃くマークしてください。
3. 間違った場合には、消しゴムで、きれいに消してください。

マーク例

良い例	●	悪い例	✓ ◉ ◐

問	解答欄	問	解答欄	問	解答欄	問	解答欄
1	①②③④⑤⑥⑦⑧⑨⓪	26	①②③④⑤⑥⑦⑧⑨⓪	51	①②③④⑤⑥⑦⑧⑨⓪	76	①②③④⑤⑥⑦⑧⑨⓪
2	①②③④⑤⑥⑦⑧⑨⓪	27	①②③④⑤⑥⑦⑧⑨⓪	52	①②③④⑤⑥⑦⑧⑨⓪	77	①②③④⑤⑥⑦⑧⑨⓪
3	①②③④⑤⑥⑦⑧⑨⓪	28	①②③④⑤⑥⑦⑧⑨⓪	53	①②③④⑤⑥⑦⑧⑨⓪	78	①②③④⑤⑥⑦⑧⑨⓪
4	①②③④⑤⑥⑦⑧⑨⓪	29	①②③④⑤⑥⑦⑧⑨⓪	54	①②③④⑤⑥⑦⑧⑨⓪	79	①②③④⑤⑥⑦⑧⑨⓪
5	①②③④⑤⑥⑦⑧⑨⓪	30	①②③④⑤⑥⑦⑧⑨⓪	55	①②③④⑤⑥⑦⑧⑨⓪	80	①②③④⑤⑥⑦⑧⑨⓪
6	①②③④⑤⑥⑦⑧⑨⓪	31	①②③④⑤⑥⑦⑧⑨⓪	56	①②③④⑤⑥⑦⑧⑨⓪	81	①②③④⑤⑥⑦⑧⑨⓪
7	①②③④⑤⑥⑦⑧⑨⓪	32	①②③④⑤⑥⑦⑧⑨⓪	57	①②③④⑤⑥⑦⑧⑨⓪	82	①②③④⑤⑥⑦⑧⑨⓪
8	①②③④⑤⑥⑦⑧⑨⓪	33	①②③④⑤⑥⑦⑧⑨⓪	58	①②③④⑤⑥⑦⑧⑨⓪	83	①②③④⑤⑥⑦⑧⑨⓪
9	①②③④⑤⑥⑦⑧⑨⓪	34	①②③④⑤⑥⑦⑧⑨⓪	59	①②③④⑤⑥⑦⑧⑨⓪	84	①②③④⑤⑥⑦⑧⑨⓪
10	①②③④⑤⑥⑦⑧⑨⓪	35	①②③④⑤⑥⑦⑧⑨⓪	60	①②③④⑤⑥⑦⑧⑨⓪	85	①②③④⑤⑥⑦⑧⑨⓪
11	①②③④⑤⑥⑦⑧⑨⓪	36	①②③④⑤⑥⑦⑧⑨⓪	61	①②③④⑤⑥⑦⑧⑨⓪	86	①②③④⑤⑥⑦⑧⑨⓪
12	①②③④⑤⑥⑦⑧⑨⓪	37	①②③④⑤⑥⑦⑧⑨⓪	62	①②③④⑤⑥⑦⑧⑨⓪	87	①②③④⑤⑥⑦⑧⑨⓪
13	①②③④⑤⑥⑦⑧⑨⓪	38	①②③④⑤⑥⑦⑧⑨⓪	63	①②③④⑤⑥⑦⑧⑨⓪	88	①②③④⑤⑥⑦⑧⑨⓪
14	①②③④⑤⑥⑦⑧⑨⓪	39	①②③④⑤⑥⑦⑧⑨⓪	64	①②③④⑤⑥⑦⑧⑨⓪	89	①②③④⑤⑥⑦⑧⑨⓪
15	①②③④⑤⑥⑦⑧⑨⓪	40	①②③④⑤⑥⑦⑧⑨⓪	65	①②③④⑤⑥⑦⑧⑨⓪	90	①②③④⑤⑥⑦⑧⑨⓪
16	①②③④⑤⑥⑦⑧⑨⓪	41	①②③④⑤⑥⑦⑧⑨⓪	66	①②③④⑤⑥⑦⑧⑨⓪	91	①②③④⑤⑥⑦⑧⑨⓪
17	①②③④⑤⑥⑦⑧⑨⓪	42	①②③④⑤⑥⑦⑧⑨⓪	67	①②③④⑤⑥⑦⑧⑨⓪	92	①②③④⑤⑥⑦⑧⑨⓪
18	①②③④⑤⑥⑦⑧⑨⓪	43	①②③④⑤⑥⑦⑧⑨⓪	68	①②③④⑤⑥⑦⑧⑨⓪	93	①②③④⑤⑥⑦⑧⑨⓪
19	①②③④⑤⑥⑦⑧⑨⓪	44	①②③④⑤⑥⑦⑧⑨⓪	69	①②③④⑤⑥⑦⑧⑨⓪	94	①②③④⑤⑥⑦⑧⑨⓪
20	①②③④⑤⑥⑦⑧⑨⓪	45	①②③④⑤⑥⑦⑧⑨⓪	70	①②③④⑤⑥⑦⑧⑨⓪	95	①②③④⑤⑥⑦⑧⑨⓪
21	①②③④⑤⑥⑦⑧⑨⓪	46	①②③④⑤⑥⑦⑧⑨⓪	71	①②③④⑤⑥⑦⑧⑨⓪	96	①②③④⑤⑥⑦⑧⑨⓪
22	①②③④⑤⑥⑦⑧⑨⓪	47	①②③④⑤⑥⑦⑧⑨⓪	72	①②③④⑤⑥⑦⑧⑨⓪	97	①②③④⑤⑥⑦⑧⑨⓪
23	①②③④⑤⑥⑦⑧⑨⓪	48	①②③④⑤⑥⑦⑧⑨⓪	73	①②③④⑤⑥⑦⑧⑨⓪	98	①②③④⑤⑥⑦⑧⑨⓪
24	①②③④⑤⑥⑦⑧⑨⓪	49	①②③④⑤⑥⑦⑧⑨⓪	74	①②③④⑤⑥⑦⑧⑨⓪	99	①②③④⑤⑥⑦⑧⑨⓪
25	①②③④⑤⑥⑦⑧⑨⓪	50	①②③④⑤⑥⑦⑧⑨⓪	75	①②③④⑤⑥⑦⑧⑨⓪	100	①②③④⑤⑥⑦⑧⑨⓪

（注）この解答用紙は実物を縮小してあります。A３用紙に147%拡大コピーすると、ほぼ実物大で使用できます。（タイトルと配点表は含みません）

推定配点	
1 問1 3点 問2 (1)、(2) 各2点×2 (3) 3点 問3、問4 各2点×2 問5 3点 問6～問8 各2点×4 問9 (1) 2点 (2) 3点 2 問1～問3 各2点×3 問4 (1) 2点 (2) 3点 問5 2点 問6 3点 問7～問11 各2点×7 3 各3点×10 4 各2点×5	
計	100点

２０２４年度　朋優学院高等学校　一般２回

理科解答用紙

評点
／100

フリガナ	
氏　名	

受験番号				
⓪	⓪	⓪	⓪	⓪
①	①	①	①	①
②	②	②	②	②
③	③	③	③	③
④	④	④	④	④
⑤	⑤	⑤	⑤	⑤
⑥	⑥	⑥	⑥	⑥
⑦	⑦	⑦	⑦	⑦
⑧	⑧	⑧	⑧	⑧
⑨	⑨	⑨	⑨	⑨

1. 記入欄・マーク欄以外には記入しないでください。
2. 鉛筆で、しっかり濃くマークしてください。
3. 間違った場合には、消しゴムで、きれいに消してください。

マーク例

良い例	●	悪い例	✓　◉　◐

問	解答欄	問	解答欄	問	解答欄	問	解答欄
1	① ② ③ ④ ⑤ ⑥ ⑦ ⑧ ⑨ ⓪	26	① ② ③ ④ ⑤ ⑥ ⑦ ⑧ ⑨ ⓪	51	① ② ③ ④ ⑤ ⑥ ⑦ ⑧ ⑨ ⓪	76	① ② ③ ④ ⑤ ⑥ ⑦ ⑧ ⑨ ⓪
2	① ② ③ ④ ⑤ ⑥ ⑦ ⑧ ⑨ ⓪	27	① ② ③ ④ ⑤ ⑥ ⑦ ⑧ ⑨ ⓪	52	① ② ③ ④ ⑤ ⑥ ⑦ ⑧ ⑨ ⓪	77	① ② ③ ④ ⑤ ⑥ ⑦ ⑧ ⑨ ⓪
3	① ② ③ ④ ⑤ ⑥ ⑦ ⑧ ⑨ ⓪	28	① ② ③ ④ ⑤ ⑥ ⑦ ⑧ ⑨ ⓪	53	① ② ③ ④ ⑤ ⑥ ⑦ ⑧ ⑨ ⓪	78	① ② ③ ④ ⑤ ⑥ ⑦ ⑧ ⑨ ⓪
4	① ② ③ ④ ⑤ ⑥ ⑦ ⑧ ⑨ ⓪	29	① ② ③ ④ ⑤ ⑥ ⑦ ⑧ ⑨ ⓪	54	① ② ③ ④ ⑤ ⑥ ⑦ ⑧ ⑨ ⓪	79	① ② ③ ④ ⑤ ⑥ ⑦ ⑧ ⑨ ⓪
5	① ② ③ ④ ⑤ ⑥ ⑦ ⑧ ⑨ ⓪	30	① ② ③ ④ ⑤ ⑥ ⑦ ⑧ ⑨ ⓪	55	① ② ③ ④ ⑤ ⑥ ⑦ ⑧ ⑨ ⓪	80	① ② ③ ④ ⑤ ⑥ ⑦ ⑧ ⑨ ⓪
6	① ② ③ ④ ⑤ ⑥ ⑦ ⑧ ⑨ ⓪	31	① ② ③ ④ ⑤ ⑥ ⑦ ⑧ ⑨ ⓪	56	① ② ③ ④ ⑤ ⑥ ⑦ ⑧ ⑨ ⓪	81	① ② ③ ④ ⑤ ⑥ ⑦ ⑧ ⑨ ⓪
7	① ② ③ ④ ⑤ ⑥ ⑦ ⑧ ⑨ ⓪	32	① ② ③ ④ ⑤ ⑥ ⑦ ⑧ ⑨ ⓪	57	① ② ③ ④ ⑤ ⑥ ⑦ ⑧ ⑨ ⓪	82	① ② ③ ④ ⑤ ⑥ ⑦ ⑧ ⑨ ⓪
8	① ② ③ ④ ⑤ ⑥ ⑦ ⑧ ⑨ ⓪	33	① ② ③ ④ ⑤ ⑥ ⑦ ⑧ ⑨ ⓪	58	① ② ③ ④ ⑤ ⑥ ⑦ ⑧ ⑨ ⓪	83	① ② ③ ④ ⑤ ⑥ ⑦ ⑧ ⑨ ⓪
9	① ② ③ ④ ⑤ ⑥ ⑦ ⑧ ⑨ ⓪	34	① ② ③ ④ ⑤ ⑥ ⑦ ⑧ ⑨ ⓪	59	① ② ③ ④ ⑤ ⑥ ⑦ ⑧ ⑨ ⓪	84	① ② ③ ④ ⑤ ⑥ ⑦ ⑧ ⑨ ⓪
10	① ② ③ ④ ⑤ ⑥ ⑦ ⑧ ⑨ ⓪	35	① ② ③ ④ ⑤ ⑥ ⑦ ⑧ ⑨ ⓪	60	① ② ③ ④ ⑤ ⑥ ⑦ ⑧ ⑨ ⓪	85	① ② ③ ④ ⑤ ⑥ ⑦ ⑧ ⑨ ⓪
11	① ② ③ ④ ⑤ ⑥ ⑦ ⑧ ⑨ ⓪	36	① ② ③ ④ ⑤ ⑥ ⑦ ⑧ ⑨ ⓪	61	① ② ③ ④ ⑤ ⑥ ⑦ ⑧ ⑨ ⓪	86	① ② ③ ④ ⑤ ⑥ ⑦ ⑧ ⑨ ⓪
12	① ② ③ ④ ⑤ ⑥ ⑦ ⑧ ⑨ ⓪	37	① ② ③ ④ ⑤ ⑥ ⑦ ⑧ ⑨ ⓪	62	① ② ③ ④ ⑤ ⑥ ⑦ ⑧ ⑨ ⓪	87	① ② ③ ④ ⑤ ⑥ ⑦ ⑧ ⑨ ⓪
13	① ② ③ ④ ⑤ ⑥ ⑦ ⑧ ⑨ ⓪	38	① ② ③ ④ ⑤ ⑥ ⑦ ⑧ ⑨ ⓪	63	① ② ③ ④ ⑤ ⑥ ⑦ ⑧ ⑨ ⓪	88	① ② ③ ④ ⑤ ⑥ ⑦ ⑧ ⑨ ⓪
14	① ② ③ ④ ⑤ ⑥ ⑦ ⑧ ⑨ ⓪	39	① ② ③ ④ ⑤ ⑥ ⑦ ⑧ ⑨ ⓪	64	① ② ③ ④ ⑤ ⑥ ⑦ ⑧ ⑨ ⓪	89	① ② ③ ④ ⑤ ⑥ ⑦ ⑧ ⑨ ⓪
15	① ② ③ ④ ⑤ ⑥ ⑦ ⑧ ⑨ ⓪	40	① ② ③ ④ ⑤ ⑥ ⑦ ⑧ ⑨ ⓪	65	① ② ③ ④ ⑤ ⑥ ⑦ ⑧ ⑨ ⓪	90	① ② ③ ④ ⑤ ⑥ ⑦ ⑧ ⑨ ⓪
16	① ② ③ ④ ⑤ ⑥ ⑦ ⑧ ⑨ ⓪	41	① ② ③ ④ ⑤ ⑥ ⑦ ⑧ ⑨ ⓪	66	① ② ③ ④ ⑤ ⑥ ⑦ ⑧ ⑨ ⓪	91	① ② ③ ④ ⑤ ⑥ ⑦ ⑧ ⑨ ⓪
17	① ② ③ ④ ⑤ ⑥ ⑦ ⑧ ⑨ ⓪	42	① ② ③ ④ ⑤ ⑥ ⑦ ⑧ ⑨ ⓪	67	① ② ③ ④ ⑤ ⑥ ⑦ ⑧ ⑨ ⓪	92	① ② ③ ④ ⑤ ⑥ ⑦ ⑧ ⑨ ⓪
18	① ② ③ ④ ⑤ ⑥ ⑦ ⑧ ⑨ ⓪	43	① ② ③ ④ ⑤ ⑥ ⑦ ⑧ ⑨ ⓪	68	① ② ③ ④ ⑤ ⑥ ⑦ ⑧ ⑨ ⓪	93	① ② ③ ④ ⑤ ⑥ ⑦ ⑧ ⑨ ⓪
19	① ② ③ ④ ⑤ ⑥ ⑦ ⑧ ⑨ ⓪	44	① ② ③ ④ ⑤ ⑥ ⑦ ⑧ ⑨ ⓪	69	① ② ③ ④ ⑤ ⑥ ⑦ ⑧ ⑨ ⓪	94	① ② ③ ④ ⑤ ⑥ ⑦ ⑧ ⑨ ⓪
20	① ② ③ ④ ⑤ ⑥ ⑦ ⑧ ⑨ ⓪	45	① ② ③ ④ ⑤ ⑥ ⑦ ⑧ ⑨ ⓪	70	① ② ③ ④ ⑤ ⑥ ⑦ ⑧ ⑨ ⓪	95	① ② ③ ④ ⑤ ⑥ ⑦ ⑧ ⑨ ⓪
21	① ② ③ ④ ⑤ ⑥ ⑦ ⑧ ⑨ ⓪	46	① ② ③ ④ ⑤ ⑥ ⑦ ⑧ ⑨ ⓪	71	① ② ③ ④ ⑤ ⑥ ⑦ ⑧ ⑨ ⓪	96	① ② ③ ④ ⑤ ⑥ ⑦ ⑧ ⑨ ⓪
22	① ② ③ ④ ⑤ ⑥ ⑦ ⑧ ⑨ ⓪	47	① ② ③ ④ ⑤ ⑥ ⑦ ⑧ ⑨ ⓪	72	① ② ③ ④ ⑤ ⑥ ⑦ ⑧ ⑨ ⓪	97	① ② ③ ④ ⑤ ⑥ ⑦ ⑧ ⑨ ⓪
23	① ② ③ ④ ⑤ ⑥ ⑦ ⑧ ⑨ ⓪	48	① ② ③ ④ ⑤ ⑥ ⑦ ⑧ ⑨ ⓪	73	① ② ③ ④ ⑤ ⑥ ⑦ ⑧ ⑨ ⓪	98	① ② ③ ④ ⑤ ⑥ ⑦ ⑧ ⑨ ⓪
24	① ② ③ ④ ⑤ ⑥ ⑦ ⑧ ⑨ ⓪	49	① ② ③ ④ ⑤ ⑥ ⑦ ⑧ ⑨ ⓪	74	① ② ③ ④ ⑤ ⑥ ⑦ ⑧ ⑨ ⓪	99	① ② ③ ④ ⑤ ⑥ ⑦ ⑧ ⑨ ⓪
25	① ② ③ ④ ⑤ ⑥ ⑦ ⑧ ⑨ ⓪	50	① ② ③ ④ ⑤ ⑥ ⑦ ⑧ ⑨ ⓪	75	① ② ③ ④ ⑤ ⑥ ⑦ ⑧ ⑨ ⓪	100	① ② ③ ④ ⑤ ⑥ ⑦ ⑧ ⑨ ⓪

（注）この解答用紙は実物を縮小してあります。Ａ３用紙に147％拡大コピーすると、ほぼ実物大で使用できます。（タイトルと配点表は含みません）

推定配点

[1] 各５点×２　[2] 1 (1) ２点　(2) ４点　(3) ３点　(4) ４点
2 (1)、(2) 各２点×２　(3)、(4) 各４点×２
[3] 1 (1) ４点　(2) ３点　(3)、(4) ４点　2 (1) ２点　(2)～(4) 各４点×３
[4] 1 各３点×３　2 各４点×４
[5] (1) ２点　(2) ４点　(3) ５点　(4) ４点

計	100点

二〇二四年度 朋優学院高等学校 一般二回

国語解答用紙

番号　氏名　評点 ／100

一
(一) 問一 問二 問三
(二) 問一 問二
(三) 問一 問二

二
問一 問二 問三 問四 問五 問六

三
問一 問二 問三 問四 問五

四
問一 問二 問三 問四 問五

(注) この解答用紙は実物を縮小してあります。179%拡大コピーすると、ほぼ実物大で使用できます。(タイトルと配点表は含みません)

推定配点		計
	一 各2点×7 二 問一～問三 各5点×3 問四 10点 問五 5点 問六 6点 三 問一、問二 各5点×2 問三 10点 問四、問五 各5点×2 四 問一 4点 問二、問三 各3点×2 問四 4点 問五 6点	100点

２０２４年度　朋優学院高等学校　一般３回

英語解答用紙　No. 1

評点	
	/100

フリガナ	
氏　名	

受験番号				
⓪	⓪	⓪	⓪	⓪
①	①	①	①	①
②	②	②	②	②
③	③	③	③	③
④	④	④	④	④
⑤	⑤	⑤	⑤	⑤
⑥	⑥	⑥	⑥	⑥
⑦	⑦	⑦	⑦	⑦
⑧	⑧	⑧	⑧	⑧
⑨	⑨	⑨	⑨	⑨

1. 記入欄・マーク欄以外には記入しないでください。
2. 鉛筆で、しっかり濃くマークしてください。
3. 間違った場合には、消しゴムで、きれいに消してください。

マーク例

良い例	●	悪い例	✓ ⦿ ◐

問	解答欄	問	解答欄	問	解答欄	問	解答欄
1	① ② ③ ④ ⑤ ⑥ ⑦ ⑧ ⑨	26	① ② ③ ④ ⑤ ⑥ ⑦ ⑧ ⑨	51	① ② ③ ④ ⑤ ⑥ ⑦ ⑧ ⑨	76	① ② ③ ④ ⑤ ⑥ ⑦ ⑧ ⑨
2	① ② ③ ④ ⑤ ⑥ ⑦ ⑧ ⑨	27	① ② ③ ④ ⑤ ⑥ ⑦ ⑧ ⑨	52	① ② ③ ④ ⑤ ⑥ ⑦ ⑧ ⑨	77	① ② ③ ④ ⑤ ⑥ ⑦ ⑧ ⑨
3	① ② ③ ④ ⑤ ⑥ ⑦ ⑧ ⑨	28	① ② ③ ④ ⑤ ⑥ ⑦ ⑧ ⑨	53	① ② ③ ④ ⑤ ⑥ ⑦ ⑧ ⑨	78	① ② ③ ④ ⑤ ⑥ ⑦ ⑧ ⑨
4	① ② ③ ④ ⑤ ⑥ ⑦ ⑧ ⑨	29	① ② ③ ④ ⑤ ⑥ ⑦ ⑧ ⑨	54	① ② ③ ④ ⑤ ⑥ ⑦ ⑧ ⑨	79	① ② ③ ④ ⑤ ⑥ ⑦ ⑧ ⑨
5	① ② ③ ④ ⑤ ⑥ ⑦ ⑧ ⑨	30	① ② ③ ④ ⑤ ⑥ ⑦ ⑧ ⑨	55	① ② ③ ④ ⑤ ⑥ ⑦ ⑧ ⑨	80	① ② ③ ④ ⑤ ⑥ ⑦ ⑧ ⑨
6	① ② ③ ④ ⑤ ⑥ ⑦ ⑧ ⑨	31	① ② ③ ④ ⑤ ⑥ ⑦ ⑧ ⑨	56	① ② ③ ④ ⑤ ⑥ ⑦ ⑧ ⑨	81	① ② ③ ④ ⑤ ⑥ ⑦ ⑧ ⑨
7	① ② ③ ④ ⑤ ⑥ ⑦ ⑧ ⑨	32	① ② ③ ④ ⑤ ⑥ ⑦ ⑧ ⑨	57	① ② ③ ④ ⑤ ⑥ ⑦ ⑧ ⑨	82	① ② ③ ④ ⑤ ⑥ ⑦ ⑧ ⑨
8	① ② ③ ④ ⑤ ⑥ ⑦ ⑧ ⑨	33	① ② ③ ④ ⑤ ⑥ ⑦ ⑧ ⑨	58	① ② ③ ④ ⑤ ⑥ ⑦ ⑧ ⑨	83	① ② ③ ④ ⑤ ⑥ ⑦ ⑧ ⑨
9	① ② ③ ④ ⑤ ⑥ ⑦ ⑧ ⑨	34	① ② ③ ④ ⑤ ⑥ ⑦ ⑧ ⑨	59	① ② ③ ④ ⑤ ⑥ ⑦ ⑧ ⑨	84	① ② ③ ④ ⑤ ⑥ ⑦ ⑧ ⑨
10	① ② ③ ④ ⑤ ⑥ ⑦ ⑧ ⑨	35	① ② ③ ④ ⑤ ⑥ ⑦ ⑧ ⑨	60	① ② ③ ④ ⑤ ⑥ ⑦ ⑧ ⑨	85	① ② ③ ④ ⑤ ⑥ ⑦ ⑧ ⑨
11	① ② ③ ④ ⑤ ⑥ ⑦ ⑧ ⑨	36	① ② ③ ④ ⑤ ⑥ ⑦ ⑧ ⑨	61	① ② ③ ④ ⑤ ⑥ ⑦ ⑧ ⑨	86	① ② ③ ④ ⑤ ⑥ ⑦ ⑧ ⑨
12	① ② ③ ④ ⑤ ⑥ ⑦ ⑧ ⑨	37	① ② ③ ④ ⑤ ⑥ ⑦ ⑧ ⑨	62	① ② ③ ④ ⑤ ⑥ ⑦ ⑧ ⑨	87	① ② ③ ④ ⑤ ⑥ ⑦ ⑧ ⑨
13	① ② ③ ④ ⑤ ⑥ ⑦ ⑧ ⑨	38	① ② ③ ④ ⑤ ⑥ ⑦ ⑧ ⑨	63	① ② ③ ④ ⑤ ⑥ ⑦ ⑧ ⑨	88	① ② ③ ④ ⑤ ⑥ ⑦ ⑧ ⑨
14	① ② ③ ④ ⑤ ⑥ ⑦ ⑧ ⑨	39	① ② ③ ④ ⑤ ⑥ ⑦ ⑧ ⑨	64	① ② ③ ④ ⑤ ⑥ ⑦ ⑧ ⑨	89	① ② ③ ④ ⑤ ⑥ ⑦ ⑧ ⑨
15	① ② ③ ④ ⑤ ⑥ ⑦ ⑧ ⑨	40	① ② ③ ④ ⑤ ⑥ ⑦ ⑧ ⑨	65	① ② ③ ④ ⑤ ⑥ ⑦ ⑧ ⑨	90	① ② ③ ④ ⑤ ⑥ ⑦ ⑧ ⑨
16	① ② ③ ④ ⑤ ⑥ ⑦ ⑧ ⑨	41	① ② ③ ④ ⑤ ⑥ ⑦ ⑧ ⑨	66	① ② ③ ④ ⑤ ⑥ ⑦ ⑧ ⑨	91	① ② ③ ④ ⑤ ⑥ ⑦ ⑧ ⑨
17	① ② ③ ④ ⑤ ⑥ ⑦ ⑧ ⑨	42	① ② ③ ④ ⑤ ⑥ ⑦ ⑧ ⑨	67	① ② ③ ④ ⑤ ⑥ ⑦ ⑧ ⑨	92	① ② ③ ④ ⑤ ⑥ ⑦ ⑧ ⑨
18	① ② ③ ④ ⑤ ⑥ ⑦ ⑧ ⑨	43	① ② ③ ④ ⑤ ⑥ ⑦ ⑧ ⑨	68	① ② ③ ④ ⑤ ⑥ ⑦ ⑧ ⑨	93	① ② ③ ④ ⑤ ⑥ ⑦ ⑧ ⑨
19	① ② ③ ④ ⑤ ⑥ ⑦ ⑧ ⑨	44	① ② ③ ④ ⑤ ⑥ ⑦ ⑧ ⑨	69	① ② ③ ④ ⑤ ⑥ ⑦ ⑧ ⑨	94	① ② ③ ④ ⑤ ⑥ ⑦ ⑧ ⑨
20	① ② ③ ④ ⑤ ⑥ ⑦ ⑧ ⑨	45	① ② ③ ④ ⑤ ⑥ ⑦ ⑧ ⑨	70	① ② ③ ④ ⑤ ⑥ ⑦ ⑧ ⑨	95	① ② ③ ④ ⑤ ⑥ ⑦ ⑧ ⑨
21	① ② ③ ④ ⑤ ⑥ ⑦ ⑧ ⑨	46	① ② ③ ④ ⑤ ⑥ ⑦ ⑧ ⑨	71	① ② ③ ④ ⑤ ⑥ ⑦ ⑧ ⑨	96	① ② ③ ④ ⑤ ⑥ ⑦ ⑧ ⑨
22	① ② ③ ④ ⑤ ⑥ ⑦ ⑧ ⑨	47	① ② ③ ④ ⑤ ⑥ ⑦ ⑧ ⑨	72	① ② ③ ④ ⑤ ⑥ ⑦ ⑧ ⑨	97	① ② ③ ④ ⑤ ⑥ ⑦ ⑧ ⑨
23	① ② ③ ④ ⑤ ⑥ ⑦ ⑧ ⑨	48	① ② ③ ④ ⑤ ⑥ ⑦ ⑧ ⑨	73	① ② ③ ④ ⑤ ⑥ ⑦ ⑧ ⑨	98	① ② ③ ④ ⑤ ⑥ ⑦ ⑧ ⑨
24	① ② ③ ④ ⑤ ⑥ ⑦ ⑧ ⑨	49	① ② ③ ④ ⑤ ⑥ ⑦ ⑧ ⑨	74	① ② ③ ④ ⑤ ⑥ ⑦ ⑧ ⑨	99	① ② ③ ④ ⑤ ⑥ ⑦ ⑧ ⑨
25	① ② ③ ④ ⑤ ⑥ ⑦ ⑧ ⑨	50	① ② ③ ④ ⑤ ⑥ ⑦ ⑧ ⑨	75	① ② ③ ④ ⑤ ⑥ ⑦ ⑧ ⑨	100	① ② ③ ④ ⑤ ⑥ ⑦ ⑧ ⑨

（注）この解答用紙は実物を縮小してあります。Ｂ４用紙に128％拡大コピーすると、ほぼ実物大で使用できます。（タイトルと配点表は含みません）

2024年度　朋優学院高等学校　一般3回

英語解答用紙　No.2

長文読解　記述問題

				5					10					15
				20					25					30

条件英作文

1.

1	2	3	4	5	6
7	8	9	10	11	12

2.

1	2	3	4	5	6
7	8	9	10	11	12

3.

1	2	3	4	5	6
7	8	9	10	11	12

正誤問題

	正解				訂正後
1.	①	②	③	④	
2.	①	②	③	④	
3.	①	②	③	④	
4.	①	②	③	④	

（注）この解答用紙は実物を縮小してあります。Ｂ４用紙に132%拡大コピーすると、ほぼ実物大で使用できます。（タイトルと配点表は含みません）

推定配点

1 A 各2点×7　B 各3点×5
2 各2点×5
3 A～F 各2点×6　G、H 各4点×2
4 A 2点　B 1～7 各2点×7　8 4点
5、6 各3点×7

計 100点

2024年度　朋優学院高等学校　一般3回

数学解答用紙

番号		氏名		評点	/100

1　(1)　(2)　(3)　(4)　(5)　(6)

2　(1)　(2)

3　(1)　(2)

4　(1)　(2)

5　(1)　(2)　(3)

6　(1)　(2)

7　(1)　(2)

（注）この解答用紙は実物を縮小してあります。Ａ３用紙に156％拡大コピーすると、ほぼ実物大で使用できます。（タイトルと配点表は含みません）

推定配点	計
1 各4点×6　2 (1) 4点　(2) 8点　3 (1) 4点　(2) 8点 4 (1) 4点　(2) 8点　5 (1) 4点　(2)、(3) 各6点×2 6 (1) 4点　(2) 8点　7 (1) 4点　(2) 8点	100点

二〇二四年度　朋優学院高等学校　一般三回

国語解答用紙

番号		氏名		評点	/100

一

（一）問一	（一）問二	（一）問三	（二）問一	（二）問二	（三）問一	（三）問二

二

問一	問二	問三	問四	問五	問六

三

問一	問二	問三	問四	問五

四

問一	問二	問三	問四	問五

（注）この解答用紙は実物を縮小してあります。179%拡大コピーすると、ほぼ実物大で使用できます。（タイトルと配点表は含みません）

推定配点

一　各2点×7
二　問一～問三　各5点×3　問四　10点　問五　5点　問六　6点
三　問一、問二　各5点×2　問三　10点　問四、問五　各5点×2
四　問一　4点　問二　3点　問三　4点　問四　3点　問五　6点

計
100点

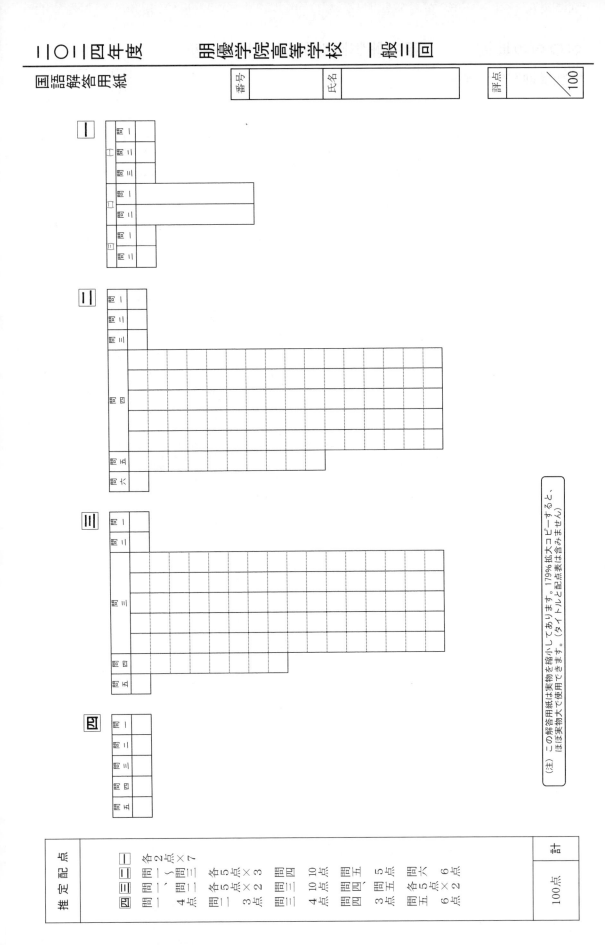

２０２３年度　朋優学院高等学校　一般１回

英語解答用紙　No. 1

フリガナ	
氏　名	

受験番号				
⓪	⓪	⓪	⓪	⓪
①	①	①	①	①
②	②	②	②	②
③	③	③	③	③
④	④	④	④	④
⑤	⑤	⑤	⑤	⑤
⑥	⑥	⑥	⑥	⑥
⑦	⑦	⑦	⑦	⑦
⑧	⑧	⑧	⑧	⑧
⑨	⑨	⑨	⑨	⑨

1. 記入欄・マーク欄以外には記入しないでください。
2. 鉛筆で、しっかり濃くマークしてください。
3. 間違った場合には、消しゴムで、きれいに消してください。
4. 受験番号が4桁の場合には右詰で記入してください。

マーク例

良い例	●	悪い例	✓ ⊙ ◐

問	解答欄	問	解答欄	問	解答欄	問	解答欄
1	① ② ③ ④ ⑤ ⑥ ⑦ ⑧ ⑨	26	① ② ③ ④ ⑤ ⑥ ⑦ ⑧ ⑨	51	① ② ③ ④ ⑤ ⑥ ⑦ ⑧ ⑨	76	① ② ③ ④ ⑤ ⑥ ⑦ ⑧ ⑨
2	① ② ③ ④ ⑤ ⑥ ⑦ ⑧ ⑨	27	① ② ③ ④ ⑤ ⑥ ⑦ ⑧ ⑨	52	① ② ③ ④ ⑤ ⑥ ⑦ ⑧ ⑨	77	① ② ③ ④ ⑤ ⑥ ⑦ ⑧ ⑨
3	① ② ③ ④ ⑤ ⑥ ⑦ ⑧ ⑨	28	① ② ③ ④ ⑤ ⑥ ⑦ ⑧ ⑨	53	① ② ③ ④ ⑤ ⑥ ⑦ ⑧ ⑨	78	① ② ③ ④ ⑤ ⑥ ⑦ ⑧ ⑨
4	① ② ③ ④ ⑤ ⑥ ⑦ ⑧ ⑨	29	① ② ③ ④ ⑤ ⑥ ⑦ ⑧ ⑨	54	① ② ③ ④ ⑤ ⑥ ⑦ ⑧ ⑨	79	① ② ③ ④ ⑤ ⑥ ⑦ ⑧ ⑨
5	① ② ③ ④ ⑤ ⑥ ⑦ ⑧ ⑨	30	① ② ③ ④ ⑤ ⑥ ⑦ ⑧ ⑨	55	① ② ③ ④ ⑤ ⑥ ⑦ ⑧ ⑨	80	① ② ③ ④ ⑤ ⑥ ⑦ ⑧ ⑨
6	① ② ③ ④ ⑤ ⑥ ⑦ ⑧ ⑨	31	① ② ③ ④ ⑤ ⑥ ⑦ ⑧ ⑨	56	① ② ③ ④ ⑤ ⑥ ⑦ ⑧ ⑨	81	① ② ③ ④ ⑤ ⑥ ⑦ ⑧ ⑨
7	① ② ③ ④ ⑤ ⑥ ⑦ ⑧ ⑨	32	① ② ③ ④ ⑤ ⑥ ⑦ ⑧ ⑨	57	① ② ③ ④ ⑤ ⑥ ⑦ ⑧ ⑨	82	① ② ③ ④ ⑤ ⑥ ⑦ ⑧ ⑨
8	① ② ③ ④ ⑤ ⑥ ⑦ ⑧ ⑨	33	① ② ③ ④ ⑤ ⑥ ⑦ ⑧ ⑨	58	① ② ③ ④ ⑤ ⑥ ⑦ ⑧ ⑨	83	① ② ③ ④ ⑤ ⑥ ⑦ ⑧ ⑨
9	① ② ③ ④ ⑤ ⑥ ⑦ ⑧ ⑨	34	① ② ③ ④ ⑤ ⑥ ⑦ ⑧ ⑨	59	① ② ③ ④ ⑤ ⑥ ⑦ ⑧ ⑨	84	① ② ③ ④ ⑤ ⑥ ⑦ ⑧ ⑨
10	① ② ③ ④ ⑤ ⑥ ⑦ ⑧ ⑨	35	① ② ③ ④ ⑤ ⑥ ⑦ ⑧ ⑨	60	① ② ③ ④ ⑤ ⑥ ⑦ ⑧ ⑨	85	① ② ③ ④ ⑤ ⑥ ⑦ ⑧ ⑨
11	① ② ③ ④ ⑤ ⑥ ⑦ ⑧ ⑨	36	① ② ③ ④ ⑤ ⑥ ⑦ ⑧ ⑨	61	① ② ③ ④ ⑤ ⑥ ⑦ ⑧ ⑨	86	① ② ③ ④ ⑤ ⑥ ⑦ ⑧ ⑨
12	① ② ③ ④ ⑤ ⑥ ⑦ ⑧ ⑨	37	① ② ③ ④ ⑤ ⑥ ⑦ ⑧ ⑨	62	① ② ③ ④ ⑤ ⑥ ⑦ ⑧ ⑨	87	① ② ③ ④ ⑤ ⑥ ⑦ ⑧ ⑨
13	① ② ③ ④ ⑤ ⑥ ⑦ ⑧ ⑨	38	① ② ③ ④ ⑤ ⑥ ⑦ ⑧ ⑨	63	① ② ③ ④ ⑤ ⑥ ⑦ ⑧ ⑨	88	① ② ③ ④ ⑤ ⑥ ⑦ ⑧ ⑨
14	① ② ③ ④ ⑤ ⑥ ⑦ ⑧ ⑨	39	① ② ③ ④ ⑤ ⑥ ⑦ ⑧ ⑨	64	① ② ③ ④ ⑤ ⑥ ⑦ ⑧ ⑨	89	① ② ③ ④ ⑤ ⑥ ⑦ ⑧ ⑨
15	① ② ③ ④ ⑤ ⑥ ⑦ ⑧ ⑨	40	① ② ③ ④ ⑤ ⑥ ⑦ ⑧ ⑨	65	① ② ③ ④ ⑤ ⑥ ⑦ ⑧ ⑨	90	① ② ③ ④ ⑤ ⑥ ⑦ ⑧ ⑨
16	① ② ③ ④ ⑤ ⑥ ⑦ ⑧ ⑨	41	① ② ③ ④ ⑤ ⑥ ⑦ ⑧ ⑨	66	① ② ③ ④ ⑤ ⑥ ⑦ ⑧ ⑨	91	① ② ③ ④ ⑤ ⑥ ⑦ ⑧ ⑨
17	① ② ③ ④ ⑤ ⑥ ⑦ ⑧ ⑨	42	① ② ③ ④ ⑤ ⑥ ⑦ ⑧ ⑨	67	① ② ③ ④ ⑤ ⑥ ⑦ ⑧ ⑨	92	① ② ③ ④ ⑤ ⑥ ⑦ ⑧ ⑨
18	① ② ③ ④ ⑤ ⑥ ⑦ ⑧ ⑨	43	① ② ③ ④ ⑤ ⑥ ⑦ ⑧ ⑨	68	① ② ③ ④ ⑤ ⑥ ⑦ ⑧ ⑨	93	① ② ③ ④ ⑤ ⑥ ⑦ ⑧ ⑨
19	① ② ③ ④ ⑤ ⑥ ⑦ ⑧ ⑨	44	① ② ③ ④ ⑤ ⑥ ⑦ ⑧ ⑨	69	① ② ③ ④ ⑤ ⑥ ⑦ ⑧ ⑨	94	① ② ③ ④ ⑤ ⑥ ⑦ ⑧ ⑨
20	① ② ③ ④ ⑤ ⑥ ⑦ ⑧ ⑨	45	① ② ③ ④ ⑤ ⑥ ⑦ ⑧ ⑨	70	① ② ③ ④ ⑤ ⑥ ⑦ ⑧ ⑨	95	① ② ③ ④ ⑤ ⑥ ⑦ ⑧ ⑨
21	① ② ③ ④ ⑤ ⑥ ⑦ ⑧ ⑨	46	① ② ③ ④ ⑤ ⑥ ⑦ ⑧ ⑨	71	① ② ③ ④ ⑤ ⑥ ⑦ ⑧ ⑨	96	① ② ③ ④ ⑤ ⑥ ⑦ ⑧ ⑨
22	① ② ③ ④ ⑤ ⑥ ⑦ ⑧ ⑨	47	① ② ③ ④ ⑤ ⑥ ⑦ ⑧ ⑨	72	① ② ③ ④ ⑤ ⑥ ⑦ ⑧ ⑨	97	① ② ③ ④ ⑤ ⑥ ⑦ ⑧ ⑨
23	① ② ③ ④ ⑤ ⑥ ⑦ ⑧ ⑨	48	① ② ③ ④ ⑤ ⑥ ⑦ ⑧ ⑨	73	① ② ③ ④ ⑤ ⑥ ⑦ ⑧ ⑨	98	① ② ③ ④ ⑤ ⑥ ⑦ ⑧ ⑨
24	① ② ③ ④ ⑤ ⑥ ⑦ ⑧ ⑨	49	① ② ③ ④ ⑤ ⑥ ⑦ ⑧ ⑨	74	① ② ③ ④ ⑤ ⑥ ⑦ ⑧ ⑨	99	① ② ③ ④ ⑤ ⑥ ⑦ ⑧ ⑨
25	① ② ③ ④ ⑤ ⑥ ⑦ ⑧ ⑨	50	① ② ③ ④ ⑤ ⑥ ⑦ ⑧ ⑨	75	① ② ③ ④ ⑤ ⑥ ⑦ ⑧ ⑨	100	① ② ③ ④ ⑤ ⑥ ⑦ ⑧ ⑨

(注) この解答用紙は実物を縮小してあります。Ｂ４用紙に128%拡大コピーすると、ほぼ実物大で使用できます。(タイトルと配点表は含みません)

評点
/100

２０２３年度　朋優学院高等学校　一般１回

英語解答用紙　No.２

長文読解　記述問題

				5					10					15
				20					25					30

条件英作文

1.

1	2	3	4	5	6
7	8	9	10	11	12

2.

1	2	3	4	5	6
7	8	9	10	11	12

3.

1	2	3	4	5	6
7	8	9	10	11	12

正誤問題

	正解				訂正後
1.	①	②	③	④	
2.	①	②	③	④	
3.	①	②	③	④	
4.	①	②	③	④	

（注）この解答用紙は実物を縮小してあります。Ｂ４用紙に132％拡大コピーすると、ほぼ実物大で使用できます。（タイトルと配点表は含みません）

推定配点

1、2 各２点×17
3 A～F 各３点×６　G 各２点×４　H ３点
4 各２点×10
5 各３点×３
6 各２点×４

計　100点

２０２３年度　朋優学院高等学校　一般１回

数学解答用紙

番号		氏名		評点	/100

1

(1)		(2)	
(3)		(4)	
(5)		(6)	

2

(1)		(2)	

3

(1)		(2)	

4

(1)		(2)	

5

(1)		(2)	

6

(1)		(2)	
(3)			

7

(1)		(2)	
(3)			

（注）この解答用紙は実物を縮小してあります。Ａ３用紙に156％拡大コピーすると、ほぼ実物大で使用できます。（タイトルと配点表は含みません）

推定配点	
1～7　各５点×20	
計	100点

2023年度　朋優学院高等学校　一般1回

社会解答用紙

評点
/100

フリガナ	
氏　名	

受験番号				
⓪	⓪	⓪	⓪	⓪
①	①	①	①	①
②	②	②	②	②
③	③	③	③	③
④	④	④	④	④
⑤	⑤	⑤	⑤	⑤
⑥	⑥	⑥	⑥	⑥
⑦	⑦	⑦	⑦	⑦
⑧	⑧	⑧	⑧	⑧
⑨	⑨	⑨	⑨	⑨

1. 記入欄・マーク欄以外には記入しないでください。
2. 鉛筆で、しっかり濃くマークしてください。
3. 間違った場合には、消しゴムで、きれいに消してください。

マーク例

良い例	●	悪い例	✓ ⦿ ◐

問	解答欄	問	解答欄	問	解答欄	問	解答欄
1	①②③④⑤⑥⑦⑧⑨	26	①②③④⑤⑥⑦⑧⑨	51	①②③④⑤⑥⑦⑧⑨	76	①②③④⑤⑥⑦⑧⑨
2	①②③④⑤⑥⑦⑧⑨	27	①②③④⑤⑥⑦⑧⑨	52	①②③④⑤⑥⑦⑧⑨	77	①②③④⑤⑥⑦⑧⑨
3	①②③④⑤⑥⑦⑧⑨	28	①②③④⑤⑥⑦⑧⑨	53	①②③④⑤⑥⑦⑧⑨	78	①②③④⑤⑥⑦⑧⑨
4	①②③④⑤⑥⑦⑧⑨	29	①②③④⑤⑥⑦⑧⑨	54	①②③④⑤⑥⑦⑧⑨	79	①②③④⑤⑥⑦⑧⑨
5	①②③④⑤⑥⑦⑧⑨	30	①②③④⑤⑥⑦⑧⑨	55	①②③④⑤⑥⑦⑧⑨	80	①②③④⑤⑥⑦⑧⑨
6	①②③④⑤⑥⑦⑧⑨	31	①②③④⑤⑥⑦⑧⑨	56	①②③④⑤⑥⑦⑧⑨	81	①②③④⑤⑥⑦⑧⑨
7	①②③④⑤⑥⑦⑧⑨	32	①②③④⑤⑥⑦⑧⑨	57	①②③④⑤⑥⑦⑧⑨	82	①②③④⑤⑥⑦⑧⑨
8	①②③④⑤⑥⑦⑧⑨	33	①②③④⑤⑥⑦⑧⑨	58	①②③④⑤⑥⑦⑧⑨	83	①②③④⑤⑥⑦⑧⑨
9	①②③④⑤⑥⑦⑧⑨	34	①②③④⑤⑥⑦⑧⑨	59	①②③④⑤⑥⑦⑧⑨	84	①②③④⑤⑥⑦⑧⑨
10	①②③④⑤⑥⑦⑧⑨	35	①②③④⑤⑥⑦⑧⑨	60	①②③④⑤⑥⑦⑧⑨	85	①②③④⑤⑥⑦⑧⑨
11	①②③④⑤⑥⑦⑧⑨	36	①②③④⑤⑥⑦⑧⑨	61	①②③④⑤⑥⑦⑧⑨	86	①②③④⑤⑥⑦⑧⑨
12	①②③④⑤⑥⑦⑧⑨	37	①②③④⑤⑥⑦⑧⑨	62	①②③④⑤⑥⑦⑧⑨	87	①②③④⑤⑥⑦⑧⑨
13	①②③④⑤⑥⑦⑧⑨	38	①②③④⑤⑥⑦⑧⑨	63	①②③④⑤⑥⑦⑧⑨	88	①②③④⑤⑥⑦⑧⑨
14	①②③④⑤⑥⑦⑧⑨	39	①②③④⑤⑥⑦⑧⑨	64	①②③④⑤⑥⑦⑧⑨	89	①②③④⑤⑥⑦⑧⑨
15	①②③④⑤⑥⑦⑧⑨	40	①②③④⑤⑥⑦⑧⑨	65	①②③④⑤⑥⑦⑧⑨	90	①②③④⑤⑥⑦⑧⑨
16	①②③④⑤⑥⑦⑧⑨	41	①②③④⑤⑥⑦⑧⑨	66	①②③④⑤⑥⑦⑧⑨	91	①②③④⑤⑥⑦⑧⑨
17	①②③④⑤⑥⑦⑧⑨	42	①②③④⑤⑥⑦⑧⑨	67	①②③④⑤⑥⑦⑧⑨	92	①②③④⑤⑥⑦⑧⑨
18	①②③④⑤⑥⑦⑧⑨	43	①②③④⑤⑥⑦⑧⑨	68	①②③④⑤⑥⑦⑧⑨	93	①②③④⑤⑥⑦⑧⑨
19	①②③④⑤⑥⑦⑧⑨	44	①②③④⑤⑥⑦⑧⑨	69	①②③④⑤⑥⑦⑧⑨	94	①②③④⑤⑥⑦⑧⑨
20	①②③④⑤⑥⑦⑧⑨	45	①②③④⑤⑥⑦⑧⑨	70	①②③④⑤⑥⑦⑧⑨	95	①②③④⑤⑥⑦⑧⑨
21	①②③④⑤⑥⑦⑧⑨	46	①②③④⑤⑥⑦⑧⑨	71	①②③④⑤⑥⑦⑧⑨	96	①②③④⑤⑥⑦⑧⑨
22	①②③④⑤⑥⑦⑧⑨	47	①②③④⑤⑥⑦⑧⑨	72	①②③④⑤⑥⑦⑧⑨	97	①②③④⑤⑥⑦⑧⑨
23	①②③④⑤⑥⑦⑧⑨	48	①②③④⑤⑥⑦⑧⑨	73	①②③④⑤⑥⑦⑧⑨	98	①②③④⑤⑥⑦⑧⑨
24	①②③④⑤⑥⑦⑧⑨	49	①②③④⑤⑥⑦⑧⑨	74	①②③④⑤⑥⑦⑧⑨	99	①②③④⑤⑥⑦⑧⑨
25	①②③④⑤⑥⑦⑧⑨	50	①②③④⑤⑥⑦⑧⑨	75	①②③④⑤⑥⑦⑧⑨	100	①②③④⑤⑥⑦⑧⑨

（注）この解答用紙は実物を縮小してあります。Ａ３用紙に145％拡大コピーすると、ほぼ実物大で使用できます。（タイトルと配点表は含みません）

推定配点

1 問1～問4　各3点×4　問5　各2点×2　2 各2点×7
3 問1、問2　各3点×2　問3　2点　問4、問5　各3点×2
問6～問11　各2点×8
4 問1～問3　各2点×3　問4、問5　各3点×2　問6～問10　各2点×5
5 問1～問3　各3点×3　問4～問6　各2点×3　問7　3点

計	100点

２０２３年度　朋優学院高等学校　一般１回

理科解答用紙

評点	/100

フリガナ	
氏　名	

受験番号				
⓪	⓪	⓪	⓪	⓪
①	①	①	①	①
②	②	②	②	②
③	③	③	③	③
④	④	④	④	④
⑤	⑤	⑤	⑤	⑤
⑥	⑥	⑥	⑥	⑥
⑦	⑦	⑦	⑦	⑦
⑧	⑧	⑧	⑧	⑧
⑨	⑨	⑨	⑨	⑨

1. 記入欄・マーク欄以外には記入しないでください。
2. 鉛筆で、しっかり濃くマークしてください。
3. 間違った場合には、消しゴムで、きれいに消してください。

マーク例

良い例	⬮	悪い例	✓ ◍ ◐

問	解答欄	問	解答欄	問	解答欄	問	解答欄
1	①②③④⑤⑥⑦⑧⑨	26	①②③④⑤⑥⑦⑧⑨	51	①②③④⑤⑥⑦⑧⑨	76	①②③④⑤⑥⑦⑧⑨
2	①②③④⑤⑥⑦⑧⑨	27	①②③④⑤⑥⑦⑧⑨	52	①②③④⑤⑥⑦⑧⑨	77	①②③④⑤⑥⑦⑧⑨
3	①②③④⑤⑥⑦⑧⑨	28	①②③④⑤⑥⑦⑧⑨	53	①②③④⑤⑥⑦⑧⑨	78	①②③④⑤⑥⑦⑧⑨
4	①②③④⑤⑥⑦⑧⑨	29	①②③④⑤⑥⑦⑧⑨	54	①②③④⑤⑥⑦⑧⑨	79	①②③④⑤⑥⑦⑧⑨
5	①②③④⑤⑥⑦⑧⑨	30	①②③④⑤⑥⑦⑧⑨	55	①②③④⑤⑥⑦⑧⑨	80	①②③④⑤⑥⑦⑧⑨
6	①②③④⑤⑥⑦⑧⑨	31	①②③④⑤⑥⑦⑧⑨	56	①②③④⑤⑥⑦⑧⑨	81	①②③④⑤⑥⑦⑧⑨
7	①②③④⑤⑥⑦⑧⑨	32	①②③④⑤⑥⑦⑧⑨	57	①②③④⑤⑥⑦⑧⑨	82	①②③④⑤⑥⑦⑧⑨
8	①②③④⑤⑥⑦⑧⑨	33	①②③④⑤⑥⑦⑧⑨	58	①②③④⑤⑥⑦⑧⑨	83	①②③④⑤⑥⑦⑧⑨
9	①②③④⑤⑥⑦⑧⑨	34	①②③④⑤⑥⑦⑧⑨	59	①②③④⑤⑥⑦⑧⑨	84	①②③④⑤⑥⑦⑧⑨
10	①②③④⑤⑥⑦⑧⑨	35	①②③④⑤⑥⑦⑧⑨	60	①②③④⑤⑥⑦⑧⑨	85	①②③④⑤⑥⑦⑧⑨
11	①②③④⑤⑥⑦⑧⑨	36	①②③④⑤⑥⑦⑧⑨	61	①②③④⑤⑥⑦⑧⑨	86	①②③④⑤⑥⑦⑧⑨
12	①②③④⑤⑥⑦⑧⑨	37	①②③④⑤⑥⑦⑧⑨	62	①②③④⑤⑥⑦⑧⑨	87	①②③④⑤⑥⑦⑧⑨
13	①②③④⑤⑥⑦⑧⑨	38	①②③④⑤⑥⑦⑧⑨	63	①②③④⑤⑥⑦⑧⑨	88	①②③④⑤⑥⑦⑧⑨
14	①②③④⑤⑥⑦⑧⑨	39	①②③④⑤⑥⑦⑧⑨	64	①②③④⑤⑥⑦⑧⑨	89	①②③④⑤⑥⑦⑧⑨
15	①②③④⑤⑥⑦⑧⑨	40	①②③④⑤⑥⑦⑧⑨	65	①②③④⑤⑥⑦⑧⑨	90	①②③④⑤⑥⑦⑧⑨
16	①②③④⑤⑥⑦⑧⑨	41	①②③④⑤⑥⑦⑧⑨	66	①②③④⑤⑥⑦⑧⑨	91	①②③④⑤⑥⑦⑧⑨
17	①②③④⑤⑥⑦⑧⑨	42	①②③④⑤⑥⑦⑧⑨	67	①②③④⑤⑥⑦⑧⑨	92	①②③④⑤⑥⑦⑧⑨
18	①②③④⑤⑥⑦⑧⑨	43	①②③④⑤⑥⑦⑧⑨	68	①②③④⑤⑥⑦⑧⑨	93	①②③④⑤⑥⑦⑧⑨
19	①②③④⑤⑥⑦⑧⑨	44	①②③④⑤⑥⑦⑧⑨	69	①②③④⑤⑥⑦⑧⑨	94	①②③④⑤⑥⑦⑧⑨
20	①②③④⑤⑥⑦⑧⑨	45	①②③④⑤⑥⑦⑧⑨	70	①②③④⑤⑥⑦⑧⑨	95	①②③④⑤⑥⑦⑧⑨
21	①②③④⑤⑥⑦⑧⑨	46	①②③④⑤⑥⑦⑧⑨	71	①②③④⑤⑥⑦⑧⑨	96	①②③④⑤⑥⑦⑧⑨
22	①②③④⑤⑥⑦⑧⑨	47	①②③④⑤⑥⑦⑧⑨	72	①②③④⑤⑥⑦⑧⑨	97	①②③④⑤⑥⑦⑧⑨
23	①②③④⑤⑥⑦⑧⑨	48	①②③④⑤⑥⑦⑧⑨	73	①②③④⑤⑥⑦⑧⑨	98	①②③④⑤⑥⑦⑧⑨
24	①②③④⑤⑥⑦⑧⑨	49	①②③④⑤⑥⑦⑧⑨	74	①②③④⑤⑥⑦⑧⑨	99	①②③④⑤⑥⑦⑧⑨
25	①②③④⑤⑥⑦⑧⑨	50	①②③④⑤⑥⑦⑧⑨	75	①②③④⑤⑥⑦⑧⑨	100	①②③④⑤⑥⑦⑧⑨

（注）この解答用紙は実物を縮小してあります。Ａ３用紙に145%拡大コピーすると、ほぼ実物大で使用できます。（タイトルと配点表は含みません）

推定配点

1 各3点×2　2　1 (1) 3点　(2)、(3) 各4点×2
2 (1)、(2) 各3点×2　(3) 各4点×3
3 1 (1) 4点　(2)～(4) 各3点×3　2 各4点×3
4 1 (1)、(2) 各3点×2　(3) 4点　2 (1) 3点　(2)～(4) 各4点×3
5 (1) 4点　(2) 3点　(3)、(4) 各4点×2

計	100点

二〇二三年度　朋優学院高等学校　一般一回

国語解答用紙

番号		氏名		評点	/100

一

㈠ 問一　問二　問三　問四　問五

㈡ 問一　問二

二

問一　問二　問三（機能）　問四　問五　問六　問七

三

問一　問二　問三（Ⅰ・Ⅱ）　問四　問五　問六　問七

四

問一　問二　問三　問四　問五　問六

（注）この解答用紙は実物を縮小してあります。182%拡大コピーすると、ほぼ実物大で使用できます。（タイトルと配点表は含みません）

推定配点
一 各2点×7
二 問一～問五 各4点×5　問六 6点　問七 5点
三 問一、問二 各4点×2　問三 各3点×2　問四 4点　問五 6点 問六 4点　問七 5点
四 問一 3点　問二～問四 各4点×3　問五 3点　問六 4点

計	100点

２０２３年度　朋優学院高等学校　一般２回

英語解答用紙　No. 1

評点
/100

フリガナ	
氏　名	

受験番号				
⓪	⓪	⓪	⓪	⓪
①	①	①	①	①
②	②	②	②	②
③	③	③	③	③
④	④	④	④	④
⑤	⑤	⑤	⑤	⑤
⑥	⑥	⑥	⑥	⑥
⑦	⑦	⑦	⑦	⑦
⑧	⑧	⑧	⑧	⑧
⑨	⑨	⑨	⑨	⑨

1. 記入欄・マーク欄以外には記入しないでください。
2. 鉛筆で、しっかり濃くマークしてください。
3. 間違った場合には、消しゴムで、きれいに消してください。
4. 受験番号が4桁の場合には右詰で記入してください。

マーク例

良い例	●	悪い例	✓ ⊙ ◐

問	解答欄
1	① ② ③ ④ ⑤ ⑥ ⑦ ⑧ ⑨
2	① ② ③ ④ ⑤ ⑥ ⑦ ⑧ ⑨
3	① ② ③ ④ ⑤ ⑥ ⑦ ⑧ ⑨
4	① ② ③ ④ ⑤ ⑥ ⑦ ⑧ ⑨
5	① ② ③ ④ ⑤ ⑥ ⑦ ⑧ ⑨
6	① ② ③ ④ ⑤ ⑥ ⑦ ⑧ ⑨
7	① ② ③ ④ ⑤ ⑥ ⑦ ⑧ ⑨
8	① ② ③ ④ ⑤ ⑥ ⑦ ⑧ ⑨
9	① ② ③ ④ ⑤ ⑥ ⑦ ⑧ ⑨
10	① ② ③ ④ ⑤ ⑥ ⑦ ⑧ ⑨
11	① ② ③ ④ ⑤ ⑥ ⑦ ⑧ ⑨
12	① ② ③ ④ ⑤ ⑥ ⑦ ⑧ ⑨
13	① ② ③ ④ ⑤ ⑥ ⑦ ⑧ ⑨
14	① ② ③ ④ ⑤ ⑥ ⑦ ⑧ ⑨
15	① ② ③ ④ ⑤ ⑥ ⑦ ⑧ ⑨
16	① ② ③ ④ ⑤ ⑥ ⑦ ⑧ ⑨
17	① ② ③ ④ ⑤ ⑥ ⑦ ⑧ ⑨
18	① ② ③ ④ ⑤ ⑥ ⑦ ⑧ ⑨
19	① ② ③ ④ ⑤ ⑥ ⑦ ⑧ ⑨
20	① ② ③ ④ ⑤ ⑥ ⑦ ⑧ ⑨
21	① ② ③ ④ ⑤ ⑥ ⑦ ⑧ ⑨
22	① ② ③ ④ ⑤ ⑥ ⑦ ⑧ ⑨
23	① ② ③ ④ ⑤ ⑥ ⑦ ⑧ ⑨
24	① ② ③ ④ ⑤ ⑥ ⑦ ⑧ ⑨
25	① ② ③ ④ ⑤ ⑥ ⑦ ⑧ ⑨

問	解答欄
26	① ② ③ ④ ⑤ ⑥ ⑦ ⑧ ⑨
27	① ② ③ ④ ⑤ ⑥ ⑦ ⑧ ⑨
28	① ② ③ ④ ⑤ ⑥ ⑦ ⑧ ⑨
29	① ② ③ ④ ⑤ ⑥ ⑦ ⑧ ⑨
30	① ② ③ ④ ⑤ ⑥ ⑦ ⑧ ⑨
31	① ② ③ ④ ⑤ ⑥ ⑦ ⑧ ⑨
32	① ② ③ ④ ⑤ ⑥ ⑦ ⑧ ⑨
33	① ② ③ ④ ⑤ ⑥ ⑦ ⑧ ⑨
34	① ② ③ ④ ⑤ ⑥ ⑦ ⑧ ⑨
35	① ② ③ ④ ⑤ ⑥ ⑦ ⑧ ⑨
36	① ② ③ ④ ⑤ ⑥ ⑦ ⑧ ⑨
37	① ② ③ ④ ⑤ ⑥ ⑦ ⑧ ⑨
38	① ② ③ ④ ⑤ ⑥ ⑦ ⑧ ⑨
39	① ② ③ ④ ⑤ ⑥ ⑦ ⑧ ⑨
40	① ② ③ ④ ⑤ ⑥ ⑦ ⑧ ⑨
41	① ② ③ ④ ⑤ ⑥ ⑦ ⑧ ⑨
42	① ② ③ ④ ⑤ ⑥ ⑦ ⑧ ⑨
43	① ② ③ ④ ⑤ ⑥ ⑦ ⑧ ⑨
44	① ② ③ ④ ⑤ ⑥ ⑦ ⑧ ⑨
45	① ② ③ ④ ⑤ ⑥ ⑦ ⑧ ⑨
46	① ② ③ ④ ⑤ ⑥ ⑦ ⑧ ⑨
47	① ② ③ ④ ⑤ ⑥ ⑦ ⑧ ⑨
48	① ② ③ ④ ⑤ ⑥ ⑦ ⑧ ⑨
49	① ② ③ ④ ⑤ ⑥ ⑦ ⑧ ⑨
50	① ② ③ ④ ⑤ ⑥ ⑦ ⑧ ⑨

問	解答欄
51	① ② ③ ④ ⑤ ⑥ ⑦ ⑧ ⑨
52	① ② ③ ④ ⑤ ⑥ ⑦ ⑧ ⑨
53	① ② ③ ④ ⑤ ⑥ ⑦ ⑧ ⑨
54	① ② ③ ④ ⑤ ⑥ ⑦ ⑧ ⑨
55	① ② ③ ④ ⑤ ⑥ ⑦ ⑧ ⑨
56	① ② ③ ④ ⑤ ⑥ ⑦ ⑧ ⑨
57	① ② ③ ④ ⑤ ⑥ ⑦ ⑧ ⑨
58	① ② ③ ④ ⑤ ⑥ ⑦ ⑧ ⑨
59	① ② ③ ④ ⑤ ⑥ ⑦ ⑧ ⑨
60	① ② ③ ④ ⑤ ⑥ ⑦ ⑧ ⑨
61	① ② ③ ④ ⑤ ⑥ ⑦ ⑧ ⑨
62	① ② ③ ④ ⑤ ⑥ ⑦ ⑧ ⑨
63	① ② ③ ④ ⑤ ⑥ ⑦ ⑧ ⑨
64	① ② ③ ④ ⑤ ⑥ ⑦ ⑧ ⑨
65	① ② ③ ④ ⑤ ⑥ ⑦ ⑧ ⑨
66	① ② ③ ④ ⑤ ⑥ ⑦ ⑧ ⑨
67	① ② ③ ④ ⑤ ⑥ ⑦ ⑧ ⑨
68	① ② ③ ④ ⑤ ⑥ ⑦ ⑧ ⑨
69	① ② ③ ④ ⑤ ⑥ ⑦ ⑧ ⑨
70	① ② ③ ④ ⑤ ⑥ ⑦ ⑧ ⑨
71	① ② ③ ④ ⑤ ⑥ ⑦ ⑧ ⑨
72	① ② ③ ④ ⑤ ⑥ ⑦ ⑧ ⑨
73	① ② ③ ④ ⑤ ⑥ ⑦ ⑧ ⑨
74	① ② ③ ④ ⑤ ⑥ ⑦ ⑧ ⑨
75	① ② ③ ④ ⑤ ⑥ ⑦ ⑧ ⑨

問	解答欄
76	① ② ③ ④ ⑤ ⑥ ⑦ ⑧ ⑨
77	① ② ③ ④ ⑤ ⑥ ⑦ ⑧ ⑨
78	① ② ③ ④ ⑤ ⑥ ⑦ ⑧ ⑨
79	① ② ③ ④ ⑤ ⑥ ⑦ ⑧ ⑨
80	① ② ③ ④ ⑤ ⑥ ⑦ ⑧ ⑨
81	① ② ③ ④ ⑤ ⑥ ⑦ ⑧ ⑨
82	① ② ③ ④ ⑤ ⑥ ⑦ ⑧ ⑨
83	① ② ③ ④ ⑤ ⑥ ⑦ ⑧ ⑨
84	① ② ③ ④ ⑤ ⑥ ⑦ ⑧ ⑨
85	① ② ③ ④ ⑤ ⑥ ⑦ ⑧ ⑨
86	① ② ③ ④ ⑤ ⑥ ⑦ ⑧ ⑨
87	① ② ③ ④ ⑤ ⑥ ⑦ ⑧ ⑨
88	① ② ③ ④ ⑤ ⑥ ⑦ ⑧ ⑨
89	① ② ③ ④ ⑤ ⑥ ⑦ ⑧ ⑨
90	① ② ③ ④ ⑤ ⑥ ⑦ ⑧ ⑨
91	① ② ③ ④ ⑤ ⑥ ⑦ ⑧ ⑨
92	① ② ③ ④ ⑤ ⑥ ⑦ ⑧ ⑨
93	① ② ③ ④ ⑤ ⑥ ⑦ ⑧ ⑨
94	① ② ③ ④ ⑤ ⑥ ⑦ ⑧ ⑨
95	① ② ③ ④ ⑤ ⑥ ⑦ ⑧ ⑨
96	① ② ③ ④ ⑤ ⑥ ⑦ ⑧ ⑨
97	① ② ③ ④ ⑤ ⑥ ⑦ ⑧ ⑨
98	① ② ③ ④ ⑤ ⑥ ⑦ ⑧ ⑨
99	① ② ③ ④ ⑤ ⑥ ⑦ ⑧ ⑨
100	① ② ③ ④ ⑤ ⑥ ⑦ ⑧ ⑨

（注）この解答用紙は実物を縮小してあります。Ｂ４用紙に128%拡大コピーすると、ほぼ実物大で使用できます。（タイトルと配点表は含みません）

2023年度 朋優学院高等学校 一般2回

英語解答用紙 No.2

長文読解 記述問題

				5					10					15
				20					25					30

条件英作文

1.

1	2	3	4	5	6
7	8	9	10	11	12

2.

1	2	3	4	5	6
7	8	9	10	11	12

3.

1	2	3	4	5	6
7	8	9	10	11	12

正誤問題

	正解				訂正後
1.	①	②	③	④	
2.	①	②	③	④	
3.	①	②	③	④	
4.	①	②	③	④	

(注) この解答用紙は実物を縮小してあります。Ｂ４用紙に132%拡大コピーすると、ほぼ実物大で使用できます。(タイトルと配点表は含みません)

推定配点

1、2 各2点×17
3 A～F 各3点×6 G 各2点×4 H 5点
4 各2点×9
5 各3点×3
6 各2点×4

100点	計

２０２３年度　朋優学院高等学校　一般２回

数学解答用紙

番号　　氏名

評点　/100

(注) この解答用紙は実物を縮小してあります。Ａ３用紙に156%拡大コピーすると、ほぼ実物大で使用できます。(タイトルと配点表は含みません)

5

(1)	(2)

6

(1)	(2)
(3)	

7

(1)	(2)
(3)	

1

(1)	(2)
(3)	(4)
(5)	(6)

2

(1)	(2)

3

(1)	(2)

4

(1)	(2)

推定配点	
1～7　各５点×20	
100点	計

2023年度　朋優学院高等学校　一般2回

社会解答用紙

評点
/100

（注）この解答用紙は実物を縮小してあります。A３用紙に145%拡大コピーすると、ほぼ実物大で使用できます。（タイトルと配点表は含みません）

問	解答欄	問	解答欄	問	解答欄	問	解答欄
1	① ② ③ ④ ⑤ ⑥ ⑦ ⑧ ⑨	26	① ② ③ ④ ⑤ ⑥ ⑦ ⑧ ⑨	51	① ② ③ ④ ⑤ ⑥ ⑦ ⑧ ⑨	76	① ② ③ ④ ⑤ ⑥ ⑦ ⑧ ⑨
2	① ② ③ ④ ⑤ ⑥ ⑦ ⑧ ⑨	27	① ② ③ ④ ⑤ ⑥ ⑦ ⑧ ⑨	52	① ② ③ ④ ⑤ ⑥ ⑦ ⑧ ⑨	77	① ② ③ ④ ⑤ ⑥ ⑦ ⑧ ⑨
3	① ② ③ ④ ⑤ ⑥ ⑦ ⑧ ⑨	28	① ② ③ ④ ⑤ ⑥ ⑦ ⑧ ⑨	53	① ② ③ ④ ⑤ ⑥ ⑦ ⑧ ⑨	78	① ② ③ ④ ⑤ ⑥ ⑦ ⑧ ⑨
4	① ② ③ ④ ⑤ ⑥ ⑦ ⑧ ⑨	29	① ② ③ ④ ⑤ ⑥ ⑦ ⑧ ⑨	54	① ② ③ ④ ⑤ ⑥ ⑦ ⑧ ⑨	79	① ② ③ ④ ⑤ ⑥ ⑦ ⑧ ⑨
5	① ② ③ ④ ⑤ ⑥ ⑦ ⑧ ⑨	30	① ② ③ ④ ⑤ ⑥ ⑦ ⑧ ⑨	55	① ② ③ ④ ⑤ ⑥ ⑦ ⑧ ⑨	80	① ② ③ ④ ⑤ ⑥ ⑦ ⑧ ⑨
6	① ② ③ ④ ⑤ ⑥ ⑦ ⑧ ⑨	31	① ② ③ ④ ⑤ ⑥ ⑦ ⑧ ⑨	56	① ② ③ ④ ⑤ ⑥ ⑦ ⑧ ⑨	81	① ② ③ ④ ⑤ ⑥ ⑦ ⑧ ⑨
7	① ② ③ ④ ⑤ ⑥ ⑦ ⑧ ⑨	32	① ② ③ ④ ⑤ ⑥ ⑦ ⑧ ⑨	57	① ② ③ ④ ⑤ ⑥ ⑦ ⑧ ⑨	82	① ② ③ ④ ⑤ ⑥ ⑦ ⑧ ⑨
8	① ② ③ ④ ⑤ ⑥ ⑦ ⑧ ⑨	33	① ② ③ ④ ⑤ ⑥ ⑦ ⑧ ⑨	58	① ② ③ ④ ⑤ ⑥ ⑦ ⑧ ⑨	83	① ② ③ ④ ⑤ ⑥ ⑦ ⑧ ⑨
9	① ② ③ ④ ⑤ ⑥ ⑦ ⑧ ⑨	34	① ② ③ ④ ⑤ ⑥ ⑦ ⑧ ⑨	59	① ② ③ ④ ⑤ ⑥ ⑦ ⑧ ⑨	84	① ② ③ ④ ⑤ ⑥ ⑦ ⑧ ⑨
10	① ② ③ ④ ⑤ ⑥ ⑦ ⑧ ⑨	35	① ② ③ ④ ⑤ ⑥ ⑦ ⑧ ⑨	60	① ② ③ ④ ⑤ ⑥ ⑦ ⑧ ⑨	85	① ② ③ ④ ⑤ ⑥ ⑦ ⑧ ⑨
11	① ② ③ ④ ⑤ ⑥ ⑦ ⑧ ⑨	36	① ② ③ ④ ⑤ ⑥ ⑦ ⑧ ⑨	61	① ② ③ ④ ⑤ ⑥ ⑦ ⑧ ⑨	86	① ② ③ ④ ⑤ ⑥ ⑦ ⑧ ⑨
12	① ② ③ ④ ⑤ ⑥ ⑦ ⑧ ⑨	37	① ② ③ ④ ⑤ ⑥ ⑦ ⑧ ⑨	62	① ② ③ ④ ⑤ ⑥ ⑦ ⑧ ⑨	87	① ② ③ ④ ⑤ ⑥ ⑦ ⑧ ⑨
13	① ② ③ ④ ⑤ ⑥ ⑦ ⑧ ⑨	38	① ② ③ ④ ⑤ ⑥ ⑦ ⑧ ⑨	63	① ② ③ ④ ⑤ ⑥ ⑦ ⑧ ⑨	88	① ② ③ ④ ⑤ ⑥ ⑦ ⑧ ⑨
14	① ② ③ ④ ⑤ ⑥ ⑦ ⑧ ⑨	39	① ② ③ ④ ⑤ ⑥ ⑦ ⑧ ⑨	64	① ② ③ ④ ⑤ ⑥ ⑦ ⑧ ⑨	89	① ② ③ ④ ⑤ ⑥ ⑦ ⑧ ⑨
15	① ② ③ ④ ⑤ ⑥ ⑦ ⑧ ⑨	40	① ② ③ ④ ⑤ ⑥ ⑦ ⑧ ⑨	65	① ② ③ ④ ⑤ ⑥ ⑦ ⑧ ⑨	90	① ② ③ ④ ⑤ ⑥ ⑦ ⑧ ⑨
16	① ② ③ ④ ⑤ ⑥ ⑦ ⑧ ⑨	41	① ② ③ ④ ⑤ ⑥ ⑦ ⑧ ⑨	66	① ② ③ ④ ⑤ ⑥ ⑦ ⑧ ⑨	91	① ② ③ ④ ⑤ ⑥ ⑦ ⑧ ⑨
17	① ② ③ ④ ⑤ ⑥ ⑦ ⑧ ⑨	42	① ② ③ ④ ⑤ ⑥ ⑦ ⑧ ⑨	67	① ② ③ ④ ⑤ ⑥ ⑦ ⑧ ⑨	92	① ② ③ ④ ⑤ ⑥ ⑦ ⑧ ⑨
18	① ② ③ ④ ⑤ ⑥ ⑦ ⑧ ⑨	43	① ② ③ ④ ⑤ ⑥ ⑦ ⑧ ⑨	68	① ② ③ ④ ⑤ ⑥ ⑦ ⑧ ⑨	93	① ② ③ ④ ⑤ ⑥ ⑦ ⑧ ⑨
19	① ② ③ ④ ⑤ ⑥ ⑦ ⑧ ⑨	44	① ② ③ ④ ⑤ ⑥ ⑦ ⑧ ⑨	69	① ② ③ ④ ⑤ ⑥ ⑦ ⑧ ⑨	94	① ② ③ ④ ⑤ ⑥ ⑦ ⑧ ⑨
20	① ② ③ ④ ⑤ ⑥ ⑦ ⑧ ⑨	45	① ② ③ ④ ⑤ ⑥ ⑦ ⑧ ⑨	70	① ② ③ ④ ⑤ ⑥ ⑦ ⑧ ⑨	95	① ② ③ ④ ⑤ ⑥ ⑦ ⑧ ⑨
21	① ② ③ ④ ⑤ ⑥ ⑦ ⑧ ⑨	46	① ② ③ ④ ⑤ ⑥ ⑦ ⑧ ⑨	71	① ② ③ ④ ⑤ ⑥ ⑦ ⑧ ⑨	96	① ② ③ ④ ⑤ ⑥ ⑦ ⑧ ⑨
22	① ② ③ ④ ⑤ ⑥ ⑦ ⑧ ⑨	47	① ② ③ ④ ⑤ ⑥ ⑦ ⑧ ⑨	72	① ② ③ ④ ⑤ ⑥ ⑦ ⑧ ⑨	97	① ② ③ ④ ⑤ ⑥ ⑦ ⑧ ⑨
23	① ② ③ ④ ⑤ ⑥ ⑦ ⑧ ⑨	48	① ② ③ ④ ⑤ ⑥ ⑦ ⑧ ⑨	73	① ② ③ ④ ⑤ ⑥ ⑦ ⑧ ⑨	98	① ② ③ ④ ⑤ ⑥ ⑦ ⑧ ⑨
24	① ② ③ ④ ⑤ ⑥ ⑦ ⑧ ⑨	49	① ② ③ ④ ⑤ ⑥ ⑦ ⑧ ⑨	74	① ② ③ ④ ⑤ ⑥ ⑦ ⑧ ⑨	99	① ② ③ ④ ⑤ ⑥ ⑦ ⑧ ⑨
25	① ② ③ ④ ⑤ ⑥ ⑦ ⑧ ⑨	50	① ② ③ ④ ⑤ ⑥ ⑦ ⑧ ⑨	75	① ② ③ ④ ⑤ ⑥ ⑦ ⑧ ⑨	100	① ② ③ ④ ⑤ ⑥ ⑦ ⑧ ⑨

1. 記入欄・マーク欄以外には記入しないでください。
2. 鉛筆で、しっかり濃くマークしてください。
3. 間違った場合には、消しゴムで、きれいに消してください。

マーク例

良い例	⬮	悪い例	✓ ⦿ ◐

受験番号				
⓪	⓪	⓪	⓪	⓪
①	①	①	①	①
②	②	②	②	②
③	③	③	③	③
④	④	④	④	④
⑤	⑤	⑤	⑤	⑤
⑥	⑥	⑥	⑥	⑥
⑦	⑦	⑦	⑦	⑦
⑧	⑧	⑧	⑧	⑧
⑨	⑨	⑨	⑨	⑨

フリガナ	
氏　名	

推定配点

1 問1～問4 各3点×4　問5 各2点×3　2 各2点×6
3 問1～問10 各2点×10　問11 3点　問12 各2点×2
4 問1、問2 各2点×2　問3～問7 各3点×5　問8 2点
問9、問10 各3点×2
5 問1～問4 各2点×5　問5、問6 各3点×2

計	100点

2023年度　朋優学院高等学校　一般2回

理科解答用紙

評点
/100

フリガナ	
氏　名	

受験番号				
⓪	⓪	⓪	⓪	⓪
①	①	①	①	①
②	②	②	②	②
③	③	③	③	③
④	④	④	④	④
⑤	⑤	⑤	⑤	⑤
⑥	⑥	⑥	⑥	⑥
⑦	⑦	⑦	⑦	⑦
⑧	⑧	⑧	⑧	⑧
⑨	⑨	⑨	⑨	⑨

1. 記入欄・マーク欄以外には記入しないでください。
2. 鉛筆で、しっかり濃くマークしてください。
3. 間違った場合には、消しゴムで、きれいに消してください。

マーク例

良い例	●	悪い例	✓ ⦶ ◐

問	解答欄	問	解答欄	問	解答欄	問	解答欄
1	①②③④⑤⑥⑦⑧⑨	26	①②③④⑤⑥⑦⑧⑨	51	①②③④⑤⑥⑦⑧⑨	76	①②③④⑤⑥⑦⑧⑨
2	①②③④⑤⑥⑦⑧⑨	27	①②③④⑤⑥⑦⑧⑨	52	①②③④⑤⑥⑦⑧⑨	77	①②③④⑤⑥⑦⑧⑨
3	①②③④⑤⑥⑦⑧⑨	28	①②③④⑤⑥⑦⑧⑨	53	①②③④⑤⑥⑦⑧⑨	78	①②③④⑤⑥⑦⑧⑨
4	①②③④⑤⑥⑦⑧⑨	29	①②③④⑤⑥⑦⑧⑨	54	①②③④⑤⑥⑦⑧⑨	79	①②③④⑤⑥⑦⑧⑨
5	①②③④⑤⑥⑦⑧⑨	30	①②③④⑤⑥⑦⑧⑨	55	①②③④⑤⑥⑦⑧⑨	80	①②③④⑤⑥⑦⑧⑨
6	①②③④⑤⑥⑦⑧⑨	31	①②③④⑤⑥⑦⑧⑨	56	①②③④⑤⑥⑦⑧⑨	81	①②③④⑤⑥⑦⑧⑨
7	①②③④⑤⑥⑦⑧⑨	32	①②③④⑤⑥⑦⑧⑨	57	①②③④⑤⑥⑦⑧⑨	82	①②③④⑤⑥⑦⑧⑨
8	①②③④⑤⑥⑦⑧⑨	33	①②③④⑤⑥⑦⑧⑨	58	①②③④⑤⑥⑦⑧⑨	83	①②③④⑤⑥⑦⑧⑨
9	①②③④⑤⑥⑦⑧⑨	34	①②③④⑤⑥⑦⑧⑨	59	①②③④⑤⑥⑦⑧⑨	84	①②③④⑤⑥⑦⑧⑨
10	①②③④⑤⑥⑦⑧⑨	35	①②③④⑤⑥⑦⑧⑨	60	①②③④⑤⑥⑦⑧⑨	85	①②③④⑤⑥⑦⑧⑨
11	①②③④⑤⑥⑦⑧⑨	36	①②③④⑤⑥⑦⑧⑨	61	①②③④⑤⑥⑦⑧⑨	86	①②③④⑤⑥⑦⑧⑨
12	①②③④⑤⑥⑦⑧⑨	37	①②③④⑤⑥⑦⑧⑨	62	①②③④⑤⑥⑦⑧⑨	87	①②③④⑤⑥⑦⑧⑨
13	①②③④⑤⑥⑦⑧⑨	38	①②③④⑤⑥⑦⑧⑨	63	①②③④⑤⑥⑦⑧⑨	88	①②③④⑤⑥⑦⑧⑨
14	①②③④⑤⑥⑦⑧⑨	39	①②③④⑤⑥⑦⑧⑨	64	①②③④⑤⑥⑦⑧⑨	89	①②③④⑤⑥⑦⑧⑨
15	①②③④⑤⑥⑦⑧⑨	40	①②③④⑤⑥⑦⑧⑨	65	①②③④⑤⑥⑦⑧⑨	90	①②③④⑤⑥⑦⑧⑨
16	①②③④⑤⑥⑦⑧⑨	41	①②③④⑤⑥⑦⑧⑨	66	①②③④⑤⑥⑦⑧⑨	91	①②③④⑤⑥⑦⑧⑨
17	①②③④⑤⑥⑦⑧⑨	42	①②③④⑤⑥⑦⑧⑨	67	①②③④⑤⑥⑦⑧⑨	92	①②③④⑤⑥⑦⑧⑨
18	①②③④⑤⑥⑦⑧⑨	43	①②③④⑤⑥⑦⑧⑨	68	①②③④⑤⑥⑦⑧⑨	93	①②③④⑤⑥⑦⑧⑨
19	①②③④⑤⑥⑦⑧⑨	44	①②③④⑤⑥⑦⑧⑨	69	①②③④⑤⑥⑦⑧⑨	94	①②③④⑤⑥⑦⑧⑨
20	①②③④⑤⑥⑦⑧⑨	45	①②③④⑤⑥⑦⑧⑨	70	①②③④⑤⑥⑦⑧⑨	95	①②③④⑤⑥⑦⑧⑨
21	①②③④⑤⑥⑦⑧⑨	46	①②③④⑤⑥⑦⑧⑨	71	①②③④⑤⑥⑦⑧⑨	96	①②③④⑤⑥⑦⑧⑨
22	①②③④⑤⑥⑦⑧⑨	47	①②③④⑤⑥⑦⑧⑨	72	①②③④⑤⑥⑦⑧⑨	97	①②③④⑤⑥⑦⑧⑨
23	①②③④⑤⑥⑦⑧⑨	48	①②③④⑤⑥⑦⑧⑨	73	①②③④⑤⑥⑦⑧⑨	98	①②③④⑤⑥⑦⑧⑨
24	①②③④⑤⑥⑦⑧⑨	49	①②③④⑤⑥⑦⑧⑨	74	①②③④⑤⑥⑦⑧⑨	99	①②③④⑤⑥⑦⑧⑨
25	①②③④⑤⑥⑦⑧⑨	50	①②③④⑤⑥⑦⑧⑨	75	①②③④⑤⑥⑦⑧⑨	100	①②③④⑤⑥⑦⑧⑨

(注) この解答用紙は実物を縮小してあります。Ａ３用紙に145％拡大コピーすると、ほぼ実物大で使用できます。（タイトルと配点表は含みません）

推定配点	
1 各3点×2　2 1 (1)、(2) 各3点×2　(3)～(5) 各4点×3　2 (1)～(3) 各3点×3　(4) 4点　3 1 (1)、(2) 各3点×2　(3) 4点　(4) 3点　2 (1) 4点　(2)、(3) 各3点×2　4 1 各3点×3　2 (1)、(2) 各3点×2　(3)、(4) 各4点×2　5 1 3点　2 (1)、(2) 各3点×2　(3)、(4) 各4点×2	
計	100点

二〇二三年度　朋優学院高等学校　一般二回

国語解答用紙

番号　　氏名　　評点　／100

一

(一)　問一　問二　問三　問四　問五

(二)　問一　問二

二

問一　問二　X　Y　問三　学生　問四　問五　問六　問七

三

問一　問二　問三　問四　問五　問六　問七

四

問一　問二　問三　問四　問五　問六

（注）この解答用紙は実物を縮小してあります。172%拡大コピーすると、ほぼ実物大で使用できます。（タイトルと配点表は含みません）

推定配点	
一	各2点×7
二	問一～問五　各4点×6　問六　6点　問七　4点
三	問一　4点　問二　6点　問三～問六　各4点×4　問七　3点
四	問一、問二　各4点×2　問三　3点　問四～問六　各4点×3
計	100点

2023年度　朋優学院高等学校　一般3回

英語解答用紙　No. 1

フリガナ	
氏　名	

受験番号				
⓪	⓪	⓪	⓪	⓪
①	①	①	①	①
②	②	②	②	②
③	③	③	③	③
④	④	④	④	④
⑤	⑤	⑤	⑤	⑤
⑥	⑥	⑥	⑥	⑥
⑦	⑦	⑦	⑦	⑦
⑧	⑧	⑧	⑧	⑧
⑨	⑨	⑨	⑨	⑨

1. 記入欄・マーク欄以外には記入しないでください。
2. 鉛筆で、しっかり濃くマークしてください。
3. 間違った場合には、消しゴムで、きれいに消してください。
4. 受験番号が4桁の場合には右詰で記入してください。

マーク例

良い例	⬮	悪い例	✓ ⦿ ◐

問	解答欄	問	解答欄	問	解答欄	問	解答欄
1	① ② ③ ④ ⑤ ⑥ ⑦ ⑧ ⑨	26	① ② ③ ④ ⑤ ⑥ ⑦ ⑧ ⑨	51	① ② ③ ④ ⑤ ⑥ ⑦ ⑧ ⑨	76	① ② ③ ④ ⑤ ⑥ ⑦ ⑧ ⑨
2	① ② ③ ④ ⑤ ⑥ ⑦ ⑧ ⑨	27	① ② ③ ④ ⑤ ⑥ ⑦ ⑧ ⑨	52	① ② ③ ④ ⑤ ⑥ ⑦ ⑧ ⑨	77	① ② ③ ④ ⑤ ⑥ ⑦ ⑧ ⑨
3	① ② ③ ④ ⑤ ⑥ ⑦ ⑧ ⑨	28	① ② ③ ④ ⑤ ⑥ ⑦ ⑧ ⑨	53	① ② ③ ④ ⑤ ⑥ ⑦ ⑧ ⑨	78	① ② ③ ④ ⑤ ⑥ ⑦ ⑧ ⑨
4	① ② ③ ④ ⑤ ⑥ ⑦ ⑧ ⑨	29	① ② ③ ④ ⑤ ⑥ ⑦ ⑧ ⑨	54	① ② ③ ④ ⑤ ⑥ ⑦ ⑧ ⑨	79	① ② ③ ④ ⑤ ⑥ ⑦ ⑧ ⑨
5	① ② ③ ④ ⑤ ⑥ ⑦ ⑧ ⑨	30	① ② ③ ④ ⑤ ⑥ ⑦ ⑧ ⑨	55	① ② ③ ④ ⑤ ⑥ ⑦ ⑧ ⑨	80	① ② ③ ④ ⑤ ⑥ ⑦ ⑧ ⑨
6	① ② ③ ④ ⑤ ⑥ ⑦ ⑧ ⑨	31	① ② ③ ④ ⑤ ⑥ ⑦ ⑧ ⑨	56	① ② ③ ④ ⑤ ⑥ ⑦ ⑧ ⑨	81	① ② ③ ④ ⑤ ⑥ ⑦ ⑧ ⑨
7	① ② ③ ④ ⑤ ⑥ ⑦ ⑧ ⑨	32	① ② ③ ④ ⑤ ⑥ ⑦ ⑧ ⑨	57	① ② ③ ④ ⑤ ⑥ ⑦ ⑧ ⑨	82	① ② ③ ④ ⑤ ⑥ ⑦ ⑧ ⑨
8	① ② ③ ④ ⑤ ⑥ ⑦ ⑧ ⑨	33	① ② ③ ④ ⑤ ⑥ ⑦ ⑧ ⑨	58	① ② ③ ④ ⑤ ⑥ ⑦ ⑧ ⑨	83	① ② ③ ④ ⑤ ⑥ ⑦ ⑧ ⑨
9	① ② ③ ④ ⑤ ⑥ ⑦ ⑧ ⑨	34	① ② ③ ④ ⑤ ⑥ ⑦ ⑧ ⑨	59	① ② ③ ④ ⑤ ⑥ ⑦ ⑧ ⑨	84	① ② ③ ④ ⑤ ⑥ ⑦ ⑧ ⑨
10	① ② ③ ④ ⑤ ⑥ ⑦ ⑧ ⑨	35	① ② ③ ④ ⑤ ⑥ ⑦ ⑧ ⑨	60	① ② ③ ④ ⑤ ⑥ ⑦ ⑧ ⑨	85	① ② ③ ④ ⑤ ⑥ ⑦ ⑧ ⑨
11	① ② ③ ④ ⑤ ⑥ ⑦ ⑧ ⑨	36	① ② ③ ④ ⑤ ⑥ ⑦ ⑧ ⑨	61	① ② ③ ④ ⑤ ⑥ ⑦ ⑧ ⑨	86	① ② ③ ④ ⑤ ⑥ ⑦ ⑧ ⑨
12	① ② ③ ④ ⑤ ⑥ ⑦ ⑧ ⑨	37	① ② ③ ④ ⑤ ⑥ ⑦ ⑧ ⑨	62	① ② ③ ④ ⑤ ⑥ ⑦ ⑧ ⑨	87	① ② ③ ④ ⑤ ⑥ ⑦ ⑧ ⑨
13	① ② ③ ④ ⑤ ⑥ ⑦ ⑧ ⑨	38	① ② ③ ④ ⑤ ⑥ ⑦ ⑧ ⑨	63	① ② ③ ④ ⑤ ⑥ ⑦ ⑧ ⑨	88	① ② ③ ④ ⑤ ⑥ ⑦ ⑧ ⑨
14	① ② ③ ④ ⑤ ⑥ ⑦ ⑧ ⑨	39	① ② ③ ④ ⑤ ⑥ ⑦ ⑧ ⑨	64	① ② ③ ④ ⑤ ⑥ ⑦ ⑧ ⑨	89	① ② ③ ④ ⑤ ⑥ ⑦ ⑧ ⑨
15	① ② ③ ④ ⑤ ⑥ ⑦ ⑧ ⑨	40	① ② ③ ④ ⑤ ⑥ ⑦ ⑧ ⑨	65	① ② ③ ④ ⑤ ⑥ ⑦ ⑧ ⑨	90	① ② ③ ④ ⑤ ⑥ ⑦ ⑧ ⑨
16	① ② ③ ④ ⑤ ⑥ ⑦ ⑧ ⑨	41	① ② ③ ④ ⑤ ⑥ ⑦ ⑧ ⑨	66	① ② ③ ④ ⑤ ⑥ ⑦ ⑧ ⑨	91	① ② ③ ④ ⑤ ⑥ ⑦ ⑧ ⑨
17	① ② ③ ④ ⑤ ⑥ ⑦ ⑧ ⑨	42	① ② ③ ④ ⑤ ⑥ ⑦ ⑧ ⑨	67	① ② ③ ④ ⑤ ⑥ ⑦ ⑧ ⑨	92	① ② ③ ④ ⑤ ⑥ ⑦ ⑧ ⑨
18	① ② ③ ④ ⑤ ⑥ ⑦ ⑧ ⑨	43	① ② ③ ④ ⑤ ⑥ ⑦ ⑧ ⑨	68	① ② ③ ④ ⑤ ⑥ ⑦ ⑧ ⑨	93	① ② ③ ④ ⑤ ⑥ ⑦ ⑧ ⑨
19	① ② ③ ④ ⑤ ⑥ ⑦ ⑧ ⑨	44	① ② ③ ④ ⑤ ⑥ ⑦ ⑧ ⑨	69	① ② ③ ④ ⑤ ⑥ ⑦ ⑧ ⑨	94	① ② ③ ④ ⑤ ⑥ ⑦ ⑧ ⑨
20	① ② ③ ④ ⑤ ⑥ ⑦ ⑧ ⑨	45	① ② ③ ④ ⑤ ⑥ ⑦ ⑧ ⑨	70	① ② ③ ④ ⑤ ⑥ ⑦ ⑧ ⑨	95	① ② ③ ④ ⑤ ⑥ ⑦ ⑧ ⑨
21	① ② ③ ④ ⑤ ⑥ ⑦ ⑧ ⑨	46	① ② ③ ④ ⑤ ⑥ ⑦ ⑧ ⑨	71	① ② ③ ④ ⑤ ⑥ ⑦ ⑧ ⑨	96	① ② ③ ④ ⑤ ⑥ ⑦ ⑧ ⑨
22	① ② ③ ④ ⑤ ⑥ ⑦ ⑧ ⑨	47	① ② ③ ④ ⑤ ⑥ ⑦ ⑧ ⑨	72	① ② ③ ④ ⑤ ⑥ ⑦ ⑧ ⑨	97	① ② ③ ④ ⑤ ⑥ ⑦ ⑧ ⑨
23	① ② ③ ④ ⑤ ⑥ ⑦ ⑧ ⑨	48	① ② ③ ④ ⑤ ⑥ ⑦ ⑧ ⑨	73	① ② ③ ④ ⑤ ⑥ ⑦ ⑧ ⑨	98	① ② ③ ④ ⑤ ⑥ ⑦ ⑧ ⑨
24	① ② ③ ④ ⑤ ⑥ ⑦ ⑧ ⑨	49	① ② ③ ④ ⑤ ⑥ ⑦ ⑧ ⑨	74	① ② ③ ④ ⑤ ⑥ ⑦ ⑧ ⑨	99	① ② ③ ④ ⑤ ⑥ ⑦ ⑧ ⑨
25	① ② ③ ④ ⑤ ⑥ ⑦ ⑧ ⑨	50	① ② ③ ④ ⑤ ⑥ ⑦ ⑧ ⑨	75	① ② ③ ④ ⑤ ⑥ ⑦ ⑧ ⑨	100	① ② ③ ④ ⑤ ⑥ ⑦ ⑧ ⑨

評点
/100

（注）この解答用紙は実物を縮小してあります。Ｂ４用紙に128%拡大コピーすると、ほぼ実物大で使用できます。（タイトルと配点表は含みません）

2023年度 朋優学院高等学校 一般3回

英語解答用紙 No. 2

長文読解 記述問題

				5					10					15
				20					25					30

条件英作文

1.

1	2	3	4	5	6
7	8	9	10	11	12

2.

1	2	3	4	5	6
7	8	9	10	11	12

3.

1	2	3	4	5	6
7	8	9	10	11	12

正誤問題

	正解				訂正後
1.	①	②	③	④	
2.	①	②	③	④	
3.	①	②	③	④	
4.	①	②	③	④	

(注) この解答用紙は実物を縮小してあります。Ｂ４用紙に132%拡大コピーすると、ほぼ実物大で使用できます。(タイトルと配点表は含みません)

推定配点

1、2 各2点×17
3 A〜F 各3点×6 G 各2点×4 H 5点
4 各2点×9
5 各3点×3
6 各2点×4

計 100点

２０２３年度　朋優学院高等学校　一般３回

数学解答用紙

番号		氏名		評点	/100

1

(1)		(2)	
(3)		(4)	
(5)		(6)	

2

(1)		(2)	

3

(1)		(2)	

4

(1)		(2)	

5

(1)		(2)	

6

(1)		(2)	
(3)			

7

(1)		(2)	
(3)			

(注) この解答用紙は実物を縮小してあります。Ａ３用紙に156%拡大コピーすると、ほぼ実物大で使用できます。(タイトルと配点表は含みません)

推定配点	
1～7 各５点×20	
100点	計

二〇二三年度　明優学院高等学校　一般三回

国語解答用紙

番号　　氏名　　評点　／100

一
（一）問一　問二　問三　問四　問五
（二）問一　問二

二
問一　問二　問三　問四　問五　問六　問七

三
問一　問二　問三（　〜　）　問四　問五　問六　問七

四
問一　問二　問三　問四　問五　問六

（注）この解答用紙は実物を縮小してあります。172％拡大コピーすると、ほぼ実物大で使用できます。（タイトルと配点表は含みません）

推定配点		
一　各２点×７ 二　問一、問二　各４点×２　問三　６点　問四　４点　問五、問六　各５点×２　問七　６点 三　問一〜問四　各４点×４　問五　６点　問六　４点　問七　３点 四　問一　３点　問二〜問六　各４点×５	計	100点

２０２２年度　朋優学院高等学校　一般１回

英語解答用紙 No.1

評点
/100

フリガナ	
氏　名	

受験番号				
⓪	⓪	⓪	⓪	⓪
①	①	①	①	①
②	②	②	②	②
③	③	③	③	③
④	④	④	④	④
⑤	⑤	⑤	⑤	⑤
⑥	⑥	⑥	⑥	⑥
⑦	⑦	⑦	⑦	⑦
⑧	⑧	⑧	⑧	⑧
⑨	⑨	⑨	⑨	⑨

1. 記入欄・マーク欄以外には記入しないでください。
2. 鉛筆で、しっかり濃くマークしてください。
3. 間違った場合には、消しゴムで、きれいに消してください。
4. 受験番号が4桁の場合には右詰で記入してください。

マーク例

良い例	⬮	悪い例	✓ ⦿ ◐

問	解答欄
1	① ② ③ ④ ⑤ ⑥ ⑦ ⑧ ⑨
2	① ② ③ ④ ⑤ ⑥ ⑦ ⑧ ⑨
3	① ② ③ ④ ⑤ ⑥ ⑦ ⑧ ⑨
4	① ② ③ ④ ⑤ ⑥ ⑦ ⑧ ⑨
5	① ② ③ ④ ⑤ ⑥ ⑦ ⑧ ⑨
6	① ② ③ ④ ⑤ ⑥ ⑦ ⑧ ⑨
7	① ② ③ ④ ⑤ ⑥ ⑦ ⑧ ⑨
8	① ② ③ ④ ⑤ ⑥ ⑦ ⑧ ⑨
9	① ② ③ ④ ⑤ ⑥ ⑦ ⑧ ⑨
10	① ② ③ ④ ⑤ ⑥ ⑦ ⑧ ⑨
11	① ② ③ ④ ⑤ ⑥ ⑦ ⑧ ⑨
12	① ② ③ ④ ⑤ ⑥ ⑦ ⑧ ⑨
13	① ② ③ ④ ⑤ ⑥ ⑦ ⑧ ⑨
14	① ② ③ ④ ⑤ ⑥ ⑦ ⑧ ⑨
15	① ② ③ ④ ⑤ ⑥ ⑦ ⑧ ⑨
16	① ② ③ ④ ⑤ ⑥ ⑦ ⑧ ⑨
17	① ② ③ ④ ⑤ ⑥ ⑦ ⑧ ⑨
18	① ② ③ ④ ⑤ ⑥ ⑦ ⑧ ⑨
19	① ② ③ ④ ⑤ ⑥ ⑦ ⑧ ⑨
20	① ② ③ ④ ⑤ ⑥ ⑦ ⑧ ⑨
21	① ② ③ ④ ⑤ ⑥ ⑦ ⑧ ⑨
22	① ② ③ ④ ⑤ ⑥ ⑦ ⑧ ⑨
23	① ② ③ ④ ⑤ ⑥ ⑦ ⑧ ⑨
24	① ② ③ ④ ⑤ ⑥ ⑦ ⑧ ⑨
25	① ② ③ ④ ⑤ ⑥ ⑦ ⑧ ⑨

問	解答欄
26	① ② ③ ④ ⑤ ⑥ ⑦ ⑧ ⑨
27	① ② ③ ④ ⑤ ⑥ ⑦ ⑧ ⑨
28	① ② ③ ④ ⑤ ⑥ ⑦ ⑧ ⑨
29	① ② ③ ④ ⑤ ⑥ ⑦ ⑧ ⑨
30	① ② ③ ④ ⑤ ⑥ ⑦ ⑧ ⑨
31	① ② ③ ④ ⑤ ⑥ ⑦ ⑧ ⑨
32	① ② ③ ④ ⑤ ⑥ ⑦ ⑧ ⑨
33	① ② ③ ④ ⑤ ⑥ ⑦ ⑧ ⑨
34	① ② ③ ④ ⑤ ⑥ ⑦ ⑧ ⑨
35	① ② ③ ④ ⑤ ⑥ ⑦ ⑧ ⑨
36	① ② ③ ④ ⑤ ⑥ ⑦ ⑧ ⑨
37	① ② ③ ④ ⑤ ⑥ ⑦ ⑧ ⑨
38	① ② ③ ④ ⑤ ⑥ ⑦ ⑧ ⑨
39	① ② ③ ④ ⑤ ⑥ ⑦ ⑧ ⑨
40	① ② ③ ④ ⑤ ⑥ ⑦ ⑧ ⑨
41	① ② ③ ④ ⑤ ⑥ ⑦ ⑧ ⑨
42	① ② ③ ④ ⑤ ⑥ ⑦ ⑧ ⑨
43	① ② ③ ④ ⑤ ⑥ ⑦ ⑧ ⑨
44	① ② ③ ④ ⑤ ⑥ ⑦ ⑧ ⑨
45	① ② ③ ④ ⑤ ⑥ ⑦ ⑧ ⑨
46	① ② ③ ④ ⑤ ⑥ ⑦ ⑧ ⑨
47	① ② ③ ④ ⑤ ⑥ ⑦ ⑧ ⑨
48	① ② ③ ④ ⑤ ⑥ ⑦ ⑧ ⑨
49	① ② ③ ④ ⑤ ⑥ ⑦ ⑧ ⑨
50	① ② ③ ④ ⑤ ⑥ ⑦ ⑧ ⑨

問	解答欄
51	① ② ③ ④ ⑤ ⑥ ⑦ ⑧ ⑨
52	① ② ③ ④ ⑤ ⑥ ⑦ ⑧ ⑨
53	① ② ③ ④ ⑤ ⑥ ⑦ ⑧ ⑨
54	① ② ③ ④ ⑤ ⑥ ⑦ ⑧ ⑨
55	① ② ③ ④ ⑤ ⑥ ⑦ ⑧ ⑨
56	① ② ③ ④ ⑤ ⑥ ⑦ ⑧ ⑨
57	① ② ③ ④ ⑤ ⑥ ⑦ ⑧ ⑨
58	① ② ③ ④ ⑤ ⑥ ⑦ ⑧ ⑨
59	① ② ③ ④ ⑤ ⑥ ⑦ ⑧ ⑨
60	① ② ③ ④ ⑤ ⑥ ⑦ ⑧ ⑨
61	① ② ③ ④ ⑤ ⑥ ⑦ ⑧ ⑨
62	① ② ③ ④ ⑤ ⑥ ⑦ ⑧ ⑨
63	① ② ③ ④ ⑤ ⑥ ⑦ ⑧ ⑨
64	① ② ③ ④ ⑤ ⑥ ⑦ ⑧ ⑨
65	① ② ③ ④ ⑤ ⑥ ⑦ ⑧ ⑨
66	① ② ③ ④ ⑤ ⑥ ⑦ ⑧ ⑨
67	① ② ③ ④ ⑤ ⑥ ⑦ ⑧ ⑨
68	① ② ③ ④ ⑤ ⑥ ⑦ ⑧ ⑨
69	① ② ③ ④ ⑤ ⑥ ⑦ ⑧ ⑨
70	① ② ③ ④ ⑤ ⑥ ⑦ ⑧ ⑨
71	① ② ③ ④ ⑤ ⑥ ⑦ ⑧ ⑨
72	① ② ③ ④ ⑤ ⑥ ⑦ ⑧ ⑨
73	① ② ③ ④ ⑤ ⑥ ⑦ ⑧ ⑨
74	① ② ③ ④ ⑤ ⑥ ⑦ ⑧ ⑨
75	① ② ③ ④ ⑤ ⑥ ⑦ ⑧ ⑨

問	解答欄
76	① ② ③ ④ ⑤ ⑥ ⑦ ⑧ ⑨
77	① ② ③ ④ ⑤ ⑥ ⑦ ⑧ ⑨
78	① ② ③ ④ ⑤ ⑥ ⑦ ⑧ ⑨
79	① ② ③ ④ ⑤ ⑥ ⑦ ⑧ ⑨
80	① ② ③ ④ ⑤ ⑥ ⑦ ⑧ ⑨
81	① ② ③ ④ ⑤ ⑥ ⑦ ⑧ ⑨
82	① ② ③ ④ ⑤ ⑥ ⑦ ⑧ ⑨
83	① ② ③ ④ ⑤ ⑥ ⑦ ⑧ ⑨
84	① ② ③ ④ ⑤ ⑥ ⑦ ⑧ ⑨
85	① ② ③ ④ ⑤ ⑥ ⑦ ⑧ ⑨
86	① ② ③ ④ ⑤ ⑥ ⑦ ⑧ ⑨
87	① ② ③ ④ ⑤ ⑥ ⑦ ⑧ ⑨
88	① ② ③ ④ ⑤ ⑥ ⑦ ⑧ ⑨
89	① ② ③ ④ ⑤ ⑥ ⑦ ⑧ ⑨
90	① ② ③ ④ ⑤ ⑥ ⑦ ⑧ ⑨
91	① ② ③ ④ ⑤ ⑥ ⑦ ⑧ ⑨
92	① ② ③ ④ ⑤ ⑥ ⑦ ⑧ ⑨
93	① ② ③ ④ ⑤ ⑥ ⑦ ⑧ ⑨
94	① ② ③ ④ ⑤ ⑥ ⑦ ⑧ ⑨
95	① ② ③ ④ ⑤ ⑥ ⑦ ⑧ ⑨
96	① ② ③ ④ ⑤ ⑥ ⑦ ⑧ ⑨
97	① ② ③ ④ ⑤ ⑥ ⑦ ⑧ ⑨
98	① ② ③ ④ ⑤ ⑥ ⑦ ⑧ ⑨
99	① ② ③ ④ ⑤ ⑥ ⑦ ⑧ ⑨
100	① ② ③ ④ ⑤ ⑥ ⑦ ⑧ ⑨

（注）この解答用紙は実物を縮小してあります。Ｂ４用紙に128%拡大コピーすると、ほぼ実物大で使用できます。（タイトルと配点表は含みません）

２０２２年度　朋優学院高等学校　一般１回

英語解答用紙　No.２

6

1

1	2	3	4	5	6
7	8	9	10	11	12

2

1	2	3	4	5	6
7	8	9	10	11	12

7

	正解				訂正後
1	①	②	③	④	
2	①	②	③	④	
3	①	②	③	④	
4	①	②	③	④	

(注)　この解答用紙は実物を縮小してあります。Ｂ４用紙に139%拡大コピーすると、ほぼ実物大で使用できます。(タイトルと配点表は含みません)

推定配点

1 A 各２点×９　B 各３点×４　2 各１点×６
3 各２点×５　4 A ６点〔完答〕　B〜G 各２点×９
5 各２点×８　6 各３点×２　7 各２点×４

計
100点

2022年度　朋優学院高等学校　一般1回

数学解答用紙

番号		氏名		評点	/100

1

(1)		(2)	
(3)		(4)	
(5)		(6)	

2

(1)		(2)	

3

(1)		(2)	

4

(1)		(2)	

5

(1)		(2)	

6

(1)		(2)	

7

(1)		(2)	

8

(1)		(2)	

（注）この解答用紙は実物を縮小してあります。Ａ３用紙に156%拡大コピーすると、ほぼ実物大で使用できます。（タイトルと配点表は含みません）

推定配点

1～3　各3点×10
4　(1)　5点　(2)　9点
5　(1)　5点　(2)　9点
6　(1)　5点　(2)　9点
7　(1)　5点　(2)　9点
8　(1)　5点　(2)　9点

計　100点

２０２２年度　朋優学院高等学校　一般１回

社会解答用紙　No. 1

評点
/100

フリガナ	
氏　名	

受験番号				
⓪	⓪	⓪	⓪	⓪
①	①	①	①	①
②	②	②	②	②
③	③	③	③	③
④	④	④	④	④
⑤	⑤	⑤	⑤	⑤
⑥	⑥	⑥	⑥	⑥
⑦	⑦	⑦	⑦	⑦
⑧	⑧	⑧	⑧	⑧
⑨	⑨	⑨	⑨	⑨

1. 記入欄・マーク欄以外には記入しないでください。
2. 鉛筆で、しっかり濃くマークしてください。
3. 間違った場合には、消しゴムで、きれいに消してください。
4. 受験番号が4桁の場合には右詰で記入してください。

マーク例

良い例		悪い例	

問	解答欄	問	解答欄	問	解答欄	問	解答欄
1	①②③④⑤⑥⑦⑧⑨	26	①②③④⑤⑥⑦⑧⑨	51	①②③④⑤⑥⑦⑧⑨	76	①②③④⑤⑥⑦⑧⑨
2	①②③④⑤⑥⑦⑧⑨	27	①②③④⑤⑥⑦⑧⑨	52	①②③④⑤⑥⑦⑧⑨	77	①②③④⑤⑥⑦⑧⑨
3	①②③④⑤⑥⑦⑧⑨	28	①②③④⑤⑥⑦⑧⑨	53	①②③④⑤⑥⑦⑧⑨	78	①②③④⑤⑥⑦⑧⑨
4	①②③④⑤⑥⑦⑧⑨	29	①②③④⑤⑥⑦⑧⑨	54	①②③④⑤⑥⑦⑧⑨	79	①②③④⑤⑥⑦⑧⑨
5	①②③④⑤⑥⑦⑧⑨	30	①②③④⑤⑥⑦⑧⑨	55	①②③④⑤⑥⑦⑧⑨	80	①②③④⑤⑥⑦⑧⑨
6	①②③④⑤⑥⑦⑧⑨	31	①②③④⑤⑥⑦⑧⑨	56	①②③④⑤⑥⑦⑧⑨	81	①②③④⑤⑥⑦⑧⑨
7	①②③④⑤⑥⑦⑧⑨	32	①②③④⑤⑥⑦⑧⑨	57	①②③④⑤⑥⑦⑧⑨	82	①②③④⑤⑥⑦⑧⑨
8	①②③④⑤⑥⑦⑧⑨	33	①②③④⑤⑥⑦⑧⑨	58	①②③④⑤⑥⑦⑧⑨	83	①②③④⑤⑥⑦⑧⑨
9	①②③④⑤⑥⑦⑧⑨	34	①②③④⑤⑥⑦⑧⑨	59	①②③④⑤⑥⑦⑧⑨	84	①②③④⑤⑥⑦⑧⑨
10	①②③④⑤⑥⑦⑧⑨	35	①②③④⑤⑥⑦⑧⑨	60	①②③④⑤⑥⑦⑧⑨	85	①②③④⑤⑥⑦⑧⑨
11	①②③④⑤⑥⑦⑧⑨	36	①②③④⑤⑥⑦⑧⑨	61	①②③④⑤⑥⑦⑧⑨	86	①②③④⑤⑥⑦⑧⑨
12	①②③④⑤⑥⑦⑧⑨	37	①②③④⑤⑥⑦⑧⑨	62	①②③④⑤⑥⑦⑧⑨	87	①②③④⑤⑥⑦⑧⑨
13	①②③④⑤⑥⑦⑧⑨	38	①②③④⑤⑥⑦⑧⑨	63	①②③④⑤⑥⑦⑧⑨	88	①②③④⑤⑥⑦⑧⑨
14	①②③④⑤⑥⑦⑧⑨	39	①②③④⑤⑥⑦⑧⑨	64	①②③④⑤⑥⑦⑧⑨	89	①②③④⑤⑥⑦⑧⑨
15	①②③④⑤⑥⑦⑧⑨	40	①②③④⑤⑥⑦⑧⑨	65	①②③④⑤⑥⑦⑧⑨	90	①②③④⑤⑥⑦⑧⑨
16	①②③④⑤⑥⑦⑧⑨	41	①②③④⑤⑥⑦⑧⑨	66	①②③④⑤⑥⑦⑧⑨	91	①②③④⑤⑥⑦⑧⑨
17	①②③④⑤⑥⑦⑧⑨	42	①②③④⑤⑥⑦⑧⑨	67	①②③④⑤⑥⑦⑧⑨	92	①②③④⑤⑥⑦⑧⑨
18	①②③④⑤⑥⑦⑧⑨	43	①②③④⑤⑥⑦⑧⑨	68	①②③④⑤⑥⑦⑧⑨	93	①②③④⑤⑥⑦⑧⑨
19	①②③④⑤⑥⑦⑧⑨	44	①②③④⑤⑥⑦⑧⑨	69	①②③④⑤⑥⑦⑧⑨	94	①②③④⑤⑥⑦⑧⑨
20	①②③④⑤⑥⑦⑧⑨	45	①②③④⑤⑥⑦⑧⑨	70	①②③④⑤⑥⑦⑧⑨	95	①②③④⑤⑥⑦⑧⑨
21	①②③④⑤⑥⑦⑧⑨	46	①②③④⑤⑥⑦⑧⑨	71	①②③④⑤⑥⑦⑧⑨	96	①②③④⑤⑥⑦⑧⑨
22	①②③④⑤⑥⑦⑧⑨	47	①②③④⑤⑥⑦⑧⑨	72	①②③④⑤⑥⑦⑧⑨	97	①②③④⑤⑥⑦⑧⑨
23	①②③④⑤⑥⑦⑧⑨	48	①②③④⑤⑥⑦⑧⑨	73	①②③④⑤⑥⑦⑧⑨	98	①②③④⑤⑥⑦⑧⑨
24	①②③④⑤⑥⑦⑧⑨	49	①②③④⑤⑥⑦⑧⑨	74	①②③④⑤⑥⑦⑧⑨	99	①②③④⑤⑥⑦⑧⑨
25	①②③④⑤⑥⑦⑧⑨	50	①②③④⑤⑥⑦⑧⑨	75	①②③④⑤⑥⑦⑧⑨	100	①②③④⑤⑥⑦⑧⑨

（注）この解答用紙は実物を縮小してあります。Ｂ４用紙に128%拡大コピーすると、ほぼ実物大で使用できます。（タイトルと配点表は含みません）

２０２２年度　朋優学院高等学校　一般１回

社会解答用紙　No. 2

3

問3

口分田が不足してきたため、

5

問4

（注）この解答用紙は実物を縮小してあります。Ａ３用紙に147％拡大コピーすると、ほぼ実物大で使用できます。（タイトルと配点表は含みません）

推定配点

1 各3点×5
2 問1 2点 問2、問3 各3点×2 問4 4点 問5 3点
3 問1 2点 問2～問4 各3点×3 問5～問12 各2点×8 問13 3点
4 問1～問3 各2点×3 問4～問7 各3点×4 問8 2点 問9 3点 問10、問11 各2点×2 問12 3点
5 各2点×5

計	100点

2022年度　明優学院高等学校　一般1回

理科解答用紙

評点
/100

フリガナ	
氏　名	

受験番号				
⓪	⓪	⓪	⓪	⓪
①	①	①	①	①
②	②	②	②	②
③	③	③	③	③
④	④	④	④	④
⑤	⑤	⑤	⑤	⑤
⑥	⑥	⑥	⑥	⑥
⑦	⑦	⑦	⑦	⑦
⑧	⑧	⑧	⑧	⑧
⑨	⑨	⑨	⑨	⑨

1. 記入欄・マーク欄以外には記入しないでください。
2. 鉛筆で、しっかり濃くマークしてください。
3. 間違った場合には、消しゴムで、きれいに消してください。
4. 受験番号が4桁の場合には右詰で記入してください。

マーク例

良い例	●	悪い例	✓ ⊙ ◐

問	解答欄
1	①②③④⑤⑥⑦⑧⑨
2	①②③④⑤⑥⑦⑧⑨
3	①②③④⑤⑥⑦⑧⑨
4	①②③④⑤⑥⑦⑧⑨
5	①②③④⑤⑥⑦⑧⑨
6	①②③④⑤⑥⑦⑧⑨
7	①②③④⑤⑥⑦⑧⑨
8	①②③④⑤⑥⑦⑧⑨
9	①②③④⑤⑥⑦⑧⑨
10	①②③④⑤⑥⑦⑧⑨
11	①②③④⑤⑥⑦⑧⑨
12	①②③④⑤⑥⑦⑧⑨
13	①②③④⑤⑥⑦⑧⑨
14	①②③④⑤⑥⑦⑧⑨
15	①②③④⑤⑥⑦⑧⑨
16	①②③④⑤⑥⑦⑧⑨
17	①②③④⑤⑥⑦⑧⑨
18	①②③④⑤⑥⑦⑧⑨
19	①②③④⑤⑥⑦⑧⑨
20	①②③④⑤⑥⑦⑧⑨
21	①②③④⑤⑥⑦⑧⑨
22	①②③④⑤⑥⑦⑧⑨
23	①②③④⑤⑥⑦⑧⑨
24	①②③④⑤⑥⑦⑧⑨
25	①②③④⑤⑥⑦⑧⑨

問	解答欄
26	①②③④⑤⑥⑦⑧⑨
27	①②③④⑤⑥⑦⑧⑨
28	①②③④⑤⑥⑦⑧⑨
29	①②③④⑤⑥⑦⑧⑨
30	①②③④⑤⑥⑦⑧⑨
31	①②③④⑤⑥⑦⑧⑨
32	①②③④⑤⑥⑦⑧⑨
33	①②③④⑤⑥⑦⑧⑨
34	①②③④⑤⑥⑦⑧⑨
35	①②③④⑤⑥⑦⑧⑨
36	①②③④⑤⑥⑦⑧⑨
37	①②③④⑤⑥⑦⑧⑨
38	①②③④⑤⑥⑦⑧⑨
39	①②③④⑤⑥⑦⑧⑨
40	①②③④⑤⑥⑦⑧⑨
41	①②③④⑤⑥⑦⑧⑨
42	①②③④⑤⑥⑦⑧⑨
43	①②③④⑤⑥⑦⑧⑨
44	①②③④⑤⑥⑦⑧⑨
45	①②③④⑤⑥⑦⑧⑨
46	①②③④⑤⑥⑦⑧⑨
47	①②③④⑤⑥⑦⑧⑨
48	①②③④⑤⑥⑦⑧⑨
49	①②③④⑤⑥⑦⑧⑨
50	①②③④⑤⑥⑦⑧⑨

問	解答欄
51	①②③④⑤⑥⑦⑧⑨
52	①②③④⑤⑥⑦⑧⑨
53	①②③④⑤⑥⑦⑧⑨
54	①②③④⑤⑥⑦⑧⑨
55	①②③④⑤⑥⑦⑧⑨
56	①②③④⑤⑥⑦⑧⑨
57	①②③④⑤⑥⑦⑧⑨
58	①②③④⑤⑥⑦⑧⑨
59	①②③④⑤⑥⑦⑧⑨
60	①②③④⑤⑥⑦⑧⑨
61	①②③④⑤⑥⑦⑧⑨
62	①②③④⑤⑥⑦⑧⑨
63	①②③④⑤⑥⑦⑧⑨
64	①②③④⑤⑥⑦⑧⑨
65	①②③④⑤⑥⑦⑧⑨
66	①②③④⑤⑥⑦⑧⑨
67	①②③④⑤⑥⑦⑧⑨
68	①②③④⑤⑥⑦⑧⑨
69	①②③④⑤⑥⑦⑧⑨
70	①②③④⑤⑥⑦⑧⑨
71	①②③④⑤⑥⑦⑧⑨
72	①②③④⑤⑥⑦⑧⑨
73	①②③④⑤⑥⑦⑧⑨
74	①②③④⑤⑥⑦⑧⑨
75	①②③④⑤⑥⑦⑧⑨

問	解答欄
76	①②③④⑤⑥⑦⑧⑨
77	①②③④⑤⑥⑦⑧⑨
78	①②③④⑤⑥⑦⑧⑨
79	①②③④⑤⑥⑦⑧⑨
80	①②③④⑤⑥⑦⑧⑨
81	①②③④⑤⑥⑦⑧⑨
82	①②③④⑤⑥⑦⑧⑨
83	①②③④⑤⑥⑦⑧⑨
84	①②③④⑤⑥⑦⑧⑨
85	①②③④⑤⑥⑦⑧⑨
86	①②③④⑤⑥⑦⑧⑨
87	①②③④⑤⑥⑦⑧⑨
88	①②③④⑤⑥⑦⑧⑨
89	①②③④⑤⑥⑦⑧⑨
90	①②③④⑤⑥⑦⑧⑨
91	①②③④⑤⑥⑦⑧⑨
92	①②③④⑤⑥⑦⑧⑨
93	①②③④⑤⑥⑦⑧⑨
94	①②③④⑤⑥⑦⑧⑨
95	①②③④⑤⑥⑦⑧⑨
96	①②③④⑤⑥⑦⑧⑨
97	①②③④⑤⑥⑦⑧⑨
98	①②③④⑤⑥⑦⑧⑨
99	①②③④⑤⑥⑦⑧⑨
100	①②③④⑤⑥⑦⑧⑨

（注）この解答用紙は実物を縮小してあります。Ａ３用紙に145％拡大コピーすると、ほぼ実物大で使用できます。（タイトルと配点表は含みません）

推定配点

1　1、2　各3点×3　3　各4点×4

2　1　(1)～(3)　各3点×3　(4)、(5)　各4点×2　2　各4点×2

3　1　各3点×3　2　各4点×4

4　1　各3点×3　2　各4点×4

100点	計

二〇二二年度　明優学院高等学校　一般一回

国語解答用紙

番号		氏名		評点	/100

一

問一	（え）	問二		問三	
問四		問五	（に）		

二

問一	Ⅰ		Ⅱ		問二	A		B		C		D	
問三				〜									

問四	

問五		問六		問七		問八		問九	

三

問一	Ⅰ		Ⅱ		問二		問三	

問四	

問五		問六		問七		問八	

四

問一		問二		問三		問四		問五	

（注）この解答用紙は実物を縮小してあります。B４用紙に127%拡大コピーすると、ほぼ実物大で使用できます。（タイトルと配点表は含みません）

推定配点		計
	一　各2点×5　二　問一　各2点×2　問二　各1点×4 問三　3点　問四　14点　問五〜問九　各3点×5 三　問一　各2点×2　問二、問三　各3点×2　問四　13点 問五〜問八　各3点×4 四　問一　3点　問二　2点　問三　4点　問四　2点　問五　4点	100点